Kube/Mellinghoff/Morgenthaler
Palm/Puhl/Seiler (Hrsg.)

Leitgedanken des Rechts zu Staat und Verfassung

Studienausgabe

C. F. Müller Wissenschaft

# Leitgedanken des Rechts zu Staat und Verfassung

## Studienausgabe

Herausgegeben von

Hanno Kube, Rudolf Mellinghoff, Gerd Morgenthaler,
Ulrich Palm, Thomas Puhl, Christian Seiler

Bibliografische Information der Deutschen Nationalbibliothek

Die Deutsche Nationalbibliothek verzeichnet diese Publikation in der Deutschen Nationalbibliografie; detaillierte bibliografische Daten sind im Internet über <http://dnb.d-nb.de> abrufbar.

ISBN 978-3-8114-3942-9

E-Mail: kundenbetreuung@hjr-verlag.de
Telefon: +49 89/2183-7928
Telefax: +49 89/2183-7620

© 2015 C. F. Müller GmbH, Heidelberg
www.cfmueller.de

Dieses Werk, einschließlich aller seiner Teile, ist urheberrechtlich geschützt. Jede Verwertung außerhalb der engen Grenzen des Urheberrechtsgesetzes ist ohne Zustimmung des Verlages unzulässig und strafbar. Dies gilt insbesondere für Vervielfältigungen, Übersetzungen, Mikroverfilmungen und die Einspeicherung und Verarbeitung in elektronischen Systemen.

Satz: Strassner ComputerSatz, Heidelberg
Druck: SDK Systemdruck Köln

Printed in Germany

# Vorwort

Gesetzgebung, Verwaltung und Rechtsprechung brauchen Orientierung. Sie finden sie in beständigen Grundsätzen des Rechts. Diese Überzeugung des Verfassungsjuristen Paul Kirchhof bildet die Grundlage eines zweibändigen Werkes zu den „Leitgedanken des Rechts", welches Freunde, Kollegen, Schüler und Wegbegleiter dem ehemaligen Richter des Bundesverfassungsgerichts aus Anlass seines 70. Geburtstags am 21. Februar 2013 gewidmet haben. Die „Leitgedanken des Rechts" verdeutlichen die in der Geschichte wurzelnden und in die Zukunft weisenden Grundprinzipien und -strukturen unserer Rechtsordnung, heben sie durch eine Beschränkung auf das Wesentliche hervor und verstärken so ihre die Gesetzgebung anregende, die Verwaltung und Rechtsprechung anleitende und die Rechtswissenschaft befruchtende Wirkung.

Die in den „Leitgedanken des Rechts" enthaltenen Beiträge zum Themenkreis „Staat und Verfassung" sollen mit der vorliegenden Studienausgabe einem größeren Leserkreis erschlossen werden. Die Herausgeber hoffen, dass sich dadurch gerade auch Studierende der Rechtswissenschaft mit den Grundsätzen des Rechts befassen und sie wissenschaftlich diskutieren können, um das Erreichte zu bewahren und stetig weiterzuentwickeln.

Heidelberg, im Oktober 2014

*Hanno Kube*
*Rudolf Mellinghoff*
*Gerd Morgenthaler*
*Ulrich Palm*
*Thomas Puhl*
*Christian Seiler*

# Inhaltsverzeichnis

*Vorwort* .................................................... V

## I. Staat

JOSEF ISENSEE:
§ 1 Staat .................................................. 3

CHRISTIAN SEILER:
§ 2 Staatsvolk ............................................. 17

UDO STEINER:
§ 3 Kultur ................................................. 29

UWE VOLKMANN:
§ 4 Solidarität ............................................ 37

MICHAEL ANDERHEIDEN:
§ 5 Gemeinwohl ............................................. 45

CHRISTOPH ENGEL:
§ 6 Aufgaben ............................................... 57

WOLFGANG LÖWER:
§ 7 Organisation ........................................... 71

HANS-WERNER RENGELING:
§ 8 Kompetenzen ............................................ 85

MAX-EMANUEL GEIS:
§ 9 Handlungsmittel ........................................ 97

BERND GRZESZICK:
§ 10 Verantwortlichkeit .................................... 103

REINHARD MUSSGNUG:
§ 11 Entstehen des deutschen Staates ....................... 115

## II. Verfassung

DIETER GRIMM:
§ 12 Verfassung ............................................ 129

CHRISTOPH GRABENWARTER:
§ 13 Verfassungstheorie .................................... 137

ARND UHLE:
§ 14 Verfassungsvoraussetzungen .................................... 149

PETER HÄBERLE:
§ 15 Integrationskraft der Verfassung ................................ 159

KLAUS STERN:
§ 16 Menschenwürde .............................................. 169

HANNO KUBE:
§ 17 Grundrechte und Demokratie ................................... 181

EDZARD SCHMIDT-JORTZIG:
§ 18 Allgemeines Persönlichkeitsrecht ............................... 191

DIETRICH MURSWIEK:
§ 19 Freiheitsrechte ................................................ 205

LERKE OSTERLOH:
§ 20 Gleichheit .................................................... 217

FLORIAN BECKER:
§ 21 Verhältnismäßigkeit ........................................... 225

EBERHARD SCHMIDT-AẞMANN:
§ 22 Rechtsstaat ................................................... 237

THOMAS PUHL:
§ 23 Gewaltenteilung .............................................. 249

ROLF GRÖSCHNER:
§ 24 Republik ..................................................... 263

INES HÄRTEL:
§ 25 Bundesstaat .................................................. 273

HANS F. ZACHER:
§ 26 Sozialstaat ................................................... 285

WOLFGANG KAHL:
§ 27 Vertrauen (Kontinuität) ........................................ 297

*Stichwortverzeichnis* .................................................. 309

*Autorenverzeichnis* ................................................... 315

I. Staat

# § 1
# Staat

*Josef Isensee*

## Übersicht

|  | Rn. |
|---|---|
| A. Vom ganzheitlichen zum sektoralen Staat | 1–10 |
|     I. Urbild der societas perfecta | 1–2 |
|     II. Reduzierung der staatlichen Einheit | 3–10 |
| B. Suche nach der verlorenen Ganzheit | 11–15 |
|     I. Der philosophische Ansatz | 11–12 |
|     II. Der integrationstheoretische Ansatz | 13–14 |
|     III. Der staatsrechtliche Ansatz | 15 |
| C. Einheit freier und verfaßter Potenzen | 16–27 |
|     I. Umfassender Gemeinwohlauftrag des Staates bei begrenzten Mitteln | 16–19 |
|     II. Gewaltmonopol, nicht Gemeinwohlmonopol des Staates | 20–22 |
|     III. Voraussetzungen des freiheitlichen Staates | 23–27 |
| D. Ablösung des Staates durch überstaatliche Organisation? | 28–32 |
| E. Bibliographie | |

## A. Vom ganzheitlichen zum sektoralen Staat

### I. Urbild der societas perfecta

Der Staat: die vollkommene und vollständige Gemeinschaft, auf die hin der Mensch seiner Bestimmung nach angelegt ist und in der er seine Bestimmung erfüllt, – dieses philosophische Bild, das Aristoteles von der griechischen Polis zeichnet,[1] scheint heute in historische Ferne und Unverbindlichkeit entrückt, inkompatibel den Realien moderner Staatlichkeit. Auf diese passen nach gängigem Verständnis eher die gegensätzlichen Attribute: unvollkommen und fragmentiert, wenn nicht gar inhuman, gefährlich, abgelebt. Doch eben darum bietet sich das aristotelische Urbild des Staates als Kontrastfolie an, von dem sich die gegenwärtige Erscheinung abhebt. Die Moderne zeigt ihre Eigenart im Vergleich zum klassischen Muster.

Wer sich selbst genug ist und des Staates nicht bedarf, ist nach Aristoteles entweder ein Tier oder ein Gott. Der Mensch aber ist seiner Wesensnatur nach auf Gemeinschaft mit anderen angewiesen. Er findet sie in Ehe, Hausstand, Beruf und Gemeinde; doch diese genügen nur bestimmten, begrenzten Daseinszielen. Zu ganzheitlicher Erfüllung gelangt er in der staatlichen Gemeinschaft, die, alle partikularen Gemeinschaften umschließend, keine höhere Gemeinschaft über sich kennt und sich selbst genügt, als societas perfecta et completa.[2] Diese dient zunächst praktischen Bedürfnissen des Einzelnen nach physischer wie nach rechtlicher Sicherheit,

---
[1] *Aristoteles*, Politik, I, 1, 2 (1252a–1253a).
[2] *Aristoteles*, Politik, I, 2 (1253a).

erweist sich also insoweit als „Not- und Verstandesstaat" im Sinne Hegels. Doch sie geht nicht darin auf, „Gemeinschaft bloß dem Orte nach oder zum Schutze wider gegenseitige Beeinträchtigungen und zur Pflege des Tauschverkehrs" zu sein. Ihr eigentlicher und höchster Zweck ist sittlicher Art: das „gute Leben". Der Einzelne ist nicht schon seiner Natur nach prädestiniert, das „gute Leben" zu erreichen. Denn er kann die intellektuellen und moralischen Fähigkeiten, mit denen er ausgerüstet ist, zum Guten wie zum Bösen gebrauchen. Wohl aber ist der Sinn, Gut und Böse zu unterscheiden, jedem Menschen angeboren. Auf dieser Gemeinsamkeit gründet der Staat. Er gleicht mit den Mitteln des Rechts aus, was den Menschen an moralischer Instinktsicherheit abgeht. „Denn wie der Mensch in seiner Vollendung das vornehmste Geschöpf ist, so ist er auch, des Gesetzes und Rechts ledig, das schlechteste von allen."[3] Der Staat wirkt darauf hin, dass der Mensch sein sittliches Wesensziel erreicht.

## II. Reduzierung der staatlichen Einheit

3   Die Geschichte der Staatsidee ist die Geschichte der Reduzierung ihres Einheitsanspruchs und des Verzichts darauf, den Menschen ganzheitlich zu erfassen. Drei Stufen lassen sich unterscheiden: der Abbau der staatlichen Religionseinheit, der Abbau der staatlichen Moral- und Gesinnungseinheit, der Abbau der Einheit des gesamtgesellschaftlichen Handelns.

4   Das Christentum sprengt die ganzheitliche Einheit der antiken Polis auf zugunsten eines Reiches, das nicht von dieser Welt sein will. Die eine, universale Religion verdrängt die vielen Religionen der Staaten und relativiert auch deren Gesetze. Der Christ lässt sich zwar ein auf eine staatsbürgerliche Daseinsweise; aber er findet in ihr nicht seine Erfüllung. Der staatsbürgerliche Gehorsam steht unter dem Letztvorbehalt, dass Gott mehr zu gehorchen ist als dem Menschen. Die thomasische Philosophie mag dem Staat erneut die Qualität der societas perfecta zuerkennen, aber sie spricht sie auch der Kirche zu, so dass sie nur noch für den jeweiligen Bereich gilt, also relativiert ist. Die ganzheitliche Einheit der Polis kehrt nicht mehr zurück, auch wenn sich im Mittelalter Staat und Kirche im selben christlichen Horizont bewegen. Die Scheidung zwischen weltlicher und geistlicher potestas, zwischen bürgerlicher und religiöser Existenz, zwischen forum externum und forum internum, zwischen Gesetz und Gewissen ist unumkehrbar. Die ihrer Intention nach unpolitische Botschaft des Christentums hat den „größten Umschlag, der jemals vorgekommen", ausgelöst, die „einzige Revolution der Weltgeschichte, die das Prädikat einer großen verdient".[4]

5   Der genuin christliche Dualismus verschärft sich, als mit der Reformation die Einheit des lateinischen Christentums zerbricht. Verbinden sich die einzelnen Bruchstücke zunächst mit korrespondierenden Staaten und erlangen diese spezifisch konfessionelle Identität[5], so führt die langfristige Entwicklung dazu, dass ein jeder

---
3 *Aristoteles*, Politik, I, 2 (1253a).
4 Zitat: *Jacob Burckhardt*, Weltgeschichtliche Betrachtungen (¹1905), 1949, S. 149.
5 *Christian Hillgruber*, Staat und Religion, 2007, S. 16 ff.

Staat sich überhaupt aus den Fragen der religiösen Wahrheit und aus den Konflikten, die sich an diesen Fragen entzünden, zurückzieht und die Position der religiösen Neutralität einnimmt. Damit gründet er seine Einheit nicht mehr auf der Wahrheit des Glaubens, sondern auf der Freiheit des Glaubens. Die Reduzierung seines Anspruchs ermöglicht ihm, Bürger jedweder Glaubensüberzeugung zu vereinen. Sein Wirkungskreis beschränkt sich nunmehr auf säkulare Zwecke.[6]

Damit ist ihm der Zugriff auf die religiösen Quellen des Ethos verwehrt. Indem sich der säkulare Staat zum Rechtsstaat entwickelt, entzieht sich auch die Moral seiner Zwangsgewalt. Zwang übt er nur mit den Mitteln und in den Bahnen des Rechts. Das bedeutet freilich nicht, dass das Recht von der Moral völlig abgeschnitten wäre. Das Recht versucht, sich auf die Moral als Verpflichtungsgrund zu stützen; doch dient es auch dazu, öffentliche Moral zu stabilisieren.[7] Cum grano salis mag man das Recht seinem Inhalt nach als das ethische Minimum, seiner Erzwingbarkeit nach als das ethische Maximum bezeichnen. Entscheidend ist, dass sich das Ethos als solches der Verrechtlichung entzieht und dass der Rechtsstaat die Herrschaft des Rechts statuiert, nicht aber die Herrschaft der Moral, und dass er nicht beansprucht, sittlicher Staat im aristotelischen Sinne zu sein.[8] Der Rechtsstaat achtet die sittliche Autonomie des Bürgers und fordert von ihm Legalität, nicht Moralität, also Übereinstimmung seines Handelns mit dem Gesetz, nicht aber auch sittliche Motivation.[9] Das Gesetz steuert das Handeln (forum externum); aber es dringt nicht vor zu den Gründen (forum internum). Es mag die äußere Freiheit beschränken; doch an die innere Freiheit darf es um der Würde des Menschen willen nicht rühren.[10] Der Rechtsstaat begründet keine Gesinnungseinheit.[11]

Er begründet noch nicht einmal eine Einheit des äußeren Verhaltens. Darin setzt er sich ab vom totalen Staat. Am Anfang steht das Prinzip der als ursprunghaft und unbegrenzt gedachten Freiheit des Individuums, indes staatliches Handeln notwendig begrenzt ist und sich für jedwede Einschränkung der Freiheit zu rechtfertigen hat. In den Grundrechten findet dieses rechtsstaatliche Verteilungsprinzip[12] zu positivrechtlicher Form. Das Gemeinwesen (der „Staat" im weiteren Sinne) differenziert sich aus in die Polarität zwischen der grundrechtsverpflichteten Staatsgewalt (des „Staates" im engeren Sinne) und den grundrechtsberechtigten Bürgern, die in ihrer Gesamtheit die „Gesellschaft" bilden.[13] In dieser Polarität fungiert der Staat

---

6 Zur Säkularität des Staates *Hermann Lübbe*, Säkularisierung. Geschichte eines ideenpolitischen Begriffs, ²1975; *Martin Heckel*, Säkularisierung (1980), in: ders., Gesammelte Schriften, Bd. II, 1989, S. 73 ff.; *Ernst-Wolfgang Böckenförde*, Der säkularisierte Staat, 2006, S. 11 ff.; *Ulrich Vosgerau*, Freiheit des Glaubens in der Systematik des Grundgesetzes, 2007, S. 107 ff., 204 ff.; *Klaus Ferdinand Gärditz*, Säkularität und Verfassung, in: Otto Depenheuer/Christoph Grabenwarter (Hg.), Verfassungstheorie, 2010, § 5 Rn. 14 ff., 19 ff., 24 ff.; *Stefan Mückl*, Säkularer Staat und Religion, in: Gerhard Robbers (Hg.), Gelebte Wissenschaft, 2012, S. 35 ff.
7 *Gustav Radbruch*, Rechtsphilosophie, ⁵1956, S. 138.
8 Zu dem Problem *Wolfgang Kluxen*, Über die Moralität staatlicher Normsetzung, in: Essener Gespräche 11 (1977), S. 57 (65 ff.); *Josef Isensee*, Demokratischer Rechtsstaat und staatsfreie Ethik, ebd., S. 92 ff.; *Ernst-Wolfgang Böckenförde*, Der Staat als sittlicher Staat, 1978, S. 21 ff.
9 *Immanuel Kant*, Metaphysische Anfangsgründe der Rechtslehre, 1797, Einleitung S. XV f.
10 *Christoph Goos*, Innere Freiheit, 2011, S. 139 ff., 191 ff.
11 *Böckenförde* (N 8), S. 24 ff.
12 Kategorie: *Carl Schmitt*, Verfassungslehre, ¹1928, S. 126.
13 *Hans Heinrich Rupp*, Die Unterscheidung von Staat und Gesellschaft, in: HStR, Bd. II, ³2004, § 31 Rn. 1 ff., 17 ff.

als der notwendige Garant wie auch als der mögliche Widersacher der grundrechtlichen Freiheit, einer Freiheit, an der er selber nicht teilhat.[14] Die Spaltung und die Verdopplung des Staatsbegriffs machen aussagbar, dass der Einzelne „im Staat" lebt und doch „an den Staat" Ansprüche erhebt und sich „gegen den Staat" als Person behauptet.[15]

**8** Der Staat im engeren Sinne ist der Gegentypus zur societas perfecta et completa. Er erfasst nur einen Sektor des gesamtgesellschaftlichen Lebens, freilich einen wesentlichen Sektor. Darin fungiert er lediglich als „Not- und Verstandesstaat", der auf praktische Bedürfnisse der Bürger ausgerichtet und in dieser Begrenztheit nicht autark ist. Er gewährleistet die Grundlagen und die Rahmenbedingungen der grundrechtlichen Freiheit und spart deren Inhalt aus. Der Mangel an Selbstgenügsamkeit zeigt sich exemplarisch im Modus der steuerstaatlichen Finanzierung. Der Staat verzichtet grundsätzlich auf Erwerbstätigkeit, überlässt diese den Privaten, partizipiert aber dafür an deren wirtschaftlichem Erfolg. Die Steuer ist der Preis der ökonomischen Freiheit.[16]

**9** Der sektorale Staat bietet dem Individuum nicht ganzheitliche Erfüllung, sondern lediglich nützliche und notwendige Dienste. Dem Einzelnen ist unbenommen, wo und wie er als Privater Erfüllung sucht und sein Dasein gestaltet. Die Vielfalt und Buntheit menschlicher Besonderheiten entfaltet sich im grundrechtlich geschützten Raum der („pluralistischen") Gesellschaft, indes der Staat die rechtliche Einheit verkörpert, die dem farblosen, durch Distanz- und Neutralitätssiebe gefilterten Prinzip der Allgemeinheit verpflichtet ist.[17] Die Demokratie bietet dem Bürger Mitwirkung in der politischen Willensbildung. Doch diese bezieht sich auf den Staat in seinem beschränkten Wirkungskreis, respektiert die grundrechtlich geschützten privaten und gesellschaftlichen Sphären der Unabstimmbarkeit und kann nicht verhindern, dass sich der Aktivbürger gegenüber dem demokratisch legitimierten Gesetz dennoch als Untertan erfährt.

**10** Im Wechsel vom ganzheitlichen zum sektoralen Staat vollzieht sich die kopernikanische Wende der Neuzeit: von einer vorgegebenen Wesensordnung zu einer vernunftgegründeten Willensordnung; vom Universalismus, für den das Ganze den Vorrang vor den Teilen beansprucht, zum Individualismus, für den der sektorale Staat „um des Menschen willen" besteht, seinen Rechten und Daseinsbedürfnissen gewidmet ist und aus seinem Wollen und von seinem Wohl her gerechtfertigt.

---

14 *Paul Kirchhof*, Der Staat als Garant und Gegner der Freiheit, 2004, S. 9 ff.
15 Problem und Typologie der Staatsbegriffe *Josef Isensee*, Staat und Verfassung, in: HStR, Bd. II,³2004, § 15 Rn. 46 ff., 137 ff.; *ders.*, Die Staatlichkeit der Verfassung, in: Depenheuer/Grabenwarter (N 6), § 6 Rn. 11 ff. Zum Wandel der Staatsbegriffe *Theodor Schieder*, Wandlungen des Staates in der Neuzeit, in: HZ 216 (173), S. 265 ff.
16 *Paul Kirchhof*, Leitgedanken der Steuerreform, in: ders., Steuergesetzbuch, 2011, Rn. 3 ff.
17 Zu diesem Prinzip *Gregor Kirchhof*, Die Allgemeinheit des Gesetzes, 2009, S. 95 ff., 1174 ff.

# B. Suche nach der verlorenen Ganzheit

## I. Der philosophische Ansatz

Der staatliche Torso empfindet Phantomschmerz. Die Moderne entbindet nicht nur zentrifugale Tendenzen zur Auflösung der Einheit, sondern auch zentripetale zu ihrer Wiedergewinnung. Die Philosophie versucht, die Entzweiung zu überwinden. Rousseau weist einen Weg, wie die Menschheit nach dem Sündenfall der Zivilisation, der sie in Unfreiheit und Ungleichheit gestürzt hat, erlöst und aus zivilisatorischer Selbstentfremdung zu sich selbst zurückgeführt werden kann: dass der Einzelne sich völlig der politischen Gemeinschaft hingibt und seine individuelle Freiheit in der Freiheit des staatlichen Ganzen aufgeht, so dass er frei wird, indem er dem allgemeinen Willen gehorcht. Die Ganzheit des Staates, die innerweltliche Glaubenssätze als allgemeinverbindliche Zivilreligion einschließt, wird hergestellt dadurch, dass alles Private, Eigennützige, Besondere ausgemerzt und dass aus dem subjektiv-partikularen Willen der allgemeine Wille destilliert wird. Der Klassiker der modernen Demokratie liefert die philosophische Legitimation für die Totalitarismen gleich mit, die seit den Jakobinertagen die Menschheit heimsuchen.[18]

Auch Hegel will die societas perfecta aus dem Geist der Moderne erneuern. Anders als Rousseau opfert er die Belange des Einzelnen nicht denen des Ganzen, sondern sieht sie in diesem aufgehoben. „Das besondere Interesse soll wahrhaft nicht beiseite gesetzt oder gar unterdrückt, sondern mit dem Allgemeinen in Übereinstimmung gesetzt werden, wodurch es selbst und das Allgemeine erhalten wird."[19] Für Hegel ist der Staat „als lebendiger Geist schlechthin nur ein organisiertes, in die besonderen Wirksamkeiten unterschiedenes Ganzes", die Verfassung „die Wirklichkeit der *Freiheit* in der Entwicklung aller ihrer vernünftigen Bestimmungen".[20] Zunächst Nützlichkeitsveranstaltung, „Not- und Verstandesstaat", erhebt sich der Staat zur Wirklichkeit der sittlichen Idee. Er bildet eine wesentliche Stufe im Universum der Philosophie, die aus Widersprüchen und Einungen Individuum und Gemeinschaft, Geist und Macht, Idee und Wirklichkeit, Weltgeschichte und Weltgericht zusammenführt und eins werden lässt.

## II. Der integrationstheoretische Ansatz

Ein Ausläufer der hegelianischen Staatsphilosophie innerhalb der Staatsrechtslehre ist die Integrationstheorie Smends. Sie begreift den Staat als Lebenstotalität, die in dem Prozess der Integration und aus diesem Prozess lebt.[21] Der Bürger überwindet seinen Egoismus und erkennt seinen sittlichen Beruf für die allgemeine Sache. Die

---
18 *Jean-Jacques Rousseau*, Du contrat social, 1762.
19 *Georg Wilhelm Friedrich Hegel*, Grundlinien der Philosophie des Rechts, 1821, § 261.
20 *Georg Wilhelm Friedrich Hegel*, Enzyklopädie, 1830, § 539.
21 *Rudolf Smend*, Verfassung und Verfassungsrecht (1928), in: ders., Staatsrechtliche Abhandlungen, ²1968, S. 119 (136 ff., 190 ff.).

Grundrechtsfreiheit wandelt sich von Staatsabwehr zu Staatshingabe.[22] Die Verfassung ist ein Medium der Integration; sie wird nach ihren Bedürfnissen ausgelegt und notfalls zurechtgebogen.[23]

14 Integration ist ein diffuses Programm: Bewegung zu einem Ziel, das niemals erreicht wird, auf Wegen, die nicht markiert sind. Sie ist ein stetiges Fließen, das alle rechtlichen Unterscheidungen und Abgrenzungen überspült. Für Smend hat Integration freilich eine bestimmte Bezugsgröße: den Staat, genauer die Nation als Willenseinheit, die den Staat hervorbringt und sich in ihm verwirklicht. Für Häberle aber, der den Ansatz Smends fortentwickelt, tritt an die Stelle der Nation die offene Gesellschaft, an die Stelle des Staates die Verfassung, und diese löst sich auf in ein holistisches Verständnis von Kultur, die alles bedeuten und die jedermann interpretieren kann.[24] Die Ganzheit des Gemeinwesens stellt sich der Integrationslehre dar als eine solche des Bewusstseins, des Erlebens und Wollens. Sie verbleibt in der Sphäre der Theorie und erreicht nicht die der Praxis. Sie vermag, rechtliche Erscheinungen zu deuten, nicht aber rechtspraktische Konsequenzen aufzuweisen.

### III. Der staatsrechtliche Ansatz

15 Die Dogmatik des Staatsrechts aber strebt von vornherein nach rechtspraktischen Ergebnissen. Sie fragt, ob und wieweit die Staatsgewalt in ihrer verfassungsrechtlichen Gebundenheit und Begrenztheit das „gute Leben" des Gemeinwesens gewährleisten und mit ihren beschränkten Mitteln dem Gemeinwohl genügen kann, oder ob sie resignieren und das Feld dem freien Spiel der gesellschaftlichen Kräfte überlassen muss. Das Thema zieht sich als roter Faden durch das Lebenswerk Paul Kirchhofs. Er geht nicht aus von einem Ideal, sondern von den Gegebenheiten der Realität und des Rechts: „Die freiheitliche Ordnung anerkennt grundsätzlich vorgefundene Wirklichkeiten und überlässt sie in ihren Wirkungen und Entwicklungen sich selbst. Eine freiheitliche Verfassung will den Menschen nicht voll verfassen."[25] Damit erhebt sich die Frage, wie das Gemeinwesen als Ganzes lebensfähig ist. Seine Ordnung jedenfalls bleibt ein Torso, ein freilich planhafter Torso. Seine Zugehörigen sind nicht „voll verfasst", sie sind also mehr als bloße Staats-Zugehörige. Sie bleiben sie selbst in verschiedenen, angeborenen und selbstgewählten Rollen, Bürger und Anarchen zugleich.

---

22 *Smend* (N 21), S. 260 ff.; *ders.*, Bürger und Bourgeois im deutschen Staatsrecht (1933), ebd., S. 309 (323 f.).
23 *Smend* (N 21), S. 190, 195.
24 Vgl. *Peter Häberle*, Zeit und Verfassung, in: ZfP 1975, S. 111 ff.; *ders.*, Verfassung als öffentlicher Prozeß, 1978, S. 121 ff.; *ders.*, Verfassungslehre als Kulturwissenschaft, ²1998; *ders.*, Die Verfassung „im Kontext", in: Daniel Thürer et alii (Hg.), Verfassungsrecht in der Schweiz, 2001, § 2 Rn. 7 ff.
25 *Kirchhof* (N 14), S. 54.

## C. Einheit freier und verfasster Potenzen

### I. Umfassender Gemeinwohlauftrag des Staates bei begrenzten Mitteln

Allen staatsrechtlichen Institutionen geht die staatsethische Erkenntnis voraus, dass die Staatsorganisation nicht um ihrer selbst willen besteht, sondern um des Volkes willen, und alles staatliche Handeln sich aus dessen Wohl zu rechtfertigen hat: res publica res populi.[26] Das Gemeinwohl ist die Regel der Regeln, das Ziel der Ziele. Dem umfassenden Ziel des Staates entspricht seine Allzuständigkeit. Diese besteht freilich nur virtuell. Auf ganzer Linie aktualisiert, ergäbe sie den totalen Staat. Sie verschafft keine unbegrenzten Handlungsmöglichkeiten. Allzuständigkeit begründet keine Alleinzuständigkeit.[27] Vielmehr teilt der Staat seine Zuständigkeit in wesentlichen Bereichen mit den Grundrechtsträgern. Gemeinwohlwichtige („öffentliche") Aufgaben sind kraft der Grundrechte Privaten vorbehalten, so Pflege und Erziehung der Kinder, Ausbildung, Berufswahl. In den Händen Privater liegen die biologischen, die geistigen, die materiellen Ressourcen des Gemeinwesens. Die bevölkerungspolitische Überlebensfrage entscheidet nicht das Parlament, sondern jedes Elternpaar für sich – und damit auch für die Zukunft des Gemeinwesens. Religion, Weltanschauung und Ethos entziehen sich der staatlichen Verfügung, ebenso wissenschaftliche Erkenntnis, künstlerisches Schaffen, öffentliche Meinung. Die Versorgung mit lebenswichtigen Gütern wird in wesentlichem Maße von der Privatwirtschaft, also grundrechtsautonom, erbracht. Insoweit konstituiert sich das Gemeinwesen als Werk grundrechtlicher Freiheit.

Cum grano salis mag man von konkurrierenden Gemeinwohlkompetenzen des Staates und der Grundrechtsträger sprechen. Der Vorrang in der Kompetenzausübung kommt den Privaten zu. Der Staat kann die Kompetenzen nur unter bestimmten grundrechtlichen Bedingungen an sich ziehen. In diesen Bedingungen konkretisiert sich das Subsidiaritätsprinzip. Die „Konkurrenten" sind ihrem verfassungsrechtlichen Status nach ungleich. Die Staatsgewalt ist ausschließlich auf die Sache der Allgemeinheit ausgerichtet. Dagegen ist die grundrechtliche Freiheit nicht von vornherein determiniert. Sie entbindet legitime Willkür, legitimen Eigennutz, legitime Untätigkeit – wie auch gemeinnützigen Dienst.

Die grundrechtsautonome Förderung des Gemeinwohls ist zumeist weniger Ergebnis guter Absichten als das Werk einer unsichtbaren Hand, die den Wettbewerb wie das gesellschaftliche Leben überhaupt lenkt. Die sichtbare Hand des Staates wird darum nicht überflüssig. Sie hat zu gewährleisten, dass die grundrechtliche Freiheit sich nicht in der Realität selbst aufhebt durch Missbrauch wie durch gefährliche Verwerfungen von sozialer Macht und Ohnmacht. Das soziale Staatsziel zeigt an, dass die Verfassung nicht an die prästabilisierte Harmonie einer privatautonomen Gesellschaft glaubt und dass die Ordnungsmacht des Staates gefordert ist. Dieser hat zu handeln, wo private Initiative versagt. Ihm bleibt die unausweichliche Letztverantwortung. Das Gemeinwohl lässt sich bestimmen als die Verwirklichung der

---

26 *Marcus Tullius Cicero*, De re publica, I, 25.
27 *Paul Kirchhof*, Mittel staatlichen Handelns, in: HStR, Bd. V, ³2007, § 99 Rn. 9 f.

Freiheit. Doch ohne Zutun des Staates ist diese nicht zu erlangen und nicht aufrechtzuerhalten. Sie ist angewiesen auf die staatliche Rechtsordnung als Grundlage und als Rahmen. Das Privatrecht, das Strafrecht, das Verwaltungsrecht lassen sich denn auch nicht einseitig als Schranken grundrechtlicher Freiheit erfassen. Sie sind auch – und das in höherem Maße – die Bedingung ihrer Möglichkeit.

19   Überhaupt ist grundrechtliche Freiheit nicht außerhalb des Staates denkbar. Die Grundrechte sind zwar inhaltlich ausgerichtet auf das „vorstaatliche", naturrechtliche Leitbild der Menschenrechte. Doch ihrer Geltung nach sind sie positives staatliches Recht, und die Freiheit, die sie gewährleisten, ist nicht die eines wilden Naturzustandes, sondern die der staatlich befriedeten und gehegten Ordnung des Rechts.

## II. Gewaltmonopol, nicht Gemeinwohlmonopol des Staates

20   Die Verfassung setzt an in der rechtlichen Regelung der Mittel des Staates, indes sie die Ziele im weiten Horizont des Gemeinwohls weitgehend offenhält.[28] Ihr spezifisches Mittel ist der physische Zwang. Kraft des „absoluten Monopols", Zwang anzudrohen und anzuwenden,[29] vermag der Staat, Gewalttätigkeit aus dem bürgerlichen Leben zu verbannen, dem Recht Wirksamkeit und dem gesetzlichen Befehl Autorität zu verschaffen. Das Gewaltmonopol befriedet die Gesellschaft und gewährleistet den Gesamtzustand der inneren Sicherheit, ohne die eine unbefangene Ausübung der grundrechtlichen Freiheit nicht möglich ist. Es sichert die innere Grenze zwischen der Freiheit des einen und der Freiheit des anderen, indem es dem privaten Übergriff wehrt. An die Stelle des gewaltsamen Kampfes um das Recht treten staatliche Verfahren als zivile Formen der Austragung und Lösung von Konflikten.

21   Das Gewaltmonopol ist eine Grundlage der inneren Souveränität des Staates, der Fähigkeit, seinen Willen gegen widerstrebende nichtstaatliche Kräfte, auch solche, die ihm an Geld oder Einfluss überlegen sind, durchzusetzen und in Distanz zu ihnen zu bestimmen, was das Gemeinwohl erheischt. Innere Souveränität ist die Machtkomponente der Gemeinwohlfähigkeit. Sie hat sich heute insbesondere gegenüber den nationalen wie den internationalen Finanzmächten zu bewähren.[30]

22   Freilich reichen gesetzlicher Befehl und Zwang nicht aus, damit der Staat den vielfältigen und wechselhaften Anforderungen des allgemeinen Wohls genügen kann. Dieses verlangt mehr als ein gewaltfreies Nebeneinander der Bürger. Es ist angewiesen auf ein gedeihliches, produktives Miteinander. Der freiheitliche Staat kann nicht überall ausgleichen, wo gesellschaftliche und private Spontaneität ausfällt. Die Grundrechte hindern ihn oftmals, gemeinwohlwichtige Agenden zu regulieren oder gar in eigene Regie zu nehmen.

---

28   *Kirchhof* (N 27), § 99 Rn. 1 ff.
29   *Rudolph von Jhering*, Der Zweck im Recht, 1877, Bd. I, ⁴1904, S. 247.
30   Zu den „neuen Anfragen an das Recht": *Paul Kirchhof*, Erwerbsstreben und Maß des Rechts, in: HStR, Bd. VIII, ³2010, § 169 Rn. 1 ff., 80 ff.

## III. Voraussetzungen des freiheitlichen Staates

Hier zeigt sich der Hiatus zwischen dem umfassenden Gemeinwohlauftrag des Staates und der Begrenztheit seiner hoheitlichen Mittel.[31] Die geradezu sprichwörtlich gewordene Umschreibung Böckenfördes lautet, dass der moderne freiheitliche Staat von Voraussetzungen lebe, die er selbst nicht garantieren könne, ohne seine Freiheitlichkeit in Frage zu stellen.[32] „Voraussetzungen" in diesem Kontext sind die Lebensbedingungen des Gemeinwesens, welche die Staatsgewalt nicht aus sich selbst heraus hervorbringen oder erzwingen kann.[33]

Die Notwendigkeit einer ethischen Fundierung des Gemeinwesens ergibt sich aus seiner Freiheitlichkeit. Wenn der Rechtsstaat nur äußeres Verhalten erzwingen darf, so müssen die Rechtsgenossen im großen und ganzen von sich aus das Rechte tun. Die Demokratie lebt von der Anerkennung ihrer Entscheidungsregeln und der Freiwilligkeit des Rechtsgehorsams. Der Sozialstaat gründet auf der Solidarität der Gesellschaft und der Bereitschaft der Leistungsfähigen, für die Leistungsbedürftigen einzustehen, wie überhaupt das Gemeinwesen nicht allein auf *Ansprüche* der Bürger gegründet werden kann.[34] Hier stößt der gängige Utilitarismus auf seine Grenzen. Das Gemeinwohl zehrt auch von Nächstenliebe, Bürgersinn und Patriotismus. Diese stellen keine Kosten-Nutzen-Rechnung auf.

Politiker bemühen gern die Sentenz von den Voraussetzungen, die der Staat nicht garantieren könne, um sich heikle politische Anstrengung zu ersparen, gesellschaftliche Entwicklungen als schicksalhaft hinzunehmen und die Verantwortung des Staates für das Gemeinwohl zurückzuschneiden.[35] Staatliche Verantwortung wird hier ineinsgesetzt mit der Reichweite staatlicher Befehls- und Zwangsgewalt. Eben das ist ein Kurzschluss. Der Staat verfügt über ein Repertoire „schlichter" Mittel der Einflussnahme: Förderung, Planung, Anregung, Beratung, Kooperation, amtliche Rede und amtliches Vorbild.[36] Das wirksamste Mittel ist die schulische Erziehung. Sie ergänzt die (mit grundrechtlichem Vorrang versehene) elterliche Erziehung und ist gegebenenfalls auch deren Korrektiv und Widerpart.[37] Die schulische Erziehung soll die Jugendlichen befähigen, den eigenen Lebensentwurf zu finden, die grundrechtliche und demokratische Freiheit verantwortlich auszuüben,

---

31 *Kirchhof* (N 27), § 99 Rn. 1 ff.
32 *Ernst-Wolfgang Böckenförde*, Die Entstehung des Staates als Vorgang der Säkularisation (1967), in: ders., Staat, Gesellschaft, Freiheit, 1976, S. 60; *ders.* (N 8), S. 37.
33 Zum Inbegriff und zu weiteren Bedeutungsfacetten *Josef Isensee*, Grundrechtsvoraussetzungen und Verfassungserwartungen an die Grundrechtsausübung, in: HStR, Bd. IX, ³2011, § 190 Rn. 49 ff., 119 ff., 160 ff. (Nachw.); *Paul Kirchhof*, Grundrechtsinhalte und Grundrechtsvoraussetzungen, in: HGR, Bd. I (2004), § 21 Rn. 7 ff., 23 ff., 44 ff.
34 *Otto Depenheuer*, Solidarität und Freiheit, in: HStR, Bd. IX, ³2011, § 194 Rn. 6 ff., 26 ff., 66 ff. Vgl. auch ebd. *Isensee* (N 33), § 190 Rn. 124 ff., 188 ff., 195 ff.; *Paul Kirchhof*, Der Staat als Organisationsform politischer Herrschaft und rechtlicher Ordnung, in: DVBl 1999, S. 637 (643 f.).
35 Repräsentativ Bundeskanzler *Helmut Schmidt*, Ethos in Staat und Gesellschaft, in: Günter Gorschenek (Hg.), Grundwerte in Staat und Gesellschaft, 1977, S. 13 ff. Kritisch *Josef Isensee*, Verfassungsgarantie ethischer Grundwerte und gesellschaftlicher Konsens, in: NJW 1977, S. 545 ff.
36 Dazu *Kirchhof* (N 27), § 99 Rn. 5 ff.; *ders.* (N 33), § 21 Rn. 68 ff.; *ders.* (N 14), S. 16 ff.
37 *Matthias Jestaedt*, Schule und außerschulische Erziehung, in: HStR, Bd. VII, ³2009, § 156 Rn. 43 ff., 67 ff., 81 ff. Grundsätzlich *Uwe Volkmann*, Darf der Staat seine Bürger erziehen?, 2012.

die Zumutungen der Freiheit des anderen auszuhalten und sich im gesellschaftlichen Wettbewerb zu behaupten. In der Schule erneuern sich die intellektuellen und die moralischen Ressourcen des Gemeinwesens.

26  Staatliche Leistung wird über die allgemeine Schulpflicht sanktioniert durch staatlichen Zwang. Der an sich nur auf Legalität ausgerichtete Rechtsstaat erweist sich hier eben doch als sittlicher Staat, der die Tugenden des bürgerlichen Zusammenlebens vermittelt und einübt. Niemals war die schulische Erziehung so wichtig wie heute angesichts der Zuwanderer aus fremden Kulturkreisen.[38]

27  „Die angebliche Ohnmacht des Staates gegenüber seinen tatsächlichen Existenzvoraussetzungen verkennt …, dass der demokratische Verfassungsstaat gesellschaftliches Leben auch organisiert, plant, fördert und mitverantwortet, umgekehrt die Bedrohung der Freiheit vielfach auch von der Gesellschaft ausgeht. Eine Verfassung garantiert sich nicht aus sich selbst heraus, sondern aus dem Zusammenwirken von Staat und Gesellschaft, vom Rechtsetzer und anderen wertsichernden Organisationen des geistigen Einflusses."[39] Wenn die staatlich nicht garantierbaren Voraussetzungen zum staatlich beherrschbaren Sektor des Gemeinwesens hinzutreten, stellt sich ein ganzheitliches Bild des Staates unter den Bedingungen seiner Verfassung wieder her.[40] Das ist freilich nur ein Ideal. Ob die Voraussetzungen erfüllt werden und die Wirklichkeit sich dem Ideal annähert, hängt von vielfältigen, auch unberechenbaren und unbeeinflussbaren Faktoren ab. Nur wenn die verfassten und die freien Potenzen zusammenwirken, kann sich das Gemeinwohl verwirklichen. Diese Ganzheit erscheint in heutiger Sicht nicht mehr als Vorgabe der Wesensverfassung des Menschen, sondern als gemeinsame Aufgabe für alle im Gemeinwesen, die sie im Wechsel der Lagen unter den Bedingungen der Unsicherheit stetig neu angehen. Für das Gelingen gibt es keine Gewähr. Freiheit ist immer ein Wagnis. Doch die Erfahrung lehrt: Freiheit kann glücken.

## D. Ablösung des Staates durch überstaatliche Organisation?

28  Die Autarkie, die Aristoteles dem Staat zuspricht, weil sich in ihm als umfassende Gemeinschaft von engeren Gemeinschaften die Wesensanlage des Menschen erfüllt, so dass es keiner weiteren Gemeinschaften bedarf,[41] ist heute als Idealbild sowie, sollte sie je wirklich gewesen sein, als Realität zerbrochen. Die Staaten der Gegenwart sind nicht in der Lage, ureigene Aufgaben wie die der militärischen und der polizeilichen Sicherheit, der Energieversorgung und des Umweltschutzes autark zu erledigen. Vielmehr sind sie darauf angewiesen, mit anderen Staaten zusam-

---

38  *Josef Isensee*, Integration mit Migrationshintergrund, in: JZ 2010, S. 317 (321 ff.).
39  *Kirchhof* (N 14), S. 60; *ders.* (N 33), § 21 Rn. 52 ff.; *ders.*, Die kulturellen Voraussetzungen der Freiheit, 1995, S. 11 ff.
40  *Paul Kirchhof*, Die Einheit des Staates in seinen Verfassungsvoraussetzungen, in: Otto Depenheuer et alii (Hg.), Die Einheit des Staates, 1998, S. 51 ff.
41  Diese ontologische Autarkie hat nichts zu tun mit wirtschaftlicher Autarkie, die für keinen hochentwickelten Staat der Gegenwart erreichbar und noch nicht einmal politisch erstrebenswert ist.

menzuarbeiten und sich mit ihnen zu verbinden. Nur so können sie sich auch gegenüber den global operierenden nichtstaatlichen Mächten, zumal den wirtschaftlichen, behaupten. Zunehmend fügen sie sich ein in internationale Organisationen. Der Trend zur Internationalisierung inspiriert die Prognose, dass der Staat durch nichtstaatliche Formen abgelöst werde. Die uralten, doch bisher niemals erfüllten Prophezeiungen vom Absterben des Staates dröhnen erneut.[42]

Die Europäische Union scheint diese Entwicklung zu bestätigen im Wachstum ihrer Kompetenzen auf Kosten ihrer Mitgliedstaaten, einem Wachstum, das sogar noch durch Fehlplanungen und Misserfolge wie die der Währungsunion beschleunigt wird. Scheinbare Erfüllung verheißt das mögliche Endziel der Vereinigten Staaten von Europa, einem Bundesstaat, dessen nationalstaatliche Mitglieder zu nichtsouveränen Gliedstaaten degradiert sind.[43] So stark diese Umwälzung sich auch auf die politische Realität auswirken würde, so trivial wäre sie aus der Sicht der Staatstheorie, die allein auf den Formtypus des Staates blickt. Als souveräner Staat wäre die Europäische Union ihrer Form nach nur noch eine konventionelle Erscheinung. Mit ihr stürbe der Staat nicht ab. Vielmehr würde er durch die Gründung eines neuen Staates und die capitis diminutio seiner Gliedstaaten als Kategorie bestätigt, indes das Unikat des Staatenverbundes, von manchen als Alternative zum Staat gesehen, sich erledigte.

Noch ist es nicht so weit. Der Europäischen Union fehlen wesentliche Eigenschaften der Staatlichkeit, zumal die Kompetenzkompetenz. Gerade darum bildet sie ein Unikat, das, von keiner bisherigen Kategorie des Staats- und Völkerrechts erfasst, als Staatenverbund firmiert.[44] Die Mitgliedstaaten sind Herren der Verträge und damit souverän geblieben.[45] In der engen Verflechtung gewinnen die Mitgliedstaaten sogar Macht, die ihnen als einzelne nicht zukäme. Ein Volksentscheid in Irland oder eine Parlamentswahl in Griechenland vermögen das supranationale Gefüge zu erschüttern. Die Bewältigung der Finanzkrise liegt in den Händen der finanzstärksten Mitgliedstaaten, indes die europäischen Organe nur gutheißen, umsetzen, anmahnen oder jammern können, also als abgeleitete Größen agieren.

Die Europäische Union ist bestrebt, den Nimbus, die Legitimation und die Gestalt des Verfassungsstaates anzunehmen und seine Prinzipien der Demokratie, der Gewaltenteilung und der Grundrechte zu verwirklichen. So bemüht sie sich, ihre demokratische Fundierung nachzuweisen, ein Ehrgeiz, der völkerrechtlichen Institutionen wie dem Sicherheitsrat der Vereinten Nationen fremd ist. Doch der Versuch einer europäischen Demokratie kann bei dem bisherigen Stand der Integration

---

42 Dazu mit Nachw. *Josef Isensee*, Rückmeldung eines Totgesagten: der Staat, in: Eckhard Jesse (Hg.), Renaissance des Staates?, 2011, S. 53 ff.
43 Dazu kritisch *Hermann Lübbe*, Abschied vom Superstaat, 1994, S. 15 ff., 99 ff. Deutscher Verfassungsvorbehalt gegen einen europäischen Bundesstaat BVerfGE 83, 155 (182 ff.); 123, 267 (402.); *Paul Kirchhof*, Der deutsche Staat im Prozeß der europäischen Integration, in: HStR VII, ¹1992, § 183 Rn. 58 ff.
44 Urheberschaft: *Kirchhof* (N 43), § 183 Rn. 38, 50 ff.; *ders.*, Europäische Einigung und der Verfassungsstaat der Bundesrepublik Deutschland, in: Josef Isensee (Hg.), Europa als politische Idee und als rechtliche Form, ¹1993, S. 63 (92 ff.); *ders.*, Das Maastricht-Urteil des Bundesverfassungsgerichts, in: ders. (Hg.), Der Staatenverbund der Europäischen Union, 1994, S. 11 ff.; BVerfGE 89, 155 (181 ff., 188 ff.).
45 BVerfGE 89, 155 (190, 192 ff., 209 ff.); 123, 267 (347 ff., 381 ff.).

nicht gelingen, weil es kein europäisches Volk gibt, das als Legitimationsquelle und Trägerverband wirken könnte. Das direkt gewählte EU-Parlament geht hervor aus den einzelnen Völkern der Mitgliedstaaten. In der Sitzverteilung überlagert die Staatenparität die demokratische Egalität. Die kärgliche Ausstattung mit Entscheidungskompetenzen gibt nicht das Gewicht, das für eine demokratische Gewaltenbalance erforderlich wäre.[46] Wenn die europäische Rechtsetzung, die im wesentlichen Sache der Exekutive ist, sich überhaupt als demokratisch ausweisen kann, dann nicht wegen des dünnen Legitimationsrinnsals über das supranationale Europäische Parlament, sondern wegen des kräftigeren über die nationalen Regierungen, die den Rückhalt in ihren nationalen Volksvertretungen haben. Das vielbeklagte Demokratiedefizit der Europäischen Union ist rebus sic stantibus nicht ausgleichbar. Dem Vertragsrecht fehlten auch die rechtliche Konsistenz und Strenge, wie sie dem Verfassungsrecht der Staaten eignet, weil es, als Instrument der Integration nicht dauerhaft verfestigt, sich jederzeit den wechselnden Bedürfnissen anpassen und politisch verflüssigen kann, wie die Regelungen über die Staatsverschuldung zeigen.[47] Die Unterscheidung zwischen Normalität und Ausnahmezustand kommt unter solchen Auspizien erst gar nicht auf. Europarecht ist Rechtskautschuk in den Händen seiner politischen Akteure.

32  Nur in den Institutionen des Staates können sich die Verfassungsprinzipien der Demokratie, der Gewaltenteilung und der Menschenrechte vollständig entfalten. Der Staat ist die ausgereifte, höchste unabgeleitete Form politischer Organisation, von der sich die internationalen und supranationalen Verbände ableiten. In der letztmaßgeblichen politischen Gemeinschaft findet das Individuum zu seiner Identität als Bürger, die nicht das Ganze seiner Person erfasst, aber doch einen wesensnotwendigen Teil. Man zögert, dem Staat deshalb wieder die Qualität einer societas perfecta et completa zuzuerkennen. Dennoch fällt auf ihn immer noch ein ferner Abglanz der aristotelischen Idee. Er genügt, so Paul Kirchhof, „auch heute dem Bedürfnis nach Gemeinschaft, Zugehörigkeit, friedenswahrender Autorität, rechtlicher Ordnung und existentieller Sicherung, ohne die der Mensch seine Persönlichkeit, seine Sprache, seine Begegnungs- und Bindungsfähigkeit, seine Kultur und Ökonomie nicht entfalten kann. In dieser Aufgabenstellung ist die Organisations- und Handlungsform des Staates heute ohne Alternative."[48]

---

46 Zum geringen Gewicht der in der Sache zutreffenden, wenn auch kompetenziell unangemessenen, die Amtspflicht zu europäischer Courtoisie verletzenden Beurteilung: BVerfGE 129, 300 (324 ff.) – Fünf-Prozent-Klausel.
47 Dazu *Paul Kirchhof*, Der deutsche Staat im Prozeß der europäischen Integration, in: HStR, Bd. X, ³2012, § 214 Rn. 72 ff., 85 ff., 94 ff.
48 *Kirchhof* (N 34), S. 639.

# E. Bibliographie

*Böckenförde, Ernst-Wolfgang*, Der Staat als sittlicher Staat, 1978.
*Isensee, Josef*, Die alte Frage nach der Rechtfertigung des Staates, in: Petra Kolmer/Harald Korten (Hg.), Recht – Staat – Gesellschaft, 1999, S. 21 ff.
ders., Grundrechtsvoraussetzungen und Verfassungserwartungen an die Grundrechtsausübung, in: HStR, Bd. IX, ³2011, § 190.
*Kirchhof, Paul*, Der deutsche Staat im Prozess der europäischen Integration, in: HStR, Bd. X, ³2012, § 214.
ders., Der Staat als Organisationsform politischer Herrschaft und rechtlicher Ordnung, in: DVBl 1999, S. 637 ff.
ders., Der Staat als Garant und Gegner der Freiheit, 2004.
ders., Mittel staatlichen Handelns, in: HStR, Bd. V, ³2007, § 99.
*Lübbe, Hermann*, Abschied vom Superstaat, 1994.

# § 2
# Staatsvolk

*Christian Seiler*

## Übersicht

|  | Rn. |
|---|---|
| A. Das Staatsvolk als Element des Staatsbegriffs | 1– 3 |
| B. Das Staatsvolk als Gegenstand des Verfassungsrechts | 4–15 |
|    I. Das Staatsvolk der Bundesrepublik Deutschland | 4– 6 |
|      1. Verfassungs- und einfachrechtliche Ausgestaltung | 4– 5 |
|      2. Staatsvolk des Bundes, nicht der Länder | 6 |
|   II. Das Staatsvolk als demokratisches Legitimationssubjekt | 7–11 |
|      1. Das Staatsvolk als legitimierender Verband | 7 |
|      2. Legitimierendes Volkshandeln: Wahlakt, informelle Volkswillensbildung | 8– 9 |
|      3. Das legitimationsfähige Staatsvolk | 10–11 |
|   III. Die Staatsbürgerschaft als Anknüpfungspunkt individueller Rechte | 12–13 |
|      1. Staatsbürgerliche Rechte | 12 |
|      2. Deutschengrundrechte | 13 |
|   IV. Das Staatsvolk als Inbegriff der Zugehörigen | 14–15 |
| C. Das Staatsvolk als Gegenstand des Völkerrechts | 16–22 |
|    I. Der völkerrechtliche Begriff des Staatsvolks | 16 |
|   II. Staatsvolk und Staatsbürger als Gegenstand des Völkerrechts | 17–20 |
|   III. Das Selbstbestimmungsrecht der Völker | 21–22 |
| D. Das Staatsvolk im Wandel | 23–25 |
|    I. Demographische Entwicklung | 23 |
|   II. Staatsvölker in Europa | 24–25 |
| E. Bibliographie | |

## A. Das Staatsvolk als Element des Staatsbegriffs

„Voraussetzung jedes Staates ist ein Staatsvolk."[1] Als eines der drei Elemente des klassischen Staatsbegriffs konstituiert es gemeinsam mit der Staatsgewalt und dem Staatsgebiet die je konkrete Staatlichkeit.[2] Das überindividuelle, nicht selbst personifizierbare Staatsvolk ist dabei sowohl Träger des Staates als auch Gewaltunterworfener, demgemäß ebenso Subjekt wie Objekt der Staatsgewalt.[3]

Das Staatsvolk benennt als Gesamtheit aller Staatsangehörigen zunächst einen nach formalen Kriterien identifizierbaren Personenverband, der als solcher von der materiell definierten Nation, sei sie Willens- oder Kulturnation, abzugrenzen ist. Dieser formale Gehalt begründet auch die Eignung des Staatsvolks als Kategorie des auf die Begegnung verschiedenartiger Staaten zugeschnittenen Völkerrechts,

1

2

---

[1] *Paul Kirchhof*, Die Identität der Verfassung, in: HStR, Bd. II, ³2004, § 21 Rn. 73.
[2] *Georg Jellinek*, Allgemeine Staatslehre, ³1913, S. 174 ff., 394 ff.; zur Rezeption *Rolf Grawert*, Staatsvolk und Staatsangehörigkeit, in: HStR, Bd. II, ³2004, § 16 Rn. 4 f. m. weit. Nachw.
[3] *Jellinek* (N 2), S. 406 ff. (408). – Prägnant BVerfGE 89, 155 (186): Das Staatsvolk ist „Ausgangspunkt für eine auf es selbst bezogene Staatsgewalt".

das seinen Staatsbegriff nach wie vor an der Drei-Elemente-Lehre[4] ausrichtet (C.). Das Verfassungsrecht greift diesen formalen Ansatz auf[5], verlagert aber die Perspektive auf die Funktion des Staatsvolkes als demokratisches Legitimationssubjekt[6] (B.). Denn der Verfassungsstaat hegt die Erwartung einer gelebten Demokratie, die ohne die Fähigkeit des Staatsvolkes zur einheitlichen Willensbildung enttäuscht werden dürfte, daher ein gewisses Maß an Zusammengehörigkeit voraussetzt und nach einer beständigen Integration seiner Bürger in die staatlich verfasste Gemeinschaft verlangt, ohne dabei die Anforderungen einer freiheitlichen Gesellschaft zu übergehen.

3   Hieran anknüpfend kann man das Staatsvolk als „eine größere Gruppe von Menschen" definieren, „die, ohne durch persönliche Beziehungen oder gegenständlich definierte Sonderinteressen miteinander verbunden zu sein, durch das Staatsangehörigkeitsrecht zum im Staat organisierten Verband zusammengefasst werden".[7] Wer Angehöriger eines Staates ist oder werden kann, muss sodann in ihm und nach Maßgabe der verfassungsrechtlichen Funktionen des Staatsvolkes entschieden werden.

# B. Das Staatsvolk als Gegenstand des Verfassungsrechts

## I. Das Staatsvolk der Bundesrepublik Deutschland

### 1. Verfassungs- und einfachrechtliche Ausgestaltung

4   Die Gesamtheit aller Deutschen bildet das Staatsvolk der Bundesrepublik Deutschland. Das Grundgesetz lässt dies nicht zuletzt in der Präambel sowie in Art. 1 Abs. 2, 56 S. 1, 146 GG erkennen, die dem Volksbegriff das Attribut „deutsch" voranstellen, das darüber hinaus namentlich auch in Art. 20 Abs. 2 GG hineinzulesen ist.[8] Der Begriff des Deutschen wird seinerseits in Art. 116 Abs. 1 GG zweigeteilt definiert, indem er zum einen und grundsätzlich auf die deutsche Staatsangehörigkeit und damit auf das einfache Recht verweist, zum anderen auch hier

---

4   Art. 1 der Montevideo-Konvention vom 26.12.1933 über die Rechte und Pflichten der Staaten, AJIL 28 (1934), Supplement, S. 75; VG Köln, in: DVBl. 1978, S. 510 (511) – Fürstentum Sealand; *Kay Hailbronner/Marcel Kau*, Der Staat und der Einzelne als Völkerrechtssubjekte, in: Wolfgang Graf Vitzthum (Hg.), Völkerrecht, [5]2010, 3. Abschnitt, Rn. 76 ff.; *Alfred Verdross/Bruno Simma*, Universelles Völkerrecht, [3]1984 (Neudruck 2010), S. 223 ff.
5   Zur Maßgeblichkeit der Drei-Elemente-Lehre (und mit ihr des formalen Volksbegriffs) BVerfGE 36, 1 (15 ff.). Siehe auch BVerfGE 2, 266 (277); E 3, 58 (88 f.).
6   Vgl. *Kirchhof*, (N 1), Rn. 73.
7   *Christian Seiler*, Der souveräne Verfassungsstaat zwischen demokratischer Rückbindung und überstaatlicher Einbindung, 2005, S. 74.
8   BVerfGE 83, 37 (50 ff.); 83, 60 (71) – jeweils Ausländerwahlrecht.

aufgenommene deutsche Volkszugehörige (Statusdeutsche)[9] einbezieht. Vervollständigt wird dies durch Art. 73 Abs. 1 Nr. 2 GG, der dem Bund die Zuständigkeit und den Auftrag erteilt, die „Staatsangehörigkeit im Bunde" auszuformen.

Das geltende Staatsangehörigkeitsgesetz (StAG) sieht mehrere Möglichkeiten des Erwerbs der deutschen Staatsangehörigkeit vor. Geburt und Einbürgerung benennen die beiden wichtigsten Erwerbstatbestände. Ein Kind wird gemäß § 4 StAG grundsätzlich durch Geburt Deutscher, wenn ein Elternteil deutscher Staatsangehöriger ist (Abs. 1 – ius sanguinis) oder falls es im Inland geboren ist und ein Elternteil seinen Aufenthalt seit acht Jahren rechtmäßig in Deutschland hat und dieses elterliche Aufenthaltsrecht zudem heute unbefristet ist (Abs. 3 – ius soli)[10]. Darüber hinaus gestattet § 8 StAG als Ermessensnorm die Einbürgerung von Ausländern, die ihren Aufenthalt rechtmäßig in Deutschland haben, strafrechtlich nicht vorbelastet sind, eine Unterkunft gefunden haben und sich und ihre Angehörigen ernähren können. Für Ehegatten Deutscher verdichtet § 9 StAG diese Regelung zu einer Sollvorschrift. § 10 StAG gewährt bei mindestens achtjährigem rechtmäßigem Aufenthalt im Inland (unter weiteren Voraussetzungen) einen Anspruch auf Einbürgerung. Verloren wird die deutsche Staatsangehörigkeit insbesondere durch den Erwerb einer ausländischen Staatsangehörigkeit (§ 25 StAG), bei bereits gegebener Mehrstaatigkeit auch durch Verzicht (§ 26 StAG). Bei alledem ist eine doppelte Staatsangehörigkeit zwar grundsätzlich zu vermeiden. Zahlreiche Ausnahmen (z. B. unterschiedliche Staatsangehörigkeit der Eltern bei Erwerb durch Geburt, Hinnahme der Mehrstaatigkeit nach § 12 StAG mit Rücksicht auf das Recht des anderen Staates oder bei EU-Ausländern) haben diese einstmals strenge Regel aber inzwischen erheblich gelockert.

### 2. Staatsvolk des Bundes, nicht der Länder

Anders als der Bund haben die Länder, auch wenn sie aus historischen Gründen als Staaten bezeichnet werden[11], kein eigenständiges Staatsvolk.[12] Als Glieder des Gesamtstaates Bundesrepublik Deutschland repräsentieren sie jeweils die aktuell in ihnen lebenden Deutschen, also einen allein durch den Wohnsitz bestimmten Ausschnitt des *einen* deutschen Staatsvolkes. Demgemäß beruft sich die Präambel des Grundgesetzes auf die „Deutschen in den Ländern" und fordert Art. 28 Abs. 1 GG

---

9 Die Volkszugehörigkeit begründet einen der Staatsangehörigkeit vergleichbaren, aber nicht identischen Status. So genießen Statusdeutsche alle Deutschenrechte (mit Ausnahme von Art. 16 Abs. 1 GG) und sind insbesondere auch wahlberechtigt. Die Bundesrepublik hat sie völkerrechtlich als Staatsangehörige anerkannt. Innerstaatlich erlangen sie die Staatsangehörigkeit allerdings erst durch einen besonderen Erwerbstatbestand (vgl. § 7 StAG). Siehe *Grawert* (N 2), Rn. 38 ff.
10 Tritt neben die nach Abs. 3 von § 4 StAG erworbene deutsche noch eine ausländische Staatsangehörigkeit, hat sich der Berechtigte gemäß § 29 StAG bis zur Vollendung des 23. Lebensjahres zu entscheiden, welche Staatsangehörigkeit er behalten möchte. Ausnahmsweise wird – parallel zur Einbürgerung – eine Mehrstaatigkeit hingenommen (§ 29 Abs. 4 StAG i. V. m. § 12 StAG).
11 Vgl. *Seiler* (N 7), S. 48 f., 144 ff. m. weit. Nachw.
12 *Josef Isensee*, Idee und Gestalt des Föderalismus im Grundgesetz, in: HStR, Bd. VI, ³2008, § 126 Rn. 47.

eine einheitliche und vom Bund[13] abgeleitete Definition des „Volkes" auf Länderebene.[14] Art. 33 Abs. 1 GG sichert die zugehörige staatsbürgerliche Statusgleichheit aller Deutschen „in jedem Lande" individualrechtlich ab. Verfassungstheorie[15] und Völkerrecht[16] könnten der Annahme eines Landesstaatsvolkes ebenfalls keine Erkenntnisse abgewinnen.

## II. Das Staatsvolk als demokratisches Legitimationssubjekt

### 1. Das Staatsvolk als legitimierender Verband

7   In der Demokratie herrscht das Volk als Einheit über sich selbst als Vielheit.[17] Als kollektivierte Selbstbestimmung setzt die Demokratie den Personenverband Staatsvolk voraus, der vermöge des Staates selbst über seine Geschicke befindet. Begründung wie Ausgestaltung der staatlichen Herrschaft sind daher am Volk auszurichten: Als in der Präambel und in Art. 146 GG hervorgehobene, auch in Art. 20 Abs. 2 GG vorausgesetzte verfassung(weiter[18])gebende Gewalt[19] legitimiert es die Verfassung als solche und mit ihr die Institutionen und Funktionen der verfassten Staatsgewalt; im Staat muss jeder Amtswalter persönlich und jede Entscheidung sachlich legitimiert werden, also letztlich auf den Volkswillen zurückgeführt werden.[20] Im Zusammenwirken dieser Legitimationsfaktoren muss eine hinreichende Rückbindung an das Volk erreicht werden.

---

13  Anders noch § 1 der Urfassung des Reichs- und Staatsangehörigkeitsgesetzes vom 22.07.1913, RGBl. 1913, S. 583 ff, nach dem „Deutscher" war, wer die „Staatsangehörigkeit in einem Bundesstaat" besaß. Als Relikt dieser (dem kaiserzeitlichen Staatsverständnis geschuldeten) Rechtslage enthielt Art. 74 Nr. 8 GG bis 1994 (parallel zur „Staatsangehörigkeit im Bunde" nach Art. 74 Nr. 2 GG) eine konkurrierende Bundeskompetenz zur Regelung einer „Staatsangehörigkeit in den Ländern", die indes – auch mit Blick auf das Homogenitätsgebot des Art. 28 Abs. 1 GG – keinen Anlass zu einer vertikal verdoppelten Staatsangehörigkeit gegeben hat.
14  BVerfGE 83, 37 (53 ff.); E 83, 60 (71) – jeweils Ausländerwahlrecht. – Vgl. aber *Grawert* (N 2), Rn. 33: Die Länder definierten „ihr" Staatsvolk selbst, dürften dabei jedoch nicht vom Bundesrecht abweichen.
15  Die Landes- lässt sich als grundgesetzlich umrahmte, daher nur bedingt dispositive Teilverfassung nicht überzeugend als Akt eines pouvoir constituant erklären. Vgl. *Isensee* (N 12), Rn. 83.
16  Völkerrechtlich wäre eine Landesstaatsangehörigkeit unbeachtlich. – Das Bundesverfassungsgericht hat den Landeseinwohnern überdies das Selbstbestimmungsrecht der Völker verweigert; BVerfGE 13, 54 (93 f.) (Neugliederung der Länder durch *Bundes*gesetz unter Beteiligung der „regionalen Bevölkerung").
17  Vgl. *Hermann Heller*, Die Souveränität, 1927, S. 75. Allgemein zu Wesen und Bedingungen einer „Herrschaft des Volkes" *Peter Graf Kielmansegg*, Volkssouveränität, 1977.
18  *Paul Kirchhof*, Der Staat als Organisationsform politischer Herrschaft und rechtlicher Bindung, in: DVBl. 1999, S. 637 (638): Verfassunggebung als Verfassungweitergebung.
19  Siehe *Ernst-Wolfgang Böckenförde*, Die verfassunggebende Gewalt des Volkes – Ein Grenzbegriff des Verfassungsrechts, in: derselbe, Staat, Verfassung, Demokratie, 1991, S. 90 ff.
20  Zu diesen Formen demokratischer Legitimation *Ernst-Wolfgang Böckenförde*, Demokratie als Verfassungsprinzip, in: HStR, Bd. II, ³2004, § 22 Rn. 14 ff.

## 2. Legitimierendes Volkshandeln: Wahlakt, informelle Volkswillensbildung

Das nicht personifizierbare Staatsvolk ist bei alledem kaum selbst handlungsfähig. Es ist mangels Subjektqualität nur im rechtsphilosophischen Sinne Souverän[21]; juristisch bleibt die auf die Rechtserzeugung gemünzte Souveränität eine Eigenschaft des Staates.[22] Das Volk übt die Staatsgewalt daher zuvörderst durch besondere Organe seines Staates aus (Art. 20 Abs. 2 S. 2 GG). Unmittelbar selbst tätig wird es allein im Wahlakt, ausnahmsweise auch durch Abstimmungen. Das als Träger und Legitimationsspender von Staat und Verfassung an sich außerhalb der Hoheitsgewalt stehende Volk wird insofern selbst zu einer verfassten Größe, ja sogar als Staatsorgan[23] verstanden.

Demokratie erschöpft sich jedoch nicht im Wahlakt.[24] Sie fordert darüber hinaus, den als Legitimationsquelle dienenden, in Art. 21 Abs. 1 S. 1 GG ausdrücklich vorausgesetzten Volkswillen[25] allgemein zum Maßstab staatlichen Handelns zu nehmen. Er ist daher in anspruchsvollen Kommunikationsprozessen zu finden und in den rechtlich formalisierten Staatswillen zu überführen. Erst derart vermittelt erhält der zuvor allenfalls punktuell vorhandene, bestenfalls unbestimmte Volkswille reale Gestalt. Ort seiner Rezeption und Ausformulierung ist namentlich das Parlament, dessen Entscheidungsfindung im Idealfall durch eine öffentliche Diskussion befruchtet wird, regelmäßig aber kaum mehr als eine Annäherung an die Überzeugungen der Bürger leisten kann.

## 3. Das legitimationsfähige Staatsvolk

Letzteres lässt nach Bedingungen einer mehr als nur formalen, auch inhaltlich prägenden Legitimation fragen. Bezogen auf das Staatsvolk ist vor allem ein gewisses Gemeinschaftsdenken vorauszusetzen, das mit der Selbstidentifikation der Bürger als Teil des Verbands und der Anerkennung auch des anderen als gleichberechtigt Zugehörigem sowie der Bereitschaft, das gemeinschaftlich gefundene Ergebnis als eigenes zu akzeptieren, erst die legitimierende Kraft des Mehrheitsprinzips schafft. Erforderlich ist auch eine den ganzen Verband abbildende Öffentlichkeit (mit entsprechenden gesellschaftlichen Kräften wie Parteien, Verbänden, Medien etc.), an deren Dialog prinzipiell alle Zugehörigen teilhaben können.

Ein derart demokratiefähiges Staatsvolk darf als Nation[26] verstanden werden. Da freiheitsgerechter Maßstab einer solchen Definition nur das Selbstverständnis der Zugehörigen sein kann, ist die Nation als subjektiv gekennzeichnete Willensnation zu verdeutlichen, wobei sich der Wille zur Zusammengehörigkeit an selbst gewähl-

---

21 Vgl. aber BVerfGE 83, 37 (50); E 83, 60 (71); E 93, 37 (66): Artikel 20 Absatz 2 GG enthalte den Grundsatz der Volkssouveränität.
22 *Seiler* (N 7), S. 132 f.
23 BVerfGE 8, 104 (113 ff.); E 83, 60 (71).
24 Zum Folgenden *Seiler* (N 7), S. 128 ff. m. weit. Nachw.
25 Der – vom Staatswillen zu unterscheidende; BVerfGE 8, 104 (113) – Volkswille darf indes nicht im Rousseau'schen Sinne überhöht werden. Denn ein Richtigkeit beanspruchender Gemeinwille kann zum „Eckstein des Fundamentes totalitärer Systeme" werden; *Graf Kielmansegg* (N 17), S. 233.
26 Vgl. *Böckenförde* (N 19), S. 96.

ten, obrigkeitlich nicht definierbaren objektiven Kriterien ausrichtet, also auch Elemente einer Kulturnation einbeziehen kann.[27] Subjektiver und objektiver Nationenbegriff stehen daher nur scheinbar in einem Gegensatz, weil sich das Gemeinschaftsdenken, soll es nicht bloße Behauptung bleiben, in tatsächlichen Gegebenheiten bestätigen wird. Jedenfalls wird man im Interesse einer gemeinschaftlichen Willensbildung kaum auf ein Mindestmaß an realen Gemeinsamkeiten[28] verzichten können, das nicht zuletzt die Möglichkeit sprachlicher Verständigung einschließt, als Voraussetzung lebendiger Demokratie aber nicht bei ihr stehen bleiben darf. Das Grundgesetz findet in der (subjektiv-objektiv gedeuteten) deutschen Nation ein diese Gemeinsamkeiten aufweisendes Staatsvolk vor.[29]

### III. Die Staatsbürgerschaft als Anknüpfungspunkt individueller Rechte

#### 1. Staatsbürgerliche Rechte

12 Das Prinzip kollektiver Selbstbestimmung vermittelt dem Einzelnen als Teil des Volkes einen Anspruch auf gleichberechtigte Teilhabe an den gemeinschaftlichen Entscheidungen. Staatsbürgerliche Freiheit und Gleichheit bedeutet hiernach die Beteiligung aller Staatsbürger am kollektiven Willensbildungsprozess, der am Prinzip vergemeinschafteter Autonomie des Individuums ausgerichtet vom Volk zum Staat verlaufen muss und dabei, weil einzig zulässiges Differenzierungskriterium die Verbandsangehörigkeit ist, einem Maßstab strikt formaler[30] Gleichheit zu folgen hat. Wichtigster Anwendungsfall ist der Wahlakt. Die staatsbürgerliche Freiheit und Gleichheit entfaltet sich daher vor allem im Wahlrecht (Art. 38 Abs. 1 S. 1 GG). Art. 33 Abs. 1–3 GG vervollständigen diesen Status, namentlich soweit sie den Zugang zu öffentlichen Ämtern absichern.

#### 2. Deutschengrundrechte

13 Die grundrechtliche Freiheit und Gleichheit berechtigt, weil und soweit sie der Persönlichkeitsentfaltung dient, das Individuum, nicht den Staatsbürger. Einzelne Freiheitsrechte bleiben gleichwohl als Ausdruck besonderer Verbundenheit zur staatlich verfassten Gemeinschaft den Staatsbürgern vorbehalten, vor allem, soweit

---

27 Vgl. *Ernst-Wolfgang Böckenförde*, Die Nation – Identität in Differenz, in: derselbe, Staat, Nation, Europa, 1999, S. 34 ff.
28 BVerfGE 89, 155 (186) wählt insofern den von *Hermann Heller*, Politische Demokratie und soziale Homogenität (1928), in: derselbe, Gesammelte Schriften, 2. Band, 1971, S. 421 ff. (427 ff.), geprägten, auf die Fähigkeit zur gemeinsamen Willensbildung gerichteten Begriff der „sozialen Homogenität". Ebenso *Böckenförde* (N 20), Rn. 63 ff.; vgl. auch BVerfGE 123, 267 (363).
29 Besondere Relevanz hatte die Gleichsetzung von Staatsvolk und Nation bis zur Wiedervereinigung. So betonte die bis 1990 geltende Präambel den Willen des deutschen Volkes, „seine nationale und staatliche Einheit zu wahren". Siehe auch BVerfGE 36, 1 (19).
30 *Böckenförde* (N 20), Rn. 42: „schematische Gleichheit".

sie als kommunikative Grundrechte (Art. 8 GG)[31] oder als die Öffentlichkeit mitkonstituierende Vereinigungsfreiheit (Art. 9 Abs. 1 GG) gerade wegen ihrer die Volkswillensbildung stützenden Funktion gewährt werden. Ein solcher Gemeinschaftsbezug lässt sich indes nicht allen Deutschenrechten zuordnen.[32]

## IV. Das Staatsvolk als Inbegriff der Zugehörigen

Der demokratische Rechtsstaat des Grundgesetzes ist die Staatsform der Zugehörigen[33], das deutsche Staatsvolk deren Inbegriff. Damit verbunden ist die verfassungsrechtliche Hoffnung einer dauerhaft erfolgreichen Gemeinschaftsbildung, einer beständigen Integration der Bürger in den Staatsverband, die einen allgemeinen Willen zur Zusammengehörigkeit sowie eine Bereitschaft zur kollektiven Selbstbestimmung auf dem Fundament geteilter Grundüberzeugungen über das „Unabstimmbare"[34] ebenso erfordert wie befördert.[35]

14

Die einfachgesetzliche Staatsbürgerschaft ist idealerweise an diesem Leitbild auszurichten, das heißt als Abbild der Zugehörigkeit auszuformen. Die gesetzgeberische Entscheidung, hierbei regelmäßig an die Vermittlung von Identität über die elterliche Erziehung anzuknüpfen (ius sanguinis nach § 4 Abs. 1 StAG), unter bestimmten Voraussetzungen aber auch das Hineinwachsen in Deutschland geborener Kinder in die überfamiliäre Gemeinschaft (ius soli nach § 4 Abs. 3 StAG) sowie die bewusste Entscheidung für eine Zugehörigkeit (Einbürgerung nach § 8 StAG) einzubeziehen[36], trägt diesem Anspruch hinreichend Rechnung. Sie ist mit sich wandelnden Verhältnissen realitätsgerecht anzupassen und dabei, ohne in Beliebigkeit zu verfallen, für integrationswillige Neubürger offen zu halten.

15

---

31 Siehe BVerfGE 69, 315 (343 ff.). – Dagegen hat das Grundgesetz die ebenso demokratierelevante (BVerfGE 7, 198 [208]) Meinungsfreiheit (Art. 5 GG) wegen ihrer auch der Persönlichkeitsentfaltung dienenden Funktion als Jedermannrecht ausgestaltet. Anders noch Art. 143 des Paulskirchenentwurfs von 1849; Art. 118 WRV: Meinungsfreiheit als Deutschengrundrecht.
32 Eher im Lichte des dauerhaften Bezugs zum Staatsgebiet zu würdigen sind Art. 11 GG und wohl auch Art. 12 Abs. 1 GG. Art. 16 GG beschränkt sich seiner Natur nach auf Deutsche. Art. 20 Abs. 4 GG greift die besondere Verbundenheit der Staatsangehörigen mit der freiheitlich-demokratischen Grundordnung des Grundgesetzes auf.
33 *Paul Kirchhof*, Demokratischer Rechtsstaat – Staatsform der Zugehörigen, in: HStR, Bd. IX, 1997, § 221.
34 *Böckenförde* (N 20), Rn. 65, im Anschluss an *Adolf Arndt*.
35 Siehe auch *Paul Kirchhof*, Die kulturellen Voraussetzungen der Freiheit, 1995.
36 Spiegelbildlich knüpfen die Verlusttatbestände an den Willen an, die Zugehörigkeit zum deutschen Volk aufzugeben. Einem Verlust gegen den Willen des Betroffenen würde Art. 16 Abs. 1 GG enge Grenzen setzen.

## C. Das Staatsvolk als Gegenstand des Völkerrechts

### I. Der völkerrechtliche Begriff des Staatsvolks

16  Das Völkerrecht wählt vor allem im Interesse einer rechtssicheren Abgrenzung der Personalhoheiten einen formalen Zugang und definiert das Staatsvolk allein anhand der Staatsangehörigkeit.[37] Es genügt also eine bloße Untertanenvielheit ohne das einigende Band der Nation. Ein anderes gilt, falls die völkerrechtliche Staatsqualität ausnahmsweise gerade im Hinblick auf die Existenz eines Staatsvolkes ungewiss ist. Dann werden materielle, im Einzelnen umstrittene Voraussetzungen wie etwa die Dauerhaftigkeit und Gemeinschaftlichkeit des behaupteten Staatsvolks als Kriterien herangezogen.[38]

### II. Staatsvolk und Staatsbürger als Gegenstand des Völkerrechts

17  Das Völkerrecht versteht das Staatsvolk zunächst als eines der drei Elemente der Staatlichkeit und damit als konstitutives Definitionsmerkmal der Völkerrechtsfähigkeit eines Staates. Dabei genießt das Staatsvolk selbst (vorbehaltlich des Selbstbestimmungsrechts der Völker) keine eigene Völkerrechtssubjektivität.

18  Die völkerrechtliche Kernfunktion der Staatsangehörigkeit liegt sodann in der zwischenstaatlichen Abgrenzung der Personalhoheiten, an die konkrete Rechte und Pflichten zumeist der Staaten, gelegentlich auch ihrer Angehörigen anknüpfen. Im Interesse einer vollständigen, aber auch eindeutigen Zuordnung bemüht sich das Völkerrecht dabei, sowohl eine Staatenlosigkeit[39] als auch eine doppelte Staatsangehörigkeit[40] zu vermeiden.

19  Die staatliche Personalhoheit bringt eine Verantwortung des Staates für seine im Ausland befindlichen Staatsangehörigen mit entsprechenden Schutzrechten auf dem Gebiet des diplomatischen und konsularrechtlichen Schutzes mit sich.[41] Immer öfter wird auch eine Verpflichtung der Staaten angenommen, ihre Bürger im Inland gegen elementare Menschenrechtsverletzungen zu schützen (responsibility

---

37 *Hailbronner/Kau* (N 4), Rn. 77.
38 VG Köln, in: DVBl. 1978, S. 510 (511 f.).
39 Zu diesem Zweck sieht Art. 15 Abs. 2 der Allgemeinen Erklärung der Menschenrechte (AEMR) ein Verbot willkürlicher Zwangsausbürgerung vor. Art. 9 der UN-Konvention über die Verminderung der Staatenlosigkeit untersagt Ausbürgerungen aus rassischen, ethnischen, religiösen oder politischen Gründen. Insgesamt lässt sich ein völkergewohnheitsrechtliches Verbot willkürlicher Zwangsausbürgerung herleiten; *Hailbronner/Kau* (N 4), Rn. 108.
40 Herkömmlich versucht das Völkerrecht, doppelte Staatsangehörigkeiten vertraglich zu vermeiden, weil sie zu Rechte- und Pflichtenkollisionen führen können. Inzwischen werden doppelte Staatsbürgerschaften jedoch zunehmend akzeptiert. Siehe *Hailbronner/Kau* (N 4), Rn. 110.
41 Hinzu treten Pflichten dritter Staaten gegenüber den schutzberechtigten Staaten sowie zugunsten der betroffenen Bürger, in bestimmten Fällen sogar Individualrechte. Abgesichert werden sie durch ein gewohnheits- und vertragsrechtliches Recht auf prozessuale Durchsetzung seitens des Heimatstaates. Siehe IGH vom 06.04.1955 (Liechtenstein v. Guatemala – Nottebohm), in: ICJ Reports 1955, S. 4 (24); IGH vom 27.06.2001 (Germany v. United States of America – LaGrand), in: ICJ Reports 2001, S. 466 (483, 492, 494).

to protect).⁴² Nicht anerkannt ist hingegen trotz gegenteiliger Praxis ein Recht auf Schutz eigener Staatsangehöriger im Ausland durch militärische Maßnahmen, sofern diese nicht durch die Vereinten Nationen autorisiert sind.⁴³

Das Völkerrecht knüpft des Weiteren verschiedene Menschenrechte, einschließlich bestimmter politischer Rechte, an die Staatsangehörigkeit. Zwar anerkennt das Völkerrecht (noch) kein allgemeines Menschenrecht auf Demokratie. Jedoch sichert namentlich Art. 25 des Internationalen Pakts über bürgerliche und politische Rechte (ICCPR) den Bürgern politische Mitbestimmungsrechte.⁴⁴  **20**

### III. Das Selbstbestimmungsrecht der Völker

Das Völkerrecht verwendet den Begriff des Volkes ferner im abzugrenzenden Sinn des Selbstbestimmungsrechts der Völker. Dieses in Art. 1 Nr. 2, 55 UN-Charta normierte, zudem in Art. 1 ICCPR und in Art. 1 des Internationalen Pakts über wirtschaftliche, soziale und kulturelle Rechte (ICESCR) ausdrücklich verbürgte, auch völkergewohnheitsrechtlich anerkannte⁴⁵ und in der (nicht verbindlichen) Friendly Relations Declaration⁴⁶ konkretisierte Rechtsinstitut sichert jedem Volk das Recht zu, frei über seinen politischen Status und die eigene wirtschaftliche, soziale und kulturelle Entwicklung zu bestimmen, gegebenenfalls auch einen eigenen Staat zu gründen. Seine größte Bedeutung hat es im Prozess der Dekolonisation entfaltet.  **21**

Das eigentliche Problem dieses Selbstbestimmungsrechts liegt in der Definition seines Volksbegriffs, der nach anderen Kriterien gebildet werden muss als jener des formal gedeuteten Staatsvolks. Die maßgeblichen Verträge schweigen⁴⁷ hierzu; die Völkerrechtspraxis hat keine Einigkeit⁴⁸ erzielt. Da eine effektive Selbstbestimmung an ein Selbstverständnis anknüpfen müsste, läge eine Abgrenzung nach subjektiven, objektiv bestätigten Merkmalen nahe.⁴⁹ Insofern ähnelt der Begriff in seinen Anforderungen wie in seiner Mehrdeutigkeit der Nation. Jedenfalls hat das Bundesverfassungsgericht für das deutsche Volk das (unter Geltung des Grundgesetzes unaufgebbare) Selbstbestimmungsrecht beansprucht.⁵⁰  **22**

---

42 Diese Verpflichtung sei notfalls von der Staatengemeinschaft durchzusetzen. Siehe *International Commission on Intervention and State Sovereignty,* The Responsibility to Protect, 2001; vgl. auch *Michael Bothe,* Friedenssicherung und Kriegsrecht, in: Wolfgang Graf Vitzthum (Hg.), Völkerrecht, ⁵2010, 8. Abschnitt, Rn. 22.
43 *Bothe* (N 42), Rn. 21.
44 Inhaltlich übereinstimmend (aber nicht bindend) Art. 21 AEMR. Als regionales Völkerrecht verbürgt Art. 3 des ersten Zusatzprotokolls zur Europäischen Menschenrechtskonvention ein Recht auf freie Wahlen.
45 Nachweise bei *Hailbronner/Kau* (N 4), Rn. 122.
46 Declaration on Principles of International Law concerning Friendly Relations and Co-Operation among States in accordance with the Charter of the United Nations, GA-Res. 2625 (XXV).
47 *Verdross/Simma,* (N 4), S. 316.
48 Eingehend *Bernd Roland Elsner,* Die Bedeutung des Volkes im Völkerrecht, 2000, S. 159 ff.
49 Eine solche gemischt subjektiv-objektive Definition des Volks dürfte wohl auch der jüngeren Sezessionspraxis im früheren Jugoslawien, in Ost-Timor und im Südsudan entsprechen. Allgemein setzt sich aber letztlich der Grundsatz „uti possidetis" durch; vgl. *Hailbronner/Kau* (N 4), Rn. 124.
50 BVerfGE 123, 267 (347 f.) (zum Vertrag von Lissabon).

## D. Das Staatsvolk im Wandel

### I. Demographische Entwicklung

23 Das Zusammenspiel von demographischer Entwicklung[51] und Zuwanderung hat die Zusammensetzung des deutschen Staatsvolks bereits erheblich verändert und wird dies künftig in noch größerem Maße tun.[52] Damit stellen sich Herausforderungen für den gesellschaftlichen wie politischen Zusammenhalt, die eine beständige Integration aller Bevölkerungsgruppen als Gebot verfassungspolitischer Klugheit erscheinen lassen. Der hierbei maßgebliche Wille zur Zugehörigkeit lässt sich indes rechtlich allenfalls bedingt befördern.

### II. Staatsvölker in Europa

24 Der Staatenverbund der EU ermangelt nach wie vor einer eigenen Staatlichkeit und damit eines Staatsvolkes. Die Präambeln zu EUV und AEUV benennen stattdessen die „Völker Europas" als Begünstigte. Folgerichtig ist auch die Unionsbürgerschaft (Art. 20 AEUV) kein der Staatsangehörigkeit vergleichbarer Status, sondern ein einzelne Rechtspositionen hinzufügender Annex derselben.[53] Sie begründet kein Unionsvolk, das bereits heute Subjekt eigener Selbstbestimmung sein könnte.[54]

25 Diese Momentaufnahme schließt einen künftigen Wandel nicht aus, der aber um der Demokratie willen auf realistische tatsächliche Annahmen zu stützen ist. Bislang zumindest geht die Europäisierung der Hoheitsgewalt allenfalls in Ansätzen mit einer Europäisierung der sie legitimierenden Verbände einher.[55] Solange die Identitäten der Unionsbürger noch immer überwiegend national verhaftet sind und eine europaweite Öffentlichkeit mit entsprechenden massenhaften Kommunikationsprozessen fehlt, wären einer lebendigen Demokratie auf europäischer Ebene faktische Schranken gesetzt. Legitimationssubjekte der Union dürften damit auf absehbare Zeit die Staatsvölker, also auch das deutsche Volk, bleiben.[56]

---

51 Siehe *Herwig Birk*, Die demographische Zeitenwende, ⁴2005. Zum Verhältnis von Bevölkerungspolitik und Familiengerechtigkeit *Christian Seiler*, Grundzüge eines öffentlichen Familienrechts, 2008, S. 22 ff.
52 Zu gegenläufigen Antworten auf diesen Befund siehe *Christian Walter* und *Klaus F. Gärditz*, Der Bürgerstatus im Lichte von Migration und europäischer Integration, in VVDStRL 72 (2013).
53 BVerfGE 113, 273 (298); E 123, 267 (404 ff.). Vgl. aber rechtsfortbildend EuGH v. 08.03.2011, Rs. C-34/09, Ruiz Zambrano, Rn. 36 ff.
54 BVerfGE 123, 267 (404).
55 Optimistischer *Angela Augustin*, Das Volk der Europäischen Union, 2000.
56 *Paul Kirchhof*, Der deutsche Staat im Prozeß der europäischen Integration, in: HStR, Bd. VII, ¹1992, § 183 Rn. 52: „Eine Europäisierung ohne ein sich vorausentwickelndes europäisches Bewußtsein und damit ohne ein europäisches Volk mit konkreter Fähigkeit und Bereitschaft zur gemeinsamen Staatlichkeit wäre ideengeschichtlich uneuropäisch".

## E. Bibliographie

*Augustin, Angela*, Das Volk der Europäischen Union, 2000.
*Böckenförde, Ernst-Wolfgang*, Die Nation – Identität in Differenz, in: derselbe, Staat, Nation, Europa, 1999, S. 34 ff.
*Elsner, Bernd Roland*, Die Bedeutung des Volkes im Völkerrecht, 2000.
*Grawert, Rolf*, Staatsvolk und Staatsangehörigkeit, in: HStR, Bd. II, $^3$2004, § 16.
*Jellinek, Georg*, Allgemeine Staatslehre, $^3$1913, 7. Neudruck 1960.
*Kirchhof, Paul*, Der deutsche Staat im Prozeß der europäischen Integration, in: HStR, Bd. VII, $^1$1992, § 183.

# § 3
# Kultur

*Udo Steiner*

## Übersicht

|  | Rn. |
|---|---|
| A. Zur Verfassungsrechtslage der Kultur | 1– 5 |
|    I. Kultur im Verfassungstext | 1 |
|    II. Die Kultur im Kraftfeld der grundgesetzlichen Staatsstrukturbestimmungen | 2– 4 |
|    III. Staatszielbestimmung „Kulturförderung" im Grundgesetz? | 5 |
| B. Staat und Kultur | 6–10 |
|    I. Kulturpflege als Kulturgestaltungsaufgabe | 6– 7 |
|    II. Kultur in Deutschland: autonom, aber nicht autark | 8–10 |
| C. Fazit | 11 |
| D. Bibliographie | |

## A. Zur Verfassungsrechtslage der Kultur

### I. Kultur im Verfassungstext

Das deutsche Grundgesetz geht bekanntlich sparsam, aber durchaus variabel mit dem Begriff „Kultur" um. Aufspüren kann ihn der Leser als Gegenstand der Verteilung von Gesetzgebungszuständigkeiten (Art. 23 Abs. 6, Art. 73 Abs. 1 Nr. 5a). Art. 29 Abs. 1 GG verpflichtet zur Berücksichtigung der kulturellen Zusammenhänge bei Maßnahmen der Neugliederung des Bundesgebietes. Hier geht der engere und in juristischen Zusammenhängen dominierende Kulturbegriff „Kunst und Kultur" bereits zu einem weiteren Kulturbegriff als Summe der für Teile des Staatsgebietes typischen Lebensformen, Werteinstellungen und Verhaltensweisen der Bevölkerung über. In Art. 89 Abs. 3 GG findet der Kulturbegriff sogar zu seinen Ursprüngen zurück („Bedürfnisse der Landeskultur"). Nicht vergessen darf man aber, will man die Verfassungstextlage der Kultur bilanzieren, die deutschen Landesverfassungen, die zusagen, was Kultur an Freiheit, Förderung, Pflege und Schutz vom Staat zu erwarten hat. Beispielhaft steht dafür die Bayerische Verfassung, deren zahlreiche Kulturaussagen (Art. 3 Abs. 1, Art. 108, Art. 131 Abs. 2, Art. 141 Abs. 2) auch sprachlich mit ihrem Gegenstand angemessen umgehen.

1

## II. Die Kultur im Kraftfeld der grundgesetzlichen Staatsstrukturbestimmungen

2  1. Hält das Grundgesetz wenige Aussagen zur Kultur vor, ist die Kultur in Deutschland gleichwohl eine Lebenswelt, deren rechtliche Ordnung in starkem Maße von seinen großen Staatsstrukturbestimmungen geprägt ist. Es ist zum einen der freiheitliche Rechtsstaat des Grundgesetzes, der sicherstellt, dass kulturelle Freiheit im und durch den Staat gleichermaßen gewährleistet ist.[1] Was Kultur braucht, ist Freiheit zur Entfaltung ihres geistig-schöpferischen, ästhetischen und historisch-bewahrenden Auftrags, Autonomie, um ihren Wesens- und Arbeitsgesetzen treu sein zu können. Das Grundgesetz sichert dies durch starke kulturelle Grundrechte, Art. 4 und 5 insbesondere. *Paul Kirchhof* hat in diesem Zusammenhang fein formuliert, die Verfassung steigere die Wirksamkeit ihrer Freiheitsgewährleistungen, indem sie menschliches Handeln rechtlich in Einzelfreiheiten teile.[2]

3  2. Es kann auch nicht überraschen, dass sich eine weithin vom Staat (Bund, Länder, kommunale Gebietskörperschaften) getragene und finanzierte Kultur, wie sie nach wie vor für Deutschland typisch ist, nicht aus den Spannungen heraushalten kann, die der deutsche Bundesstaat kontinuierlich erzeugt und die dafür verantwortlich sind, dass etwa die Hälfte der Änderungen des Grundgesetzes durch sie veranlasst ist. Zwar durfte die Kultur bisher staatsrechtlich die angenehme Erfahrung machen, dass Zuständigkeitskonflikte zwischen Bund und Ländern hier, weil nicht im Zentrum der politischen Machtverteilung, weniger hart ausgefochten wurden als in anderen Politikbereichen. Die gemeinsame Finanzierung von kulturellen Einrichtungen und Projekten durch Bund, Länder und kommunalen Gebietskörperschaften wird häufig pragmatisch organisiert. Ein Beispiel der Kooperation ist auch die Zusammenarbeit der Kulturstiftung des Bundes mit der der Länder im Zusammenhang der Finanzierung bestimmter Vorhaben. Es bleibt aber für die verfassungsrechtliche Situation der Kultur prägend, dass die kulturellen Betätigungsräume von Bund, Ländern und Gemeinden grundsätzlich den Verteilungsregeln des Grundgesetzes folgen und die Länder deshalb auch hier alle Zuständigkeiten (mit unterschiedlicher politischer Energie) beanspruchen, die nicht ausdrücklich dem Bund zugewiesen sind (Art. 30, Art. 70 Abs. 1, Art. 83 GG). Die sog. Föderalismusreform I hat diesen Trennungsgedanken eher verstärkt (vgl. Art. 84 Abs. 1 Satz 7 GG).[3]

4  3. Es gilt, in diesen staatsrechtlichen Überblick auch das grundgesetzliche Sozialstaatsprinzip (Art. 20 Abs. 1, Art. 28 Abs. 1 Satz 1) einzubeziehen. Die Ziele und insbesondere die Gesetzgebungsziele, die das Grundgesetz damit dem Staat vorgibt, sind nicht kulturspezifisch, aber für die Entfaltungsbedingungen der Kultur in Staat und Gesellschaft von ganz erheblicher Bedeutung. Der Staat ist vom Sozialstaatsprinzip her gehalten, der sozialen Situation im kulturellen Bereich politisch und fiskalisch Aufmerksamkeit zuzuwenden. Die Künstlersozialversicherung steht beispielhaft für diese staatliche Verantwortung. In manchen deutschen

---
1 Siehe unter II.
2 *Paul Kirchhof*, Die kulturellen Voraussetzungen der Freiheit, 1995, S. 29.
3 Siehe unter III.

Großstädten sind die Leistungen nach dem Sozialgesetzbuch Zweites Buch (Grundsicherung für Arbeitssuchende) im Ergebnis Künstlerförderung. Aber auch den allgemeinen Zugang zur Kultur ohne soziale Hindernisse zu sichern, ist im Geltungsbereich des Grundgesetzes Staatsaufgabe. In diesem Zusammenhang darf ein Beispiel für das Einfühlungsvermögen auch der staatlichen Gerichtsbarkeit in den sozialen Bedarf des Künstlers nicht fehlen. Der BayVGH hat 1948 das Grundrecht der Bayerischen Verfassung auf angemessenen Wohnraum (Art. 106) mit dem Satz konkretisiert, der Schriftsteller bedürfe „eines Raumes, in dem er ungestört und ungehindert seiner Arbeit nachgehen kann".[4] Andererseits will die Rechtsprechung in Notzeiten – und auch dies eher historisch – dem Künstler auf der Musikbühne eine Bringschuld für die Gesellschaft zuweisen. 1930 formuliert das Reichsgericht unnachahmlich:[5] „Gerade in einem niedergedrückten und verarmten Lande wie Deutschland haben die darstellenden Künstler die Aufgabe, ihre Volksgenossen durch vollkommene Verkörperung der großen Gestalten einer hohen Kunst zu erheben. Schon in dieser Wirkung liegt ein ideeller Lohn für ihre Begabung und ihre Arbeit." Die Kultur muss sich heute zwar die Zuwendung des Staates mit dessen finanzaufwändigem Sozialauftrag – anders als in früheren Jahrhunderten der spektakulären Kulturbauten – und mit vielen anderen Staatsaufgaben teilen. Kulturstaat und Sozialstaat stehen aber gemeinsam zur Kultur.

### III. Staatszielbestimmung „Kulturförderung" im Grundgesetz?

Der Versuch einer Bilanz des verfassungsrechtlichen Status und des staatsrechtlichen Ordnungsgefüges der Kultur kann an der Frage heute nicht vorbeigehen, ob dem verfassungsändernden Gesetzgeber zu raten ist, eine Kulturklausel in das Grundgesetz aufzunehmen. Die Enquete-Kommission „Kultur in Deutschland"[6] hat dies empfohlen. Es soll ein Art. 20b in das Grundgesetz eingefügt werden, der lautet: Der Staat schützt und fördert die Kultur.[7] Dieser Artikel könnte anknüpfen an Art. 142 Satz 2 WRV und an Art. 33 Abs. 3 des Einigungsvertrages, aber auch an eine entsprechende kulturfreundliche Formulierung des BVerfG zu Art. 5 Abs. 3 GG.[8] Der Vorschlag ist natürlich gut begründet und bestens gemeint, und doch gibt es Einwände: Die „Föderalisten" befürchten, eine solche Kulturklausel werde die Ansprüche des Bundes auf Anerkennung ungeschriebener oder die Zuweisung geschriebener kultureller Kompetenzen verstärken. Der normative Zugewinn eines solchen Artikels werde überschätzt; er entlaste die Kultur nicht von ihren Geldsorgen. Zudem – so wird argumentiert – lasse er die Deutschen im Glauben, es sei der Staat, der vor allem die Verantwortung für ein kraftvolles Kulturleben habe. In der politischen Praxis gehört zu den Hindernissen aber auch ganz allgemein die Sorge, wer der Kultur die Türe zum Grundgesetz öffne, locke viele andere mit dem Wunsch

5

---
4 BayVGH n. F. 1, 110.
5 RGZ 128, 92 (101). Es ging um die Rechtmäßigkeit von Vorgaben des Deutschen Bühnenvereins für die Einhaltung von Höchstsätzen bei Vergütungen ihrer künstlerischen Mitglieder.
6 BT-Drs. 16/7000 vom 11.12.2007.
7 Zur Diskussion siehe z. B. *Karl-Peter Sommermann*, in: VVDStRL 65 (2006), S. 7 (40 ff.) und die Beiträge in: Staatsziel Kultur! Staatsziel Kultur?, Edition Stiftung Schloss Neuhardenberg, 2008.
8 BVerfGE 35, 79 (114); 36, 321 (331); 111, 333 (353).

auf Akkreditierung ihrer Anliegen im Grundgesetz an. Insofern stellt sich eine ganz grundsätzliche verfassungspolitische Frage. Das Grundgesetz sollte nicht mehr versprechen als sein Staat halten kann.

## B. Staat und Kultur

### I. Kulturpflege als Kulturgestaltungsaufgabe

6   Es gehört zu den großen verfassungsrechtlichen und politischen Leistungen des deutschen Rechtsstaats, dass es gelungen ist, Kultur weithin staatlich zu organisieren und zu finanzieren, gleichzeitig aber deren Autonomie zu wahren. Unmittelbare Eingriffe in Kunst und Kultur kann der Staat wegen Art. 5 Abs. 3 GG und wegen des aufmerksamen deutschen Feuilletons nicht wagen, ohne juristisch oder politisch zur Verantwortung gezogen zu werden. Die Absetzung der Operette „Polenblut" in Saarbrücken in der revolutionären Wende-Zeit Polens in den 1980er Jahren und Mozarts Oper „Idomeneo" 2006 an der Deutschen Oper Berlin wegen angeblicher religiöser Provokation sind spektakuläre Ausnahmen. Die Kultur ist in Deutschland aufs Ganze gesehen autonom, und dies gilt ohnehin dort, wo die unmittelbar oder mittelbar staatsfinanzierten, aber staatsfernen Bereiche ihrerseits Kulturpflege in grundrechtlich geschützten Räumen betreiben, wie beispielsweise die Rundfunkanstalten mit ihren bedeutsamen, freilich gegenwärtig von Einsparungen bedrohten Kultureinrichtungen und Leistungen der Kulturförderung.[9]

7   Die Pflege der Kultur ist allerdings durchaus eine Kulturgestaltungsaufgabe des Staates, deren Konkretisierung allgemeine und besondere Kulturpolitik. Soviel Hoheit über die Kultur muss man dem Staat zugestehen. Anderseits hat man selbstbewusst formuliert, der Kulturgestaltungsmacht des Staates stehe die Staatsgestaltungsmacht der Kultur gegenüber.[10] Es ist klar, dass es Sache des jeweils zuständigen Hoheitsträgers ist, Präferenzen zu setzen, wenn zu entscheiden ist, was an Kultur in welchem Umfang an welcher Stelle zu fördern ist. Insofern existiert eine natürliche Spannung zwischen der öffentlichen Kulturverantwortung und dem Autonomiebedarf der Kultur. Man kann diese Spannung allerdings abschwächen und gelegentlich sogar auflösen, indem man die Erfahrung und die Sachkunde derer in die staatlichen Präferenzentscheidungen einbindet, die mit der Kultur beruflich oder quasi-beruflich, als Künstler, Repräsentanten von Kulturorganisationen oder in Management- und Verwaltungsfunktionen, verbunden sind. Es kann aber nicht erwartet werden, dass auf diese Weise Objektivität und Sach-

---

9   Siehe dazu näher *Christopher Wolf*, Der Kulturauftrag des öffentlich-rechtlichen Rundfunks in der Rechtsprechung des BVerfG, 2010; vgl. auch schon *Udo Steiner*, Zur Kulturförderung durch den öffentlich-rechtlichen Rundfunk, in: FS für Heinz Hübner, 1984, S. 799.
10  *Paul Raabe*, in: Staatsziel Kultur! (N 7), S. 42 (49).

richtigkeit der zu treffenden Entscheidung bereits garantiert sind. Unparteilichkeit und Unabhängigkeit sind ein seltenes Gut in öffentlich organisierten Verfahren außerhalb der Justiz.

### II. Kultur in Deutschland: autonom, aber nicht autark

1. Die Kultur in Deutschland ist im höchsten Maße autonom, aber sie ist nicht autark, weil sie zu ihrer Finanzierung auf Geldmittel angewiesen ist, die sie selbst nicht erwirtschaftet. Kulturelle Einrichtungen und kulturelle Aktivitäten können sich aufs Ganze gesehen nicht aus der Nachfrage nach ihren Angeboten finanzieren, zumal im Bereich der Kunst – so wird argumentiert – deren Unabhängigkeit gefährdet sein kann, wenn sie sich ausschließlich oder überwiegend vom „Publikum" finanzieren lassen muss.[11] Die Bundesrepublik Deutschland hat zwar – trotz entgegenstehender Vorstellungen von amerikanischer Seite in der unmittelbaren Nachkriegszeit – von Anfang an die Tradition der Kulturfinanzierung durch den Staat fortgeführt. Diese kulturpolitische Grundentscheidung ist aber immer wieder im Streit gewesen und erfährt auch in diesen Tagen eine angriffsfreudige Kritik.[12] Der Pianist *Eduard Steuermann* kokettiert sogar mit dem Satz: Je mehr für die Kultur geschieht, desto schlechter für sie.

2. Mit der Staatsfinanzierung der Kultur war und ist aber immer die Erfahrung verbunden, dass die Situation der öffentlichen Haushalte gerade auch die finanzielle Situation der Kultur bestimmt und sich die öffentliche Hand in Zeiten verringert verfügbarer Haushaltsmittel zuerst aus der Finanzierung der Kultur zurückzuziehen versucht. Die kulturpolitische und kulturpraktische Diskussion der Gegenwart ist daher auch von der Suche nach neuen und zusätzlichen Wegen der Kulturfinanzierung bestimmt. In diesem Zusammenhang liegt es nahe, den Bund und dessen großen Haushalt stärker in die finanzielle Verantwortung für Kunst und Kultur in Deutschland einzubinden als bisher, jedenfalls wenn es um Einrichtungen oder Vorhaben von überregionalem oder gar gesamtstaatlichem Rang geht. Dies liegt zwar nicht im allgemeinen verfassungspolitischen Trend, der im Zuge der Föderalismusreform von 2006 stärker auf Entflechtung der Politikbereiche setzt. Es darf aber die Überlegung im Gespräch bleiben, durch Änderung des Grundgesetzes die Grundlage für eine Gemeinschaftsaufgabe „Kulturförderung" und für entsprechende Vereinbarungen zwischen Bund und Ländern zu schaffen.[13]

---

11 Kritisch gegenüber diesem bekannten Argument *Dieter Haselbach/Armin Klein/Pius Knüsel/Stephan Opitz*, Der Kulturinfarkt, 2012, S. 138 f. Das RG hat 1930 im Zusammenhang mit der Gewährleistung der Freiheit der Kunst durch Art. 142 WRV ziemlich robust formuliert: In dieser Vorschrift liege nicht „die Bestimmung, die Kunst soll im übrigen (scil. über die Freiheit vor Eingriffen des Staates hinaus) in voller Unabhängigkeit von allen sie einengenden Lebensverhältnissen, insbesondere solchen materieller Art, schaffen können ..." (RGZ 128, 92 [95]).
12 Siehe dazu Streitschrift von *Dieter Haselbach u. a.* (N 11). Die Debatte, die das Buch ausgelöst hat, kann man als lebhaft bezeichnen. Siehe etwa aus der Diskussion im Feuilleton FAZ Nr. 64 vom 15.03.2012, S. 27; Nr. 73 vom 26.03.2012, S. 12; SZ Nr. 65 vom 17./18.03.2012, S. 15, 58; Nr. 70 vom 23.03.2012, S. 11; Nr. 74 vom 28.03.2012, S. 11; Nr. 114 vom 18.05.2012, S. 38 und Nr. 120 vom 25.05.2012, S. 11.
13 So etwa *Volker M. Haug*, Der deutsche Kulturföderalismus als verfassungsrechtliche Herausforderung, in: Jahrbuch des Föderalismus 2011, S. 153 (167).

In der Praxis geht die Kultur längst Wege der Kosteneinsparung, z. B. durch nachbarschaftliche Kooperation aufwandsintensiver Opernhäuser. Kulturstiftungen stehen mehr als bisher mit Mitteln zur Verfügung. Schon lange suchen die Träger von kulturellen Einrichtungen und Veranstaltungen aber auch nach Sponsoren in der Wirtschaft, die eine visuelle Verbindung zur Kultur nutzen wollen, um ihren Namen, ihre Marke, ihr Erscheinungsbild, ihre Tätigkeit oder ihre Leistung durch ein solches Sponsoring zu fördern.[14] Es werden dabei durchaus kulturverträgliche Lösungen praktiziert. Selbstverständlich gilt es aber auch in solchen Fällen, die Freiheit der Kunst gegenüber dem illegitimen Einfluss durch den zu sichern, der Geldmittel oder andere Ressourcen für sie im Eigeninteresse zur Verfügung stellt.

10   3. Unter dieser freiheitlichen Prämisse stehen auch die hoch bewerteten, aktuellen Formen von öffentlicher und privater Kooperation, die längst auch zur Welt der Kultur gehören. Es geht hier um die grundsätzlich vernünftige Zusammenarbeit zwischen dem öffentlichen Sektor und dem privaten Sektor zur Erfüllung einer öffentlichen Aufgabe („Public Private Partnership, PPP").[15] Staat und Private steuern und rudern gemeinsam bei kulturellen oder kulturrelevanten Projekten. Praktisch bedeutsam scheint auf den ersten Blick vor allem die Herstellung kultureller Infrastruktur zu sein, z. B. der gemeinsame Bau eines Theaters.[16] Die Wirklichkeit ist aber durchaus ideenreicher.[17] Die mit der PPP im kulturellen Bereich aufgeworfenen Fragen sind zunächst einmal keine verfassungsrechtlichen Fragen. Es geht um die Gestaltung vertraglicher Beziehungen und die passende vereins- oder gesellschaftsrechtlich Konstruktion des Aufgabenträgers, in dem sich beide Seiten zusammenfinden. Natürlich aber nimmt der öffentliche Partner seine Grundrechtsbindung in die Kooperation mit, im kulturellen Bereich vor allem die Bindung an Art. 5 Abs. 3 GG.[18]

# C. Fazit

11   „Kultur" als Thema in dieser Festschrift ist dem Kapitel „Staat" zugeordnet. Dies ist in vielerlei Hinsicht zutreffend. Es ist der Staat, der Kultur in allen ihren Erscheinungsformen organisiert, finanziert und pflegt. Er ist es, der Verantwortung trägt und Verantwortung wahrnimmt, wenn es um die rechtlichen Rahmenbedingungen der Kulturentfaltung, etwa im Steuer- oder Urheberrecht, geht, der Mittel einsetzt, wenn private Aktivitäten, etwa im Bereich der Denkmalpflege oder der öffentlichen Präsentation von privaten Sammlungen, diese Mittel erfordern. Zugleich ist er Garant der Autonomie der Kultur, wo immer man sie findet, als der,

---

14 Siehe dazu das umfangreiche Material bei Klaus Siebenhaar (Hg), Hauptsache Geld?, 2008.
15 Siehe dazu z. B. *Martin Burgi*, Funktionale Privatisierung und Verwaltungshilfe, 1999, S. 151 ff.
16 Siehe etwa *Thomas Brüggemann*, Öffentlich-Private Partnerschaften (ÖPP) im kommunalen Bereich, 2010.
17 Siehe näher dazu *Klaus Siebenhaar*, Gemischtes Doppel. Die Entwicklung kultureller Infrastrukturen – über Public-Private-Partnerships, in: Siebenhaar (N 14), S. 63.
18 Siehe dazu *Julia Schrallhammer*, Public Private Partnership im Bereich Kunst und Kultur, 2006, S. 129 ff.

den die grundrechtlichen Freiheitsrechte binden, also auch der, der seine Schutzpflicht zur Freiheitssicherung gegenüber Dritten wahrnimmt. Es sind dies alles Rollen, die den Staat des Grundgesetzes hier und auch auf anderen Aufgabenfeldern charakterisieren. Auf der anderen Seite geben die Bürger in ebenso vielfältiger Weise – formuliert *Paul Kirchhof* – „dem Kulturstaat ein Gesicht, in dem sich freiheitliche Individualität, demokratische Teilhabe und sozialstaatliche Verantwortlichkeit spiegeln".[19]

# D. Bibliographie

*Geis, Max-Emanuel*, Kulturstaat und kulturelle Freiheit, 1990.
*Germelmann, Friedrich*, Kultur und staatliches Handeln. Grundlagen eines öffentlichen Kulturrechts in Deutschland, Habilitationsschrift, Bayreuth, 2012.
*Grimm, Dieter/Steiner, Udo*, Kulturauftrag im staatlichen Gemeinwesen, in: VVDStRL 42 (1984), S. 7 ff., 46 ff.
*Häberle, Peter* (Hg.), Kulturstaatlichkeit und Kulturverfassungsrecht, 1982.
*Klein, Hans Hugo*, Kulturstaat und Verfassungsrecht, in: FS für Udo Steiner, 2009, S. 458.
*Lammert, Norbert* (Hg.), Alles nur Theater?, 2004.
*Sommermann, Karl Peter/Huster, Stefan*, Kultur im Verfassungsstaat, in: VVDStRL 65, (2006), S. 8 ff., 51 ff.
*Steiner, Udo*, Kultur, in: HStR, Bd. IV, ³2006, § 86.
*Stern, Klaus*, Das Staatsrecht der Bundesrepublik Deutschland, Bd. IV/2, 2011, 4. Kap., S. 329 ff.
*Uhle, Arnd*, Freiheitlicher Verfassungsstaat und kulturelle Identität, 2004.

---

19 *Kirchhof* (N 2), S. 29.

# § 4
# Solidarität

*Uwe Volkmann*

## Übersicht

| | Rn. |
|---|---|
| A. Begriff und Problem von Solidarität | 1– 2 |
| B. Solidarität als Bestandteil der allgemeinen Rechtsidee | 3 |
| C. Solidarität im demokratischen Verfassungsstaat | 4 |
| D. Solidarität in der Europäischen Union | 5 |
| E. Bibliographie | |

## A. Begriff und Problem von Solidarität

Ob und inwieweit es sich bei Solidarität um einen Leitgedanken, Leitbegriff oder möglicherweise auch Leitbild des heutigen Rechts handelt, ist nicht von vornherein klar. Erschwert wird die Feststellung zunächst durch die Unbestimmtheit und Offenheit des Begriffs selbst, unter dem bis heute ganz Verschiedenes verstanden wird. Die Wurzeln werden meist in der Rechtssprache gesehen, wo das „in solidum obligari" einst die gemeinsame Haftung mehrerer bezeichnete. Von hier aus kann Solidarität in einem ganz allgemeinen Sinn bestimmt werden als eine Form gegenseitiger und gemeinschaftsstiftender Verbundenheit zwischen verschiedenen Personen oder auch Gruppen, die ein Element der Verantwortung und der Sorge für andere einschließt[1]. Um diesen schmalen Kern herum ranken sich jedoch seit jeher zahlreiche weitere Bestimmungsversuche, die den Begriff der Solidarität in dieser Richtung mit zusätzlichen Bedeutungen aufladen, sei es als „Gesinnung einer Gemeinschaft mit starker innerer Verbundenheit", sei es als die aus ähnlichen Erfahrungen von Schmerz und Demütigung geborene „Fähigkeit, auch Menschen, die himmelweit verschieden von uns sind, doch zu ‚uns' zu zählen", sei es als eine „durch und durch moderne Form sozialer Bindung, die auf der freien Entscheidung des einzelnen beruht"[2]. Die Arbeiterbewegung, die den Begriff um die Mitte des 19. Jahrhunderts für sich als erste entdeckte, hat aus ihm eine aus der Erfahrung gemeinsamer Entrechtung praktizierte Lebensform und einen Kampfbegriff gegen die bestehende Ordnung gemacht, die katholische Soziallehre ein alle gesellschaftlichen Teilbereiche überwölbendes Grundprinzip menschlichen Zusammenlebens, der französische Solidarismus das Programm für

1

---

[1] Vgl. zu diesem Kern etwa *Anton Rauscher*, Art. Solidaritätsprinzip, in: Staatslexikon, herausgegeben von der Görres-Gesellschaft, ⁷1989, Bd. IV, Sp. 3144; *Jürgen Schmelter*, Solidarität. Die Entwicklungsgeschichte eines sozialethischen Schlüsselbegriffs, 1991, S. 7 ff.; *Klaus Schubert/Martina Klein*, Das Politiklexikon, ⁴2006, Art. Solidarität; *Kurt Bayertz*, in: ders. (Hg.), Solidarität. Begriff und Problem, 1998, S. 11.
[2] In der Reihenfolge der Zitate: *Alfred Vierkandt*, A. Solidarität, in: Wilhelm Bernsdorff (Hg.), Wörterbuch der Soziologie, 1969, S. 944; *Richard Rorty*, Kontingenz, Ironie und Solidarität, 1989, S. 310; *Karl O. Hondrich/Claudia Koch-Arzberger*, Solidarität in der modernen Gesellschaft, 1994, S. 16.

einen dritten Weg jenseits von Kapitalismus und Sozialismus[3]. Auch wenn solche Überhöhungen mittlerweile als zu weitgehend zurückgewiesen werden, erschweren sie doch bis heute eine angemessene begriffliche Erfassung von Solidarität. Unklar ist darüber hinaus der normative Status von Solidarität, mit der sowohl ein real beobachtbares Phänomen – ein vorhandenes Zusammengehörigkeitsgefühl, ein tätiger Akt der Unterstützung – als auch eine entsprechende moralische Verpflichtung bezeichnet werden kann.

**2** Die zentrale Schwierigkeit resultiert demgegenüber aus dem für jede liberale Gesellschaft kennzeichnenden Vorrang des Freiheitsprinzips, der seinerseits zu einem allgemeinen Grundprinzip des normativen Individualismus zusammengezogen wird[4]. Unter dieser Prämisse ist zunächst jeder für sein eigenes Schicksal verantwortlich, während sich das Gemeinwohl im Wesentlichen dadurch herstellen soll, dass alle von ihren Freiheiten Gebrauch machen. Für ein Prinzip wie Solidarität besteht dann an sich weder Bedarf noch überhaupt ein Raum; im Verkehr der Bürger untereinander bleibt davon im Wesentlichen nur das Gebot zurück, die Freiheit der anderen nicht zu beeinträchtigen. Allerdings bleibt ein solches Programm, wie das Aufbrechen der sozialen Frage um die Mitte des 19. Jahrhunderts gezeigt hat, aus sich heraus blind dafür, dass der Gebrauch der Freiheit von bestimmten tatsächlichen Voraussetzungen und vor allem von einer hinreichenden materiellen Grundausstattung abhängt, ohne deren Vorhandensein die Freiheit für ihren Inhaber wertlos ist. Darüber hinaus haben schon frühe liberale Theoretiker wie Adam Smith oder Alexis de Tocqueville die Frage aufgeworfen, ob der normative Individualismus nicht eines moralischen Regulativs bedarf, das ihn in seinen praktischen Auswirkungen domestiziert und zugleich den Gebrauch der Freiheit von innen her anleitet; eine Frage, die zuletzt durch das zügellose Gewinnstreben der Akteure auf den internationalen Finanzmärkten wieder an Aktualität gewonnen hat. Schließlich bleibt unter der Geltung eines solchen Prinzips klärungsbedürftig, wie gesellschaftliche Integration künftig vonstattengehen soll: Da sich die Einzelnen kraft der ihnen danach zukommenden Freiheit jederzeit in andere Richtungen wenden und gegebenenfalls von jeder Gemeinschaft auch wegbewegen können, ist offen, was das Ganze am Ende zusammenhält. Heute sind es Phänomene wie Individualisierung, Pluralisierung und Ökonomisierung, die die Befürchtung nähren, dass die Gesellschaft zusehends in ihre einzelnen Fragmente zerfällt. Als Antwort wird dann meist doch auf die Notwendigkeit einer tragenden Wertorientierung oder einer sozialen Bindekraft verwiesen, die eben auch im Begriff der Solidarität zusammengefasst werden kann. In diesem Sinne kann Solidarität nach wie vor als Chiffre für das stehen, was auch die Bür-

---

3 Aus der katholischen Soziallehre ist vor allem das Werk von *Heinrich Pesch* zu nennen, der einen „christlichen Solidarismus" zu begründen versuchte, s. *ders.*, Solidarismus, Stimmen aus Maria-Laach 63 (1902), S. 38 ff. und 307 ff.; daran knüpfen spätere Arbeiten von *Gustav Gundlach* und *Oswald von Nell-Breuning* an. Für den französischen Solidarismus stehen hierzulande weithin unbekannte Namen wie *Charles Gide* oder *Alfred Fouillée*; zu einem umfassenden Rechtsprinzip erhoben wurde die Solidarität schließlich vor allem von *Léon Duguit*, s. dazu *Dieter Grimm*, Solidarität als Rechtsprinzip, 1973.
4 S. *Dietmar von der Pfordten*, Normativer Individualismus und das Recht, in: JZ 2005, S. 1069 ff.

ger einer freiheitlichen Gesellschaft miteinander verbindet und dann auch zum Tragen der durch das Zusammenleben bedingten Lasten motiviert[5].

## B. Solidarität als Bestandteil der allgemeinen Rechtsidee

Jede Suche nach solchen Gemeinsamkeiten ist allerdings heute damit konfrontiert, dass gerade unter den Bedingungen von Individualisierung, Pluralisierung und Fragmentierung traditionelle Kandidaten wie Religion, Kultur oder Nation zusehends ausfallen: Die weitgehende religiöse Homogenität der fünfziger oder sechziger Jahre des letzten Jahrhunderts ist hierzulande wohl für immer dahin; die Kultur als gemeinsamer Themen- und Erfahrungsvorrat löst sich in den verschiedenen Horizonten und Räumen der multikulturellen Gesellschaft auf; infolge der weltweiten Migrationsbewegungen kann die Idee der Nation jedenfalls dann keinen Grund für gesellschaftlichen Zusammenhalt abgeben, wenn sie weiterhin wie in Deutschland lange üblich ethnisch oder kulturell bestimmt wird[6]. Als erster, wenngleich noch schwacher Grund von Gemeinsamkeit im Sinne des Solidargedankens kommt danach in modernen Gesellschaften zunächst das Recht in Betracht, bei dessen Bestimmung sich allerdings erneut die Spannung zwischen einer liberal-individualistischen und einer stärker gemeinschaftsorientiert-solidarischen Konzeption bemerkbar macht. In der liberal-individualistischen Konzeption erscheint das Recht in erster Linie als Mittel zur Abgrenzung der Freiheitssphären der Bürger, so wie es in Kants berühmter Definition als „Inbegriff der Bedingungen, unter denen die Willkür des einen mit der Willkür des andern nach einem allgemeinen Gesetze der Freiheit zusammen vereinigt werden kann", vorweggenommen ist[7]. In dieser Konzeption hat das Recht im Wesentlichen die Funktion eines Zaunes, der die Bürger voneinander trennen soll. Demgegenüber hat schon Hegel darauf aufmerksam gemacht, dass durch die Existenz einer Rechtsordnung diese Bürger zugleich den Status von Rechtspersonen erhalten, die sich als solche wechselseitig anerkennen müssen[8]. Das Recht erscheint von hier aus wesentlich als eine Summe von Anerkennungsverhältnissen, die zugleich eine mögliche Basis für Solidarität abgeben. Auf einer zweiten Stufe eröffnet das Recht über seine for-

---

5 Zu dieser intuitiven Verwendung statt vieler *Andreas Wildt*, Solidarität – Begriffsgeschichte und Definitionen heute, in *Bayertz* (N 1), S. 210; im Sinne eines umfassenden Konzepts *Hauke Brunkhorst*, Solidarität. Von der Bürgerfreundschaft zur globalen Rechtsgenossenschaft, 2002, S. 21 ff., 111 ff. Ein grundsätzlich engerer Zugriff demgegenüber bei *Otto Depenheuer*, Solidarität im Verfassungsstaat, 2009, der Solidarität vor allem als Prinzip gesellschaftlicher Umverteilung und damit als Schlüsselbegriff der Sozialversicherung entwickelt, vgl. S. 1 ff., 21 ff.; erst im zweiten Teil wird der Fokus durch Rückgriff auf den – m. E. heute nicht mehr hilfreichen – Gedanken des Bundes erweitert, vgl. S. 241 ff.
6 Die Diagnosen sind seit einigen Jahren immer dieselben, vgl. nur Wilhelm Heitmeyer (Hg.), Was treibt die Gesellschaft auseinander?, 1997; *Thomas Kron/Martin Horácek*, Individualisierung, 2009; zu den Problemen des Nationsbegriffs etwa *Ernst-Wolfgang Böckenförde*, Staat, Nation, Europa, 1999, S. 34 ff., 59 ff.
7 *Immanuel Kant*, Die Metaphysik der Sitten, in: Theorie-Werkausgabe Immanuel Kant, hg. von Wilhelm Weischedel, 1968, Bd. VIII, S. 337.
8 *Georg W. F. Hegel*, Grundlinien der Philosophie des Rechts, 1821, §§ 29, 34 ff., insbes. § 36: „Das Rechtsgebot ist daher: *sei eine Person und respektiere die anderen als Personen*"; s. in diesem Zusammenhang auch Hegels Eintreten für die Emanzipation der Juden in § 270 zweite Fußnote.

male Befriedungsfunktion hinaus Räume des Begegnens, des Austausches und des Zusammenwirkens, indem es etwa Möglichkeiten schafft, Verträge abzuschließen, Vereinigungen zu gründen oder ganz allgemein Handlungspläne miteinander zu koordinieren. Drittens schließlich ist das Recht als solches selbst ein wesentlicher Faktor sozialer Integration, insofern die Unterworfenheit unter dieselbe Rechtsordnung deren Mitglieder zu einer Rechtsgemeinschaft zusammenschließt. Angesprochen ist dieser Grundzug bereits in § 22 der Einleitung des preußischen Allgemeinen Landrechts, wenn es dort heißt, die „Gesetze des Staates verbinden alle Mitglieder desselben, ohne Unterschied des Standes, Ranges und Geschlechts"; das Schwergewicht liegt hier nicht nur, wie man heute meist liest, auf der Verbürgung der Rechtsgleichheit, sondern durchaus auch auf der Idee des „Verbindens". Auch heute noch lässt sich das Recht, wie es in einer schönen Formulierung Ronald Dworkins heißt, begreifen als „expression how we can live together in community although divided in project, interest and conviction"[9]. Natürlich sind die Beziehungen, die dadurch hergestellt werden, zunächst noch ganz abstrakt und formal; sie erfassen nicht den Menschen in seiner ganzen Individualität, sondern ihn nur als Rechtssubjekt und Adressaten rechtlicher Normen. Aber gerade dadurch begründet das Recht ein gemeinsames Band unter Bürgern, das einerseits über eine gewisse Festigkeit verfügt, andererseits aber so offen ist, dass es Freiheit und gesellschaftliche Differenz erst ermöglicht. Jedenfalls liegt Solidarität nicht, wie man oft meint, dem Recht nur voraus, als eine Art Grundgefühl einer politischen Gemeinschaft, die sich erst auf der Basis dieses Grundgefühls seine Rechtsordnung als verbindliche Sollensordnung gibt. Sondern das Recht selber richtet diese politische Gemeinschaft auch als Solidarverband ein, so wie es je nach seiner konkreten Ausformung und Gestalt auch das Selbstverständnis dieses Solidarverbandes abbildet.

## C. Solidarität im demokratischen Verfassungsstaat

4   Wie stark dieser solidarische oder gemeinschaftliche Grundzug ausfällt, wird innerhalb einer bestehenden Rechtsordnung in erster Linie durch die Verfassung bestimmt: Als höchste Norm dieser Rechtsordnung und vor allem als die materiale Grundordnung für Staat und Gesellschaft, die sie mittlerweile geworden ist, bringt sie die grundlegenden Vorstellungen davon zum Ausdruck, wie die Mitglieder dieser Gesellschaft zusammen leben wollen und nach welchen Prinzipien dieses Leben eingerichtet wird; zugleich werden diese Vorstellungen in der Interpretation und Anwendung der Verfassung von der Gesellschaft beständig fort- und weiterentwickelt[10]. Als mögliche Idealtypen lassen sich dabei auch hier stärker liberale

---

9 *Ronald Dworkin*, Law's Empire, 1986, S. 413.
10 In diesem Sinne geht es um die grundsätzliche Zuordnung von Verfassung und Solidarität, nicht um die davon zu unterscheidende Frage, ob einzelne Solidaritätspflichten als eine Art Grundpflichten in die Verfassung aufgenommen sind oder aufgenommen werden sollten, s. dazu instruktiv *Erhard Denninger*, Verfassungsrecht und Solidarität, in: *Bayertz* (N 1), S. 319 ff.

bzw. individualistische Verfassungen von stärker gemeinschaftlichen bzw. solidarischen Verfassungen unterscheiden. Einem einseitigen normativen Individualismus folgten vor allem die Verfassungen nach den bürgerlichen Revolutionen um das Ende des 18. Jahrhunderts und in der ersten Hälfte des 19. Jahrhunderts; von den Grund- und Menschenrechten der ersten Generation etwa hat Karl Marx nicht ohne sachliche Berechtigung gesagt, sie beruhten nicht „auf der Verbindung des Menschen mit dem Menschen, sondern vielmehr auf der Absonderung des Menschen von dem Menschen", sie seien entworfen als Rechte „des egoistischen Menschen, des Menschen als vom Menschen und vom Gemeinwesen getrennten Menschen"[11]. Heute wird etwa noch die amerikanische Verfassung im Rechtsvergleich als eine entschieden individualistische Verfassung mit einem weitreichenden Vorrang der Freiheit gegenüber irgendwelchen Gemeinschaftswerten eingeordnet[12]. Das Grundgesetz folgt demgegenüber von Anfang an einer mittleren Linie, die sich stärker für solidarische Elemente öffnet[13]. Ihren klassischen Ausdruck findet diese Linie bis heute im vom Bundesverfassungsgericht formulierten „Menschenbild des Grundgesetzes": Dieses sei „nicht das eines isolierten souveränen Individuums; das Grundgesetz habe „vielmehr die Spannung Individuum – Gemeinschaft im Sinne der Gemeinschaftsbezogenheit und Gemeinschaftsgebundenheit der Person entschieden, ohne deren Eigenwert anzutasten"[14]. Von hier aus lassen sich gerade im Grundgesetz die Grundzüge eines zeitgenössischen Solidaritätsverständnisses aufweisen, das das Prinzip der individuellen Freiheit mit den Notwendigkeiten gemeinschaftlicher Integration vermittelt. Als wesentliche Bausteine dafür lassen sich identifizieren: die wechselseitige Anerkennung der Bürger als Freie und Gleiche, die Institutionalisierung von Kooperations- und Assoziationsmöglichkeiten zur gemeinsamen Aufgabenerledigung sowie ein Grundbestand wechselseitiger Verantwortlichkeit, dies alles auf der Grundlage eines bestimmten Zusammengehörigkeitsgefühls und eines gemeinsamen Verpflichtungssinnes. Die Idee einer wechselseitigen Anerkennung in diesem Sinne liegt der Menschenwürdegarantie, den Grundrechten und dem Demokratieprinzip zugrunde[15]; speziell das Demokratieprinzip und die Grundrechte eröffnen Räume arbeitsteilig-solidarischer Kooperation und zielen damit zuletzt auch auf eine kol-

---

[11] *Karl Marx*, Zur Judenfrage, in: Karl Marx/Friedrich Engels, Werke, herausgegeben vom Institut für Marxismus-Leninismus beim ZK der SED, Bd. I, 1972, S. 347 (364); zustimmend insoweit *Ernst-Wolfgang Böckenförde*, Recht, Staat, Freiheit, 1991, S. 58 ff. [Eine Bestätigung liefert die berühmte loi Le Chapélier von 1791, die jede Art von Vereinigung untersagte, s. dazu *Hans P. Bull*, „Freiheit der Arbeit" als Unterdrückung der Koalitionsfreiheit, in: FS für Werner Frotscher, 2007, S. 129 ff.].
[12] *Donald Kommers*, Kann das deutsche Verfassungsrechtsdenken Vorbild für die Vereinigten Staaten sein?, in: Der Staat 37 (1998), S. 335 (338 f.).
[13] Zu dieser mittleren Linie bereits *Günter Dürig*, in: Maunz/Dürig, Art. 1 Abs. I Rn. 46 f. im Anschluss an Hans Peters; *Erhard Denninger*, Rechtsperson und Solidarität, 1967, S. 212 ff.
[14] BVerfGE 4, 7 (15); seitdem in der Sache und in vielfältigen Abwandlungen std. Rspr. Gerade diese Aussage muss dann beiseite schieben, wer das Grundgesetz einseitig einem „normativen Individualismus" zuordnen will, vgl. *von der Pfordten* (N 4), S. 1071 ff.
[15] Die Menschenwürde als „Staatsgründungsversprechen wechselseitiger Anerkennung" etwa bei *Hasso Hofmann*, Die versprochene Menschenwürde, in: AöR 118 (1993), S. 353 (364 ff.); zur wechselseitigen Anerkennung als Grundlage des Demokratieprinzips statt vieler nur *Christoph Möllers*, Demokratie – Zumutungen und Versprechen, ²2009, S. 17.

lektive Gemeinwohl- und Staatshervorbringung[16]; die Idee einer wechselseitigen Verantwortung kommt sowohl in der Deutung der Grundrechte als von der staatlichen Gemeinschaft zu erfüllenden Schutzpflichten als auch im Sozialstaatsprinzip zum Ausdruck[17]. Zugleich sind es diese Festlegungen, in denen sich heute ein Grundbestand dessen verkörpert, worin auch die Mitglieder einer individualisierten und pluralisierten Gesellschaft noch einig sein können: ein einigendes Band zwischen Bürgern, das diese über ihre individuellen Verschiedenheiten hinweg miteinander verbindet. Gerade dies wird bis heute in der Deutung der Grundrechte im Besonderen und der Verfassung im Allgemeinen als „Wertordnung" zum Ausdruck gebracht[18]. Die dadurch fundierte Gemeinsamkeit ist notwendig abstrakter und damit auch blasser als ältere Gemeinsamkeiten etwa aus der Religion oder einem klassischen Patriotismus. Gerade wegen dieser Abstraktheit und Offenheit kann sie aber auch einen erheblich größeren Teil der Gesellschaft einschließen. Die Solidarität, auf der der demokratische Verfassungsstaat aufbaut und die er seinen Bürgern abverlangt, will er auf diese Weise auch selber stiften, ebenso wie er sie etwa durch die Verpflichtung der wechselseitigen Anerkennung als Bürger, durch Einrichtung eines Prozesses demokratischer Selbstverständigung oder durch die verschiedensten Mechanismen des sozialen Ausgleichs stiften will. Die starken Gemeinsamkeiten früherer Tage treten dadurch in ihrer Bedeutung zurück und werden tendenziell entbehrlich; allenfalls kommt ihnen für die Solidarität unter Staatsbürgern noch eine ergänzende oder unterstützende Funktion zu. Der klassische Satz, der freiheitliche Staat lebe von Voraussetzungen, die er selber nicht garantieren könne, stimmt deshalb in dieser Allgemeinheit nicht mehr, wenn er denn je gestimmt hat[19].

# D. Solidarität in der Europäischen Union

5   Dass der Stiftung von Solidarität durch Recht andererseits auch Grenzen gesetzt sind und sie nicht vollständig ohne Anknüpfung an vorhandene Gemeinsamkeiten auskommt, könnte das Beispiel der Europäischen Union zeigen. Diese bekennt sich an verschiedener Stelle ausdrücklich zum Solidaritätsprinzip: im Sinne eines Wertes, der allen Mitgliedsstaaten gemeinsam ist (Art. 2 EUV), als Aufgabe, die Solidarität zwischen den Generationen zu fördern (Art. 3 Abs. 3 UAbs. 2 EUV)

---

16 Zur Ausgestaltung der grundrechtlichen Freiheit als „Prinzip des Begegnens unter Menschen" *Paul Kirchhof*, Der demokratische Rechtsstaat – die Staatsform der Zugehörigen, in: HStR, 1997, Bd. IX, § 221 Rn. 6; zur Funktion der Grundrechte für die Staatshervorbringung grundlegend *Erhard Denninger*, in: AK-GG, 2001, Bd. 1, Vor Art. 1 Rn. 20 („status constituens").
17 S. etwa die Umschreibung des Sozialstaatsprinzips bei *Hans F. Zacher*, Das soziale Staatsziel, in: HStR, Bd. II, ³2004, § 28 Rn. 100: „Solidarität der Bürger mit den Bürgern – vermittelt durch das Gemeinwesen und zugleich gelebt in der Gesellschaft".
18 Grundlegend BVerfGE 2, 1 (12); 5, 85 (138 f.); für die Grundrechte BVerfGE 7, 198 (205 ff.); die Grundlagen bei *Rudolf Smend*, Verfassung und Verfassungsrecht, in: ders., Staatsrechtliche Abhandlungen, ³1994, S. 19 ff. (260 ff., 264).
19 *Böckenförde* (N 6), S. 112 f.

oder auch als Ziel ihrer internationalen Politik (Art. 3 Abs. 4 EUV)[20]. Vor allem aber geht es um die Förderung der Solidarität zwischen den Mitgliedsstaaten selbst, die teils ausdrücklich (Art. 3 S. 3 UAbs. 3 EUV, Art. 222 Abs. 1 AEUV), teils in verschiedenen Bestimmungen auch implizit angesprochen wird (Art. 4 Abs. 3, 7, 13 Abs. 1 EUV; Art. 5 f., 7 ff., 151 ff., 174 ff. AEUV etc.). Tendenziell angestrebt ist von der Union neben und zusätzlich zu dieser Solidarität zwischen ihren Staaten aber auch mehr Solidarität „zwischen ihren Völkern", wie es in der Präambel des EUV ausdrücklich heißt. Zu diesem Zweck richtet das Unionsrecht eine eigene, zur nationalen Staatsbürgerschaft hinzutretende Unionsbürgerschaft ein, die das Recht auf Freizügigkeit und freie Aufenthaltswahl mit dem Wahlrecht zu Kommunalwahlen und Wahlen zum europäischen Parlament sowie weiteren Rechten kombiniert (Art. 20 ff. AEUV). Geknüpft werden soll damit ein „auf Dauer angelegtes rechtliches Band" zwischen den Angehörigen der Mitgliedsstaaten, das zwar noch keine „der Zugehörigkeit zu einem Staat vergleichbare Dichte" besitzt, aber immerhin „dem bestehenden Maß existentieller Gemeinsamkeit ... einen rechtlich verbindlichen Ausdruck verleiht"[21]. Verstärkt werden soll dieses Band seinerseits durch die Eröffnung weiterer Räume für demokratische Kooperation (Art. 11 EUV, 223 ff. AEUV) oder die Einrichtung einer Grundrechtsordnung, die ausdrücklich auch die damit verbundene Verantwortung gegenüber der Gemeinschaft betont (Präambel EU-GR Charta, Abs. 6). Mit einer gewissen Überspitzung lässt sich sagen, dass damit gleichsam der umgekehrte Weg versucht wird, der einst mit den nationalen Verfassungen beschritten wurde. Diese konnten in ihrer Mehrzahl an ein bereits vorhandenes Fundament von Solidarität im Sinne eines gewissen Zusammengehörigkeitsgefühls anknüpfen, von dem sie sich erst nach und nach ein Stück emanzipierten. Von irgendeinem Zeitpunkt der Entwicklung an kann dann das Zusammengehörigkeitsgefühl verstärkt durch die Verfassung selbst vermittelt werden, wie es gerade für die Bundesrepublik das vieldiskutierte Konzept des Verfassungspatriotismus indiziert. In Europa wird demgegenüber versucht, das entsprechende Fundament ohne die Möglichkeit einer solchen Anknüpfung durch die Einrichtung einer Rechts- und Verfassungsordnung allererst zu erzeugen[22]. Das muss nicht von vornherein zum Scheitern verurteilt sein; im Gegenteil weiß man aus der allgemeinen Diskussion über das Verhältnis von Recht und Moral, dass auch das Recht Einstellungen prägen, in eine bestimmte Richtung lenken oder auch grundlegend verändern kann. Gerade die gegenwärtige Finanz- und Staatsschuldenkrise, die einzelne Mitgliedsstaaten der Union erfasst hat, zeigt aber, welche Hindernisse und Schwierigkeiten dabei zu bewältigen sind. Auf den weiteren Fortgang des Experiments wird man daher gespannt sein dürfen.

---

[20] Zur Herausarbeitung von Solidarität als europäischer Grundwert s. vor allem die Beiträge Clemens Sedmak (Hg.), Solidarität. Vom Wert der Gemeinschaft, 2009, dort vor allem die Einleitung von *Sedmak* selbst, S. 9 ff.
[21] BVerfGE 89, 155 (184).
[22] Diesem Zweck diente gerade das – mittlerweile als solches gescheiterte – Projekt einer Europäischen Verfassung, vgl. *Dieter Grimm*, Integration durch Verfassung, in: Leviathan 32 (2004), S. 448 ff.; *Hans M. Heinig*, Europäisches Verfassungsrecht ohne Verfassung(svertrag)?, in: JZ 2007, S. 905.

# E. Bibliographie

*Bayertz, Kurt* (Hg.), Solidarität. Begriff und Problem, 1998.
*Brunkhorst, Hauke*, Solidarität. Von der Bürgerfreundschaft zur globalen Rechtsgenossenschaft, 2002.
*Denninger, Erhard*, Rechtsperson und Solidarität, 1967.
*Depenheuer, Otto*, Solidarität im Verfassungsstaat, 2009.
*Hondrich, Karl Otto/Koch-Arzberger, Claudia*, Solidarität in der modernen Gesellschaft, 1994.
*Schmelter, Jürgen*, Solidarität. Die Entwicklungsgeschichte eines sozialethischen Schlüsselbegriffs, 1991.
*Sedmak, Clemens* (Hg.), Solidarität. Vom Wert der Gemeinschaft, 2009.
*Volkmann, Uwe*, Solidarität – Programm und Prinzip der Verfassung, 1998.

# § 5
# Gemeinwohl

*Michael Anderheiden*

### Übersicht

|     |     | Rn. |
| --- | --- | --- |
| A. | Prolog | 1 |
| B. | Gemeinwohl: staatlich versus kirchlich | 2– 6 |
| C. | Gemeinschaft als Substanz oder Vorstellung | 7–11 |
| D. | Gemeinwohl und Individualwohl | 12–17 |
| E. | Ausdehnung und Präzisierung des Gemeinwohlinhalts | 18–21 |
| F. | Demokratie und Gemeinwohl | 22–25 |
| G. | Konkretisierung im Prozess: „Governance" | 26 |
| H. | Bibliographie | |

## A. Prolog

Die konzeptionelle Fassung des verfassungsrechtlichen Gemeinwohls entpuppt sich als vielschichtiges Unterfangen. Umgekehrt stellen sich Verfassungsrechtler der allgemeinen Aufgabe, die Schichten eines zeitgemäßen und zukunftsweisenden Gemeinwohlverständnisses freizulegen; diese Konzeptionen erweisen sich häufig genug als verfassungsfern.[1] Im Folgenden sollen demgegenüber mit dem Blick auf das Verfassungsrecht historische Schichten eines Gemeinwohlverständnisses freigelegt werden, die bis heute auch darüber hinaus in das Europa- und Völkerrecht wirken und die Diskussionen ordnen.

1

## B. Gemeinwohl: staatlich versus kirchlich

Eine der bis heute wichtigen Fragen ist die nach dem Subjekt des Gemeinwohls, also der Antwort auf die Frage, um wessen Wohl es eigentlich geht, in ihrer historischen Ausprägung der Abgrenzung politischer versus religiöser Sphären. Jahrhunderte lang umstritten nahm erst Thomas von Aquin die bahnbrechende Abgren-

2

---

[1] Zwei Beispiele seien hervorgehoben: Als der Jubilar sich mit der Schrift „Verwalten durch „mittelbares" Einwirken" im Juli 1974 habilitierte, erschien: *Roman Herzog*, Gemeinwohl, in: Joachim Ritter (Hg.), Historisches Wörterbuch der Philosophie, Bd. III, 1974, Sp. 248–258; kurz nachdem er aus dem Bundesverfassungsgericht ausschied, verfasste *Ernst-Wolfgang Böckenförde* „Gemeinwohlvorstellungen bei Klassikern der Rechts- und Staatsphilosophie", erschienen in: Herfried Münkler/Karsten Fischer (Hg.), Gemeinwohl und Gemeinsinn im Recht, 2002, S. 43–66. Die weiteren Hinweise sind auf das Allernötigste beschränkt und unterstellen beim Leser verfassungsrechtliche Kenntnisse.

zung vor, indem er aus philosophischen Gründen[2] einer nicht religiösen, sondern politischen Gestaltung des Gemeinwesens Raum verschaffte, eines Raumes, der zur Selbstbestimmung einer Gruppe von Menschen offenstand.[3] Mit der Möglichkeit eines nicht religiös zu gestaltenden Gemeinwesens[4] eröffnete Thomas die Frage nach dem Maßstab oder den Maßstäben dieser Gestaltung.[5] Gewiss durften diese Maßstäbe zu Thomas Zeiten nicht gegen theologische Vorgaben verstoßen. Aber weil diese Vorgaben rational durchdacht offen waren, blieb die Frage nach dem „wie" einer solchen Gestaltung offen. Bekanntlich hat Thomas das bonum commune zum Maßstab dieser Ausgestaltung erhoben.[6]

3 Zugleich legte Thomas eine Facette des Gemeinwohls frei, die sich bis heute durchhält: Das Gemeinwohl drängt zur Institutionalisierung.[7] Das Ziel des Wohlergehens kann schon begrifflich nichts Flüchtiges, es muss zudem einem Subjekt zurechenbar sein. Für beide Aufgaben bedarf es der Institutionen, im religiösen Bereich nach üblicher Auffassung der Kirchen (oder ähnlich organisierter Religionsgemeinschaften), im politischen Bereich der Städte, Zünfte, Universitäten, schließlich der Staaten mit jeweils eigenem Recht.[8]

4 Heute erscheint das selbstverständlich, damals bedurfte es der argumentativen und praktischen Durchsetzung. Denn das Gemeinwohl war als Maßstab der Ordnung politischer Gemeinwesen nicht ohne Konkurrenz. Zwei damalige Wettbewerber seien erwähnt: Politische wie religiöse Gemeinschaften konnten so organisiert werden, dass sie am besten dem Seelenheil der Mitglieder dienten.[9] Indem (nicht zwingend wechselseitig) für das Seelenheil einzelner Persönlichkeiten, aber auch ihrer Ahnen, Abkommen und Familienmitglieder gebetet wurde, wurden Befriedungen und politische Bündnisse möglich, die zwar ihrerseits tatsächlich dem weltlichen Wohlergehen der Menschen dienten, aber das war nicht ihr erster Zweck. Der erste Zweck blieb bis ins 11. Jahrhundert hinein das transzendente Wohlergehen der Seelen in einem für prinzipiell erreichbar gehaltenen Jenseits.

---

2 Zu *Thomas von Aquins* Argumentationsart und -stil s. *John Finnis*, Aquinas. Moral, Political, and Legal Theory, 1998, mit Wiedergabe der Selbstauskunft des *Thomas* zu seiner Methode S. 11 f., und *Thomas von Aquin*, Summa contra Gentiles, Buch I Kap. 2 n. 3: „[…] ad naturalem rationem recurrere". „Naturalem rationem" ist der uns von Natur mitgegebene Verstand, also: Es sei in Argumentationen (mit Heiden) notwendig, „auf den uns von Natur mitgegebenen Verstand" abzustellen. Die bloße Zustimmungsfähigkeit eines Argumentes ist das Merkmal philosophischer Argumentation.
3 Das ist der Ausgangspunkt der Thomas-Interpretation von *Finnis* (N 2), S. 22 ff., gestützt auf die Einleitung zu Thomas Ethik-Kommentar, *Thomas von Aquin*, Sententia Liber Ethicorum, praefatio, n. 2 ff.
4 *Thomas* (N 3), praefatio, n. 6.
5 Zur zentralen Bedeutung von „Maßstäben" auch im heutigen Verfassungsrecht erstmals: *Paul Kirchhof*, Rechtsmaßstäbe finanzstaatlichen Handelns. Das Besteuern, das Horten und Zuteilen von Finanzvermögen, in: JZ 1979, S. 153–159, aus der Rechtsprechung: BVerfGE 101, 158 (214 ff.).
6 *Thomas von Aquin*, „De regimine principum", dt. Über die Herrschaft der Fürsten, 2008, durchgängig ab Buch 1 Kap. 1; *ders.*, Summa theologiae I-II qu. 90, art. 2; *ders.*, Summa theologiae II-II qu. 50.
7 *Thomas* spricht vom Gemeinwohl einer vollständigen Gemeinschaft (perfecta communitas).
8 *Thomas von Aquin*, Summa Theologiae I-II, qu. 90 ff., insbes. qu. 98 art. 1c.
9 Das war in ottonischer Zeit eine wichtige Quelle politischer Gestaltung, die entsprechend Rituale gegenüber Rechtsregeln betonte. Grundlegend die Forschungen von *Gerd Althoff*,: Amicitiae und Pacta, 1992 (für die Zeit Heinrichs I.) und der Überblick über die folgende Entwicklung in: *ders.*, Die Ottonen, Königsherrschaft ohne Staat, 2005, S. 239 ff.

Ein zweiter Konkurrent des Gemeinwohls hielt sich länger: Maßstab guter Politik waren die verschiedenen Würden, die in einem Geflecht persönlicher Beziehungen Beachtung beanspruchten. Ein nur umrisshaft als solches auszumachendes politisches Gemeinwesen war dann wohlgeordnet, wenn dem Verlangen der jeweiligen Würden in einer guten Ordnung (ordo) Rechnung getragen wurde. Das Gemeinwohl als Maßstab der Politik brachte aus dieser Perspektive die Gefahr mit sich, die Würden einzuebnen, das Gemeinschaftliche zu prononcieren und damit einer (falschen) Gleichbehandlung der Gemeinschaftsmitglieder Vorschub zu leisten. Das Gemeinwohl wurde aus dieser Warte nicht unbedingt als etwas Gutes angesehen.[10]

Das Gemeinwohl ist also nicht Vorgabe aller Verfassungen, vielmehr kann es nur Teil einer politischen Verfassung sein, nachdem die Politik Spielräume gegenüber religiösen Vorgaben und transzendenten Orientierungen erhält und zugleich die Gesellschaftsmitglieder grundsätzlich gleich geachtet werden. Zur weiteren Absicherung bedarf es einer Stabilisierung durch Institutionalisierung. Das ist bis heute auch von systematischem Interesse. Können sich Theokratien (Iran) systematisch am Gemeinwohl orientieren, die zugleich eine starke individuelle Jenseitserwartung pflegen und die grundsätzliche Gleichachtung aller ablehnen? In säkularen europäischen Staaten wirken die Fragen nach der Bestimmung des Gemeinwohls im Verhältnis von Staat und Kirche nach. Noch heute ist bisweilen schwierig abzugrenzen, für welchen Teil des Gemeinwohls die Kirche, für welchen der Staat, für welchen gar beide „zuständig" sind.[11] Das geschieht dank ausgeklügelter Regeln und eingespielter Übung.[12] Das Gemeinwohl des Staates zielt damit jedenfalls auf einen (wesentlichen) Teilbereich, der von Thomas von Aquin bereits als „öffentliches Wohl", „bonum publicum" erfasst wurde.

---

10 So hatte noch *Albertus Magnus*, Lehrer Thomas von Aquins in Köln, vor dem Gemeinwohl in seinem Kommentar zur Politik des Aristoteles unter Bezug auf *Aristoteles*, Politik Buch II Kap. 7, 1266 b 22, gewarnt, *Albertus Magnus*, Politica I.3 c.5 (Ed. Paris 8, 238b), und er fügt an gleicher Stelle hinzu: „et hoc est periculum rei publicae". Das hinderte Albert freilich nicht, seine eigenen Schiedssprüche (zwischen dem Erzbischof und den Bürgern von Köln) argumentativ auf das Gemeinwohl zu stützen, wenn sich die Gelegenheit bot. Aufschlussreich dazu: *Manfred Groten*, Albertus Magnus und der Große Schied, 1258 – Aristotelische Politik im Praxistest, 2011.

11 *Thomas* hatte beide Gemeinschaften durchgängig gegeneinander abgegrenzt und Überschneidungen ausgeschlossen. Kirche und Staat waren in seiner Terminologie jeweils perfecta communitas mit einem eigenen Gemeinwohl; das erlaubte ihm die bisweilen parallele Behandlung von Kirche und Staat, s. *Thomas von Aquin*, Summa Theologica II-II qu. 31 art. 3 oder qu. 43 art. 8. Das wird bekanntlich in den res mixtae des Staatskirchenrechts heute anders gesehen.

12 Wenig Reibung gibt es etwa bei kirchlichen Trauerfeiern während der Begräbnisse auf kommunalen Friedhöfen. In anderen Bereichen kommt es immer wieder zu Spannungen. Mag ein Hochschullehrer an einer theologischen Fakultät einer staatlichen Universität seinem Bildungsauftrag gegenüber den Studierenden vorbildlich nachkommen, kann er doch zugleich aus Sicht der Glaubensgemeinschaft Abträgliches für den Glauben und seine Verbreitung leisten. Gemeinwohlüberschneidungen und -kumulierungen verlangen dann nach rechtlicher Lösung.

## C. Gemeinschaft als Substanz oder Vorstellung

7   Für Thomas ist es ausgemachte Sache, dass er die Gemeinschaften als Substanzen ansah, das Gemeinwohl entsprechend als Wohl dieser substanziell vorgestellten Gemeinschaft.[13] Weil die Gemeinschaften eigene Substanz hatten, konnte ihr Gemeinwohl nicht als das Wohl der individuellen Mitglieder dieser Gemeinschaft verstanden werden: Das Ganze ist mehr als seine Teile, das Wohl der Gemeinschaft etwas anderes als das Wohl seiner Mitglieder. Der substanziell verstandenen Gemeinschaft entspricht deshalb nur ein holistisch verstandenes Gemeinwohl. Heutzutage pflegen wir einen solchen Begriff weniger, er entspräche bezogen auf Staaten (zumindest partiell) dem der „Staatsräson". Intension und Extension von „Staatsräson" sind aber andere als die von „Gemeinwohl": Nur „Gemeinwohl" kann herrschaftskritisch gebraucht werden, „Staatsräson" nur zur Legitimation staatlichen Handelns dienen.[14]

8   Das heutige Verständnis baut auf einem zumindest offeneren Gemeinwohlbegriff auf, einem Konzept, das sich auf die Gesamtheit oder ihre Glieder als Subjekte des Wohls bezieht. Wilhelm von Ockham hat eine solche Vorstellung des Gemeinwohls im 14. Jahrhundert geliefert. Wie Thomas entwickelt er seine Vorstellungen von Gemeinschaft aus seiner Metaphysik.[15] Ockham fasst politische Strukturen[16] als etwas bloß allgemein Gedachtes auf, das die Individuen repräsentiert. Nur den Individuen komme metaphysisch gesehen Substanz zu, nicht den Gemeinschaften.[17] Das Wohl der Einzelnen ist damit prägend für das Wohl der Gesamtheit, die Individuen haben einen logischen Vorrang vor der Gemeinschaft. Bei Thomas war es noch genau umgekehrt gewesen.

9   So wie die Gesamtheit vorgestellt ist, kann auch ihr „Wohl" für Ockham nur real sein als Summe des Wohlergehens der als beteiligt vorgestellten Individuen. Damit ist sogar verträglich, sich einen Zustand vorzustellen, bei dem es, gemessen an einem anderen Zustand, einigen schlechter geht und anderen besser und diesen Zustand insgesamt als (gesteigertes) Gemeinwohl aufzufassen. In dieser Form kann auch der Rechtszustand als Zustand aufgefasst werden, der dem Gemeinwohl dient, selbst wenn einige Rechtsbrecher darunter leiden. Der Bezug auf die Einzelnen und die hinter einer Gesamtheit stehenden Einzelnen prägt heutige Gemeinwohlvorstellungen.

---

13   S. die beiden Beiträge von *Maximilian Forschner* und *Günther Mensching* unter dem gleichlautenden Titel „Naturrecht, positives Gesetz und Herrscherwille bei Thomas von Aquin und Wilhelm von Ockham", in: Ludwig Siep/Thomas Gutmann/Bernhard Jackl/Michael Städtler (Hg.), Von der religiösen zur säkularen Begründung staatlicher Normen, 2012, S. 59- 80 und S. 81–91.

14   Auch ist „Staatsräson" als Begriff jünger als bonum commune und verwandte Begriffe, die von Cicero und Seneca über die karolingische Zeit und durchgehend seit dem Hochmittelalter Verwendung fanden. Ragio Statu stammt dagegen aus dem 16. Jahrhundert, s. nur *Michael Stolleis*, Arcana Imperii et Ratio Status, 1980.

15   *Mensching* (N 13), S. 81.

16   Zu seiner Zeit von einem „Staat" zu reden, verbietet sich.

17   *Wilhelm von Ockham*, Scriptum in librum primum Sententiarum, ordinatio: prologus et distinctio prima (= Kommentar zu den Sentenzen des Petrus Lombardus, Bd. I), in: Opera philosophica et theologica, Reihe Opera theologica, The Franciscan Institute of St. Bonaventure University (Hg.), 1967, distinction 25, questio 1: „Nulla natura est communis, nec est a parte rei aliqua natura communis secundum quodcumque esse."

Dennoch spielt die Vorstellung von „Gemeinwohl" als Zustand einer nicht weiter aufgelösten, obwohl jederzeit auf die Einzelnen hin auflösbaren Gesamtheit eine Rolle auch im heutigen Verfassungs- und Verwaltungsrecht. Man denke nur an die Gemeinwohlverpflichtung von Beamten und ihre Stellung zum sonstigen öffentlichen Dienst,[18] an die Fragen der Geheimhaltung wegen des Ansehens etwa der Bundesrepublik Deutschland[19] oder andere Fragen, bei denen ein „nationales Interesse" geltend gemacht wird,[20] schließlich an den extremen Fall der Aufopferung für das Ganze.[21]

Ockham jedenfalls gebührt der Verdienst, das Wohlergehen der Einzelnen überhaupt ins Gespräch gebracht zu haben. Aber er war weit davon entfernt, dieses als entscheidende Größe der politischen Philosophie oder gar des Rechts zu begreifen. Der seit dem Sündenfall grundsätzlich verderbte Mensch konnte sich vielleicht in seinem Lebenswandel mehr oder weniger gottgefällig zeigen, aber deshalb gab es noch keinen Grund, auf sein Wohl besondere Rücksicht zu nehmen. Der metaphysische Vorrang des Einzelnen fand bei Ockham keine Ausdifferenzierung im Versuch, über das Einzelwohl das Gemeinwohl zu fördern. Diese Begriffe galten vielmehr noch für etwa 200 Jahre als konträr.

## D. Gemeinwohl und Individualwohl

Historisch kippte die Beziehung zwischen Gemeinwohl und Einzelwohl bereits im 16. und nicht erst im 18. Jahrhundert.[22] Nur bis dahin galt: Was dem Einzelnen nützte, schadete der Gesamtheit und umgekehrt. Eine Reihe von Faktoren leitete diesen Wechsel der Anschauungen ein.

Ökonomisch herrschte bis dahin die Vorstellung eines Nullsummenspiels: Was dem Einzelnen genommen wurde (an Abgaben oder Diensten), floss der Gesamtheit zu, was ihm belassen wurde, entging der Gesamtheit. Im 16. Jh. setzte sich der Gedanke einer Wachstumsökonomie durch. Erst jetzt konnte auch dasjenige, was einem Einzelnen zufloss, als zugleich gemeinwohlförderlich angesehen werden.[23]

---

18 Ausführlich: *Michael Anderheiden*, Das Gemeinwohl in Republik und Union, 2006, S. 493 ff., 535 ff.
19 Man denke an die Regeln zur Geheimhaltungsbedürftigkeit von Verschlusssachen, die neben dem „Bestand" von Bund und Ländern auf deren Ansehen und Sicherheit abheben.
20 *Gerd Roellecke,* Zum Problem der Nation, in: FS für Josef Isensee, 2007, S. 29–42.
21 *Otto Depenheuer,* Das Bürgeropfer im Rechtsstaat, in: FS für Josef Isensee, 2007, S. 43–60; *Ulrich Hufeld/Hermann. Rattke,* Sterben in staatlich-exekutiver Indienstnahme, in: Michael Anderheiden/Wolfgang U. Eckart (Hg.), Menschenwürde und Sterben, Bd. III, 2012, S. 1687–1704.
22 Grundlegend: *Winfried Schulze*, Vom Gemeinnutz zum Eigennutz, HZ, Bd. 243, 1986, S. 591–626.
23 Zuvor baute die Entgegensetzung von generell vorbildlichem Gemeinwohl und schädlichem Eigennutz auf der Vorstellung einer prinzipiell stabilen Ordnung, der funktionalen Zuweisung wichtiger Aufgaben an genau bestimmte Gruppen der Gesellschaft und auf der Vorstellung einer prinzipiellen schöpfungsbedingten Harmonie vergleichbar derjenigen eines gesunden Körpers mit seinen Organen. *Schulze* (N 22), S. 601, 622 ff.; *Birgit Biehler,* Der Eigennutz – Feind oder „Wahrer Begründer" des Gemeinwohls?, 2011, S. 17 m. weit. Nachw.

Eigennutz führt zur Dynamisierung der wirtschaftlichen Verhältnisse, von der nicht zuletzt der politische Verband durch die Möglichkeit höherer Steuereinnahmen profitiert.[24]

14 Jedes Ausscheren aus der harmonisch-stabilen Ordnung stört nach überlieferter Tradition das funktionale Gefüge, jeder eigennützige Akt das Gemeinwohl. Der Weg zur „unsichtbaren Hand" des Adam Smith erscheint weit.[25]

15 Ebenfalls im 16. Jahrhundert lassen sich die ersten Stimmen finden, die ihre gesellschaftlichen Analysen am Maß des Bedürfnisses und der Bedürfnisbefriedigung messen.[26] Dieses Konzept des „Bedürfnisses" stand in scharfem Gegensatz zum älteren Konzept der „auskömmlichen Nahrung" in einer gottgewollten und harmonischen Ordnung. In dieser Ordnung, in Otto Brunners „ganzem Haus",[27] konnten Eigennutz und Gemeinwohl nur in scharfem Gegensatz stehen. Anders in der neueren Ordnung, die dem Eigennutz Raum gab, um dem Wohl der Gesamtheit einen Dienst zu erweisen. In dieser neuen Ordnung lag die Verführung nahe, dem Eigennutz gar kategorisch einen Vorrang vor dem Gemeinwohl einzuräumen. Die meisten Autoren sahen die Verhältnisse allerdings zu Recht komplexer.

16 Wie aber konnte es zu dieser Neuerung kommen? Die alte dreigeteilte Ordnung aus Beten, Arbeiten und Schützen war in den Stürmen der Reformation und Gegenreformation zusammengebrochen.[28] Wo der Arbeitende um seine Früchte betrogen wird, der Schutz ausbleibt, wo schlicht die Rechtsordnung unterhöhlt wird, da ist die Notwendigkeit nahe, für die eigene Sicherheit und das eigene wirtschaftliche Überleben zu sorgen. „Sicherheit durch Rechtlichkeit" ist damit als alter Bestandteil des Gemeinwohls benannt. Er kann durch Selbsthilfe nicht ersetzt werden. Wohl aber können umgekehrt ein Zuviel an rechtlicher Sicherheit und ein Ansetzen rechtlicher Verbindlichkeiten an falscher Stelle Eigeninitiative ersticken und das gesellschaftlich Mögliche Schaden erleiden.[29]

17 Die neue Ordnung erhielt schließlich ihre Stütze in theologischen Begründungen in Teilen der Reformation. Hervorzuheben in seiner Bedeutung ist der in Heidelberg und Tübingen ausgebildete Philipp Melanchthon.[30] Stark gerafft ergibt sich:

---

24 Diese waren im Angesicht der Türkengefahr des ausgehenden 16. Jh. hochwillkommen, s. *Schulze* (N 22), S. 616 f. m. zahlr. Nachw.
25 „Nicht vom Wohlwollen des Metzgers, Krämers und Bäckers erwarten wir das, was wir zum Essen brauchen, sondern davon, dass sie die eigenen Interessen wahrnehmen. Wir wenden uns nicht an ihre Menschen-, sondern an ihre Eigenliebe, und wir erwähnen nicht ihre eigenen Bedürfnisse, sondern sprechen von ihrem Vorteil." Wie von einer „unsichtbaren Hand" geleitet, fördern diese eigeninteressierten Individuen das Gesamtwohl der Gesellschaft. *Adam Smith*, Der Wohlstand der Nationen, 1982, hg. v. Horst Claus Recktenwald, S. 17 und S. 371.
26 In der Geschichtswissenschaft schon länger bekannt ist die empirisch verstandene Sozialanalyse des Ulmer Bürgers *Leonhard Fronsberger*: Von dem Lob des Eigennutzen, 1564. Darstellung mit zahlreichen Zitaten bei: *Schulze* (N 22), S. 606 ff. Zur Autorschaft Fronsbergers ebd., S. 613.
27 *Otto Brunner*, Das „ganze Haus" und die alteuropäische Ökonomik, in: *ders.*, Neue Wege der Verfassungs- und Sozialgeschichte, ²1968, S. 103–127.
28 *Schulze* (N 22), S. 611 f. mit Zitat.
29 *Schulze* (N 22), S. 615 f.
30 Blumenberg schrieb ihm gelegentlich „kanonisierende" Wirkung in protestantischen Kreisen zu, s. *Hans Blumenberg*, Melanchthons Einspruch gegen Kopernikus, in: Studium Generale 60 (1960), S. 174 (175). Jedenfalls dürfte seine längerfristige Wirkung die der ebenfalls schon im 16. Jh. für die Vereinbarkeit von Eigennutz und Gemeinwohl eintretenden Sebastian Franck und Konrad Peutinger deutlich übertroffen haben. Zu diesen: *Biehler* (N 23), S. 167–176, 212–347.

Der Mensch ist seit dem Sündenfall zwar in seinem Streben völlig verderbt, aber er ist zur Erkenntnis dieser Verderbtheit fähig (gegen Luther), sein Verstand ist nicht verderbt. Das eröffnet zunächst keine Möglichkeit, die Affekte zu kontrollieren, aber immerhin eine Erkenntnis der Ziele des richtigen Lebens.[31] In seinem Spätwerk hat Melanchthon dann neben die Affekte und die Vernunft noch den Willen gestellt, der jeweils den Handlungsimpetus freigibt und damit eine Art Kontrollfunktion auch gegenüber den Affekten übernimmt. Mit dieser Rolle des Willens ist der Weg frei für eine gemeinschaftsdienliche Steuerung der Affekte und umgekehrt eine individualdienliche Interpretation des Gemeinwohls.

## E. Ausdehnung und Präzisierung des Gemeinwohlinhalts

Die Gewichtung und Abschichtung von Individual- und Gemeinschaftsinteressen führte in der Folge zur Ausdehnung der „policey". Das darf als bekannt vorausgesetzt werden. Dieses Herrschaftsdenken wurde aber kritisch begleitet von Versuchen, Einzel- und Kollektivinteressen, private und öffentliche Aufgabenwahrnehmung gegeneinander abzugrenzen.[32] Der bekannteste dieser Kritiker ist Bernard Mandeville, der in seiner satirischen[33] „Bienenfabel" 1705 behauptete, dass privatnütziges Verhalten zu öffentlichem Nutzen führe und deshalb staatliches Handeln so gut wie überflüssig sei. Damit setzte Mandeville bei genau der persönlichen Verderbtheit an, die auch die Reformatoren wie Melanchthon beschworen. Nur die Konsequenzen, die angeblich so gut sein sollten, wurden ihm nicht abgenommen.

18

Für die Folgezeit maßstäblich wurde aber Adam Smiths Theorie von Markt und Staat aus den Wealth of Nations von 1776. Dabei ist Smith als Vater der marktwirtschaftlichen Theorie bekannt: Wie von unsichtbarer Hand gesteuert optimiert sich die Verteilung von Waren und Dienstleistungen auch unter selbstsüchtigen Kaufleuten.[34] Weniger beachtet wird, dass Smith das Fünfte Buch seines bekanntesten Werkes Aufgaben „des Landesherrn oder des Staates" widmet, die über Abgaben und über Eigengewinne zu finanzieren seien: Landesverteidigung, Justizwesen sowie öffentliche Anlagen und Einrichtungen und hier neben solchen, die Handel und

19

---

31 Auch der in seinem Handlungsantrieb verderbte Mensch kann erkennen, dass eine Ordnung des Zusammenlebens vernünftig im Sinne von „gut nach Gottes Plan" ist und wie diese Ordnung vernünftig zu gestalten ist.
32 Die philosophische Begleitung dieses Wandels im Herrschaftsverständnis war nicht notwendig kritisch, wie Hobbes und später passagenweise Montesquieu verdeutlichen. Aber es gab kritische Ansätze gegen das Allmachtsstreben der jungen Staaten bis in die privaten Bereiche hinein.
33 *Bernard Mandeville* bezeichnet in der Vorrede des zweiten Teils seines Werkes dieses selbst als „Satire", s. dazu ausführlich: *Walther Euchner*, Einleitung, in: *Mandeville*, Die Bienenfabel, hg. von Walther Euchner, ²1980, S. 10 ff.; diesen Charakter verkennt völlig: *Tonio Gas*, Gemeinwohl und Individualfreiheit im Nationalen Recht und Völkerrecht, 2012.
34 *Adam Smith*, Der Wohlstand der Nationen, 1974, Buch 4 Kap. 2, S. 371. Die Metapher wurde jüngst über Mandeville auf Thomas von Aquin und sogar Aristophanes zurückgeführt, s. *Thomas Sedlacek*, Die Ökonomie von Gut und Böse, 2012. Auch Sebastian Franck gehört in diese Reihe, s. *Biehler* (N 23), S. 167 ff. Zu den Beschränkungen, unter denen die Metapher ökonomisch gilt, s. *Paul A. Samuelson/ William D. Nordhaus*, Vorlkswirtschaftslehre, ³2007, S. 56 f.

Verkehr allgemein oder in einzelnen Zweigen erleichtern, auch Bildungseinrichtungen für die Jugend und für „Menschen jeden Alters", schließlich Ausgaben für die Repräsentation des Staatsoberhauptes.

20 In allen diesen Fällen lässt sich, modern gesprochen, ein Marktversagen konstatieren, das durch die systematische Möglichkeit des Trittbrettfahrens verdeutlicht wird. Es liegt nahe, dessen Bekämpfung neben dem für alle grundsätzlich vorteilhaften Marktgeschehen als Gemeinwohlaufgabe zu charakterisieren. Vom Gemeinwohl aus gesehen hat Recht damit zwei Aufgaben: den für alle vorteilhaften Markt und damit die dazu notwendigen rechtlichen Freiheiten so zu regeln, dass er funktioniert[35], und Marktversagen im Verbund mit anderen Maßnahmen zu bekämpfen. Komplementär trägt die Einhaltung rechtlicher Regelsysteme selbst zum gemeinen Wohl bei. Mitte des 20. Jahrhunderts wurde unter Führung der US-Ökonomen Samuelson und Musgrave das hinter diesem Marktversagen stehende Phänomen kollektiver Güter analysiert.[36] Rechtlich gesprochen lässt sich damit das Gemeinwohl nunmehr beschränken auf die Möglichkeit und Vereinbarkeit der Grundrechtsausübung und die Sorge um kollektive Güter.[37]

21 Beide Bereiche sind hoch aktuell. Das gilt sogar für einige Beispiele von Adam Smith an der erwähnten Stelle, wie beispielsweise die Entscheidung zwischen Wehrpflicht und Berufsarmee oder die Frage des staatlichen Schutzes für (private) Außenhandelskaufleute, die in riskanter Umgebung tätig sind (Stichwort „Hermes-Deckungen").[38] Schwierig bleibt aber der Zusammenhang zwischen Grundrechten und Gemeinwohl. Holzschnittartig lassen sich zwei Positionen zu den Freiheitsrechten vertreten: Den Gemeinwohlvorbehalt bereits auf Schutzbereichsebene einzubeziehen oder ihn erst bei der Rechtfertigung von Schranken in Betracht zu ziehen. Strukturell steuert die erste Lösung eher auf eine Gleichwertigkeit von Grundrechten und Gemeinwohl zu, die zweite auf eine Dominanz der Grundrechte, die nur dann durch Gemeinwohlüberlegungen eingeschränkt werden dürfen, wenn dies verhältnismäßig ist. So fallen nach der ersten Argumentationslinie nichtpolitische Kundgebungen aus dem Schutzbereich des Art. 8 Abs. 1 GG, nach der zweiten Denkrichtung verdienen auch solche Kundgebungen grundsätzlich Grundrechtsschutz, können aber im Einzelfall aus Gemeinwohlgründen wie dem Schutz von Kollektivgütern (etwa: Sicherheit, problematischer: kollektive Identität, Stichwort:

---

35 Der Zusammenhang von Freiheitsrechten und Gemeinwohl wird in der staatsrechtlichen Literatur standardmäßig betont, die damit verbundenen Probleme seltener, s. aber etwa: *Josef Isensee*, Gemeinwohl im Verfassungsrecht, in: HStR, Bd. IV, ³2006, § 71, insbes. Rn. 70 und 125.
36 Ausführlich dazu: *Anderheiden* (N 18), Kap. 4 m. weit. Nachw. Eine erste Analyse dieser Güter findet sich bei *David Hume*, A Treatise of Human Nature, London, 1739/40, Buch 3, Teil 2, Kap. 2, und war Adam Smith bekannt.
37 Als dritter Sektor kommt hinzu, worauf Smith mit den „Repräsentationskosten des Staatsoberhauptes" Bezug nahm: Die Notwendigkeit, zu Gemeinwohlhandeln zu motivieren. Dies gelingt durch die Herausbildung kollektiver Identitäten mit ihren Vorzügen und Gefahren, s. *Anderheiden* (N 18), Kap. 20 und 21 m. weit. Nachw.; zur (Gemeinwohl-)Aufgabe, die Übereinstimmung von Regierenden und Regierten immer wieder neu herzustellen und der damit verbundenen Stetigkeit: *Paul Kirchhof*, Grundrechtsinhalte und Grundrechtsvoraussetzungen, in: HGR, Bd. I (2004), § 21, Rn. 6, 8, 49 auf europäischer Ebene s. auch Art. 11 Abs. 2 AEUV.
38 Ihre Existenz wird nicht zuletzt mit dem Schutz von Arbeitsplätzen begründet: Im Durchschnitt der letzten zehn Jahre waren über 140.000 Arbeitsplätze in Deutschland direkt von Hermesdeckungen abhängig, s. http://www.bmwi.de/BMWi/Redaktion/PDF/Publikationen/hermesdeckung-zusammenfassung,property=pdf,-bereich=bmwi2012,sprache=de,rwb=true.pdf.

„Auschwitz-Lüge") verboten werden. Politische Kundgebungen stehen nach dieser Lesart unter dem verstärkenden Schutz des Demokratieprinzips der Art. 20 Abs. 1 und 38 GG. Das Bundesverfassungsgericht hat sich bekanntlich der ersten Schule angeschlossen, muss sich aber den Vorwurf gefallen lassen, das „Politische" dann präzisieren zu müssen: Ist nur das eine Friedenskundgebung, was Frieden thematisiert, oder ist auch die Zusammenkunft, die ein friedliches Miteinander einüben, ein besonderes Gemeinschaftsgefühl schaffen möchte, auf „Frieden" gerichtet? Ist jedes öffentliche Gedenken an eine Person per se politisch? Oder muss der politische Effekt beabsichtigt sein? Oder muss die Person politisch aktiv oder (ostentativ?) unpolitisch gewesen sein (in welcher Weise?)?

## F. Demokratie und Gemeinwohl

Jahrhundertelang wurden Gemeinwohl und res publica miteinander verknüpft. Das wird heute vielfach angegriffen: Die Bestimmung der Gemeinwohls sei Sache des demokratisch gewählten Gesetzgebers. In Antwort darauf muss zwischen der genauen Bestimmung dessen, was unter „Gemeinwohl" zu verstehen ist, und seiner tatsächlichen Realisierung unterschieden werden: Die genaue Bestimmung wird sich als undemokratisch erweisen, die Zuständigkeit zur (Gewährleistung der) Realisierung den demokratisch gewählten Organen vorbehalten bleiben müssen. 22

Bereits wenige Jahre nach Smiths Studie fand der französische Landadelige Baron de Condorcet heraus, dass die Interessen mehrerer[39] Individuen transitiv geordnet sein mögen, die summierte Ordnung dieser Interessen aber intransitiv sein kann. Dieses Paradox trägt seither seinen Namen. Es bezeugt, dass eine demokratische Prozedur nicht unbedingt gewährleistet, dass die stärksten Interessen der Individuen Berücksichtigung finden. In allen diesen Fällen ist das Ergebnis der Abstimmungen ein anderes als nach den individuellen Interessen zu erwarten ist. Was immer sich dem Betrachter als Ergebnis der Gesamtheit der Abstimmenden bietet, ist nicht das Abbild der Summe der Individualinteressen. Das gilt unabhängig davon, ob die jeweiligen Individualinteressen rechtlich geschützt sind oder nicht, also auch für rechtlich geschützte Interessen. Da es in der Demokratie keine Abstufung innerhalb der rechtlich geschützten Interessen gibt, geht auch die Frage nach dem am stärksten geschützten Interesse fehl. Condorcets Paradox trifft die Demokratie in ihrem Kern, wenn sie auf die Repräsentation von Individualinteressen abzielt. 23

Was am Vorabend der Französischen Revolution von einem ihrer Parteigänger gefunden wurde, fand nach dem Zweiten Weltkrieg seine formalisierte Bestätigung durch Kenneth Arrows berühmtes Unmöglichkeitstheorem. Weitere Bestätigungen folgten. Widerlegungen gibt es bis heute nicht. Wer also das Gemeinwohl als Summe des Individualwohls versteht, steht bei der Ermittlung des Gemeinwohls vor dem systematischen Problem des Demokratieversagens. Das bedeutet aber nicht, dass nun Gemeinwohl und Individualinteressen wieder entkoppelt werden 24

---
39  Genauer: Mindestens dreier Personen oder Gruppen mit unterschiedlichen Interessen.

müssten, Thomas von Aquin sozusagen nach Jahrhunderten gegen Ockham bestätigt würde. Versteht man wie in den letzten etwa 250 Jahren unter Gemeinwohl das Maß für die Abgrenzung individueller Rechte gegeneinander und die Gewährleistung kollektiver Güter, so fließen darin bereits die Individualinteressen ein. Zur Entkopplung stehen deshalb nicht Gemeinwohl und Individualinteressen, sondern Gemeinwohl und Demokratieprinzip. Wer über das Gemeinwohl nachdenkt, denkt nicht über mehr oder weniger oder andere Demokratie nach. Wer über Gemeinwohl nachdenkt, denkt im Übrigen auch nicht über Bürger und ihre Rechte, sondern häufig genug über Menschen und ihre Rechte (und Pflichten) nach.[40]

25   Diese Entkopplung von Gemeinwohl und Demokratieprinzip schadet auch zunächst nicht. Denn warum sollte ein Gemeinwohlprinzip in einer Verfassung wie dem Grundgesetz in einer einzigen Norm verankert werden? Genügt es nicht, dieses Prinzip als Teil des Verfassungsrechts anzuerkennen? Die Antwort liefert in diesem Fall das Grundgesetz selbst: Es verlangt geradezu nach Verschriftlichung in seinem eigenen Text, mündliches Verfassungsrecht ist mit Art. 79 Abs. 1 und Abs. 2 GG unvereinbar. Die kollektiven Güter der Transparenz und Rechtssicherheit zielen dann in dieselbe Richtung, wenn Rechtsänderungen pauschal auf „das Gemeinwohl" gestützt werden. Immer noch ist denkbar, jeweils neu zu entscheiden, welche Gemeinwohlausschnitte gerade berührt sind, wo etwa kollektive Güter wie Transparenz, lebensverträgliche Umwelt, Sicherheit der Sozialsysteme oder eine angemessene Verschuldungsgrenze staatlicher Haushalte jeweils zu verankern sind. Nur als „last resort", mangels spezieller Normen, ist zu fragen, ob Begründungen auf ein Gemeinwohl zu stützen sind, das in einer allgemeinen Norm ihren Niederschlag findet.[41] Bejaht man um der Dynamik der Rechtsordnung willen diese Frage, so scheint mir nach wie vor das Republikprinzip nicht nur der eindeutig historisch angemessene Ort dieses Gemeinwohlschutzes, sondern auch die systematisch beste Lösung zu sein.[42] Das Bundesverfassungsgericht hat sich dieser Lösung zumindest in den Entscheidungen zur Transparenz des Wahlrechts nicht verschlossen und seine Entscheidungen meines Erachtens zutreffend nicht nur auf das Demokratie- und Rechtsstaatsprinzip, sondern eben auch auf das Republikprinzip des Art. 20 Abs. 1 GG gestützt.

---

40   Richtig insoweit *Dietmar von der Pfordten*: Über den Begriff des Gemeinwohls, http://www.rechtsphilosophie.uni-goettingen.de/UeberDenBegriffDesGemeinwohls.pdf, S. 17, 22 f. (Abfrage vom 08.10.2012).
41   Für ein Beispiel s. *Anderheiden* (N 18), S. 321 ff.
42   Heute erscheinen die übrigen Kandidaten noch weniger plausibel: Alleine die Fülle kollektiver Güter streitet gegen ein gemeinsames Dach im Sozialstaatsprinzip (erfasst schon keine Umweltbelange) oder im Rechtsstaatsprinzip (Staatsverschuldung?) oder bei der Gewaltenteilung, so aber *Robert Uerpmann*, Das öffentliche Interesse, 1999, letztlich ein einzelnes kollektives Gut. Das Republikprinzip eröffnet im Übrigen die Öffnung nach Europa und in die Welt (Stichwort: „Weltrepublik"). Ausführlich: *Anderheiden* (N 18), Kap. 7. Für Republikprinzip auch: *Paul Kirchhof*, Der Staat als Garant und Gegner der Freiheit, 2004, S. 28.

## G. Konkretisierung im Prozess: „Governance"

Das alles steht einer Konkretisierung des Gemeinwohls durch Private nicht entgegen.[43] Vielmehr ist der „Governance" genannte Prozess des staatlichen Rückzugs auf bloße Gewährleistung bei gleichzeitiger Wahrnehmung öffentlicher Aufgaben durch Private mit dem hier vorgestellten Gemeinwohlkonzept problemlos vereinbar. Voraussetzung ist nur, dass die allgemeine Bestimmung dessen, was Gemeinwohl ist, dem Raum des Politischen vorbehalten bleibt: Die Politik muss Vorgaben zu Mindest- und Höchstwerten, Zielen und Zeiträumen, Verfahrenssicherungen und Transparenzanforderungen sowie zum erwünschten Grad der Nachhaltigkeit machen, Private können als Mandatar diese Vorgaben dann ausfüllen.[44] Die bereits erwähnten „Hermesdarlehen" funktionieren seit über 60 Jahren auf diese Weise. Dass wir dennoch nicht bereit sind, alle Aufgaben durch Private wahrnehmen zu lassen, zeigt auch die Realisierung einiger kollektiver Güter: Währungsstabilität und gesamtwirtschaftliches Gleichgewicht überlassen wir ungerne Stellen außerhalb staatlicher, und das heißt demokratischer Kontrolle – oder gar Privaten.[45]

26

## H. Bibliographie

*Anderheiden, Michael*, Das Gemeinwohl in Republik und Union, 2006.
*Arrow, Kenneth*, Social Choice and Individual Values, ²1963.
*Münkler, Herfried et al.* (Hg.), Gemeinwohl und Gemeinsinn, 4 Bde, 2001/2002.
*Schulze, Winfried*, Vom Gemeinnutz zum Eigennutz, in: HZ, Bd. 243, 1986, S. 591 ff.
*Uerpmann, Robert*, Das öffentliche Interesse, 1999.

---

43 Diese Seite des Gemeinwohls wird teilweise einseitig und selbständig behandelt, das kann zu Missverständnissen führen. Analyse nun bei: *Oliver Lepsius*, Über Märkte, Wettbewerb und Gemeinwohl – Plädoyer für einen Paradigmenwechsel, in: Adolf-Arndt-Kreis (Hg.), Staat in der Krise – Krise des Staates?, 2010, S. 25–48.
44 Selbst die kürzlich verstorbene *Elinor Ostrom*, Governing the Commons, 1990, behandelt institutionalisierte lokale Kooperationen letztlich als staatliche Mandatare.
45 S. zul. den Warnruf von *Paul Kirchhof*: Verfassungsnot!, in: FAZ Nr. 160 vom 12. Juli 2012, S. 25.

# § 6
# Aufgaben

*Christoph Engel*

**Übersicht**

| | Rn. |
|---|---|
| A. Die Sprachlosigkeit der Wissenschaft | 1– 4 |
| B. Die Beredsamkeit des Verfassungsgerichts | 5–13 |
| C. Eine Dogmatik der Staatsaufgaben | 14–26 |
| D. Bibliographie | |

## A. Die Sprachlosigkeit der Wissenschaft

Eigentlich fürchten sich Juristen vor gar nichts. Schon gar nicht vor einer intellektuellen Herausforderung. Wenn es für die Entscheidung des Falls darauf ankommt, dann liest man sich eben ein. Wenn die Materie gar zu unzugänglich ist, holt man das Gutachten eines Sachverständigen ein und bringt ihn dazu, sein Ergebnis so zu formulieren, dass man versteht, welche normativ relevanten Aussagen sich hinter der ganzen Technik seiner Disziplin verbergen. Doch wenn man liest, was Rechtswissenschaftler zu Staatsaufgaben schreiben, wird man den Eindruck nicht los, dass sie sich vor dieser Frage doch fürchten. Genauer: Rechtswissenschaftler mögen bereit sein, das Wesen von Staatsaufgaben zu diskutieren[1]. Aber sie scheuen davor zurück, Staatsaufgaben zu verrechtlichen. 1

Für diese Scheu gibt es starke Gründe. Am schwersten wiegt die Unterscheidung von Recht und Politik[2]. Wenn die Staatsaufgaben von der Verfassung vorgegeben sind, wird Politik zu einem Akt der Rechtsanwendung. Es kommt zu einem gouvernement des juges[3]. Das Verfassungsgericht riskiert seine eigene Legitimation, weil es sich bei Widerspruch nicht auf den Willen der Wähler berufen kann[4]. 2

---

[1] S. aus der umfangreichen Literatur vor allem *Hans Peter Bull*, Die Staatsaufgaben nach dem Grundgesetz, 1977; *Christoph Link*, Staatszwecke im Verfassungsstaat – nach 40 Jahren Grundgesetz, in: VVDStRL 48 (1990), S. 7–54; *Georg Ress*, Staatszwecke im Verfassungsstaat – nach 40 Jahren Grundgesetz, in: VVDStRL 48 (1990), S. 56–117; *Dieter Grimm* (Hg.), Staatsaufgaben, 1994; *Robert Uerpmann*, Das öffentliche Interesse. Seine Bedeutung als Tatbestandsmerkmal und als dogmatischer Begriff, 1999; *Gunnar Folke Schuppert*, Staatswissenschaft, 2003; *Josef Isensee*, Gemeinwohl im Verfassungsstaat, in: HStR, Bd. IV, ³2006, S. 3–79; *Josef Isensee*, Staatsaufgaben, in: HStR, Bd. IV, ³2006, S. 117–160.
[2] S. nur *Bernhard Schlink*, Abwägung im Verfassungsrecht, 1976, S. 190; *Jochen Abr. Frowein* (Hg.), Die Kontrolldichte bei der gerichtlichen Überprüfung von Handlungen der Verwaltung, 1993; *Klaus Meßerschmidt*, Gesetzgebungsermessen, 2000; *Christoph Schönberger*, Höchstrichterliche Rechtsfindung und Auslegung gerichtlicher Entscheidungen, in: VVDStRL 71 (2012), S. 296–335.
[3] *Edouard Lambert*, Le gouvernement des juges et la lutte contre la législation sociale aux États-Unis. L'expérience américaine du contrôle judiciaire de la constitutionnalité des lois, Paris, 1921.
[4] Zu der Unterscheidung zwischen Input- und Output-Legitimation, s. *David Easton*, A Systems Analysis of Political Life, New York, 1965; *Fritz Wilhelm Scharpf*, Governing in Europe. Effective and Democratic? Oxford, New York, 1999.

**3** Der zweite Grund wäre letztlich zwar überwindlich. Alle normativen Aussagen sind konditional. Sie hängen davon ab, welche normative Aufgabe erfüllt werden soll. Letztlich wird die Unvereinbarkeit der normativen Ziele aus der Unvereinbarkeit der Vorstellungen darüber gespeist, welcher Zustand ohne regulierende Intervention zu erwarten wäre[5]. Hält man die Knappheit der Güter für das Problem, leitet die Wohlfahrtstheorie die Entscheidungen. Institutionen sollen dann dafür sorgen, dass knappe Güter zum besten Wirt wandern[6]. Will man sicherstellen, dass keine Herausforderungen übersehen und immer bessere Lösungen gefunden werden, sollen Institutionen diesen Entdeckungsprozess erleichtern[7]. Hält man die Ungleichheit von Einkommen, Vermögen oder Chancen für zentral, sollen Institutionen für Verteilungsgerechtigkeit sorgen[8]. Hält man Freiheit letztlich für wichtiger als die materiellen Verhältnisse, sollen Institutionen den Gebrauch der Freiheit garantieren[9]. Wieder andere halten es für die Aufgabe der Rechtsordnung, die Bürger zu bilden und zu erziehen[10].

**4** Theoretisch ist diese fundamentale Relativität aller normativen Argumentation unauflöslich[11]. Doch die Verfassung könnte das Problem durch Setzung lösen. Sie könnte sich auf eine Seite schlagen. Der Verfassungsinterpret könnte diese Entscheidung aus dem Text der Verfassung herausschälen, selbst wenn sich der Verfassungstext auf Andeutungen beschränkt. Der Interpret könnte dafür insbesondere an Art. 1 Abs. 1 GG ansetzen und fragen, welche normativen Theorien mit welchem Konzept der Menschenwürde vereinbar sind[12]. Doch solcher Rigorismus wäre nicht ratsam. Es gibt nachdenkenswerte normative Gründe, warum ein Gemeinwesen besser beraten ist, normative Grundfragen nicht ein für alle Mal zu entscheiden. Wenn das Gemeinwesen auf diese Festlegung verzichtet, wird die Ausübung von staatlicher Gewalt zwar weniger vorhersehbar. Es wird aber auch weniger wahrscheinlich, dass sich das Gemeinwesen verrennt[13]. Außerdem macht normativer Rigorismus gewaltsame Konflikte wahrscheinlicher und gefährdet dadurch den inneren Frieden[14].

---

5 Philosophen fassen das in den Begriff des Naturzustands, über den Streit besteht, eindringlich *Wolfgang Kersting*, Die politische Philosophie des Gesellschaftsvertrags, 1994.
6 Eine zugängliche Einführung findet sich bei *Charles Beat Blankart*, Öffentliche Finanzen in der Demokratie. Eine Einführung in die Finanzwissenschaft, 2001.
7 S. nur *Friedrich-August von Hayek*, The Use of Knowledge in Society, in: American Economic Review 35, 1945, S. 519–530; *ders.*, Der Wettbewerb als Entdeckungsverfahren, in: von Hayek (Hg.), Freiburger Studien. Gesammelte Aufsätze von Friedrich-August von Hayek, 1969, S. 249–265.
8 S. nur *Armartya Sen*, On Economic Inequality, Oxford, 1973.
9 S. nur *Immanuel Kant*, Grundlegung zur Metaphysik der Sitten, Riga, 1785.
10 S. nur das Befreiungskonzept bei *Jürgen Habermas*, Wahrheitstheorien, in: Fahrenbach (Hg.), Wirklichkeit und Reflexion – Walter Schulz zum 60. Geburtstag, 1973, S. 211–266.
11 Näher *Christoph Engel*, Offene Gemeinwohldefinitionen, in: Rechtstheorie 32 (2001), S. 23–52.
12 S. nur *Josef Isensee*, Würde des Menschen, in: HGR, Bd. IV (2011), S. 3–135.
13 *Michael Thompson/Richard Ellis/Aaron B. Wildavsky*, Cultural Theory, Boulder, Colo, 1990; *Marco Verweij/Mary Douglas/Richard Ellis/Christoph Engel/Frank Hendriks/Susanne Lohmann/Steven Ney/Steve Rayner/Michael Thompson*, Clumsy Solutions for a Complex World – The Case of Climate Change, in: Public Administration 84, 2006, S. 817–843.
14 Näher *Christoph Engel*, Causes and Management of Conflicts, in: Journal of Institutional and Theoretical Economics 159, 2003, S. 1–15.

## B. Die Beredsamkeit des Verfassungsgerichts

So verständlich all diese Einwände gegen eine Verrechtlichung der Staatsaufgaben- 5
lehre sind, so unausweichlich ist diese Verrechtlichung doch für die Zwecke der
praktischen Rechtsanwendung. Denn weit mehr als 90 % aller Entscheidungen des
Bundesverfassungsgerichts beziehen den normativen Maßstab aus Grundrechten.
Wenn das Verfahren zulässig und der Eingriff in den Schutzbereich eines Grundrechts
dargetan ist, hängt die Entscheidung an den Grundrechtsschranken, also am
Verhältnismäßigkeitsgrundsatz. Die Maßstäbe der Geeignetheit, Erforderlichkeit
und Angemessenheit sind relativ. Sie hängen an der Definition des legitimen Ziels.
Das ist aber nur ein anderes Wort für die Definition von Staatsaufgaben. Die
Rechtswissenschaft ist konsequent. Sie hält sich nicht nur mit der Verrechtlichung
der Staatsaufgabenlehre zurück. Auch die Dogmatik des legitimen Ziels ist kaum
entwickelt[15].

Ganz anders die Rechtsprechung des Bundesverfassungsgerichts. Das Gericht 6
muss ja entscheiden. Bei der Anwendung des Verhältnismäßigkeitsgrundsatzes
kann es der Definition des legitimen Ziels nicht ausweichen. Das tut es auch nicht.
Im folgenden gebe ich einen strukturierten Überblick über die normativen Ziele,
die das Bundesverfassungsgericht in einem einzigen Jahr, im Jahr 2011, in seinen
Entscheidungen verwertet hat. Die scheinbare Vielfalt lässt sich auf wenige, klar
erkennbare größere Ziele zurückführen.

Am häufigsten diskutiert das Gericht, ob eine Maßnahme in einem objektiven öf- 7
fentlichen Interesse liegt. In 46 Entscheidungen bejaht das Gericht diese Frage. In
drei Entscheidungen verneint es die Frage. Das Gericht akzeptiert das „finanzielle
Gleichgewicht im Versicherungssystem"[16], „die Funktionsfähigkeit des Systems
der gesetzlichen Rentenversicherung"[17], den Schutz des „besonderen Finanzierungssystems
der gesetzlichen Unfallversicherung"[18], die „Wahrung einer geordneten
Altersstruktur im Notariat"[19], den Wunsch, „zu einer partnerschaftlicheren
Verteilung der Erziehungsaufgaben beizutragen"[20], den „Schutz des Wirtschaftsverkehrs"[21],
die „Sicherstellung chancengleichen Wettbewerbs"[22], die „berechtigten
Informationsanliegen der Öffentlichkeit"[23], den Wunsch, die „Allgemeinheit
vor unzureichenden Bildungseinrichtungen zu schützen"[24], die „Sicherheit und

---

15 Näher *Christoph Engel*, Das legitime Ziel als Element des Übermaßverbots. Gemeinwohl als Frage der Verfassungsdogmatik, in: Winfried Brugger/Stephan Kirste/Michael Anderheiden (Hg.), Gemeinwohl in Deutschland, Europa und der Welt, 2002, S. 103–172; s. aber vor allem *Laura Clérico*, Die Struktur der Verhältnismäßigkeit, 2001.
16 BVerfG 28.04.2011, 1 BvR 1409/10, R 63 – VBL Mutterschutz.
17 BVerfG 11.01.2001, 1 BvR 3588/08, R 39 – Erwerbsminderungsrente.
18 BVerfG 09.03.2011, 1 BvR 2326/07, R 10 – Basketball.
19 BVerfG 05.01.2011, 1 BvR 2870/10, R 13 – Altersgrenze für Notare.
20 BVerfG 06.06.2011, 1 BvR 2712/09, R 5 – Elterngeld; bestätigt in BVerfG 19.08.2011, 1 BvL 15/11; BVerfG 26.10.2011, 1 BvR 2075/11; BVerfG 09.11.2011, 1 BvR 1853/11, alle zum Elterngeld.
21 BVerfG 01.02.2011, 2 BvR 1236/10, R 16 – Jahresabschluss; bestätigt in BVerfG 16.03.2011, 1 BvR 441/11; 16.03.2011, 1 BvR 412/11; 24.03.2011, 1 BvR 555/11; 24.03.2011, 1 BvR 488/11; 13.04.2011, 1 BvR 822/11; 18.04.2011, 1 BvR 956/11; 18.04.2011, 1 BvR 874/11.
22 BVerfG 08.12.2011, 1 BvR 1932/08, R 47 – TK-Regulierung.
23 BVerfG 12.09.2011, 2 BvR 1206/11 – Anstaltsleiter.
24 BVerfG 08.06.2011, 1 BvR 759/08, R 15 – Montessori Schule.

§ 6　　　　　　　　　　　　　　　　I. Staat

Funktionsfähigkeit des Flughafenbetriebs"[25], „die Funktionsfähigkeit des Staates oder seiner Einrichtungen"[26], „Rechtsstaatlichkeit" und das „Vertrauen in die Funktionstüchtigkeit der staatlichen Institutionen"[27], die „Sicherung des Charakters der Wahl als eines Integrationsvorgangs" und die „Sicherung der Funktionsfähigkeit" des parlamentarischen Systems[28], die Klarheit und Wahrheit der Personenstandsregister"[29], den Wunsch, die „Integration von Ausländern zu fördern"[30], die Überprüfung der Voraussetzungen zur Erteilung einer Aufenthaltserlaubnis[31], das „Vollziehungsinteresse" im Ausländerrecht[32] und im Regulierungsrecht[33], „öffentliche Sicherheitsinteressen"[34], Identitätsfeststellung[35], eine „geordnete Rechtspflege"[36], „wirkungsvollen Rechtsschutz"[37], das „geschützte Rechtsgut und dessen Bedeutung für die Rechtsgemeinschaft"[38], eine „funktionstüchtige Strafrechtspflege"[39], den Wunsch nach der Erforschung der Wahrheit[40], den Wunsch, „die Straflosigkeit von Völkerstraftaten zu verhindern"[41], das strafrechtliche Schuldprinzip[42], den Wunsch nach einer „Beschleunigung" von Strafverfahren[43] sowie die Sorge um ein „angemessenes Entdeckungsrisiko" bei der Erhebung von Rundfunkgebühren[44]. Das Gericht akzeptiert dagegen nicht die Sorge der Gefängnisverwaltung vor der „Gefahr subkultureller Abhängigkeitsverhältnisse"[45], die Absicht, „Rechtsmittel ineffektiv zu machen"[46], sowie Umstände, die der Staat selbst zu verantworten hat[47].

8　Am zweithäufigsten diskutiert das Bundesverfassungsgericht die Interessen Dritter. In 39 Entscheidungen entnimmt es daraus ein legitimes Ziel. In zwei Entscheidungen hält es ein Interesse eines Dritten nicht für legitim. Das Gericht akzeptiert „verfassungsrechtlich geschützte Rechtsgüter Dritter"[48], „Auswirkungen auf be-

---

25　BVerfG 22.02.2011, 1 BvR 699/06, R 87 – FRAPORT.
26　Ebd., R 206.
27　BVerfG 17.05.2011, 2 BvR 942/11, R 19 – Strafentlassung.
28　BVerfG 09.11.2011, 2 BvC 4/10, R 88 – 5 %-Klausel.
29　BVerfG 11.01.2011, 1 BvR 3295/07, R 59 – Transsexuelle kleine Lösung.
30　BVerfG 25.03.2011, 2 BvR 1413/10, R 5 – Familiennachzug.
31　BVerfG 17.05.2011, 2 BvR 2625/10, R 14; BVerfG 17.05.2011, 2 BvR 1367/10, R 15 – Aufenthaltserlaubnis.
32　BVerfG 21.02.2011, 2 BvR 1392/10, R 17 – Aufenthaltserlaubnis.
33　BVerfG 24.08.2011, 1 BvR 1611/11, R 13 – Auskunftsrufnummer.
34　BVerfG 15.09.2011, 2 BvR 1516/11 – Sicherungsverwahrung; s. auch BVerfG 29.11.2011, 2 BvR 1758/10, R 34 „Sicherheitsbedürfnis der Allgemeinheit" – lebenslange Freiheitsstrafe.
35　BVerfG 08.03.2011, 1 BvR 142/05, R 19 und 1 BvR 47/05, R 23 – Bauwagenszene.
36　BVerfG 20.04.2011, 2 BvR 624/11, R 2 – Anwaltsvorbehalt.
37　BVerfG 09.03.2011, 1 BvR 752/10, R 12 – Umgangsvereinbarung.
38　BVerfG 12.10.2011, 2 BvR 236/08, R 203 – Telekommunikationsüberwachung.
39　BVerfG 20.05.2011, 2 BvR 2072/10, R 13 – Videoaufzeichnung; bestätigt in BVerfG 12.10.2011, 2 BvR 236/08, R 238 – Telekommunikationsüberwachung; BVerfG 07.12.2011, 2 BvR 2500/09, R 113 – poisonous fruit.
40　BVerfG 24.02.2011, 2 BvR 2596/10, R 10 – Blutentnahme.
41　BVerfG 01.03.2011, 2 BvR 1/11 – Internationaler Strafgerichtshof.
42　BVerfG 04.05.2011, 2 BvR 2365/09, R 104 f. – Sicherungsverwahrung; bestätigt in BVerfG 07.12.2011, 2 BvR 2500/09, R 113 – poisonous fruit.
43　BVerfG 07.12.2011, 2 BvR 2500/09, R 114 – poisonous fruit.
44　BVerfG 17.02.2011, 1 BvR 2480/08, R 4 – Rundfunkgebühr; bestätigt in BVerfG 17.03.2011, 1 BvR 3255/08, R 6 – Autoradio.
45　BVerfG 22.03.2011, 2 BvR 983/09, R 14 – Ghostwriter für Strafanzeige.
46　BVerfG 28.04.2011, 1 BvR 3007/07, R 20 – Ausfallbürge.
47　BVerfG 07.06.2011, 1 BvR 194/11, R 26 – Wiederbestellung zum Steuerberater.
48　BVerfG 12.10.2011, 2 BvR 236/08, R 227 – Telekommunikationsüberwachung.

troffene Dritte"[49], die „Gefahr einer Schädigung Dritter"[50], die „Pflicht des Staates, die Sicherheit seiner Bürger zu schützen"[51], die „Gefahr schwerer Gewalt- oder Sexualstraftaten"[52], das Wohl eines Kindes[53], das „Kindeswohl sowie die wirtschaftliche Entlastung sogenannter Zweitfamilien"[54], die Sorge vor der „Entfremdung des Kindes von der Mutter"[55], den Wunsch, „Zwangsverheiratungen zu verhindern" und die „Abhängigkeit von der »Schwiegerfamilie« zu mildern"[56], die Absicht, „zu einer partnerschaftlicheren Verteilung der Erziehungsaufgaben beizutragen"[57], die „gerechte Verteilung der Berufschancen zwischen den Generationen"[58], das Interesse der übrigen Versicherten an der „Funktionsfähigkeit des Systems der gesetzlichen Rentenversicherung"[59], die „Schutzpflicht gegenüber den Grundrechtspositionen anderer Versicherter aus Art. 14 Abs. 1 GG"[60], den „Schutz der Verbraucher"[61], die „Information der Marktteilnehmer"[62], das „Vertrauen der Patienten in die Integrität der Ärzteschaft"[63], den Schutz vor irreführender Werbung[64], die Absicht, die „Schüler von Ersatzschulen vor einem ungleichwertigen Schulerfolg zu schützen"[65], „Bauhandwerker und andere Baubeteiligte vor Forderungsausfällen zu schützen"[66], die „Qualität der fachärztlichen Tätigkeit zu sichern"[67], den „Schutz von Mietern vor einem Anstieg der Mietpreise aufgrund steigender Baukosten"[68], das „Besitzrecht des Mieters, das seinerseits durch Art. 14 Abs. 1 Satz 1 GG geschützt ist"[69], „das freie Wahlrecht eines bauwilligen Grundstückserwerbers hinsichtlich des zu beauftragenden Ingenieurs oder Architekten"[70], Rücksicht auf „Belastungen des Eigentümers"[71] sowie die „Wiedergutmachung" nationalsozialistischen Unrechts[72]. Dagegen hat das Gericht das „privatautonome

---

49 BVerfG 07.03.2011, 1 BvR 388/05, R 39 – Sitzblockade.
50 BVerfG 03.02.2011, 2 BvR 132/11, R 8 – Zwangsmedikation.
51 BVerfG 06.06.2011, 2 BvR 1083/11, R 8 – Haftunterbrechung.
52 BVerfG 08.06.2011, 2 BvR 2846/09, R 18 – Sicherungsverwahrung; bestätigt von BVerfG 21.06.2011, 2 BvR 1879/10, R 11 – Sicherungsverwahrung; BVerfG 15.09.2011, 2 BvR 1516/11, R 37 – Sicherungsverwahrung.
53 BVerfG 20.06.2011, 1 BvR 303/11, R 22 – Pflegesohn.
54 BVerfG 25.01.2011, 1 BvR 918/10, R 18 f. – nachehelicher Unterhalt.
55 BVerfG 04.02.2011, 1 BvR 303/11, R 23 – Pflegesohn.
56 BVerfG 25.03.2011, 2 BvR 1413/10, R 5 – Familiennachzug.
57 BVerfG 06.06.2011, 1 BvR 1396/09, R 5 – Elterngeld; bestätigt von BVerfG 06.06.2011, 1 BvR 2172/09, R 5 – Elterngeld; BVerfG 19.08.2011, 1 BvL 15/11, R 16 f. – Elterngeld; 26.10.2011, 1 BvR 2075/11, R 4 – Elterngeld; BVerfG 09.11.2011, 1 BvR 1853/11, R 18 – Elterngeld.
58 BVerfG 05.01.2011, 1 BvR 2870/11, R 13 – Altersgrenze für Notare.
59 BVerfG 11.01.2011, 1 BvR 3588/08, R 39 – Erwerbsminderungsrente.
60 BVerfG 28.04.2011, 1 BvR 1409/10, R 63 – VBL Mutterschutz.
61 BVerfG 24.08.2011, 1 BvR 1611/11, R 21 – Auskunftsrufnummer; bestätigt von BVerfG 08.12.2011, 1 BvR 1932/08, R 47 – TK-Regulierung.
62 BVerfG 01.02.2011, 2 BvR 1236/10, R 16 – Jahresabschluss; bestätigt in BVerfG 16.03.2011, 1 BvR 441/11; 16.03.2011, 1 BvR 412/11; 24.03.2011, 1 BvR 555/11; 24.03.2011, 1 BvR 488/11; 13.04.2011, 1 BvR 822/11; 18.04.2011, 1 BvR 956/11; 18.04.2011, 1 BvR 874/11.
63 BVerfG 01.06.2011, 1 BvR 233/10, R 42 – Zahnarztwerbung; bestätigt in BVerfG 14.07.2011, 1 BvR 407/11, R 21 – Zahnärztehaus.
64 Ebd., R 45.
65 BVerfG 08.06.2011, 1 BvR 759/08, R 17 – Montessori Schule.
66 BVerfG 27.01.2011, 1 BvR 3222/09, R 11 – Bauforderungssicherungsgesetz.
67 BVerfG 01.02.2011, 1 BvR 2383/10, R 22 – Schönheitsoperationen.
68 BVerfG 16.06.2011, 1 BvR 2394/10, R 11 – Grundstücks- und Architektenvertrag.
69 BVerfG 04.04.2011, 1 BvR 1803/08, R 32 – Reihenhaussiedlung.
70 BVerfG 16.06.2011, 1 BvR 2394/10, R 11 – Grundstücks- und Architektenvertrag.
71 BVerfG 15.09.2011, 1 BvR 2232/10, R 38 – Planungsschaden.
72 BVerfG 12.01.2011, 1 BvR 3132/08, R 30 – Weimarer Gewerkschaften.

§ 6                               I. Staat

Bestimmungsrecht über die Nutzung ihres Privateigentums" und den Wunsch nach Schutz vor „Belästigungen Dritter, die darin liegen, dass diese mit ihnen unliebsamen Themen konfrontiert werden"[73], ebensowenig genügen lassen wie den „Schutz Dritter vor den Straftaten, die der Untergebrachte im Fall seiner Entlassung begehen könnte"[74].

9   In 26 Fällen hat das Verfassungsgericht dem Gesetzgeber oder Behörden einen Einschätzungsspielraum eingeräumt, in fünf Fällen einen solchen Spielraum dagegen ausdrücklich versagt. Die gewährenden Entscheidungen betreffen „Massenerscheinungen"[75], „die Abgrenzung der begünstigten Personengruppen"[76], das Wahlrecht[77], die Bestimmung der Mindestgröße für Fraktionen in Gemeindevertretungen[78], die Übernahme von Risiken bei dem Versuch einer Stabilisierung des Euro[79], die Befugnis zur Wahl „anderer denkbarer zusätzlicher Strafzwecke"[80], Regeln „zur Bewältigung der Folgen der Deutschen Einheit"[81], die Ausgestaltung des Aktienrechts[82], das aktienrechtliche Spruchverfahren[83], die Bewertung von Aktienoptionen[84], die Telekommunikationsregulierung[85], Vorgaben für die Kennzeichnung von Lebensmitteln[86], steuerrechtliche Regeln (bei denen das Gericht es hat genügen lassen, wenn die Interpretation der Behörde „mit dem aus Sicht des Normadressaten möglichen Wortsinn vereinbar" ist)[87], die Ausgestaltung von Investitionszulagen[88], die Ausgestaltung des Rundfunkgebührenrechts[89], Kindergeld[90], die „Umstrukturierung" einer Zusatzversicherung für Angehörige des öffentlichen Dienstes[91], Gebührenordnungen für Freiberufler[92], die Ausgestaltung des Berufungsverfahrens an einer Universität[93], die Verwendung deutungsbedürftiger Begriffe im Tatbestand einer Ordnungswidrigkeit[94], die Gewährung eines Entscheidungsfreiraums an Bewährungshelfer[95], die Freiheit der Gerichte zur teleologischen Reduktion und zur Änderung ihrer Rechtsprechung[96]. Dagegen hat

---
73  BVerfG 22.02.2011, 1 BvR 699/06, R 86 und 103 – FRAPORT.
74  BVerfG 23.03.2011, 2 BvR 882/09, R 46 – Neuroleptika.
75  BVerfG 17.03.2011, 1 BvR 3255/08, R 5 – Autoradio; bestätigt von BVerfG 14.06.2011, 1 BvR 429/11, R 21 – Familienversicherung.
76  BVerfG 06.06.2011, 1 BvR 2712/09, R 8 – Elterngeld; bestätigt von BVerfG 19.08.2011, 1 BvL 15/11, R 21 – Elterngeld; BVerfG 09.11.2011, 1 BvR 1853/11, R 10 – Elterngeld.
77  BVerfG 18.10.2011, 2 BvC 5/11, R 5 – Die Partei.
78  BVerfG 05.09.2011, 2 BvR 2228/09, R 12 – Fraktionsgröße.
79  BVerfG 07.09.2011, 2 BvR 987/10, R 130 – Griechenland.
80  BVerfG 04.05.2011, 2 BvR 2365/09, R 105 – Sicherungsverwahrung.
81  BVerfG 21.06.2011, 1 BvR 2035/07, R 82 – BAföG.
82  BVerfG 07.09.2011, 1 BvR 1460/10, R 17 – Eingliederung.
83  BVerfG 17.11.2011, 1 BvR 3155/09, R 8 – aktienrechtliches Spruchverfahren.
84  BVerfG 26.04.2011, 1 BvR 2658/10, R 24 – T-Online.
85  BVerfG 08.12.2011, 1 BvR 1932/08, R 23 – TK-Regulierung.
86  BVerfG 07.06.2011, 1 BvR 2109/09, R 20 – Separatorenfleisch.
87  BVerfG 16.06.2011, 2 BvR 542/09, R 60 – Umsatzsteuerhinterziehung.
88  BVerfG 31.05.2011, 1 BvR 857/07 – Investitionszulagengesetz.
89  BVerfG 09.11.2011, 1 BvR 665/10, R 11 – Rundfunkgebühr.
90  BVerfG 06.04.2011, 1 BvR 1765/09, R 42 – Kindergeld.
91  BVerfG 20.07.2011, 1 BvR 2624/05, R 40 – Sterbegeld; bestätigt von BVerfG 16.08.2011, 2 BvR 287/10, R 22 – Beihilfe.
92  BVerfG 16.08.2011, 1 BvL 10/11, R 21 – Berufsbetreuer.
93  BVerfG 12.07.2011, 1 BvR 1616/11, R 24 – Juniorprofessor.
94  BVerfG 15.09.2011, 1 BvR 519/10, R 36 – Wertstoffsortieranlage.
95  BVerfG 24.09.2011, 2 BvR 1165/11, R 18 – Strafrestaussetzung.
96  BVerfG 26.09.2011, 2 BvR 2216/06, R 62 und R 64 – Immobilienfonds.

das Gericht dem Gesetzgeber die Befugnis verweigert, „sonstige, nicht normtextbezogene Gesichtspunkte" in die Ausgestaltung von Verletztenrenten einfließen zu lassen[97], die Pflicht zur Zahlung von Rundfunkgebühren allein auf Gründe der Verwaltungspraktikabilität zu stützen[98], sich auf Gründe zu stützen, die „sachlich nicht mehr verständlich" sind[99], oder an einer Regel festzuhalten, „wenn die verfassungsrechtliche Rechtfertigung dieser Norm durch neue Entwicklungen in Frage gestellt wird"[100]. Den Gerichten hat es versagt, sich zu einer „gesetzgeberischen Grundsatzentscheidung in Widerspruch" zu setzen[101].

Eng verwandt sind Äußerungen des Gerichts, die dem Gesetzgeber die Befugnis zur Wahl und Ausgestaltung eines Systems oder Ordnungsmodells zugestehen oder die Behörden einen Freiraum bei der Ausgestaltung eines Lebensbereichs oder Verfahrens geben. Diese Befugnis hat das Gericht in 14 Fällen eingeräumt, in drei Fällen dagegen versagt. Die zusprechenden Entscheidungen betreffen das Rentenrecht[102], das Recht des nachehelichen Unterhalts[103] die Befugnis zur Privatisierung von Kliniken[104], die „Typisierung und Pauschalierung" bei der Ausgestaltung des Kindergelds[105], der Familienversicherung[106] und der Gebühren für Rechtsanwälte[107], Stichtagsregelungen für das Elterngeld[108], einen „Systemwechsel" beim Betreuungsunterhalt[109], die Einführung von „formalen Voraussetzungen" im Bürgschaftsrecht[110]. Das Gericht hat dem Gesetzgeber sogar aufgegeben, „ein Gesamtkonzept der Sicherungsverwahrung zu entwickeln"[111]. Anerkannt hat das Verfassungsgericht auch die grundsätzliche Freiheit der ordentlichen Gerichte bei der Ausgestaltung des Verfahrens, einschließlich der Folgen für die Verfahrensdauer[112], die Befugnis, eine bisherige Rechtsprechung aufzugeben[113], und auf die „Natur des Verfahrens" und die „Schwierigkeit der Sachmaterie" Rücksicht zu nehmen[114]. Andererseits hat das Verfassungsgericht entschieden, es müsse verhindert werden, „dass die handelnden Polizeibeamten den Richtervorbehalt [für die Blutentnahme] willkürlich oder zielgerichtet umgehen"[115], die Gerichte dürften keine „sonstigen, nicht normtextbezogenen Gesichtspunkte" berücksichtigen[116], und für die Durchsuchung

---

97 BVerfG 16.03.2011, 1 BvR 591/08, R 36 – Verletztenrente.
98 BVerfG 30.11.2011, 1 BvR 3269/08, R 17 – Rundfunkgebühr.
99 BVerfG 26.10.2011, 2 BvR 1856/10, R 22 – Wiederversteigerung.
100 BVerfG 09.11.2011, 2 BvC 4/10, R 90 – 5 %-Klausel.
101 BVerfG 14.04.2011, 1 BvR 2123/08, R 6 – Kapitallebensversicherung.
102 BVerfG 11.01.2011, 1 BvR 3588/08, R 39 – Erwerbsminderungsrente.
103 BVerfG 25.01.2011, 1 BvR 918/10, R 4 – nachehelicher Unterhalt.
104 BVerfG 25.01.2011, 1 BvR 1741/09, R 80 – Klinikum Gießen.
105 BVerfG 06.04.2011, 1 BvR 1765/09, R 42 – Kindergeld.
106 BVerfG 14.06.2011, 1 BvR 429/11, R 19 – Familienversicherung.
107 BVerfG 19.08.2011, 1 BvR 2473/10, R 17 – Beratungshilfegebühr.
108 BVerfG 20.04.2011, 1 BvR 1897/08, R 7 – Elterngeld; bestätigt von BVerfG 20.04.2011, 1 BvR 1811/08, R 7 – Elterngeld.
109 BVerfG 14.07.2011, 1 BvR 932/10, R 37 – Betreuungsunterhalt.
110 BVerfG 28.04.2011, 1 BvR 3007/07, R 20 – Ausfallbürge.
111 BVerfG 04.05.2011, 2 BvR 2365/09, R 110 – Sicherungsverwahrung.
112 BVerfG 04.05.2011, 2 BvR 2781/10, R 13 – Untersuchungshaft.
113 BVerfG 16.05.2011, 2 BvR 1230/10, R 15 – Parteiverrat.
114 BVerfG 07.06.2011, 1 BvR 194/11, R 26 – Wiederbestellung zum Steuerberater.
115 BVerfG 24.02.2011, 2 BvR 1596/10, R 13 – Blutentnahme.
116 BVerfG 16.03.2011, 1 BvR 591/08, R 36 – Verletztenrente.

## § 6  I. Staat

einer Anwaltskanzlei seien „Verdachtsgründe, die über vage Anhaltspunkte und bloße Vermutungen hinausreichen", erforderlich[117].

11 Am deutlichsten sind die Äußerungen des Gerichts zu der Befugnis gespalten, Grundrechtseingriffe mit den finanziellen Folgen schonender Lösungen zu rechtfertigen. Diese Befugnis hat das Gericht in neun Fällen gewährt, aber in acht Fällen versagt. Die zusprechenden Entscheidungen betrafen die gesetzliche Unfallversicherung[118], „Verwaltungsmehraufwand" beim Elterngeld[119], in der Familienversicherung[120] und bei der Ausgestaltung der Rundfunkgebühr[121], die Sorge um eine „schwerwiegende Störung des finanziellen Gleichgewichts im Versicherungssystem"[122], die „finanzielle Konsolidierung" eines Versicherungsträgers[123], die Befugnis zur „Schonung der öffentlichen Kassen" und zur „Mischkalkulation" bei der Entlohnung von Personen, die professionell Betreuungsmandate übernehmen[124], und bei der Festsetzung der Gebühr für die Beratungshilfe[125]. Dagegen hat das Gericht den zusätzlichen Aufwand alternativer Behandlungsformen nicht als Rechtfertigung gelten lassen, um zwangsweise untergebrachte Patienten mit Neuroleptika zu behandeln[126]. Die Gewährung von Prozesskostenhilfe dürfe nicht auf die „ausschließliche Beurteilung des Verhältnisses von Streitwert und Kostenrisiko" gestützt werden[127]. Die Dauer der Untersuchungshaft könne nicht mit „Überlastung" der Gerichte oder Behörden gerechtfertigt werden[128]. Auch die „unterlassene Förderung des Verfahrens" liefere keine Rechtfertigung[129]. Bewachte Ausführung könne Gefangenen „nicht nur nach Maßgabe dessen, was an Verwaltungs- oder Justizeinrichtungen tatsächlich oder üblicherweise vorhanden ist", gewährt werden[130]. Belastungsgleichheit mit der Rundfunkgebühr könne nicht allein mit Rücksicht auf „Verwaltungspraktikabilität" verweigert werden[131]. Nachteile im aktienrechtlichen Spruchverfahren könne der Staat nicht mit Gründen rechtfertigen, „die in seinem Verantwortungsbereich liegen"[132].

12 Die beiden letzten Gruppen von Gründen nutzt das Gericht nur, um Grundrechtseingriffe zu rechtfertigen, nicht um dem Staat Schranken zu ziehen. In 13 Entscheidungen erklärt es, der Grundrechtsträger habe den Eingriff selbst zu verantworten, wenn er zuvor schwere Straftaten begangen hat[133], wenn er das Verfahren verzögert hat[134], wenn er den Verdacht begründet hat, dass von seiner Anwaltskanzlei aus

---

117 BVerfG 05.05.2011, 2 BvR 1011/10, R 19 – Durchsuchung einer Anwaltskanzlei.
118 BVerfG 09.03.2011, 1 BvR 2326/07, R 10 – Basketball.
119 BVerfG 20.04.2011, 1 BvR 1897/08, R 12 – Elterngeld; bestätigt von BVerfG 20.04.2011, 1 BvR 1811/08, R 12 – Elterngeld.
120 BVerfG 14.06.2011, 1 BvR 429/11, R 20 – Familienversicherung.
121 BVerfG 30.11.2011, 1 BvR 3269/08, R 17 – Rundfunkgebühr.
122 BVerfG 28.04.2011, 1 BvR 1409/10, R 63 – VBL Mutterschutz.
123 BVerfG 20.07.2011, 1 BvR 2624/05, R 40 – Sterbegeld.
124 BVerfG 18.08.2011, 1 BvL 10/11, R 25 – Berufsbetreuer.
125 BVerfG 19.08.2011, 1 BvR 2473/10, R 19 – Beratungshilfegebühr.
126 BVerfG 23.03.2011, 2 BvR 882/09, R 57 – Neuroleptika.
127 BVerfG 24.03.2011, 1 BvR 2493/10, R 18 – Heizkosten; BVerfG 24.03.2011, 1 BvR 2493/10, R 17.
128 BVerfG 04.05.2011, 2 BvR 2781/10, R 16 – Untersuchungshaft.
129 BVerfG 01.06.2011, 1 BvR 3171/10, R 22 – Pflichtverteidiger.
130 BVerfG 26.10.2011, 2 BvR 1539/09, R 18 – bewachte Ausführung.
131 BVerfG 09.11.2011, 1 BvR 665/10, R 15 – Rundfunkgebühr.
132 BVerfG 17.11.2011, 1 BvR 3155/09, R 8 – aktienrechtliches Spruchverfahren.
133 BVerfG 04.05.2011, 2 BvR 2365/09, R 104 – Sicherungsverwahrung.
134 BVerfG 04.05.2011, 2 BvR 2781/10, R 14 – Untersuchungshaft.

Straftaten begangen werden[135], wenn er als Gefangener den Verdacht begründet, in Drogengeschäfte verwickelt zu sein[136], wenn er als Straftäter weiter eine Gefahr für die Öffentlichkeit darstellt[137], wenn er schlechter als sein Konkurrent um ein öffentliches Amt beurteilt worden ist[138], wenn er sich auch ohne staatliche Intervention selbst helfen kann[139], wenn er seine Kanzlei nicht gut managt[140], wenn er durch eigenes Verschulden seine Zulassung als Steuerberater verloren hat[141], wenn er gegen Vorschriften des Waffengesetzes verstoßen hat[142], wenn er in den Eingriff eingewilligt hat[143], wenn die Prozessführung mutwillig erscheint, für die der Antragsteller Prozesskostenhilfe beantragt[144], wenn ein Medienunternehmen in die Persönlichkeitsrechte desjenigen eingreift, über den es berichtet[145].

Schließlich begründet das Gericht Eingriffe in sechs Fällen damit, dass der Staat im wohlverstandenen Interesse des Adressaten gehandelt hat. Mit dieser Begründung können untergebrachte Personen gegen ihren Willen behandelt werden[146]. Sie können auch behandelt werden, um sie überhaupt erst entlassungsfähig zu machen[147]. Geldauflagen können verhängt werden, damit eine Freiheitsstrafe zur Bewährung ausgesetzt werden kann[148]. Die Beratungshilfegebühr kann niedriger angesetzt werden, weil der Rechtsanwalt mit dem Staat einen verlässlichen Gebührenschuldner erhält[149].

## C. Eine Dogmatik der Staatsaufgaben

Wie gelingt dem Gericht, wovor die Wissenschaft zurückscheut? Geht das Gericht einfach mit dem Kopf durch die Wand und ignoriert die Besorgnisse, die die Zurückhaltung der Wissenschaft erklären? Der Bericht über die Entscheidungspraxis des Jahres 2011 belegt das Gegenteil. Tatsächlich waren gar nicht wenig Verfahren erfolgreich: 36,08 % aller Verfahren und 38,96 % der Verfassungsbeschwerden[150]. Doch der Erfolg liegt nicht daran, dass das Gericht den Gesetzgeber zur Umsetzung eines normativen Programms zwingt, das es der Verfassung entnimmt.

---

135 BVerfG 05.05.2011, 2 BvR 1011/10, R 19 – Durchsuchung einer Anwaltskanzlei.
136 BVerfG 13.10.2011, 2 BvR 556/11, R 1 – Geld für Gefangene.
137 BVerfG 17.05.2011, 2 BvR 942/11, R 26 – Strafentlassung.
138 BVerfG 11.05.2011, 2 BvR 764/11, R 11 – Konkurrentenklage.
139 BVerfG 30.05.2011, 1 BvR 3151/10, R 10 – Internet Tauschbörse.
140 BVerfG 01.06.2011, 1 BvR 3171/10, R 35 – Pflichtverteidiger.
141 BVerfG 07.06.2011, 1 BvR 194/11, R 26 – Wiederbestellung als Steuerberater.
142 BVerfG 25.10.2011, 2 BvR 2674/10, R 21 – Waffensammler.
143 BVerfG 25.10.2011, 2 BvR 979/10, R 21 – Verteidigerpost.
144 BVerfG 07.11.2011, 1 BvR 1403/09, R 33 – Prozesskostenhilfe.
145 BVerfG 08.12.2011, 1 BvR 927/08, R 18 – Caroline von Monaco.
146 BVerfG 03.02.2011, 2 BvR 132/11, R 8 – Zwangsmedikation.
147 BVerfG 03.03.2011, 2 BvR 882/09, R 45 – Neuroleptika; bestätigt von BVerfG 15.09.2011, 2 BvR 1516/11, R 28 – Sicherungsverwahrung; 12.10.2011, 2 BvR 633/11, R 37 – Abilify.
148 BVerfG 09.08.2011, 2 BvR 507/11, R 15 – Geldauflage.
149 BVerfG 19.08.2011, 1 BvR 2473/10, R 19 – Beratungshilfegebühr.
150 Das Gericht hat 255 Verfahren auf seiner Website mitgeteilt, http://www.bundesverfassungsgericht.de/entscheidungen.html. Davon waren 231 Verfassungsbeschwerden.

**15** 79,22 % der Entscheidungen des Jahres 2011 waren ohnehin weder direkt noch indirekt gegen ein Gesetz gerichtet, sondern gegen die Art, wie Gerichte oder Behörden das Gesetz anwenden. Doch auch in den verbliebenen 21,78 % der Entscheidungen hat das Gericht die normative Autonomie des Gesetzgebers respektiert. Von diesen 53 Entscheidungen hat das Gericht fast die Hälfte, nämlich 26 Fälle, gänzlich ohne Aussagen zum legitimen Ziel erledigt. Dann bleibt die normative Autonomie des Gesetzgebers von vornherein unberührt.

**16** Gefahren können auch dann handlungsleitend werden, wenn sie sich nicht realisieren. Der Gesetzgeber könnte im vorauseilenden Gehorsam auf normative Entscheidungen verzichten oder ihnen eine andere Wendung geben, weil er andernfalls mit einer Intervention des Bundesverfassungsgerichts rechnet[151]. In Karlsruhe zu scheitern, könnte für die politisch Handelnden noch über den konkreten Fall hinaus nachteilig sein, insbesondere im nächsten Wahlkampf. Dann könnten forsche Entscheidungen des Gerichts einen überschießenden „chilling effect" haben[152]. Deshalb kommt es nicht nur auf das Ergebnis der Entscheidungen an, sondern auch auf die Begründung.

**17** Der wichtigste dogmatische Schutz der normativen Autonomie des Gesetzgebers ergibt sich aus der Struktur der Grundrechte als Abwehrrechte. Das Gericht kann dem Gesetzgeber höchstens sagen, dass er etwas bestimmtes nicht tun durfte. Im Jahre 2011 hat es das in 14 Entscheidungen, oder in 26,42 % aller Entscheidungen getan, die gegen Gesetze gerichtet war. Nur in acht dieser Entscheidungen finden sich Aussagen zum legitimen Ziel. Um dem Gesetzgeber unaufgefordert vorzuschreiben, was er zu tun hat, müsste das Gericht sich auf die Lehre von den Schutzpflichten berufen[153]. Im Jahre 2011 hat es das in keinem Fall getan.

**18** Die Grundrechtsdogmatik verlangt vom Gesetzgeber nicht, dass er ein bestimmtes normatives Ziel verfolgt. Das Ziel muss nur „legitim" sein. Das lässt Raum für die Pluralität normativer Ziele. Tatsächlich akzeptiert das Gericht auch wohlfahrtstheoretische Gründe (z. B. den Schutz des Wettbewerbs der Telekommunikationsanbieter[154]), verteilungspolitische Gründe (z. B. die Chancengleichheit zwischen den Generationen der Juristen im Notariat[155]), den Wunsch nach einem Schutz der Entscheidungsfreiheit vor der Beeinträchtigung durch Dritte (z. B. den Schutz von Migranten vor dem Druck der Schwiegerfamilie)[156] sowie den Wunsch nach einer Veränderung von Mentalitäten (z. B. durch die bessere Integration von Ausländern[157]).

---

[151] In ökonomischer Terminologie: die Entscheidungszuständigkeit des Gerichts bestimmt den Drohpunkt für explizite oder implizite Verhandlungen mit dem Gesetzgeber, näher *John Nash*, The Bargaining Problem, in: Econometrica 18, 1950, S. 155–162.
[152] Anschaulich *Thomas W. Hazlett/David W. Sosa*, Was the Fairness Doctrine a „Chilling Effect"? Evidence from the Postderegulation Radio Market, in: Journal of Legal Studies 26, 1997, S. 279–301.
[153] Umfassend zum dogmatischen Hintergrund *Peter Szczekalla*, Die sogenannten grundrechtlichen Schutzpflichten im deutschen und europäischen Recht. Inhalt und Reichweite einer „gemeineuropäischen Grundrechtsfunktion", 2002.
[154] BVerfG 08.12.2011, 1 BvR 1932/08, R 47 – TK-Regulierung.
[155] BVerfG 05.01.2011, 1 BvR 2870/11, R 13 – Altersgrenze für Notare.
[156] BVerfG 25.03.2011, 2 BvR 1413/10, R 5 – Familiennachzug.
[157] Ebd.

Auch wenn das Gericht der Verfassung kein abschließendes normatives Programm entnimmt, könnte es sich doch im Einzelfall über die normativen Vorstellungen des Gesetzgebers hinwegsetzen. Tatsächlich finden sich in 29 Entscheidungen Aussagen darüber, welche Ziele nicht legitim sind. Das sind 35,80 % der Entscheidungen, in denen das Gericht überhaupt Aussagen zum legitimen Ziel macht. Solche Aussagen finden sich allerdings nur in fünf der Entscheidungen, die direkt oder indirekt gegen Gesetze gerichtet waren. In vier der Entscheidungen verwirft das Gericht nur Argumente, die der Gesetzgeber ohnehin nicht vorgebracht hat und im Zweifel auch nicht vorbringen wollte[158]. Einschlägig ist am ehesten die Entscheidung, mit der das Gericht die 5 %-Klausel bei Wahlen zum Europäischen Parlament verworfen hat. Das Gericht verlangt vom Gesetzgeber, dass er sich mit neueren Entwicklungen auseinandersetzt, die eine frühere normative Entscheidung in Zweifel rücken. Den Wunsch nach „Machterhalt" hält es nicht für legitim[159]. Doch dieser Fall betrifft eine Entscheidung des Gesetzgebers in eigener Sache.

Die Struktur des Verhältnismäßigkeitsgrundsatzes legt nahe, dass das Bundesverfassungsgericht das legitime Ziel nicht bestimmt, sondern nur überprüft. Das Gericht respektiert diese Beschränkung dann besonders sichtbar, wenn es sich für die Subsumtion des legitimen Ziels auf explizite Äußerungen des Gesetzgebers bezieht. Das tut das Gericht zwar nur in 27 der 109 Entscheidungen, in denen es überhaupt Aussagen zum legitimen Ziel macht. Von den 27 Entscheidungen, die sich direkt oder indirekt gegen ein Gesetz richten und in denen das Gericht das Übermaßverbot anwendet, verwertet es aber in zwölf Entscheidungen, also in 44,44 % aller Fälle, explizite Aussagen des Gesetzgebers zu seinen normativen Absichten.

Der Gesetzgeber ist weder ein Rechtsanwender noch ein Wissenschaftler. Seine Aufgabe ist es, politische Entscheidungen zu fällen und dafür Mehrheiten zu finden. Deshalb darf man die Erwartungen an die Qualität der Begründungen nicht überspannen, die der Gesetzgeber gibt. Häufig sieht sich das Gericht gezwungen, die normativen Absichten des Gesetzgebers vollständig aus seinen Handlungen, also aus dem Text der angegriffenen Norm, zu rekonstruieren. Dieses Vorgehen gibt dem Gericht unvermeidlich mehr Einfluss. Was als Rekonstruktion bezeichnet wird, kann als Umdeutung gemeint sein und wirken. Doch diese Gefahr lässt sich nur durch die Kultur des Umgangs zwischen Verfassungsgericht und Gesetzgeber in Grenzen halten.

Nach der Rechtsprechung des Verfassungsgerichts hängt die Frage, welches Ziel legitim ist, von dem Grundrecht ab, in das der Staat eingreift. An sich ist das Gericht etwa durchaus offen für die Notwendigkeit, die finanziellen Lasten für den Staat und die Betroffenen in Grenzen zu halten. Mit dieser Begründung hat es z.B. die Abschaffung des Sterbegelds akzeptiert[160]. Dagegen hat es entschieden, Sicherungsverwahrte dürften nicht allein deshalb mit Neuroleptika behandelt werden,

---

[158] BVerfG 16.03.2011, 1 BvR 591/08, R 36 – Verletztenrente; 06.06.2011, 1 BvR 2712/09, R 5 – Elterngeld; 14.06.2011, 1 BvR 429/11, R 17 – Familienversicherung; 12.10.2011, 2 BvR 236/08, R 266 – Telekommunikationsüberwachung.
[159] BVerfG 09.11.2011, 2 BvC 4/10, R 90 f. – 5 %-Klausel.
[160] BVerfG 20.07.2011, 1 BvR 2624/05, R 40 – Sterbegeld.

weil das die Kosten der Unterbringung verringert[161]. Die normative Autonomie des Gesetzgebers wird also nicht allein dadurch beschränkt, dass eine normative Absicht in einem anderen Zusammenhang als verfassungswidrig erkannt worden ist.

23 Solange das Gericht eine explizite, in sich überzeugende Entscheidung des Gesetzgebers zu einem Systemwechsel erkennen kann, hält es den Gesetzgeber nicht daran fest, dass er früher andere normative Absichten verfolgt hat[162]. Die normative Autonomie des Gesetzgebers leidet also auch nicht unter einem Verfassungsgebot der Konsistenz in der Zeit.

24 Die geschilderte Entscheidungspraxis des Verfassungsgerichts sollte der Wissenschaft ihre Scheu vor der Entwicklung einer Dogmatik der Staatsaufgaben nehmen. Die Sorge ist nicht begründet, dass es andernfalls zu einem gouvernement des juges kommt, oder zu einem normativen Rigorismus, der einseitig nur bestimmte normative Absichten akzeptiert.

25 Dass sich die Rechtswissenschaft dieser Aufgabe annimmt, ist vor allem deshalb wünschenswert, weil auch ein so gutes Gericht wie das Bundesverfassungsgericht mit dieser Aufgabe überfordert ist. Viele Aussagen des Gerichts zum legitimen Ziel sind lapidar. So rechtfertigt es die Regeln über die Entlohnung von Personen, die berufsmäßig Hilfsbedürftige betreuen, schlicht mit der Absicht „der Schonung öffentlicher Kassen"[163]. Auch wenn das Gericht eine sorgfältige Begründung für das legitime Ziel gibt, schöpft das Gericht doch regelmäßig den Argumentationshaushalt nicht aus. So begründet das Gericht die Verwertung rechtswidrig erlangter Beweismittel im Strafverfahren zwar wortreich und mit vielen Zitaten aus der eigenen Rechtsprechung. Doch in der Sache sagt es nur: andernfalls würde es schwerer, den staatlichen Strafanspruch durchzusetzen. Jedenfalls würde das länger dauern[164]. Dass es zu dieser Frage eine jahrzehntelange wissenschaftliche Diskussion gibt[165], wird ebenso wenig erwähnt wie die Tatsache, dass andere Rechtsordnungen, vor allem die amerikanische, darüber ganz anders denken[166]. Auch das naheliegende Anreizargument bleibt unerwähnt. Wenn die Strafverfolgungsbehörden wüssten, dass sie rechtswidrig erlangte Beweismittel in den Strafprozess nicht einführen können, würden sie viel eher darauf verzichten, Beweiserhebungsverbote zu verletzen.

26 Die Wissenschaft vom öffentlichen Recht wäre gut beraten, ihre prinzipielle Abneigung gegen die Verrechtlichung von Staatsaufgaben abzulegen, und sich stattdessen der Entwicklung einer Dogmatik zu widmen, die dem Verfassungsgericht hilft, die vom Gesetzgeber gewählten normativen Ziele genauer zu rekonstruieren und daraus Folgerungen für die Verfassungsmäßigkeit von Grundrechtseingriffen zu ziehen. Hier ist viel Raum für die fruchtbare Kooperation zwischen Wissenschaft und Praxis.

---

[161] BVerfG 23.03.2011, 2 BvR 882/09, R 57 – Neuroleptika.
[162] Ein anschauliches Beispiel ist BVerfG 14.07.2011, 1 BvR 932/10, R 37 – Betreuungsunterhalt.
[163] BVerfG 18.08.2011, 1 BvL 10/11, R 25 – Berufsbetreuer.
[164] BVerfG 07.12.2011, 2 BvR 2500/09, R 113 f. – poisonous fruit.
[165] S. nur die Verhandlungen des 46. Deutschen Juristentags zum Thema „Beweisverbote im Strafprozess".
[166] *Jennifer Diana*, Apples and Oranges and Olives – Oh My! Fellers, the Sixth Amendment, and the Fruit of the Poisonous Tree Doctrine, in: Brooklyn Law Review 71, 2005, S. 985–1027 gibt einen Überblick.

## D. Bibliographie

*Bull, Hans Peter*, Die Staatsaufgaben nach dem Grundgesetz, 1977.
*Clérico, Laura*, Die Struktur der Verhältnismäßigkeit, 2001.
*Engel, Christoph*, Offene Gemeinwohldefinitionen, in: Rechtstheorie 32 (2001), S. 23.
ders., Das legitime Ziel als Element des Übermaßverbots. Gemeinwohl als Frage der Verfassungsdogmatik, in: Winfried Brugger/Stephan Kirste/Michael Anderheiden, Gemeinwohl in Deutschland, Europa und der Welt, 2002, S. 103.
*Grimm, Dieter*, Staatsaufgaben, 1994.
*Isensee, Josef*, Staatsaufgaben, in: HStR, Bd. IV, ³2006, S. 117.
*Schuppert, Gunnar Folke*, Staatswissenschaft, 2003.
*Uerpmann, Robert*, Das öffentliche Interesse. Seine Bedeutung als Tatbestandsmerkmal und als dogmatischer Begriff, 1999.

# § 7
# Organisation

*Wolfgang Löwer*

**Übersicht**

| | Rn. |
|---|---|
| A. Staat als Organisation | 1– 3 |
| B. Verfassungsrechtliche Vorgaben an die Staatsgewalt | 4–12 |
|     I. Verteilung der Entscheidungsgewalt zwischen Volk und Staat | 5– 8 |
|     II. Ausformung staatlicher Aufgabenwahrnehmung | 9 |
|     III. Ministerialfreie Räume | 10–12 |
| C. Verfassungsrechtliche Anforderungen an eine dezentralisierte Verwaltung | 13–23 |
|     I. Vorgaben an Bund und Länder | 14 |
|     II. Quellen und Kompetenzverteilung exekutivischer Staatsgewalt | 15–23 |
|         1. Supranationale Staatsgewaltausübung | 16 |
|         2. Ausübung von Staatsgewalt durch Bund und Länder | 17 |
|         3. Kompetenzverteilung zwischen Bund und Land | 18 |
|         4. Stellung der Länder | 19 |
|         5. Gesamtstaatliche Integration und das Bundesratsprinzip | 20–21 |
|         6. Mischverwaltung | 22 |
|         7. Bundesaufsicht | 23 |
| D. Formenvielfalt | 24–30 |
|     I. Länder | 25 |
|     II. Bund | 26–27 |
|     III. Privatisierung auf Landes- und Bundesebene | 28–30 |
| E. Bibliographie | |

## A. Staat als Organisation

Der Staat ist organisierte Rechtsgemeinschaft. Er ist *organisiert* im Sinne der Organisationssoziologie, weil eine Mehrzahl von Menschen regelmäßig arbeitsteilig zur Erfüllung spezifischer Zwecke auf Dauer zusammenwirken. Der Staat ist *Rechtsgemeinschaft*, weil jegliche staatliche Zweckverfolgung an das Recht zurückgebunden ist, wie Art. 20 Abs. 3 GG im Ensemble mit Art. 1 Abs. 3 GG speziell für die Grundrechte unübersehbar verdeutlicht. Es gehört zu den großen Errungenschaften des großen Spiels, den Hobbes'schen Leviathan an die Kette zu legen, dass schlicht arbiträres (im Sinne von rechtsbindungsfreiem) Staatshandeln im konstitutionellen System ausgeschlossen ist. Die normative Durchdringung gilt auch für das Organisationsrecht. 1

Als juristische Person ist der Staat handlungsfähig nur durch Organe, die den Willen für die „konstituierte Wirk- und Handlungseinheit" (*E. W. Böckenförde* im Anschluss an *Hermann Heller*) bilden, vollziehen und judizieren. Die Willensbildung und Willensdurchsetzung funktioniert im Zusammenwirken der Organe hochgradig arbeitsteilig in wechselseitigen Abhängigkeiten und Durchdringungen und 2 muss gleichwohl in einen widerspruchsfreien Staatswillen einmünden. Deshalb ist eine Organisation wie der Staat (aber nicht nur dieser, wie die Europäische Union zeigt, die bestandsfähig auch nur als Rechtsgemeinschaft vorstellbar ist[1]) notwendig auf ein *rechtliches* Ordnungskonzept für die Vielzahl der an der Willensbildung mitwirkenden Akteure angewiesen.

3   Anders kann die Aufgabe, dem Bürger eine rechts-, handlungs- und haftungsfähige, vom Wechsel der handelnden Personen unabhängige, stetige Person als Zurechnungsendsubjekt von Rechten und Pflichten zuzuweisen, nicht erfüllt werden. Die Zurechnungsfrage muss aus höherrangigem Recht insbesondere dann beantwortet werden, wenn die Fülle der Staatsaufgaben und die Fülle der Staatsgewalt auf verschiedene Staatsglieder verteilt ist, die als juristische Personen je für sich Autonomie im Rahmen ihrer Hoheitsausübung beanspruchen dürfen. Es verwundert nicht, dass Organstreit und bundesstaatliche Streitschlichtung Wurzeln der Verfassungsgerichtsbarkeit sind.[2] Solche arbeitsteilige Willensausübung braucht für Kompetenzkonflikte einen letztendlichen Entscheider.

## B. Verfassungsrechtliche Vorgaben an die Staatsgewalt

4   Das Grundgesetz gibt mit dem Demokratieprinzip Wesentliches für die Willensbildung, die Aufgabenverteilung und die Organisationsformen der Vollziehung vor.

### I. Verteilung der Entscheidungsgewalt zwischen Volk und Staat

5   Was die Verteilung der *Entscheidungsgewalt zwischen Volk und demokratisch legitimierter organschaftlicher Staatsgewalt* betrifft, konstituieren Bundes- und Landesverfassungen unterschiedliche gewaltenmoderierende Modelle. Die das Grundgesetz transzendierende verfassunggebende Gewalt ordnet Art. 146 GG, woran zuletzt das Bundesverfassungsgericht im Lissabon-Urteil[3] erinnert hat, dem Volk zu, während die verfassungsändernde Gewalt unterhalb der Schwelle des Art. 79 Abs. 3 GG dem durch Wahlen legitimierten pouvoir constitué in Bundestag und Bundesrat zugewiesen ist. Das Grundgesetz entscheidet sich für das System der repräsentativen Demokratie.[4] Abstimmungen des Volkes über Sachfragen sind die legitimierte (oder noch zu legitimierende) Ausnahme. Allerdings ist die Verfassungsentscheidung für die repräsentative Demokratie nicht homogenitätsgesicherte Staatsfundamentalnorm in dem Sinne, dass das Maß der bundesverfassungsrechtlichen Limitierung auch die Landesverfassungsgeber binden würde.[5]

---
1   S. *Paul Kirchhof*, FAZ, v. 12. Juli 2012, Nr. 160, S. 25.
2   S. nur *Ulrich Scheuner*, BVerfG u. GG, Festgabe 25 Jahre Bundesverfassungsgericht, Bd. I, 1976, S. 1 ff.
3   BVerfGE 123, 267 (343).
4   *Ernst W. Böckenförde* hat präzise nachgewiesen, dass die „mittelbare repräsentative Demokratie als eigentliche Form der Demokratie" zu gelten hat, so der Titel in: Staatsorganisation und Staatsfunktionen im Wandel, FS f. Eichenberger, 1982, S. 301 ff.
5   S. nur *Wolfgang Löwer*, in: v. Münch/Kunig, Bd. I, ⁶2012, Art. 28, Rn. 19 m. weit. Nachw.

Das *Landesverfassungsrecht* weist im Normbestand (nicht so sehr in der Staatspraxis) eine deutliche plebiszitäre Komponente auf.[6] Das Volk wird an der *Verfassunggebung* in unterschiedlichem Maße beteiligt[7] und dem Volk werden auch Möglichkeiten zur initiativen Teilhabe an der Gesetzgebung gewährt. Zu beobachten ist auch hier ein gewaltenteilender Mechanismus: Solche letztverbindliche Mitwirkung beschränkt sich auf die Gesetzgebung oder jedenfalls auf den Zuständigkeitsraum des Landtages,[8] erlaubt also nicht, über der Verwaltung zugewiesene Entscheidungen einen „überlegenen" Volkswillen zu bilden. Deshalb kann auch im Zeitalter der „Wutbürger" dieser dem normvollziehenden Willen der Exekutive nicht ohne weiteres in den Arm fallen. Das Volk hat jedenfalls nicht mehr Entscheidungsgewalt als die gewählte Repräsentativköperschaft.[9] Wenn allerdings in den Planungsverfahren für raumbeanspruchende Infrastrukturvorhaben die Alternativen einer Legalplanung und der Administrativplanung frei gewählt werden könnten[10], bliebe für den Bürgerwillen erheblicher Raum, solche Infrastrukturprojekte initial oder „unterwegs" gesetzgeberisch zu stoppen. Eben solche freie Wahl besteht im bundesstaatlichen Zusammenhang indes nicht: Wenn die Eröffnung des Planungsverfahrens bundesrechtlich der Exekutive anvertraut ist, stellt sich dies, wie Paul Kirchhof dargelegt hat, als plebiszitäre Sperre dar.[11]

Angesichts einer – so wird dies jedenfalls verbreitet wahrgenommen – steigenden Protestmobilisierung[12] ist zu fragen, ob sich Bund und Länder nicht dem aus der Kleinräumigkeit denkenden Jean Jacques Rousseau (immerhin gegenwärtig jubiläumsbeschwert) insoweit ein Stück weit annähern könnten, als dem ganzen Volk heute ein gemeinsamer Begegnungsraum mit annähernd gleichzeitigem Zugang für alle zur Verfügung steht – das Netz. Dort könnte die Unmittelbarkeit einer Volksmitwirkung durch die Möglichkeit, auf einen Urnengang als alleinigem Modus operandi zu verzichten, mit dem (Zusatz-)Angebot an die Netzgemeinde (die schon fast mit dem Volk identisch ist), durch Mouseclick abzustimmen, gestärkt werden (mit dann, so könnte man vermuten, hoher Beteiligung).

Solche Überlegungen sind derzeit noch Zukunftsmusik. Es gibt noch keine hinreichend sichere, den Grundsatz der Öffentlichkeit der Wahldurchführung (jenseits der geheimen Stimmabgabe) genügende Stimmabgabetechnik, die ein solches E-Voting verfassungsrechtlich zulassen würde. Die vom Bundesverfassungsgericht

---

6 Gesamtüberblick bei *Peter Neumann*, Sachunmittelbare Demokratie im Bundes- und Landesverfassungsrecht, 2009.
7 Nachw. bei *Neumann* (N 6) Rn. 261 u. Fn. 232.
8 Für die Volksgesetzgebung HessStGH, in: NJW 1982, 1141 (1142) in Bezug auf die Gesetzgebungskompetenz.
9 S. in diesem Zusammenhang auch die gewaltenteilungsrechtliche Argumentation des BayVerfGH, in: NVwZ 1988, 242 (243).
10 In diesem Sinne BVerfGE 95, 1 – allerdings ohne Marscherleichterung für die Legalplanung hinsichtlich Beteiligung, Sammlung des Abwägungsmaterials und des Abwägungsvorgangs – was die Legalplanung faktisch wieder verschwinden lässt.
11 *Paul Kirchhof*, Gutachtliche Stellungnahme zum Antrag der Fraktion der SPD im Landtag von Baden-Württemberg für eine Volksabstimmung über Stuttgart 21 und die Neubaustrecke Wendlingen-Ulm, 2010, S. 32 ff.; ebenso *Wolfgang Ewer*, Kein Volksentscheid über die Zulassung von Infrastrukturprojekten, in: NJW 2011, 1328 (1330); *Jan Ziekow*, Neue Formen der Bürgerbeteiligung? Planung und Zulassung, Gutachten D für den 69. DJT, 2012, S. 2113.
12 S. jetzt das Heft „Protest und Beteiligung", APuZ, Heft 25–26 v. 18. Juni 2012 mit Beiträgen von *Ruck* u. a.

schon gegen die Zulassung von Wahlautomaten geltend gemachten Kontrollmängel, würden hier wohl noch verstärkt Platz greifen.[13] Jüngst hat der Österreichische Verfassungsgerichtshof[14] solche Gründe auch gegen das E-Voting im Sinne der Unzulässigkeit ins Feld geführt. Einstweilen ist deshalb eine identitäre Netzdemokratie nicht denkbar. Die Chancen stehen aber nicht schlecht, dass eine zukünftige Generation solche Feststellungen mit geradezu ungläubigem Kopfschütteln lesen wird (wenn sie denn noch in Büchern lesen sollte).

## II. Ausformung staatlicher Aufgabenwahrnehmung

9   Das *Demokratieprinzip* limitiert auch die Organisation *staatlicher Aufgabenwahrnehmung*, weil das Grundgesetz für den Bund und als Homogenitätsverpflichtung auch für die Länder als Legitimationsgrund für „amtliches Handeln mit Entscheidungscharakter"[15] voraussetzt, dass staatliche Herrschaftsausübung vom Volk legitimiert wird.[16] Auch wenn der Staat kraft seiner Organisationsgewalt seine Aufgabenerledigung nicht durch Staatsbehörden (*unmittelbare Staatsverwaltung*) wahrnehmen lässt, sondern sie dekonzentriert oder dezentralisiert auf juristische Personen des öffentlichen Rechts überträgt (*mittelbare Staatsverwaltung*), gilt als ausgestaltungsfähiges und „entwicklungsoffenes Prinzip"[17], dass die Staatsgewalt nur dann vom Volke ausgeht, wenn sich die Beteiligung der Amtsträger zur Vermittlung „personeller Legitimation auf das Staatsvolk zurückführen lässt und das Handeln der Amtsträger selbst eine ausreichende sachliche Legitimation erfährt."[18] Als Grundsatz erweist sich also das hierarchische Prinzip – obwohl häufig als Ausprägung obrigkeitsstaatlichen Denkens diskreditiert – demokratischem Entscheiden völlig adäquat; es wird in Art. 20 Abs. 2 GG geradezu vorausgesetzt. Mit Maßnahmen des New Public Management mag man den Verwaltungsvollzug optimieren können. Stärkere Dezentralisierung und Eigenverantwortung kann aber wegen Art. 20 Abs. 2 GG nicht zur Letztverantwortung der dezentralen Einheit gesteigert werden. Hierarchisch vorgeordnete Kontrolle bleibt zwingend, um die Widerspruchsfreiheit staatlichen Handelns zu ermöglichen und politische Verantwortung für Exekutiventscheidung zu erhalten. Nur die Gemeinde und Gemeindeverbände sind aus diesem Zusammenhang parlamentarischer Kontrolle *grundsätzlich* entlassen (bis auf die Rechtsaufsicht), weil ihr Entscheiden auf eigener demokratischer Legitimation beruht. Aber immerhin bleibt auch hier gültig: Die Staatsaufsicht ist das verfassungsnotwendige Korrelat der Selbstverwaltung.

---

13   BVerfGE 123, 39.
14   ÖVerfGH v. 13.12.2011 – V 85/11 u. a., in: zfhr 2012, 126 m. Bespr. Aufsatz von B. Goby/H. Weichsel, in: zfhr, 2012, 118.
15   BVerfGE 83, 60 (73).
16   Zu Geltung für die Länder: BVerfGE 83, 37 (53).
17   BVerfGE 107, 59 (91).
18   BVerfGE 93, 37 (67).

### III. Ministerialfreie Räume

Das Ableitungsprinzip gilt aber nicht ausnahmslos. Bestimmte Organisationsentscheidungen werden für die sachliche (nicht für die personelle) Legitimation *verfassungsunmittelbar* aus dem Hierarchie-, Weisungs- und Aufsichtszusammenhang gelöst. Das ist für Unabhängigkeit des Bundesrechnungshofes völlig eindeutig geregelt (Art. 114 Abs. 2 S. 1 GG), gilt aber auch für die Bundesbank – falls nicht schon originär grundgesetzlich[19], so jedenfalls unionsrechtlich (Art. 88 GG i. V. m. Art. 130 AEUV).[20]

10

Solche Kappung des Aufsichts- und Weisungsrechts findet sich aber auch im einfachen Gesetz, so dass ministerialfreie Räume zu beobachten sind. Die Kongruenz von Verantwortlichkeit und Ingerenzmöglichkeit wird aufgehoben; nicht einmal rechtsaufsichtliche Befugnisse bleiben der Regierung vorbehalten.[21] Jedenfalls soll dies für das Bundeskartellamt gelten,[22] wird aber auch für die Bundesnetzagentur behauptet[23] – und auch auf der Ebene des Unionsrechts findet ein Agency-System, das bestimmte Regulierungsbereiche dem vorgeblichen „Zugriff" der (Partei-)Politik entzieht, erhebliche Sympathie,[24] wie etwa die europäisch geforderte weitreichende Unabhängigkeit des Datenschutzbeauftragten belegt.[25] Das Bundesverfassungsgericht stellt sich der Schwierigkeit einer problematischen Starrheit des Kettenmodells mit dem Hinweis auf das Prinzipielle und mit der Vokabel, es müsse ein „bestimmtes Legitimationsniveau" gewährleistet sein.[26] Die Nutzanwendung dieser Idee für die funktionale Selbstverwaltung (dazu sogleich) liegt einigermaßen auf der Hand. Aber vermag sie auch – jenseits grundrechtlich gebotener Unabhängigkeit (Landesmedienanstalten)[27] – solche ministerialfreien Räume von erheblichem Gewicht zu legitimieren, die gerade dadurch ausgezeichnet sind, dass der Gesetzgeber sich zur normativen Volldetermination nicht in der Lage sieht (und die Gerichte exekutive Beurteilungsermächtigungen anerkennen[28]), also für die Exekutive Raum für eine gewissermaßen rechtliche Gestal-

11

---

19 *Matthias Herdegen*, in: Maunz/Dürig, 2010, Art. 88 Rn. 63 f.
20 *Jörn A. Kämmerer*, in: v. Münch/Kunig (Hg.), Bd. II, ⁶2012, Art. 88 Rn. 13; *Herdegen* (N 19), Rn. 64.
21 S. jetzt den deutsch-französischen Rechtsvergleich, in: *Johannes Masing/Gerard Marcou*, Unabhängige Regulierungsbehörden, 2010, und zuvor schon *Johannes Masing*, Soll das Recht der Regulierungsverwaltung übergreifend geregelt werden? Gutachten D f. d. 66. DJT, 2006, S. D 73–D 85 m. weit. Nachw.
22 Unumstritten ist die These von der Unabhängigkeit des BKartA nicht: s. *Georg Hermes*, Abhängige und unabhängige Verwaltungsbehörden – ein Überblick über die Bundesverwaltung, in: Masing/Marcou (N 21), S. 53 (71 ff.).
23 Z. T. wird befürwortet, die BKartAmts-Argumentation zu übertragen, z. T. wird dem entschieden widersprochen: Hinw. bei *Jens Peter Schneider*, Telekommunikation, in: Michael Fehling/Matthias Ruffert, Regulierungsrecht, 2010, § 8 Rn. 82; *Hermes* (N 22), S. 75–77; gegen die Unabhängigkeit *Ann Chr. Zeidler*, in: Jürgen F. Baur/Peter Salje/Matthias Schmidt-Preuß (Hg.), Regulierungsrecht in der Energiewirtschaft, 2011, 35/Rn. 15 ff.
24 S. der Kommissionsvorschlag für staatsunabhängige Regulierungsbehörden für die TK Rahmenrichtlinie aus dem Jahre 2007 (KOM (2007) 697), dem der Rat die vom nationalen Verfassungsrecht geforderten Aufsichtsbefugnisse entgegengehalten hat; *Schneider* (N 23), Rn. 82 Fn. 174.
25 EuGH, Kommission/Deutschland, v. 09.03.2010 – Rs. C-518/07 – Slg. 2010, S. I-01885; krit. *Johannes Masing*, Herausforderungen des Datenschutzes in: NJW 2012, 2305 (2311).
26 BVerfGE 93, 37 (66 f.),;107, 59 (87).
27 S. *Hermes* (N 22), S. 83–85; aber die Landesmedienanstalten stehen gleichwohl unter staatlicher Rechtsaufsicht.
28 BVerwGE 131, 41.

tungsbefugnis eröffnen, die auch richterlich nicht voll überprüft wird? Das Bundesverfassungsgericht steht dem skeptisch gegenüber, weil es gerade umgekehrt konzediert, dass einzelne Legitimationselemente dann zurücktreten können, wenn Kompetenzen „eng begrenzt" sind, weil die Entscheidung „messbar vorstrukturiert" ist[29]. An die Stelle der hierarchischen Steuerung tritt die Legitimation des Gesetzes mit engmaschigem Normprogramm. Ob die prinzipielle Wendung gegen ministerialfreie Räume ein deutscher Sonderweg ist[30] (was das angelsächsische Agency-Modell zur Norm nimmt), mag dahinstehen. Sub specie Demokratie als Staatsformprinzip hat das Bundesverfassungsgericht sehr gute Argumente gegen wesentliche Ministerialfreiheit. Wer Behörden aus dem Zusammenhang der Aufsichts- und Steuerungskompetenz der Regierung und aus der parlamentarischen Kontrolle herauslösen will, um einen – sagen wir – sachlich neutralen Gesetzesvollzug zu erreichen, der dem Interessentendruck der Wirtschaft und deren „Drohpotential" widersteht,[31] und deshalb eine von der Regierung abgeschichtete in eine gewisse Autonomie entlassene Behörde fordert, stellt der Regierung ein strukturell schlechtes Zeugnis aus und ist zugleich optimistisch anzunehmen, dass die in die Autonomie entlassenen Amtswalter unkontrolliert ihre Gestaltungsspielräume nur deshalb sachlicher wahrnehmen als die Regierung, weil sie nicht auf den momentanen Wählerstimmenerfolg schauen müssen. Das Risiko einer eigenen „Vollzugspolitik" einer Behörde wird dann hingenommen.

**12** Die Figur des „angemessenen Legitimationsniveaus" hat das Bundesverfassungsgericht in erste Linie entwickelt, um die *„funktionale Selbstverwaltung"*, der das legitimierende Volk fehlt, rechtfertigen zu können, soweit sie nicht – wie in einigen Landesverfassungen die Hochschulen – unmittelbar verfassungslegitimiert sind.[32] Der Staat darf für die Erledigung von Aufgaben, die nicht zum Kernbestand seiner Hoheitstätigkeit gehören, nach abstrakten Merkmalen definierte Bürger im Wege einer öffentlich-rechtlichen Verbandsbildung in Pflicht nehmen. Es geht um eine sachliche und finanzielle Abbürdung staatlicher Aufgaben auf publifizierte Bürgerverbände.[33] Das Grundgesetz legitimiert die funktionale Selbstverwaltung durch Rezeption insbesondere in Art. 87 Abs. 2 (und Abs. 3 GG),[34] der die Sozialversicherungsträgerschaft der funktionalen Selbstverwaltung zuweist. Welche Aufgaben dafür in Betracht kommen, entscheidet der (dafür rechtfertigungspflichtige) Gesetzgeber,[35] wobei historisch überkommene Ausgliederungen kraft traditioneller Bewährung legitimiert sind (Wasserverbände, Industrie- und Handelskammern, freiberufliche Selbstverwaltung).[36] Die Erfordernisse demokratischer Legitimation

---

29 BVerfGE 83, 60 (74).
30 So – recht unbekümmert – *Hermes* (N 22), S. 85.
31 S. die feinziselierte Argumentation bei *Masing* (N 21), S. D 83–D 85.
32 S. pars pro toto Art. 16 LVerfNRW.
33 Grundrechtlich muss die Inpflichtnahme der Bürger durch Aufgabenübertragung gerechtfertigt werden. Die Pflichtverbandsmitgliedschaft, die im Mittelpunkt der grundrechtlichen Diskussion steht, ist die Form der Inpflichtnahme; deshalb ist eben nicht Art. 9 Abs. 1 GG sedes materiae, sondern Art. 2 Abs. 1; m. weit. Nachw. *Löwer* (N 5), Art. 9 Rn. 28.
34 BVerfGE 107, 59 (89 f.).
35 BVerfGE 107, 59 (93).
36 Grundlegend *Eberhard Schmidt-Aßmann*, Zum staatsrechtlichen Begriff der Selbstverwaltung, in: GS f. Wolfgang Martens, 1987, S. 249 ff.

müssen allerdings für die beiden Hauptstränge in Sachen funktionale Selbstverwaltung gelockert werden. Der Amtsgewinn für die Organmitglieder ist auf die verbandsverfassten Betroffenen zurückzuführen – und nicht auf das Staatsvolk (was im Sinne einer effektiven Aufgabenerledigung durch die Nähebeziehung der Betroffenen zum verfolgten Verwaltungszweck gerechtfertigt ist). Mit dem Modus der Selbstverwaltung[37] ist eine unbegrenzte staatliche Fachaufsicht nicht vereinbar. Kompensierend verlangt das Demokratieprinzip – nicht zuletzt wegen der Entscheidungswirkungen für Verbandsfremde –, dass das Gesetz Aufgaben und Handlungsbefugnisse „ausreichend vorherbestimmt" und der Staat sich mindestens die Rechtsaufsicht (und ggf. auch eine *begrenzte* Fachaufsicht) vorbehält.[38] Organisatorisch muss institutionell gesichert sein, dass Organstruktur und Entscheidungsverfahren funktionsgerecht einen Ausgleich der im Verband „verfassten" Interessen gewährleistet.[39] In diesem Licht stärkt der Gedanke der funktionalen Selbstverwaltung das Demokratieprinzip,[40] weil sie bürgerschaftlichen Verbänden exekutivische abgegrenzte Hoheitsgewalt zur Entscheidung überlässt.

## C. Verfassungsrechtliche Anforderungen an eine dezentralisierte Verwaltung

Die Verfassung eines Bundesstaates, der zugleich die Pflicht zu einer dezentralisierten Verwaltung für die Ortsstufe normiert, muss die organisatorische Struktur der Aufgabenerledigung durch Bund, Länder und Gemeinden ordnen.

### I. Vorgaben an Bund und Länder

Bund und Länder sind in der Frage, welche Aufgaben sie wie wahrnehmen, verfassungsrechtlich durch Aufgabenübertragungen nur punktuell gebunden. Zum Teil ergeben sie sich aus verpflichtender bundesstaatlicher Aufgabenzuweisung an den Bund (Art. 87a Abs. 1 Satz 1 GG für die Streitkräfte, Art. 87b GG für die Luftverkehrsverwaltung, Art. 87e Abs. 3 Satz 2 GG für die Schienenwege der Eisenbahnen des Bundes, Art. 88 GG für die Bundesbank), zum Teil verpflichten sie Bund wie Länder – etwa zur Einrichtung der Judikative (Art. 90 ff. GG). Eine Staatsaufgabenlehre – gar mit Verteilungsfunktion im Mehrebenensystem – gibt es nicht.

---

37 Bei aller Differenz in der Ausgestaltung der Selbstverwaltung gilt als gemeinsamer Nenner: Sie ist eingerichtet um der Eigenverantwortlichkeit für gesetzlich nicht volldeterminierter Aufgabenwahrnehmung willen.
38 BVerfGE 107, 59 (Ls. 3).
39 BVerfGE 107, 59 (93); grundsätzlich *Thomas Groß*, Das Kollegialprinzip in der Verwaltungsorganisation, 1999.
40 BVerfGE 107, 59 (92).

## II. Quellen und Kompetenzverteilung exekutivischer Staatsgewalt

15  Exekutivische Staatsgewaltausübung, die für den Bürger wirksam in Sinne von befolgungspflichtig ist, wird auf vier Ebenen erzeugt. Supranational, durch den Bund, die Länder und die Gemeinden.

### *1. Supranationale Staatsgewaltsausübung*

16  Die ursprüngliche Monopolstellung der Kommission als Quelle von im Hoheitsraum der Mitgliedstaaten wirksamen Entscheidungen (s. Art. 17 Abs. 1 Satz 5 EUV) ist durch die Entwicklung der (jetzt vertraglich legitimierten) Agentur-Verwaltung (Art. 298 Abs. 1 und Art. 263 Abs. 5 AEUV) als Form der Dekonzentration erheblich relativiert.[41] Solche binnenwirksame supranationale Hoheitsgewaltausübung schafft durch die vermehrt angestrebte Koordination mitgliedstaatlicher Verwaltungen Strukturen einer Verbundverwaltung zwischen der Union und den Mitgliedstaaten, die durch das Ausschusswesen – bishin zum Komitologieverfahren – auf Unionsebene noch bedeutend gestärkt wird[42]. Es liegt auch in dieser Struktur des Unionsrechts begründet, dass es kein Verbot der Mischverwaltung zwischen Union und Mitgliedstaaten gibt,[43] was allerdings nicht von dem Gebot der Verantwortungsklarheit entbinden kann.[44]

### *2. Ausübung von Staatsgewalt durch Bund und Länder*

17  *Bund und Länder* verteilen die Fülle ihrer jeweiligen Aufgaben nach dem Ressortprinzip, d. h. alle Zuständigkeiten sind für definierte Sachbereiche einem Ressort zugeordnet, das den Geschäftsbereich eines Ministers als Regierungsmitglied ausmacht. Die Ressortverteilung muss flächendeckend sein.[45] Aus der Ressortleitungskompetenz des Ministers folgt dessen demokratisch unverzichtbares Weisungs- und Aufsichtsrecht gegenüber den Amtswaltern seines Ministeriums und den diesem nachgeordneten Behörden.[46]

---

41 S. nur *Eberhard Schmidt-Aßmann*, in: GVwR, Bd. I, ²2012, § 5 Rn. 22 ff.; *Klaus-Ferdinand Gärditz*, Die Verwaltungsdimension des Lissabon-Vertrages, in: DÖV 2010, S. 453 ff.; *Stefan Augsberg*, Europäisches Verwaltungsorganisationsrecht und Vollzugsformen, in: Jörg Philipp Terhechte (Hg.), Verwaltungsrecht der Europäischen Union, 2011, § 6.
42 *Augsberg* (N 41), Rn. 67 ff.
43 *Thomas von Danwitz*, Europäisches Verwaltungsrecht, 2011, S. 609.
44 *Schmidt-Aßmann* (N 41), Rn. 21a mit normativer Ableitung aus Art. 2 EUV und Art. 15 AEUV.
45 S. z. B. positiv-rechtlich Art. 53 Satz 2 Bayerische Verfassung: „Jede Aufgabe der Staatsverwaltung ist einem Geschäftsbereich zuzuteilen."
46 Vgl. z. B. Art. 55 Nr. 5 u. 6 BayVerfG.

### 3. Kompetenzverteilung zwischen Bund und Land

Das *Bundesstaatsprinzip*[47] verteilt die Fülle der Staatsaufgaben lückenlos nach dem Prinzip der Enumeration und Residualkompetenz (unter Vermeidung einer die Kompetenzabgrenzung erschwerenden finalen Kompetenzstruktur, die das Unionsrecht wählt[48]). Dieser Mechanismus schließt Kompetenzkonflikte theoretisch aus. Zugleich verhindert es die Monopolisierung der Staatsgewalt, wirkt insoweit als Mechanismus der Gewaltenteilung. Dieser ist sogar besonders effektiv, weil das Grundgesetz nicht Staatsaufgaben in Gänze der einen oder anderen Ebene zuweist, sondern die gewaltengegliederten Staatsfunktionen föderal verteilt. Auch bei nur noch schmalen Gesetzgebungszuständigkeiten behaupten die Länder ihr Schwergewicht in der Vollziehung, was die demokratische Legitimationsspende immerhin auch „lohnt".

18

### 4. Stellung der Länder

In der deutschen Verfassungsrechtssicht auf das Bund-Länder-Verhältnis behaupten die Glieder ihre Staatsqualität.[49] Die Länder sind im Rechtskreis zwischen Bund und Ländern dem Bund insofern untergeordnet[50], als das GG auch für die Länder eine Grenze der Staatsgewalt einschließlich des kompetentiellen Vorrangs des Bundesrechts bietet (Art. 20 Abs. 3, Art. 1 Abs. 3, Art. 30, Art. 31, Art. 73, Art. 72 Abs. 3 GG, Art. 83, Art. 84 Abs. 3, Art. 85 Abs. 2, 3 GG). Gesichert wird ihre Eigenstaatlichkeit durch die Limitierung der Bundeszuständigkeit nach der Grundregel des Art. 30 GG (unter Letztabsicherung durch Art. 79 Abs. 3 GG), durch den Verzicht auf eine Kompetenzgeneralklausel und durch die nur mittels homogenitätssichernden Vorgaben beschränkte Verfassungshoheit[51] und die auch die Staatsqualität sichernde Ewigkeitsgarantie des Art. 79 Abs. 3 GG. Aus dem in Art. 28 Abs. 1 GG sichtbaren Respekt für die Verfassungshoheit der Gliedstaaten folgt, dass den Ländern die Befugnis zur Staatsorganisation zukommt; sie gehört zum unentziehbaren Hausgut der Länderstaatlichkeit.[52] Die Länder gewinnen so eigenwillige Individualität; sie behaupten sich in ihrer Verfassung als eigenständige politische Zentren.

19

### 5. Gesamtstaatliche Integration und das Bundesratsprinzip

Allerdings darf die sich in ihrer jeweiligen Zuständigkeit begründenden und ausschließenden Kompetenzausscheidung ausdrückende Trennung der Kompetenzräume und die Verteilung der gesamtstaatlichen Zuständigkeit auf zwei selbständige Entscheidungsträger von Staatsqualität nicht als Option in föderalismustheo-

20

---

47 *Josef Isensee*, Idee und Gestalt des Föderalismus im Grundgesetz, HStR, Bd. VI, ³2008, § 126 S. 3 ff.
48 *Wolfgang Löwer*, Probleme der neuen europäischen Tierversuchsrichtlinie – Reichweite der Binnenmarktkompetenzen und Umsetzung in nationales Recht, 2012.
49 BVerfGE 1, 14 (34); 35, 342 (360 f.); 60, 175 (207); 96, 345 (368); 98, 145 (157).
50 BVerfGE 13, 54 (78 f.).
51 BVerfGE 36, 342 (360 f.).
52 BVerfGE 36, 342 (361).

retischen Konzeptfragen verstanden werden. Das Grundgesetz optiert nicht für ein ausgeprägtes wettbewerbliches Bundesstaatskonzept, das Bund und Länder als innerhalb gemeinsamer Grenzen voneinander getrennt und unabhängig operierende Souveräne verstünde. Das Grundgesetz lässt wettbewerblichen Föderalismus in dem Sinne zu, dass plurale Lösungsansätze ermöglicht werden; die zugleich als „Wettbewerb" um die beste Lösung verstanden werden können (den die Länder aber allzu oft durch Selbst-Koordination über Musterentwürfe usw. unterlaufen). Der grundgesetzliche Föderalismus wird besser verstanden, wenn man als Ziel die *gesamtstaatliche Integration* hinsichtlich der Summe der adaptierten Staatsaufgaben sieht. Integration bedeutet nicht Uniformität sondern begrenzte Vielfalt *in der Einheit*, deren wertmäßiges Fundament ohnehin grundgesetzlich verpflichtend vorgegeben ist.

**21** Einheitsstiftend wirkt das Bundesratsprinzip, das die Bundespolitik zwingt, ihre Politik nach Lage der Dinge mit der Bundesratsmehrheit kompromissarisch abzugleichen. Man muss das nicht zwingend positiv einschätzen, sollte aber jedenfalls bedenken, dass darin die Option für eine „gemischte Verfassung" zu sehen ist, ein Verfassungstypus, der geeignet ist, extreme Pendelschläge im Gefolge wechselnder Wahlmehrheiten ein Stück weit einzuhegen. Die Bundesratsmitwirkung ist eben nicht nur „Reformblockade", wie dies zu Zeiten angenommen wird, sondern auch Medium der Integration und Moderation.

### 6. Mischverwaltung

**22** Die *Trennung der Verwaltungsräume* von Bund und Ländern durch Art. 83 ff. GG erlaubt dem Bund nur bei ausdrücklicher Zuweisung einer Vollzugskompetenz tätig zu werden. Die früher vertretene Annahme eines strikten Mischverwaltungsverbots[53] geht indes zu weit. Ein begrenztes Zusammenwirken von Bundes- und Landesbehörden ist nicht a limine unzulässig.[54] Es darf allerdings die *Letztverantwortung* des nach Art. 83 ff. GG zuständigen Verwaltungsträgers nicht aufgehoben werden, es darf das Gebot der *Verantwortungsklarheit* – ein auch demokratischer Aspekt – nicht verletzt werden und es darf der Verwaltungstypenzwang der Art. 83 ff. GG nicht umgangen werden.[55]

---

53 BVerfGE 32, 145 (156); 39, 96 (120).
54 Geklärt seit BVerfGE 63, 1 (38).
55 Vgl. *Hans Heinrich Trute*, in: v. Mangoldt/Klein/Starck, 6 2010, Art. 83 Rn. 28 ff.; *Siegfried Broß/Karl-Georg Mayer*, in: v. Münch/Kunig, Bd. II, 6 2012, Art. 83 Rn. 15; BVerfGE 119, 331 ff.; ob allerdings die letztgenannte Entscheidung „rechtsirrtümlich" ergangen ist, so dass Art. 91e GG einen Rechtsirrtum des BVerfG korrigierte (so Broß/Mayer, a. a. O.), wird man durchaus bezweifeln dürfen, weil von Verantwortungsklarheit bei „einem gemeinsamen Büro" (Broß/Mayer, a. a. O.) doch so recht nicht mehr die Rede sein könnte.

## 7. Bundesaufsicht

Schließlich dient die Bundesaufsicht als Integrationsfaktor (Art. 28 Abs. 3 GG, Art. 84 Abs. 3 u. 4 GG, Art. 85 Abs. 3–5 GG). Allerdings kennt das Grundgesetz die Triepel'sche selbständige Aufsicht[56] nicht (auch nicht in Art. 28 Abs. 3 GG[57]). Sie ist stets akzessorisch und für den landeseigenen Vollzug von Bundesrecht durch die Mitwirkung des Bundesrates moderiert (Art. 84 Abs. 4 GG). Insoweit ist sie für den landeseigenen Vollzug von Bundesrecht allerdings auch nicht – jedenfalls sichtbar nicht – effektiv[58], wirkt aber doch als fleet in being.

# D. Formenvielfalt

Für die Gliederung der Exekutive steht den drei gebietskörperschaftlichen Ebenen ein reichhaltiges Formenangebot zur Verfügung.

## I. Länder

Für die Länder ergeben sich gegebenenfalls Vorgaben aus den Landesverfassungen[59] für einen zweigliedrigen oder dreigliedrigen Behördenaufbau (soweit die Länder nicht Stadtstaaten sind). Der Ressortzuschnitt der Landesministerien ist Sache des Ministerpräsidenten kraft seiner Organisationsgewalt[60], soweit eine Landesverfassung diese nicht einschränkt.[61] Der Ressortzuschnitt ist keine durch Gesetz zu treffende Entscheidung, wohl ist die Ordnung des Behördenaufbaus nach dem organisationsrechtlichen Gesetzesvorbehalt[62] durch Gesetz (Landesorganisationsgesetz[63]) zu ordnen. Neben den weisungs- und aufsichtsverklammerten zwei- oder dreigliedrig vertikalen Verwaltungsaufbau treten Sonderbehörden, die den Ministerien nachgeordnet sind; sie können horizontal oder vertikal dekonzentriert sein oder ihre Aufgabe als obere Verwaltungsbehörde ohne eigenen Verwaltungsunterbau erfüllen. Schließlich haben die Länder auch die Möglichkeit, ihre Verwal-

---

56 BVerfGE 8, 122 (131 f.).
57 S. im Sinne einer selbständigen Bundesaufsicht *Jochen A. Frowein*, Die selbständige Bundesaufsicht nach dem GG, 1961, sowie *Klaus Vogel*, in: FS Stern I, 1997, S. 819 (822 f.); Hinw. zur Gegenposition s. *Löwer* (N 5), Art. 28 Rn. 119.
58 *Janbernd Oebbecke*, Verwaltungszuständigkeit, in: HStR, Bd. VI, ³2008, § 136 Rn. 44.
59 Vgl. etwa Art. 96 BrandVerf für einen zweigliedrigen Behördenaufbau oder Art. 77 LVNRW, der die Landesorganisation ganz einem Gesetz überlässt.
60 Soweit der VerfGHNRW die Zusammenfassung von Justiz und Polizei in einem Ressort verfassungsrechtlich beanstandet hat, überschreitet die Entscheidung etwaige verfassungsrechtliche Kontrollmaßstäbe, s. VerfGH NRW, in: NJW 1999, 1243 ff; Nachw. der Kritik bei *Klaus Schönenbroicher*, in: Andreas Heusch/Klaus Schönenbroicher, LVNRW, 2010, Art. 52 Rn. 22.
61 S. z. B. Art. 49 BayVerf.: Zustimmungsvorbehalt für den Landtag.
62 Zum organisationsrechtlichen Gesetzesvorbehalt *Fritz Ossenbühl*, Vorrang und Vorbehalt des Gesetzes, in: HStR, Bd. V, ³2007. § 101 Rn. 37; *Walter Krebs*, Verwaltungsorganisation, in: HStR, Bd. V, ³2007, § 108 Rn. 70.
63 S. die entsprechenden Nachweise bei *Krebs* (N 62), § 108 Rn. 20.

tungsaufgaben vielfältig trabantiert durch juristische Personen oder teilrechtsfähige Verbände oder in privatrechtlicher Form wahrnehmen zu lassen (dazu III.).

## II. Bund

26 Auch für den Bund ist die unmittelbare und mittelbare Staatsverwaltung eine vertraute Erscheinung. Die Gegenstände bundeseigener Verwaltung (Art. 87–90 GG) können in unmittelbarer Bundesverwaltung nur auf der Ministerialstufe vollzogen werden (z. B. ist dem Forschungsressort keine Behörde nachgeordnet) oder obligatorisch als unmittelbare Bundesverwaltung mit eigenem Verwaltungsunterbau (Auswärtiger Dienst, Bundesfinanzverwaltung und Bundeswasserstraßen/Schifffahrt, Bundeswehrverwaltung) oder fakultativ als Bundeszentralstellenverwaltung (Bundesamt für Verfassungsschutz, Bundeskriminalamt) oder schließlich ist sogar die Schaffung einer eigenen mehrstufigen Behördenorganisation im Falle der Bundespolizei (Art. 87 Abs. 1 S. 2 Alt. 1 GG) zulässig.[64]

27 Obligatorisch wird die überregionale Sozialversicherung im Wege mittelbarer Staatsverwaltung durch bundesunmittelbare Körperschaften des öffentlichen Rechts geführt (Art. 87 Abs. 2 GG), was dem Bund die Option verschließt, sich selbst zum Träger der Sozialversicherung zu machen. Auch eine Privatisierung der Trägerschaft ist damit ausgeschlossen. Fakultativ darf der Bund nach Art. 87 Abs. 3 GG im Sektor seiner Verwaltungszuständigkeiten auch selbständige Bundesoberbehörden ohne eigenen Verwaltungsunterbau einrichten; sie nehmen sachlich spezialisierte Verwaltungsaufgaben wahr und sind örtlich für das gesamte Bundesgebiet zuständig (z. B. BKartA oder BNetzA) (Art. 87 Abs. 3 GG).[65] Schließlich ist dem Bund explizit fakultativ die Möglichkeit eröffnet – für die Länder sind Ermächtigungsnormen in der Verfassung insoweit nicht erforderlich –, öffentlichrechtliche verselbständigte Verwaltungseinheiten[66] mit der Aufgabenerledigung zu betrauen. Die Errichtung einer juristischen Person des öffentlichen Rechts ist immer auf einen normativen Gründungsakt verwiesen. Bundesverfassungsrechtlich kann die juristischen Person nicht mit eigenen Mittel- und Unterbehörden ausgestattet werden[67], wie ein Umkehrschluss aus Art. 87 Abs. 3 S. 2 GG ergibt[68]. Für die Länder gibt es solche Restriktionen naturgemäß nicht. Allerdings darf auch das Leitbild einer zwei- oder dreistufigen Landesverwaltung durch mittelbare Staatsverwaltung nicht verschwinden. Auch die Gebietskörperschaften dürfen ihre Angelegenheiten im Wege mittelbarer Kommunalverwaltung erledigen; sie sind rechtlich für abgeleitete juristischen Personen (durch die Gemeindeordnung) gründungsfähig.

---

64 Die kompetenzielle Ermächtigung in Art. 87 Abs. 1 S. 2 Alt. 1 GG wird so verhältnismäßig weitgehend verstanden, s. *Broß/Meyer* (N 55), Art. 87 Rn. 15 m. weit. Nachw.
65 Zur insoweit behaupteten Ministerialfreiheit s. oben unter B. III.
66 Zu den Begrifflichkeiten s. *Krebs* (N 62), Rn. 36 ff.
67 *Martin Burgi*, in: v. Mangoldt/Klein/Starck, 62010, Art. 87 Abs. 3 Rn. 105.
68 *Burgi* (N 67), Art. 87 Abs. 3 Rn. 110 ff.

### III. Privatisierung auf Landes- und Bundesebene

Es entspricht lang gewachsener Tradition, dass Staat und kommunale Gebietskörperschaften ihre leistungsstaatliche Aufgabenerfüllung auch formell privatisiert wahrnehmen dürfen. Allerdings darf auch insoweit die aus demokratischen Gründen erforderliche Rückbindung an das Volk nicht aufgehoben sein; der Staat muss hinreichend einflussfähig sein, um die Leistungserbringung rechtsformunabhängig zu gewährleisten. Grundsätzlich muss die öffentliche Hand – soweit die Aufgabe nicht materiell-privatisiert ist – die juristische Person – wobei nur Rechtsformen mit Haftungsbegrenzung in Frage kommen – beherrschen können (was private Kapitalbeteiligung bis zu dieser Schwelle nicht ausschließt – gemischt wirtschaftliche Unternehmen).

28

Ob das alles in Ansehung von Art. 86 und Art. 87 GG auch für den Bund gelten kann, mag zweifelhaft sein, weil die Vorschrift auf die Formenwahlfreiheit keinen Bedacht nimmt (auch übrigens auf die Beleihung nicht). Die Formenwahlfreiheit ist seit konstitutioneller Zeit – zum Teil gegen den wissenschaftlichen Widerspruch Otto Mayers – kontinuierlich durch die Weimarer Zeit ein für das Grundgesetz vorgefundenes Faktum, dem es Explizites nicht entgegensetzt, mit der diese Tradition gebrochen worden wäre – auch nicht in Art. 86 und 87 GG[69], soweit aus dem Grundgesetz keine Entscheidung für die öffentlich-rechtliche Form ableitbar ist (Art. 87 Abs. 1, Abs. 2, Art. 87a Abs. 1 GG usw.). Allerdings darf die Organisationsprivatisierung keine Rechtsfolgen zeitigen, die Art. 87 GG für die öffentlich-rechtliche Form „diskriminiert"; so ist eine privatrechtsförmige Verwaltung mit eigenem „Verwaltungs"-Unterbau nicht möglich wegen des Sinngehaltes von Art. 87 Abs. 3 GG.[70]

29

Soweit Bund, Länder oder Gemeinden Aufgaben auf Private übertragen, die hoheitliche Eingriffsakte einschließen, ist dies prinzipiell über die punktuell wirkende Beleihung möglich; allerdings setzten die personalrechtlichen Anforderungen des Art. 33 Abs. 4 GG und das Demokratieprinzip dem – noch nicht völlig ausgelotete – Grenzen.[71]

30

# E. Bibliographie

*Böckenförde, Ernst-Wolfgang*, Demokratisches Verfassungsprinzip, in: HStR, Bd. II, ²2003, § 24.
*Burgi, Martin*, Privatisierung, in: HStR, Bd. IV, ³2006, § 75.
*Dittmann, Armin*, Die Bundesverwaltung, 1983.
*Dreier, Horst*, Hierarchische Verwaltung im demokratischen Staat, 1991.
*Ehlers, Dirk*, Verwaltung in Privatrechtsform, 1984.

---

[69] Für die Zulässigkeit z. B. *Fritz Ossenbühl*, in: VVDStRL 29 (1971) S. 137 (166 f.); *Burgi* (N 67), Art. 87 Abs. 3 Rn. 106 m. weit. Nachw. pro et contra.
[70] *Burgi* (N 67), Art. 87 Abs. 3 Rn. 108.
[71] S. dazu jetzt BVerfG, Urteil v. 18.01.2012 – 2 BvR 133/10 = JZ 2012, 676 m. Anm. *Christian Waldhoff*.

*Groß, Thomas*, Die Verwaltungsorganisation als Teil organisierter Staatlichkeit, in: GVwR, Bd. I, ²2012 § 13.
*Heitsch, Christian*, Die Ausführung der Bundesgesetze durch die Länder, 2001.
*Hendler, Reinhard*, Das Prinzip Staatsverwaltung, in: HStR, Bd. VI, ³2008, § 143.
*Huber, Peter M.*, Überwachung, in: GVwR, Bd. III, ¹2009, § 45.
*Isensee, Josef*, Idee und Gestalt des Förderalismus im Grundgesetz, in: HStR, Bd. VI, ³2008, § 126.
*Jestaedt, Matthias*, Grundbegriffe des Verwaltungsorganisationsrechts, in: GVwR, Bd. I, ²2012 § 14.
*Kahl, Wolfang*, Die Staatsaufsicht, 2000.
*Kämmerer, Jörn Axel*, Privatisierung, 2001.
*Kluth, Winfried*, Funktionale Selbstverwaltung, 1997.
*Mann, Thomas*, Die Stellung der Kommunen in der deutschen föderalistischen Ordnung, in: Ines Härtel (Hg.), Handbuch Föderalismus Bd. II, 2012, § 32.
*Oebbecke, Janbernd*, Verwaltungszuständigkeit, in: HStR, Bd. VI, ³2008, § 136.
*Trute, Hans Heinrich*, Verwaltungskompetenzen im deutschen Bundesstaat, in: Ines Härtel (Hg.) Handbuch Föderalismus, Bd. II, 2012, § 28.

# § 8
# Kompetenzen

*Hans-Werner Rengeling*

## Übersicht

| | Rn. |
|---|---|
| A. Grundlagen | 1–16 |
|   I. Begriff der „Kompetenz" | 1–3 |
|   II. Kompetenzordnung | 4–8 |
|     1. System und Reichweite | 4–5 |
|     2. Prinzipien der Kompetenzordnung und Allgemeine Kompetenzlehre | 6–7 |
|       a) Allgemeines | 6 |
|       b) Zu den Prinzipien im Einzelnen | 7 |
|     3. Typologien | 8 |
|   III. Kompetenznormen | 9–13 |
|     1. Bestandteile, Funktionen und Charakteristika | 9–10 |
|     2. Auslegung | 11–12 |
|     3. Kompetenznormen in der Verfassungsordnung, insbesondere materielle Gehalte von Kompetenznormen | 13 |
|   VI. Verteilung der Kompetenzen im deutschen Bundesstaat | 14–16 |
|     1. Grundregel des Art. 30 GG | 14–15 |
|     2. Kompetenzen mit Blick auf die Staatsfunktionen | 16 |
| B. Gesetzgebung | 17–24 |
|   I. Verfassungsrechtliche Grundlagen | 17–21 |
|   II. Bewertungen | 22–24 |
| C. Verwaltung | 25–35 |
|   I. Verfassungsrechtliche Grundlagen | 25–33 |
|   II. Bewertungen | 34–35 |
| D. Gerichtsbarkeit | 36–39 |
| E. Finanzen und Steuern | 40–43 |
| F. Nationale Kompetenzen und Europäische Union | 44–46 |
| G. Resümee | 47 |
| H. Bibliographie | |

## A. Grundlagen

### I. Begriff der Kompetenz

1   Kompetenz als Grundkategorie des Rechts der Organisation bezeichnet „eine Parzelle innerhalb ihres Tätigkeitsfeldes, die einem bestimmten Subjekt zur verantwortlichen Wahrnehmung zugeteilt ist"[1]. „Kompetenz" ist – entgegen anderen, vereinzelt vertretenen Auffassungen[2] – ein Synonym von „Zuständigkeit".

2   „Kompetenz" ist zwar ein Schlüsselbegriff des föderalen Staatsrechts[3], der Begriff hat aber eine umfassendere Bedeutung, und zwar im staatlichen Bereich etwa für die gewaltenteilige Demokratie und den gewaltenteiligen Rechtsstaat[4] sowie namentlich für das Recht der Europäischen Union[5].

3   Auch auf „Anschlussbegriffe"[6] ist im jeweiligen Zusammenhang einzugehen, etwa Kompetenzordnung, Verbandskompetenz, Kompetenznormen, Kompetenztitel, Kompetenzausübung.

### II. Kompetenzordnung

#### 1. System und Reichweite

4   Die „Kompetenzordnung", die sich aus der staatlichen Verfassung in ihrer historischen Entwicklung ergibt[7], stellt den Zusammenhang der kompetenzrechtlichen Begriffe und Normen dar. Sie bildet das äußere System, verkörpert aber auch das „innere System", die Sinneinheit der in den Kompetenznormen wirkenden Prinzipien[8].

5   Zur äußeren Reichweite der Kompetenzordnung des Grundgesetzes ist anzumerken, dass sie nur im Rahmen der deutschen Staatsgewalt gilt. Die Kompetenzvorschriften des Grundgesetzes erfassen allein die Beziehung zwischen Bund und Ländern.[9]

---

[1] *Josef Isensee*, Die bundesstaatliche Kompetenz, in: HStR, Bd. VI, ³2008, § 133 Rn. 1.
[2] Kritisch gegenüber solchen Auffassungen: *Rupert Stettner*, Grundlagen einer Kompetenzlehre, 1982, S. 35 ff. m. weit. Nachw.; *Matthias Jestaedt*, Grundbegriffe des Verwaltungsorganisationsrechts, in: GVwR, Bd. I, 2006, § 14 Rn. 42 ff.; wie hier: *Hans-Werner Rengeling*, Gesetzgebungszuständigkeit, in: HStR, Bd. VI, ³2008, § 135.
[3] *Horst Dreier*, Grundlagen und Grundzüge staatlichen Verfassungsrechts: Deutschland, in: Armin von Bogdandy/Pedro Cruz Villalón/Peter M. Huber (Hg.), Handbuch Ius Publicum Europaeum, Bd. I, 2007, § 1 Rn. 98.
[4] *Isensee* (N 1), Rn. 5.
[5] *Martin Nettesheim*, Kompetenzen, in: Armin von Bogdandy (Hg.), Europäisches Verfassungsrecht, 2003, S. 415 ff.; *Hans-Werner Rengeling*, Die Kompetenzen der Europäischen Union: Inhalte, Grenzen und Neuordnung, der Rechtsetzungsbefugnisse, in: FS für Peter Badura, 2004, S. 1135 ff.
[6] Vgl. *Isensee* (N 1), Rn. 20 und 21.
[7] Vgl. etwa *v. Mangoldt/Klein*, Bd. II, 1964, Art. 30, Erl. I und II.
[8] *Isensee* (N 1), Rn. 5.
[9] *Rengeling* (N 2), Rn. 3.

## 2. Prinzipien der Kompetenzordnung und Allgemeine Kompetenzlehre

### a) Allgemeines

Geschriebene Prinzipien der Kompetenzordnung gibt es nicht, allerdings wird auf einen entsprechenden Bedarf hingewiesen[10]. Es besteht ein umfangreiches Programm einer Allgemeinen Kompetenzlehre des Bundesstaates, das wissenschaftlich allerdings erst in Ansätzen vorzufinden ist[11]. Ein wichtiger Zugang zu allgemeinen Kompetenzlehren ergibt sich aus der Rechtsvergleichung[12].

### b) Zu den Prinzipien im Einzelnen

Zu den Leitgedanken des Kompetenzthemas lassen sich Prinzipien zählen, die der Kompetenzordnung zugerechnet werden[13]. Zunächst gilt der Vorbehalt der Verfassung, d. h. die Kompetenznormen stehen über den Kompetenzträgern. Bund und Länder können die Normen nicht verändern. Die Kompetenzregeln des Grundgesetzes sind prinzipiell vollständig und abschließend. Damit sind allerdings nicht ungeschriebene Kompetenzen[14] ausgeschlossen. Es besteht nach einem weiteren Prinzip eine „Beidseitigkeit"[15] der Kompetenzgewähr. Aus den Kompetenzgeneralklauseln (Art. 30, 70 Abs. 1, 83 Abs. 1, 92 GG) ergibt sich, dass die Kompetenzzuweisungen an Bund und Länder zwar quantitativ unterschiedlich sind, jedoch qualitativ gleichwertige Anteile darstellen. Im Grundgesetz gibt es keine Doppelzuständigkeit von Bund und Ländern[16]. Es bestehen die Grundsätze der Trennung und Alternativität[17].

## 3. Typologien

Verschiedene Typologien sind beschrieben worden[18]. Als redaktionelle Typologien werden genannt: titulierte Kompetenzen und Residualkompetenzen, geschriebene und ungeschriebene Kompetenzen. Zu den substantiellen Kompetenzen werden gezählt: ausschließliche und konkurrierende Kompetenzen (Veränderung der Rechtslage seit 2006 in Deutschland[19]), selbständige und akzessorische Kompetenzen, Sach- und Wahrnehmungskompetenzen, Separat-, Misch- und Mitwirkungskompetenzen.

---

10 *Isensee* (N 1), Rn. 11.
11 *Markus Heintzen*, Die Beidseitigkeit der Kompetenzverteilung im Bundesstaat, in: DVBl 1997, S. 689 (700).
12 Vgl. etwa *Michael Bothe*, Die Kompetenzstruktur des modernen Bundesstaates in rechtsvergleichender Sicht, 1977; *Michael Fehling*, Mechanismen der Kompetenzabgrenzung in föderativen Staaten im Vergleich, in: Josef Aulehner (Hg.), Föderalismus – Auflösung oder Zukunft der Staatlichkeit, 1997, S. 31 ff.
13 Aufgelistet und beschrieben bei *Isensee* (N 1), Rn. 77 ff.
14 Dazu *Rengeling* (N 2), Rn. 72 ff.
15 Näheres bei *Heintzen* (N 11).
16 Näheres bei *Rengeling* (N 2), Rn. 69.
17 *Isensee* (N 1), Rn. 77 ff.
18 *Isensee* (N 1), Rn. 25 ff.
19 *Markus Heintzen* und *Stefan Oeter*, in: Christian Starck (Hg.), Föderalismusreform, Einführung, 2007, S. 41 ff. bzw. 9 ff.

### III. Kompetenznormen

#### 1. Bestandteile, Funktionen und Charakteristika

9  Die Kompetenznorm teilt Staatsaufgaben und Staatsfunktionen auf, weist die entsprechenden Sektoren den Kompetenzträgern zu und ermächtigt diese zum Handeln, verpflichtet sie indessen nicht[20].

10  Die Kompetenz(norm) ist gekennzeichnet durch eine rechtliche Stringenz, d. h. die Kompetenzträger in Bund und Ländern können über sie nicht disponieren[21]. Die Kompetenznorm setzt grundsätzlich feste rechtliche Grenzen. Die Kompetenzbereiche (Titel) sind voneinander abzugrenzen, können aber nicht wie Rechtsgüter gegeneinander abgewogen werden[22].

#### 2. Auslegung

11  Bei der Auslegung von Kompetenznormen gelten die allgemeinen Auslegungsregeln[23], ferner die allgemeinen Prinzipien der Verfassungsinterpretation[24]. Gefordert wird – entsprechend den soeben genannten Charakteristika der Kompetenznorm – eine strikte Auslegung z. B. der Art. 70 ff. GG[25], nicht unbedingt eine restriktive[26]. Es gibt allerdings auch besondere Probleme bei der Auslegung von Kompetenznormen. Die kompetenzielle Qualifizierung kann Schwierigkeiten im Rahmen der Auslegung bereiten[27]. Die Tradition kann eine besondere Rolle spielen[28]. Einerseits kann eine Dominanz der historischen Auslegung zu befürworten sein, andererseits ist die Zukunftsoffenheit der Begriffe in Kompetenznormen zu berücksichtigen[29].

12  Von der Auslegung ist die kompetenzrechtliche Zuordnung zu unterscheiden – ein bisweilen schwieriger Vorgang[30].

---

20 Dazu im Einzelnen *Isensee* (N 1), Rn. 36 ff., 56; zur Struktur der Kompetenznormen auch *Rengeling* (N 2), Rn. 11 ff.
21 Dazu im Einzelnen *Isensee* (N 1), Rn. 48 f.
22 *Isensee* (N 1), Rn. 64 ff., 75.
23 *Klaus Stern*, Das Staatsrecht der Bundesrepublik Deutschland, Bd. II, 1980, § 37 II 4 c; *Richard Wagner*, Die Konkurrenzen der Gesetzgebungskompetenzen von Bund und Ländern, 2011, S. 63 ff.
24 *Wagner* (N 23), S. 91 ff.
25 Z. B. BVerfGE 61, 149 (174).
26 *Stern* (N 23).
27 *Wagner* (N 23), S. 26 ff.
28 *Rengeling* (N 2), Rn. 32 ff., 36.
29 *Isensee* (N 1), Rn. 68; *Rengeling* (N 2), Rn. 292 betr. „Abfallwirtschaft".
30 Zur „Materie" als Kriterium der Zuordnung: *Peter Badura*, Staatsrecht, ⁵2012, D Rn. 78; *Wagner* (N 23), S. 122 ff.

### 3. Kompetenznormen in der Verfassungsordnung, insbesondere materielle Gehalte von Kompetenznormen

Es gibt „Einstrahlungen externen Rechts auf die Kompetenzordnung" und „Ausstrahlungen der Kompetenznormen auf externes Verfassungsrecht"[31]. Die Kompetenznormen erschöpfen sich nicht in Zuständigkeitsabgrenzungen, sie können auch materielle Gehalte haben. Kompetenzvorschriften können sich als Quelle von „verfassungsrechtlichen Grundentscheidungen" erweisen, z. B. für eine wirksame militärische Landesverteidigung[32].

## IV. Verteilung der Kompetenzen im deutschen Bundesstaat

### 1. Grundregel des Art. 30 GG

Es geht um eine Staatsform genuin deutscher Prägung[33]. Nach der Generalklausel des Art. 30 GG ist die Ausübung der staatlichen Befugnisse und die Erfüllung der staatlichen Aufgaben Sache der Länder, soweit das Grundgesetz keine andere Regelung trifft oder zulässt[34]. Die Regelung erlaubt keine Rückschlüsse auf die Gewichtung der Kompetenzen[35]. Die einzelnen Kompetenzzuweisungen an den Bund, vor allem auf dem Gebiet der Gesetzgebung, bestimmen die Gewichtsverteilung[36]. Art. 30 GG ist eine allgemeine Grundsatznorm, die – erstmalig in der deutschen Verfassungsgeschichte – umfassend und flächendeckend Zuständigkeiten regelt[37].

### 2. Kompetenzen mit Blick auf die Staatsfunktionen

Es geht um eine Machtbalance durch Kompetenzteilung[38]. Die Kompetenzkataloge knüpfen an Montesquieus Modell der Gewaltenteilung an mit seiner speziellen Unterscheidung der idealtypischen Staatsfunktionen Legislative, Exekutive, Judikative[39]. Die Verteilung der Kompetenzen nach dem Grundgesetz konnte auf historischen Grundlagen aufbauen[40].

Bei der Verteilung der Kompetenzen auf den Bund und die Länder wird die Machtbalance nicht innerhalb der verschiedenen Staatsfunktionen angestrebt, sondern

---

31 *Isensee* (N 1), Rn. 118 ff.
32 BVerfGE 69, 1 (21); vgl. auch *Paul Kirchhof*, Der materielle Gehalt von Kompetenznormen, in: FS für Hans-Werner Rengeling, 2008, S. 567 f.
33 *Josef Isensee*, Idee und Gestalt des Föderalismus im Grundgesetz, in: HStR, Bd. VI, ³2008, § 126 Rn. 1.
34 Dazu im Einzelnen *Jost Pietzcker*, Zuständigkeitsordnung und Kollisionsrecht im Bundesstaat, in: HStR, Bd. VI, ³2008, § 134 Rn. 8 ff.
35 *Isensee* (N 33), Rn. 199.
36 *Pietzcker* (N 34), Rn. 8.
37 *Wolfgang März*, in: v. Mangoldt/Klein/Starck, Bd. II, ⁶2010, Art. 30 Rn. 1, zur Verfassungsentwicklung: Rn. 3 ff.
38 *Isensee* (N 33), Rn. 198 ff.
39 *Isensee* (N 33), Rn. 199.
40 Zum Bereich der Gesetzgebung: *Rengeling* (N 2), Rn. 48.

mit Blick auf die gesamten Staatsfunktionen. Im Wesentlichen wird das „Gleichgewicht" dadurch hergestellt, dass dem Bund der Großteil der Gesetzgebungskompetenzen zugewiesen wird und den Ländern der Großteil der Verwaltungskompetenzen. Somit legt die vertikale Gewaltenteilung des Föderalismus die Grundlagen, auf denen die horizontale Gewaltenteilung der beiden staatlichen Ebenen aufbaut[41].

# B. Gesetzgebung

## I. Verfassungsrechtliche Grundlagen

17　Gemäß Art. 70 Abs. 1 GG haben die Länder das Recht der Gesetzgebung, soweit das Grundgesetz nicht dem Bunde Gesetzgebungsbefugnisse verleiht. Einzelregelungen enthalten vor allem die Art. 73 und 74 GG[42].

18　In Art. 73 GG sind enumerierte Zuständigkeiten der *ausschließlichen Gesetzgebung des Bundes* aufgeführt.

19　Im Bereich der *konkurrierenden Gesetzgebungszuständigkeit* haben die Länder gemäß Art. 74 GG i. V. m. Art. 72 GG die Gesetzgebungszuständigkeit, solange und soweit der Bund nicht von seiner Gesetzgebungszuständigkeit Gebrauch gemacht hat. Art. 72 Abs. 2 GG setzt dabei Grenzen, u. a. wenn und soweit im gesamtstaatlichen Interesse eine bundesgesetzliche Regelung erforderlich ist[43].

20　Durch die Föderalismusreform 2006, die auch Gesetzgebungskompetenzen der Länder stärken sollte, wurde die Rahmengesetzgebung abgeschafft und durch Art. 72 Abs. 3 GG eine neue Art von Gesetzgebungszuständigkeiten eingeführt, die sog. *Abweichungsgesetzgebung*[44]. Danach haben die Länder die Möglichkeit, von bundesgesetzlichen Regelungen durch eigene Gesetzgebung abzuweichen. Dieses Recht ist allerdings auf einzelne, in Art. 72 Abs. 3 GG abschließend aufgezählte Bereiche begrenzt. Für „abweichungsfeste Kerne" besteht kein Abweichungsrecht[45].

21　In Art. 72 Abs. 2 GG ist die *Grundsatzgesetzgebung* als eigenständige Gesetzgebungsart nicht genannt. Gleichwohl ist auch nach der Föderalismusreform in zwei Bestimmungen des Grundgesetzes die Rede von Grundsatzregelungen des Bundes: Art. 109 Abs. 3 und Art. 140 GG i. V. m. Art. 138 Abs. 1 S. 2 GG.

---

41　*Isensee* (N 33), Rn. 199.
42　Vgl. dazu *Wagner* (N 23), S. 15 ff.
43　Dazu *Wolfgang Rüfner*, Art. 72 Abs. 2 GG in der Rechtsprechung des Bundesverfassungsgerichts, in: FS für Josef Isensee, 2007, S. 389 ff.
44　Dazu ausführlich *Wagner* (N 23), S. 120 ff.; *Rengeling* (N 2), Rn. 178 ff.
45　Im Einzelnen zum Abweichungsrecht der Länder: *Oeter* (N 19), Rn. 27 ff.

## II. Bewertungen

Der Bund hat im Laufe der Jahre bekanntlich intensiv von seinen Gesetzgebungszuständigkeiten Gebrauch gemacht. Die einzelnen Kompetenztitel wurden extensiv ausgelegt. Die „Einschränkung" des Grundgesetzes in Art. 72 Abs. 2 GG, die der Bund vor Inanspruchnahme der konkurrierenden Gesetzgebung zu beachten hat, blieb in der Praxis weitgehend wirkungslos[46]. 22

Nach der Neufassung des Art. 72 Abs. 2 GG im Jahre 1994 hat das Bundesverfassungsgericht Kriterien entwickelt, um die Norm handhabbar zu machen[47]. Im Jahre 2006 hat dann der verfassungsändernde Gesetzgeber die Anwendbarkeit der Erforderlichkeitsklausel auf ein Drittel der Kompetenztitel beschränkt und dem Bund vollen Zugriff auf die übrigen, an Zahl und Gewicht bedeutenderen Titel gegeben[48]. 23

Richtig ist, dass bundesstaatlich gesehen der Bund den großen Gewinn aus der Entwicklung zu umfassenderer Regulierung zieht, einer Entwicklung, die einerseits von gesellschaftlichen und politischen Bedürfnissen gespeist wird, andererseits von der verfassungsinterpretatorischen Schärfung des Vorbehalts des Gesetzes[49]. 24

# C. Verwaltung

## I. Verfassungsrechtliche Grundlagen

Nach der allgemeinen Regel des Art. 30 GG sind grundsätzlich die Länder für die Verwaltung zuständig. Das gilt auch für die Ausführung der Bundesgesetze, Art. 83 GG. Diese Regelung entspricht – im Gegensatz zu Art. 70 GG für die Gesetzgebung – insofern der Realität, als eine Dominanz der Landesverwaltung besteht[50]. Der deutsche Föderalismus ist also vor allem Verwaltungsföderalismus[51]. Die Regelungssystematik in den Art. 84 und 85 GG ist dieselbe: Die Absätze 1 bestimmen die Organisationsgewalt für die Aufbau- und Ablauforganisation, die weiteren Regelungen betreffen die Reichweite der Einwirkungsmöglichkeiten, die dem Bund zustehen, und schließlich geht es um die Aufsicht des Bundes. 25

In den Art. 84 bis 86 GG sind *drei Verwaltungstypen* vorgesehen: die landeseigene Verwaltung unter Bundesaufsicht, die Landesverwaltung im Auftrag des Bundes und die bundeseigene Verwaltung. In den Art. 91a und 91b GG sind Gemeinschaftsaufgaben geregelt. 26

---

46 BVerfGE 13, 230 (233 f.); 34, 9 (39).
47 Z.B. BVerfGE 106, 62 (137 ff.).
48 Dazu *Stefan Oeter*, in: v. Mangoldt/Klein/Starck, Bd. II, ⁶2010, Art. 72 Rn. 46 ff.
49 *Isensee* (N 33), Rn. 200.
50 *Janbernd Oebbecke*, Verwaltungszuständigkeit, in: HStR, Bd. VI, ³2008, § 136 Rn. 2; zur historischen Entwicklung der Verwaltungskompetenzen: *Hans-Heinrich Trute*, in: v. Mangoldt/Klein/Starck, Bd. II, ⁶2010, Art. 83 Rn. 2 ff.
51 *Reinhard Mußgnug*, Zustandekommen des Grundgesetzes und Entstehen der Bundesrepublik Deutschland, in: HStR, Bd. I, ³2003, § 18 Rn. 74.

27 Der Begriff der *Landesverwaltung* findet sich im Grundgesetz nicht. Allerdings ist die Ausfüllung des Art. 30 GG grundsätzlich Sache der Länder[52].

28 Zum Landesvollzug von Landesgesetzen finden sich keine Regelungen im Grundgesetz. Im Hinblick auf die umfangreiche Bundesgesetzgebung bezieht sich die landeseigene Verwaltung von Landesgesetzen nur auf wenige Sachbereiche[53].

29 Im Bereich des Landesvollzuges von Bundesgesetzen ist die *Ausführung von Bundesgesetzen als eigene Angelegenheit unter Bundesaufsicht* die Regelform, Art. 83 und 84 GG. Insbesondere hat der Bund die dort vorgesehenen Ingerenzrechte.

30 Auch bei der *Bundesauftragsverwaltung* handelt es sich nicht um die Verwaltung fremder oder „übertragener" Angelegenheiten, sondern um die Vollziehung eigener Angelegenheiten wie bei Art. 83 GG[54]. Die Ingerenzrechte des Bundes reichen allerdings deutlich weiter als bei Art. 84 GG. Dadurch wird die Eigenständigkeit der Länder erheblich eingeschränkt. Nach der Rechtsprechung des Bundesverfassungsgerichts steht dem Land unentziehbar nur die Wahrnehmungskompetenz zu: das Handeln und die Verantwortlichkeit nach außen gegenüber „Dritten"[55].

31 Nach der Systematik des Grundgesetzes sind *Verwaltungskooperationen* zwischen Bund und Ländern außerhalb des Art. 91a und 91b GG verfassungsrechtlich besonders zu prüfen, während Kooperationen zwischen den Ländern grundsätzlich weitgehend unproblematisch sind[56].

32 *Bundesverwaltung* geschieht durch Organe des Bundes unter Ausschluss der Länder. Das Grundgesetz regelt das maßgebliche Organisationsrecht und – differenziert nach einzelnen Gegenständen – auch materielle Vorgaben zum Ob und Wie der Aufgabenwahrnehmung[57], und zwar auch außerhalb der Art. 86 ff. GG. Vorgesehen sind die obligatorische und die fakultative Bundesverwaltung[58].

33 Die Regelungen des Grundgesetzes zu den (normativen und stipulativen) Gemeinschaftsaufgaben[59] von Bund und Ländern sind von Beginn an kritisch beurteilt worden[60]. Abgesehen von der in Art. 91a und 91b GG vorgesehenen Kooperation richtet sich die Aufgabenzuordnung an Bund und Länder nach den Art. 83 ff. GG[61].

---

52 *Oebbecke* (N 50), Rn. 18.
53 *Oebbecke* (N 50), Rn. 19.
54 *Oebbecke* (N 50), Rn. 55.
55 BVerfGE 81, 310 (332); 104, 249 (264 f.); dazu *Jörn Ipsen*, Die Ausführung des Atomgesetzes als föderalistisches Paradigma, in: DVBl 2006, S. 585 (588); einschränkend: *Fritz Ossenbühl*, Die Bundesauftragsverwaltung – gelöste und ungelöste Probleme, in: FS für Peter Badura, 2004, S. 975 (983 ff.).
56 *Oebbecke* (N 50), Rn. 77.
57 *Martin Burgi*, in: v. Mangoldt/Klein/Starck, Bd. III, 6 2010, Art. 86 Rn. 7.
58 *Oebbecke* (N 50), Rn. 112 ff.
59 *Oebbecke* (N 50), Rn. 143 ff.
60 Als „verfassungsrechtliche Fehlentwicklung" bezeichnet von *Rupert Scholz*, Zur Reform des bundesstaatlichen Systems, in: FS für Peter Badura, 2004, S. 491 (492).
61 *Oebbecke* (N 50), Rn. 138 ff.

## II. Bewertungen

Zur föderativen Dimension der Gewaltenteilung kann neben einer Stärkung der Landesregierung und einer Schwächung der Landesparlamente vor allem der „Vollzugsföderalismus" als „Hausgut" der Länder hervorgehoben werden[62]. **34**

Zutreffend ist festgestellt worden, dass die Rechtseinheit, die durch Bundesgesetze hergestellt werde, nicht dadurch in Gefahr gerate, dass die Ausführung der Bundesgesetze in erster Linie Sache der Länder und sogar grundsätzlich deren eigene Angelegenheit sei[63]. Dazu kann auf die Ingerenzrechte des Bundes und die Rechtsschutzmöglichkeiten des Bürgers betreffend die Rechtsanwendungsgleichheit verwiesen werden. Im Übrigen sorgen die Verwaltungen des Bundes und der Länder von sich aus für einheitliche Regeln und Standards. Hier sind die vertikalen und horizontalen „Fachbruderschaften" des administrativen Sachverstandes am Werk[64]. **35**

## D. Gerichtsbarkeit

Auch die Kompetenzen im Bereich der Gerichtsbarkeit – die instrumentalen Organisations-, Personal- und Finanzierungskompetenzen – sind auf den Bund und die Länder verteilt[65]. **36**

Die obersten Gerichtshöfe gibt es im Wesentlichen auf der Bundesebene, die mittel- und erstinstanzlichen Gerichte, also die meisten Organisationseinheiten, gehören zu den Ländern (Art. 92, 95, 96 GG). **37**

Der Anteil der Länder an der dritten Gewalt hat nur geringe Bedeutung im bundesstaatlichen „Machthaushalt" – von „Restkompetenzen" ist die Rede[66]. Denn die Justiz wird maßgeblich durch das materielle und das formelle Recht des Bundes geprägt. **38**

Nicht zuletzt kann jedes Land ein eigenes Verfassungsgericht errichten und mit allen Kompetenzen ausstatten, die die Jurisdiktion über die Landesverfassung betreffen[67]. Die Landesverfassung kann eine eigenständige Entwicklung nehmen, auch wenn ihr Text mit dem des Grundgesetzes übereinstimmt. **39**

---

62 *Isensee* (N 33), Rn. 198 ff., 206 ff.
63 *Isensee* (N 33), Rn. 206.
64 Dazu *Frido Wagner*, Der öffentliche Dienst im Staat der Gegenwart, in: VVDStRL 37 (1979), S. 215 (238 ff., 253).
65 *Isensee* (N 33), Rn. 210 ff.
66 *Isensee* (N 33), Rn. 210 m. weit. Nachw.
67 Dazu und zum Folgenden: *Isensee* (N 33), Rn. 211.

## E. Finanzen und Steuern

**40** Die Finanzmacht im Bundesstaat ist auch unter dem Blickwinkel der Machtbalance durch Kompetenzteilung zu sehen, gewissermaßen als nervus rerum des Föderalismus[68]. An dieser Stelle mögen wenige und kurze Hinweise genügen[69]. Bund und Länder sind in ihrer Haushaltswirtschaft selbständig. Sie unterliegen allerdings der gemeinsamen Verfassungspflicht, den Erfordernissen des gesamtwirtschaftlichen Gleichgewichts Rechnung zu tragen, Art. 109 Abs. 2 GG. Vor allem der Bundesgesetzgeber sichert die Wirtschaftseinheit. Er legt die haushaltsrechtlichen Grundsätze fest, die für Bund und Länder gemeinsam gelten, mit ihnen die Direktiven zur Abwehr einer Störung des gesamtwirtschaftlichen Gleichgewichts, Art. 109 Abs. 4 GG.

**41** Voraussetzung für die kompetenzmäßige Erfüllung von Aufgaben ist eine angemessene Finanzausstattung. Es sind im Wesentlichen die bundesstaatlichen Verteilungsprobleme, die den Verfassungsgeber genötigt haben, die komplexe Materie des Finanz- und Steuerstaates kompetenzrechtlich zu definieren, zu zerlegen und damit auch die rechtsstaatlich-gewaltenteiligen wie der grundrechtlichen Erfassung der Materie den Weg zu bahnen[70].

**42** Die bundesstaatliche Ordnung prägt auf Verfassungsebene vor allem die Steuer, also die primäre und reguläre Einnahme des Staates. Wie bei den anderen Kompetenzen liegt die Gesetzgebungskompetenz vorwiegend beim Bund und die Verwaltungskompetenz bei den Ländern.

**43** Allerdings ist auch die Ertragshoheit zu regeln, die die kritische Materie bildet[71].

## F. Nationale Kompetenzen und Europäische Union

**44** Das Zusammenspiel der Europäischen Union und der Mitgliedstaaten wird von föderalen Strukturprinzipien beherrscht[72]. Die Kompetenzordnung der EU ist als Grundlage und Bauplan der Europäischen Föderation beschrieben worden[73]. Allerdings sind die Kompetenzen zwischen den Mitgliedstaaten und der Europäischen Union nicht wie in einem Bundesstaat verteilt. Bekanntlich gilt für die Kompetenzen der EU gemäß dem Willen der Mitgliedstaaten der Grundsatz der begrenzten Einzelermächtigung („compétence d'attribution"), und für die Ausübung der Zuständigkeiten ist die Union an die Grundsätze der Subsidiarität und Verhältnismäßigkeit gebunden, Art. 5 Abs. 1 EUV. Alle der Union in den Verträ-

---

68 *Isensee* (N 33), Rn. 213; vgl. auch *Maximilian Haag*, Die Aufteilung steuerlicher Befugnisse im Bundesstaat, 2011.
69 Dazu an anderer Stelle in den „Leitgedanken des Rechts".
70 *Isensee* (N 33), Rn. 214.
71 *Isensee* (N 33), Rn. 215.
72 *Thomas Oppermann/Claus Dieter Classen/Martin Nettesheim*, Europarecht, ⁴2009, § 5 Rn. 25;.
73 *Nettesheim* (N 5), S. 418 ff.

gen nicht übertragenen Zuständigkeiten verbleiben bei den Mitgliedstaaten, Art. 5 Abs. 2 S. 2 EUV. Insbesondere im Hinblick auf die Finalstruktur[74] und den Vorrang des Unionsrechts ist immer wieder auf die Grenzen der Unionskompetenzen hingewiesen worden[75]. Das Bundesverfassungsgericht hat z. B. im Lissabon-Urteil nicht nur die „Ultra-vires-Kontrolle", sondern auch eine „Identitätskontrolle" anhand der Frage gefordert, ob der unantastbare Kerngehalt der Verfassungsidentität des Grundgesetzes gemäß Art. 23 Abs. 1 S. 3 i. V. m. Art. 79 Abs. 3 GG gewahrt ist[76].

Eine evtl. unzulässige Ausweitung der Kompetenzen der EU wird seit einiger Zeit z. B. auch in einem anderen Zusammenhang diskutiert, nämlich im Bereich der EU-Grundrechte, dazu ist allerdings auf Art. 51 Abs. 2 der Charta der Grundrechte zu verweisen. Eine vergleichbare Frage stellt sich bei den allgemeinen Rechtsgrundsätzen, wenn dazu z. B. das Verbot der Altersdiskriminierung – bei nur schwacher „Rückendeckung" in den mitgliedstaatlichen Rechtsordnungen – gezählt wird[77].

Da die Kompetenzverteilung in Deutschland vor allem eine Ausprägung des Bundesstaatsprinzips ist, sei abschließend auf die Frage verwiesen, ob die Europäische Union eine Gefahr oder eine Chance für den Föderalismus darstellt[78].

## G. Resümee

Leitgedanken zur „Kompetenz" als Grundkategorie des Organisationsrechts ergeben sich vor allem im Rahmen des föderalen Staatsrechts und des gewaltenteiligen Rechtsstaats, ferner aus einer noch zu entwickelnden Allgemeinen Kompetenzlehre. Zu den Leitgedanken zählen insbesondere Charakteristika der Kompetenznormen, wie ihre rechtliche Stringenz – eingeschlossen eine Typenordnung – mit Folgerungen für ihre Schöpfung, Auslegung und Anwendung. Die Kompetenzverteilung unter dem Blickwinkel der Staatsfunktionen muss einer Machtbalance gerecht werden, die sich allerdings nicht innerhalb einer bestimmten Staatsfunktion realisieren muss, sondern mit Blick auf die gesamten Staatsfunktionen. Das gilt für das Verhältnis von Gesetzgebung (Dominanz des Bundes) und Verwaltung („Hausgut" der Länder) wie auch für die Gerichtsbarkeit, deren Länderanteil –

---

74 Dazu *Hans-Werner Rengeling*, Deutsches und europäisches Verwaltungsrecht – wechselseitige Einwirkungen, in: VVDStRL 53 (1994), S. 201 (222).
75 Grundlegend *Paul Kirchhof*, Der deutsche Staat im Prozeß der europäischen Integration, in: HStR, Bd. VII, ¹1992, § 183 Rn. 11 ff., 39 ff., 61 ff.
76 BVerfGE 123, 267 (Leitsatz 4 S. 2 und 354); zur Problematik insgesamt: *Rudolf Streinz*, in: Rudolf Streinz (Hg.), EUV/AEUV. Vertrag über die Europäische Union und den Vertrag über die Arbeitsweise der Europäischen Union, ²2012, Art. 4 EUV Rn. 21 ff.
77 Dazu *Jürgen Schwarze*, Zwischen Tradition und Zukunft: Die Rolle allgemeiner Rechtsgrundsätze im Recht der Europäischen Union, in: DVBl 2011, S. 721 (723 ff. m. weit. Nachw.); zum Kompetenzproblem auch BVerfGE 126, 286 ff.
78 Dazu *Meinhard Hilf/Torsten Stein/Michael Schweitzer/Dietrich Schindler*, Europäische Union: Gefahr oder Chance für den Föderalismus in Deutschland, Österreich und der Schweiz?, in: VVDStRL 53 (1994), S. 8 ff., 27 ff., 48 ff. bzw. 70 ff.

von der Verfassungsgerichtsbarkeit abgesehen – nur geringen Anteil am „Machthaushalt" hat. Die für den Bund und die Länder geltenden Kompetenzverteilungsregeln stehen unter dem Einfluss der Europäischen Union, die im Rahmen der ihr zugewiesenen Kompetenzen dem staatlichen Recht grundsätzlich vorrangiges Recht setzen kann, wobei allerdings die Finalstruktur des Unionsrechts Fragen aufwerfen mag.

## H. Bibliographie

*Bothe, Michael*, Die Kompetenzstruktur des modernen Bundessstaates in rechtsvergleichender Sicht, 1977.
*Fassbender, Bardo*, Der offene Bundesstaat, 2007.
*Jestaedt, Matthias*, Zuständigkeitsüberschießende Gehalte bundesstaatlicher Kompetenzvorschriften, in: Josef Aulehner u. a. (Hg.), Föderalismus – Auflösung oder Zukunft der Staatlichkeit?, 1997, S. 315 ff.
*ders.*, Die Beidseitigkeit der Kompetenzverteilung, in: DVBl 1997, S. 689 ff.
*Kirchhof, Paul*, Der Staat als Organisationsform politischer Herrschaft und rechtlicher Bindung, DVBl 1999, S. 637 ff.
*ders.*, Der materielle Gehalt der Kompetenznormen, in: FS für Hans-Werner Rengeling, 2008, S. 567 ff.
*Kluth, Winfried* (Hg.), Föderalismusreformgesetz: Einführung und Kommentierung, 2007.
*Oeter, Stefan*, Integration und Subsidiarität im deutschen Bundesstaatsrecht, 1998.
*Ossenbühl, Fritz* (Hg.), Föderalismus und Regionalismus in Europa, 1990.
*Rengeling, Hans-Werner*, Die Kompetenzen der Europäischen Union: Inhalte, Grenzen und Neuordnung der Rechtsetzungsbefugnisse, in: FS Peter Badura, 2004, S. 1135 ff.
*Starck, Christian* (Hg.), Föderalismusreform, 2007.
*Stettner, Rupert*, Grundfragen einer Kompetenzlehre, 1983.
*Wagner, Roland*, Die Konkurrenzen der Gesetzgebungskompetenzen von Bund und Ländern, 2011.

# § 9
# Handlungsmittel

*Max-Emanuel Geis*

**Übersicht**

|  | Rn. |
|---|---|
| A. Handlungsmittel und Rechtsschutzgarantie | 1– 2 |
| B. Einzelne repräsentative Handlungsmittel | 3–16 |
|    I. Verwaltungsakt | 3– 4 |
|   II. Realakt | 5– 8 |
|  III. Öffentlich-rechtlicher Vertrag | 9–11 |
|  IV. Verwaltungsvorschriften | 12 |
|   V. Planung | 13–16 |
| C. Bibliographie | |

## A. Handlungsmittel und Rechtsschutzgarantie

Die Geschichte der öffentlich-rechtlichen Handlungsmittel ist zugleich die Geschichte der stufenweisen Verwirklichung des Rechtsstaates und der Rechtsschutzgarantie gegenüber dem Staat. Betrachtet man die drei Ur-Formen des Verwaltungshandelns – den Verwaltungsakt, die Verordnung und das reale Handeln des Staates – so weisen sie allesamt eine, wenn auch unterschiedliche, Wechselwirkung zu Art. 19 Abs. 4 GG auf. Dies gilt vor allem in Bereichen, in denen die Grenzen zwischen Innen- und Außenbereich zunehmend verwischen, wie bei der Planung sowie dem Handeln anhand von Verwaltungsvorschriften. Dabei ist durchweg ein sich gegenseitig beeinflussendes Verhältnis festzustellen; sowohl auf der Seite des Rechtsschutzes, als auch auf der Seite des Handlungsmittels werden „Stellschrauben" mit dem Ziel prozessual-systematischer Abstimmung angesetzt. Die Handlungsmittel der Verwaltung und etwaige Rechtsbehelfe sind daher nicht isoliert zu betrachten.

Definitionssache ist schon der Begriff „Handlungsmittel", der dem häufiger gebrauchten Begriff der Handlungsformen entspricht. Während nach Schmidt-Assmann direkte Handlungsformen nur solche sind, die noch nicht in einer „Rechtsform" kondensiert sind, handelt es sich nach anderer – überzeugenderer – Ansicht um einen Oberbegriff für jede direkte oder indirekte Einflussnahme der öffentlichen Hand auf das Verhalten von Menschen bzw. Bürgern. Danach werden zu den Handlungsformen gemeinhin gezählt: Verwaltungsakt (sehr ausgeprägtes Rechtsregime), öffentlich-rechtlicher Vertrag (nur sporadisch), Realakt (schlichtes bzw. informales Verwaltungshandeln durch tatsächliche Handlungen wie Leistungsbewirkung), normatives Verwaltungshandeln (Verordnung, Satzung) und Planung. Gerade der Jubilar hat die verschiedenen Mittel und Formen staatlichen Handelns in seinem Beitrag im „Handbuch des Staatsrechts"[1] monographisch und gleichwohl präzise „auf den Punkt gebracht". Es wäre müßig, einen Beitrag mit Zehntelumfang „hinterherzuschicken"; es könnte sich nur um eine schlechte Inhaltsangabe handeln. Statt dessen soll dieser Beitrag exemplarisch auf die untrennbare Verknüpfung der Herausbildung der Handlungsformen mit der Entfaltung des Rechtsschutzes nach Art. 19 Abs. 4 GG hinweisen, die der Jubilar als ehemaliger Bundesverfassungsrichter ebenfalls verkörpert.

## B. Einzelne repräsentative Handlungsmittel

### I. Verwaltungsakt

3   Der Verwaltungsakt moderner Prägung hat sein Vorbild im französischen *acte administratif*, wie er zu Beginn des 19. Jahrhunderts v. a. von der Judikatur entwickelt worden ist. Im Zuge der napoleonischen Expansionsbestrebungen wurde er, gepaart mit ersten konstitutionell-rechtsstaatlichen Überlegungen, zunächst in die französisch inspirierten Verwaltungssysteme der jungen konstitutionellen Monarchien getragen. Spätestens seit 1826 ist er von der deutschen Staatsrechtswissenschaft aufgegriffen worden. Otto Mayer sieht den Verwaltungsakt als Vollendung des Rechtsstaats, durch die die Lücke zwischen Gesetz und Rechtsgeschäft im Handeln des Staates gegenüber dem Bürger aufgefüllt wird. Die damit aufgestellte Idee der Justizförmigkeit des Verwaltungsaktes als „Gesetz der Verwaltung für den Einzelfall" stellt die endgültige Abkehr vom Denken des frühneuzeitlichen Absolutismus dar.

4   Allerdings musste dem Verwaltungsakt eine gesetzliche Definition gegeben werden, um den Rechtsschutz überhaupt auszulösen; hatte die Behörde nämlich keinen Verwaltungsakt erlassen, blieb dem Bürger der Rechtsschutz vor den Verwaltungsgerichten verwehrt. Bezeichnenderweise erfolgte diese erstmals nach der Zeit des Nationalsozialismus in § 25 der Militärgerichtsverordnung Nr. 165 in der britischen Zone. Bis weit in die siebziger Jahre des 20. Jahrhunderts herrschte die Doktrin, dass gegen tatsächliches Verwaltungshandeln kein (primärer) Rechtsbehelf gegeben sei; allenfalls sei Sekundärrechtsschutz über die Schadensersatzpflicht nach Art. 34 GG, § 839 BGB aus einer Amtspflichtverletzung zu erlangen.[2] Mit dem Verwaltungsakt ging schließlich seit jeher ein Bündel umfassender verwaltungsprozessualer Sachentscheidungsvoraussetzungen einher. Gerade die weitgehende Ausrichtung von Widerspruch und Klageverfahren (§§ 68, 74 VwGO) machte dessen Dominanz als Voraussetzung effektiven (Primär-) Rechtsschutzes deutlich.

---

1   *Paul Kirchhof*, in: HStR Bd. V, ³2007, § 99 Rn. 1 ff.; s. a. ¹1988, § 59 Rn. 1 ff.
2   So noch die Tendenz bei *Ferdinand Kopp*, VwGO, ¹1974, Vorbem. zu § 40 Anm. 2.

## II. Realakt

Das Handlungsmittel des sog. Realakts ist ebenfalls eng mit der Entwicklung des Rechtsschutzes verknüpft. Erst in den 1970er Jahren wurde die Bedeutung der Rechtsschutzgarantie bei Realakten, öffentlich-rechtlichen Verträgen, verwaltungsbehördlichen Handlungen ohne Außenwirkung, bei Verwaltungsvorschriften und in der Planung offenbar; das System wurde also quasi um 180 Grad gedreht.

Diesem Umstand entsprang eine Rechtsprechungspraxis, die zu einer gekünstelten Annahme von Verwaltungsakten führte, um trotz Lücken im Rechtsschutzsystem einen effektiven Rechtsschutz zu gewährleisten. Obwohl § 40 VwGO seit 1960 den Rechtsschutz im Prinzip auf alle öffentlich-rechtlichen Streitigkeiten erstreckt hat, zeigt sich, dass der Verwaltungsakt vielfach Anknüpfungspunkt für den Ausgleich von Rechtsbehelf und Handlungsmittel (geblieben) ist.

Die genannte ursprüngliche Ausklammerung vom Primärrechtsschutz führte – um die Rechtsschutzgarantie des Art. 19 Abs. 4 GG umfassend zu realisieren – zu skurrilen dogmatischen Blüten, insbesondere zur Annahme „konkludenter Verwaltungsakte" oder „Duldungsverfügungen". Bekanntester Fall ist wohl das legendäre Urteil des Bundesverwaltungsgerichts zu den „Schwabinger Krawallen" vom 09.02.1967, in dem der damals sehr „reale" Schlagstockeinsatz als Vollstreckungsmaßnahme qualifiziert wurde, der mit einem konkludenten Duldungsbefehl (= Verwaltungsakt) des Inhalts kombiniert war, den Eingriff in seine Grundrechte über sich ergehen zu lassen. Im Schrifttum wurde vielfach auf die dogmatisch absurden Konsequenzen dieser umständlichen Konstruktion hingewiesen (Verpflichtung des Geiselnehmers, seine Erschießung zu dulden); ungeachtet dessen war sie ein Monument auf dem Weg zum Primärrechtsschutz.

Weitere Meilensteine auf diesem Weg sind vergleichbare prozessuale „Erfindungen", wie die kommunalverfassungsrechtliche (oder hochschulverfassungsrechtliche) Streitigkeit zwischen Organen einer juristischen Person als Leistungsklage mit kassatorischer Wirkung oder der „Einwirkungsanspruch" auf die öffentliche Hand, sobald ein privater Rechtsträger unter mehrheitlicher Beteiligung der öffentlichen Hand eine öffentliche Einrichtung betreibt.

## III. Öffentlich-rechtlicher Vertrag

Wesentlich jünger und ein im Grunde „hybrides" Handlungsmittel ist der öffentlich-rechtliche Vertrag. Seit 1977 implementiert er das Prinzip der Vertragsfreiheit im systemfremden Bereich der Hierarchie, ohne freilich ernsthaft durch das rechtsphilosophische Prinzip der Privatautonomie abgestützt zu sein. Dies führt –vor allem im Bereich des subordinationsrechtlichen Vertrags – zu dogmatischen Widersprüchen. Besonders gravierend ist es, dass ein auf ein rechtswidriges Ziel gerichteter Vertrag gem. § 59 VwVfG nicht notwendig nichtig sein muss, gleichzeitig aber jenseits der §§ 59, 60 VwVfG kaum noch angreifbar ist. Damit gerät er in das Spannungsfeld zwischen der Gesetzmäßigkeit der Verwaltung einerseits (Art. 20 Abs. 3 GG) und der Vertragsautonomie andererseits.

**10** Dies führt zu dem paradoxen Ergebnis, dass ein rechtswidriger Verwaltungsakt jenseits des § 44 VwVfG zwar wirksam, aber doch aufhebbar ist, während der zum gleichen Sachverhalt geschlossene öffentlich-rechtliche Vertrag ungültig errichtet aber praktisch kaum aufhebbar wäre. Weitgehende Einigkeit besteht darin, dass nicht jeder Rechtsverstoß bereits ein solcher gegen das Prinzip der Gesetzmäßigkeit der Verwaltung und damit eines Verbotsgesetzes im Sinne von § 134 BGB darstellt, sondern nur dann, wenn ein „qualifizierter" Fehler vorliegt. Wo allerdings dessen Unterschied gegenüber den Fällen des § 44 VwVfG liegt, ist ein dogmatisches Problem, das bis heute nicht befriedigend geklärt ist.

**11** Es bleibt das Paradoxon, dass gegen einen rechtwidrigen Verwaltungsakt erfolgreicher vorgegangen werden kann, als gegen einen rechtswidrigen Vertrag. In diesem Fall führt also das vermeintlich zeitgemäßere und „bürgerfreundlichere" Handlungsmittel zu einer Verkürzung des Rechtsschutzes!

## IV. Verwaltungsvorschriften

**12** Erlasse, Verfügungen, Dienstanweisungen, technische Anweisungen, Richtlinien, Anordnungen, Rundschreiben, kurz: Verwaltungsvorschriften als abstrakt-generelle Regelungen einer Behörde waren früher der Inbegriff nicht justiziablen staatlichen Binnenrechts; in ihnen glimmte ein letzter Funke klassischen Souveränitätsdenkens auf, wie es noch in Georg Jellineks Impermeabilitätstheorie fortwirkt. Tatsächlich hat sich in der modernen Verwaltungsrechtslehre die Einsicht durchgesetzt, dass auch – gerade im gesetzesfreien Bereich – rechtsnormähnliche Wirkung und damit eine gewisse Außenwirkung entstehen kann, die eine Effektivierung des Art. 19 Abs. 4 GG notwendig macht. Jedenfalls „administratives Ergänzungsrecht" und „ermessenslenkende Verwaltungsvorschriften" (namentlich Subventionsrichtlinien) sind von erheblicher Bedeutung für die Rechtsstellung des Einzelnen und können daher nach neuer Auffassung einer Normenkontrolle nach § 47 Abs. 1 Nr. 2 VwGO unterzogen werden. Weder Wortlaut noch Telos oder Systematik dieser Vorschrift sollen einer Begründung von Außenwirkung entgegenstehen: Tatsächlich wird unter der Rechtsschutzperspektive die starre Trennung zwischen Innen- und Außenrecht in Rechtsprechung und Teilen der Literatur zunehmend in Frage gestellt, so dass die einstige richterrechtliche „Krücke" als überholt betrachtet werden kann. Im Gegensatz zu rein informativen, norminterpretierenden Verwaltungsvorschriften (Auslegungserlasse) sind normkonkretisierende Vorschriften nicht nur auf Herstellung der Einheitlichkeit des Verwaltungshandelns und auf einen vorhersehbaren Gesetzesvollzug ausgerichtet, sondern beinhalten generelle tatsächliche Festsetzungen und Wertungen, v. a. im Steuer-, Umwelt- und Technikrecht. Durch die Möglichkeit des Primärrechtsschutzes gegen Verwaltungsvorschriften wurde die Garantie des Art. 19 Abs. 4 GG erst operationalisiert, zu Recht, da sie sich heutzutage in der Bindungswirkung kaum von Rechtsverordnungen unterscheiden. Die Differenzierung zwischen normkonkretisierenden und norminterpretierenden Verwaltungsvorschriften ist daher von Rechtsprechung und Literatur mit dem Zweck entwickelt worden, effektiven Rechtsschutz auch gegenüber dieser Form staatlichen Handelns zu verwirklichen.

## V. Planung

Die Planung als zentrales, aber auch ideologisch nicht unbelastetes Verwaltungsinstrument der Zukunftsgestaltung hat in Art und Vielfalt den Rechtsschutz vor vielfältige Probleme gestellt. Dies hängt maßgeblich von der jeweils gewählten Handlungsform ab, die sich mehr oder weniger historisch zufällig ergeben hat. Mit den verschiedenen Gegenständen der Planung, wie der Raumplanung, der Finanzplanung, der Fach- und Entwicklungsplanung, korrespondiert ihre rechtliche Ausgestaltung. So werden z. B. Haushaltsgesetze zur Feststellung des Haushaltsplans in Gesetzesform erlassen, Raumordnungspläne auf Bundes- oder Landesebene in Verordnungsform (da als Staatsaufgabe definiert), Bebauungspläne als Satzung (da als Ortsplanung dem Selbstverwaltungsbereich zugeteilt), Planfeststellungsbeschlüsse (als Entscheidung über ein konkretes Vorhaben) in Verwaltungsaktform, und die Flächennutzungsplanung ist ursprünglich zwar ein Verwaltungsinternum, wird aber im Fall des § 35 Abs. 3 BauGB rechtsschutzfähig. Nach der Rechtsnatur richtet sich grundsätzlich die Art des Rechtsschutzes.

13

Exemplarisch hierfür ist die Planung durch formelles Gesetz, die definitiv eine Beschleunigung durch eine bewusste Verkürzung des Rechtsschutzes anstrebt und diesen auf verfassungsrechtliche Rechtsbehelfe beschränkt, was den Weg zu den (Verwaltungs-) Fachgerichten versperrt. Die Form und Mittel der Planung sind damit rechtsschutzbezogen (freilich eher – verhindernd) ausgestaltet. Zwar werden diese von der Rechtsprechung noch gebilligt, jedoch wird man nach den Grenzen eines solchen rechtsschutzverkürzenden Formenwechsels fragen müssen.

14

Ebenfalls eine Wechselbezüglichkeit zwischen Verwaltungshandeln und Rechtsschutz besteht in der Raumordnung. Ursprünglich war die Rechtsnatur von Raumordnungsplänen etc. unklar. Die Rechtsprechung hat sie zunächst als Normen sui generis der Normenkontrolle nach § 47 VwGO unterworfen. Erst später hat der Gesetzgeber das Handlungsmittel Rechtsverordnung eingeführt. So folgt das Handlungsmittel dem Rechtsschutz, nicht – wie man vermutet hätte – umgekehrt. Allerdings ist die Kontrolle untergesetzlichen Landesrechts über § 47 Abs. 1 Nr. 2 VwGO in die Hand des Landesgesetzgebers gelegt worden, die etwa in Berlin, Hamburg und Nordrhein-Westfalen fehlt. Die sehr zahlreichen Rechtsverordnungen fallen a priori nicht unter § 47 VwGO. Indessen betont die neuere obergerichtliche Rechtsprechung auch in diesem Fall den Primat der Rechtsschutzgarantie und installiert die allgemeine Feststellungsklage nach § 43 Abs. 1 VwGO praeter legem (durch eine weite Auslegung des „Rechtsverhältnisses", das im Fall der Rechtsverordnung sicherlich keines ist). Die mögliche Verfassungsbeschwerde zum Bundesverfassungsgericht nach Art. 93 Abs. 1 Nr. 4a, b GG, § 90 BVerfGG ist hierfür nicht genug; nunmehr setzt sie aber die Erschöpfung des Rechtswegs und damit die Durchführung des Kontrollverfahrens nach § 47 Abs. 1 Nr. 2 VwGO oder eben die Durchführung der Feststellungsklage voraus.

15

Es gibt viele weitere Beispiele, in denen sich Handlungsmittel unter dem Eindruck der Rechtsschutzgarantie verändert haben; etwa die Frage nach der Grundrechtsrelevanz indirekter Steuerung durch Governance-Systeme, die den ursprünglichen Hauptakteur Staat als „Gewährleistungsstaat" in den Hintergrund drängt; dies

16

würde allerdings eine zusätzliche Festschrift erforderlich machen. Es bleibt das Fazit, dass die Entwicklung der staatlichen Handlungsmittel und -formen in der Neuzeit stets durch das „Gegengewicht" der Rechtsschutzgarantie geprägt und damit eines der vornehmsten Beispiele des modernen anthropozentrischen Rechtstaats ist. Daran mitgewirkt zu haben, ist kein kleiner Verdienst des Jubilars!

# C. Bibliographie

*Chapus, René*, Droit administratif général, 15 2001.
*Hoffmann-Riem, Wolfgang*, GVwR, Bd. II, 2008, S. 885 ff.
*Hufen, Friedhelm*, Verwaltungsprozessrecht, [8]2011.
*Jellinek, Georg*, Gesetz und Verordnung, 1887.
*Kirchhof, Paul*, in: HStR Bd. V, [3]2007, § 99 (Mittel staatlichen Handelns), S. 3 ff.
*Kopp, Ferdinand O.*, Verwaltungsgerichtsordnung, [1]1974.
*ders./Schenke, Wolf-Rüdiger*, Verwaltungsgerichtsordnung, [18]2012.
*Maurer, Hartmut*, Allgemeines Verwaltungsrecht, [18]2011.
*Mayer, Otto*, Deutsches Verwaltungsrecht I, [1]1895/96.
*Schmidt-De Caluwe, Raimund*, Der Verwaltungsakt in der Lehre Otto Mayers, 1999.
*Schuppert, Gunnar Folke*, Verwaltungswissenschaft – Verwaltung, Verwaltungsrecht, Verwaltungslehre, 2000.
*Wolff, Hans J./Bachof, Otto/Stober, Rolf/Kluth, Winfried*, Verwaltungsrecht I, [12]2007.

# § 10
# Verantwortlichkeit

*Bernd Grzeszick*

**Übersicht**

|  | Rn. |
|---|---|
| A. Freiheit, Verantwortung, Haftung | 1– 2 |
| B. Stand der staatshaftungsrechtlichen Entwicklungen | 3– 7 |
| C. Grundlage und Inhalt der Grundrechtshaftung | 8–15 |
|     I. Grundrechtsunmittelbare Verletzungsreaktionen | 8– 9 |
|     II. Staatshaftungsrechtlicher Gehalt der Grundrechte und Verletzungsreaktionsansprüche | 10–12 |
|     III. Grenzen der Grundrechtshaftung | 13–14 |
|     IV. Grundrechtshaftung bei Verletzung von Gleichheitsrechten | 15 |
| D. Zur Kritik an der Grundrechtshaftung | 16–24 |
|     I. Eingriffsabwehr als Grundlage von Haftungsansprüchen | 16–18 |
|     II. Eingriffsabwehr und Verletzungsreaktionsansprüche | 19–20 |
|     III. Eingriffsabwehr und Anspruchsinhalt | 21–24 |
| E. Zeit für eine Grundrechtshaftung in Deutschland | 25–28 |
| F. Bibliographie |  |

## A. Freiheit, Verantwortung, Haftung

Freiheit und Verantwortung sind zentrale Kategorien im Werk von Paul Kirchhof. Das komplementäre Verhältnis der beiden grundsätzlichen Begriffe – Freiheit des Einzelnen bedeutet dessen Verantwortung, Verantwortung des Einzelnen setzt dessen Freiheit voraus – nicht nur zu erkennen, sondern immer wieder zu betonen und in neuen Konstellationen herauszustellen, ist ein Leitmotiv seiner Arbeit.[1] Verantwortung wird im Recht im Wege der konkretisierenden Zuordnung zu einer Person oder Institution als deren Verantwortlichkeit verstanden, und Verantwortlichkeit für bestimmte Zustände oder Handlungen wird im Recht regelmäßig als Haftung bezeichnet. Freiheit und Haftung des Einzelnen stehen demnach auch rechtlich in einem spezifischen Zusammenhang.

Die Freiheit des Einzelnen zu schützen, ist ein Grundanliegen moderner Verfassungen. Diesem Anliegen wird insbesondere durch die Grund- und Menschenrechte entsprochen, die die staatliche Macht beschränken, indem sie den Einzelnen gegenüber dem Staat in Freiheit und Gleichheit setzen. Falls der Staat diese Freiheitszuteilung verletzt, trifft ihn als Konsequenz der Grundrechtsverletzung die rechtliche Verantwortung für die Verletzung der Freiheit und Gleichheit der Bürger. Konse-

1

2

---

[1] Siehe *Paul Kirchhof*, Der Staat als Garant und Gegner der Freiheit, 2004, S. 61 f., 101 ff.; *ders.*, Menschenbild und Freiheitsrecht, in: FS für Christian Starck, 2007, S. 275, insbes. S. 289; *ders.*, Verantwortung und Freiheit, in: Mike Mohrig (Hg.), Was heißt heute konservativ?, Freiheit – Verantwortung – Ordnung für einen modernen Konservatismus, 2010, S. 48 ff.

**§ 10**  **I. Staat**

quente Folge der grundrechtlichen Garantien der Freiheit und Gleichheit des Einzelnen ist deshalb die Haftung des Staates für die Verletzung von Grundrechten. Die Verantwortung des Verfassungsstaates für den Ausgleich von Fehlern und Rechtsverletzungen prägt die Staatshaftung,[2] und die Grundrechtshaftung[3] ist der Leitgedanke eines verfassungsadäquaten Staatshaftungsrechts.

## B. Stand der staatshaftungsrechtlichen Entwicklungen

3   So konsequent und adäquat der Leitgedanke einer Grundrechtshaftung auch ist, zeigt der Blick auf das deutsche Staatshaftungsrecht dennoch ein anderes Bild. Die Rechtsmaterie besteht aus einer Vielzahl von Anspruchsgrundlagen, die nach zeitlicher Entstehung, hierarchischer Stellung, dogmatischer Konstruktion und inhaltlicher Reichweite kaum heterogener sein könnten. Kodifizierungen haben häufig nur partiellen Charakter und werden in erheblichen Teilen durch Richterrecht ergänzt, dessen dogmatische Grundlagen und praktische Folgen in zentralen Bereichen nicht hinreichend gesichert sind. Das Staatshaftungsrecht gehört deshalb zu den rechtsstaatlich besonders defizitären Rechtsgebieten.[4]

4   Vor diesem Hintergrund ist das Staatshaftungsrecht in den letzten Jahren zum Gegenstand von Diskussionen geworden. Der Bundesgesetzgeber hat die ihm eingeräumte Kompetenz zu einer umfassenderen Regelung der Staatshaftung zwar nicht ausgeübt. Dennoch sind die Überlegungen in Bewegung geraten: Angestoßen durch die vom Europäischen Gerichtshof judizierte Haftung der Mitgliedstaaten für Verletzungen des Gemeinschaftsrechts und befördert durch die Übernahme erheblicher Teile des StHG-DDR in den neuen Bundesländern, wird das Rechtsgebiet in der Literatur wieder als ein zentraler Bereich des Öffentlichen Rechts verstanden und bearbeitet.

5   Im Rahmen dieser Re-Publifizierung des Staatshaftungsrechts kommt den Grundrechten die Rolle des Motors der Entwicklung zu. Bereits seit Ende der 1980er Jahre wurde vermehrt der haftungsrechtliche Gehalt der Grundrechte untersucht. Die Ableitung von Haftungsansprüchen aus der Verletzung von Grundrechten wurde dabei zunächst mit Zurückhaltung aufgenommen, fand dann aber zunehmend Anklang. Der aktuelle Stand der Debatte zeigt ein differenziertes Bild: Während der Gedanke der Grundrechtshaftung in vielen Stellungnahmen unterstützt wird,[5] nehmen andere Autoren bei grundsätzlicher Zustimmung in Teilen eine

---

2  *Paul Kirchhof*, Das Gesetz der Hydra, 2008, S. 21, 37.
3  Zum Begriff *Fritz Ossenbühl*, Die vergessene Grundrechtshaftung, in: FS für Klaus Stern, 2012, S. 535 Fn. 1 m. Nachw.
4  *Fritz Ossenbühl*, Staatshaftungsrecht, ⁵1998, S. 2 ff.
5  Unter anderen *Bernd Grzeszick,* Rechte und Ansprüche: eine Rekonstruktion des Staatshaftungsrechts aus den subjektiven öffentlichen Rechten, 2002; *Daniel Röder,* Die Haftungsfunktion der Grundrechte, 2002; *Ossenbühl* (N 3), S. 535 ff.

vermittelnde Position ein,⁶ und bei einigen Autoren sind zum Teil eher rückwärtsgewandte Überlegungen zu lesen.⁷

Die Rechtsprechung steht einer Grundrechtshaftung weiterhin eher ablehnend gegenüber. Der Bundesgerichtshof hält zwar für bestimmte Konstellationen am Anspruch aus enteignungsgleichem Eingriff fest, begründet ihn aber aus dem Aufopferungsgedanken und verortet die Anspruchsgrundlage auf der Ebene des einfachen Rechts.⁸ Das Bundesverwaltungsgericht hat zwar den Folgenbeseitigungsanspruch in Richtung eines Folgenersatzanspruchs in Geld ausgebaut, aber nur für Konstellationen, in denen eine Folgenbeseitigung in natura ausscheidet;⁹ darüber hinaus sieht es allein bei Art. 33 Abs. 2 GG Raum für einen unmittelbaren Verletzungsreaktionsanspruch auf Schadensersatz.¹⁰ Allerdings deuten die Ausführungen des Verwaltungsgerichtshofes München zur Wandlung eines Folgenbeseitigungsanspruchs in einen Anspruch auf Ausgleich in Geld, falls die Beseitigung mit unverhältnismäßigen, vernünftigerweise nicht zumutbaren Aufwendungen verbunden wäre,¹¹ an, dass die Gerichte das Haftungspotential der Grundrechte entfalten könnten, so sie dies denn wollten.

Das deutsche Staatshaftungsrecht steht damit vor einer grundlegenden Entscheidung: Während die Entwicklung in Richtung einer grundrechtsunmittelbaren Verletzungshaftung und insbesondere eines grundrechtlichen Folgenersatzanspruchs in erheblichen Teilen der Literatur favorisiert wird, reagiert die Rechtsprechung auf die entsprechenden Vorschläge weiterhin mit Zögern und verharrt – mit Teilen der Literatur – im Grundsatz bei den tradierten Überlegungen.

---

6 Unter anderen *Friedrich Schoch*, Folgenbeseitigung und Wiedergutmachung im öffentlichen Recht, in: VerwArch 79 (1988), S. 1 (36 ff.); *ders.*, Effektuierung des Sekundärrechtsschutzes – Zur Überwindung des Entwicklungsrückstands des deutschen Staatshaftungsrechts, in: Die Verwaltung 34 (2001), S. 261 (279 f.); *Martin Morlok*, Erstattung als Rechtmäßigkeitsrestitution. Der Erstattungsanspruch im Zusammenhang der Sekundäransprüche des öffentlichen Rechts, in: Die Verwaltung 25 (1992), S. 371 (377 ff.); *Rhona Fetzer*, Haftung für legislatives Unrecht, 1994, S. 138 f., 145 ff.; *Dirk Ehlers*, Die Weiterentwicklung des Staatshaftungsrechts durch das europäische Gemeinschaftsrecht, in: JZ 1996, S. 776 (777); *Wolfram Höfling*, Primär- und Sekundärrechtsschutz im Öffentlichen Recht, in: VVDStRL 61 (2002), S. 260 (273) sowie S. 462 (463 f.); *ders.*, Vom überkommenen Staatshaftungsrecht zum Recht der staatlichen Einstandspflichten, in: Wolfgang Hoffmann-Riem/Eberhard Schmidt-Aßmann/Andreas Voßkuhle (Hg.), Grundlagen des Verwaltungsrechts, Bd. III, 2009, § 51 Rn. 63, 83 ff.
7 Unter anderen *Karl-Eberhard Hain*, Folgenbeseitigung und Folgenentschädigung, in: VerwArch 95 (2004), S. 498 (512 f.); *Athanasios Gromitsaris*, Rechtsgrund und Haftungsauslösung im Staatshaftungsrecht, 2006, insbes. S. 36, 92 ff.; *Thomas Pfeiffer*, Haftung für Pflichtverletzungen der Kommunalaufsichtsbehörden, 2006, S. 104 ff., 108 ff.; *Christoph Enders*, Abwehr und Beseitigung rechtswidriger hoheitlicher Beeinträchtigungen, in: Wolfgang Hoffmann-Riem/Eberhard Schmidt-Aßmann/Andreas Voßkuhle (Hg.), Grundlagen des Verwaltungsrechts, Bd. III, 2009, § 53 Rn. 3, 60 ff., 82 f.; *Marten Breuer*, Staatshaftung für judikatives Unrecht, 2011, insbes. S. 127 ff.; *Stefan Haack*, Entschädigungspflichtige Grundrechtseingriffe außerhalb des Eigentumsschutzes, in: DVBl 2010, S. 1475 ff.
8 BGHZ 90, 17 (29 f.).
9 BVerwGE 82, 24 (28 f.).
10 BVerwG, in: NJW 2010, S. 3592 (3593).
11 VGH München, in: NVwZ 1999, S. 1237 f.

## C. Grundlage und Inhalt der Grundrechtshaftung

Dieses Zögern überrascht, denn die Grundrechtshaftung lässt sich nach Grundlage und Inhalt konzise begründen.[12]

### I. Grundrechtsunmittelbare Verletzungsreaktionen

8   Die Ableitung staatshaftungsrechtlicher Ansprüche aus der Verletzung von Grundrechten beruht auf der Wirkung der Grundrechte als Eingriffsabwehrrechte. Da der Staat Eingriffe in die grundrechtlich geschützte Freiheit der Bürger rechtfertigen muss, ist die grundrechtlich geschützte Freiheit die Freiheit des Bürgers gegenüber dem Staat. Der durch die Grundrechte rechtlich staatsabwehrend konstruierte Schutz der Freiheit des Bürgers ist in seinem Gehalt zugunsten des Bürgers entwicklungsoffen, weshalb die grundrechtlich geschützte Freiheit auch als vorstaatliche Freiheit bezeichnet wird.[13] Damit folgt aus den Freiheitsgrundrechten ein grundsätzlich umfassender Schutz privater Freiheit vor rechtswidrigen Eingriffen. Jede durch einen nicht gerechtfertigten Eingriff verursachte Freiheitsbeeinträchtigung widerspricht der in den Grundrechten festgelegten Freiheitsverteilung zwischen Staat und Bürger. Diese grundrechtliche Freiheitsverteilung hat rechtlich unmittelbare Verbindlichkeit zulasten des Staates und zugunsten des einzelnen Bürgers.

9   Die unmittelbar in den Grundrechten gründende Zuordnung der Freiheit wird bei konkreten Verletzungen der Freiheitszuordnung in Form von Ansprüchen des Bürgers formuliert, die inhaltlich gegen die Verletzung der Freiheit gerichtet sind. Gelingt die Rechtfertigung eines Eingriffs nicht, ist der Staat zur Unterlassung des Eingriffs verpflichtet und der Bürger entsprechend berechtigt; er hat einen Anspruch auf Unterlassung des konkreten Eingriffs. Ist der Eingriff bereits erfolgt, ist der Staat grundsätzlich zur Aufhebung des Eingriffs verpflichtet und der Bürger hat einen Anspruch auf Aufhebung des Eingriffsaktes. Diese Verletzungsreaktionsansprüche sind als unmittelbare Folge der grundrechtlichen Freiheitszuordnung anerkannt.

### II. Staatshaftungsrechtlicher Gehalt der Grundrechte und Verletzungsreaktion

10  Die Wirkung der Grundrechte als den Staat abwehrende Freiheitsrechte des Bürgers erweist sich aber auch darüber hinaus als tragfähige Anspruchsgrundlage. Die Verletzung von Grundrechten kann unmittelbar zu Staatshaftungsansprüchen führen. Diese Ansprüche beruhen gleichfalls auf der grundrechtlichen Zuordnung

---

12  Einzelheiten: *Grzeszick* (N 5), S. 186 ff., 339 ff.
13  *Ernst Wolfgang Böckenförde*, Grundrechtstheorie und Grundrechtsinterpretation, in: NJW 1974, S. 1529 (1530).

der Freiheit zum Bürger und sind Teil der abwehrrechtlichen Wirkung der Grundrechte. Der Staat muss sämtliche Eingriffe in die Freiheit eines Bürgers rechtfertigen. Gelingt dies nicht, ist der Bürger unmittelbar aus den Grundrechten heraus berechtigt, die Herstellung der grundrechtlichen Freiheitszuordnung zu verlangen. Inhalt der grundrechtsunmittelbaren Reaktionsansprüche ist die Herstellung der Freiheitslage des Bürgers, die ohne den verfassungswidrigen Eingriff des Staates bestehen würde. Aus den Grundrechten folgt deshalb bei deren Verletzung nicht nur ein Anspruch auf Unterlassung des drohenden oder Aufhebung des vorgenommenen Eingriffsaktes selbst. Da inhaltlicher Maßstab der grundrechtlichen Verletzungsreaktion die Freiheitssituation des Bürgers ist, wie sie ohne den verfassungswidrigen Eingriff bestehen würde, werden auch die weiteren Folgen des Eingriffs Gegenstand von grundrechtsunmittelbaren Verletzungsreaktionsansprüchen, die inhaltlich der Verletzung entgegen gerichtet sind. Die den Anspruch inhaltlich konturierende Folge der Grundrechtsverletzungsfolge muss dabei zumindest auch dem Staat zurechenbar sein und nicht allein auf dem Verhalten des Betroffenen oder Dritter beruhen. Die Zurechnung der Verletzungsfolgen zum Staat erfolgt dabei gemäß der Dogmatik des Grundrechtseingriffs: Der Staat haftet im Rahmen der grundrechtsunmittelbaren Haftung soweit für die Folgen der Grundrechtsverletzung, als diese Folgen dem Staat als Eingriff in die Grundrechte zuzurechnen sind.[14]

Entsprechende Anspruchsinhalte sind die Beseitigung der weiteren Eingriffsfolgen durch entweder Herstellung der verlorenen Freiheit oder Ersatz für die verlorene Freiheit. Ersatz kann durch Verschaffung einer der verlorenen Freiheit entsprechenden Freiheit oder durch Gewähr eines Geldbetrags erfolgen. Der Umfang des Geldbetrags ist dabei an der rechtswidrig verlorenen Freiheit auszurichten; er soll den Bürger in die Lage versetzen, sich eine entsprechende Freiheit verschaffen zu können. Ist dies nicht möglich, ist zumindest der mit der rechtswidrigen Freiheitsbeeinträchtigung verlorene materielle Wert der Freiheit zu ersetzen. Insoweit können sämtliche Grundrechte bei ihrer Verletzung zu einem Haftungsanspruch in Geld führen. Ist dagegen die Verschaffung einer der verlorenen grundrechtlichen Freiheit entsprechenden Freiheit nicht möglich und sind auch keine weiteren materiellen Verluste eingetreten, besteht kein grundrechtsunmittelbarer Anspruch auf Geldersatz.

Der jeweilige Grundrechtsgehalt ist damit mittels der allgemeinen Grundrechtsdogmatik in der Lage, eine haftungsrechtlich hinreichend bestimmte Verknüpfung von Tatbestand und Rechtsfolge zu leisten. Inhaltliches Ziel der Ansprüche ist die hypothetische Freiheitsverteilung, wie sie ohne den rechtswidrigen Eingriff bestehen würde. Die konkreten Ansprüche sind jeweils Ausschnitte des grundrechtsunmittelbaren Schutzes privater Freiheit vor dem Staat. Da die Ansprüche unmittelbar aus der Verletzung eines Grundrechts entstehen, sind sie grundrechtsunmittelbare Verletzungsreaktionsansprüche.

---

14 Vgl. *Wolfgang Roth*, Faktische Eingriffe in Freiheit und Eigentum, 1994, S. 114 ff., 125 ff., 129 ff.

### III. Grenzen der Grundrechtshaftung

13 Die Grundrechte vermitteln aber nicht stets eine umfassende Haftung im Ergebnis. Neben der tatsächlichen Unmöglichkeit sind auch rechtliche Begrenzungen der grundrechtlichen Verletzungsreaktionsansprüche möglich. Allerdings sind Regelungen, die die Haftung beschränken, als Grundrechtseingriffe rechtfertigungsbedürftig und müssen daher formell und materiell verfassungsgemäß, insbesondere verhältnismäßig sein. Dies vorausgesetzt können vor allem Regelungen des Rechtsschutzes gegen den Eingriffsakt sowie der Bestandskraft von Eingriffsakten grundrechtsunmittelbare Haftungsansprüche ausschließen. Dagegen ist ein pauschaler Ausschluss der Staatshaftung wegen legislativen Unrechts bei Grundrechtsverletzungen nicht zu rechtfertigen, denn Grundrechte binden gerade auch den Gesetzgeber.

14 Im Übrigen hat der Bürger zwischen den grundrechtlichen Verletzungsreaktionsansprüchen grundsätzlich Wahlfreiheit. Auch kann ihm ein Ersatzanspruch auch dann noch zustehen, wenn der Anspruch auf Beseitigung der Eingriffsfolgen tatsächlich nicht mehr möglich ist. Der Verletzungsreaktionsanspruch steht zwar ohne gesetzliche Regelungen nicht unter einem Vorbehalt der Verhältnismäßigkeit oder Zumutbarkeit. Allerdings kann eine Mitverantwortung des Grundrechtsinhabers am Verlust seiner Freiheit, insbesondere bei der Zurechnung des Freiheitsverlustes zum Staat als Eingriff, sowie bei den dem Haftungsrecht vorgehenden Regelungen des Rechtschutzes gegen den Eingriffsakt, zu berücksichtigen sein. Bei einer Unteilbarkeit der vom Bürger mit zu verantwortenden Grundrechtsverletzung und in Konstellationen der Vorteilsausgleichung folgt aus dem Grundrecht zudem das Recht des Bürgers, zwischen einem vollen Schutzanspruch gegen finanzielle Eigenbeteiligung des Bürgers und einem nur anteiligen Geldleistungsanspruch wählen zu dürfen.

### IV. Grundrechtshaftung bei Verletzung von Gleichheitsrechten

15 Die Ableitung von Grundrechtshaftungsansprüchen greift auch bei Gleichheitsrechten.[15] Dabei ist allerdings zu beachten, dass ein Gleichheitsverstoß häufig durch verschiedene Maßnahmen beseitigt werden kann: Durch Besserstellung des zu Unrecht benachteiligten Bürgers durch Schlechterstellung des zu Unrecht bevorzugten Bürgers oder durch eine Neuregelung unter Kombination dieser Elemente. Die Haftungsvoraussetzung der Grundrechtsverletzung zu Lasten eines Bürgers ist deshalb erst gegeben, wenn der Verstoß gegen den Gleichheitssatz nicht durch die Belastung Dritter oder die Aufhebung der ungleich belastenden Regelung beseitigt wird.

---

15 *Hans Schulte*, Zur Dogmatik des Art. 14 GG, 1979, S. 13; *Jörn Ipsen*, Enteignung, enteignungsgleicher Eingriff und Staatshaftung, in: DVBl 1983, S. 1029 (1032); *Arne Ehlers*, Grundlagen und Prinzipien des neuen Rechts der Staatshaftung, 1983, S. 209.

## D. Zur Kritik an der Grundrechtshaftung

Die prinzipielle Begründung von Staatshaftungsansprüchen unmittelbar aus der Verletzung von Grundrechten wird vor allem in drei Aspekten kritisiert.

### I. Eingriffsabwehr als Grundlage von Haftungsansprüchen

Zum einen wird mit Bezug auf die Grundlagen der Haftung behauptet, dass aus der Abwehrfunktion der Grundrechte Haftungsansprüche prinzipiell nicht abzuleiten seien.[16] Dazu werden Haftungsansprüche als Ausdruck ausgleichender Gerechtigkeit verstanden. Da das Staatshaftungsrecht Schäden der Bürger ausgleicht, seien staatshaftungsrechtliche Fragen stets Fragen der Verteilungsgerechtigkeit. Dies zeige sich sowohl beim Haftungsgrund der Lastengleichheit als auch bei der haftungsrechtlichen Rücksicht auf anderweitige Verteilungen von Gefahren- und Verantwortungsbereichen, wie Versicherungsschutz, Entschädigungsfonds und weitere Rechtsschutzmöglichkeiten. Die Haftung des Staates beruhe demnach stets auf distributiven Überlegungen; sie knüpfe zwar an die rechtliche Verteilung von Gütern und Lasten in der Staatsgemeinschaft an, verändere diese Verteilung aber im Sinne einer ausgleichenden Gerechtigkeit. Die Grundrechte hätten dagegen mit der Eingriffsabwehr die Funktion, Maßnahmen ausgleichender Gerechtigkeit entgegenzuwirken. Aus der Abwehrfunktion der Grundrechte sei deshalb eine Haftungsfunktion nicht nur nicht abzuleiten. Im Gegenteil wehrten die Grundrechte mittels der Eingriffsabwehr staatliche Ersatzleistungen ab, soweit diese sozial entdifferenzierend wirkten, und dies sei regelmäßig der Fall, da die staatshaftungsrechtlichen Ansprüche Kollisionen der Interessen von Staat und Bürger durch Kompensation entschärften und zum Teil auch die Akzeptanz staatlicher Maßnahmen durch die Betroffenen erhöhen sollten.

16

Diese Überlegungen überzeugen aber nicht.[17] Sie verkennen, dass die Grundrechte zum geltenden Verfassungsrecht gehören, weshalb allein verteilungstheoretische Erwägungen nicht genügen können, aus den Grundrechten herrührende Ansprüche zurückzuweisen. Zwar trifft es zu, dass die Grundrechte mit dem durch die Eingriffsabwehr vermittelten Schutz der Freiheit des Bürgers die sozialen Differenzierungsmöglichkeiten schützen und dadurch einer Entdifferenzierung durch staatliche Eingriffe entgegenwirken. Allerdings dient die Grundrechtshaftung gerade dem Schutz der durch die Grundrechte garantierten Freiheit des Einzelnen. Der grundrechtliche Verletzungsreaktionsanspruch ist Folge des Freiheitsschutzes durch Eingriffsabwehr und damit Ausdruck des grundrechtlichen Schutzes gesellschaftlicher Differenzierungsmöglichkeiten. Aus der Perspektive der Abwehrfunktion der Grundrechte ist es daher konsequent, einer Haftungsfunktion der Grundrechte bei rechtswidrigen Eingriffen prinzipiell zuzustimmen. Die grundrechtli-

17

---
16 So vor allem *Gromitsaris* (N 7), S. 36 f.
17 *Bernd Grzeszick*, Besprechung von: Athanasios Gromitsaris, Rechtsgrund und Haftungsauslösung im Staatshaftungsrecht. Eine Untersuchung auf europarechtlicher und rechtsvergleichender Grundlage, 2006, in: Die Verwaltung 40 (2007), S. 600 (602 ff.).

chen Haftungsansprüche beruhen auf einer austeilenden Gerechtigkeit, nämlich der mit den Grundrechten an die Bürger ausgeteilten Freiheit, die restituiert wird.

18   Auch das dagegen gerichtete Argument, dass die Grundrechte Geldersatzleistungen entgegenwirken, soweit diese durch eine Erhöhung staatlicher Einflussnahmen sozial entdifferenzierend wirken, greift nicht. Denn die haftungsrechtlichen Reaktionsansprüche wegen Grundrechtsverletzungen wirken rechtlich nicht entdifferenzierend, da der Eingriff weiterhin rechtswidrig bleibt. Der verletzungsreaktionsrechtliche Haftungsanspruch ist Folge des rechtswidrigen Eingriffs und dient weder der nachträglichen Entschärfung der Kollisionen der Interessen von Staat und Bürger noch der Förderung der Akzeptanz des Eingriffs. Der – weiterhin – rechtswidrige Eingriff kann deshalb auch mit Rechtschutzmitteln angegriffen werden. Eine den Freiheitsrechten entgegenlaufende Wirkung der Haftungsansprüche setzt vielmehr voraus, das der durch den Anspruch gewährte Ausgleich zur Rechtmäßigkeit des Eingriffs führt, wie dies bei der Enteignungsentschädigung und der ausgleichspflichtigen Inhaltsbestimmung der Fall ist. Konsequenterweise ist ein solches „Erkaufen" der Rechtmäßigkeit des Eingriffs durch einen Ausgleich weiterhin als Eingriff in die grundrechtliche Freiheit rechtfertigungsbedürftig. Die grundrechtsunmittelbaren Verletzungsreaktionsansprüche sind dagegen Ansprüche wegen rechtswidriger Eingriffe.

## II. Eingriffsabwehr und Verletzungsreaktionsansprüche

19   Zum anderen wird mit Bezug auf den Inhalt der Grundrechtshaftung als Kritik vorgebracht, dass die bei einer Grundrechtsverletzung ausgelöste abwehrrechtliche Funktion grundsätzlich nur eine Rechtsfolge kenne: Das Unterlassen des grundrechtswidrigen staatlichen Verhaltens. Grundrechte seien damit – im Unterschied zur staatlichen Schutzpflicht – durch einen Monismus der Rechtsfolge gekennzeichnet.[18]

20   Allerdings überzeugt diese Argumentation nicht. Die Unterlassungspflicht muss im Falle eines Verstoßes gegen sie auch rechtlich durchgesetzt werden können, um ein Mindestmaß an Wirksamkeit entfalten zu können. Dies spricht für die grundrechtlichen Haftungsansprüche, da andernfalls der Staat für eine Verletzung der aus dem Grundrecht als Abwehrrecht folgenden Unterlassungspflicht grundrechtlich nicht mehr zur Verantwortung zu ziehen wäre.[19] Die Ausrichtung der liberal-negatorischen Grundrechtswirkungen am Ziel der Freiheitsgrundrechte, dem Schutz der Freiheit der Bürger vor staatlichen Eingriffen, hat zur Folge, dass auch ein als Abwehrrecht konzipiertes Grundrecht leistungsrechtliche Gehalte aufweisen kann. Aus dem Grundrecht als Abwehrrecht können sich daher bei rechtswidrigen Eingriffen insoweit Leistungsansprüche ergeben, als über ein Unterlassen hinaus auch die Aufhebung und Beseitigung der Grundrechtsbeeinträchtigung verlangt wird.[20]

---

18  *Ralf Poscher*, Grundrechte als Abwehrrechte, 2003, S. 382 f.
19  *Peter Szczekalla*, Besprechung von: Ralf Poscher: Grundrechte als Abwehrrechte. Reflexive Regelung rechtlich geordneter Freiheit, 2003, in: DVBl 2006, S. 824.
20  *Christian Bumke*, Der Grundrechtsvorbehalt, 1998, S. 63.

Dass die Abwehrwirkung der Grundrechte über das Unterlassen rechtswidriger Eingriffe hinausgeht, ist im Grundsatz auch anerkannt, da der grundrechtlich fundierte Folgenbeseitigungsanspruch in Rechtsprechung und Literatur prinzipiell akzeptiert wird.

### III. Eingriffsabwehr und Anspruchsinhalt

Dagegen zeigen sich deutliche Vorbehalte gegenüber grundrechtsunmittelbaren Ansprüchen auf Schadensersatz. Hauptargument ist, dass der Inhalt des zu leistenden Ersatzes sich aus dem Grundrecht als Abwehrrecht alleine nicht hinreichend genau bestimmen lasse.[21] Das Abwehrrecht selbst enthalte für den nicht mehr zu beseitigenden Eingriff kein hinreichend bestimmtes, anspruchsförmiges Regelungsprogramm.[22] Die dazu erforderliche Konturierung des grundrechtsunmittelbaren negatorischen Anspruchsinhalts setze ein bestimmtes verfassungsmäßiges Gegenteil der Grundrechtsverletzung voraus,[23] an dem es aber bei der Ableitung von Ersatzansprüchen fehle.[24]

21

Diese Kritik verkennt aber Inhalt und Leistungen der Eingriffsdogmatik. In der allgemeinen Grundrechtsdogmatik leistet der Begriff des Eingriffs die Zurechnung von Beeinträchtigungen der Freiheit des Bürgers zum dafür verantwortlichen Staat. Neben dem klassischen Eingriff in Form eines rechtlich verbindlichen Verhaltensgebotes gegenüber dem Grundrechtsträger werden auch weitere Formen staatlicher Freiheitsbeeinträchtigungen als Eingriff erfasst, die als faktische bzw. mittelbare Beeinträchtigungen bzw. Eingriffe bezeichnet werden. Die damit ermöglichte Anpassung der grundrechtlichen Eingriffs- und Rechtfertigungsdogmatik an die komplexen Wirkungen staatlichen Verhaltens in einer modernen Gesellschaft führen zwar dazu, dass der Eingriffsbegriff offener und wertender und die Zurechnung von Folgen zum Staat komplexer und differenzierter wird.[25] Diese Wertungsoffenheit, Komplexität und Differenziertheit des Eingriffs tritt aber für die Abwehrfunktion der Grundrechte allgemein ein. Sie betrifft die anerkannten grundrechtsunmittelbaren Abwehransprüche auf Unterlassung und auf Folgenbeseitigung in natura ebenso wie den grundrechtsunmittelbaren Anspruch auf Schadensersatz. Die durch den Eingriff erfolgende Zurechnung von Folgen zum staatlichen Verantwortungsbereich ist damit für diejenigen staatshaftungsrechtlichen Folgen, aus denen Schadensersatzansprüche resultieren, nicht unsicherer als für die Folgen, aus denen die sonstigen, anerkannten Reaktionsansprüche resultieren. Die Konturierungen und Konkretisierungen, die die Dogmatik des Eingriffs in Hinsicht auf die grundrechtsbeeinträchtigenden Wirkungen staatlichen Verhaltens leistet,[26] sind deshalb auch für die grundrechtsunmittelbaren Haftungsansprüche hinreichend. Die Dogmatik

22

---

21 *Michael Sachs*, in: Klaus Stern, Staatsrecht, Bd. III/1, 1988, S. 683 f.
22 *Christoph Külpmann*, Enteignende Eingriffe?, 2000, S. 257.
23 *Gertrude Lübbe-Wolff*, Grundrechte als Eingriffsabwehrrechte, 1988, S. 21 ff.
24 *Höfling*, Primär- und Sekundärrechtsschutz (N 6), S. 260 (273 f.).
25 *Hans-Ulrich Gallwas*, Faktische Beeinträchtigungen im Bereich der Grundrechte, 1970, S. 10 ff.; *Rolf Eckhoff*, Der Grundrechtseingriff, 1992, S. 197 ff., 265 f.; *Wolfram Cremer*, Freiheitsgrundrechte, 2003, S. 150 ff.
26 *Andreas von Arnauld*, Die Freiheitsrechte und ihre Schranken, 1999, S. 90 ff., insbes. S. 100 ff.

**§ 10** *I. Staat*

des Eingriffs kann erfolgreich dazu herangezogen werden, den Anspruchsumfang bei grundrechtsunmittelbaren Haftungsansprüchen hinreichend zu bestimmen.[27]

23 Auch die weiteren Argumente gegen eine Grundrechtshaftung greifen nicht durch. Der Ansatz, die Regelung der Amtshaftung in Art. 34 GG als abschließende Regelung zu verstehen und im Rahmen des Staatshaftungsrechts die Rechtsfolge Schadensersatz bzw. Entschädigung in Geld grundsätzlich der Amtshaftung und einigen tradierten Ansprüchen vorzubehalten, weshalb Geldleistungsansprüche wegen Grundrechtsverletzungen nur auf Grund weiterer gesetzlicher Regelungen gewährt und nicht alleine aus den verletzten Grundrechten abgeleitet werden könnten, überzeugt bei näherer Betrachtung nicht. Von einem abschließenden System der positivierten staatshaftungsrechtlichen Regelungen kann angesichts der Vielfalt, Lückenhaftigkeit und Widersprüchlichkeit der wenigen gesetzlichen Regelungen auch nicht annähernd die Rede sein. Die Gegenansicht[28] verkennt, dass das deutsche Recht sich in diesem Punkt ganz erheblich von Rechtsordnungen unterscheidet, die über grundsätzlich umfassende Haftungsregelungen verfügen. Auch steht Art. 34 GG der Begründung staatshaftungsrechtlicher Ansprüche unmittelbar aus dem abwehrrechtlichen Gehalt der Grundrechte nicht entgegen. Die Regelung der Amtshaftung in Art. 34 GG hat nach Entstehungsgeschichte, Inhalt und systematischer Stellung keinen solche Ansprüche ausschließenden, staatshaftungsrechtlich abschließenden Charakter: Art 34 GG soll den durch eine Amtspflichtverletzung Geschädigten durch Gewähr einer Haftung im Sinne eines rechtsstaatlichen Minimums schützen, nicht aber den Staat gegen weitergehende Haftungskonsequenzen von Grundrechtsverletzungen abschirmen.[29]

24 Die Grundrechtshaftung scheitert auch nicht daran, dass sie ein Handeln des Gesetzgebers erfordere. Zwar kann der Gesetzgeber die unmittelbare Staathaftung wegen Grundrechtsverletzungen einer gesetzlichen Regelung zuführen. Daraus folgt aber nicht, dass es alleine Aufgabe des Gesetzgebers ist, eine derartige Haftung einzuführen. Auch die Kritiker einer Grundrechtshaftung gestehen zu, dass angesichts der rechtsstaatlichen Defizite des derzeitig judizierten Staatshaftungsrechts von einer auch grundrechtsbegründeten Pflicht des Gesetzgebers gesprochen werden könne, zumindest bei irreparablen Grundrechtsbeeinträchtigungen für adäquate Entschädigungsregelungen zu sorgen. Das Argument, dass eine Schließung dieser Lücke durch richterrechtliche Rechtsfortbildung nur in Betracht komme, wenn der Gesetzgeber weiterhin untätig bleibe,[30] überzeugt nicht. Vielmehr zeigt sich selbst unter Zugrundelegung der Prämisse des grundsätzlich nötigen Handelns des Gesetzgebers, dass angesichts der bereits länger anhaltenden und evidenten Unwilligkeit des Gesetzgebers, die Defizite des tradierten Staatshaftungsrechts auch nur zu mildern, der Punkt einer zulässigen Rechtsfortbildung erreicht ist. Der Gesetzgeber hat die rechtsstaatlich und grundrechtlich defizitäre Lage des tradier-

---

27 *Andreas von Arnauld*, Enteignender und enteignungsgleicher Eingriff heute, in: VerwArch 93 (2002), S. 394 (411 ff.); *Jan Henrik Klement*, Entschädigung für rechtswidrige Eingriffe und rechtswidrige Maßnahmen, in: Die Verwaltung 37 (2004), S. 73 (77 ff.).
28 *Athanasios Gromitsaris*, Besprechung von: Grzeszick, Bernd, Rechte und Ansprüche. Eine Rekonstruktion des Staatshaftungsrechts aus den subjektiven öffentlichen Rechten, in: Der Staat 42 (2003), S. 480 (481 f.).
29 *Schoch*, Effektuierung des Sekundärrechtsschutzes (N 6), S. 261 (280, 287 ff.); *Röder* (N 5), S. 160 ff.
30 *Michael Sachs*, in: HGR, Bd. II (2006), § 39 Rn. 53.

ten Staatshaftungsrechts auch nach der Einführung der konkurrierenden Gesetzgebungskompetenz des Bundes für die Staatshaftung in Art. 74 Abs. 1 Nr. 25 GG weiterhin komplett ignoriert. Daher sind selbst unter Zugrundelegung der zurückhaltenden Position die Voraussetzungen für eine entsprechende Rechtsfortbildung gegeben.[31] Weder die Gestaltungsfreiheit des Gesetzgebers noch der Vorbehalt des Gesetzes, die parlamentarische Haushaltshoheit oder die Entscheidungsfreude staatlicher Stellen stehen der Grundrechtshaftung in Form einer grundrechtlichen Verletzungsreaktionshaftung entgegen.

# E. Zeit für eine Grundrechtshaftung in Deutschland

Nach alledem ist die von den Gerichten „vergessene Grundrechtshaftung" aus dem Zustand eines bleibenden wesentlichen Defizits der Rechtsordnung[32] zu befreien. Die Grundrechte haben als Leitgedanken des geltenden Rechts die Kraft, als Reaktion auf ihre Verletzung auch staatshaftungsrechtliche Ansprüche des Bürgers zu prägen. Die tradierte Ansicht, wonach aus einer Grundrechtsverletzung nur ausnahmsweise unmittelbar Schadensersatz- bzw. Entschädigungsansprüche folgen, erweist sich als wenig überzeugende Fortschreibung überkommener Verhältnisse. Zudem fehlt ihr eine konsistente Dogmatik, da durchaus in einigen Konstellationen aus Grundrechten unmittelbar Ansprüche auf Schadensersatz bzw. Entschädigung abgeleitet werden, so beim enteignenden[33] und enteignungsgleichen Eingriff[34] aus Art. 14 GG, bei Aufopferungen aus Art. 2 Abs. 2 GG[35] sowie bei der Umwandlung eines auf Folgenbeseitigung in natura gerichteten Folgenbeseitigungsanspruchs in einen Anspruch auf Geldleistung aus dem jeweiligen Grundrecht.[36] Warum dann bei der Verletzung anderer Grundrechte, insbesondere der von Art. 12 GG geschützten Berufsfreiheit, grundrechtliche Ansprüche auf Schadensersatz bzw. Entschädigung prinzipiell abzulehnen seien, ist nicht überzeugend zu begründen.

Bei der Verletzung eines Grundrechts können unmittelbar aus dem abwehrrechtlichen Gehalt des Grundrechts Ansprüche auf Unterlassen des Eingriffs, auf Beseitigung der Eingriffsfolgen in natura sowie auf Ersatz des durch den Eingriff verursachten Schadens abgeleitet werden. Die grundrechtliche Dogmatik ist in der Lage, den Abwehrgehalt der Grundrechte im Fall einer Grundrechtsverletzung so zu konturieren, dass der durch die Verletzung ausgelöste Abwehrgehalt auch bei Schadensersatz in Geld in Form eines hinreichend bestimmten Anspruchs gefasst werden kann.

---

31 *Thomas von Danwitz*, in: v. Mangoldt/Klein/Starck, Bd. II, ⁶2010, Art. 34 Rn. 24.
32 So *Ossenbühl* (N 3), S. 549.
33 BGHZ 91, 20 ff.; 100, 335 ff.; 129, 124 ff.
34 BGHZ 90, 17 ff.; 100, 136 ff.; 102, 350 ff.; 117, 240 ff.; 125, 19 ff.
35 BGHZ 9, 83 ff.; 18, 286 ff.; 20, 61 ff.; 24, 45 ff.; 25, 238 ff.; 36, 379 ff.; 46, 327 ff.; 65, 196 ff.
36 BVerwGE 82, 24 (28 f.).

**27** Die Unterschiede zu den derzeit von den Gerichten zugesprochenen Haftungsansprüchen sind zwar nicht so groß, wie gelegentlich erhofft oder befürchtet, da als Ergebnis einer Grundrechtshaftung nicht stets umfassender Schadensersatz in Geld gewährt wird und da die grundrechtsunmittelbaren Haftungsansprüche einschließlich des möglichen Schadensersatzanspruchs regelmäßig subsidiär zu den Regeln des Rechtsschutzes gegen den rechtswidrigen Eingriff sind. Allerdings kann die Grundrechtshaftung im Einzelfall für den betroffenen Bürger einen ganz erheblichen Fortschritt darstellen, zum Beispiel bei Schäden in Folge irreparabler oder im Wege des Rechtsschutzes gegen den Eingriffsakt nicht abzuwehrender Verletzungen der Berufsfreiheit.

**28** Die grundrechtsunmittelbare Verletzungsreaktionshaftung ist die naheliegende, adäquate und konsequente Fortsetzung der Entwicklung vom grundrechtlichen Folgenbeseitigungsanspruch über den mittlerweile auch in der Rechtsprechung anerkannten Folgenentschädigungsanspruch zu einem grundrechtlichen Ersatzanspruch. Die bislang zögernden Gerichte sollten ihre Zurückhaltung aufgeben und den Anschluss des Staatshaftungsrechts an die allgemeine öffentlich-rechtliche Dogmatik ermöglichen. Es ist Zeit für eine Grundrechtshaftung in Deutschland.

# F. Bibliographie

*von Arnauld, Andreas*, Enteignender und enteignungsgleicher Eingriff heute, in: VerwArch 93 (2002), S. 394.
*Breuer, Marten*, Staatshaftung für judikatives Unrecht, 2011.
*Fetzer, Rhona*, Haftung für legislatives Unrecht, 1994.
*Gromitsaris, Athanasios*, Rechtsgrund und Haftungsauslösung im Staatshaftungsrecht, 2006.
*Grzeszick, Bernd*, Rechte und Ansprüche: eine Rekonstruktion des Staatshaftungsrechts aus den subjektiven öffentlichen Rechten, 2002.
*Höfling, Wolfram*, Primär- und Sekundärrechtsschutz im Öffentlichen Recht, in: VVDStRL 61 (2002), S. 260.
*Külpmann, Christoph*, Enteignende Eingriffe?, 2000.
*Ossenbühl, Fritz*, Die vergessene Grundrechtshaftung, in: FS für Klaus Stern, 2012, S. 535.
*Röder, Daniel*, Die Haftungsfunktion der Grundrechte, 2002.
*Schoch, Friedrich*, Effektuierung des Sekundärrechtsschutzes – Zur Überwindung des Entwicklungsrückstands des deutschen Staatshaftungsrechts, in: Die Verwaltung 34 (2001), S. 261.

# § 11
# Entstehen des deutschen Staates

*Reinhard Mußgnug*

## Übersicht

|   |   | Rn. |
|---|---|---|
| A. | Deutschland am Ende des 30-jährigen Krieges | 3– 8 |
| B. | Deutschland unter dem Deutschen Bund | 9–17 |
| C. | Deutschland in der Vorstellung der Paulskirche | 18–20 |
| D. | Das Deutschland des Bismarckschen Kaiserreichs | 21–26 |
| E. | Deutschland nach dem Zweiten Weltkrieg | 27–32 |
| F. | Ausblick | 33–35 |
| G. | Bibliographie | |

Dass die Bundesrepublik Deutschland ein souveräner Staat ist, steht so unbestreitbar fest, dass darüber leicht in Vergessenheit gerät, dass Deutschland einen sehr viel längeren Weg zur eindeutig gesicherten, auf der Trias von Staatsgebiet, Staatsvolk und Souveränität gegründeten Staatlichkeit hat zurücklegen müssen, als die meisten anderen europäischen Staaten. Das Bemühen des Heiligen Römischen Reichs Deutscher Nation um souveränen Vorrang vor seinen Gliedern – den Reichsständen – hat der 30-jährige Krieg besiegelt. An dessen Ende war das Reich für *Samuel Pufendorf* zu „etwas unregelmäßigem, einer Mißgeburt ähnlichem"[1] zerfallen. Spätestens von da an war das Reich für ihn und nicht nur für ihn kein Staat mehr, weder im damaligen noch im heutigen Sinne. *Johann Jacob Moser* formulierte es 100 Jahre später zurückhaltender, in der Sache aber ebenso: „Teutschland wird auf teutsch regiert und zwar so, daß kein Schulwort oder wenige Worte oder die Regierungsart anderer Staaten sich dazu schicken, unsere Regierungsart begreiflich zu machen."[2] *Friedrich Hegel* zog 1802, vier Jahre vor dem Untergang des Reichs am 6. August 1806, eine Art Schlussstrich: „Deutschland ist kein Staat mehr. ...Was nicht mehr begriffen werden kann, ist nicht mehr. Sollte Deutschland ein Staat sein, so könnte man den Zustand der Auflösung dieses Staates nicht anders als ... Anarchie nennen."[3] Die Hoffnung auf ein Neuerstehen des Deutschen Reichs als ein in sich geeinter souveräner Staat hat 1815 der Wiener Kongress mit der Gründung des Deutschen Bundes zerschlagen. Der Versuch der Paulskirche, die deutschen Staaten zu einem zwar bundesstaatlich gegliederten, aber doch seinen Ländern übergeordneten souveränen Staat zu verbinden, ist 1849 gescheitert.

1

---

[1] „Irregulare aliquod et monstro simile". So der berühmte Einleitungssatz des § 9 im 6. Kapitel seines 1667 unter dem Pseudonym Severinus de Monzambano publizierten „De statu imperii germanici".
[2] Neues Teutsches Staatsrecht, Bd. I, 1766, cap. 27 § 7 (S. 550).
[3] Die Verfassung Deutschlands, 1802, zitiert nach *Georg Lasson*, Schriften zur Politik und Rechtsphilosophie Hegels, ²1923, S. 3 ff.

**§ 11**  *I. Staat*

2   Unbestreitbare deutsche Staatlichkeit gibt es daher erst seit der Reichsgründung von 1871. Darin teilt Deutschland das Schicksal Italiens, das ebenfalls über die Mitte des 19. Jahrhunderts hinaus auf seine Einigung zum souveränen Nationalstaat hat warten müssen.[4]

## A. Deutschland am Ende des 30-jährigen Krieges

3   Die Stabilisierung Deutschlands zum Staat hat das Unabhängigkeitsstreben der Reichsstände unterbunden. Mit dem Westfälischen Frieden haben die Reichsstände endgültig die Oberhand gewonnen. § 62 des Münsteraner Friedensvertrags[5] hat den Kurfürsten, Fürsten und Ständen des Reichs die ungehinderte Ausübung ihrer Landeshoheit, des ius teritorii et superioritatis, und das Recht garantiert, sowohl untereinander als auch mit reichsfremden Mächten völkerrechtliche Verträge zu schließen. Damit hat er dem Reich den Griff nach der Souveränität endgültig versperrt; er hat die Souveränität stattdessen bei den Territorien verankert. Das Reich und mit ihm Deutschland blieben zwar das gemeinsame Band, das alle seine Stände – die Kurfürstentümer, Fürstentümer, Grafschaften, Bistümer, Reichsklöster und Reichsstädte – als „deutsch" auswies. Aber die Macht über Deutschland lag nicht beim Reich; sie war auf dessen Glieder verteilt. Der Deutsche Kaiser war nur als König von Böhmen souverän. Als Deutscher Kaiser herrschte er, wie *Johann Jacob Moser* beklagte, über „keines Schuhes breit Land noch Leute".

4   Die Deutschen waren mit anderen Worten nicht etwa Untertanen des Kaisers; sie waren Untertanen – heute würden wir sagen „Staatsangehörige" – ihres jeweiligen Landesherrn. Das Reich hatte zwar Grenzen, die den Geltungsbereich seines Rechts absteckten. Ein ihm eigenes Reichsgebiet ging ihm indessen ab; über sein Gebiet herrschten seine Territorien. Es gab zwar „Deutsche"; aber „deutsch" war ein geographischer, historischer und kultureller Begriff; ein Reichsvolk im staatsrechtlichen Sinne konstituierte er nicht. Der Souveränität des Reichs fehlte somit das Substrat.

5   Gleichwohl war das Reich keineswegs inexistent. In den „Reichsgrundgesetzen"[6] fand es eine zwar auf eine Vielzahl fundamentaler Gesetzen verteilte, aber dennoch überschaubare und allgemein geachtete Verfassung. Über deren Einhaltung wachte die vom Reichskammergericht in Wetzlar und dem Reichshofrat in Wien getragene Reichsgerichtsbarkeit. Das Reich erließ Gesetze, an die alle seine Territorien gebunden waren, sofern sie sich nicht in einer „clausula salvatoria" mit ihrer bloß subsidiären Geltung für diejenigen Territorien beschieden, in denen entsprechende

---

4   Italien hat sie 1861 mit der Errichtung des Regno d'Italia erreicht und 1870 mit der Einverleibung des Kirchenstaats vollendet.
5   Im Osnabrücker Vertrag, Art. VIII, § 1.
6   Allen voran der Goldenen Bulle von 1356, der Ewige Landfriede und die Kammergerichtsordnung von 1495, die Reichsexekutionsordnung von 1555, der Westfälische Friede von 1648, die Reichsdefensionalordnung von 1681 und die von den Kaisern bei ihrer Wahl zu bestätigenden Wahlkapitulationen.

eigene Gesetze fehlten.[7] Es konnte im Namen des Reichs völkerrechtliche Verträge schließen und Kriege führen, zu denen es eine Reichsgeneralität bestellen und die aus der Reichsmatrikel von 1521[8] ersichtlichen Kontingente seiner Stände zum Reichsheer einberufen konnte.

Das alles befähigte Kaiser und Reich, den inneren und bis zum Ende des 18. Jahrhunderts auch den äußeren Frieden zu garantieren. Bei den Kaiserkrönungen in Frankfurt und im Reichstag trat das Reich sichtbar in Erscheinung. So gab es Deutschland seine rechtliche Ordnung und den Deutschen das Gefühl einer nationalen Zusammengehörigkeit, das ihre territoriale Staatsangehörigkeit als Preuße, Bayer, Sachse ebenso überwölbte wie in den kleinen Territorien ihre gräfliche, bischöfliche, klösterliche oder städtische Untertänigkeit.

Manchen Reichspublizisten genügte das, vom Reich als einem souveränen Staat und von seinen Territorien als nur „halbsouveränen" Staaten zu sprechen.[9] Sie taten es jedoch nicht ohne Vorbehalt. Wer das Reich beherrsche, der Kaiser oder die Territorialherren in ihrer Gemeinschaft als die Reichsstände, war für Johann *Jacob Moser* „eine der elendesten Schulfragen".[10] Sie ist bis heute umstritten. Aber man kommt dem Heiligen Römischen Reich Deutscher Nation wohl am nächsten, wenn man es mit *Albrecht Randelzhofer*[11] als einen „atypischen Staatenbund" ansieht, also als eine supraterritoriale Gemeinschaft, an die ihre Glieder einzelne ihrer Hoheitsrechts nicht etwa abgetreten haben – das macht den Unterschied zu den supranationalen Gemeinschaften der Gegenwart aus – sondern sie ihr über die förmliche Anerkennung ihrer Souveränität durch den Westfälischen Frieden hinaus belassen haben.

Ob diese Gemeinschaft das Prädikat „Staat" verdiente, mag dahinstehen. Ein „richtiger" Staat, der dem Vergleich mit den europäischen Monarchien seiner Zeit standgehalten hätte, war sie jedenfalls nicht. Das bestätigt das Versagen des Reichs in den österreichisch-preußischen Erbfolgekriegen um Schlesien und die Grafschaft Glatz. Das Reich war in der Lage, interne Konflikte zu bändigen, soweit sie von den kleinen Territorien ausgingen. Gegen die massiven Brüche des Reichsfriedens durch die preußischen Einfälle in das habsburgische Schlesien und in Sachsen blieb das Reich machtlos. Habsburg und Preußen, seine beiden Hegemonialmächte, passten nicht unter das Dach eines gemeinsamen Bundesstaates.

---

7 So z. B. die bekannteste dieser Klauseln in der Peinlichen Gerichtsordnung Karls V. von 1532, die zwar für „alle vnd jede vnser vunnd des Reichs underthanen" gelten, aber „Churfürsten, Fürsten und Stenden an jren alten wohlherbrachten rechtmessigen vnnd billichen gebreuchen nichts benommen haben" sollte.
8 Genauer: „Anschlag für die Romzughülfe in Truppen zu Roß und zu Fuß und Unterhaltung des Regiments und des Kammergerichts in Geld", abgedr. bei *Karl Zeumer*, Quellensammlung zur Geschichte der Deutschen Reichsverfassung, 1904, S. 255. In diesem Anschlag sind sämtliche Reichsunmittelbaren gegliedert nach Kurfürsten, Erzbischöfen, Bischöfen, Weltlichen Fürsten, Prälaten, Äbtissinnen, Ordensbaleien, Grafen, Freiherren und Reichsstädten verzeichnet; er zeichnet ein exaktes Bild zum einen von der territorialen Zergliederung des Reichs und zum anderen von der Unterschiedlichkeit seiner Stände vom Kurfürsten bis zum Reichsfreiherrn, vom Erzbistum bis zum kleinen Reichskloster, von Metropolen wie Nürnberg, Augsburg, Köln und kleinsten, aber dennoch freien Reichsstädten wie etwa Bopfingen und Zell am Harmersbach.
9 *Moser* (N 2), cap. 1, § 2, S. 2.
10 *Moser* (N 2), cap. 1, § 19, S. 27.
11 Völkerrechtliche Aspekte des Heiligen Römischen Reiches nach 1648, 1967.

§ 11                     *I. Staat*

## B. Deutschland unter dem Deutschen Bund

9   Das Ringen um die Einigung Deutschlands zu einem seinen Nachbarn ebenbürtigen Nationalstaat setzte mit der Wende vom 18. zum 19. Jahrhundert ein. Das Gedankengut der französischen Revolution, der klägliche und so gut wie unbeklagte Zusammenbruch des Alten Reiches unter dem Ultimatum, mit dem Napoleon Kaiser Franz II. am 6. August 1806 zur Niederlegung der Kaiserkrone gezwungen hatte,[12] sowie das Erlebnis der Befreiungskriege von 1813 bis 1815 haben einen epochalen Wandel ausgelöst. Aus den landesherrlichen Untertanen, die die Deutschen im 18. Jahrhundert noch gewesen sind, ist ein mündig gewordenes Bürgertum entstanden, das politische Hoffnungen entwickelte und Forderungen anmeldete.

10  Im Mittelpunkt stand der Wunsch nach der Restauration des Deutschen Reichs als einem seinen europäischen Nachbarn ebenbürtigen Nationalstaat. *Ernst Moritz Arndt* brachte das 1813 mit seinem „Lied der Deutschen" auf den Punkt. Er setzte der vom Alten Reich überkommenen „Kleinstaaterei" das „ganze Deutschland" entgegen und verlieh damit einem allgemein gehegten Wunsch Ausdruck. „Einigkeit" wurde zum dominanten Postulat des „Vormärz", der drei Jahrzehnte vom Wiener Kongress bis zu den Unruhen von 1848. Mit dem Drängen nach der Einigung Deutschlands verband sich das Verlangen nach einer gesamtdeutschen Repräsentativ-Verfassung, die nicht nur die Staatlichkeit Deutschlands als Ganzem untermauern, sondern dem Bürgertum auch zu einer an dessen Gesetzgebung beteiligten, frei gewählten Volksvertretung ganz anderer Art verhelfen sollte als des Reichstags des Alten Reichs, einer bloßen Ständeversammlung.

11  Diese Hoffnung hat der Wiener Kongress bekanntlich enttäuscht. Auch er verfolgte zwar das Ziel einer Erneuerung Deutschlands. Aber nach einigem Schwanken zwischen einer bundesstaatlichen und einer staatenbündischen Lösung der Deutschen Frage, entschied er sich für eine dezidiert staatenbündische Verbindung der nach dem Zusammenbruch des alten Deutschen Reichs verbliebenen 34 Territorien und der vier Stadtstaaten Frankfurt, Hamburg, Bremen und Lübeck.

12  Statt eines neuen Deutschen Reichs erhielt Deutschland so den Deutschen Bund. Art. 1 der Bundesakte vom 8. Juni 1815 betont mit unübersehbarem Nachdruck die Souveränität der Fürsten und freien Städte Deutschlands. Damit schloss er jegliche Staatlichkeit des Bundes a limine aus. Bundesziel blieb die Aufrechterhaltung der territorialen Souveränität. Versuche, sie zu überwinden, wären der raison d'être des Deutschen Bundes konträr zuwidergelaufen.

13  Das verstrickte den Deutschen Bund in einen Dauerkonflikt mit dem Geist seiner Zeit. Die Bundesversammlung sah sich gezwungen, fortwährend dem Einigkeitsdrang des Bürgertums entgegenzutreten, der sich in Versammlungen, in der Presse, in Flugschriften und in Volksfesten[13] äußerte. Die Karlsbader Beschlüsse vom 20.

---
12  Dazu *Ernst Rudolf Huber*, Deutsche Verfassungsgeschichte seit 1789, Bd. I, ²1990, S. 70 f.
13  Wie dem Wartburgfest von 1817 und dem Hambacher Fest von 1832, um nur die beiden wirkungskräftigsten zu nennen.

September 1820[14] machten den Anfang mit der Verpflichtung der Bundesstaaten zur Pressezensur, zur Überwachung der Universitäten und zur „Demagogen-Verfolgung". Eine Fülle sogenannter „Maßregel-Gesetze" folgten,[15] die das politische Klima des Bundes nicht nur prägten, sondern verdarben.

Die Restaurations-Politik des Bundes hatte eine merkwürdige Folge: Sie diente der Verteidigung der gliedstaatlichen Souveränität, bediente sich aber fortwährend schärfer agierender Eingriffe in die Souveränität der Territorien. Denn die Bundesstaaten waren zum Befolgen der Bundesbeschlüsse gezwungen. Sie hatten die zu ihrem Vollzug erforderlichen Landesgesetze zu erlassen und diese gewissenhaft durchzusetzen. Die Bundesversammlung wachte darüber, dass dies geschah. Mit der Schieds- und Austrägal-Gerichtsbarkeit, der Bundesintervention und der Bundesexekution[16] standen ihr die Instrumente zu Gebote, sich gegenüber den Landesregierungen zu behaupten. Das bekam u. a. der Großherzog von Baden zu spüren, als er im Dezember 1831 mit Zustimmung seines Landtags ein Pressegesetz erließ, das die durch das Bundespreßgesetz vom 20. September 1819 bundesrechtlich vorgeschriebene Zensur aufhob.[17] Dies trug ihm eine harsche Beanstandung der Bundesversammlung ein, der er sieben Monate später mit der Wiedereinführung der Zensur durch eine Verordnung Rechnung tragen musste, die er ohne Zustimmung des Landtags aus eigener Machtvollkommenheit erließ.[18]

In der Bundesintervention und der Bundesexekution sowie in ihrem durchaus regen Gebrauch[19] trat zutage, dass der Deutsche Bund, wiewohl als bloßer Staatenbund ins Leben getreten, einem Bundesstaat doch sehr nahe gekommen ist. Er hat seinen Gliedstaaten gegenüber ein beachtliches Eigenleben entwickelt. Die Entscheidung über die Schicksalsfragen der deutschen Außen- und Innenpolitik lag bei ihm. Wo die Stimme Deutschlands gefragt war, sprach er. Wenn er dennoch nicht zum souveränen Bundesstaat aufsteigen konnte, so lag das zum einen an der Sonderstellung Preußens und Österreichs in seinem Verfassungsgefüge und zum anderen an seinem wirtschaftspolitischen Versagen.

Preußen und Österreich haben sich der Einflussnahme des Bundes dank ihrer Größe und ihrer Macht entzogen. Sie verstanden den Bund eher als ein Werkzeug zur Durchsetzung ihrer politischen Interessen, denn als eine auch ihnen übergeordnete Institution. Als Österreich am 14. Juni 1866 im Konflikt um Schleswig-Holstein einen Exekutionsbeschluss gegen Preußen erwirkte, hatte der Bund die Grenzen seiner Macht überschritten: Preußen hat postwendend die Bundesakte für erloschen erklärt.

---

14 Text bei *Ernst Rudolf Huber*, Dokumente zur Deutschen Verfassungsgeschichte, Bd. I, ³1961, S. 100 ff.
15 Ebenfalls abgedruckt bei *Huber* (N 14), S. 129 ff.
16 Art. 21–23, 26 und 32 der Wiener Schlussakte, *Huber* (N 14), S. 91 ff.
17 Pressegesetz vom 28.12.1831 (RegBl. 1832, 29).
18 VO vom 28.07.1832 (RegBl. 371). Dazu *Ernst Rudolf Huber*, Deutsche Verfassungsgeschichte seit 1789, Bd. II, ³1988, S. 43 f. Es zeigte sich eine bemerkenswerte Parallele zur Gegenwart: Wie die EU ihre Mitgliedstaaten an deren Parlamenten vorbei an ihr Verordnungs- und Richtlinienrecht bindet, so hat auch der Deutsche Bund vieles, was in seinen Gliedstaaten der Mitbestimmung der Landtage bedurft hätte, durch Beschlüsse geregelt, die deren Regierungen bar jeder parlamentarischen Mitsprache in der Bundesversammlung gefasst haben. Was die nach Landesrecht erforderliche Zustimmung des Landtags nie und nimmer erhalten hätte, ließ sich so auf dem Umweg über Frankfurt, dem Tagungsort der Bundesversammlung, leicht und ohne viel Aufhebens erreichen.
19 Näheres bei *Huber* (N 12), Bd. I, S. 631 ff.

**17** Den Zusammenschluss Deutschlands zu einem einheitlichen Handels- und Zollgebiet, das wirtschaftspolitische Kardinalproblem Deutschlands während der ersten Hälfte des 19. Jahrhunderts, hat der Deutsche Bund nicht durchsetzen können, weil auf diesem Felde eine Verständigung seiner Gliedstaaten nicht zu erreichen war. Die Gliedstaaten sahen in der Zollhoheit den Inbegriff ihrer Souveränität. Sich den Einflussnahmen des Bundes auch auf sie zu unterwerfen, kam für sie nicht in Frage. Deshalb führten die in Art. 19 der Bundesakte[20] angeordneten „Beratungen" über die Wirtschaftsordnung des Bundes zu nichts. Die wirtschaftliche Einigung Deutschland musste „am Deutschen Bund vorbei"[21] betrieben werden. Es kam zunächst zu regionalen Zollverbünden und schließlich 1834 zum Deutschen Zollverein, dem nach und nach bis auf Österreich, Liechtenstein und die drei Hansestädte alle Bundesstaaten beitraten. Dass daran der Deutsche Bund nicht beteiligt war, unterstreicht seine staatenbündische Schwäche. Der Deutsche Bund hat sich zwar dem Bundesstaat nähern können; überschreiten konnte er die Schwelle zwischen dem Staatenbund und dem Bundesstaat nicht.

## C. Deutschland in der Vorstellung der Paulskirche

**18** Für die Frankfurter Nationalversammlung stand demgegenüber außer Frage, dass das Deutsche Reich, zu dessen Wiederherstellung sie 1848 gewählt worden war, deutlich mehr als nur ein Staatenbund sein musste. In ihr dominierten die Vertreter des Bürgertums. Die ihrer Wahl vorausgegangenen März-Unruhen des Jahres 1848 hatten ihnen die Neugründung des Deutschen Reichs als souveränem Bundestaat als Richtschnur vorgegeben.

**19** Dem trug § 5 der Paulskirchen-Verfassung mit einem Bekenntnis zur Bundesstaatlichkeit Deutschlands und zugleich zur Souveränität des Reichs Rechnung. Ihm zufolge sollten „die einzelnen deutschen Staaten ihre Selbständigkeit behalten", jedoch nur „soweit diese nicht der Reichsgewalt ausdrücklich übertragen sind." Die völkerrechtliche Vertretung des Reichs sollte der „Reichsgewalt" obliegen (§ 6); den Ländern wollte § 7 die Unterhaltung eigener diplomatischer Vertretungen und Konsulate verbieten. Mit dem „Kaiser der Deutschen" als „Reichsoberhaupt" (§§ 68, 70), einer Reichsregierung (§ 73 Abs. 2) und einem aus zwei Häusern – dem Staaten- und dem Volkshaus – bestehenden Reichstag wollte der Verfassungsentwurf der Paulskirche das Reich mit allen Attributen der Staatlichkeit ausstatten.

**20** Wäre dieser Entwurf als „Verfassung des Deutschen Reiches" in Kraft getreten, so hätte mit ihm Deutschland als Staat endlich seinen Anfang genommen. Die Ablehnung der Kaiserkrone durch König *Friedrich Wilhelm IV.* von Preußen hat die Staat-Werdung Deutschlands jedoch um weitere 18 Jahre aufgeschoben.

---

20 „Die Bundesglieder behalten sich vor, bey der ersten Zusammenkunft der Bundesversammlung in Frankfurth wegen des Handels und Verkehrs zwischen den verschiedenen Bundesstaaten, so wie wegen der Schifffahrt nach Anleitung der auf dem Kongreß zu Wien angenommenen Grundsätze in Berathung zu treten."

21 So *Michael Kotulla*, Deutsche Verfassungsgeschichte, 2008, Rn. 1607 ff.

## D. Das Deutschland des Bismarckschen Kaiserreichs

Die entscheidende Wende brachte 1867 der Norddeutsche Bund mit der Trennung Österreichs von Deutschland. Mit ihr endete die deutschlandinterne Hegemonial-Konkurrenz zwischen Preußen und Österreich. Das ebnete der bundesstaatlichen Einigung Deutschlands unter preußischer Führung den Weg. Der Norddeutsche Bund blieb allerdings zunächst noch ein deutscher Teilstaat. Aber seine Verfassung schuf die Form, in die nach dem Hinzutreten Badens, Hessen-Darmstadts, Bayerns und Württembergs das Deutsche Reich in seine kleindeutsche Gestalt gebracht worden ist. Zum Staat wurde Deutschland schon in der Gestalt des Norddeutschen Bundes. Der Reichsverfassung von 1871 ließ der Norddeutsche Bund lediglich die Ausweitung des Reichsgebiets auf die 1867 noch Abseits stehenden vier süddeutschen Länder übrig.

21

Die RV bekennt sich wie die gescheiterte Paulskirchen-Verfassung zur Bundesstaatlichkeit des Reichs. Aber sie tut dies in unklarerer Form und mit merkwürdigem Schwanken. Ihre terminologische und institutionelle Unbestimmtheit verdankt sich dem Taktieren *Bismarcks*. Das geht aus dessen Putbuser Diktaten vom Herbst 1866[22] hervor, in denen er nach der Gründung des Norddeutschen Bundes[23], aber noch vor der Verabschiedung seiner Verfassung festhielt: „Sie[24] sind zu zentralistisch bundesstaatlich für den dereinstigen Beitritt der Süddeutschen. Man wird sich in der Form mehr an den Staatenbund halten müssen, diesem aber praktisch die Natur des Bundesstaates geben mit elastischen, unscheinbaren, aber weitgreifenden Ausdrücken. Als Zentralbehörde wird daher nicht ein Ministerium, sondern ein Bundestag fungieren, bei dem wir, wie ich glaube, gute Geschäfte machen, wenn wir uns zunächst an das Kuriensystem des alten Bundes anlehnen." Bismarck wollte also auf ein Verstecken der Bundesstaatlichkeit hinter der Staatenbündischkeit hinaus, zum einen um den 1866 noch nicht beitrittsbereiten süddeutschen Ländern den Beitritt zu erleichtern, und zum andern, um Preußens Hegemonie nicht allzu deutlich hervortreten zu lassen.

22

So übernahm die RV die Gründungsformel des Norddeutschen Bundes, die auch das Reich als „einen ewigen Bund" und das „Deutsche Reich" nur als dessen Name bezeichnete. Die Führung dieses Bundes legte Art. 6 RV in die Hände der im „Bundesrat" miteinander verbundenen Mitgliedstaaten. Ein Reichs- oder Bundesoberhaupt sah die RV nicht vor. Ihr Art. 11 sprach statt dessen vom „Präsidium des Bundes", das der König von Preußen nicht etwa als Deutscher Kaiser, sondern lediglich unter dem Namen „Deutscher Kaiser" führte. Der Kaiser war daher nicht etwa der monarchische Träger der Reichssouveränität. Die RV beschränkte ihn vielmehr auf die Rolle des „primus inter pares" im Kreis der im Bundesrat verein-

23

---
22 Bismarck hat sie während eines Erholungsaufenthalts in Putbus auf Rügen vom 30. Oktober bis 18. November seiner Frau diktiert; abgedr. in Gerhard Ritter und Rudolf Stadelmann (Hg.), Otto von Bismarck, Die gesammelten Werke, Friedrichsruher Ausg. 1924–1935, Bd. VI, S. 167 ff.
23 Durch den Bündnisvertrag Preußens mit den Norddeutschen Staaten vom 18.08.1866; Text bei *Huber* (N 18), S. 268 f.
24 Sc. die mittlerweile erstellten Entwürfe der Bundesverfassung.

ten deutschen Monarchen. Diese sprachen in ihrer Gesamtheit – gemeinsam mit den Senaten der drei Hansestädte – für das Reich. Man sprach von einer „Souveränität zur gesamten Hand".[25] Um das Bild vom Reich als Bund zu wahren, kannte die RV zwar einen Reichskanzler, aber keine Reichsregierung. Ihr Art. 15 Abs. 1 wies dem Reichskanzler nur „den Vorsitz im Bundesrathe und die Leitung der Geschäfte" zu; im Falle seiner Verhinderung wurde der Reichskanzler „durch ein anderes Mitglied des Bundesrathes" vertreten.

**24** Mit alle dem hielt sich das bismarcksche Kaiserreich, wie in Putbus geplant, „in der Form mehr an den Staatenbund". Den Ausschlag gab jedoch, dass es seine Länder der Reichsgewalt unterwarf. Gemäß Art. 2 RV „übte das Reich das Recht der Gesetzgebung ... mit der Wirkung aus, daß die Reichsgesetze den Landesgesetzen vorgehen." Einer Übernahme der Reichsgesetze durch die Landesgesetzgebung, wie sie noch im Deutschen Bund erforderlich war, bedurfte es nicht; die Reichsgesetze traten unmittelbar mit ihrer Verkündung im Reichsgesetzblatt in Geltung. Mit dem Recht der Verfassungsänderung bestimmte das Reich eigenmächtig über seine Verfassung. Mit dem allgemeinen Wahlrecht zum Reichstag verlieh die RV erstmals auch dem deutschen Volk in seiner Gesamtheit staatsrechtliche Existenz. Das verlieh dem Reich eben doch „praktisch die Natur des Bundesstaates". Das Verfahren des Erlasses der Norddeutschen Bundesverfassung wie der Reichsverfassung unterstrich das zusätzlich. An beiden war der zuvor gewählte und eigens mit der Feststellung der Verfassung beauftragte Reichstag beteiligt.[26] Das hob die beiden Verfassungen weit über einen bloßen Bündnisvertrag der dem Norddeutschen Bund und dem Reich beitretenden Monarchen hinaus. Sie traten als ein Akt zentralstaatlicher Verfassungsgebung in Kraft. Die Proklamation vom 18. Januar 1871, mit der Kaiser Wilhelm I. die Annahme der Kaiserwürde bekanntgab,[27] bestätigt, dass dies so gewollt war. Sie war „an das Deutsche Volk" gerichtet, sprach von der „deutschen Nation" und der „Herstellung des Deutschen Reichs".

**25** Die Anklänge der RV „an den Staatenbund" traten so denn auch alsbald nach der Reichgründung mehr und mehr in den Hintergrund. Sah sich Kaiser *Wilhelm I.* noch mehr in der Rolle des Königs von Preußen, so trat *Wilhelm II.* primär als Kaiser und Reichsoberhaupt auf. Die Herabstufung der Reichsleitung zum Vorsitz und zur Geschäftsführung im Bundesrat erwies sich rasch als ein dringend der Korrektur bedürftiges understatement. 1878 wurde sie durch ein Stellvertretergesetz[28] den Bedürfnissen der bundesstaatlichen Regierungsarbeit angepasst. Dieses Gesetz erlaubte es dem Reichskanzler, Stellvertreter entweder für den gesamten Umfang seiner Aufgaben oder für „einzelne Amtszweige" zu bestellen. Das erlaubte ihm ein Kabinett zu bilden, dem zwar der von der Verfassung nicht vorgesehene Titel „Reichsregierung" versagt blieb, so dass es mit der Bezeichnung „Reichleitung" vorlieb nehmen musste; deren Mitglieder wurden nicht „Minister",

---

25 Dazu anschaulich *Paul Laband*, Deutsches Reichstaatsrecht, ³1907, § 11.
26 Art. 5 des Bündnisvertrags Preußens mit den Norddeutschen Staaten vom 18.08.1866; Text bei *Huber* (N 18), S. 268 ff.
27 Text bei *Huber* (N 18), S. 378 f.
28 Gesetz betr. die Stellvertretung des Reichskanzlers vom 17.03.1978 (RGBl. 7), Text bei *Huber* (N 18), S. 407.

sondern „Staatssekretär" genannt; statt eines „Ministeriums" führten sie „Reichsämter". In Wahrheit hatte das Reich aber mit der Reichsleitung eine vollwertige Regierung erhalten.

Auch in dieser Hinsicht war das Reich also unanfechtbar ein Staat. Deutschland als Einheitsstaat nahm seinen Anfang daher mit der Reichsgründung vom 18. Januar 1871.

## E. Deutschland nach dem Zweiten Weltkrieg

Dabei hat es sein Bewenden gefunden. Mit der Kapitulation des Deutschen Reichs am 7. und 8. Mai 1945 hat Deutschland allerdings die Staatsgewalt über sein Volk und sein Gebiet an die Alliierten Siegermächte abtreten müssen. Aber das bedeutete nur eine Suspension der deutschen Staatlichkeit, nicht etwa ihr, und sei es auch nur vorübergehendes, Ende. Denn die Alliierten stellten mit einer sogenannten „Viermächteerklärung" vom 5. Juni 1945 klar, dass sie nur „die oberste Regierungsgewalt in Deutschland" an sich ziehen, Deutschland aber nicht annektieren wollten.

Daran hielt auch das Potsdamer Abkommen vom 2. August 1945 fest. Es schloss zwar die Bildung einer zentralen deutschen Regierung aus. Aber es tat dies ausdrücklich nur „bis auf weiteres" und stellte dem deutschen Volk den Wiederaufbau seines staatlichen Lebens in Aussicht, sofern es durch eigene Anstrengungen seine Abkehr von den Verirrungen des Nationalsozialismus unter Beweis stellen werde.[29]

Der Wiedereinsetzung Deutschlands in seine gesamtstaatlichen Rechte hat jedoch der Ost-West-Konflikt für die ersten viereinhalb Jahrzehnte der Nachkriegszeit einen Riegel vorgeschoben. Mehr als die Errichtung eines auf Westdeutschland beschränkten Teilstaats ließ er nicht zu. Für sie gaben die Militärgouverneure der amerikanischen, britischen und französischen Besatzungszone so denn auch den westdeutschen Ministerpräsidenten mit den sogenannten Frankfurter Dokumenten vom 1. Juli 1948 freie Bahn.[30]

Mit dem Auftrag, Westdeutschland eine Verfassung zu geben und mit ihr für sein Gebiet die deutsche Staatlichkeit wiederherzustellen, taten sich die Ministerpräsidenten freilich schwer. Der Erlass einer westdeutschen Verfassung durch einen deutschen Verfassungsgeber drohte die Spaltung Deutschlands zu einem auch vom deutschen Staatsrecht anerkannten Faktum zu verfestigen, mit anderen Worten also nur den Westen Deutschlands staatsrechtlich zu einen, zugleich damit aber auch den Anspruch auf die Wiedervereinigung Westdeutschlands mit Ostdeutschland preiszugeben.

---

29 Dazu *Reinhard Mußgnug*, Zustandekommen des Grundgesetzes und Entstehen der Bundesrepublik Deutschland, in: HStR, Bd. I, ³2003, S. 316 f.
30 Auch dazu *Mußgnug* (N 29), S. 322 ff.

**§ 11** *I. Staat*

31 Das wollten die westdeutschen Ministerpräsidenten vermeiden. Sie erklärten sich zwar bereit, die drei westlichen Besatzungszonen unter eine einheitliche deutsche Verwaltung zu stellen. Aber sie wollten keinesfalls soweit gehen, diesem „Gebilde" den Charakter eines Staates zu verleihen. Es müsse daher zum Ausdruck kommen, „daß es sich lediglich um ein Provisorium handelt, sowie um eine Institution, die ihre Entstehung lediglich dem augenblicklichen Stand der mit der gegenwärtigen Besetzung Deutschlands verbundenen Umstände verdankt."

32 Wäre es dazu gekommen, so wäre Westdeutschland in den vorstaatlichen Zustand des deutschen Bundes, wenn nicht gar des Alten Deutschen Reiches zurückgefallen: Es hätte sich zu einer staatenbündischen Gemeinschaft der damals elf westdeutschen Länder formiert, also zu dem was *Pufendorf*[31] ein „irregulare aliquod" genannt hatte. Damit wollten sich die Alliierten freilich nicht zufrieden geben. Sie legten Wert auf einen hinreichend starken westdeutschen Teilstaat, der dem politischen Druck des Ostens gewachsen war. Deshalb zwangen sie die Bundesrepublik zur Staatlichkeit. Dem Grundgesetz blieb nur übrig, in seiner Präambel an Gesamtdeutschland zu erinnern und die Bundesrepublik mit einem Wiedervereinigungsgebot zur Aufrechterhaltung ihres Anspruchs auf Deutschland als Ganzes zu verpflichten.[32] Das Provisorium, von dem in den ersten Jahren der Bundesrepublik noch viel die Rede war, erwies sich dagegen als lebenskräftig. Es sollte nach dem Willen seiner Väter kein Staat sein. Aber es ist unter der Macht der Fakten zum Staat geworden, mit der Aufhebung des Besatzungsregimes durch den am 5. Mai 1955 in Kraft getretenen Deutschlandvertrag[33] zu einem souveränen Staat. Es blieb jedoch ein Teilstaat. Mit der zur Deutschen Demokratischen Republik verstaatlichten Sowjetischen Besatzungszone stand ihm seit 1949 ein zweiter deutscher Teilstaat gegenüber. Seit der Wiedervereinigung am 3. Oktober 1990 ist ohnehin selbstverständlich, dass die Bundesrepublik Deutschland ein Staat ist.

# F. Ausblick

33 Ob es dabei bleiben wird, ist nicht gerade fraglich, aber wohl doch des Nachdenkens wert. Denn der zügig voranschreitende Prozess der Europäischen Einigung schmälert die nationale Souveränität mehr und mehr. Das Ende des Nationalstaats ist bereits ausgerufen worden. Aber es wird wohl noch einige Zeit auf sich warten lassen. Dass der Gang der Dinge auf eine dem Prozess der Deutschen Einigung vom Alten Deutschen Reich über den Deutschen Bund zum Deutschen Reich von 1871 vergleichbaren Wandel von der Europäischen Union zu den Vereinigten Staa-

---

31 S. o. Rn. 1.
32 Die beiden letzten Sätze der Präambel, die das zum Ausdruck brachten, lauteten in ihrer ursprünglichen Fassung „Es (sc. das Deutsche Volk in den westdeutschen Ländern) hat auch für jene Deutschen gehandelt, denen mitzuwirken versagt war. Das gesamte Deutsche Volk bleibt aufgefordert, in freier Selbstbestimmung die Einheit und Freiheit Deutschlands zu vollenden."
33 Genauer: Vertrag über die Beziehungen zwischen der Bundesrepublik Deutschland und den Drei Mächten vom 26.05.1952, i. d. F. vom 23.10.1954 (BGBl. II 306).

ten von Europa hinauslaufen könnte, ist nicht auszuschließen. Mit Sicherheit auszuschließen ist jedoch, dass sich dieser Wandel durch eine forcierte europäische Einigungspolitik beschleunigen lässt.

Ein Vereintes Europa setzt mehr voraus als nur eine Verdichtung des europäischen Vertragswerkes zur Verfassung eines zum Bundesstaat aufgestiegenen Europa. Das Vereinte Europa kann vielmehr nur gelingen, wenn es auf einem Europäischen Volk aufbauen kann. Davon aber ist Europa noch weit entfernt. Es fehlt ihm die lingua franca, die seinen Bürgern die ungehinderte Diskussion ihrer politischen Anliegen über alle Landesgrenzen hinweg erlaubt. Es fehlen die politischen Parteien, die einen gesamteuropäischen Anspruch erheben, supranational agieren und für eine nationenüberschreitende europäische Mitgliedschaft sprechen können. Vor allem aber fehlt noch auf lange Sicht der über das europäische Gemeinschaftsgefühl hinausgreifende Wille zur Bildung einer Europäischen Nation. Erst wenn das erreicht ist, wird an eine Abtretung der nationalstaatlichen Souveränität an ein souveränes Europa zu denken sein.

Bis dahin wird es bei der Europäischen Union sein Bewenden finden müssen, in der die nationale Staatlichkeit Deutschlands noch eine lange Zukunft haben wird.

# G. Bibliographie

*Huber, Ernst Rudolf*, Deutsche Verfassungsgeschichte seit 1789, Bd. I, ²1990, S. 658 ff.; Bd. II, ³1988, S. 791 ff.; Bd. III, ³1988, S. 766 ff.
*Randelzhofer, Albrecht*, Völkerrechtliche Aspekte des Heiligen Römischen Reiches nach 1648, 1967.

# II. Verfassung

II. Verso

# § 12
# Verfassung

*Dieter Grimm*

**Übersicht**

| | Rn. |
|---|---|
| A. Herkunft und Eigenart | 2–8 |
| B. Variationen in Raum und Zeit | 9–16 |
| C. Gestaltung unter veränderten Bedingungen | 17–23 |
| D. Bibliographie | |

Der Leitgedanke der Verfassung ist alt und einfach: Herrschaft von Menschen über Menschen bedarf der Legitimation und der Limitation. Er ist allerdings auch sehr abstrakt und daher auf Konkretisierung angewiesen. Die Verfassung ist die Verwirklichung dieses Gedankens unter bestimmten historischen Bedingungen, nämlich der Herrschaftsausübung in Form des Staates. Vor der Entstehung des Staates gab es keine Verfassung im heutigen Sinn des Wortes.[1] Aber auch danach dauerte es 200 Jahre bis zu seiner Konstitutionalisierung. Nach weiteren 200 Jahren wird darüber diskutiert, ob die Verfassung aus der Bindung an den Staat gelöst und auf die seit dem Ende des Zweiten Weltkriegs von Staaten begründete, ihnen aber zunehmend selbständig entgegentretende supranationale Herrschaft übertragen werden kann. Wie sich der Leitgedanke verwirklichen ließe, wenn Herrschaft nicht mehr in Form des Staates ausgeübt würde, ist derzeit unabsehbar.

1

## A. Herkunft und Eigenart

Was macht eine Verfassung aus? Verfassung im modernen Sinn, so wie sie ausgangs des 18. Jahrhunderts aus den Revolutionen Nordamerikas und Frankreichs hervorging und sich mittlerweile nach vielen Kämpfen und Rückschlägen universell durchgesetzt hat, lässt sich als Gesetz beschreiben, das funktional auf die Regelung von Einrichtung und Ausübung politischer Herrschaft spezialisiert ist, von einem sich als politische Einheit verstehenden Volk ausgeht oder ihm als Quelle aller öffentlichen Gewalt zugeschrieben wird, in seiner Geltung auf das Territorium dieses Volkes begrenzt ist, dort aber umfassend gilt und weder extra-

2

---

1 Vgl. *Helmut Quaritsch*, Staat und Souveränität, 1970, S. 184; *Ernst-Wolfgang Böckenförde*, Geschichtliche Entwicklung und Bedeutungswandel der Verfassung, in: FS für Rudolf Gmür, 1983, S. 9; *Dieter Grimm*, Entstehungs- und Wirkungsbedingungen des modernen Konstitutionalismus, in: Akten des 26. Deutschen Rechtshistorikertages, 1987, S. 50 f. (auch in: *ders.*, Die Zukunft der Verfassung, ³2002, S. 31).

konstitutionelle Träger öffentlicher Gewalt noch extrakonstitutionelle Mittel und Weg ihrer Ausübung zulässt, und zu diesem Zweck Vorrang vor allen Akten der öffentlichen Gewalt genießt. Wo das gewährleistet ist, kann man von der Errungenschaft des Konstitutionalismus sprechen.[2]

3   Die Verfassung in diesem Sinn unterscheidet sich zum einen von dem älteren Begriffsverständnis, das nicht präskriptiv, sondern deskriptiv war.[3] Unter Verfassung wurde vor den Revolutionen die Beschaffenheit eines Landes verstanden, wie sie durch zahlreiche Faktoren, darunter auch die Machtverhältnisse und die grundlegenden rechtlichen Strukturen, geprägt war. In diesem empirischen Sinn hat jedes Land eine Verfassung, in dem modernen normativen nicht. Zum anderen unterscheidet sich die moderne Verfassung von früheren rechtlichen Bindungen von Herrschaft, die auch dem Absolutismus nicht fremd waren und meist als *leges fundamentales* bezeichnet wurden. Vertraglich zwischen dem Fürsten und den privilegierten Ständen ausgehandelt, setzten sie die Herrschaftslegitimation des Fürsten voraus und banden ihn lediglich bei der Ausübung in einzelnen Hinsichten und nur zugunsten der Vertragspartner.[4]

4   Die Verfassung knüpft dagegen an eine andere Legitimationsidee an. Sie formte sich in Reaktion auf den Zerfall der transzendental legitimierten mittelalterlichen Ordnung infolge der Glaubensspaltung. Die Ordnungsfrage stellte sich dadurch neu, nicht weil Gottes Wille nicht mehr als maßgeblich betrachtet wurde, sondern weil sein Inhalt nun umstritten war und der Streit darüber die christliche Welt in konfessionelle Bürgerkriege stürzte. Politisch wurde die Ordnungsfrage durch die Entstehung des souveränen Staates entschieden, der im Interesse der Wiederherstellung des inneren Friedens die im Mittelalter verstreuten Hoheitsrechte an sich zog und zur umfassenden öffentlichen Gewalt einschließlich des Rechts zur Gesetzgebung verdichtete sowie einen Herrschaftsapparat aufbaute, der ihn militärisch, administrativ und finanziell von den Ständen unabhängig machte.[5]

5   Philosophisch forderte gerade diese neuartige Machtfülle die Frage nach der Legitimation heraus. Um sie unabhängig von der umstrittenen religiösen Wahrheit beantworten zu können, versetzte sich die Sozialphilosophie gedanklich in einen herrschaftslosen Naturzustand, in dem jeder frei, aber keiner sicher war. Der vernünftige Grund für die Unterwerfung unter eine Herrschaft bestand also in der Sicherheit, die sie versprach. Unter den Bedingungen des Naturzustandes konnte dieser Schritt nur durch einen Vertrag aller miteinander getan werden, in dem der Übergang in den Herrschaftszustand beschlossen, die Bedingungen für die Ausübung der Herrschaft festgelegt und Personen zu ihrer Ausübung berufen wurden. Dieser Vertrag war freilich genauso fiktiv wie der Naturzustand. Er diente der Phi-

---

2   Vgl. *Dieter Grimm*, Die Zukunft der Verfassung II, 2012, S. 39 f., 315 ff. (bes. 324 f.).
3   Vgl. *Heinz Mohnhaupt/Dieter Grimm*, Verfassung. Zur Geschichte des Begriffs von der Antike bis zur Gegenwart, ²2002.
4   Vgl. *Rudolf Vierhaus* (Hg.), Herrschaftsverträge, Wahlkapitulationen, Fundamentalgesetze, 1977; *Heinz Mohnhaupt*, Historische Vergleichung im Bereich von Staat und Recht, 2000, S. 1 und 35.
5   Vgl. *Dietmar Willoweit*, Rechtsgrundlagen der Territorialgewalt, 1975; *Ernst-Wolfgang Böckenförde*, Die Entstehung des Staates als Vorgang der Säkularisation, in: *ders.*, Staat, Gesellschaft, Freiheit, 1976, S. 42.

losophie nur als Test. Für die Legitimität der Herrschaft reichte es, dass sie als aus einem Vertrag hervorgehend *gedacht* werden konnte.[6]

Obwohl die Vertragskonstruktion anfänglich unter dem Eindruck der Bürgerkriege zur Rechtfertigung absoluter Herrschaft führte, untergrub sie längerfristig doch die alten Legitimitätsvorstellungen. Im Unterschied zu diesen war der Konsens änderbar. Neue Verhältnisse konnten neue Bedingungen für die Herrschaftsausübung nahelegen. Je weiter die konfessionellen Bürgerkriege zurücklagen, desto mehr büßte die Annahme, dass Sicherheit nur im Tausch gegen die gesamte natürliche Freiheit erreichbar sei, an Plausibilität ein. Vielmehr schien die Abtretung des Rechts auf Gewaltanwendung zur Verteidigung oder Durchsetzung der eigenen Rechte zu genügen. Die natürlichen Rechte der Einzelnen blieben dann auch im Herrschaftszustand bestehen. Sie wurden nun immer weiter ausformuliert. Ihre Sicherung rückte zur Hauptaufgabe der Staatsgewalt auf.[7]

In der jüngeren Naturrechtslehre schlossen sich Freiheit und Herrschaft folglich nicht mehr aus. Vielmehr brach sich nun die Überzeugung Bahn, dass der Einzelne seine moralische Bestimmung nur in Freiheit erreichen könne, ja, dass individuelle Freiheit die Bedingung für Wohlstand und Gerechtigkeit sei, weil in einer auf Freiheit gegründeten Ordnung die Produktivkräfte der Individuen entfesselt würden und die Gesellschaft in der Selbststeuerung über den Markt zuverlässiger zu einem gerechten Interessenausgleich gelangen könne als durch staatliche Lenkung. Der Staat wurde dadurch nicht entbehrlich, musste sich aber darauf beschränken, die gleiche Freiheit der Einzelnen zu sichern und miteinander kompatibel zu halten. Diese Beschränkung war nur von einem Staat zu erwarten, in dem Macht nicht mehr geballt, sondern unter verschiedene Zweige der Staatsgewalt aufgeteilt war, die sich wechselseitig in Schach hielten.

Wesentliche Bestandteile der Verfassung lagen also am Vorabend der Revolutionen bereit, ohne dass sie in der philosophischen Literatur schon zur Forderung nach einer geschriebenen rechtlichen Verfassung vorangetrieben worden wären.[8] Als jedoch die angestammte Staatsgewalt in den englischen Kolonien Nordamerikas und in Frankreich beseitigt worden war und das dadurch entstandene Vakuum gefüllt werden musste, wurden die philosophischen Lehren handlungsleitend, flossen in die neuen Ordnungsentwürfe ein und wurden als Verfassungen mit rechtlicher Verbindlichkeit und vorrangiger Geltung ausgestattet. Für die amerikanischen Kolonisten war der Schritt klein, weil sie an ihre beim Verlassen des Mutterlandes geschlossenen *Compacts* und an die *Colonial Charters* anknüpfen konnten.[9] Die Franzosen hatten einige Jahre später bereits das amerikanische Muster vor Augen.

---

6 Vgl. *Wolfgang Kersting*, Die politische Philosophie des Gesellschaftsvertrags, 1994.
7 Vgl. *Diethelm Klippel*, Politische Freiheit und Freiheitsrechte im deutschen Naturrecht des 18. Jahrhunderts, 1976.
8 Die einzige Ausnahme bildet *Emer de Vattel*, Le droit des gens ou principes de la loi naturelle, 1758, I 3, § 27.
9 Vgl. *Donald S. Lutz*, The Origins of American Constitutionalism, 1988, S. 13 ff.

## B. Variationen in Raum und Zeit

9 Da die Verfassung als Staatsverfassung ins Leben trat, variierte die Ausgestaltung von Land zu Land. Verfassungen können kurz und lapidar sein wie die amerikanische oder wortreich und detailliert wie die deutsche. Sie können den Staat zentralistisch oder föderalistisch einrichten. Sie können die rechtsstaatliche oder die demokratische Komponente hervorheben. Sie können das Regierungssystem parlamentarisch oder präsidentiell ausgestalten, die Gewaltenteilung strikt oder locker handhaben, Grundrechte aufnehmen oder weglassen, Verfassungsgerichte vorsehen oder ausschließen. Dabei handelt es sich um zeit- und ortsabhängige Konkretisierungen der Leitgedanken, über die bei der Verfassungsgebung oder -änderung unter Umständen heftig gestritten wird, deren Wahl aber die Errungenschaft nicht berührt.

10 Sie sind jedoch von denjenigen Konkretisierungen zu unterscheiden, welche die Errungenschaft nicht ausgestalten, sondern verkürzen oder verspielen. Wie sich schon bald nach den Revolutionen zeigte, kann die Verfassung, einmal erfunden, auch zweckentfremdet oder sinnentleert verwendet werden. Es ist möglich, die Form zu kopieren, ohne die Leitgedanken oder die Funktion zu übernehmen. Desgleichen besteht die Möglichkeit, das konstitutionelle Programm nur bis zu einem gewissen Grad in Recht umzusetzen. Verfassungen dieser Art mögen dann immer noch einen Fortschritt gegenüber der vorkonstitutionellen Situation darstellen, sie bleiben aber hinter dem Anspruchsniveau der Verfassung im Vollsinn des Begriffs zurück. Dafür gibt es in Geschichte und Gegenwart zahlreiche Beispiele.

11 Zu den Verfassungen, denen konstitutive Merkmale der Verfassung im Vollsinn fehlen, gehören zum Beispiel sämtliche deutschen Verfassungen des 19. Jahrhunderts.[10] Ihnen war nicht, wie in den Ursprungsländern des Konstitutionalismus, eine erfolgreiche Revolution gegen die angestammte, aus sich heraus legitimierte Staatsgewalt vorausgegangen. Es waren vielmehr die angestammten Herrscher selber, die sich entschlossen, Verfassungen zu gewähren oder mit den Ständeversammlungen ihrer Territorien zu vereinbaren, freilich nicht aus konstitutioneller Gesinnung, sondern aus dynastischem Selbsterhaltungsinteresse in Zeiten drohender Umstürze. Diesen Verfassungen fehlte daher von vornherein das herrschaftskonstituierende Element. Keine beruhte auf dem Prinzip der verfassungsgebenden Gewalt des Volkes. Alle ließen die vorkonstitutionelle Herrschaftslegitimation der Fürsten unangetastet und wirkten lediglich herrschaftsmodifizierend.

12 Gleichwohl hoben sie sich von den älteren rechtlichen Bindungen von Herrschaft dadurch ab, dass sie nicht Vertrag, sondern Gesetz waren, also allgemein, nicht nur zwischen den Vertragspartnern galten und die Staatsgewalt nicht punktuell beschnitten, sondern durchgängig organisierten, wenn auch nicht in dem umfassenden Sinn der voll ausgebildeten Verfassung, die extrakonstitutionelle Träger und Mittel öffentlicher Gewalt ausschließt. Der Monarch samt seinem aus Militär, Diplomatie und Beamtenschaft bestehenden Herrschaftsapparat leitete seine Rechtsposition nicht von der Verfassung ab, sondern brachte sie aus dem vorkon-

---

10 Näher *Dieter Grimm*, Deutsche Verfassungsgeschichte, ³1995, bes. S. 110 ff.

stitutionellen Zustand mit und war folglich überall dort in seinen Handlungen frei, wo er sich nicht ausdrücklich verfassungsrechtlichen Bindungen unterworfen hatte. Dem Zugriff des Verfassungsrechts war er insoweit nur indirekt vermittels des Budgetrechts ausgesetzt.

Gemessen an den Verfassungen im Vollsinn des Begriffs, wie sie aus der amerikanischen und der französischen Revolution hervorgegangen waren, kann man diese Verfassungen daher als Semikonstitutionen bezeichnen. Sie erfüllen Funktionen einer Verfassung, aber nicht uneingeschränkt. Dadurch unterscheiden sie sich von Pseudokonstitutionen, die ebenfalls mit dem Aufkommen der modernen Verfassung möglich wurden und lediglich den Anschein einer Rechtsbindung der öffentlichen Gewalt erwecken, für politisches Handeln aber folgenlos bleiben. Zwischenformen bilden Konstitutionen, die zwar die Organisation der Staatsgewalt festlegen, ihre Ausübung aber kaum bestimmen oder nur eingehalten werden, solange sie bei der Verfolgung politischer Ziele nicht hinderlich sind, im Konfliktfall zwischen verfassungsrechtlichen Anforderungen und politischen Absichten aber regelmäßig den Kürzeren ziehen.[11]

Was die Legitimationsfunktion der Verfassung angeht, so hält sich bei allen vollumfänglichen Verfassungen seit den Anfängen des Konstitutionalismus die Volkssouveränität. Herrschaft muss auf dem Konsens der Herrschaftsunterworfenen beruhen. Das setzt zum einen voraus, dass die politische Ordnung auf das Volk in seiner Eigenschaft als *pouvoir constituant* zurückgeführt wird, während die staatlichen Organe als *pouvoir constitué* nur auf der Grundlage und im Rahmen der Verfassung tätig werden dürfen. Diese bereits auf die Anfänge des Konstitutionalismus zurückgehende Unterscheidung ist für die Verfassung grundlegend, ihr Vorrang wurzelt darin.[12] Zum anderen heißt das, dass alle Träger öffentlicher Gewalt sich in eine demokratische Legitimationskette einfügen müssen, die ihren Anfang bei demokratischen Wahlen hat.

Der demokratische Ursprung der Verfassung ist nicht bloß eine Modalität des Konstitutionalismus, die ohne Gefährdung der Errungenschaft durch ein anderes Legitimationsprinzip ersetzt werden könnte. Er ist für die Errungenschaft essentiell.[13] Das hängt damit zusammen, dass weitere zentrale Elemente des Konstitutionalismus wie die umfassende Regelung der Herrschaftsausübung und der Vorrang der Verfassung unter einem anderen Legitimationsprinzip nicht oder nicht in vollem Umfang zur Entfaltung kommen. Zwar ist nicht jede Verfassung, die nicht auf der Volkssouveränität beruht, von vornherein wertlos, wie die deutschen Verfassungen des 19. Jahrhunderts zeigen. Die herrschaftsbegrenzende Wirkung kann auch ohne Demokratie zur Geltung kommen. Die lediglich rechtsstaatliche Verfassung ist deswegen aber noch kein Äquivalent der demokratischen Verfassung, sondern verglichen mit dieser ein Minus.

---

11 Vgl. *Dieter Grimm*, Types of Constitutions, in: Michel Rosenfeld/András Sajó (Hg.), The Oxford Handbook of Comparative Constitutional Law, 2012, S. 98.
12 Vgl. *Emmanuel Sieyes*, Qu'est-ce que le Tiers Etat?, 1789; The Federalist Papers, Nr. 78, 1788; *Rainer Wahl*, Der Vorrang der Verfassung, in: Der Staat 20 (1981), S. 485.
13 Vgl. *Ernst-Wolfgang Böckenförde*, Die verfassunggebende Gewalt des Volkes, in: *ders.*, Staat, Verfassung, Demokratie, 1991, S. 96 ff.; *Dieter Grimm*, Ursprung und Wandel der Verfassung, in: HStR, Bd. I, ³2003, § 1 Rn. 30; *ders.* (N 2), S. 209 f.

**16** In politischen Systemen, die Herrschaft über absolute Wahrheiten legitimieren, gleichviel ob diese transzendental oder säkular sind, werden die verfassungsrechtlichen Bindungen der Herrschenden dagegen regelmäßig der Wahrheit untergeordnet. Dasselbe ist der Fall, wenn sich die Herrschenden durch überlegene Einsicht in das gemeine Beste oder das wahre Interesse der Einzelnen legitimieren. Sie können die Pluralität der Überzeugungen und Interessen nicht als legitim anerkennen und lehnen daher freie Wahlen und grundrechtliche Freiheitsgarantien ebenso ab wie rechtsstaatliche Bindung der obersten Gewalt und Gewaltenteilung und -kontrolle. Grundrechte garantieren in Verfassungen dieser Art keine Freiheit, der Rechtsstaat dient zur Bindung der unteren Instanzen an den Willen der obersten, erfasst diese selbst aber nicht, die Gewaltenteilung schrumpft zu einer bloßen Verwaltungsgliederung.

## C. Gestaltung unter veränderten Bedingungen

**17** Während der Leitgedanke für die Legitimation von Herrschaft seit den Anfängen des Konstitutionalismus im Kern unverändert geblieben ist, hat der Leitgedanke für die Limitierung erhebliche Änderungen erfahren. Als die Verfassung entstand, war das liberale Vertrauen in die Selbststeuerungsfähigkeit der freigesetzten Gesellschaft noch ungebrochen. Der Staat wurde nur als Garant einer als gerecht vorausgesetzten, quasi-natürlichen Ordnung benötigt. Alles Übrige war Sache der Gesellschaft. Die Verfassung hatte diese Grenze zu sichern, während die Gesellschaft ihren rechtlichen Rahmen im Privatrecht fand, das als reines Vernunftprodukt angesehen wurde, welches der Staat nur in Gesetzesform bringen, aber nicht inhaltlich gestalten durfte. Die Verfassungen des frühen Konstitutionalismus sollten es absichern und waren insofern privatrechtsakzessorisch.[14]

**18** Der Liberalismus war ein vorindustrielles Konzept. Er hatte die Voraussetzungen seines Gelingens unterschätzt. Die bald einsetzende Industrielle Revolution legte das offen. Ihre Folge war die Soziale Frage. Der Liberalismus hatte sie nicht einkalkuliert, sondern das Problem durch die Abschaffung des Feudalismus und die Herstellung gleicher Freiheit für gelöst gehalten. Not und Elend waren freilich auch in diesem System nicht ausgeschlossen. Sie konnten aber auf individuelles Versagen zurückgeführt werden und warfen deswegen keine Gerechtigkeitsfragen auf. Die Einsicht, dass diese Annahme unhaltbar war, entzog der liberalen Einstellung zum Verhältnis von Staat und Gesellschaft, Verfassung und Privatrecht den Boden. Soweit die Verfassung diese Einstellung reflektierte, geriet sie unter Druck. Sie konnte sich nicht mehr in der Staatsbegrenzung erschöpfen.

**19** Die Reaktionen darauf teilten sich in eine radikale Abkehr vom Liberalismus einerseits und den Versuch, an seinen Grundlagen festzuhalten und seine Schwächen systemimmanent auszugleichen, andererseits. Die Wege hatten auch verfassungs-

---

14 Vgl. *Dieter Grimm*, Bürgerlichkeit im Recht, in: *ders.*, Recht und Staat der bürgerlichen Gesellschaft, 1987, S. 11, bes. 27 ff.; *ders.*, Grundrechte und Privatrecht in der bürgerlichen Sozialordnung, ebenda, S. 92.

rechtlich unterschiedliche Konsequenzen. Wo der reformerische Weg beschritten wurde, öffneten sich die Verfassungen, wenngleich erst spät und im Ursprungsland des Konstitutionalismus, der USA, gar nicht, für sozialstaatliche Elemente, ohne dass Demokratie, Rechtsstaat und Grundrechte dem zum Opfer gefallen wären. Wo der revolutionäre Weg beschritten wurde, bewahrten die Verfassungen zwar vielfach noch äußerliche Anklänge an den Konstitutionalismus, wurden aber unter dem Primat einer absoluten Wahrheit ihrer Wirkung weitgehend beraubt wie in den sozialistischen Staaten oder ersatzlos beseitigt wie im Nationalsozialismus.

Mittlerweile ist aus den zögerlichen Anfängen der Sozialpolitik auch in den westlichen Demokratien eine Gesamtverantwortung des Staates für Bestand und Entwicklung der Gesellschaft in jeder Hinsicht geworden. Jedoch war die Ausweitung seiner Aufgaben nicht von einer entsprechenden Vermehrung seiner Machtbefugnisse begleitet. In einem System, das prinzipiell an der grundrechtlich gesicherten Freiheit der Individuen und der dadurch vermittelten Autonomie der verschiedenen gesellschaftlichen Funktionssysteme festhält, kann der Staat bei der Erfüllung seiner Aufgaben vielfach nicht mehr auf die spezifisch staatlichen Mittel von Befehl und Zwang zurückgreifen, sondern muss die Folgebereitschaft der Problemverursacher mit indirekt wirkenden Motivationsmitteln sichern oder zu allerlei Formen kooperativer Aufgabenerledigung mit privaten Akteuren greifen. Auf die Verfassung kann das nicht ohne Rückwirkung bleiben.[15]

Sofern sie diese Entwicklung aufnimmt, begnügt sie sich nicht mehr mit Vorschriften über Organisation und Verfahren der Staatsgewalt sowie Grenzziehungen in Form negatorisch wirkender Grundrechte, sondern gewinnt eine Ausrichtung auf die Zukunft durch die Formulierung von Staatszielen, Aufgaben- und Programmnormen. Ihre rechtsstaatliche Determinationskraft, die sich gerade in der Beschränkung voll zu entfalten vermochte, sinkt dadurch, während der Entwurfs- und Appellcharakter, gelegentlich auch die Integrationskraft, wächst.[16] Der Verfassung fällt es aber besonders schwer, einerseits dem Ausgreifen des Staates in die Gesellschaft zu folgen und andererseits die privaten Teilnehmer an staatlichen Entscheidungsprozessen in den verfassungsrechtlichen Legitimations- und Verantwortungszusammenhang einzubinden. Das hatte sich schon frühzeitig an den politischen Parteien gezeigt und gilt für die Vertreter partikularer Interessen erst recht.[17]

Die davon herrührenden Probleme bleiben an Schwierigkeit allerdings hinter denen zurück, die sich aus der Internationalisierung und Globalisierung für die Verfassung ergeben. Die Übertragung öffentlicher Gewalt auf supranationale Organisationen, die von diesen nunmehr mit rechtlicher Wirkung in den Mitgliedstaaten ausgeübt wird, führt zu einem Bedeutungsverlust der staatlichen Verfassung.[18] Das ist

---

15 Vgl. *Michael Stolleis*, Konstitution und Intervention, 2001; *Dieter Grimm* (N 2), S. 408 ff.; *ders.* (N 13), Rn. 60–86.
16 Vgl. *Uwe Volkmann*, Der Aufstieg der Verfassung. Beobachtungen zum grundlegenden Wandel des Verfassungsbegriffs, in: Thomas Vesting/Stefan Korioth (Hg.), Der Eigenwert des Verfassungsrechts, 2011, S. 23; *Hans Vorländer* (Hg.), Integration durch Verfassung, 2002.
17 Vgl. *Dieter Grimm*, Ist die Verhandlungsdemokratie konstitutionalisierbar?, in: Claus Offe (Hg.), Demokratisierung der Demokratie, 2003, S. 193; *ders.*, Nach der Spendenaffäre. Die Aussichten, den Parteienstaat rechtlich einzugrenzen, in: *ders.*, Die Verfassung und die Politik, 2001, S. 158.
18 Vgl. *Dieter Grimm*, Zur Bedeutung nationaler Verfassungen in einem vereinten Europa, in: HGR, Bd. VI/2, 2009, S. 3.

unvermeidbar. Sie kann ihren Anspruch, alle Akte öffentlicher Gewalt innerhalb ihres territorialen Geltungsbereichs zu regeln, nicht mehr einlösen und weder ihren unbedingten Vorrang behaupten noch sichern, dass jeder Akt öffentlicher Gewalt auf das Staatsvolk rückführbar ist. Sie regelt die öffentliche Gewalt nur noch, soweit diese Staatsgewalt ist und selbst dann nicht mehr gänzlich autonom. Lediglich im Grad des Autonomieverlustes ergeben sich Abstufungen.

23 Der Leitgedanke der Verfassung: die Legitimations- und Limitationsbedürftigkeit öffentlicher Gewalt, gilt freilich auch für diejenige öffentliche Gewalt, welche jenseits des Staates ausgeübt wird. Die Frage ist nur, ob das Bedürfnis in Form der Verfassung gedeckt werden kann.[19] Viele halten das für möglich und beschreiben die Verrechtlichungsprozesse, die auf der internationalen Ebene vor sich gehen, als Konstitutionalisierung. Andere bezweifeln es, weil es auf der globalen Ebene schon an einem konstitutionsfähigen Gegenstand fehlt und das demokratische Postulat des Konstitutionalismus umso schwieriger zu verwirklichen ist, je weiter man sich von der staatlichen Ebene entfernt. Solange neue Formen, die das Problem besser lösen als die für den Staat konzipierte Verfassung, aber nicht gefunden sind, wird die Konstitutionalisierung wohl als eine Art „Chiffre" den Platz für sie halten.[20]

# D. Bibliographie

*Böckenförde, Ernst-Wolfgang*, Staat, Verfassung, Demokratie, 1991.
*Depenheuer, Otto/Grabenwarter, Christoph* (Hg.), Verfassungstheorie, 2010.
*Dobner, Petra/Loughlin, Martin* (Hg.), The Twilight of Constitutionalism?, Oxford, 2010.
*Grimm, Dieter*, Die Zukunft der Verfassung, ³2002.
ders., Die Zukunft der Verfassung II, 2012.
*Klabbers, Jan/Peters, Anne/Ulfstein, Geir*, The Constitutionalization of International Law, Oxford, 2009.
*Loewenstein, Karl*, Verfassungslehre, ²1969.
*Mohnhaupt, Heinz/Grimm, Dieter*, Verfassung – Zur Geschichte des Begriffs von der Antike bis zur Gegenwart, ²2002.
*Preuß, Ulrich K.* (Hg.), Zum Begriff der Verfassung, 1994.
*Rosenfeld, Michel/Sajó, András* (Hg.), The Oxford Handbook of Comparative Constitutional Law, Oxford, 2012.
*Schmitt, Carl*, Verfassungslehre, 1928.
*Teubner, Gunther*, Verfassungsfragmente, 2012.
*Wahl, Rainer*, Verfassungsstaat, Europäisierung, Internationalisierung, 2003.

---

19 Vgl. aus der stetig anwachsenden Literatur etwa *Jan Klabbers/Anne Peters/Geir Ulfstein*, The Constitutionalization of International Law, 2009; *Petra Dobner/Martin Loughlin* (Hg.), The Twilight of Constitutionalism?, 2010; *Nico Krisch*, Beyond Constitutionalism, 2010; *Jürgen Habermas*, Zur Verfassung Europas, 2011; *Gunther Teubner*, Verfassungsfragmente. Gesellschaftlicher Konstitutionalismus in der Globalisierung, 2012; *Dieter Grimm*, Die Zukunft der Verfassung II, 2012.
20 Vgl. *Thomas Vesting*, Die Staatsrechtslehre und die Veränderung ihres Gegenstands, in: VVDStRL 63 (2004), S. 63.

# § 13
# Verfassungstheorie

*Christoph Grabenwarter*

**Übersicht**

|   | Rn. |
|---|---|
| A. Die Verfassungstheorie auf der Suche nach den Leitgedanken der Verfassungsidee | 1– 4 |
| B. Zur Methode der Verfassungstheorie | 5– 6 |
| C. Wandel des Erkenntnisgegenstandes der Verfassungstheorie | 7– 8 |
| D. Erkenntnishorizonte der Verfassungstheorie der Gegenwart | 9–23 |
|     I. Theorie der Verfassungsfunktionen | 9–11 |
|     II. Theorie der Verfassungseigenschaften | 12–14 |
|     III. Theorie der Verfassungsform | 15–17 |
|     IV. Theorie der Verfassungsinhalte | 18–21 |
|     V. Theorie der Verfassungsentstehung und -legitimation | 22–23 |
| E. Die Verfassungstheorie auf der Suche nach den Leitgedanken des Rechts | 24–25 |
| F. Bibliographie | |

## A. Die Verfassungstheorie auf der Suche nach den Leitgedanken der Verfassungsidee

Die Identifizierung der Leitgedanken des Rechts wäre unvollständig, stellte man nicht auch die Frage nach den *Leitgedanken der Verfassung,* genauer des (positiven) *Verfassungsrechts*. Eine Antwort darauf zu geben, ist Aufgabe der Verfassungsdogmatik, die die tragenden Bausteine einer konkreten, geltenden Verfassung auf interpretativen Wegen aus dieser selbst erschließt. Aufgabe der Verfassungstheorie ist es dagegen, die *Leitgedanken der Verfassungsidee* an sich zu beschreiben, mithin jene Gründe zu bestimmen, die der Schaffung einer konkreten Verfassung vorausliegen, und jene „Bewegungsgesetze"[1] zu erfassen und zu entschlüsseln, nach denen die konkrete Verfassung funktioniert.[2]

1

Die Verfassungstheorie gerät nicht in die Abhängigkeit vom Text einer konkreten Verfassung, sondern abstrahiert von dieser, nimmt diese aus der Distanz wahr und löst sich insoweit von jenen positiv-rechtlichen Zwängen, die die Verfassungsdogmatik einengen. Der Verfassungstheorie geht es nicht um die Freilegung und das Verständnis der Einzelaussagen der Verfassung, ihr Erkenntnisinteresse ist vielmehr auf die Ergründung der einer Verfassung zugrunde- und vorausliegenden Momente und letztlich auf die Erhellung des Wesens und der Funktionsweise dieser und der Verfassungsordnung an sich gerichtet.

2

---

[1] *Matthias Jestaedt*, Verfassungstheorie als Disziplin, in: Otto Depenheuer/Christoph Grabenwarter (Hg.), Verfassungstheorie, 2010, § 1 Rn. 12, 34, 61, 67; *ders.*, Die Verfassung hinter der Verfassung, Schönburger Gespräche zu Recht und Staat, Bd. XII, 2009, S. 17, 56, 67.

[2] Eingehend *Martin Morlok*, Was heißt und zu welchem Ende studiert man Verfassungstheorie?, 1988, S. 50 ff. und pass.

**3** Aus dieser Perspektive vermag die Verfassungstheorie zur Bestimmung der Leitgedanken der Verfassung, und damit des Rechts insgesamt, einen nicht zu unterschätzenden Beitrag zu leisten: Sie ist zunächst darauf gerichtet, die Motive und Umstände der Verfassungsgebung sowie die fundamentalen Aufgaben der Verfassung zu erkennen. Die Verfassungstheorie erschließt, was die Verfassungsdogmatik nur hinnehmen kann, und ist dadurch für den Erfolg einer Verfassungsordnung maßgeblich mitverantwortlich. In den Worten *Paul Kirchhofs*: „Eine Verfassungstheorie trägt zum Gelingen des Verfassungsstaates bei, wenn sie das allgemeine Verständnis der Verfassung mehrt, ihre Autorität und Geltungskraft stärkt, ihre Voraussetzungen und die davon abhängigen Inhalte bewusst macht, ihre Antworten auf die Gegenwartsanfragen vorausdenkt und erklärt."[3]

**4** Was im Besonderen die Suche nach den *Leitgedanken des Rechts* angeht, erreicht die Verfassungstheorie insoweit einen Erkenntnisgewinn, als sie aus der Bestimmung der Leitgedanken der Verfassungsidee (Rück-)Schlüsse auf die Leitgedanken der Verfassung zu ziehen vermag, zumal sich die Leitgedanken der Verfassungsidee notwendig in einer konkreten Verfassung fortsetzen müssen, auch wenn sie darin nicht stets unmittelbar sichtbar werden. Unübersehbar ist aber, dass bereits aus der Tatsache allein, dass sich eine Gemeinschaft eine Verfassung gibt, ein wesentlicher Leitgedanke dieser Verfassung erschlossen werden kann, jener nämlich, dass die Grundordnung des friedlichen Zusammenlebens *normativ* verbindlich festgelegt werden soll. Zu welchen weiteren Rückschlüssen die Verfassungstheorie in dieser Perspektive befähigt, soll im Folgenden entfaltet werden.

## B. Zur Methode der Verfassungstheorie

**5** Die Verfassungstheorie beobachtet ihren Erkenntnisgegenstand aus der Distanz, wobei ihr Methodenkanon nicht mit den Instrumenten der Interpretation und der ergänzenden Rechtsfortbildung abgesteckt ist und sein kann. Erkenntnisgewinne erzielt sie gerade dadurch, dass sie die Verfassung in einen größeren Zusammenhang stellt, einmal geschichtlich, indem sie die Verfassung in ihrer historischen Entwicklung begreift, einmal kontrastierend, indem sie die Verfassung mit anderen vergleicht.[4] Erst durch die Wahrnehmung der Verfassung in ihrem geschichtlichen Entstehungskontext wird nämlich ihr Antwortcharakter fassbar, wird erkennbar und erklärbar, welche vorangegangenen Entwicklungen diese Verfassung vorfindet und in sich aufnimmt und von welchen sie sich bewusst abwendet. Und erst im Kontrast mit anderen Verfassungen schärft sich das Verständnis für die spezifischen Eigenschaften und die charakteristische Funktionsweise einer konkreten Verfassung.

---

[3] *Paul Kirchhof*, Begriff und Kultur der Verfassung, in: Otto Depenheuer/Christoph Grabenwarter (Hg.), Verfassungstheorie, 2010, § 3 Rn. 3.
[4] Zur Rolle der Verfassungsvergleichung im Rahmen der Verfassungstheorie *Sebastian Müller-Franken*, Verfassungsvergleichung, in: Otto Depenheuer/Christoph Grabenwarter (Hg.), Verfassungstheorie, 2010, § 26 Rn. 19 ff.; siehe auch *Bernd Wieser*, Vergleichendes Verfassungsrecht, 2005, S. 44 f.

Schließlich richtet die Verfassungstheorie ihren Blick auf die *Verfassungswirklichkeit*, die sie dem in der Verfassung beschriebenen Sollenszustand gegenüberstellt.[5] Sie trägt dadurch dem Umstand Rechnung, dass auch im Rechts- und Verfassungsstaat, der den Anspruch erhebt, (jedenfalls) die rechtliche Grundordnung des Staates abschließend festzulegen, realpolitische oder gesellschaftliche Erscheinungen auftreten können, die sich einer Verortung im positiven Recht entziehen, aber dennoch nicht per se verfassungswidrig sein müssen. Die Verfassung – nämlich die *faktische, die „gelebte" Verfassung* – des Staates wird unter Einschluss derartiger Erscheinungen gesamthafter und dadurch mitunter gegenstandsadäquater beschrieben als es die Verfassungsdogmatik, die solche Phänomene – gleichsam binär codiert – nur als verfassungsmäßig oder verfassungswidrig qualifizieren kann, jemals könnte.

# C. Wandel des Erkenntnisgegenstandes der Verfassungstheorie

Der Erkenntnisgegenstand der Verfassungstheorie ist der „westliche" Verfassungstypus des demokratisch verfassten Staates, wie er sich seit dem 18. Jahrhundert entwickelt hat und wie er heute insbesondere in den Staaten des Europarates vorzufinden ist. Im Laufe zweier Jahrhunderte war die Verfassungstheorie zwei grundlegenden Wandlungen ihres Anschauungsobjektes unterworfen: Zum einen sind die europäischen Verfassungsordnungen zunehmend in ein System der internationalen Staatenzusammenarbeit hineingewachsen und damit in das Gravitationsfeld des Völkerrechts gelangt, zum anderen sind sie im Gefolge der europäischen Integration in einen Dialog mit einer supranationalen europäischen Rechtsordnung getreten.[6] Die Einsicht, dass die Einbindung in internationale und supranationale Strukturen für den westlichen Verfassungsstaat typisch geworden ist und dies notwendig Veränderungen der nationalen Verfassungsordnung mit sich bringt, wird von der Verfassungstheorie als Wesensmerkmal moderner Verfassungsordnungen begriffen. Die Verfassungstheorie erkennt – dank ihres Blicks für die Verfassungswirklichkeit – mehr noch als die Verfassungsdogmatik, dass die Funktionszusammenhänge moderner Verfassungen erst unter Einbeziehung der Wechselwirkungen mit internationalen und supranationalen Rechtsschichten adäquat beschrieben werden können.

Die zentralen Fragen der Verfassungstheorie – jene nach den Entstehungszusammenhängen, nach dem Geltungsgrund, nach der Funktion, den Inhalten und den Eigenschaften einer Verfassung und ihrer Entsprechung mit der Verfassungswirklichkeit – bleiben unverändert, sie stellen sich aber vor einem anderen Hintergrund,

---

5 Dazu etwa *Karl Brinkmann*, Verfassungslehre, 1991, S. 76 ff.
6 Weiterführend *Paul Kirchhof*, Die Gewaltenbalance zwischen staatlichen und europäischen Organen, in: JZ 1998, S. 965 (S. 970 ff.); ders., Der Staat als Organisationsform politischer Herrschaft und rechtlicher Bindung, in: DVBl 1999, S. 637 (S. 637 ff.); aus österreichischer Sicht etwa *Rudolf Machacek*, Die moderne Verfassungsidee und internationale Entwicklungen, in: Gerhart Holzinger/Heinrich Neisser/Norbert Wimmer (Hg.), Funktion der Verfassung, 1990, S. 79 ff.

nämlich aus der Perspektive der internationalen und supranationalen Einbettung einer Verfassung, und verlangen demgemäß nach einer differenzierteren Beantwortung. Die folgende Skizze soll veranschaulichen, welchen Herausforderungen sich die Verfassungstheorie in dieser Hinsicht zu stellen hat und wie weit ihr Erkenntnishorizont reichen kann. Das Ziel ist es, die internationalen und supranationalen Einschlüsse der modernen Verfassung verfassungstheoretisch zu erfassen und sie daraufhin zu untersuchen, inwieweit sie die Leitgedanken der Verfassung und des Rechts insgesamt durchdringen und nachhaltig prägen.

## D. Erkenntnishorizonte der Verfassungstheorie der Gegenwart

### I. Theorie der Verfassungsfunktionen

9 Die Verfassungstheorie hat den Typus demokratischer Verfassungen mit einigen Kernfunktionen assoziiert, die heute weitgehend außer Streit stehen: Die Verfassung hat zur Aufgabe, den Staat zu organisieren, also demokratische, allenfalls bundesstaatliche Strukturen sowie die darin handelnden staatlichen Organe zu kreieren (Organisationsfunktion), politische Macht der Staatsorgane zu begründen und zugleich in einem gewaltenteiligen System zu begrenzen (Legitimationsfunktion), den politischen Grundkonsens zu verstetigen und ihn dem politischen Alltagsstreit zu entziehen (Leitfunktion), um auf diese Weise den politischen Prozess zu stabilisieren und eine gewaltfreie Austragung politischer Auseinandersetzungen überhaupt erst zu ermöglichen (Stabilisierungs-, Befriedungs- und Integrationsfunktion).[7] Bei alledem ist die verfassungstheoretische Einsicht gereift, dass die Verfassungsfunktionen nicht ohne jede Bezugnahme auf die historischen und politischen Hintergründe eines zu verfassenden Staates beschrieben und erfasst werden können und dass sie demgemäß in unterschiedlichen Verfassungssystemen unterschiedlich stark ausgeprägt sind.

10 Die Funktionen der Verfassung haben sich auch im Gravitationsfeld der *europäischen Integration* bewahrt und bewährt. Wenn etwa das Bundesverfassungsgericht im Lissabon-Urteil[8] feststellt, dass den Mitgliedstaaten ausreichender Raum zur politischen Gestaltung der wirtschaftlichen, kulturellen und sozialen Lebensverhältnisse bleiben müsse,[9] wenn es ferner betont, dass „*die Völker* – das heißt die staatsangehörigen Bürger – der Mitgliedstaaten die Subjekte demokratischer Legitimation bleiben"[10], es darüber hinaus feststellt, dass es zu prüfen berufen sei, „ob der unantastbare Kerngehalt der Verfassungsidentität des Grundgesetzes" gewahrt sei,[11] und schließlich darauf hinweist, dass der Eintritt Deutschlands in einen euro-

---

7 Z.B. *Peter Pernthaler*, Allgemeine Staatslehre und Verfassungslehre, ²1996, S. 161 ff.
8 BVerfGE 123, 267.
9 A.a.O., Rn. 249.
10 A.a.O., Rn. 229.
11 A.a.O., Rn. 240.

päischen Bundesstaat „wegen der mit ihm verbundenen unwiderruflichen Souveränitätsübertragung auf ein neues Legitimationssubjekt allein dem unmittelbar erklärten Willen des Deutschen Volkes vorbehalten" sei,[12] so hallen in diesen Worten die zuvor beschriebenen Funktionen der Verfassung unverändert und unüberhörbar nach.

Gleichwohl kann die Verfassung eines Mitgliedstaates der Europäischen Union den Integrationsfortschritt nicht ignorieren, sondern sie hat sich ihm zu öffnen und ihn harmonisch in das Verfassungsgefüge einzugliedern.[13] Diese Aufgabe und Funktion der Verfassung – man könnte sie mit „*Abstimmungs-*" oder „*Koordinationsfunktion*" benennen – tritt als Funktion der modernen Verfassung mit zunehmender Deutlichkeit zu Tage.

## II. Theorie der Verfassungseigenschaften

In ähnlicher – schleichender – Weise haben sich die Verfassungseigenschaften gewandelt. Unangetastet bleibt zwar die Feststellung, dass die Verfassung *erschwerten Abänderungsbedingungen* unterliegt und dadurch mit *erhöhter Bestandskraft* ausgestattet ist. Das Erfordernis qualifizierter Mehrheiten im Parlament, mitunter auch die Notwendigkeit einer Volksabstimmung,[14] vereinzelt wiederum im Wege einer „Verewigung" von Verfassungsinhalten,[15] sind Ausdruck dieser Eigenschaft.

Die aus allgemeinen rechtstheoretischen Arbeiten auf die Verfassungstheorie übertragene Einsicht hingegen, dass die Verfassung in einer hierarchisch gegliederten Rechtsordnung den höchsten Rang einnimmt, ja einnehmen muss, und dass sie Vorrang vor allem anderen Recht beansprucht und beanspruchen muss, wird in ihrer Absolutheit relativiert, wenn supranationales und „*aus einer autonomen Rechtsquelle*"[16] fließendes Recht existiert, das (auch) die Verfassung und ihren Geltungsanspruch jedenfalls teilweise zurückdrängen kann. Unter diesen Umständen können die herkömmlichen Verfassungseigenschaften uneingeschränkt nur noch auf das staatliche Recht bezogen werden: Die Verfassung ist die Erzeugungsregel (Geltungsgrund) für sonstiges *staatliches* Recht und sie vermag *dieses* Recht in seiner Geltung aufzuheben, wenn es sich zu den Vorgaben der Verfassung in Widerspruch setzt.[17] Vorrang beansprucht die Verfassung daher jedenfalls vor jedem anderen *staatlichen* Recht.

Der gegen inter- und supranationales Recht erhobene Anspruch der Verfassung reicht weiter, als es vordergründig den Anschein haben mag. Unabhängig davon, *auf welche Weise* eine Verfassung inter- und supranationales Recht inkorporiert,

---
12 A. a. O., Rn. 228.
13 *Christoph Grabenwarter*, Staatliches Unionsverfassungsrecht, in: Armin von Bogdandy/Jürgen Bast (Hg.), Europäisches Verfassungsrecht, ²2009, S. 121 ff. (135 ff.).
14 Art. 44 Abs. 3 B-VG.
15 Art. 79 Abs. 3 GG.
16 EuGH Urt. vom 15.07.1964, Rs. 6/64, *Costa/E.N.E.L.*, Slg. 1964, S. 1253 (1270).
17 Näher *Christoph Grabenwarter*, Die Verfassung in der Hierarchie der Rechtsordnung, in: Otto Depenheuer/Christoph Grabenwarter (Hg.), Verfassungstheorie, 2010, § 11 Rn. 22 ff.

kann als unbestritten gelten, *dass* (irgend)ein Rezeptionsakt erforderlich ist, sodass der Geltungsgrund inter- und supranationalen Rechts im Rahmen der innerstaatlichen Rechtsordnung in dieser liegt.[18] Insoweit wahrt die Verfassung ihren Suprematieanspruch im Verhältnis zum Unions- und Völkerrecht. Diese Eigenschaft der Verfassung mag sich gewandelt haben, durchbrochen wurde sie nicht.

### III. Theorie der Verfassungsform

15   Ungeachtet ihrer internationalen und supranationalen Einbettung ist die grundlegende Form der Verfassung erhalten geblieben: Verfassungsrecht bleibt – jedenfalls ganz überwiegend – *geschriebenes Verfassungsrecht*. Ob sich daneben gewisse Regelungen, wie etwa das Widerstandsrecht oder das Staatsnotstandsrecht, vor dem Hintergrund konkreter Verfassungsordnungen einer positiv-verfassungsrechtlichen Verankerung überhaupt entziehen und daher neben dem geschriebenen als ungeschriebenes Verfassungsrecht existieren, wird teils bestritten.[19] Dem Unionsrecht jedenfalls sind – weithin unbestritten – ungeschriebene allgemeine Rechtsgrundsätze (auch mit Vorrangwirkung gegenüber nationalem Recht) inhärent.

16   Eine zeitgemäße Verfassungstheorie kann sich daher nicht mehr darauf beschränken, allein die *„Verfassung der Verfassungsurkunde"* zu beschreiben. Phänomene einer *Verfassungszersplitterung* sind ebenso zu beobachten wie Erscheinungen einer *Verfassungsdurchbrechung* insbesondere durch das europäische Unionsrecht. Dies gilt auch für das Bonner Grundgesetz: Abgesehen davon, dass schon der Text des Grundgesetzes längst nicht mehr das gesamte Verfassungsrecht enthält, wie die Beispiele des Rechts auf informationelle Selbstbestimmung und des Prinzips der Bundestreue zeigen, erweist sich erst die europäische Integration – man denke an die Erstreckung von Staatsbürgerrechten auf EU-Ausländer[20] – als *„größte Relativiererin konstitutioneller Texttreue"*.[21]

17   Die Konsequenz all dessen ist nicht zu übersehen: Die Verfassung kann heute weniger denn je „beim Wort" genommen werden. Verfassungsrechtliche Regelungen werden technischer und komplexer,[22] die Sprache der Verfassung wird uneinheitlich, ihr Stil wird zerrüttet. Dadurch entfernen sich die Verfassungen zusehends vom verfassungstheoretischen Axiom, dass die Verfassung zuvörderst *verstehbar* sein muss.[23] Wenn weiter die rechtliche Grundordnung eines Staates nicht mehr mit der Verfassung in eins gesetzt werden kann, sondern sich auch aus anderen Rechts-

---

18  Vgl. bereits *Grabenwarter* (N 17), § 11 Rn. 51 ff.; für Deutschland *Paul Kirchhof*, Europäische Einigung und der Verfassungsstaat der Bundesrepublik Deutschland, in: Paul Kirchhof/Hermann Schäfer/Hans Tietmeyer (Hg.), Europa als politische Idee und als rechtliche Form, ²1994, S. 63 (S. 78 ff. und S. 95 ff.); *ders.*, Stetige Verfassung und politische Erneuerung, 1995, S. 227 ff. und S. 248 ff.
19  Statt aller *Bernd Grzeszick*, Ungeschriebenes Verfassungsrecht, in: Otto Depenheuer/Christoph Grabenwarter (Hg.), Verfassungstheorie, 2010, § 12 Rn. 26 ff. m. weit. Nachw.
20  BVerfG Beschl. vom 19.07.2011, 1 BvR 1916/09, Rn. 68 und Rn. 75; für Österreich VfSlg. 19.077/2010.
21  *Wolfgang Graf Vitzthum*, Form, Sprache und Stil der Verfassung, in: Otto Depenheuer/Christoph Grabenwarter (Hg.), Verfassungstheorie, 2010, § 10 Rn. 7.
22  Beispiele wie Art. 16a, Art. 104a Abs. 6, Art. 109 Abs. 5 GG verdeutlichen diese Entwicklung.
23  Dazu *Graf Vitzthum* (N 21), § 10 Rn. 13; zur Funktion der Allgemeinsprache für das Recht *Paul Kirchhof*, Die Bestimmtheit und Offenheit der Rechtssprache, 1987, S. 6 ff.

quellen speist und daher nur nach inhaltlichen Kriterien bestimmt und gegenstandsadäquat erfasst werden kann, hat dies auch Auswirkungen auf den Verfassungsbegriff. Er ist nicht nur formell, sondern auch materiell, auf die Verfassungsinhalte bezogen, zu verstehen.

### IV. Theorie der Verfassungsinhalte

Unangefochten ist der Satz, dass die Verfassung bloß *Rahmenordnung* sein soll, eine Rahmenordnung nämlich, die davon absieht, Lebenssachverhalte in allen Einzelheiten normativ zu durchdringen. Eine Verfassung hat für gesellschaftlichen Wandel offen zu sein, weil sie ihre Leit- und Stabilisierungsfunktion nur dann erfüllen kann, wenn ihre Grundaussagen auch bei gewandelten gesellschaftlichen Verhältnissen noch gültig sind. Den gesellschaftlichen Wandel normativ nachzuvollziehen, ist in diesem Rahmen Aufgabe des einfachen Gesetzgebers. **18**

Welche Inhalte einer Verfassung *notwendig* inhärent sein müssen und welche demgegenüber bloß *typische* oder auch nur *mögliche* Regelungsbereiche einer Verfassung sind, haben verschiedene verfassungstheoretische Ansätze verschieden beantwortet. Einigkeit besteht darin, dass die Verfassung die *Grundordnung des Staates* zu sein, sohin den Staat zu konstituieren hat. Damit ist zunächst die *Staatsorganisation* als notwendiger Regelungsgegenstand ausgemacht, verstanden als die Festlegung der Mechanismen der demokratischen Kreation (zumindest) der obersten Staatsorgane, die Zuweisung von Kompetenzen an diese und die gleichzeitige Begrenzung ihrer Macht durch ein System der Gewaltenteilung. Notwendiger Regelungsgegenstand der demokratischen Verfassung ist ferner das *Verhältnis des Einzelnen zum Staat*, des Näheren seine Ausstattung mit Grundrechten und seine Rechte zur Teilhabe an der Demokratie.[24] **19**

Erhebt ein Staat den Anspruch, Rechtsstaat zu sein, hat die Verfassung zumindest in Grundzügen auch ein *Rechtsschutzsystem* vorzugeben. Dass die Einrichtung eines Verfassungsgerichts als Wächter der Verfassung nicht zwingend ist, zeigen verfassungstheoretische Konzepte einer diffusen Normenkontrolle oder einer Konzentrierung der Normkontrollbefugnis bei anderen, nicht als Gericht organisierten Staatsorganen. Die Verfassungsentwicklung der letzten zwanzig Jahre in Europa, aber auch in vielen anderen Staaten der Welt, rechtfertigt jedoch die verfassungstheoretische Annahme, dass die Einrichtung eines Verfassungsgerichts jedenfalls typisch für den Rechtsstaat westlicher Prägung geworden ist. **20**

Ob die Verfassung nicht nur Grundordnung des Staates, sondern darüber hinaus auch *Wertordnung des Gemeinwesens schlechthin* zu sein hat, ist im Einzelnen umstritten, auch wenn überwiegend bejaht wird, dass in einer Verfassung zumin- **21**

---

24 Zu alledem *Georg Jellinek*, Allgemeine Staatslehre, ³1959, S. 505; *Klaus Stern*, Das Staatsrecht der Bundesrepublik Deutschland, Bd. I, ²1984, S. 95; *Pernthaler* (N 7), S. 161 ff.; *Ludwig Adamovich*, Was kann man von einer Verfassung erwarten?, 1998, S. 8 ff.; *Karl Loewenstein*, Verfassungslehre, ⁴2000, S. 129 ff.; *Markus Möstl*, Regelungsfelder der Verfassung, in: Otto Depenheuer/Christoph Grabenwarter (Hg.), Verfassungstheorie, 2010, § 17 Rn. 14 f.

dest ansatzweise eine gewisse Wertordnung vorhanden sein muss.[25] Dies kann zumindest empirisch belegt werden, weil in den Verfassungen durchgehend bestimmte Wertvorstellungen artikuliert werden, wenn auch mit variierender Deutlichkeit und mit unterschiedlicher normativer Kraft. Das Spektrum der wertaufgeladenen und wertaufladenden Elemente einer Verfassung reicht von den bloß programmatisch wirkenden Staatszielbestimmungen bis zu den mit individueller Durchsetzbarkeit ausgestatteten Grundrechten in ihrer positiven (nicht nur abwehrrechtlich begriffenen) Wirkungsdimension. Darauf beschränkt sich umgekehrt der Ordnungsanspruch der modernen Verfassung. Von gesellschaftlichen und religiösen Regelwerken hat sie sich bewusst abgelöst. Sie erhebt nicht den Anspruch, das menschliche Zusammenleben allumfassend zu ordnen und zu leiten, sondern sie achtet die Normen der Gesellschaft und Religion, belässt ihnen den grundrechtlichen Freiraum, den sie zu ihrer Entfaltung benötigen.

### V. Theorie der Verfassungsentstehung und -legitimation

22  Schließlich sind die Leitgedanken einer Verfassung auch nach den Motiven zu bestimmen, die ihrer Entstehung zugrunde liegen. Nicht selten sind konkrete Ausprägungen einer Verfassungsordnung nur unter Besinnung auf die Umstände des In-Erscheinung-Tretens der verfassunggebenden Gewalt – etwa im Wege der Revolution, der Oktroyierung oder der Paktierung – und ihre gewollte Reaktion auf vorangegangene politische Verhältnisse, also anhand ihres Antwortcharakters zu erklären. Während die Verfassungsdogmatik von der Existenz einer Verfassung ausgehen kann („Legitimität kraft Legalität"), ist die Frage nach dem Ursprung der Verfassung und ihrer legitimationstheoretischen Rechtfertigung für die Verfassungstheorie komplexer.[26]

23  Mit Hilfe der Verfassungstheorie erkennt man, dass die Leitgedanken der Verfassung notwendig von ihrer legitimatorischen Grundlage geprägt sind. In ihr werden die historischen Entstehungsbedingungen einer Verfassung mit ihrem späteren positiv-rechtlichen Erscheinungsbild verknüpft. Daraus kann auf jene Grundbausteine der Verfassungsordnung geschlossen werden, die in dieser selbst nicht mehr erkennbar werden, sie aber gleichwohl unsichtbar durchziehen und notwendig tiefgreifend prägen.

---

25 Vgl *Möstl* (N 24), § 17 Rn. 16 f.
26 Dazu bereits *Carl Schmitt*, Verfassungslehre, ⁹2003, S. 44 ff.

# E. Die Verfassungstheorie auf der Suche nach den Leitgedanken des Rechts

Die Verfassungstheorie entschlüsselt die Leitgedanken des Rechts auf höchster Abstraktionsebene. Sie ergründet jene Motive der Verfassungsidee, die sich in der einzelnen Verfassung fortsetzen, von dieser mit normativer Verbindlichkeit angereichert werden und in dieser Form in die gesamte Rechtsordnung ausstrahlen. Diese Korrelation von Verfassungstheorie und positiver Rechtsordnung erlaubt es, die Leitgedanken der Verfassungsidee auf das positive Recht zu projizieren. Wenn hier die verfassungstheoretischen Grundaussagen zu den Motiven und Zielen der Verfassungsgebung skizziert wurden, so geschah das mit eben dem Ziel, diese in der positiven Rechtsordnung wiedererkennbar zu machen und dadurch zu einem umfassenderen Verständnis der Rechtsordnung insgesamt beizutragen.

24

Die Verfassung als Erkenntnisobjekt der Verfassungstheorie beansprucht, die Grundordnung des menschlichen Zusammenlebens verbindlich festzulegen, Garant des Friedens zu sein, den politischen Diskurs zu organisieren und zu stabilisieren, dabei zumindest die grundlegenden Wertvorstellungen der verfassten Gemeinschaft zu artikulieren und mit (gewiss unterschiedlich weit reichender) normativer Kraft auszustatten. Die Verfassung muss offen sein für die Bedürfnisse einer modernen, multikulturellen Gesellschaft und einer plurireligiösen Gemeinschaft. Sie öffnet sich dem Dialog mit internationalen und supranationalen Rechtsordnungen und der damit einhergehenden Internationalisierung und Europäisierung der auf sie selbst gründenden Rechtsordnung, ohne aber ihren Suprematieanspruch gänzlich aufzugeben oder abzugeben. Diese Verfassungsmotive sind zugleich die grundlegendsten Klammern, die die Rechtsordnung zusammenhalten, jene tieferliegenden Gründe, die das Recht durchdringen, seine Leitgedanken prägen und die Rechtsgemeinschaft einen.[27]

25

# C. Bibliographie

*Adamovich, Ludwig*, Was kann man von einer Verfassung erwarten?, 1998.
*Arnauld, Andreas von*, Rechtsstaat, in: Otto Depenheuer/Christoph Grabenwarter (Hg.), Verfassungstheorie, 2010, § 21.
*Brenner, Michael*, Staatsaufgaben, in: Otto Depenheuer/Christoph Grabenwarter (Hg.), Verfassungstheorie, 2010, § 25.
*Brinkmann, Karl*, Verfassungslehre, 1991.
*Cornils, Matthias*, Gewaltenteilung, in: Otto Depenheuer/Christoph Grabenwarter (Hg.), Verfassungstheorie, 2010, § 20.
*Depenheuer, Otto*, Funktionen der Verfassung, in: Otto Depenheuer/Christoph Grabenwarter (Hg.), Verfassungstheorie, 2010, § 16.

---

27 *Paul Kirchhof*, Die Identität der Verfassung, in: HStR, Bd. II, ³2004, § 21 Rn. 1 ff.

*Gärditz, Klaus Ferdinand*, Säkularität und Verfassung, in: Otto Depenheuer/Christoph Grabenwarter (Hg.), Verfassungstheorie, 2010, § 5.

*Grabenwarter, Christoph*, Staatliches Unionsverfassungsrecht, in: Armin von Bogdandy/ Jürgen Bast (Hg.), Europäisches Verfassungsrecht, ²2009, S. 121 ff.

*ders.*, Die Verfassung in der Hierarchie der Rechtsordnung, in: Otto Depenheuer/Christoph Grabenwarter (Hg.), Verfassungstheorie, 2010, § 11.

*Graf Vitzthum, Wolfgang*, Form, Sprache und Stil der Verfassung, in: Otto Depenheuer/ Christoph Grabenwarter (Hg.), Verfassungstheorie, 2010, § 10.

*Grzeszick, Bernd*, Ungeschriebenes Verfassungsrecht, in: Otto Depenheuer/Christoph Grabenwarter (Hg.), Verfassungstheorie, 2010, § 12.

*Herdegen, Matthias*, Internationalisierung der Verfassungsordnung, in: Otto Depenheuer/ Christoph Grabenwarter (Hg.), Verfassungstheorie, 2010, § 7.

*ders.*, Grenzen der Verfassungsgebung, in: Otto Depenheuer/Christoph Grabenwarter (Hg.), Verfassungstheorie, 2010, § 9.

*Hillgruber, Christian*, Verfassungsinterpretation, in: Otto Depenheuer/Christoph Grabenwarter (Hg.), Verfassungstheorie, 2010, § 15.

*Horn, Hans-Detlef*, Demokratie, in: Otto Depenheuer/Christoph Grabenwarter (Hg.), Verfassungstheorie, 2010, § 22.

*Isensee, Josef*, Die Staatlichkeit der Verfassung, in: Otto Depenheuer/Christoph Grabenwarter (Hg.), Verfassungstheorie, 2010, § 6.

*Jellinek, Georg*, Allgemeine Staatslehre, ³1959.

*Jestaedt, Matthias*, Verfassungstheorie als Disziplin, in: Otto Depenheuer/Christoph Grabenwarter (Hg.), Verfassungstheorie, 2010, § 1.

*ders.*, Die Verfassung hinter der Verfassung, Schönburger Gespräche zu Recht und Staat, Bd. 12, 2009.

*Kahl, Wolfgang*, Grundrechte, in: Otto Depenheuer/Christoph Grabenwarter (Hg.), Verfassungstheorie, 2010, § 24.

*Kempen, Bernhard*, Verfassung und Politik, in: Otto Depenheuer/Christoph Grabenwarter (Hg.), Verfassungstheorie, 2010, § 27.

*Kirchhof, Paul*, Die Bestimmtheit und Offenheit der Rechtssprache, 1987.

*ders.*, Europäische Einigung und der Verfassungsstaat der Bundesrepublik Deutschland, in: Paul Kirchhof/Hermann Schäfer/Hans Tietmeyer (Hg.), Europa als politische Idee und als rechtliche Form, ²1994, S. 63 ff.

*ders.*, Stetige Verfassung und politische Erneuerung, 1995.

*ders.*, Die Gewaltenbalance zwischen staatlichen und europäischen Organen, in: JZ 1998, S. 965 ff.

*ders.*, Der Staat als Organisationsform politischer Herrschaft und rechtlicher Bindung, in: DVBl 1999, S. 637 ff.

*ders.*, Die Identität der Verfassung, in: Josef Isensee/Paul Kirchhof (Hg.), HStR, Bd. II, ³2004, § 21.

*ders.*, Begriff und Kultur der Verfassung, in: Otto Depenheuer/Christoph Grabenwarter (Hg.), Verfassungstheorie, 2010, § 3.

*Klein, Eckhart*, Staatliches Gewaltmonopol, in: Otto Depenheuer/Christoph Grabenwarter (Hg.), Verfassungstheorie, 2010, § 19.

*Ladeur, Karl-Heinz*, Staat und Gesellschaft. Von der liberalen zur postmodernen Gesellschaft, in: Otto Depenheuer/Christoph Grabenwarter (Hg.), Verfassungstheorie, 2010, § 18.

*Loewenstein, Karl*, Verfassungslehre, ⁴2000.

*Machacek, Rudolf*, Die moderne Verfassungsidee und internationale Entwicklungen, in: Gerhart Holzinger/Heinrich Neisser/Norbert Wimmer (Hg.), Funktion der Verfassung, 1990, S. 79 ff.
*Morlok, Martin*, Was heißt und zu welchem Ende studiert man Verfassungstheorie?, 1988.
*Möstl, Markus*, Regelungsfelder der Verfassung, in: Otto Depenheuer/Christoph Grabenwarter (Hg.), Verfassungstheorie, 2010, § 17.
*Müller-Franken, Sebastian*, Verfassungsvergleichung, in: Otto Depenheuer/Christoph Grabenwarter (Hg.), Verfassungstheorie, 2010, § 26.
*Pernthaler, Peter*, Allgemeine Staatslehre und Verfassungslehre, ²1996.
*Roellecke, Gerd*, Beobachtung der Verfassungstheorie, in: Otto Depenheuer/Christoph Grabenwarter (Hg.), Verfassungstheorie, 2010, § 2.
*ders.*, Identität und Variabilität der Verfassung, in: Otto Depenheuer/Christoph Grabenwarter (Hg.), Verfassungstheorie, 2010, § 13.
*ders.*, Institutionelle Gewähr der Verfassung, in: Otto Depenheuer/Christoph Grabenwarter (Hg.), Verfassungstheorie, 2010, § 14.
*Schmitt, Carl*, Verfassungslehre, ⁹2003.
*Spiecker gen. Döhmann, Indra*, Verfassungstheorie des Sozialstaates, in: Otto Depenheuer/Christoph Grabenwarter (Hg.), Verfassungstheorie, 2010, § 23.
*Stern, Klaus*, Das Staatsrecht der Bundesrepublik Deutschland, Bd. I, ²1984.
*Graf Vitzthum, Wolfgang*, Form, Sprache und Stil der Verfassung, in: Otto Depenheuer/Christoph Grabenwarter (Hg.), Verfassungstheorie, 2010, § 10.
*Waldhoff, Christian*, Verfassungsgeschichte und Theorie der Verfassung, in: Otto Depenheuer/Christoph Grabenwarter (Hg.), Verfassungstheorie, 2010, § 4.
*ders.*, Entstehung des Verfassungsgesetzes, in: Otto Depenheuer/Christoph Grabenwarter (Hg.), Verfassungstheorie, 2010, § 8.
*Wieser, Bernd*, Vergleichendes Verfassungsrecht, 2005.

# § 14
# Verfassungsvoraussetzungen

*Arnd Uhle*

**Übersicht**

| | Rn. |
|---|---|
| A. Einleitung | 1 |
| B. Begriff | 2– 5 |
| C. Verfassungsvoraussetzungen als Gegenstand der Verfassungstheorie | 6– 8 |
| D. Verfassungsvoraussetzungen als Gegenstand verfassungsdogmatischer Folgerungen | 9–12 |
| E. Freiheitsbereitschaft und Freiheitsfähigkeit als Exempel | 13–18 |
| F. Bibliographie | |

## A. Einleitung

Im wissenschaftlichen Œuvre von *Paul Kirchhof* nehmen Fragestellungen, die sich auf das geltende Verfassungsrecht beziehen, aber über die Positivität des Verfassungsgesetzes hinausreichen, einen breiten Raum ein. Diese sind nicht nur Gegenstand von Verfassungstheorie, allgemeiner Staatslehre und politischer Theorie. Vielmehr besteht an ihnen auch ein spezifisch verfassungsdogmatisches Interesse, weil der Text des Verfassungsgesetzes zur Gänze nur unter Einbeziehung seines außerverfassungsrechtlichen Kontextes zu verstehen ist. Das lenkt den Blick der Staatsrechtslehre auf das rechtliche wie tatsächliche Umfeld, die „Umwelt" der Verfassung. Zu den zentralen Bindegliedern zwischen ihr und dem Verfassungstext zählen die Verfassungsvoraussetzungen[1]. 1

## B. Begriff

Die Kategorie der Verfassungsvoraussetzungen umschreibt *Paul Kirchhof* wie folgt: „Verfassungsvoraussetzungen sind Geltungsvoraussetzungen des Verfassungsgesetzes, nicht Inhalt der Verfassungsgarantien"[2]. 2

Diese Begriffsbestimmung verdeutlicht in mehrfacher Hinsicht Grundlegendes. So definiert sie Verfassungsvoraussetzungen als außerhalb der Verfassungsnormen liegende Bedingungen für die Möglichkeit der effektiven Geltung des Verfassungs- 3

---
1 Die Verfassungsvoraussetzungen, auch die Verfassungserwartungen, bezeichnet als „Umwelt" der Verfassung *Herbert Krüger,* Verfassungsvoraussetzungen und Verfassungserwartungen, in: FS für Ulrich Scheuner, 1973, S. 285 (286).
2 *Paul Kirchhof,* Die Identität der Verfassung, in: HStR, Bd. II, ³2004, § 21 Rn. 65.

textes, mithin als außerverfassungsrechtliche Voraussetzungen dafür, dass der Geltungsanspruch einer Verfassungsnorm realisiert werden kann – und weist damit zunächst darauf hin, dass dieser Geltungsanspruch von den Bedingungen seiner Realisierung zu unterscheiden ist[3]. Das Erfordernis dieser Distinktion zeigt sich namentlich dort, wo eine Verfassungsnorm missachtet wird oder aus sonstigen Gründen unerfüllt bleibt: Denn in einer derartigen Situation bleibt ihr Geltungsanspruch bestehen, während ihre Wirksamkeit beeinträchtigt wird[4]. Darüber hinaus vermittelt die vorgenannte Begriffsbestimmung die tragende Grundvorstellung der Verfassungsvoraussetzungen. Diese besteht in der Einsicht, dass Verfassungsnormen nicht autark sind, sondern hinsichtlich ihrer Wirksamkeit von Umständen rechtlicher oder tatsächlicher Art abhängen, die außerhalb ihres Gewährleistungsbereiches liegen[5]. Schließlich verdeutlicht die vorstehende Begriffsbestimmung, dass Verfassungsvoraussetzungen zwar auf die Normen der Verfassung bezogen, aber nicht Bestandteil der Verfassungsgarantien sind. Folglich sind das Verfassungsgesetz und seine Wirksamkeitsvoraussetzungen voneinander zu unterscheiden, die Voraussetzungen mithin nicht Bestandteil der Verfassungsnormen. Mit dieser Unterscheidung wahrt die Kategorie der Verfassungsvoraussetzung die rechtliche Kontur der Verfassungsnorm. Sie zersetzt nicht deren positivrechtliche Formulierung. Doch sie überschreitet die Begrenztheit einer auf den Text der Verfassungsbestimmungen verengten positivistischen Introvertiertheit durch eine Weitung des Blickes auf den außerverfassungsrechtlichen Kontext der Verfassung[6].

4  Der Begriff der Verfassungsvoraussetzung findet Verwendung in einem weiteren und einem engeren Sinne. In einem weiteren Sinne bezieht er sich auf die Bedingungen dafür, dass die Verfassung in ihrer Gesamtheit effektive Geltung erlangen kann, in einem engeren Sinne auf die Voraussetzungen für ein mögliches Wirksamwerden einzelner Verfassungsnormen[7]. Das verdeutlicht, dass die Verfassungsvoraussetzungen in Abhängigkeit von ihrem Bezugsobjekt zu bestimmen sind. So sind bereits die Bedingungen für die effektive Geltung der Grundrechte im Hinblick auf die jeweils in Frage stehenden Einzelverbürgungen differenzierend zu fassen, erst

---

[3] Zum Unterschied zwischen dem Geltungsanspruch einer Verfassungsnorm und den Bedingungen seiner Realisierung *Konrad Hesse*, Die normative Kraft der Verfassung, 1959, S. 8.
[4] Das verdeutlicht, dass der Geltungsanspruch einer Verfassungsnorm dem Prinzip von Entweder-Oder folgt, da diese eben gilt oder aber nicht gilt. Die Wirksamkeit hingegen kann graduell abgestuft, also höher oder niedriger sein. Unzutreffend daher *Christoph Möllers*, Religiöse Freiheit als Gefahr?, in: VVDStRL 68 (2009), S. 47 (52), der davon ausgeht, dass Verfassungsvoraussetzungen „nur das Entweder-Oder von Geltung oder Ausfall der gesamten Ordnung" kennen würden. Wie hier demgegenüber *Josef Isensee*, Grundrechtsvoraussetzungen und Verfassungserwartungen an die Grundrechtsausübung, in: HStR Bd. IX, ³2011, § 190 Rn. 57 ff., v. a. 60.
[5] Zu dieser Grundvorstellung im Kontext der Grundrechtsvoraussetzungen als einer Erscheinungsform der Verfassungsvoraussetzungen wie hier auch *Isensee* (N 4), § 190 Rn. 84; *Paul Kirchhof*, Grundrechtsinhalte und Grundrechtsvoraussetzungen, in: HGR, Bd. I, 2004, § 21 Rn. 1 ff., v. a. 4 ff., 7 ff.; *Matthias Jestaedt*, Verfassungstheorie als Disziplin, in: Otto Depenheuer/Christoph Grabenwarter (Hg.), Verfassungstheorie, 2010, § 1 Rn. 38.
[6] Klassische Absage an eine solche Introvertiertheit bei *Ernst Forsthoff*, Der introvertierte Rechtsstaat und seine Verortung, in: Der Staat 2 (1963), S. 385 ff. Für eine Einbeziehung des Verfassungskontextes *Peter Häberle*, Die Verfassung «im Kontext», in: Daniel Thürer/Jean-François Aubert/Jörg Paul Müller (Hg.), Verfassungsrecht der Schweiz, 2001, § 2 Rn. 7 ff.
[7] Dies verkennt *Möllers* (N 4), S. 47 (52), der davon ausgeht, dass diese nur die Verfassung im Ganzen betrifft und insofern nur die Verfassungsvoraussetzungen im weiteren Sinne in den Blick nimmt.

recht die Voraussetzungen etwa der Rechtsstaatlichkeit und der Demokratie[8]. Dies belegt, dass Verfassungsvoraussetzungen vielgestaltig sein können. Gleichwohl können sie nach dem Typus ihrer Bezugsnorm ihrerseits in Teilkategorien – etwa in die der Grundrechtsvoraussetzungen – eingeteilt werden. Im Übrigen kann typologisch vielfältig – etwa zwischen vorgefundenen, gestaltbaren und rechtlich geschaffenen Verfassungsvoraussetzungen – unterschieden werden[9], nicht zuletzt zwischen rechtlichen und realen[10], zwischen strukturellen und situativen, zwischen staatlich verbindlich justierbaren (also regel-, erzwing- und gewährleistbaren) und nicht justierbaren Voraussetzungen[11].

Von den Verfassungsvoraussetzungen zu unterscheiden sind die Verfassungserwartungen. Diese reflektieren, dass namentlich die Freiheitsrechte neben ihrer Individual- auch eine Gemeinwohlperspektive aufweisen[12]. Ihr Thema sind jene Bedingungen, unter denen beide Perspektiven konvergieren, also Freiheits- zugleich Gemeinwohlrealisierung ist[13]. Den Verfassungsvoraussetzungen gleichen sie darin, dass auch sie nicht Bestandteil der Verfassungsgarantien sind. Auch können beide Kategorien praktisch zusammenfallen, was das Bundesverfassungsgericht etwa für die Ausübung des Wahlrechts annimmt, die es einerseits als tatsächliche Voraussetzung des Demokratieprinzips, andererseits als Erwartung des Grundgesetzes an seine Bürger qualifiziert[14]. Im Übrigen indessen sind die Verfassungserwartungen von den Verfassungsvoraussetzungen abzugrenzen. Zwar hält namentlich *Herbert Krüger*, Pionier beider Kategorien, eine solche scharfe Distinktion nicht für erforderlich: Was vorausgesetzt werde, werde auch erwartet und umgekehrt[15]. Gleichwohl hat die Unterscheidung ihre Berechtigung. Denn die Verfassungsvoraussetzung blickt aus der Perspektive der unter der Verfassung lebenden Menschen auf jene rechtlichen und realen Bedingungen, die erfüllt sein müssen, damit die Verfas-

---

8 Hierzu und zum Folgenden *Isensee* (N 4), § 190 Rn. 50. Zu sozialer Gleichheit als Grundrechtsvoraussetzung *Peter Axer*, Soziale Gleichheit – Voraussetzung oder Aufgabe der Verfassung?, in: VVDStRL 68 (2009), S. 177 (190 ff.); zur Einheitlichkeit der Lebensverhältnisse im Bundesgebiet als bundesstaatlicher Verfassungsvoraussetzung *Christian Waldhoff*, Verfassungsrechtliche Vorgaben für die Steuergesetzgebung im Vergleich Deutschland – Schweiz, 1997, S. 89 f.
9 *Paul Kirchhof*, Die Einheit des Staates in seinen Verfassungsvoraussetzungen, in: Otto Depenheuer/Markus Heintzen/Matthias Jestaedt/Peter Axer (Hg.), Die Einheit des Staates, 1998, S. 51 (54 ff.).
10 Zu den rechtlichen Verfassungsvoraussetzungen näher *Dietrich Murswiek*, Grundrechte als Teilhaberechte, soziale Grundrechte, in: HStR, Bd. IX, ³2011, § 192 Rn. 111 ff.
11 In Anlehnung an die Typologie der Grundrechtsvoraussetzungen von *Isensee* (N 4), § 190 Rn. 70 ff. – Zum Staat als Verfassungsvoraussetzung *Krüger* (N 1), S. 285 (293 ff.); *Ernst-Wolfgang Böckenförde*, Entstehung und Wandel des Rechtsstaatsbegriffs, in: ders., Recht, Staat, Freiheit, erw. Ausgabe 2006, S. 143 (168 f.); *Dietrich Murswiek*, Die staatliche Verantwortung für die Risiken der Technik, 1985, S. 103 f.; *Kirchhof* (N 2), § 21 Rn. 25 und 69 ff.; *ders.* (N 5), § 21 Rn. 3 und 7; *Josef Isensee*, Staat und Verfassung, in: HStR, Bd. II, ³2004, § 15 Rn. 1 sowie Rn. 46 ff.; *ders.* (N 4), § 190 Rn. 124 ff.; *ders.*, Die Staatlichkeit der Verfassung, in: Otto Depenheuer/Christoph Grabenwarter (Hg.), Verfassungstheorie, 2010, § 6 Rn. 1, 44 ff., 66 ff.
12 Dazu *Arnd Uhle*, Freiheitlicher Verfassungsstaat und kulturelle Identität, 2004, S. 52 ff.; *ders.*, Innere Integration, in: HStR, Bd. IV, ³2006, § 82 Rn. 6; *Josef Isensee*, Gemeinwohl im Verfassungsstaat, in: HStR Bd. IV, ³2006, § 71 Rn. 114 ff.; *ders.* (N 4), § 190 Rn. 206. – Diese zusätzliche Gemeinwohldimension schmälert den Umfang und Qualität der Freiheitsverbürgungen nicht. Denn die gemeinwohldienliche Realisierung der Freiheitsrechte ist, wie das Bundesverfassungsgericht anhand des Exempels der Wahlrechtsausübung zu Recht hervorhebt, eine „vorrechtliche Verantwortung" der Bürger, nicht aber eine Rechtspflicht, BVerfGE 102, 370 (398).
13 *Isensee* (N 4), § 190 Rn. 206; *Uhle*, Freiheitlicher Verfassungsstaat und kulturelle Identität (N 12), S. 55.
14 BVerfGE 102, 370 (397 f.).
15 *Krüger* (N 1), S. 285 (286).

sung – insgesamt oder im Hinblick auf einzelne ihrer Normen – wirksam werden kann. Die Verfassungserwartung hingegen blickt aus der Sicht des Gemeinwohls auf die unter dem Grundgesetz lebenden Menschen und beobachtet deren grundrechtliches Verhalten[16].

## C. Verfassungsvoraussetzungen als Gegenstand der Verfassungstheorie

6 Die Begriffsbestimmung verdeutlicht: Auch wenn sie sich auf Verfassungsnormen beziehen, sind Verfassungsvoraussetzungen nicht Inhalt der Verfassungsgarantien. Folglich liegen sie nicht von vornherein im Fokus der Verfassungsdogmatik, deren Thema das geltende Verfassungsgesetz ist. Als Bedingungen für die effektive Geltung des Verfassungsgesetzes sind Verfassungsvoraussetzungen vielmehr originärer Gegenstand der Verfassungstheorie[17]. Diese sucht das rechtliche wie tatsächliche Umfeld, den Kontext der Verfassung auszuleuchten, innerhalb dessen diese zu verstehen und zu interpretieren ist. Es geht ihr, mit anderen Worten, um die Verfassung hinter der Verfassung[18]. Zu ihr zählt die Frage, unter welchen Bedingungen das Verfassungsgesetz insgesamt wie auch einzelne seiner Normen zu möglichst umfassender Wirksamkeit gelangen.

7 Als Thema der Verfassungstheorie kommt Verfassungsvoraussetzungen keine unmittelbare normative Relevanz zu, da sich verfassungstheoretische Erkenntnisse nicht ohne Weiteres in verfassungsrechtliche Ge- und Verbote verwandeln lassen. Die kognitive Kategorie zeitigt nicht aus sich heraus Geltungsanspruch, die Verfassungstheorie überwältigt die Verfassungsdogmatik nicht[19]. Vielmehr ist hier wie auch sonst die kategoriale Unterscheidung zwischen verfassungstheoretischer Einsicht und verfassungsdogmatischer Konsequenz zu wahren.

8 Das freilich bedeutet nicht, dass Verfassungsvoraussetzungen unter keinen Umständen Gegenstand verfassungsdogmatischer Folgerungen sein könnten. Demzufolge kann auch nicht die Rede davon sein, dass die Lehre von den Verfassungsvoraussetzungen in der Aporie verharrt, dass eine praktische Notwendigkeit normativ belanglos bleibt[20]. Denn eine mittelbare normative Bedeutung können Verfassungsvoraussetzungen durchaus entfalten. Bedingung dafür ist freilich, dass eine Verfassung auf ihre effektive Geltung, auf ihre Wirksamkeit, abzielt. Wo eine entsprechende Anordnung des positiven Verfassungsrechts besteht, folgt aus ihr die Ver-

---

16 In Anlehnung an *Isensee* (N 4), § 190 Rn. 53 und 205.
17 Für die Verfassungsvoraussetzung wie hier *Isensee* (N 4), § 190 Rn. 81.
18 Dazu *Matthias Jestaedt*, Die Verfassung hinter der Verfassung, 2009, S. 11 ff.; zur Funktion der Verfassungstheorie *ders.* (N 5), § 1 Rn. 28 ff.
19 Zur Verfassungsvoraussetzung als kognitivem Begriff *Isensee* (N 4), § 190 Rn. 88 f.
20 In diese Richtung freilich *Christoph Möllers*, Staat als Argument, ²2011, S. 256 ff.; ähnlich *Stefan Huster*, Die ethische Neutralität des Staates, 2002, S. 647 f. mit Anm. 53. – Sachlicher Widerspruch gegenüber einer normativen Belanglosigkeit der Verfassungsvoraussetzungen bereits bei *Klaus Vogel/Christian Waldhoff*, in: BK, Vorbem. z. Art. 104a-115, Rn. 285, die auf die „Rechtswirkungen" der Verfassungsvoraussetzungen abheben und die „Rechtspflicht" des Staates zu deren Bewahrung hervorheben.

pflichtung des Staates, die Verfassungsvoraussetzungen als Bedingungen einer effektiven Verfassungsgeltung im Rahmen des ihm Möglichen zu pflegen sowie vor Auszehrung oder Ausfall zu schützen.

## D. Verfassungsvoraussetzungen als Gegenstand verfassungsdogmatischer Folgerungen

Den entscheidenden Transmissionsriemen, über den Verfassungsvoraussetzungen unter der Geltung des Grundgesetzes eine derartige mittelbare normative Relevanz erlangen, bildet ein Staatsziel: das Staatsziel der Vitalität und Dauerhaftigkeit der freiheitlichen Verfassungsordnung[21]. Dieses findet im geltenden Verfassungsrecht vielfältigen Ausdruck. Denn das Grundgesetz enthält eine Vielzahl expliziter Bestimmungen, die der effektiven Geltung und der Erhaltung der von ihm errichteten freiheitlichen Verfassungsordnung dienen[22]. Sämtliche dieser Bestimmungen, so unterschiedlich ihre Inhalte und Regelungskontexte auch sein und so unverbunden sie auf den ersten Blick auch nebeneinander stehen mögen, werden geeint durch die Zielsetzung, die grundgesetzliche Verfassungsordnung wirksam werden zu lassen und ihr dauerhaften Bestand zu sichern. Auch wenn das Grundgesetz seinem Regelungsstil entsprechend weitgehend darauf verzichtet, diese Zielsetzung explizit zu umschreiben und stattdessen sein Augenmerk auf die freiheitssichernde Beschränkung der in ihrem Dienste stehenden Instrumente legt[23], scheint damit auf, dass hinter den verfassungsrechtlichen Einzelvorkehrungen ein als selbstverständlich vorausgesetztes, implizit verfolgtes Staatsziel steht, eben das der Vitalität und Dauerhaftigkeit der grundgesetzlichen Ordnung[24].

In dessen Zentrum steht nicht zuletzt die Pflege von Verfassungsvoraussetzungen. Denn Vitalität und Dauerhaftigkeit einer freiheitlichen Verfassungsordnung sind bedroht, wo deren Wirksamkeit aufgrund eines partiellen oder vollumfänglichen Entfalls von Verfassungsvoraussetzungen reduziert ist. Hierauf weist bereits *Herbert Krüger* hin: Verfall und Wegfall der Verfassungsvoraussetzungen „schaffen eine Fundamentlosigkeit, die den Einsturz der Verfassung möglich macht" – eine Fundamentlosigkeit, die von umso gravierenderer Bedeutung ist, als ihr gegenüber auch institutionelle Sicherungen wie etwa die der Verfassungsgerichtsbarkeit

---
21 Hierzu *Uhle*, Freiheitlicher Verfassungsstaat und kulturelle Identität (N 12), S. 355 ff., v. a. 372 ff., 386 ff., 390 ff., 402 ff.
22 Zu ihnen zählen die den Schutz der freiheitlichen Verfassungsordnung intendierenden Vorkehrungen der wehrhaften Demokratie, die Regelungen gegen Funktionsstörungen der Staatsorganisation, die Bestimmungen der freiheitssichernden Notstandsverfassung, die Normierung des Widerstandsfalles, die Vorsorge gegen eine Änderung oder Auswechslung der menschenwürdeverpflichteten und freiheitlichen Verfassungsidentität des deutschen Staates der Gegenwart.
23 Zu diesem Regelungsstil *Josef Isensee*, Staatsaufgaben, in: HStR, Bd. IV, ³2006, § 73 Rn. 40 f.; *ders.*, Verfassungsrecht als „politisches Recht", in: HStR, Bd. VII, ¹1992, § 162 Rn. 93.
24 Dazu *Uhle*, Innere Integration (N 12), § 82 Rn. 49 ff.

an ihre Grenzen gelangen. Denn eine Verfassungsgerichtsbarkeit vermag zwar Verstöße gegen das Verfassungsgesetz zu ahnden, ist „aber die Verfassungsvoraussetzungen selbst zu schützen primär nicht imstande"[25].

11 Vor diesem Hintergrund kommt es für die staatszielgebotene Vitalität und Dauerhaftigkeit der freiheitlichen Verfassungsordnung wesentlich auch auf die freiheitsgerechte Pflege der Verfassungsvoraussetzungen durch den Staat an[26]. *Paul Kirchhof* spricht diesbezüglich zu Recht von einem „Interventionsauftrag des Staates"[27]. Dieser Auftrag ist angesichts seiner Ableitung aus dem Staatsziel der Vitalität und Dauerhaftigkeit für den verfassungsgebundenen Staat verbindlich, seine Erfüllung folglich staatliche Pflichtaufgabe[28]. Demgemäß muss ein zentrales Augenmerk des staatlichen Handelns der Pflege der Verfassungsvoraussetzungen dort gelten, wo diese solchem Handeln zugänglich sind: Wahrung, Schutz und Stärkung derselben erweisen sich insofern als staatliche Aufgabe[29]. Umgekehrt verletzt der Staat dort, wo er diese Aufgabe außer Acht lässt, eine Verfassungspflicht[30].

12 Die Aufgabe der Pflege der Verfassungsvoraussetzungen wirkt sich aufgrund ihrer Verbindlichkeit für den Staat gleichermaßen als Gebot wie auch als Verbot aus: als Gebot, die Verfassungsvoraussetzungen im Rahmen des ihm Möglichen zu pflegen und generationenübergreifend zu erneuern, sowie als Verbot, voraussetzungsschwächend oder gar voraussetzungszersetzend zu wirken. Damit kann die staatliche Pflege der Verfassungsvoraussetzungen kategorial danach unterschieden werden, ob sie Ausdruck der „positiven" oder der „negativen" Dimension staatlicher Einflussnahme auf Bestand und Entwicklung der Verfassungsvoraussetzungen ist.

---

25 *Krüger* (N 1), S. 285 (293).
26 Bereits *Krüger* (N 1), S. 285 (287), weist darauf hin, dass die Verfassungsvoraussetzungen „notwendig Gegenstand [...] staatlicher Pflege" seien.
27 *Kirchhof* (N 5), § 21 Rn. 61.
28 *Vogel/Waldhoff* (N 20), Vorbem. z. Art. 104a-115, Rn. 285 („Rechtspflicht"); wie hier auch *Kirchhof* (N 9), S. 51 (62).
29 *Kirchhof* (N 5), § 21 Rn. 61; *Isensee* (N 4), § 190 Rn. 88, 95. Zur Pflege des gesellschaftlichen Konsenses über eine freiheitliche Ordnung so bereits *Josef Isensee*, Verfassungsgarantie ethischer Grundwerte und gesellschaftlicher Konsens, in: NJW 1977, S. 545 (551); *Thomas Würtenberger*, Zu den Voraussetzungen des freiheitlichen, säkularen Staates, in: Winfried Brugger/Stefan Huster (Hg.), Der Streit um das Kreuz in der Schule, 1998, S. 277 ff.
30 Auch wenn damit die Aufgabe der Verfassungsvoraussetzungspflege als solche staatlicher Disposition entzogen ist, bleibt sie hinsichtlich der Modalitäten ihrer Erfüllung konkretisierender staatlicher Entscheidung ebenso zugänglich wie auch bedürftig. Für diese Entscheidung verfügt der Staat über einen erheblichen Gestaltungsspielraum; vgl. hierzu auch unten Rn. 18 mit Anm. 42.

## E. Freiheitsbereitschaft und Freiheitsfähigkeit als Exempel

Eine besonders bedeutsame Erscheinungsform der Verfassungsvoraussetzungen sind die Grundrechtsvoraussetzungen[31]. Auch sie können, wie die Verfassungsvoraussetzungen insgesamt, typologisch geordnet werden, u. a. danach, ob sie staatlich regel- und erzwingbar sind oder nicht[32]. Im Fokus des verfassungstheoretischen wie des verfassungsdogmatischen Interesses, auch im Zentrum verfassungspolitischer Kontroversen, stehen vor allem jene Grundrechtsvoraussetzungen, die der Staat weder hoheitlich anordnen noch durchsetzen, erst recht nicht gewährleisten kann[33]. Zu ihnen zählen Freiheitsbereitschaft und Freiheitsfähigkeit der Grundrechtsberechtigten: die Bereitschaft, die Grundrechte tatsächlich mit Leben zu erfüllen und die Fähigkeit, diese Grundrechtswahrnehmung gemeinwohladäquat auszugestalten[34].

Beide Voraussetzungen werden geprägt durch ideelle Faktoren: durch das vorherrschende Ethos, den allgemeinen Bildungsstand, kulturelle und religiöse Einflüsse, das geistige Klima der Gesellschaft[35]. Insofern sind sie dem Staat entzogen. Gleichwohl ist dieser auf ihr Vorhandensein und ihre Aktualisierung angewiesen, wenn seine freiheitliche Verfassungsordnung Wirksamkeit gewinnen soll. Denn eine solche Ordnung unterbreitet in ihren grundrechtlichen und grundrechtsgleichen Verbürgungen Freiheitsangebote, deren tatsächliche Annahme und gemeinwohladäquate Inanspruchnahme sie zwar um der Freiheitlichkeit willen in die freie Entscheidung der Freiheitsberechtigten stellt, indessen für das Wirksamwerden der grundrechtlichen Garantien voraussetzt[36]. Kaum etwas verdeutlicht dies prägnanter als das Exempel des demokratischen Wahlrechts, das auszuüben den Wahlberechtigten zwar rechtlich freigestellt ist, indessen bei allgemeiner Nichtausübung dazu führen würde, dass die Demokratie an ihrer eigenen Freiheitlichkeit zugrunde ginge[37]. Das zeigt signifikant, dass die grundrechtlichen und grundrechtsgleichen Gewährleistungen dort, wo Freiheitsbereitschaft

---

31 Zu ihnen *Kirchhof* (N 5), § 21 Rn. 7 f., 23 ff., 44 ff.; *Isensee* (N 4), § 190 Rn. 49 ff., 81 ff., 119 ff., 160 ff.
32 Im Schrifttum werden teilweise alleine die tatsächlichen, nicht garantierbaren Voraussetzungen als Verfassungsvoraussetzungen begriffen, vgl. etwa *Florian Becker*, Kooperative und konsensuale Strukturen in der Normsetzung, 2005, S. 730; *Christian Waldhoff*, Die Zukunft des Staatskirchenrechts, in: Essener Gespräche 42 (2008), S. 55 (91). Vor allem sie hat bereits auch *Krüger* (N 1), S. 285 (287, 289 ff.) im Blick. Zur Typologie der Grundrechtsvoraussetzungen bereits oben Rn. 4.
33 Vgl. *Isensee* (N 4), § 190 Rn. 80.
34 Diese lassen sich als Verfassungsvoraussetzungen wie auch als Verfassungserwartungen qualifizieren, weshalb die theoretisch geschiedenen Kategorien hier praktisch zusammenfallen. Zu dieser Möglichkeit bereits oben Rn. 5.
35 Dazu am Beispiel von Wirtschafts-, Forschungs- und Meinungsäußerungsfreiheit *Paul Kirchhof*, Die kulturellen Voraussetzungen der Freiheit, 1995, S. 1 f. und 14 ff.; *Isensee* (N 4), § 190 Rn. 39 und 188 ff.
36 *Kirchhof* (N 9), S. 51 (61).
37 Hierzu aus der Judikatur BVerfGE 102, 370 (397 f.); zum Wahlrecht als grundrechtsgleicher Gewährleistung BVerfGE 97, 350 (370); aus dem Schrifttum wie hier *Kirchhof* (N 9), S. 51 (62); *Josef Isensee*, Demokratischer Rechtsstaat und staatsfreie Ethik, in: Essener Gespräche 11 (1977), S. 92 (104 f.); *Uhle*, Freiheitlicher Verfassungsstaat und kulturelle Identität (N 12), S. 54 f.

und -fähigkeit fehlen, Wirksamkeitseinbußen erleiden[38]: Die Verfassungsordnung der Freiheit bleibt hier zwar in Geltung, wird aber in ihrer realitätsprägenden Kraft geschwächt und in ihrem dauerhaften Bestand gefährdet.

15 Vor diesem Hintergrund ist die tagtägliche Aktualisierung ebenso wie die generationenübergreifende Erneuerung von Freiheitsbereitschaft und Freiheitsfähigkeit für die Vitalität und Dauerhaftigkeit einer freiheitlichen Verfassungsordnung von existenzieller Bedeutung. Das wirft die Frage auf, wie diese Quellen der Grundrechtswirksamkeit lebendig erhalten und gepflegt werden können.

16 Angesichts des Umstandes, dass Freiheitsbereitschaft und -fähigkeit staatlicher Herstellung, Anordnung oder Garantie grundsätzlich unzugänglich sind, kommen für ihre Vitalisierung und Perpetuierung prinzipiell zunächst die Freiheitsberechtigten selbst in Betracht. Denn sie sind es, die über die Kompetenz für eine säkulare und aktivitätsbejahende, rationale und das menschliche Eigeninteresse ethisch einbindende – und damit zugleich gemeinwohlrealisierende – Wahrnehmung der staatlichen Freiheitsverbürgungen verfügen[39]. Aktualisierung und generationenübergreifende Erneuerung beider Grundrechtsvoraussetzungen liegen daher zuvörderst in den Händen der Grundrechtsberechtigten, sind Teil deren spezifischer Bürgerkompetenz. Diese Kompetenz anerkennt und schützt der freiheitliche Verfassungsstaat in seinen grundrechtlichen Garantien, auf sie baut er. Obgleich ihre Aktivierung für ihn unverzichtbar ist, bleibt sie doch dem freiwilligen Engagement der Freiheitsberechtigten überlassen. Diese selbst sind es mithin, die in Freiheit und Selbstverantwortung darüber entscheiden, ob und inwiefern sie ihre Bürgerkompetenz zum Gemeinwohl aller aktivieren und einsetzen – ein Beleg dafür, dass freiheitliche Verfassungsstaatlichkeit eine von Bürgervertrauen und Optimismus gekennzeichnete Staatlichkeit ist[40].

17 Der prinzipielle Vorrang der Grundrechtsberechtigten bei Aktivierung, Pflege und generationenübergreifender Erneuerung individueller Freiheitsbereitschaft und -fähigkeit schließt nicht aus, dass diesen Grundrechtsvoraussetzungen ergänzend auch die Sorge des Staates gilt[41]. Denn auch wenn dieser sie nicht herzustellen, anzuordnen oder zu gewährleisten vermag, so vermag er sie doch freiheitsgerecht zu fördern – eine Möglichkeit, die angesichts der verfassungsrechtlichen Inpflichtnahme des Staates zur Pflege der Verfassungsvoraussetzungen den Charakter einer

---

38 Hierzu und zu den Folgen gesellschaftlicher Freiheitsverweigerung näher *Paul Kirchhof*, Die Gewißheit verläßlicher Werte als Grundlage eines demokratischen Rechtsstaates, 1996, S. 14 f.; *Uhle*, Freiheitlicher Verfassungsstaat und kulturelle Identität (N 12), S. 52 ff.; *ders.*, Innere Integration (N 12), § 82 Rn. 26 mit Anm. 59.
39 Zu diesen Einzelquellen von Freiheitsbereitschaft und -fähigkeit *Uhle*, Freiheitlicher Verfassungsstaat und kulturelle Identität (N 12), S. 52 ff., 70 ff.; zum Ethos der Freiheitsrechte *Josef Isensee*, Menschenrechte – Staatsordnung – Sittliche Autonomie, in: Johannes Schwartländer (Hg.), Modernes Freiheitsethos und christlicher Glaube, 1981, S. 70 (95 ff.).
40 Zum „kulturellen Optimismus" des freiheitlichen Verfassungsstaates *Kirchhof* (N 35), S. 1 f.; zur Verfassungsstaatlichkeit als vertrauender Staatlichkeit *Uhle*, Innere Integration (N 12), § 82 Rn. 3, 26.
41 Im Hinblick auf die Pflege des gesellschaftlichen Konsenses über die freiheitliche Verfassungsordnung so auch *Würtenberger* (N 29), S. 277 ff.; *Isensee* (N 29), S. 545 (551 f.).

staatlichen Pflichtaufgabe hat[42]. Kategorial kann diese Aufgabe nicht nur danach systematisiert werden, ob sie in ihrer negativen oder positiven Dimension Aktualisierung erfährt, als Beschädigungsverbot oder als Förderungsgebot, sondern auch danach, ob ihr der Staat durch unmittelbares oder durch mittelbares Handeln Rechnung trägt: unmittelbar dadurch, dass der Staat selbst für Freiheitsbereitschaft und -fähigkeit eintritt, vor allem durch Aufklärung, geistige Einflussnahme, Anregung und sonstiges ideelles Werbungshandeln, namentlich in der staatlichen Pflichtschule[43], mittelbar durch eine Kooperation des Staates mit gesellschaftlichen Potenzen, die in der Sphäre der Freiheitsberechtigten diese Grundrechtsvoraussetzungen wirksam zu pflegen bereit und in der Lage sind, insbesondere durch deren leistungsstaatliche Unterstützung[44].

Vor dem skizzierten Hintergrund trifft gerade für die Pflege und Perpetuierung von Freiheitsbereitschaft und -fähigkeit in ihrer Eigenschaft als Grundrechtsvoraussetzungen zwar das vielzitierte Diktum *Ernst-Wolfgang Böckenfördes* zu, dass der freiheitliche, säkularisierte Staat von Voraussetzungen lebe, die er selbst nicht garantieren könne[45]. Doch das Diktum erweist sich als ergänzungsbedürftig: Denn die Voraussetzungen, von denen der freiheitliche Staat lebt, vermag er zwar nicht zu garantieren, aber doch freiheitsgerecht zu pflegen. Unter der Geltung des Grundgesetzes ist er hierzu verpflichtet.

**18**

# F. Bibliographie

*Böckenförde, Ernst-Wolfgang*, Der Staat als sittlicher Staat, 1978.
ders., Die Entstehung des Staates als Vorgang der Säkularisation, in: ders., Recht, Staat, Freiheit, erw. Ausgabe 2006, S. 92 ff.
*Hesse, Konrad*, Die normative Kraft der Verfassung, 1959.
*Isensee, Josef*, Verfassungsgarantie ethischer Grundwerte und gesellschaftlicher Konsens, in: NJW 1977, S. 545 ff.

---

42 Dies im Unterschied zur Pflege und Erneuerung der Freiheitsbereitschaft und -fähigkeit durch die Freiheitsberechtigten. Denn diese agieren bei Aktualisierung und Perpetuierung ihrer Freiheitsbereitschaft und -fähigkeit in grundrechtlicher Freiheit, der freiheitsverpflichtete Verfassungsstaat hingegen in verfassungsrechtlicher Gebundenheit. Hierzu, auch zum Folgenden, bereits Rn. 12 f.; zur Rechtspflicht der Bewahrung der Verfassungsvoraussetzungen auch *Vogel/Waldhoff* (N 20), Vorbem. z. Art. 104a-115, Rn. 285. – Zum gleichwohl bestehenden staatlichen Gestaltungsspielraum hinsichtlich der Modalitäten der Erfüllung dieser Pflichtaufgabe siehe oben Rn. 12 mit Anm. 30.
43 Zum schulischen Erziehungsziel des selbstverantwortlichen und gemeinschaftsgebundenen Freiheitsgebrauchs *Hans-Uwe-Erichsen*, Elternrecht – Kindeswohl – Staatsgewalt, 1985, S. 37 ff.; *Armin Dittmann*, Erziehungsauftrag und Erziehungsmaßstab der Schule im freiheitlichen Verfassungsstaat, in: VVDStRL 54 (1995), S. 47 (57); *Isensee* (N 4), § 190 Rn. 319 f.; vgl. zusammenfassend auch *Klaus Ferdinand Gärditz*, Säkularität und Verfassung, in: Otto Depenheuer/Christoph Grabenwarter (Hg.), Verfassungstheorie, 2010, § 5 Rn. 54.
44 *Kirchhof* (N 9), S. 51 (61 ff.); *Isensee* (N 4), § 190 Rn. 80, 95.
45 *Ernst-Wolfgang Böckenförde*, Die Entstehung des Staates als Vorgang der Säkularisation, in: ders., Recht, Staat, Freiheit, 2006, S. 92 (112 f.); *ders.*, Der Staat als sittlicher Staat, 1978, S. 36 f. – Zur Kontroverse, ob daraus für den Staat die Pflicht zur Enthaltsamkeit jeglicher Einwirkung auf die Verfassungsvoraussetzungen oder umgekehrt die Pflicht zur Entfaltung staatlicher Bemühungen um deren Erhaltung folgt, *Isensee* (N 29), S. 545 ff.; *Kirchhof* (N 5), § 21 Rn. 6.

*ders.*, Menschenrechte – Staatsordnung – Sittliche Autonomie, in: Johannes Schwartländer (Hg.), Modernes Freiheitsethos und christlicher Glaube, 1981, S. 70 ff.

*ders.*, Grundrechtsvoraussetzungen und Verfassungserwartungen an die Grundrechtsausübung, in: HStR, Bd. IX, ³2011, § 190.

*Kirchhof, Paul*, Die kulturellen Grundlagen der Freiheit, 1995.

*ders.*, Die Einheit des Staates in seinen Verfassungsvoraussetzungen, in: Otto Depenheuer/Markus Heintzen/Matthias Jestaedt/Peter Axer (Hg.), Die Einheit des Staates, 1998, S. 51 ff.

*ders.*, Grundrechtsinhalte und Grundrechtsvoraussetzungen, in: HGR, Bd. I, 2004, § 21.

*Krüger, Herbert*, Verfassungsvoraussetzungen und Verfassungserwartungen, in: FS für Ulrich Scheuner, 1973, S. 285 ff.

*Uhle, Arnd*, Freiheitlicher Verfassungsstaat und kulturelle Identität, 2004.

*Würtenberger, Thomas*, Zu den Voraussetzungen des freiheitlichen, säkularen Staates, in: Winfried Brugger/Stefan Huster (Hg.), Der Streit um das Kreuz in der Schule, 1998, S. 277 ff.

# § 15
# Integrationskraft der Verfassung

*Peter Häberle*

**Übersicht**

|  | Rn. |
|---|---|
| A. Einleitung – Zueignung | 1– 3 |
| B. Erster Teil: Die den Staat konstituierende Verfassung – „Verfassungsstaat" Verständnisse von Verfassungen – Das „gemischte" Verfassungsverständnis – Integrationsprogramme – Grenzen – Akteure | 4–10 |
|     I. Vorbemerkungen | 4 |
|     II. Staats- und Verfassungslehren (Auswahl) | 5– 6 |
|     III. Integrationsfelder, Kräfte, Ressourcen, Quellen, Vergemeinschaftsvorgänge, Themen, Integrationsprogramme, Integrations-Artikel, Integrationspolitik, Akteure – im Ganzen: „Kultur" | 7– 8 |
|     IV. „Gegenlager", die Verfassung des Pluralismus, der Vielfalt, der Differenz | 9–10 |
| C. Zweiter Teil: Werdende Verfassungsgemeinschaften – Teilverfassungen insbesondere in der EU, Aufteilung der Integrationsaufgaben und -aktivitäten sowie Akteure – die Finanzkrise | 11–14 |
|     I. Nationale Teilverfassungen in regionalen Verantwortungsgemeinschaften wie EU und Mercosul, Regionalisierung und Globalisierung | 11–14 |
|     II. Insbesondere: Die Finanzkrise als Gefahr für die Teilverfassungen in Europa | 15 |
| D. Ausblick | 16 |
| E. Bibliographie | |

## A. Einleitung – Zueignung

Dieser Beitrag gilt einem Staatsrechtslehrer, dem vielzitierten „Professor aus Heidelberg", der das Glück hatte, gleichzeitig wirkmächtiger Bundesverfassungsrichter und Professor (nicht nur für das Steuerrecht) zu sein. Überdies wagte er sich sogar an „Privatentwürfe" für ein Gesetzeswerk in Gestalt seines Steuergesetzbuches (2011). Seine Freunde und Schüler haben ihn bereits vor zehn Jahren durch ein Kolloquium in Heidelberg (2002) geehrt[1]. Heute bringen sie ihm eine ganzheitlich konzipierte Festschrift, vielleicht ein Handbuch, dar. Angesichts der oft beklagten, aber nie beendeten Flut von Festschriften ist es ein Glücksfall, dass die eingeladenen Autoren um einen konkreten Beitrag gebeten werden, der sich systematisch in ein Gesamtkonzept einfügen kann. Solche strengen Themenfestschriften sollten Schule machen, erweisen sich doch die üblichen Festschriften mit ihren ganz heterogenen Beiträgen oft als „Grab".

1

Dem Verfasser dieser Zeilen wurde das Thema: „Die Integrationskraft von Verfassungen" zugeteilt. Er erlaubt sich, diese Vorgabe ein Stück weit zurückzunehmen

2

---

[1] *Rudolf Mellinghoff/Gerd Morgenthaler/Thomas Puhl* (Hg.), Die Erneuerung des Verfassungsstaates, 2003.

und einzuschränken durch die Formulierung in: „Die – *begrenzte* – Integrationskraft von Verfassungen". Dies ist bewusstes Programm, aus Gründen der Sache, nicht nur aus Bescheidenheit.

3   Freilich wäre dieses Thema ohne *Rudolf Smend* (1928/1956)[2] weder gestellt, noch nach Maßgabe der folgenden Überlegungen vorläufig beantwortet worden. Gemeint ist seine Integrationslehre einerseits und sein zum Klassikertext gereiftes Wort andererseits: „Es gibt nur soviel Staat, wie die Verfassung konstituiert." Kongenial hat dies später der Kronjurist der SPD *Adolf Arndt* ähnlich formuliert. Die neue Verfassung Brandenburgs (1992) denkt parallel, insofern sie ihren großen Text beginnen lässt mit den Worten: „Wir, die Bürgerinnen und Bürger Brandenburgs, geben uns diese Verfassung …". Von „Staat" ist nicht die Rede. Damit ist allen offenen und versteckten, in Deutschland so beliebten präkonstitutionellen bzw. postmonarchischen Staatsverständnissen eine klare Absage erteilt; freilich leben diese in der Literatur nach wie vor weiter[3], während der Schweiz und manchen Autoren in Österreich dieser deutsche Staatsbegriff stets unverständlich war. Die Idee von *Rudolf Smend/Adolf Arndt* ist besonders fruchtbar für die Europadebatte: EU und Europarat haben (Teil-)Verfassungen, ohne dass sie Staaten wären.

## B. Erster Teil: Die den Staat konstituierende Verfassung – „Verfassungsstaat" – Verständnisse von Verfassungen – Das „gemischte" Verfassungsverständnis – Integrationsprogramme – Grenzen – Akteure

### I. Vorbemerkungen

4   Wort und Sache von „Verfassungstheorie" haben derzeit Konjunktur[4]. Der Verfasser dieses Beitrags darf darauf hinweisen, dass er im Jahre 1974 den Aufsatz gewagt hat: „Verfassungstheorie ohne Naturrecht"[5]. Im Rückblick bedauert er freilich, dass ein Fragezeichen am Ende des Titels fehlt. Denn erst später wurde ihm (schon 1976 von *Günter Dürig* angemahnt) klar, dass das *Naturrecht* bei

---

2   Verfassung und Verfassungsrecht, 1928, bzw. Art. Integrationslehre, Integration, 1956, jetzt in: *ders.*, Staatsrechtliche Abhandlungen, $^4$2010, S. 119 ff. bzw. 475 ff.
3   Vgl. nur *Josef Isensee*, Staat und Verfassung, in: HStR, Bd. I, $^1$1987, § 13 Rn. 41: Der moderne Staat als „präkonstitutioneller Grundtypus".
4   Vgl. den Sammelband *Otto Depenheuer/Christoph Grabenwarter* (Hg.), Verfassungstheorie, 2010; *Thomas Vesting/Stefan Korioth* (Hg.), Der Eigenwert des Verfassungsrechts, 2011; *Hasso Hofmann*, Vom Wesen der Verfassung, in: JöR 51 (2003), S. 1 ff.; *Hans Vorländer* (Hg.), Integration und Verfassung, 2002; *Dieter Grimm*, Die Zukunft der Verfassung, $^3$2002. – Teilaspekte auch in dem Band *Helmuth Schulze-Fielitz* (Hg.), Staatsrechtslehre als Wissenschaft, in: Beih. 7, Die Verwaltung 2007; *Rolf Gröschner* u. a. (Hg.), Freistaatlichkeit, 2011; *Matthias Jestaedt/Oliver Lepsius/Christoph Möllers/Christoph Schönberger*, Das entgrenzte Gericht, 2011.
5   AöR 99 (1974), S. 437 ff. (wiederabgedruckt in *M. Friedrich* (Hg.), Verfassung, 1978, S. 418 ff.)

aller Anerkennung der Integrationsinhalte und -kräfte einer Verfassungstheorie und des Verfassungsrechts als letzte „Reserve" national wie übernational präsent bleiben muss. Vor allem die Menschenwürde als „kulturanthropologische Prämisse" des Verfassungsstaates kann wohl zu keiner Zeit des Rückgriffs auf *vorstaatlich gedachtes* Naturrecht entbehren, zu prekär sind alle Erscheinungsformen von Staaten, auch und selbst der Verfassungsstaat und seine „Welt" sowie der nationale und internationale Frieden. So sehr die Verfassungstheorie heute eine gewisse Renaissance erlebt (auch in Italien: *Gustavo Zagrebelsky,* Diritto mite, 1992), so hartnäckig gebärden sich alle offenen und versteckten Formen von „Staatlichkeit". Speziell in Deutschland bleibt es wohl bei einem „ewigen Ringen" um das Verhältnis von Staat und Verfassung. Der Autor dieses Beitrags freilich hat sich seit langem, auf der Linie seines akademischen Lehrers *Konrad Hesse,* für das Denken „von der Verfassung her" entschieden. Inwiefern dies im Völkerrecht möglich ist, zeigt sich wohl im weiteren Verlauf der Diskussion um die „Konstitutionalisierung" des Völkerrechts[6]. Inwieweit dies vom Europarecht her geboten ist, muss erprobt werden. Der Verfasser votiert für Begriff und Sache des „Europäischen Verfassungsrechts" (statt „Europarecht"). Die Nationalstaaten sind – wegen der Unionsbürger – *ideell* nicht mehr die vielzitierten „Herren der Verträge". Sie haben ihren unverzichtbaren, aber bescheideneren Platz im Rahmen des übergreifenden Europäischen Verfassungsrechts. Darum gibt es auch Versuche zur Etablierung einer „Europäischen Verfassungslehre"[7], nicht einer „europäischen Staatslehre".

## II. Staats- und Verfassungslehren (Auswahl)

Im Folgenden seien einige Staatsrechtslehrer mit Aussagen zu unserem Thema vergegenwärtigt. *Georg Jellinek*[8] versteht die Verfassung nur von ihrer „erhöhten formellen Geltungskraft" her. *Carl Schmitt* (1928) deutet sie im Rahmen seines Dezisionismus als Entscheidung normativ „aus dem Nichts" (dies wird schon durch die komplexen pluralistischen Vorgänge der Verfassungsgebung etwa in Portugal und Spanien [1976/78] sowie durch die teils rezipierende, teils neu schaffende Verfassungsgebung nach dem „annus mirabilis" 1989 in Osteuropa widerlegt; überdies: mit *Carl Schmitt* kann man weder die Schweiz erklären, noch Europa bauen. Im Verfassungsstaat geschieht Verfassungsgebung nicht aus einem Naturzustand, sondern im Kulturzustand). *Hermann Heller* konzipiert sein Denken im Rahmen seiner großen Staatslehre von 1934 konsequent vom „Staat" her und auf diesen hin. *Werner Kägi* spricht von „rechtlicher Grundordnung des Staates"

5

---

6 Zur kontroversen Konstitutionalisierungsdebatte *Armin von Bogdandy*, Constitutionalism in International Law: Comment on a Proposal from Germany, in: Harvard International Law Review 47 (2006), S. 223 ff.; verwiesen sei auch auf die Aufsatzreihe „Zur Zukunft der Völkerrechtswissenschaft in Deutschland: Zwischen Konstitutionalisierung und Fragmentierung des Völkerrechts", in: ZaöRV 67 (2007); jüngst *Karl-Heinz Ladeur*, Ein Recht der Netzwerke für die Weltgesellschaft oder Konstitutionalisierung der Völkergemeinschaft?, in: AVR 49 (2011), S. 246 ff.
7 Vom Verf., [1]2001/2002, [7]2011.
8 Allgemeine Staatslehre, [3]1900, 6. Neudruck 1959, S. 534.

(1945). *Horst Ehmke* deutete die Verfassung als Beschränkung und Rationalisierung der Macht sowie als Gewährleistung eines freien politischen Lebensprozesses (1953). *Ulrich Scheuner* (1963)[9] erfand die schöne Formel von der Verfassung als „Norm und Aufgabe", wobei wir das Diktum von *Rudolf Smend* hinzufügen dürfen: „Verfassung als Anregung und Schranke" (1928). Der Verfasser dieses Festschriftenbeitrags wagte noch als Privatdozent in Tübingen im Blick auf *Jürgen Habermas* die Formel von der „Verfassung als öffentlicher Prozess" (1969)[10] und er unterfütterte diese dynamische und auf die Öffentlichkeit spezifisch vertrauende Formel durch den Gedanken von der „Verfassung *als* Kultur" (1982). Im ersten Jahrzehnt des 21. Jahrhundert suchte er den Durchbruch zur Idee „Verfassung *aus* Kultur"[11].

6 Das eigene „gemischte" Verfassungsverständnis will nicht eklektizistisch sein. Es kann aber doch zum Ausdruck bringen, dass die meisten der hier nur kursorisch zur Sprache gebrachten Verfassungsverständnisse jeweils ihre *relative* Berechtigung haben. Viele Kontroversen in Deutschland entstanden und entstehen allein aus der Tatsache, dass jeder Autor „sein" Verfassungsverständnis absolut setzt, zuweilen nicht ohne Rechthaberei. Hier einige Beispiele für die gebotene Differenzierung: Es gibt Textfelder geschriebener Verfassungen, die sehr präzise und detailliert normiert sind, man denke an die vielen Ziffern bzw. Stichworte von bundesstaatlichen Kompetenzverteilungsnormen (z. B. Art. 73 und 74 GG, Art. 10 BVG Österreich, Art. 21 Verf. Brasilien von 1988/2007; im Regionalstaat z. B. Art. 117 Verf. Italien). Hier wirkt das Wort von der Verfassung als „Generalklausel" oder „Rahmenordnung" deplatziert. Der viel zitierte Generalklauselcharakter der Grundrechte[12] ist ebenfalls nur differenziert richtig. Manche Normstücke von Grundrechtsgarantien sind sehr konkret (z. B. der „Jugendschutz" in Art. 5 Abs. 2 GG), andere Grundrechte haben hingegen den viel zitierten Generalklauselcharakter. Man denke – neben der Kunst (Art. 5 Abs. 3 GG) – nur an den weiten und offen gewordenen Begriff „Familie" (Art. 6 Abs. 1 GG). 1949 verstand man unter „Familie" gewiss nur das Ehepaar (Mann und Frau) mit mindestens einem Kind. Heute wird „Familie" zu Recht als Begriff geöffnet, so dass z. B. Großeltern mit einem unehelichem Enkel als Familie gelten. Sogar ein Bundespräsident (*Horst Köhler*) formulierte in seinen guten Zeiten das schöne Wort, dass Familie überall dort sei, wo Kinder sind. Sodann: Selbst gewisse dezisionistische („politische") Elemente sind in der Entwicklung des Verfassungsstaates nicht zu übersehen: so, wenn das Bundesverfassungsgericht große Grundsatz-Urteile fällt – oft i. S. der „Echternacher Springprozession" (Solange I, Solange II bzw. Lissabon-Urteil und Mangold/Honeywell-Beschluss). Die Idee von der Verfassung als „öffentlicher Prozess" hat ihr bestes Anschauungsmaterial in der Rolle verfassungsrichterlicher Sondervoten. Was

---

9 Art. Verfassung, jetzt in: *ders.,* Staatstheorie und Staatsrecht, 1978, S. 171 (172 f.).
10 Besprechungsaufsatz Öffentlichkeit und Verfassung, in: ZfP 1969, S. 273 ff.
11 Dokumentiert in dem Band: Verfassungsvergleichung in europa- und weltbürgerlicher Absicht, 2009. Siehe auch *Markus Kotzur*, Die Verfassungskultur der Mitgliedstaaten und die Gemeineuropäische Verfassungskultur, in: Dimitris Th. Tsatsos (Hg.), Die Unionsgrundordnung. Handbuch zur Europäischen Verfassung, 2010, S. 245 ff.
12 Dazu schon meine Dissertation, Die Wesengehaltgarantie des Art. 19 Abs. 2 GG, ¹1962, ³1983, S. 102, 168, 186 u. ö.

heute erst ein prospektives Sondervotum (z. B. von Frau *Rupp-von Brünneck*) etwa in Sachen öffentlich-rechtliche Positionen als Eigentum im Sinne von Art. 14 GG war, kann im Laufe der Zeit zur Mehrheit im Verfassungsgericht werden (so geschehen in BVerfGE 32, 129 bzw. 53, 257 [289])[13]. Selbst das Verständnis der „Verfassung als Kultur" darf nicht verabsolutiert werden. Es gibt Themenfelder, auf denen Verfassungsnormen bloße Technik sind. Man denke an Regelungen etwa von Fristen (z. B. Art. 76 Abs. 2 Satz 2 GG). „Anregung" im Sinne von *Rudolf Smend* ist die Verfassung sehr oft. Erinnert sei an Verfassungsaufträge (seinerzeit in Sachen deutsche Wiedervereinigung) oder an (integrierende) Hymnen und Flaggen, die in Verfassungsstaaten nicht in allgemeine Bürgerpflichten umschlagen dürfen (anders die Praxis in totalitären Staaten) sowie an den einer UN-Konvention (2006/2008, „BRK") gemäßen Integrationsauftrag für Behinderte (Art. 3 Abs. 3 Satz 2 GG)[14]. Die Förderung „des Zusammenhalts aller gesellschaftlichen Gruppen" (Art. 9 Abs. 1 Ziff. 1 Verf. Oberösterreich von 1991) gehört hierher[15]. Der Schrankencharakter vieler Verfassungsnormen (z. B. bei der Gewaltenteilung) ist evident. Man denke auch an die älteste, klassische Dimension der Grundrechte als Abwehrrechte. *Ulrich Scheuners* Verständnis der Verfassung als „Norm und Aufgabe" ist ebenfalls sehr differenziert auf die verschiedenen (Text-)Felder von verfassungsstaatlichen Verfassungen anzuwenden. „Norm" sind die Grundrechte in den meisten ihrer Dimensionen, Aufgaben sind sie nur dort, wo ihnen Pflichten inhärent sind. Selbst das Verfassungsverständnis von *Georg Jellinek* behält einen begrenzten Anwendungsbereich: Das Zweidrittel-Erfordernis bei Verfassungsänderungen ist ein Beispiel für die erhöhte formelle Geltungskraft (Art. 79 Abs. 2 und Art. 79 Abs. 1 Satz 1 GG, Art. 83 Verf. Thüringen von 1993). Besondere Bedeutung kommt der Lehre von der „Offenheit der Verfassung" (*Konrad Hesse*) und der „offenen Verfassungsinterpretation" (*Peter Häberle*) sowie der späteren „offenen Gesellschaft der Verfassungsinterpreten" (1975) zu. Sie lässt erkennen, dass jede Verfassung im Wandel der Zeit steht und zugleich unabänderliche Grundelemente festschreibt (Art. 79 Abs. 3 GG, Art. 110 Abs. 1 Verf. Griechenland, Art. 288 Verf. Portugal, Art. 159 Verf. Angola von 1992, Art. 125 Verf. Niger von 1992, Art. 88 Verf. Djibouti von 1992/2007, Art. 130 Verf. Republik Guinea-Bissau von 1993, Art. 441 f. Verf. Ecuador von 2008). *Konrad Hesses* Erinnerung an die „normative Kraft der Verfassung" (1959) ist eine Antithese zur „normativen Kraft des Faktischen" (*Georg Jellinek*). Vor jeder Selbstüberschätzung der Erkenntnisfähigkeit und Gestaltungskraft des Staatsrechtslehrers sei gewarnt. Letztlich weiß nur der „Weltgeist", wann, wo und wie sich Elemente des Wandels und der Dauer in der Geschichte einer konkreten Verfassung abwechseln.

Sicher ist, dass jede nationale Verfassung sich Integrationspolitik erlaubt und Integrationskräfte braucht. All dies wird später bei der Frage nach den „Akteu-

---

13 Ein Beispiel für ein *retrospektives* Sondervotum (des Richters *Landau*) findet sich in der Sache Mangold/Honeywell (BVerfGE 126, 318 ff.).
14 Vgl. BVerfGE 96, 288 (302 f., 312 f.). – Verfassungsvergleichend ergiebig Art. 4 Abs. 4 Verf. Niederösterreich von 1979/2004, Art. 13 Abs. 2 Verf. Tirol von 1989/2003, Art. 7 Abs. 2 lit. f Regionalstatut Latium (2004).
15 S. auch Art. 11 Abs. 3 Regionalstatut Apulien von 2004: „coesione sociale".

**§ 15**     *II. Verfassung*

ren" beim Namen genannt. Die Verfassung lässt jedoch auch Räume für Desintegration, Infragestellung (Verfassungsänderungen!, im GG bald 60!) oder Abstinenz und Dissens (zu) – man denke an den in den 50er Jahren in Deutschland bekannten Standpunkt des „Ohne mich": geschützt durch den status negativus der Grundrechte, vielleicht sogar an den zivilen Ungehorsam (vgl. Präambel, letzter Spiegelstrich Verf. Republik Kongo von 1992). So braucht die „normative Kraft der Verfassung" Elemente und Phasen der Integration *und* der Differenz zugleich.

8   Aus der eigenen kleinen Forschungswerkstatt des Verfassers hier nur einige Stichworte: die 1979 entwickelte Kontexttheorie[16] sowie das Textstufenparadigma aus dem Jahre 1989[17], schließlich das Wort von der „Verfassungskultur" und die Erarbeitung der „Geistklauseln" in manchen geschriebenen Verfassungen. Auch hier tut Selbstbescheidung Not. Ein *Montesquieu* kongeniales Buch „Vom Geist der Verfassungen" ist bis heute nicht geschrieben worden. Es könnte auch nur durch einen umfassenden weltweiten kulturwissenschaftlich inspirierten Verfassungsvergleich in Sachen Texte, Judikate und Theorien[18] gedeihen, der die Möglichkeiten und Horizonte des „einsamen Gehirns" eines Forschers auch im Zeitalter des vernetzten Internet übersteigt. All dies meint das skizzierte „gemischte" Verfassungsverständnis, wobei das Pluralismusprinzip für Medien (optimal Art. 17 Verf. Ecuador von 2008) eine tragende Konnexgarantie ist: i. S. der „Verfassung des Pluralismus" (1980, s. auch Präambel Verf. Bosnien-Herzegovina von 1996: „pluralistic society").

### III. Integrationsfelder, Kräfte, Ressourcen, Quellen, Vergemeinschaftsvorgänge, Themen, Integrationsprogramme, Integrations-Artikel, Integrationspolitik, Akteure – im Ganzen: „Kultur"

9   Es gibt eine Reihe von Themenfeldern verfassungsstaatlicher Verfassungen, die als „Ressource" für Gemeinschaftungsvorgänge und ihre „Akteure" besonders wichtig sind. Genannt seien typische Integrationsartikel wie offene Gottesklauseln in der Idealform der Verfassungen Polens (1997) und Albaniens (1998) mit ihrer Einbeziehung auch der Nichtgläubigen, die Präambeln mit ihrer bürgernahen Sprache sowie ihren Zukunftsvisionen (z. B. Präambel Verf. Kosovo von 2008), auch die in afrikanischen Verfassungen beliebten „Wahlsprüche" (z. B. Art. 4 Abs. 4 Äquatorial-Guinea von 1991, Art. 4 Abs. 1 Madagaskar von 1995) sowie Nationalsymbole wie Artikel zu Flaggen, Hymnen sowie Feiertagen – als emotionale Konsensquel-

---

16  Vgl. Kommentierte Verfassungsrechtsprechung, 1979, S. 44 ff.; Die Verfassung im Kontext, in: Daniel Thürer u. a. (Hg.), Verfassungsrecht der Schweiz, 2001, S. 17 ff.
17  Textstufen als Entwicklungswege des Verfassungsstaates, in: FS für Karl Josef Partsch, 1989, S. 555 ff. – Selbst nur für „semantisch" gehaltene oder „aufgehobene" Verfassungstexte sind oft aussagekräftiger als so manche wissenschaftliche Literatur! – Zum Verfassungstext geronnen ist der Begriff „Kontext" in Art. 2 Verf. Singapur von 1962/82 und Art. 259, 260 Verf. Kenia, 2010.
18  Fast sensationell ist die Textstufe in Art. 2 Abs. 2 lit. c Verf. Malawi von 1994: Verweis auf „comparable foreign case law" (zit. nach JöR 47 [1999], S. 563).

len – bis hin zu Mosaiksteinen der Erinnerungskultur[19] wie Museen und Archive (vorbildlich Art. 379 Verf. Ecuador von 2008). Hierher gehören neben Sprachen-Artikeln (vorbildlich Art. 3 Verf. Namibia von 1990, Art. 4 nBV Schweiz von 1999) und Schutzaufträgen für im Ausland lebende Staatsbürger (vgl. Art. 15 Verf. Kosovo und Art. 13 Verf. Serbien von 2006) auch gemeinschaftsbildende Grundrechte, die einen „status corporativus" schaffen, etwa die Religionsfreiheit und die Freiheit für Vereine und Gewerkschaften. Die politischen, z. B. (Wahl-)Rechte, die ihren letzten Ursprung in der Menschenwürde haben, gehören ebenfalls hierher. Im Ganzen ist es die als offen, pluralistisch konzipierte Kultur, die die Möglichkeit für Integrationskräfte bereit hält, aber auch für das Gegenteil (die Verweigerung, Dissens und Alternativen).

### IV. „Gegenlager", die Verfassung des Pluralismus, der Vielfalt, der Differenz

Bei allen von den Verfassungen angeregten (nicht erzwingbaren) Vergemeinschaftungsvorgängen ist auch an deren Grenzen zu erinnern. Garantiert werden sie durch die aus (berechtigtem) Misstrauen geborene horizontale und vertikale Gewaltenteilung, auch das Subsidiaritätsprinzip (Art. 23 Abs. 1 Satz 1 GG, Art. 88-6 Verf. Frankreich von 1958/2008, Art. 5 Abs. 1 EUV) ist ein gestuftes Integrationsprogramm, sowie durch den grundrechtlichen status negativus, den Privatheitsschutz (zuletzt Art. 31 Verf. Kenia von 2010) sowie durch den Minderheitenschutz (vorbildlich: Art. 75, 80 Verf. Serbien von 2006). Der Verfassungsstaat muss die „Ohne-mich-Bürger" ebenso ertragen wie alle Arten der z. B. durch die Demonstrationsfreiheit gesicherten Opposition („Wutbürger"). Vor allem ist an die Freiwilligkeit bei allen Formen der Huldigung an Staatssymbole wie Flaggen und Hymnen zu erinnern, auch darf der Bürger nicht überfordert werden. Die Trennung von Staat und Religionsgesellschaften bzw. das Neutralitätsprinzip (BVerfGE 123, 148 [178]) im Geiste eines offenen Religionsverfassungsrechts gehört hierher. Bei all dem ist freilich zu bedenken, dass der Staat – entgegen einer beliebten Vokabel – durchaus seine eigenen Voraussetzungen mit gestaltet bzw. garantiert, greifbar etwa in Form der Erziehungsziele in den Schulen (z. B. Art. 131 Verf. Bayern, Art. 28 Verf. Brandenburg, Art. 16 Abs. 2 Verf. Griechenland von 1975/2001) und in seinen Engagements in Sachen Kulturpolitik (z. B. Art. 30 Verf. Thüringen von 1993, Art. 42 Verf. Bern von 1993). „Parallelgesellschaften" sollen vermieden werden. Darum ringen etwa interne Integrationsprogramme für Einwanderer, auch die kulturelle Integrationspolitik Deutschlands in Form von Islamzentren an Universitäten (zuletzt in Tübingen, 2012). Art. 80 Verf. Serbien von 2006 gelingt eine vorbildliche ganz neuartige allgemeine Toleranz-Klausel: „spirit of tolerance".

---

19 Aus der Lit.: *Peter Häberle*, Die Erinnerungskultur im Verfassungsstaat, 2011.

## C. Zweiter Teil: Werdende Verfassungsgemeinschaften – Teilverfassungen insbesondere in der EU, Aufteilung der Integrationsaufgaben und -aktivitäten sowie Akteure – die Finanzkrise

### I. Nationale Teilverfassungen in regionalen Verantwortungsgemeinschaften wie EU und Mercosul, Regionalisierung und Globalisierung

11 Die Integrationskraft der klassischen nationalen Verfassungen ist heute von ganz neuer Seite her tief- und weitgehend begrenzt: zunächst von den überregionalen Zusammenschlüssen her, in welcher Form auch immer[20]. Speziell in der EU sind die nationalen Verfassungen nur noch *Teil*verfassungen, eine These aus dem Jahre 2001[21]. Das europäische Verfassungsrecht dringt osmotisch in die nationalen Verfassungsräume ein und begrenzt damit deren Integrationsprogramm und Integrationskraft. Es kommt zu Kompensationsvorgängen. Konkret: Viele Themen und Funktionen sind von Deutschland oder Italien nach Brüssel und Luxemburg, aber auch nach Straßburg abgewandert. Man denke an die Lebensbereiche der Grundrechte oder an Teilgebiete des Privat- und Strafrechts (Stichwort: Europäisches Privat- und Strafrecht[22]). Mag auch der Vertrag von Lissabon (2007/2009) die Europa-Symbole wie die Europaflagge und die Europahymne sowie den Europatag formal-textlich abgeschafft haben, in der europäischen Verfassungswirklichkeit sind sie fast vor jedem Rathaus oder bei größeren politischen Ereignissen präsent. Damit werden auch Integrationskräfte in Bezug auf Europa wach gehalten, z. B. wehen allerorts die Nationalflaggen neben der Europaflagge. Mit anderen Worten: Die auf den *Nationalstaat* bezogene Integrationslehre von *Rudolf Smend* ist, so klassisch sie bleibt, heute nicht mehr durchzuhalten; sie ist ins Europäische umzudenken, neu zu formulieren; das Wort von der „Einheit der Verfassung" ist zu modifizieren in „partielle Einheit". Der in den meisten neueren Verfassungen fixierte „Vorrang der Verfassung"[23] ist insofern neu zu lesen. Was die nationale Verfassung an Integrationskräften verloren hat, leistet jetzt die übergeordnete regionale Gemeinschaft, konkret die EU bzw. das Europa des Europarates zu ihren Anteilen. Hier haben das Gemeineuropäische Verfassungsrecht (1991), ebenso das Gemeinamerikanische und Gemeinasiatische Verfassungsrecht ihren Platz (2003/1997). Zu ihren Mosaiksteinen gehören Artikel des „nationalen Europaverfassungsrechts"[24].

---

20 Die besondere Ausstrahlung des GG „nach außen" sei nicht vergessen, dazu *Thilo Rensmann*, Wertordnung und Verfassung, Das Grundgesetz im Kontext grenzüberschreitender Konstitutionalisierung, 2007.
21 *Peter Häberle*, Das Grundgesetz als Teilverfassung im Kontext der EU/EG, in: FS für Hartmut Schiedermair, 2001, S. 81 ff.
22 Dazu zuletzt *Joachim Vogel*, Strafrecht und Strafrechtswissenschaft im internationalen und europäischen Rechtsraum, in: JZ 2012, S. 25 ff.; *Ulrich Sieber*, Die Zukunft des Europäischen Strafrechts, in: ZStW 121 (2009), S. 1 ff.
23 Beispiele: Art. 6 Verf. Malta von 1964, Art. 3 Abs. 2 und 3 Verf. Benin von 1990, Art. 5 Verf. Bulgarien von 1991, Art. 4 Verf. Kolumbien von 1991, Art. 6 Verf. Georgien von 1995, Art. 1 Verf. Südafrika von 1996/2007, Art. 4 Verf. Westkap von 1997, Art. 1 Verf. Nepal von 2006.
24 Beispiele: Art. 23 GG, Art. 88–1 bis 7 Verf. Frankreich, Art. 1 Verf. Oberösterreich von 2001, Art. 1 Abs. 4 Regionalstatut Umbrien von 2005. – In Sachen afrikanische Einheit: Präambel Verf. Tschad von 1996, Präambel Verf. Mali von 1992; ein Souveränitätsverzicht findet sich sogar in Art. 146 Verf. Burkina-Faso.

Akteure sind in Europa die Unionsbürger. Ein europäisches Integrationsprogramm findet sich in Art. 2 EUV (Grundwerte der Union), auch in Sachen „kulturelles Erbe Europas" (gemäß Art. 3 Abs. 3 Satz 4 ebd.) sowie in der Präambel („kulturelles, religiöses und humanistisches Erbe Europas").

Die *Globalisierung*[25] hat zwei Aspekte: Einerseits *relativiert* sie die Möglichkeiten der auf die innere Integration zielenden Nationalstaaten, andererseits *stützt* sie diese, indem sie sie als kooperative Verfassungsstaaten in die Welt ausgreifen lässt. In dem Maße, wie der Mensch zum „Völkerrechtssubjekt"[26] reift, wird die Integrationsaufgabe universal.

Ein Wort zu den *Akteuren* in Sachen Integrationsprozess der nationalen (Teil-) Verfassungen: es sind die Verfassungsorgane (z. B. in Gestalt ihrer Öffentlichkeitsarbeit), die Pluralgruppen, die staatlichen Schulen (dank der Bildungsziele, prominent: Art. 16 Abs. 2 Verf. Griechenland). Letzten Endes agieren die Bürger. Für Verfassungen gibt es keine „Lebensversicherungen". Es ist die Gemeinschaft ihrer Bürger, die sie am Leben erhält. Selbst der Verfassungsjurist hat nur bescheidene Möglichkeiten, der Jubilar *Paul Kirchhof* hat sie in seiner Biographie optimal ausgeschöpft[27].

Auf internationaler Ebene sind die *NGOs* zu unverzichtbaren Akteuren geworden, neben den UN und ihren Unterorganisationen, auch den Internationalen Gerichtshöfen. Von ihnen allen hängt es ab, ob es einmal zu einer „universalen Verfassungslehre" kommen wird (auf den Spuren von *Hugo Grotius*, *Montesquieu* und *Immanuel Kant*).

## II. Insbesondere: Die Finanzkrise als Gefahr für die Teilverfassungen in Europa

Die aktuelle Finanzkrise bildet eine akute Gefahr für das Ensemble der Teilverfassungen in Europa und ihre sie verlebendigenden Integrationsvorgänge[28]. Speziell die Wirkung der in der Schweiz erfundenen „Schuldenbremse" (§ 120 KV Basel-Stadt von 2005)[29] – Ausdruck des generationenübergreifenden Verfassungsverständnisses und eine Konnexgarantie zur Ewigkeitsklausel des Art. 79 Abs. 3 GG – ist der Testfall für die Integrationskraft von Verfassungen. Die „soziale Marktwirtschaft", in manchen europäischen Ländern ausdrücklich Verfassungstext (vgl. Art. 20 Verf. Polen von 1997, Art. 7 Abs. 3 Verf. Tirol von 1989/2003), muss darum

---

25 Aus der Lit.: *Peter Häberle*, Menschenrechte und Globalisierung, in: JöR 55 (2007), S. 397 ff.; jüngst *Astrid Niederberger/Philipp Schink* (Hg.), Globalisierung. Ein interdisziplinäres Handbuch, 2011; vorher schon *Ulrich Steger* (Hg.), Facetten der Globalisierung, 1999; zu den strukturellen Veränderungen der Staatlichkeit durch Globalisierung; *Christian Walter*, Die Europäische Menschenrechtskonvention als Konstitutionalisierungsprozess, in: ZaöRV 59 (1999), S. 961 ff., 968 ff.; *ders.*, Die Folgen der Globalisierung für die Europäische Verfassungsdiskussion, in: DVBl. 2000, S. 1 ff.
26 Dazu *Anne Peters*, Das subjektive internationale Recht, in: JöR 59 (2011), S. 411 ff.
27 Von seinem Staatsrechtslehrerreferat in Innsbruck („Besteuerung und Eigentum"), in: VVDStRL 39 (1981), S. 213 ff. über den Handbucharktikel (z. B. HStR, Bd. III, [1]1988), § 59 („Mittel staatlichen Handelns") bis zum Gedächtnisblatt (für *Hans Schneider*, in: JöR 60 [2012], S. 367 ff.).
28 *Christoph Ohler*, Finanzkrisen als Herausforderung der internationalen, europäischen und nationalen Rechtsetzung, in: DVBl 2011, S. 1061 ff.
29 Aus der Lit.: *Maxi Koemm*, Eine Bremse für die Staatsverschuldung?, 2011.

§ 15                II. *Verfassung*

bemüht sein, die außer Kontrolle geratenen Finanzmärkte zu regulieren und die (amerikanischen) Rating-Agenturen in die Schranken zu weisen (am besten öffentlich-rechtlich, europäisch, jedenfalls mit Unabhängigkeitsstatus).

## D. Ausblick

16    Die – begrenzte –Integrationskraft von „Verfassungen des Pluralismus" bleibt ein Thema der Vergleichenden Verfassungslehre, wenn sie kulturwissenschaftlich konzipiert ist. Die weltweiten Entstehungsvorgänge von regionalen Verantwortungsgemeinschaften, z. B. Mercosul, der Andenpakt oder die alten und neuen Zusammenschlüsse in Asien (die Länder von Asean, jüngst die Eurasische Wirtschaftsgemeinschaft zwischen Russland, Weissrussland und Kasachstan) relativieren die herkömmlich konzipierte normative Kraft der nationalen Verfassungen. Doch gibt es Kompensationsvorgänge von der „höheren" Ebene her. Diese sind auch unverzichtbar, da jede menschliche Gemeinschaft von der Kommune über den Kanton (bzw. das Land) bis zum Verfassungsstaat und der diesen überwölbenden internationalen Zusammenschlüsse („Verbünde") bedarf. Hier ist das Völkerrecht als konstitutionelles Menschheitsrecht in den Blick zu nehmen. Das große Wort von der „Verfassung der Völkerrechtsgemeinschaft" (*Alfred Verdross*) wäre auch im Blick auf mögliche, von der UN eingeforderte und freigesetzte Integrationskräfte zu untersuchen, die zu denen des Verfassungsstaates komplementär wirken. Die Idee des „Weltbürgers"[30] deutet die möglichen Horizonte an. Beispiele sind *Immanuel Kant*, *Albert Schweitzer*, *Nelson Mandela* und *Václav Havel*. Sie alle wirken ihrerseits vorbildhaft in die Integrationsprozesse nationaler Verfassungen hinein (als „Wohltäter der Menschheit" i. S. d. bildungsidealistischen Erziehungsziels in Art. 56 Abs. 5 S. 2 Verf. Hessen von 1946): fast weltweit.

## E. Bibliographie

*Depenheuer, Otto*, u. a. (Hg.),Verfassungstheorie, 2010.
*Ehrenzeller, Bernhard*, u. a. (Hg.), Vom Staatsbürger zum Weltbürger, 2011.
*Grimm, Dieter*, Die Zukunft der Verfassung, ³2002.
*Häberle, Peter*, Verfassungslehre als Kulturwissenschaft, 1982, ²1998.
ders., Menschenrechte und Globalisierung, in: JöR 55 (2007), S. 397 ff.
ders., Europäische Verfassungslehre, ⁷2011.
ders., Die Erinnerungskultur im Verfassungsstaat, 2011.
*Hofmann, Hasso*, Vom Wesen der Verfassung, in: JöR 51 (2003), S. 1 ff.
*Smend, Rudolf*, Staatsrechtliche Abhandlungen, ⁴2010.
*Tsatsos, Dimitri Th.* (Hg.), Die Unionsgrundordnung, 2010.

---
30   Dazu jetzt der Band: Bernhard Ehrenzeller u. a. (Hg.), Vom Staatsbürger zum Weltbürger, 2011.

# § 16
# Menschenwürde

*Klaus Stern*

**Übersicht**

| | Rn. |
|---|---|
| A. Die Menschenwürde als höchstes wertsetzendes Verfassungsprinzip | 1– 3 |
| B. Der Schutzgehalt der Menschenwürde | 4–21 |
| C. Die normative Dimension der Menschenwürdegarantie | 22–28 |
| D. Bibliographie | |

## A. Die Menschenwürde als höchstes wertsetzendes Verfassungsprinzip

Die Grundrechtsnorm von der Unantastbarkeit der Würde des Menschen und der Verpflichtung der staatlichen Gewalt, sie zu achten und zu schützen, gehört heute zur raison d'être der Bundesrepublik Deutschland und zum Menschenbild der Verfassung. Zu Recht steht sie an der Spitze des Grundrechtskatalogs, um deutlich zu machen, dass die nach 1945 reorganisierte staatliche Ordnung der Deutschen einen radikalen Bruch mit den zurückliegenden zwölf Jahren der nationalsozialistischen Herrschaft vollzieht. Zugleich leitet Art. 1 Abs. 1 GG zum unverbrüchlichen Bekenntnis des Deutschen Volkes zu unverletzlichen und veräußerlichen Menschenrechten über, die in dieser Menschenwürde ihr Fundament haben. Art. 1 Abs. 1 und Abs. 2 GG gewinnen dadurch den Charakter eines höchsten wertsetzenden Verfassungsprinzips[1], das durch die Unantastbarkeitsklausel des Art. 79 Abs. 3 GG unterstrichen wird[2]. Die Menschenwürde wird so zur Leitnorm für das gesamte staatliche Handeln. Ihre Interpretation ist in neuerer Zeit zu einem Richtmaß vieler drängender aktueller Probleme der Menschheit geworden, woran sich auch in der Zukunft nichts ändern wird.

1

Diese höchste verfassungsrechtliche Qualität war nicht von Anfang an gesichert. Es ist das große Verdienst von *Günter Dürig* in den 1950er Jahren, entscheidend zur Aufwertung, Höchstrangigkeit und richtungweisenden Interpretation des Menschenwürdegrundrechts beigetragen zu haben[3]. Von diesem Zeitpunkt an avancierte Art. 1 Abs. 1 GG zu einer „Grundsatznorm für die gesamte Rechtsordnung"[4]. Die

2

---

[1] Vgl. BVerfGE 35, 202 (225): „Mittelpunkt des Wertsystems der Verfassung". Parallele Kennzeichnung zuletzt bei *Nils Teifke*, Das Prinzip Menschenwürde, 2011, S. 77 f.
[2] Zur Bedeutung des Art. 1 Abs. 1 GG im Rahmen der Unantastbarkeitsklausel ausführlich *Sönke E. Schulz*, Änderungsfeste Grundrechte, 2008.
[3] Beginnend mit „Die Menschenauffassung des Grundgesetzes", in: JR 1952, S. 259 ff.; fortgeführt mit „Der Grundrechtssatz von der Menschenwürde", in: AöR 81 (1956), S. 117 ff.; kulminierend in der Kommentierung von Art. 1 GG im Kommentar von Maunz/Dürig.
[4] *Werner Maihofer*, Rechtsstaat und menschliche Würde, 1968, S. 9; generell *Karl-Heinz Ladeur/Ino Augsberg*, Die Funktion der Menschenwürde im Verfassungsstaat, 2008.

Wissenschaft beschäftigte sich eingehend mit ihm, ohne allerdings eine allseits anerkannte Definition der Menschenwürde hervorgebracht zu haben[5]. Ob sie je einvernehmlich gelingt, bleibt angesichts der religiösen, weltanschaulichen, ethischen, moralischen, philosophischen, anthroposophischen und naturrechtlich-überpositiven Grundierung der Menschenwürde zweifelhaft, lasten doch zweieinhalb Jahrtausende Geschichte auf dem Begriff – beginnend in der Antike, überleitend zum Christentum, fortgeführt in Renaissance und Aufklärung[6], gefestigt und globalisiert in der Nachweltkriegszeit nach furchtbaren Verletzungen in den 30er und 40er Jahren des 20. Jahrhunderts.

3   Gefestigt heißt nicht, dass Menschenwürdeverletzungen in der Realität ihr Ende gefunden hätten[7], sondern nur, dass sich die nationalen Verfassungsrechtsordnungen[8] und internationale Rechtsdokumente[9] einen verstärkten Menschenwürdeschutz zu eigen gemacht haben. Auch lässt sich nicht leugnen, dass Staaten und deren Machthaber zumindest zu verhindern versuchen, am öffentlichen Pranger von Menschenwürdeverletzungen zu stehen. Das Recht auf Menschenwürde besitzt daher heute einen universalen Charakter. Menschenwürde erscheint gleichsam „als ein Absolutum in einer zutiefst relativistischen Welt, als eine Art zivilreligiöser Anker"[10].

## B. Der Schutzgehalt der Menschenwürde

4   1. Die Formulierung des Art. 1 Abs. 1 GG wurde nicht konfliktfrei gefunden, weniger wegen des Begriffs Menschenwürde als wegen des Rekurses auf naturrechtliche oder theonome Wurzeln, die mit der „invocatio dei" in der Präambel im Zusammenhang standen. Allen Mitgliedern des Parlamentarischen Rates war dabei bewusst, was der Abgeordnete *Carlo Schmid* so ausdrückte: „Die Fassung des Art. 1 muss wohl überlegt werden; er stellt gewissermaßen die Generalklausel für den ganzen Grundrechtskatalog auf. In seiner systematischen Bedeutung ist er der

---

5   Letzte Darstellungen: *Eckart Klein*, Human Dignity – Basis of Human Rights, in: Liber amicorum Rüdiger Wolfrum, 2012, S. 437 ff.; *Josef Isensee*, Würde des Menschen, in: HGR, Bd. IV (2011), § 87 m. weit. Nachw.; *Teifke* (N 1), mit ausführlichem Literaturverzeichnis S. 169 ff.; zuletzt *Karl-Eberhard Hain*, Autonomie als Basis freiheitlicher Medienordnung, in: FS für Klaus Stern, 2012, S. 1388 f.
6   *Herbert Schambeck*, Die Grundrechte im demokratischen Verfassungsstaat, in: FS für Johannes Messner, 1976, S. 445 (447 ff.); Rolf Gröschner/Stephan Kirste/Oliver W. Lembcke (Hg.), Des Menschen Würde – entdeckt und erfunden im Humanismus der italienischen Renaissance, 2008; *Christoph Goos*, „Innere Freiheit". Eine Rekonstruktion des grundgesetzlichen Würdebegriffs, 2011; *Udo Di Fabio*, Das mirandolische Axiom: Gegebenes und Aufgegebenes, in: FS für Klaus Stern, 2012, S. 13 ff.
7   *Jürgen Habermas*, Zur Verfassung Europas, 2011, S. 13 (16 f., 32 ff.).
8   S. die Nachweise bei *Peter Häberle*, Europäische Verfassungslehre, [6]2009, S. 292 ff.
9   Beginnend mit der Präambel der Charta der Vereinten Nationen sowie der Präambel und Art. 1 AEMR vom 10.12.1948, fortgeführt in den beiden Internationalen Pakten über bürgerliche und politische Rechte bzw. wirtschaftliche, soziale und kulturelle Rechte vom 19.12.1966 sowie besonderen Konventionen, z. B. zur Folter – UN-Antifolterkonvention vom 10.12.1984 und Europäische Antifolterkonvention vom 27.11.1987 –, endend mit Art. 1 EU-GRCh; dazu *Katrin Schwarzburg*, Die Menschenwürde im Recht der Europäischen Union, 2012.
10  So *Horst Dreier*, in: Dreier, Bd. I, [2]2004, Art. 1 Rn. 41; ähnlich *Josef Isensee*, Menschenwürde: die säkulare Gesellschaft auf der Suche nach dem Absoluten, in: AöR 131 (2006), S. 173 (175, 178).

eigentliche Schlüssel für das Ganze"[11]. Die damit betonte große Bedeutung der Eingangsformulierung des Grundgesetzes war zwar auf den ganzen Artikel 1 gemünzt, aber neben dem in Absatz 2 verwendeten Begriff der Menschenrechte war die Menschenwürde zentraler Punkt der Debatte. Christliche, naturrechtliche, humanistische und religiös-neutrale Weltanschauungen konnten sich auf die Menschenwürde als Fundament des Grundrechtssystems einigen. Menschenwürde sollte danach ethisch wertgebunden ausgefüllt werden, etwa in dem Sinne, den der Bayerische Verfassungsgerichtshof noch vor Inkrafttreten des Grundgesetzes zu Art. 100 BayVerf. fand: „Der Mensch als Person ist Träger höchster geistig-sittlicher Werte und verkörpert einen sittlichen Eigenwert, der unverlierbar und auch jedem Anspruch der Gemeinschaft, insbesondere allen rechtlichen und politischen Zugriffen des Staates und der Gesellschaft gegenüber eigenständig und unantastbar ist. Würde der menschlichen Persönlichkeit ist dieser innere und zugleich soziale Wert- und Achtungsanspruch, der dem Menschen um dessentwillen zukommt"[12].

2. Eine erste Definition bot *Günter Dürig*: „Die Menschenwürde ist getroffen, wenn der konkrete Mensch zum Objekt, zu einem bloßen Mittel, zur vertretbaren Größe herabgewürdigt wird"[13]. Diese Objektformel hat viel Zustimmung erfahren, auch in der Rechtsprechung des Bundesverfassungsgerichts[14]. In neueren Entscheidungen wird freilich stärker die Verletzung der „Subjektqualität" des Menschen betont[15], was letztlich auf ein positives Äquivalent hinausläuft. Geschützt sei der „Wert- und Achtungsanspruch", der sich aus der Menschenwürde ergebe[16].

Beide Formeln sind indessen nur begrenzt leistungsfähig. Sie können nur die allgemeine Richtung der Auslegung vorgeben. Sie bedürfen der Konkretisierung, die sich in folgende Sphären der Existenz des Menschen aufgliedern lässt[17]:
- Eigenwert und Selbstbestimmung des Menschen;
- körperliche Identität und Integrität des Menschen;
- geistig-seelische Identität und Integrität des Menschen;
- menschengerechte Lebensgrundlagen;
- elementare Rechtsgleichheit;
- substanzielle Mitwirkung bei der Ausgestaltung der Herrschaftsordnung;
- Verbot unverhältnismäßiger Gewaltanwendung.

Menschenwürde lässt sich angesichts der Einzigartigkeit und Vielgestaltigkeit des Menschen nicht abstrakt definitorisch erfassen; aber die vorgenannten Sphären indizieren die zentralen Schutzzonen, in denen sich das Recht auf Achtung der Men-

---

11 In: ParlRat 5/1, Nr. 5, 1993, S. 64.
12 BayVerfGH vom 22.03.1949, VerfGHE 1 II S. 29 (32); ferner 2 II S. 85 (91); 4 II S. 51 (57); 8 II S. 1 (5); zur späteren Rechtsprechung vgl. *Josef Franz Lindner*, in: ders./Markus Möstl/Heinrich Amadeus Wolff, Verfassung des Freistaates Bayern – Kommentar 2009, Art. 1 Rn. 16 ff.
13 *Dürig* (N 3), Rn. 28.
14 Vgl. BVerfGE 45, 187 (228); 109, 133 (150); *Dieter Hömig*, Menschenwürdeschutz in der Rechtsprechung des Bundesverfassungsgerichts, in: Rolf Gröschner/Oliver W. Lembcke (Hg.), Das Dogma der Unantastbarkeit. Eine Auseinandersetzung mit dem Absolutheitsanspruch der Würde, 2009, S. 25 ff.
15 Vgl. BVerfGE 96, 375 (399); 101, 275 (287); 115, 118 (153); andeutungsweise bereits BVerfGE 30, 1 (26); 30, 173 (195).
16 BVerfGE 87, 209 (228); 109, 279 (313); 117, 71 (89).
17 Vgl. *Klaus Stern*, Das Staatsrecht der Bundesrepublik Deutschland, Bd. IV/1, 2006, § 97 II 3; prononciert jetzt auch *Wolfram Höfling*, in: Sachs, ⁶2011, Art. 1 Rn. 8 ff.; ähnlich *Friedhelm Hufen*, Staatsrecht II – Grundrechte, 2007, § 10 Rn. 14; *Isensee* (N 5), Rn. 173 ff., 185 ff.

schenwürde entfaltet. Doch auch die Aufgliederung in Sphären erlaubt keine erschöpfende Darstellung dessen, was die Würde des Menschen ausmacht. Sie ist immer wieder durch neue, bislang nicht bekannte Bedrohungen herausgefordert worden. In diesem Licht ist sie ein „offener Begriff"[18], der nicht ein-für-allemale feststeht. Insoweit ist dem Bundesverfassungsgericht zuzustimmen, dass „das Urteil darüber, was der Würde des Menschen entspricht, ... nur auf dem jetzigen Stand der Erkenntnis beruhen und keinen Anspruch auf zeitlose Gültigkeit erheben (kann)"[19].

8   *a) Günter Dürig* hat frühzeitig als Inhalt der Würdegarantie hervorgehoben, dass „jeder Mensch Mensch (ist) kraft seines Geistes, der ihn abhebt von der unpersönlichen Natur und ihn aus eigener Entscheidung dazu befähigt, seiner selbst bewusst zu werden, sich selbst zu bestimmen und sich und die Umwelt zu gestalten"[20]. Im Grunde lässt sich diese Formulierung als Kern der menschlichen Würde verstehen, aus der sich die meisten anderen Würdeinhalte ableiten lassen. Sie hat ihren Ursprung in der Philosophie Immanuel Kants („Autonomie ist also der Grund der Würde der menschlichen und jeder vernünftigen Natur")[21] und vor allem seinem kategorischen Imperativ („Handle so, daß du die Menschheit sowohl in deiner Person, als in der Person eines jeden anderen jederzeit zugleich als Zweck, niemals bloß als Mittel brauchst")[22]. Damit ist die Subjektqualität des Menschen verbunden[23]. Wichtigste Folgerung aus dieser Bestimmung der Würde ist, dass diese jedem Menschen unabhängig von Geschlecht, Hautfarbe, Rasse, Religion oder Alter zukommt[24]. Ausnahmslos wird man daraus auch ein Verbot des Klonierens eines Menschen folgern können, da darin ein Bruch mit der Einzigartigkeit des Menschen liegt[25]. Darüber hinaus ist jede sonstige Behandlung des Menschen ein Würdeverstoß, die seinen Status als Rechtssubjekt antastet, die ihn zum Objekt degradiert, ihn instrumentalisiert[26].

9   b) Die körperliche Identität und Integrität des Menschen wird speziell durch Art. 2 Abs. 2 GG geschützt. Der dort vorgesehene Gesetzesvorbehalt eröffnet jedoch Möglichkeiten des Eingriffs, die indessen ihre Grenze in Art. 1 Abs. 1 GG finden. Das gilt vor allem für Folter, Erniedrigung und unmenschliche und grausame Strafe, Behandlungen, die auch international geächtet sind (Art. 5 AEMR, Art. 4, 7 IPbürgR, Art. 3, 4, 15 Abs. 2 EMRK, Art. 4, 5 EU-GRCh, Art. 1 Übereinkommen der Gen. Vers. der UN gegen Folter und andere grausame, unmenschliche oder erniedrigende Behandlung oder Strafe vom 10.12.1984). Aber auch Eingriffe in den genetischen Code sind unter dem Aspekt des Art. 1 Abs. 1 GG verboten.

---

18 *Isensee* (N 10), S. 214; *Dunja Jaber*, Über den mehrfachen Sinn von Menschenwürdegarantien, 2003; *Johanna Freiin von Proff zu Irnich*, Freiheitsrechte und Menschenwürde, 2009.
19 BVerfGE 45, 187 (229); 96, 375 (399 f.).
20 *Dürig*, Der Grundrechtssatz von der Menschenwürde (N 3), S. 125.
21 *Immanuel Kant*, Grundlegung zur Metaphysik der Sitten, in: Königlich Preußische Akademie der Wissenschaften (Hg.), Kant's gesammelte Schriften, Bd. VI, 1907–1914, S. 436.
22 Ebda., S. 429.
23 Vgl. BVerfGE 115, 118 (153).
24 Vgl. BVerfGE 87, 228; *Isensee* (N 5), Rn. 174 ff.
25 Vgl. *Jens Kersten*, Das Klonen von Menschen. Eine verfassungs-, europa- und völkerrechtliche Kritik, 2004, S. 403 ff.; differenzierend *Dreier* (N 10), Art. 1 I Rn. 108 ff.
26 Vgl. BVerfGE 27, 1 (6); 28, 386 (391); 45, 187 (228); 87, 209 (228); 96, 375 (398); 109, 133 (150).

Im Vordergrund stand in diesem Rahmen vor allem die Frage der Zulässigkeit der Folter, zu der sich das Bundesverfassungsgericht im Fall der Entführung eines Kindes, dessen Aufenthalt der Entführer nicht bekannt geben wollte, zu äußern hatte: „[...] die Anwendung von Folter macht [den mit ihr Bedrohten] zum bloßen Objekt der Verbrechensbekämpfung unter Verletzung seines verfassungsrechtlich geschützten sozialen Wert- und Achtungsanspruchs und zerstört grundlegende Voraussetzungen der individuellen und sozialen Existenz des Menschen"[27]. Diese Begründung ist zu Recht als striktes Folterverbot verstanden worden, das sich jedweder Relativierung, die von Teilen des Schrifttums für möglich gehalten wird[28], entzieht.

10

Dieser sog. Rettungsfolter steht die sog. Gefahrenabwehrfolter gegenüber, die durch das Ticking-bomb-Szenario gekennzeichnet wurde[29]. Letztere hat in § 14 Abs. 3 Luftsicherheitsgesetz vom 11.01.2005 (BGBl. I S. 78) einen praktischen Niederschlag gefunden, als er gestattete, zivile Luftfahrzeuge, die nach dem Vorbild vom 11. September 2001 in den Vereinigten Staaten von Amerika gegen das Leben von Menschen eingesetzt werden, abzuschießen und damit die Passagiere zu töten, wenn der Abschuss das einzige Mittel der Gefahrenabwehr ist. Eine solche Vorschrift betrachtete das Bundesverfassungsgericht als menschenwürdewidrig, weil Passagiere und Besatzung „als bloße Objekte der Rettungsaktion zum Schutz anderer" benutzt werden und damit „verdinglicht und zugleich entrechtlicht" werden[30]. Eine Abwägung Leben gegen Leben, manifestiert etwa in Zahlen, gebe es nicht.

11

Große Streitfragen ergeben sich mit Blick auf den Beginn des Menschenwürdeschutzes. Die jeweiligen Positionen – pränataler bzw. pränidativer Würdeschutz, Kernverschmelzungsthese – scheinen unüberbrückbar. In der Tat bewegen wir uns hier in einem unentwirrbaren Knäuel, in dem sich Werte, Tabus und Weltanschauungen verstrickt haben. Oft stehen biologisch-medizinische Erkenntnisse gegen juristische Argumente. Sie können an dieser Stelle nicht dargestellt werden. Für mich ist ein Mensch und damit auch der Würdeschutz des Art. 1 Abs. 1 GG gegeben, wenn sich Ei und Samenzelle verschmolzen haben; denn bereits zu diesem Zeitpunkt ist die volle Potenzialität gegeben, sich als ganzer Mensch zu entwickeln. Die vielfach unternommenen Differenzierungen und Graduierungen sind angesichts dieser Menschqualität unzulässig[31]. Von dieser Basis aus lassen sich auch Antworten für Präimplantationsdiagnostik, Gentechnik, Embryonenforschung und Reproduktionsmedizin geben. Sie gehören zur Zeit zu den gewichtigsten Diskus-

12

---

27 BVerfG(K), in: NJW 2005, S. 656 (657). Ebenso EGMR, in: EuGRZ 2010, S. 417 (428 Tz. 107): Rigides Folterverbot ohne Ausnahme gemäß Art. 3 EMRK.
28 Vgl. bes. *Winfried Brugger*, Darf der Staat ausnahmsweise foltern?, in: Der Staat 35 (1996), S. 67 ff.; *ders.*, Vom unbedingten Verbot der Folter zum bedingten Recht auf Folter?, in: JZ 2000, S. 165 ff.; *Manfred Baldus*, Menschenwürdegarantie und Absolutheitsthese, in: AöR 136 (2011), S. 529 (534); dazu *Isensee* (N 5), Rn. 143 ff.
29 Vgl. *Niklas Luhmann*, Gibt es in unserer Gesellschaft noch unverzichtbare Normen?, 1993, S. 2: Terroristen bedrohen viele Menschen durch eine Atombombe; die Polizei hält deren Anführer gefangen; darf sie ihn foltern, um die Bombe entschärfen zu können?
30 BVerfGE 115, 118 (154).
31 So darf wohl auch der EuGH, in: EuZW 2011, S. 908, verstanden werden, der aber betont, dass es keine übereinstimmenden „in den Mitgliedstaaten anerkannten ethischen oder moralischen Grundsätze" gibt.

§ 16 *II. Verfassung*

sionspunkten des Würdeschutzes in der biopolitischen Entwicklung und deren forscherischen Aktivitäten[32].

13 c) Die geistig-seelische Identität und Integrität des Menschen ist unter den Bedingungen der Gegenwart bisweilen stärker bedroht als die körperliche, denkt man an die subtilen Instrumente der Fremdsteuerung des Menschen. In diesem Schutzbereich geht es um die Individualität und Personalität des Menschen. „Identität und Integrität bezeichnen dabei einen Prozess möglichst autonomer Selbstdarstellung", den persönlichen „Innen- und Außenbezug", das „je eigene Menschenbild"[33]. „Art. 1 Abs. 1 GG schützt die Würde des Menschen, wie er sich in seiner Individualität selbst begreift und seiner selbst bewusst wird. Hierzu gehört, dass der Mensch über sich selbst verfügen und sein Schicksal eigenverantwortlich gestalten kann"[34].

14 In dieser Beziehung müssen z.B. Strafverfahren und Strafvollzug würdegerecht ablaufen[35]. Verboten sind namentlich grausame, unmenschliche und erniedrigende Strafen. Besondere Aufmerksamkeit hat hier die Sicherungsverwahrung gefunden, die sowohl politisch als auch höchstrichterlich kontrovers diskutiert wird[36].

15 Nach Auffassung des Bundesverfassungsgerichts gilt das „heimliche Vorgehen des Staates" gegen eine Person (sog. großer Lauschangriff) „nicht zwingend (als) eine Missachtung seines Wertes als Mensch". Jedoch ist ein „unantastbarer Kernbereich privater Lebensgestaltung zu wahren", der auch „nicht durch Abwägung mit den Strafverfolgungsinteressen nach Maßgabe des Verhältnismäßigkeitsgrundsatzes relativiert" werden darf[37].

16 Die Menschenwürdegarantie strahlt auch auf den Schutz Persönlichkeitssphäre aus. Zwar besorgt diesen Schutz grundsätzlich das Persönlichkeitsrecht des Art. 2 Abs. 1 GG[38], aber in bestimmter Beziehung kann Art. 1 Abs. 1 GG als Schutzverstärkung wirken. Das gilt vor allem, wenn es um existenzielle Fragen geht, wie etwa Gendiagnostik, Embryonenschutz, Schutz der Intimsphäre, Herbeiführung des Lebensendes (Sterbehilfe)[39]. So ist insbesondere die Würde des sterbenden Menschen zu wahren.

17 d) Es ist heute anerkannt, dass der Menschenwürdegarantie eine Sicherung von „Mindestvoraussetzungen für ein menschenwürdiges Dasein" immanent ist[40]. *Günter Dürig* folgend, sind daraus frühzeitig Ansprüche auf ein materielles Existenzminimum abgeleitet worden, sofern die physische Existenz nicht aus eigener Kraft

---

32 *Ralf Müller-Terpitz*, Der Schutz des pränatalen Lebens, 2007; *Reinhold Zippelius*, Menschenwürdeschutz am Beginn des Lebens, in: Sachs/Siekmann (N 6), S. 1569 ff.
33 *Höfling* (N 17), Art. 1 Rn. 35 ff.; *Stern* (N 17), § 97 II 4 b; *Isensee* (N 5), Rn. 190.
34 BVerfGE 49, 286 (298) – Transsexualität; zur Abstammungskenntnis vgl. BVerfGE 79, 256 (268); 90, 185 (194); EGMR, NVwZ 2002, S. 2851.
35 Vgl. BVerfGE 45, 187 (245) – lebenslange Freiheitsstrafe; 80, 367 (376); 101, 275 (287); 109, 133 (150 f.); 117, 71 (95); BVerfG(K), in: NJW 2011, S. 137; *Markus Möstl*, Grundrechtliche Garantien in Strafverfahren, in: HStR, Bd. VIII, ³2010, § 179.
36 Vgl. BVerfGE 109, 133 (150); BVerfG, in: EuGRZ 2011, S. 297; BVerfG(K), in: NJW 2010, S. 2501; EGMR, in: NJW 2010, S. 2495; in: NJW 2011, S. 3423 (3427); BGH, in: NJW 2011, S. 240.
37 BVerfGE 109, 279 (311 ff.); 120, 274 (335); 124, 43 (57); BVerfG, in: NJW 2012, S. 907.
38 Vgl. *Stern* (N 17), § 99; *Isensee* (N 5), Rn. 189 ff.; *Andreas Friedrich*, Grundrechtlicher Persönlichkeitsschutz und europäische Privatsphärengarantie, 2009.
39 Dazu bes. *Udo Fink*, Das Recht auf Leben und körperliche Unversehrtheit, in: HGR, Bd. IV (2011), § 88 Rn. 47 ff.
40 BVerfGE 40, 121 (133); 48, 346 (361); 89, 346 (353); 120, 125 (155); 123, 267 (362); 125, 175 (222 f.).

oder durch Hilfe von Familienangehörigen gesichert werden kann[41]. Einfach gesetzlich greift mittlerweile § 1 Abs. 2 S. 1 BSHG den Würdebegriff auf und sichert einen leistungsrechtlichen „Menschenwürdesockel"[42], den der Gesetzgeber nicht unterschreiten darf. Dem Bundesverfassungsgericht ist zuzustimmen, diesen „nur auf diejenigen Mittel (zu erstrecken), die zur Aufrechterhaltung eines menschenwürdigen Daseins unbedingt erforderlich sind. … Gewährleistet [ist] das gesamte Existenzminimum durch eine einheitliche grundrechtliche Garantie, die sowohl die physische Existenz des Menschen, also Nahrung, Kleidung, Hausrat, Unterkunft, Heizung, Hygiene und Gesundheit (vgl. BVerfGE 120, 125 [155 f.]), als auch die Sicherung der Möglichkeit zur Pflege zwischenmenschlicher Beziehungen und zu einem Mindestmaß an Teilhabe am gesellschaftlichen, kulturellen und politischen Leben umfasst, denn der Mensch als Person existiert notwendig in sozialen Bezügen […]"[43]. Trotz dieses unmittelbar aus Art. 1 Abs. 1 GG abgeleiteten Anspruchs auf ein menschenwürdiges Existenzminimum bleibt dem Gesetzgeber ein Gestaltungsspielraum für die Konkretisierung im Detail.

Auf der anderen Seite zieht Art. 1 Abs. 1 GG (und andere Grundrechte) der Besteuerung Grenzen, worauf gerade *Paul Kirchhof* mehrfach hingewiesen hat[44]. **18**

e) Elementare Rechtsgleichheit ist Bestandteil der Menschenwürdegarantie des Art. 1 Abs. 1 GG[45]. Keinem Menschen darf aus Gründen, die er nicht zu vertreten hat, ein rechtlich abgewerteter Status zugewiesen werden. Deswegen sind rassische, religiöse, sprachliche, genetische oder abstammungsmäßige Diskriminierungen über Art. 3 Abs. 3 GG hinaus auch ein Verstoß gegen die Menschenwürdegarantie. Gleiches gilt für demütigende inhumane Behandlungen, wie Sklaverei oder Leibeigenschaft. Jeder Mensch hat Anspruch auf den gleichen verfassungsrechtlichen Schutz[46]. Danach darf beispielsweise keine Selektion bestimmter Gruppen von Menschen in Form von Datenbanken vorgenommen werden. Rasterfahndungen oder Verbunddateien für des Terrors Verdächtige auf Grund bestimmter Täterprofile sind jedoch zum Schutze hochrangiger Rechtsgüter erlaubt, wenn sie auf Verdachtsgründen beruhen und den Grundsatz der Verhältnismäßigkeit wahren[47]. **19**

f) In seinem ersten Parteiverbotsverfahren wegen Verfassungswidrigkeit der „Sozialistischen Reichspartei (SRP)" hat das Bundesverfassungsgericht die freiheitliche demokratische Grundordnung auch mit der Menschenwürde in Verbindung gebracht und den „totalen Staat" als „ausschließliche Herrschaftsmacht" gekenn- **20**

---

41 Dazu *Friedrich E. Schnapp*, Magna Charta des Anspruchs auf Existenzminimum, in: NZS 2010, S. 136.
42 Der Begriff findet sich bei *Friedhelm Hufen*, Gesetzesgestaltung und Gesetzesanwendung im Leistungsrecht, in: VVDStRL 47 (1989), S. 142 (163). BVerfGE 123, 267 (362) spricht von „Mindestvoraussetzungen für ein menschenwürdiges Dasein", die der Staat zu schaffen habe.
43 BVerfGE 125, 173 (223). Kommentierend *Christian Seiler*, Das Grundrecht auf ein menschenwürdiges Existenzminimum, in: JZ 2010, S. 500; *Thomas Mayen*, Das Grundrecht auf Gewährleistung eines menschenwürdigen Existenzminimums, in: Sachs/Siekmann (N 6), S. 1451 ff.
44 Vgl. *Paul Kirchhof*, Besteuerung im Verfassungsstaat, 2000; *ders.*, Die Steuern, in: HStR, Bd. V, ³2007, § 118 Rn. 1 ff.; BVerfGE 93, 121 (137); 120, 125 (154 f.); 124, 282 (294).
45 Vgl. *Paul Kirchhof*, Allgemeine Gleichheitsrechte, in: HStR, Bd. VIII, ³2010, § 181 Rn. 51; *Höfling* (N 17), Art. 1 Rn. 33; *Stern* (N 17), § 97 II 4 d.
46 BVerfGE 115, 118 (158) – Luftsicherheitsgesetz.
47 Vgl. BVerfGE 115, 320 (360 f.). Für weiterreichende Zulässigkeit s. das Sondervotum von *Evelyn Haas*, ebda. S. 371; *Christian Hillgruber*, Der Staat des Grundgesetzes – nur „bedingt abwehrbereit"?, in: JZ 2007, S. 209 (212 f.).

zeichnet, die die Menschenwürde nicht respektiert[48]. Diese Verbindung von Menschenwürde und freiheitlicher Demokratie blieb lange Zeit verschüttet[49]. Deutlich ins Bewusstsein gerückt wurde diese Verknüpfung erst wieder im sog. Lissabon-Urteil. Dort findet sich die Feststellung, dass „der Anspruch auf freie und gleiche Teilhabe an der öffentlichen Gewalt" als Kernbestandteil der Demokratie „in der Würde des Menschen verankert (ist)"[50]. Zu Ende gedacht, bedeutet diese Erkenntnis, dass nur eine auf freien, geheimen und gleichen Wahlen beruhende Herrschaftsmacht menschenwürdegerecht ist. Bezogen auf die im konkreten Fall in Rede stehende Herrschaftsgewalt der Europäischen Union wird man daran in Anbetracht deren politischer und rechtlicher Verbindung mit Demokratie und Menschenwürde „als gemeineuropäisches Herrschaftsprinzip" Zweifel nicht anmelden können, zumal Art. 2 EUV beide Prinzipien als Grundwerte aufgreift.

21  g) Frühere Stimmen in der Wissenschaft haben den Grundsatz der Verhältnismäßigkeit ganz oder teilweise aus Art. 1 Abs. 1 GG abgeleitet, ehe sich allgemein die Verortung im Rechtsstaatsprinzip durchgesetzt hat[51]. Aber der Bezug zur Menschenwürdegarantie ist niemals ausgeschlossen worden, besonders bei schwerwiegenden Eingriffen, wie sie etwa im Strafrecht (Todesstrafe, lebenslange Freiheitsstrafe)[52] oder in besonderen Gewaltverhältnissen (Wehrdienst, Polizeidienst, Strafgefangenenverhältnis)[53] in Frage kamen. Allerdings muss insoweit beachtet werden, dass der Würdeschutz nicht als „kleine Münze" für Alltäglichkeiten verbraucht werden darf. Er muss zur Abwehr substanzieller oder existenzieller Eingriffe reserviert bleiben, für sie aber mit Nachdruck.

## C. Die normative Dimension der Menschenwürdegarantie

22  Mag es zum Inhalt der Menschenwürde den einen oder anderen Streitpunkt geben, so ist die verfassungsrechtliche Positionierung der Menschenwürde als Grundrecht heute kaum mehr zweifelhaft[54]. Art. 1 Abs. 1 GG ist ein unmittelbar geltender objektiv-rechtlicher Rechtssatz, aus dem subjektiv-rechtliche Rechte abgeleitet werden können. Insoweit besteht keine Besonderheit im Verhältnis zu anderen Grundrechten. Die bewährte Grundrechtsdogmatik der Mehrdimensionalität gilt auch für Art. 1 Abs. 1 GG[55]. Daraus ergibt sich eine Reihe von Folgerungen:

---

48  Vgl. BVerfGE 2, 1 (12); s. auch BVerfGE 5, 85 (205).
49  Deutlich betont wurde der Menschenwürdebezug der Demokratie stets von *Peter Häberle*, Die Menschenwürde als Grundlage der staatlichen Gemeinschaft, in: HStR, Bd. II, ³2004, § 22 Rn. 61, 99; *ders.*, Europäische Verfassungslehre (N 8), S. 289 ff.; jetzt auch *Christoph Enders*, in: Stern/Becker, Art. 1 Rn. 45.
50  Vgl. BVerfGE 123, 267 (341).
51  Vgl. *Michael Sachs*, in: Sachs, ⁶2011, Art. 20 Rn. 145 m. weit. Nachw.
52  Vgl. *Stern* (N 17), § 97 II 4 e m. weit. Nachw.
53  Vgl. *Stern* (N 17), § 97 II 4 e â ä m. weit. Nachw.
54  Die Grundrechtsqualität wurde früher namentlich von *Dürig* bezweifelt (in: Maunz/Dürig, Erstbearbeitung, Art. 1 Abs. I Rn. 4 ff.); heute noch *Dreier* (N 10), Art. 1 I Rn. 124 ff. mit Stimmen pro et contra; für Grundrechtscharakter frühzeitig *Hans Carl Nipperdey*, in: Franz L. Neumann/Hans Carl Nipperdey/Ulrich Scheuner (Hg.), Die Grundrechte, Bd. II, 1954, S. 1 (12 f.).
55  Vgl. *Klaus Stern*, Idee und Elemente eines Systems der Grundrechte, in: HStR, Bd. IX, ³2011, § 185 Rn. 21 m. weit. Nachw.

1. Die subjektiv-rechtliche Dimension manifestiert sich vor allem in der abwehrrechtlichen Funktion der Menschenwürdegarantie. Sie bedeutet ein Eingriffsverbot in die Schutzgehalte der Menschenwürde für alle staatliche Gewalt – Legislative, Exekutive und Judikative. Dass die letztere zugleich herausragender Hüter der Menschenwürde ist, zeichnet sie nicht von der Verpflichtung frei, diese „zu achten und zu schützen" (Art. 1 Abs. 1 S. 2 GG).

Die subjektiv-rechtliche Dimension erschöpft sich allerdings nicht in der Abwehrfunktion. Sie kann sich auch auf Leistungs- und Handlungsgebote des Staates erstrecken, wie sich vor allem in der Sicherstellung eines menschenwürdigen Existenzminimums und dem demokratischen Teilhabeanspruch an der Herrschaftsmacht zeigt (oben d und f).

2. Außerordentlich bedeutsam sind bei Art. 1 Abs. 1 GG die objektiv-rechtlichen Dimensionen des Grundrechts. Sie haben die entscheidenden Impulse für den Schutz der Menschenwürde abgegeben, weil sich in ihnen die „Verpflichtung" aller staatlichen Gewalt zum Schutz der Menschenrechte ausdrückt (Art. 1 Abs. 1 S. 2 GG). Diese Schutzpflichtenfunktion hat eine außerordentliche Breitenwirkung, weil ihr die Verpflichtung zum staatlichen Handeln immanent ist, wenn die menschliche Würde gefährdet ist. Zugleich ist die objektiv-rechtliche Dimension geeignet, die Probleme der „Drittwirkung" des Art. 1 Abs. 1 GG zu lösen. Auch die Schutzpflichtenfunktion richtet sich an alle drei Staatsgewalten, wobei der Legislative die Hauptaufgabe zukommt. Sie ist es auch, die den Menschenwürdeschutz im Verhältnis der Bürger untereinander zu realisieren vermag[56]. Darüber hinaus hat der Gesetzgeber die Verpflichtung, die Menschenwürde in der gesamten Rechtsordnung zu sichern. Dabei steht ihm allerdings ein weiter Einschätzungs-, Wertungs- und Gestaltungsspielraum zur Verfügung, der aber vom Übermaßverbot auf der einen Flanke und vom Untermaßverbot auf der anderen Flanke gesteuert wird. Beide sollen sicherstellen, dass der Schutzpflicht im erforderlichen und angemessenen Maße Genüge getan wird. Alle Maßnahmen müssen so beschaffen sein, dass sie geeignet sind, die Gefährdung und die potentielle Verletzung der Menschenwürde – soweit vorhersehbar – zu inhibieren. Stehen höchste Rechtsgüter auf dem Spiel, so muss „im äußersten Fall" sogar das Strafrecht eingesetzt werden[57].

3. Eine dogmatisch und praktisch umstrittene Frage ist, ob und inwieweit aus der staatlichen Schutzpflicht für die Menschenwürde subjektive Rechte gegenüber dem Gesetzgeber geltend gemacht werden können. Das Bundesverfassungsgericht hat bisher angesichts des dem Gesetzgeber zugebilligten Einschätzungs-, Wertungs- und Gestaltungsspielraum generell äußerst zurückhaltend reagiert[58]. Ausgenommen die Abtreibungsfälle, war in der Regel Art. 1 Abs. 1 GG nicht sehr häufig involviert, weil andere Grundrechte, besonders Art. 2 GG, als leges speciales Vorrang hatten, aber neuere Entwicklungen in Medizin und Naturwissenschaften sowie die terroristischen Bedrohungen lassen Gefährdungen gerade auch für die Menschen-

---

56 Vgl. *Stern* (N 17), § 97 III 2 c â; *Christian Starck*, in: v. Mangoldt/Klein/Starck, Bd. I, ⁶2010, Art. 1 Abs. 1 Rn. 40, 116 ff.
57 Vgl. BVerfGE 39, 1 (42, 46 f.); auch BVerfGE 88, 203 (251, 257 f.).
58 Vgl. BVerfGE 56, 54 – Fluglärm; BVerfGE 77, 170 – C-Waffen; BVerfG(K), in: NJW 1996, S. 651 – Ozon; BVerfGE 121, 317; BVerfG(K), in: NJW 1998, S. 2961; in: NVwZ 2011, S. 294 – Nichtraucherschutz.

würde erkennen. Um die Schutzverpflichtung des Art. 1 Abs. 1 S. 2 GG effektiv machen zu können, wird man daher einen grundsätzlichen Rechtsanspruch auf Durchsetzung nicht ablehnen können. Nur eine Subjektivierung auch der Menschenwürde erlaubt die für sie gebotene „Grundrechtsoptimierung"[59]. Aber gegenüber dem Gesetzgeber kann dieses Recht nicht auf ein *bestimmtes* aktives Handeln gerichtet sein.

27  4. Wiewohl Art. 1 Abs. 1 S. 1 GG die Menschenwürde als „unantastbar" erklärt, sind Würdeverletzungen in der Praxis nicht ausgeschlossen. Gemeint ist, dass die Menschenwürde nicht angetastet werden darf, dass sie von der staatlichen Gewalt „geachtet" und „geschützt" werden *muss* (Satz 2). Art. 1 Abs. 1 GG begründet also Rechtspflichten. Es geht um den Achtungsanspruch aus der Menschenwürdegarantie, der verletzbar und darum schutzbedürftig ist[60]. Folgewirkung dieser Unantastbarkeit ist die Unverwirkbarkeit und Unverzichtbarkeit der Menschenwürde. Das Bundesverfassungsgericht spricht darüber hinaus von „Unverfügbarkeit"[61] und wirft damit die Frage auf, ob es einen Würdeschutz gegen sich selbst gibt. Insoweit gilt, dass Art. 1 Abs. 1 GG „die Würde des Menschen (schützt), wie er sich in seiner Individualität selbst begreift und seiner selbst bewußt wird. Hierzu gehört, daß der Mensch über sich selbst verfügen und sein Schicksal eigenverantwortlich gestalten kann"[62]. Die Menschenwürdegarantie muss nicht gegen sich selbst durchgesetzt werden, es sei denn aus physischen oder psychischen Gründen fehlt es an der Fähigkeit zu autonomer Selbstbestimmung. Es gibt keinen „Würdeschutz gegen sich selbst" ...; „letzte Instanz der Menschenwürde" ist immer das Individuum selbst[63]. Die Menschenwürdegarantie bedeutet nicht „Menschenwürdepflicht"[64]. Entscheidend ist die Selbstbestimmung des Individuums, die den Kern der Menschenwürdegarantie bildet.

28  5. Das zentrale Problem der Unantastbarkeit liegt allerdings darin, ob es eine staatlich verfügte Einschränkbarkeit nach den allgemeinen Regeln der grundrechtlichen Schrankendogmatik gibt[65]. An diesem Punkt scheiden sich die Geister. Vielfach wird eine Abwägung erlaubt, wenn Würde und Leben anderer oder höchstrangige Verfassungsgüter bedroht sind[66]. Mit jeder wie auch immer begründeten Abwägung wird die Menschenwürdegarantie eingeschränkt; darin liegt zwangsläufig

---

59 Vgl. *Teifke* (N 1), S. 79 mit Bezug auf *Starck* (N 56), Art. 1 Abs. 1 Rn. 30; vgl. *Stern* (N 17), § 97 2 c â m. weit. Nachw.; zur „Resubjektivierung" der objektiv-rechtlichen Gehalte jetzt Wolfgang Kahl, Grundrechte, in: Otto Depenheuer/Christoph Grabenwarter, Verfassungstheorie, 2010, § 24 Rn. 10.
60 Vgl. BVerfGE 87, 209 (228); *Isensee* (N 5), Rn. 219 ff.
61 Vgl. BVerfGE 45, 187 (229).
62 BVerfGE 49, 286 (298) – Transsexualität.
63 *Wolfram Höfling*, Offene Grundrechtsinterpretation, 1987, S. 126 unter Berufung auf *Ingo von Münch*, Grundrechtsschutz gegen sich selbst?, in: FS für Hans Peter Ipsen, 1977, S. 113 ff.; *Matthias Herdegen*, in: Maunz/Dürig, Stand: 2009, Art. 1 Abs. 1 Rn. 79.
64 Vgl. *Tatjana Geddert-Steinacher*, Menschenwürde als Verfassungsbegriff, 1990, S. 89.
65 Zu dieser vgl. *Klaus Stern*, Die Grundrechte und ihre Schranken, in: FS 50 Jahre Bundesverfassungsgericht, Bd. II, 2001, S. 1 (8 ff.); *ders.*, in: Stern/Becker (N 49), Einl. Rn. 122 ff.; *Isensee* (N 5), Rn. 135 ff.
66 Pro Abwägungsmöglichkeit sprechen sich u. a. aus: *Herdegen* (N 63), Art. 1 Abs. 1 (2009) Rn. 73; *Jan-Ulf Suchomel*, Partielle Disponibilität der Würde des Menschen, 2010, S. 112 f.; zuletzt *Baldus* (N 28), S. 529 ff. m. weit. Nachw. S. zum Streitstand auch *Rolf Gröschner/Oliver W. Lembcke* (Hg.), Das Dogma der Unantastbarkeit. Eine Auseinandersetzung mit dem Absolutheitsanspruch der Würde, 2009.

eine Relativierung mit der Folge, dass die Garantie nicht mehr absolut gilt[67]. Dieser Absolutheitsanspruch ist aber gerade das Ziel der Unantastbarkeit[68]. Eingedenk der furchtbaren Verstöße gegen die Menschenwürde hat sich der Verfassunggeber mit dem Begriff Unantastbarkeit zu einer überaus starken, ja rigiden Formulierung entschlossen, um seinen Willen zu einem uneingeschränkten Schutz der Menschenwürde zu bekunden. Insofern nimmt Art. 1 Abs. 1 GG eine Sonderstellung im Verhältnis zu allen anderen Grundrechten ein. *Josef Isensee* hat die Interpretation auf den Punkt gebracht: „In einer Rechtsordnung der relativen Werte ist die Würde des Menschen ein absoluter Wert. Der einzige"[69]. Dem hat sich auch das Bundesverfassungsgericht nicht verschlossen – zu Recht; denn das mit Art. 1 Abs. 1 GG garantierte Rechtsgut ist das höchste, das dem Menschen eigen ist. Der Staat, der um des Menschen willen da ist, ist verpflichtet, dieses unverbrüchlich zu achten und zu schützen, wie es Art. 1 Abs. 1 S. 2 GG gebietet. Menschenwürde muss uneinschränkbar sein und bleiben. Darin liegt nicht „idealistisch-überhöhendes Deuten"[70], sondern ein gerade für uns Deutsche aus grausamer Erfahrung gewonnenes Prinzip.

# D. Bibliographie

*Baldus, Manfred*, Menschenwürdegarantie und Absolutheitsthese, in: AöR 136 (2011), S. 529 ff.
*Classen, Claus Dieter*, Die Menschenwürde ist – und bleibt – unantastbar, in: DÖV 2009, S. 689 ff.
*Dürig, Günter*, in: Maunz/Dürig, Erstbearbeitung, Art. 1.
*Enders, Christoph*, in: Stern/Becker, Art. 1.
*Di Fabio, Udo*, Das mirandolische Axiom: Gegebenes und Aufgegebenes, in: FS für Klaus Stern, 2012, S. 13 ff.
*Geddert-Steinacher, Tatjana*, Menschenwürde als Verfassungsbegriff, 1990.
*Gröschner, Rolf/Kirste, Stephan/Lembcke, Oliver W.* (Hg.), Des Menschen Würde – entdeckt und erfunden im Humanismus der italienischen Renaissance, 2008.
*Häberle, Peter*, Die Menschenwürde als Grundlage der staatlichen Gemeinschaft, in: HStR, Bd. II, ³2004, § 22.
*Hömig, Dieter*, Menschenwürdeschutz in der Rechtsprechung des Bundesverfassungsgerichts, in: Rolf Gröschner/Oliver W. Lembcke (Hg.), Das Dogma der Unantastbarkeit. Eine Auseinandersetzung mit dem Absolutheitsanspruch der Würde, 2009.
*Isensee, Josef*, Würde des Menschen, HGR, Bd. IV (2011), § 87.

---

67  Im Sinne von *Alan Gewirth*, Are there any Absolute Rights?, in: The Philosophical Quarterly 31 (1981), S. 1 (2): „A right is absolute when it cannot be overridden in any circumstances, so that it can never be justifiably infringed and it must be fulfilled without any exceptions."
68  Vgl. BVerfGE 75, 369 (380); 93, 266 (293); 107, 275 (284); 109, 279 (314); 113, 348 (391); 115, 118 (153); *Claus Dieter Classen*, Die Menschenwürde ist – und bleibt – unantastbar, in: DÖV 2009, S. 689 (691, 693); *Enders* (N 49), Art. 1 Rn. 14; *Helge Sodan*, in: Sodan, ²2011, Art. 1 Rn. 27; *Michael Schwarz*, Die Menschenwürde als Ende der Europäischen Wertegemeinschaft?, in: Der Staat 50 (2011), S. 533 (559).
69  *Isensee* (N 10), S. 175.
70  So *Baldus* (N 28), S. 551.

*Jaber, Dunja*, Über den mehrfachen Sinn von Menschenwürdegarantien, 2003.
*Klein, Eckart*, Human Dignity – Basis of Human Rights, in: Liber amicorum Rüdiger Wolfrum, 2012, S. 437 ff.
*Ladeur, Karl-Heinz/Augsberg, Ino*, Die Funktion der Menschenwürde im Verfassungsstaat, 2008.
*Maihofer, Werner*, Rechtsstaat und menschliche Würde, 1968, S. 9 ff.
*Mayen, Thomas*, Das Grundrecht auf Gewährleistung eines menschenwürdigen Existenzminimums, in: FS für Klaus Stern, 2012, S. 1451 ff.
*Freiin von Proff zu Irnich, Johanna*, Freiheitsrechte und Menschenwürde, 2009.
*Schwarz, Michael*, Die Menschenwürde als Ende der Europäischen Wertegemeinschaft?, in: Der Staat 50 (2011), S. 533 ff.
*Schwarzburg, Katrin*, Die Menschenwürde im Recht der Europäischen Union, 2012.
*Stern, Klaus*, Das Staatsrecht der Bundesrepublik Deutschland, Bd. IV/1, 2006, § 97.
*Suchomel, Jan-Ulf*, Partielle Disponibilität der Würde des Menschen, 2010.
*Teifke, Nils*, Das Prinzip Menschenwürde, 2011.
*Zippelius, Reinhold*, Menschenwürdeschutz am Beginn des Lebens, in: FS für Klaus Stern, 2012, S. 1569 ff.

# § 17
# Grundrechte und Demokratie

*Hanno Kube*

## Übersicht

|   | Rn. |
|---|---|
| A. Legitimation politischer Herrschaft durch die Freiheitsidee. | 1–5 |
| B. Grundrechtlicher Schutz privater Freiheit. | 6–11 |
| C. Demokratie als verfasste Form politischer Freiheit | 12–16 |
| D. Symbiotische Freiheiten, symbiotische Legitimation | 17–22 |
| E. Gleichgewicht der Freiheiten im demokratischen Verfassungsstaat. | 23–26 |
| F. Die europäische Integration – Herausforderung der politischen Freiheit. | 27–32 |
| G. Demokratische Teilhabe als subjektives Recht. | 33–41 |
| H. Bibliographie |   |

## A. Legitimation politischer Herrschaft durch die Freiheitsidee

Die Frage nach der Legitimation politischer Herrschaft weist über das Recht hinaus. Sie beantwortet sich auch in Kategorien des Moralischen und des Empirischen. Zugleich aber nimmt das Verfassungsrecht die aus dem Vorrechtlichen schöpfenden Kriterien zur Legitimation politischer Herrschaft auf, verfestigt sie normativ und gibt sie in den Generationen weiter. Denn die Verfassung ist – mit *Paul Kirchhof* – ein Gedächtnis[1], die Gewährleistung legitimen Staatshandelns ihr wesensprägender Gegenstand.

1

Seit dem Ende des 18. Jahrhunderts haben sich zwei Legitimationsquellen politischer Herrschaft verfassungsrechtlich etabliert: die Freiheit des Einzelnen und die politische Selbstbestimmung, die private und die politische Freiheit. Dies spiegelt sich in der amerikanischen Unabhängigkeitserklärung von 1776 ebenso wider wie in der französischen Erklärung der Menschen- und Bürgerrechte von 1789 und in den diesen Deklarationen nachfolgenden Verfassungen. Garantiert werden natürliche und unveräußerliche Menschenrechte. Institutionalisiert wird im Fall der Vereinigten Staaten eine von der Zustimmung der Regierten abhängige, im Fall Frankreichs eine auf der Souveränität der Nation beruhende Regierung, deren vornehmster Zweck es ist, die Menschenrechte zu schützen.

2

Die Idee der menschenrechtlichen Freiheit geht zurück auf die Vorstellung von Vernunftbesitz und freiem Willen in der antiken Philosophie, auf das jüdisch-christliche Gedankengut, das den Menschen als Geschöpf und Ebenbild Gottes mit Würde und gleicher Freiheit ausgestattet, zugleich auf die Gemeinschaft angewiesen erkennt, auf Humanismus, Reformation und Aufklärung. Die Forderung nach

3

---

[1] *Paul Kirchhof*, Demokratischer Rechtsstaat – Staatsform der Zugehörigen, in: HStR, Bd. IX, 1997, § 221 Rn. 12.

politischer Selbstbestimmung trat hinzu und unter dem Joch des Absolutismus in den Vordergrund. „Nur sich selbst", so *Kant*, „kann niemand unrecht tun."[2] Die private und die politische Freiheit, der bourgeois und der citoyen, Grundrechte und Demokratie sind seither ein Zweiklang[3].

4 Die amerikanische Verfassung von 1787 stellte die politische Selbstbestimmung in den Mittelpunkt und fasste sie in die Form der repräsentativen Demokratie, ergänzte die individuellen Freiheitsrechte dagegen erst nach und nach. Die französischen, auf Grundlage der Revolutionserfahrungen entstandenen Verfassungen betonen demgegenüber die Freiheit des Einzelnen, verstehen politische Selbstbestimmung aber in den abstrakteren, auf die Gemeinschaft bezogenen Kategorien der Nation und der Souveränität. Ungeachtet dieser unterschiedlichen Ausprägungen bauen beide Verfassungstraditionen auf die zweigleisige Legitimation des Staates durch die Gewährleistung der privaten und die Gewährleistung der politischen Freiheit.

5 Das deutsche Verfassungsrecht hat dies, nachfolgend, aufgenommen. Zwar blieb die politische Freiheit nach dem Modell der Paulskirchenverfassung zunächst noch unerfüllte Hoffnung und auch die Verbürgung privater Freiheit im Konstitutionalismus eher Desiderat als verlässliche Rechtsposition. In der Weimarer Reichsverfassung verbanden sich die Gewährleistungen der demokratischen und der grundrechtlichen Freiheit als nebeneinander stehende Legitimationsmodi politischer Herrschaft sodann aber, jedenfalls in der Grundanlage, wirksam. Unter dem Grundgesetz fanden sie schließlich zu voller Entfaltung.

## B. Grundrechtlicher Schutz privater Freiheit

6 Die Grundrechte des Grundgesetzes setzen die Freiheit eines jeden Menschen voraus und schützen sie, in liberaler Tradition, gegen staatlichen Zwang. Sie überführen den Menschen aus dem zur Duldung der Hoheitsgewalt verpflichtenden status passivus in den Status der Berechtigung, den status negativus[4]. Staat und Grundrechtsträger begegnen sich damit in einem Rechtsverhältnis gegenseitiger Anerkennung[5]. Staatliche Eingriffe in die private Freiheit werden hierdurch rechtfertigungsbedürftig.

7 Dem in den Revolutionserklärungen des späten 18. Jahrhunderts benannten Staatszweck, die Menschenrechte zu schützen, dienen die Grundrechte aber nicht nur in ihrer Abwehrfunktion. Sie verpflichten den Staat darüber hinaus, die Voraussetzungen individueller Freiheitsentfaltung zu gestalten und zu verteidigen, sich schützend vor die Freiheit des Einzelnen zu stellen. In einem komplexen, arbeitsteilig organisierten, von vielfältigen existenziell bedeutsamen Abhängigkeiten geprägten

---

2 *Immanuel Kant*, Über den Gemeinspruch: Das mag in der Theorie richtig sein, taugt aber nicht für die Praxis (1793), hg. v. Julius Ebbinghaus, ⁵1992, S. 46.
3 *Christian Starck*, Grundrechtliche und demokratische Freiheitsidee, in: HStR, Bd. III, ³2005, § 33; zur Gleichursprünglichkeit *Jürgen Habermas*, Faktizität und Geltung, ³1993, S. 112 ff.
4 *Georg Jellinek*, System der subjektiven öffentlichen Rechte, ²1905, S. 87 f.
5 *Jellinek* (N 4), S. 10.

Gemeinwesen ist staatliche Freiheitsvorsorge unerlässlich, soll Freiheit gelingen. Dies führt unabweisbar auf das Feld der Abwägungen, sei es zwischen Gemeinwohlbelangen, sei es zwischen konkurrierenden Freiheitsinteressen. Die Dogmatik zu den staatlichen Schutzpflichten, auch zur mittelbaren Drittwirkung der Grundrechte, gibt davon Zeugnis. Zu Recht betont sie die Ausgestaltungsräume des Staates, zu Recht verlangt sie Evidenz, soll in diesem Zusammenhang eine Grundrechtsverletzung festgestellt werden.

Menschenrechtliche Freiheit ist gleiche Freiheit. Dies zeigt sich schon in der gleichen und damit auch gleichermaßen einschränkbaren Freiheitsberechtigung eines jeden Menschen. Die grundgesetzliche Gewährleistung der Gleichheit vor dem Gesetz tritt verstärkend hinzu. Staatliche Ungleichbehandlungen unterliegen dabei umso höheren Anforderungen an die Rechtfertigung, je stärker sie an Merkmale anknüpfen, die die Person konstituieren. Auch in gestaltungsoffenen Bereichen verlangt die Gleichheitsgerechtigkeit aber in jedem Fall konsistente, folgerichtige Regelungen. **8**

Freiheit führt zu Unterschiedlichkeit. Freiheitsangebote mögen wahrgenommen oder nicht wahrgenommen, auf die eine oder andere Weise genutzt werden. Weil Freiheit auch Folgenverantwortung bedeutet, wird der Staat die aus Freiheit erwachsenen Unterschiede nur dann zum Anknüpfungspunkt für ausgleichende Regelungen wählen, wenn und soweit dies zum Schutz der Freiheitsvoraussetzungen, der ihm aufgegeben ist, geboten erscheint. **9**

Oftmals formt das freiheitliche Handeln des Einzelnen das Gemeinschaftsleben mit, ist politisch in einem weiten Sinne. Der religiöse Ritus, die Berufsausübung, die Investitions- und Konsumentscheidung gestalten das gesellschaftliche Miteinander aus und entwickeln es weiter. **10**

Darüber hinaus ist aber auch die Mitwirkung an der politischen Willensbildung im engeren Sinne in die Freiheit des Einzelnen gestellt und grundrechtlich gesichert, so durch die Meinungs-, Presse- und Rundfunkfreiheit, die Versammlungs- und die Vereinigungsfreiheit. Private Freiheit geht hier in politische Freiheit über. Besonders intensiven Einfluss üben dabei institutionalisierte Zusammenschlüsse aus, die Presseverlage und Rundfunkunternehmen, die Wirtschaftsverbände und, an der Grenze zur Staatssphäre, die politischen Parteien. Die sich ergebenden Unterschiede in der politischen Meinungsmacht sind unmittelbare Konsequenz des Freiheitsschutzes. **11**

## C. Demokratie als verfasste Form politischer Freiheit

Wie die private Freiheit ist auch die politische Freiheit im Ausgangspunkt eine Freiheit des Einzelnen. Der grundrechtliche Schutz der Mitwirkung an der politischen Willensbildung der Gesellschaft zeigt dies unmittelbar. Soll diese Willensbildung aber in einer funktionsfähigen Staatsorganisation münden, soll sich die Staatsorganisation also nicht nur durch den Grundrechtsschutz, sondern auch da- **12** durch legitimieren, dass sie politische Freiheit selbst, in ihrer Struktur, wirksam werden lässt, bedarf die Willensbildung der Kanalisation und Vermittlung. Diese Vermittlung leistet das demokratische Prinzip, das in größeren Einheiten nur das Prinzip der repräsentativen Demokratie sein kann. Die politische Freiheit des Einzelnen findet sich dabei im Willen des Staatsvolkes aufgenommen, die individuelle findet sich in die kollektive politische Freiheit überführt. Der Wille des Staatsvolkes wiederum wird staatlicherseits repräsentiert.

13  Ausgangspunkt des Legitimationszusammenhangs ist, sieht man vom Akt der Verfassunggebung und der Verfassungweitergebung ab, in der parlamentarischen Demokratie die Volkswahl der Parlamentsabgeordneten, die sodann, ungeachtet der Mehrheitsverhältnisse, dem gesamten Volk verpflichtet sind. Hierin offenbart sich nicht nur der Repräsentationsgedanke, sondern auch gegenseitige rechtliche Anerkennung in besonderer Weise: Der mit seiner Wahl Unterlegene akzeptiert das Obsiegen der Mehrheit. Der Vertreter der Mehrheit steht aber zugleich für das Ganze und damit auch für die Belange der Minderheit ein.

14  Die personelle demokratische Legitimation setzt sich in der Parlamentswahl des Kanzlers, in dessen Auswahl der Minister, in deren Bestellung der nachgeordneten Verwaltungsbeamten und auch in der Wahl und Ernennung der Richter fort. Neben die personelle tritt die sachliche demokratische Legitimation des Staatshandelns auf Grundlage und in den Grenzen der parlamentarischen Gesetze und der Weisungen im exekutiven Binnenbereich. Personell und sachlich legitimiert handelt der einzelne Beamte als unparteiischer Walter seines Amtes, das durch Kompetenzen bestimmt und begrenzt ist.

15  Politische Freiheit wird im demokratisch legitimierten Staat also gerade dadurch wirksam, dass er in Kompetenzen und Hierarchien gebunden ist, dass sich staatliche Entscheidungsmacht durch Ableitungs- und Verantwortungszusammenhänge auf den Willen des Volkes zurückführen lässt. Politische Freiheit verlangt somit staatliche Bindung.

16  Als Angehöriger der demokratischen Zugehörigen-, Legitimations- und Verantwortungsgemeinschaft des Volkes[6], im status activus, tritt der Bürger dem Staat nicht als Freiheitsberechtigter gegenüber, sondern macht sich den Staat vielmehr zu eigen[7]. Das Prinzip der im Ausgangspunkt unbeschränkten, aus Gemeinwohlgründen einschränkbaren natürlichen Freiheit aller Menschen gilt hier von vornherein nicht. Staatsbürgerliche Teilhabe ist eine an die Staatsangehörigkeit anknüpfende, formal und strikt gleiche, von den Freiheitsgrundrechten streng zu unterscheidende Berechtigung. Während private Freiheit zu Unterschiedlichkeit führt, bleibt es im status activus bei Gleichheit auch in der effektiven Teilhabe. Nur ausnahmsweise darf hier differenziert werden, wenn dies aus zwingenden Gründen, insbesondere zur Sicherstellung funktionsfähiger staatlicher Willensbildung, erforderlich ist.

---

6 *Kirchhof* (N 1), § 221 Rn. 16 ff.
7 *Jellinek* (N 4), S. 87 (Agieren „für den Staat").

## D. Symbiotische Freiheiten, symbiotische Legitimation

Die konstitutionellen Staaten des 19. Jahrhunderts hatten private Freiheit versprochen, ohne zugleich politische Freiheit zu gewähren. Die Geschichte hat gezeigt, dass diese Versprechen privater Freiheit kaum eingelöst worden sind. Die Monarchen regelten und verwalteten ihre Gemeinwesen aus eigenem Recht. Es fehlte an abgeleiteter politischer Legitimation, damit an Verantwortung und Kontrolle. Was private Freiheit bedeutet, konnte nach Gutdünken vorgeschrieben, Freiheit in Zwang verkehrt werden.

Ebenso wie private nicht ohne politische Freiheit gesichert werden kann, ist aber auch politische nicht ohne private Freiheit vorstellbar. Nur auf dem Humus privater Freiheit kann ein politischer Wille gebildet werden und in Staatslegitimation vom Volke her münden. Fehlt es an der freiheitlichen Grundlage, baut die politische Herrschaft nicht auf dem tatsächlichen, sondern auf einem gewollten Volkswillen, auf dem Willen eines Volks als Mythos[8] auf, wie es in der Deutschen Demokratischen Republik der Fall war.

Private und politische Freiheit bedingen sich daher einander, stehen in einem symbiotischen Verhältnis gegenseitiger Abhängigkeit und Förderung. Dementsprechend stehen auch die grundrechtliche und die demokratische Legitimation des Staates notwendig nebeneinander und ergänzen sich in ihrer gemeinsamen Ausrichtung auf die Freiheitsidee[9].

Keine der beiden Freiheiten darf in diesem Verhältnis die Oberhand gewinnen. Bemächtigt sich private Freiheit des politischen Gemeinwesens, droht die Oligarchie im Sinne *Platons*, die eigennützige Herrschaft der Wenigen, der Reichen und Mächtigen. Staatlicher Freiheitsschutz muss sich deshalb auch gegen private, das Gemeinwohl gefährdende Macht richten.

Wird die private Freiheit dagegen zur Funktion des Politischen, dann erscheint der Einzelne allein als Diener des großen Ganzen, dann wird das Private ins Öffentliche gewendet, dann gibt es keine Rechtfertigung mehr für individuelle Motive und Ziele, für persönliche Rückzugsbereiche. *Hobbes* und *Locke* hatten den Gesellschaftsvertrag entworfen, um die Vorstellung vorausliegender natürlicher Rechte einerseits und die zur Friedenssicherung und Freiheitsverwirklichung unabweisbare staatliche Zwangsordnung andererseits zu versöhnen. Der Einzelne sollte seine natürliche Freiheit aufgeben, um sie in Gestalt staatlich gewährter Rechte wiederzuerlangen. Die Gefahr, die sich aus der vollständigen Unterwerfung unter die volonté générale ergibt, wird bei *Rousseau* deutlich. Geht die individuelle Freiheit ganz im kollektiven Willen auf, zehrt sich die freiheitliche Grundlage dieses Willens auf. Demokratie wandelt sich zum Totalitarismus. Selbst der demokratisch-funktionalen Grundrechtstheorie sind die Gefahren eines schleichenden Freiheitsverlusts durch jedwede Form funktionaler, final auf das Gemeinwohl gerichteter Grundrechtsinterpretation entgegenzuhalten.

---
[8] *Starck* (N 3), § 33 Rn. 5.
[9] *Josef Isensee*, Grundrechte und Demokratie, 1981, spricht von „polarer Legitimation" durch Grundrechte und Demokratie.

22  Ziel muss deshalb das Gleichgewicht sein, die gegenseitige Stützung, der schonende Ausgleich der politischen und der privaten Freiheit, der Demokratie und der Grundrechte.

# E. Gleichgewicht der Freiheiten im demokratischen Verfassungsstaat

23  Die Struktur, in der die private und die politische Freiheit nebeneinander zur Entfaltung kommen und im Gleichgewicht gehalten werden, ist die Struktur des demokratischen Verfassungsstaats. In seinen Wahl- und Entscheidungsverfahren ermöglicht der demokratische Verfassungsstaat die Gestaltung des Gemeinwesens, damit auch die Ausgestaltung der privaten Freiheit, auf der Grundlage politischer Freiheit. In seiner rechtsstaatlichen Verfasstheit ist er dabei aber durch den Grundrechtsschutz der privaten Freiheit, das demokratisch Unverfügbare, begrenzt. Diese Begrenzung sichert der Demokratie zugleich ihre freiheitliche Grundlage.

24  Alle Staatsorgane des demokratischen Verfassungsstaats sind deshalb auf die Grundrechte verpflichtet. In letzter Instanz wacht, nach dem Modell des Grundgesetzes, das Bundesverfassungsgericht über ihre Einhaltung. Die Bedeutung, die diesem Schlussstein der rechtsstaatlichen Demokratie für die Festigung, den Erfolg und die Bewährung der grundgesetzlichen Ordnung zukam und weiterhin zukommt, ist hoch. Das Bundesverfassungsgericht sichert die Freiheits- und Gleichheitsgerechtigkeit gesetzgeberischer und exekutiver Zielsetzungen, das kompetenzgerechte Miteinander der Organe und der Bundesglieder, gerade in jüngerer Vergangenheit auch die Parlamentshoheit gegenüber ihrer Entäußerung.

25  Das Gleichgewicht zwischen Demokratie und Rechtsstaat, zwischen politischer und privater Freiheit zu erhalten, bleibt den Organen des demokratischen Verfassungsstaats stetig aufgegeben.

26  Entsprechendes gilt für die Einhegung privater Mächtigkeit, insbesondere für die Bemessung der Anforderungen, die an ihre „demokratische" Verfasstheit zu stellen sind. Dass sich die Hypertrophie des Öffentlichen und Politischen, die die späten 1960er und frühen 1970er Jahre geprägt hatte, eher in verwaltungsprozessualer Partizipation denn in einer Demokratisierung gesellschaftlicher Strukturen niedergeschlagen hat, hat die freiheitssichernde Trennung zwischen Staat und Gesellschaft bestätigt. Gleichwohl stellen neue private Mächtigkeiten heute vor neue Herausforderungen. So erscheinen die Aufbereitung und Bereitstellung von Informationen im Internet als ein Problemkreis, der nicht nur den regulativen Staat angeht, sondern der die sich selbst bestimmende res publica als Ganze betrifft. Auch die demokratische Binnenstruktur der politischen Parteien, die das Grundgesetz ausdrücklich verlangt, muss als Gebot wieder stärker in das Bewusstsein gebracht werden, soll der Staat erneuerungsfähig bleiben.

## F. Die europäische Integration – Herausforderung der politischen Freiheit

Die europäische Integration sichert den Frieden in Europa, dient der wirtschaftlichen Freiheit und befördert die politische Annäherung zunehmend auch jenseits des Ökonomischen. Ihr Instrument, ihre Verständigungsform ist das Recht, das Vertrauen geschaffen hat und in dieser Funktion, deren Bedeutung kaum zu überschätzen ist, geschützt werden muss.

Das europäische Recht ermächtigt zur Harmonisierung integrationserheblicher Politikfelder, garantiert Marktfreiheiten und stellt sich auch darüber hinaus Beschränkungen und Verzerrungen des Wettbewerbs im europäischen Binnenraum entgegen. Hinzu treten die Sicherungen der Menschenrechte durch die Europäische Menschenrechtskonvention, schließlich die vergleichbar konturierten Rechte aus der Europäischen Grundrechtecharta.

Diesem umfangreichen Bestand materieller Sicherungen privater Freiheit, die in einem bemerkenswerten Konvergenzprozess begriffen sind, steht nach wie vor ein auffälliges Defizit politischer Freiheit in Europa gegenüber. Die Ausweitung der Kompetenzen des Europäischen Parlaments hat darüber bislang ebenso wenig hinweghelfen können wie die Ausgestaltung der Unionsbürgerschaft. Wenngleich die vielfach beklagte rats- oder kommissionsseitige Bevormundung im Freiheitsgebrauch – zumindest mitunter – als Zerrbild erscheint, sind die strukturellen und langfristigen Gefahren, die sich aus der Gewährleistung privater, nicht aber begleitender politischer Freiheit ergeben, greifbar. Wann immer hoheitliche Freiheitsausgestaltung in die Zuständigkeit einer auf sich selbst bezogenen, zumal großen Exekutive fällt und der angemessenen demokratischen Rückbindung und damit Kontrolle ermangelt, droht sie in Paternalismus, in Zwang umzuschlagen.

Ebendiese demokratische Rückbindung der Unionsgewalt hat das Bundesverfassungsgericht im Maastricht-Urteil angemahnt. In den Strukturvorgaben bestimmt, zugleich aber entwicklungsoffen hat es das Bild einer zweigleisigen, sich ergänzenden demokratischen Legitimation des Handelns auf Unionsebene gezeichnet[10]. In ihrer Leistungsfähigkeit beschränkt ist dabei nach gegenwärtigem Stand die Legitimation über die Wahl zum Europäischen Parlament. Hauptsächlich vermittelt sich die Legitimation der Europäischen Union dagegen über die Wahl zum Deutschen Bundestag, über die Zustimmungsgesetze des Bundestages zu den europäischen Verträgen und über die Abhängigkeit der auf europäischer Ebene handelnden Bundesregierung vom Bundestag. So hat das Bundesverfassungsgericht im Maastricht-Verfahren das Wahlrecht zum Bundestag aus Art. 38 Abs. 1 Satz 1 GG in den Mittelpunkt gestellt. Dieses Recht hat es als Recht auf angemessene demokratische Teilhabe interpretiert, also als Absicherung gegenüber einem schleichenden Bedeutungsverlust des Legitimationsakts der Parlamentswahl durch eine zunehmende Aufgabenverlagerung auf die Europäische Union.

---

10  BVerfGE 89, 155 (182 ff.).

31 Diese Auslegung, die die politische Freiheit des Bürgers subjektivrechtlich verstärkt, wurde in den nachfolgenden Entscheidungen zur europäischen Integration, in der Lissabon-Entscheidung ebenso wie in den Entscheidungen über die Griechenlandhilfe und den Europäischen Stabilitätsmechanismus, bestätigt[11]. Das Gericht fundiert das materielle Verständnis von Art. 38 Abs. 1 Satz 1 GG dabei in der Menschenwürde: „Der Anspruch auf freie und gleiche Teilhabe an der öffentlichen Gewalt", so das Gericht im Lissabon-Urteil, „ist in der Würde des Menschen (Art. 1 Abs. 1 GG) verankert. Die vom Grundgesetz verfasste Ordnung geht vom Eigenwert und der Würde des zur Freiheit befähigten Menschen aus. Diese Ordnung ist rechtsstaatliche Herrschaft auf der Grundlage der Selbstbestimmung des Volkes nach dem Willen der jeweiligen Mehrheit in Freiheit und Gleichheit… Die Bürger sind danach keiner politischen Gewalt unterworfen, der sie nicht ausweichen können und die sie nicht prinzipiell personell und sachlich zu gleichem Anteil in Freiheit zu bestimmen vermögen."[12]

32 Diese Einordnung weitet den Blick. In der Geschichte der Verfassungsrechtsprechung verweist sie zurück auf die Entscheidung zur Öffentlichkeitsarbeit der Bundesregierung, in der die freie politische Selbstbestimmung als Rechtfertigungsgrund für die Macht des Staates benannt wurde, rechtsverbindlich, also auch mit Zwangsgewalt zu handeln[13]. In der Staatslehre verweist sie zurück auf die Vertragstheorien zur Legitimation staatlicher Herrschaft, auch auf *Georg Jellinek*, der den status activus als Zustand größtmöglicher Anerkennung und würdebestätigender Persönlichkeitsentfaltung des Einzelnen im Staat verstand[14].

## G. Demokratische Teilhabe als subjektives Recht

33 Zieht man die verfassungsrechtliche Konsequenz, dann bildet sich der Rückbezug des „Anspruchs auf freie und gleiche Teilhabe an der öffentlichen Gewalt" auf die Menschenwürde in einer Zusammenschau von Art. 1 Abs. 1 und Art. 20 Abs. 1 und 2 GG ab. In diesen normativen Grundlagen ist das subjektive Recht des Bürgers auf demokratische Teilhabe im Grundsatz zu verankern, ähnlich wie das Sozialstaatsprinzip des Art. 20 Abs. 1 GG durch Art. 1 Abs. 1 GG subjektiviert wird. Die Menschenwürde wird hierdurch als gemeinsamer Ausgangspunkt der privaten und der politischen Freiheit und damit Persönlichkeitsentfaltung ins Licht gerückt. Die politische Entfaltung konkretisiert sich sodann in der Dogmatik des Demokratieprinzips, die private Entfaltung in der Dogmatik der Grundrechte nach Art. 2 ff. GG.

34 Die materielle Auslegung von Art. 38 Abs. 1 Satz 1 GG wird dadurch aufgenommen und zugleich, durch die Loslösung der Gewährleistung von der institutionellen Anbindung an das Parlament, verallgemeinert.

---
11 BVerfGE 123, 267; 129, 124; BVerfG, in: EuGRZ 2012, S. 569 ff..
12 BVerfGE 123, 267 (341) u. Verweis auf BVerfGE 2, 1 (12); vgl. auch BVerfGE 5, 85 (204 f.).
13 BVerfGE 44, 125 (142).
14 *Jellinek* (N 4), S. 87 f. u. 201; s. a. *Peter Häberle*, Europäische Verfassungslehre, ⁵2008, S. 296 (Demokratie als „organisatorische Konsequenz" der Menschenwürdegarantie).

Ein Menschenrecht ist das Recht auf demokratische Teilhabe damit freilich nicht. 35
Die in der Demokratie gefasste politische Freiheit setzt ein Staatsvolk voraus, das
zu kollektiver Willensbildung fähig und bereit ist. Auch in Verbindung mit Art. 1
Abs. 1 GG wird dies durch Art. 20 Abs. 2 Satz 1 GG klargestellt. Berechtigt ist also
nur der Staatsbürger als Angehöriger des Staatsvolkes. Dass sich das Demokratieprinzip nicht über Art. 2 Abs. 1 GG einklagen lässt[15], gilt damit unverändert.

Die Fundierung des allgemeinen subjektiven Rechts auf demokratische Teilhabe 36
in Art. 1 Abs. 1 in Verbindung mit Art. 20 Abs. 1 und 2 GG gibt Raum für die
Herausbildung einer sachangemessen anspruchsvollen Dogmatik der politischen
Selbstbestimmung, die vom Einzelnen als Teil des demos, nicht von bestimmten
Institutionen her blickt. Sich ergänzende Legitimationsmodi, gerade in der europäischen Einbindung, können dadurch einer Gesamtschau unterzogen und auf ihre
gemeinsame Legitimationsleistung befragt werden. Legitimationssubjekte, Legitimationsmodi und Legitimationsobjekte lassen sich dadurch unterscheiden und zuordnen.

So ermöglicht das politische Elementarrecht aus Art. 1 Abs. 1 in Verbindung mit 37
Art. 20 Abs. 1 und 2 GG die Individualrüge einer im Ganzen nicht hinreichenden
demokratischen Legitimation der Hoheitsgewalt. Der Maßstab verlangt dabei, wie
das Bundesverfassungsgericht in seiner Dogmatik zu Art. 38 Abs. 1 Satz 1 GG
herausgearbeitet hat[16], eine gewisse Schwere oder Evidenz des Legitimationsproblems. Ob die Identitätsgarantie des Art. 79 Abs. 3 GG, die die Grenzen zulässiger
Verfassungsänderungen beschreibt, diese Schwere oder Evidenz in jedem Fall verlässlich und sachgerecht konkretisiert[17], erscheint noch diskussionsbedürftig[18]. Alternativ bietet sich der auf Wesensgehalte konzentrierte Art. 1 Abs. 1 GG als normativer Grund der maßstäblichen Schwelle an.

Die allgemeine, in der Menschenwürde wurzelnde Gewährleistung des Rechts auf 38
demokratische Teilhabe ist offen für die Entfaltung von Teildogmatiken, die sich
auf die einzelnen Legitimationsmodi beziehen. Im Raum steht hier die Dogmatik
zu Art. 38 Abs. 1 Satz 1 GG, die in diesem Rahmen als lex specialis-Dogmatik
erscheint, daneben die ebenfalls spezielle Dogmatik zu Art. 28 Abs. 1 Satz 1 und 2
GG, darüber hinaus aber beispielsweise auch die sich erst herausbildende Dogmatik zu den verfassungsrechtlichen Anforderungen an die Wahl der deutschen Abgeordneten zum Europäischen Parlament.

Als Recht, das der Einzelne als Teil des Volkes ausübt, ist das Recht auf demokratische Teilhabe auf Ausgestaltung angewiesen. Gleich in welchem Legitimationsmodus, demokratische Selbstbestimmung ereignet sich unabdingbar in den Strukturen und Verfahren, die hierfür rechtlich zur Verfügung stehen; dies umso mehr, je 39

---

15  BVerfGE 99, 1 (8); problematisch daher auch die Heranziehung von Art. 3 Abs. 1 GG in BVerfGE 129, 300 (317).
16  S. schon BVerfGE 89, 155 (172) (die „unverzichtbaren Mindestanforderungen demokratischer Legitimation").
17  So, auf der Grundlage von Art. 38 Abs. 1 Satz 1 GG, BVerfGE 129, 124 (177).
18  Im Maastricht- und im Lissabon-Urteil war Art. 79 Abs. 3 GG über Art. 23 Abs. 1 Satz 3 GG zum Tragen gekommen, also im Fall inhaltlich verfassungsändernden, mit Anwendungsvorrang ausgestatteten EU-Rechts.

**40** Die verfassungsrechtliche Entfaltung eines allgemeinen subjektiven Rechts auf demokratische Teilhabe hilft einer insoweit eher schwach ausgeprägten Verfassungstradition in Deutschland[19] ab. Die Fundierung in der Menschenwürde verdeutlicht die gemeinsame normative Grundlage der privaten und der politischen Freiheit. Sie bezieht die demokratische Legitimation auf den Einzelnen als Teil des Volkes zurück. Durch die Perspektive vom Subjekt her wird die Dogmatik in die Lage gesetzt, den zunehmend vielfältigen, sich ergänzenden Legitimationsstrukturen in der europäischen Einbindung Rechnung zu tragen. Dass die Legitimation über die Wahl zum nationalen Parlament und auch über weitergehende Beteiligungsrechte des Parlaments von unverändert zentraler Bedeutung ist, wird durch die Öffnung der Dogmatik nicht in Frage gestellt.

**41** Der Erfolg des demokratischen Verfassungsstaats liegt im Gleichgewicht begründet, das er im Verhältnis zwischen politischer und privater Freiheit, zwischen Demokratie und Grundrechten als den Legitimationsformen der Hoheitsgewalt ausgestaltet und sichert. Auch Europa wird weiter gedeihen, wenn es dieses Gleichgewicht im Blick hält.

# H. Bibliographie

*Epiney, Astrid*, Der status activus des citoyen, in: Der Staat 34 (1995), S. 557 ff.
*Grimmer, Klaus*, Demokratie und Grundrechte. Elemente zu einer Theorie des Grundgesetzes, 1980.
*Höfling, Wolfram*, Demokratische Grundrechte – Zu Bedeutungsgehalt und Erklärungswert einer dogmatischen Kategorie, in: Der Staat 33 (1994), S. 493 ff.
*Hofmann, Hasso*, Menschenrechte und Demokratie oder: Was man von Chrysipp lernen kann, in: JZ 2001, S. 1 ff.
*Isensee, Josef*, Grundrechte und Demokratie. Die polare Legitimation im grundgesetzlichen Gemeinwesen, Bonner Akademische Reden 53, 1981.
*Kirchhof, Paul*, Demokratischer Rechtsstaat – Staatsform der Zugehörigen, in: HStR, Bd. IX, 1997, § 221.
*Schuppert, Gunnar Folke*, Grundrechte und Demokratie, in: EuGRZ 1985, S. 525 ff.
*Starck, Christian*, Grundrechtliche und demokratische Freiheitsidee, in: HStR, Bd. III, $^3$2005, § 33.

---

19 *Hans Heinrich Rupp*, Einteilung und Gewichtung der Grundrechte, in: HGR, Bd. II, 2006, § 36 Rn. 3.

# § 18
# Allgemeines Persönlichkeitsrecht

*Edzard Schmidt-Jortzig*

## Übersicht
|  | Rn. |
|---|---|
| A. Konstitutives Personsein versus allgemeine Rechtsordnungsteilhabe | 3– 6 |
| B. Neuschöpfung: Das „allgemeine Persönlichkeitsrecht" | 7–23 |
|    I. Spezifizierungen | 9–21 |
|      1. Grundrecht auf Privatheit | 10–11 |
|      2. Schutz der persönlichen Ehre | 12–13 |
|      3. Selbstbestimmungsrecht | 14–21 |
|         a) Recht am eigenen Wort und am eigenen Bild | 16–17 |
|         b) Recht auf informationelle Selbstbestimmung | 18–19 |
|         c) Recht auf Gewährleistung der Vertraulichkeit und Integrität informationstechnischer Systeme | 20–21 |
|    II. Unklare und nachgiebige Schrankenbestimmung | 22–23 |
| C. Grundzüge einer dogmatischen Rekonstruktion | 24–33 |
|    I. Schutzbereichserfassung | 25–28 |
|    II. Verbleibende allgemeine Handlungsfreiheit | 29–31 |
|    III. Schrankenbestimmung | 32–33 |
| D. Fazit | 34–35 |
| E. Bibliographie |  |

Aufgeklärte, moderne Einsicht ist, dass alles Bemühen um Ordnung von Gemeinschaft und überhaupt Organisation eines Gemeinwesens ausgehen muss von den darin sich zusammenschließenden Menschen in ihrer spezifischen Angelegtheit, ihrer Vielfalt und ihrer jeweiligen Individualität. Auch das deutsche Grundgesetz folgt augenscheinlich diesem Ansatz. Aus der kardinalen Einschwörung auf den Primat der Menschenwürde, die „zu achten und zu schützen... Verpflichtung aller staatlichen Gewalt" ist, ergibt sich die Maßgeblichkeit des Wünschens und Wollens der Menschen bis in den politischen Prozess hinein: „Alle Staatsgewalt geht vom Volke aus". In der Demokratie des Grundgesetzes ist „jedes Glied der Gemeinschaft freier Mitgestalter bei den Gemeinschaftsentscheidungen", und dieser „Anspruch auf freie und gleiche Teilhabe an der öffentlichen Gewalt ist in der Würde des Menschen (Art. 1 Abs. 1 GG) verankert"[1]. Nicht zuletzt *Paul Kirchhof* hat diesen Ansatz weiter ausgebaut und verdeutlicht[2]. Der Mensch gilt normativ als Maß

1

---

[1] So die stete Erkenntnislinie des Bundesverfassungsgerichts seit BVerfGE 5, 85 (197), bis E 97, 350 (368 f.), und zuletzt 123, 267 (341). Jüngst nun wörtlich ebenso *Andreas Voßkuhle*, Über die Demokratie in Europa, in: FAZ v. 09.02.2012, S. 7. Und zusätzlich aus konstruktionsabstrakter Perspektive *Oliver Lepsius*, Die erkenntnistheoretische Notwendigkeit des Parlamentarismus, in: Martin Bertschi u. a. (Hg.), Demokratie und Freiheit, 1999, S. 123 ff., insbes. 137 f., 146, 157 ff.

[2] *Paul Kirchhof*, Der demokratische Rechtsstaat – die Staatsform der Zugehörigen, in: HStR, Bd. IX, ²1997, § 221 Rn. 13 f., 16 ff.; *ders.*, Menschenbild und Freiheitsrecht, in: FS für Christian Starck, 2007, S. 275 (280); *ders.*, Allgemeiner Gleichheitssatz, in: HStR, Bd. VIII, ³2010, § 181 Rn. 55 f.

**§ 18**  *II. Verfassung*

aller irdischen Dinge. Und der geplante schöne Eingangssatz „Der Staat ist um des Menschen willen da, nicht der Mensch um des Staates willen"[3] kam ja auch nur aus redaktionellen Gründen nicht in die Verfassung.

2  Was den Menschen ausmacht, ist neben seiner Würde die Persönlichkeit. Erstere thematisiert seinen wesenseigenen Nimbus, seinen Ausweis der Einzigartigkeit und spezifischen Geltungsanspruch, und letztere will dann (als gewissermaßen operative Seite) seine Individualität, sein jeweils unverwechselbares Erscheinungsbild und Wirkungsmuster erfassen. Es leuchtet also ein, dass eine Verfassung, die für diese Eckgrößen umfassenden Rechtsschutz bieten will, neben einer absoluten Garantie der menschlichen Würde hochrangig auch die grundrechtliche Gewährleistung freier Entfaltung der Persönlichkeit verankern muss. Systematisch naheliegend ist aber auch, dass sowohl die gegenständliche Abgrenzung beider Verbürgungen als auch ihr Wirkungszusammenspiel Schwierigkeiten bereiten kann. Damit ist zugleich eine anspruchsvolle staatsrechtswissenschaftliche Aufgabe beschrieben.

## A. Konstitutives Personsein versus allgemeine Rechtsordnungsteilhabe

3  Wie die zu schützende „Persönlichkeit" begrifflich genau zu verstehen sei, war freilich immer umstritten (und ist es dogmatisch im Grunde immer noch). Wird in ihr die grundlegende Fähigkeit des Menschen erfasst, sich unvorgeprägt und sittlich zu entfalten, oder geht es nur (aber immerhin) darum, seine individuelle Bewegungsfähigkeit im dicht geknüpften und geordneten Rechtsstaatsgefüge zu thematisieren? Scholastik und Naturrecht, die den Begriff herausformten, entwickelten ihn zwar von kategorialen anthropologischen Grundannahmen her und betonten mehr freiheitliche Aspekte, die zunehmende Verrechtlichung der Lebensverhältnisse musste die menschliche Persönlichkeit aber spezifischer, d. h. konkreter und praktischer fassen und rekurrierte dabei auf „die Statusgleichheit jedes Menschen im Recht". Im einfachen Recht, dem Zivilrecht zumal, verstand man demzufolge unter Persönlichkeit „die mit gleicher Rechtsfähigkeit ausgestattete Person"[4].

4  Auch die Kodifizierung im Grundgesetz brachte in dieser Bestimmungsfrage zunächst keine Entscheidung. Die erstmalige Aufnahme der menschlichen „Persönlichkeit" als ausdrückliches Rechtsgut in einer deutschen Verfassung blieb insoweit verständnisoffen. Erst das Bundesverfassungsgericht hat diese Interpretationsfrage dann autoritativ entschieden. In dem bekannten „Elfes-Urteil" hat es in entschlossenem Zugriff befunden, „dass das Grundgesetz in Art. 2 Abs. 1 GG die Handlungsfreiheit im umfassenden Sinne meint; (mit der grundgesetzlichen Ver-

---

3  Art. 1 Abs. 1 HChE.
4  Ausführlich zur rechtsbegrifflichen Entwicklung *Hanno Kube*, Persönlichkeitsrecht, in: HStR, Bd. VII, ³2009, § 148 Rn. 2 ff.

bürgung werde) die allgemeine menschliche Handlungsfreiheit gewährleistet"⁵. Zur Begründung wurde aus der – freilich in einem ganz bestimmten, nämlich extrovertierten Sinne verstandenen – Schrankentrias auf das Schutzgut zurückgeschlossen sowie aus der Entstehungsgeschichte argumentiert. Eine Auseinandersetzung mit dem rechtsphilosophischen, systemtheoretischen und/oder sprachlichen Gehalt der verfassungsrechtlichen Topoisierung menschlicher „Persönlichkeit", ohne die jede Schlussfolgerung eine petitio principii bleiben muss, fand jedenfalls nicht statt.

Dass sich dieses verfassungsgerichtliche Dogma seither auf breiter Front durchgesetzt hat, ist eine Binsenweisheit. Die vorgeführte Interpretation wird nicht nur „in der verfassungsgerichtlichen Rechtsprechung in ungewöhnlich klar hervortretender Entschlossenheit, Unbeirrtheit und mittlerweile traditionsgesättigter Selbstverständlichkeit praktiziert; (vielmehr hat sich) auch die verfassungsrechtliche Literatur ... diesem Verständnis einer im Ausgangspunkt umfassend gedachten, jedoch unter weitreichenden Schrankenvorbehalt gestellten Gewährleistung der Verhaltensfreiheit des einzelnen nach eigenem Selbstverständnis überwiegend angeschlossen"⁶. Gegenstimmen sind allerdings nie ganz verstummt, und neuerdings werden sogar wieder Anzeichen einer sich verstärkenden Abkehr vom weiten Tatbestandsverständnis ausgemacht⁷.

Ergebnis der eingeschliffenen Dogmatik ist allerdings, dass das Grundrecht aus Art. 2 Abs. 1 GG nun reichlich bagatellisiert dasteht. Aus der nominellen freien „Entfaltung der Persönlichkeit" ist praktisch ein sich frei Auslebenkönnen geworden: Alltägliche Selbstverwirklichung statt personale Profilformung. Die Verfassungsgerichtsentscheidung zum „Reiten im Walde" – zusammen mit dem „Taubenfüttern im Park" sowie dem „unangeschnallt Autofahrenkönnen" zum Inbegriff judikativer Trivialisierung geworden⁸ – hat dies plastisch vor Augen geführt, wo trotz erstmaliger Problematisierung erneut darauf bestanden wurde, dass „jede Form menschlichen Handelns (von diesem Grundrecht erfasst werde) ohne Rücksicht darauf, welches Gewicht der Betätigung für die Persönlichkeitsentfaltung zukommt"⁹.

---

5 Urt. v. 16.01.1957, BVerfGE 6, 32 (36). Noch drei Jahre zuvor hatte das Gericht es bewusst offen gelassen, ob Art. 2 I GG sich auf „den Schutz eines Mindestmaßes menschlicher Handlungsfreiheit (beschränke), ohne das der Mensch seine Wesensanlage als geistig-sittliche Person überhaupt nicht entfalten kann, (oder ob) weitergehend in diesem Grundrecht eine umfassende Gewährleistung der Handlungsfreiheit" gesehen werden müsse (BVerfGE 4, 7 [15]). – Zur Entwicklung s. *Rupert Scholz*, Das Grundrecht auf freie Entfaltung der Persönlichkeit in der Rechtsprechung des Bundesverfassungsgerichts, in: AöR 100 (1975), S. 80 ff., 265 ff.
6 *Matthias Cornils*, Allgemeine Handlungsfreiheit, in: HStR, Bd. VII, ³2009, § 168 Rn. 1 mit jeweils umfangreichen Nachweisen.
7 So etwa *Wolfgang Kahl*, Neue Entwicklungslinien der Grundrechtsdogmatik, in: AöR 131 (2006), S. 579 (611); auch *Cornils*, (N 6), § 168 Rn. 1 gegen Ende; oder *Hans-Detlef Horn*, in: Stern/Becker, Art. 2 Rn. 26, jeweils m. weit. Nachw.
8 BVerfGE 80, 137 (152 ff.); 54, 143 (144); BGHZ 74, 25 (33 ff.).
9 BVerfGE 80, 137 (152). Freilich hat dann gerade diese Entscheidung dann doch gezieltere Forderungen auf den Plan gerufen, den Schutzbereich von Art. 2 I GG auf solche Freiheitsbetätigungen zu beschränken, „die für die Persönlichkeitsentfaltung des einzelnen von erheblicher, den Schutzobjekten der übrigen Grundrechte vergleichbarer Bedeutung sind": *Uwe Volkmann*, Freiheit und Gemeinschaft, in: HGR, Bd. II (2006), § 32 Rn. 42. Wie diese Restriktion dann erfolgen könnte, definitorisch oder deskriptiv, positiv auffüllend oder negativ ausgrenzend, bliebe allerdings noch eingehend zu diskutieren.

## B. Neuschöpfung: Das „allgemeine Persönlichkeitsrecht"

**7** Um den spezifischen Schutz der menschlichen Persönlichkeit und ihrer Behauptung gegen Einengungen und Gefährdungen zu sichern, musste grundrechtsdogmatisch also gewissermaßen „von vorn" angefangen werden. Und schutzstrategisch ging es dabei um nicht weniger als einen Neuaufbau des eigentlich von der Verfassung schon a priori Intendierten. Rechtsprechung wie Lehre haben diese Aufgabe bekanntlich mit der Schöpfung des sog. „allgemeinen Persönlichkeitsrechts gem. Art. 2 Abs. 1 i. V. m. Art. 1 Abs. 1 GG" gelöst[10].

**8** Unter einem gemeinsamen Schutzschirm wird hier nun all das zusammengeführt und neu benannt, was man als Erscheinungsform charakteristischer Individualität und höchstpersönlicher Lebensausrichtung auch gängigerweise eben als „Entfaltung der Persönlichkeit" eines Menschen verstehen würde, judikativ kurz in der räumlich-gegenständlich aufgemachten Formel vom „autonomen Bereich privater Lebensgestaltung" zusammengefasst[11]. Hier auch ist deshalb Raum für all die notwendige Neuausrichtung bzw. neue Schutzreaktion des Grundrechts in den gewandelten Bedingungen der Lebenswelt. Kein Wunder also, dass das allgemeine Persönlichkeitsrecht insoweit immer neue Konturierungen erfährt, selbst wenn diese an sich nur Ergebnisse markieren, mit denen sich das modellierte lineare Grundrecht jeweils auf bereichsspezifische Herausforderungen einstellt (und einstellen muss).

### I. Spezifizierungen

**9** Erneut unter Federführung des Bundesverfassungsgerichts hat sich dazu mittlerweile eine ganz eigene Ausdifferenzierung und Nomenklatur entwickelt. Davon sollen hier indessen nur die markantesten noch kurz skizziert werden. Im Einzelnen ist die Reihe wesentlich reichhaltiger[12], vor allem bietet die verfassungsgerichtliche Judikatur hierzu jeweils vielfältige Facetten.

#### *1. Grundrecht auf Privatheit*

**10** Geht man von der beim Glaubens- und Gewissensschutz geläufigen Unterscheidung in *forum internum* und *forum externum* aus, so ist das allgemeine Persönlichkeitsrecht auf ersteres gerichtet. Es zielt auf die Abschottung eines bildlich bzw.

---

10 BVerfGE 27, 1 (6); 27, 344 (350); 32, 373 (378); 33, 367 (376); 34, 238 (245); und seither unverändert. – Zusammenfassend und systematisierend etwa: *Friedhelm Hufen*, Schutz der Persönlichkeit und Recht auf informationelle Selbstbestimmung, in: FS 50 Jahre Bundesverfassungsgericht, Bd. II, 2001, S. 105 (108 ff.).
11 BVerfGE 27, 1 (7); 35, 202 (220); 79, 256 (268); 117, 202 (225).
12 Dazu ausführlich *Klaus Stern*, Staatsrecht der BRD, Bd. IV/1, 2006, § 99 II 2 (S. 191 ff.); *Dieter Lorenz* in: BK, Stand: 2008, Art. 2 Abs. 1 Rn. 271 ff.; oder *Kube* (N 4), § 148 Rn. 36 ff., jeweils mit umfangr. Nachw.

spatial verstandenen „Innenraums, in dem der Einzelne »sich selbst gehört« und »in den er sich zurückziehen kann, zu dem die Umwelt keinen Zutritt hat, in dem man in Ruhe gelassen wird und ein Recht auf Einsamkeit genießt«"[13].

Hierzu sind von der Rechtsprechung dann für unterschiedlichste Fallgestaltungen Konkretisierungen vorgenommen worden, die den Schutz der Privatheit weiter spezifizieren[14]. Die Zulässigkeit von Begrenzungen oder Einschränkungen ist jedenfalls immer nur sehr restriktiv bemessen, weil das Schutzgut offenbar doch schon nahe beim unantastbaren Würdebereich (Art. 1 Abs. 1 GG) gelagert scheint. Abwägungsmöglichkeiten werden freilich trotz abstrakt großer Worte konkret nie gänzlich ausgeschlossen sein können. 11

## 2. Schutz der persönlichen Ehre

Schon in zwei Entscheidungen von 1980 hat das Bundesverfassungsgericht außerdem unmissverständlich herausgestellt, dass im Rahmen des allgemeinen Persönlichkeitsrechts aus Art. 2 Abs. 1 i. V. m. Art. 1 Abs. 1 GG die persönliche Ehre selber und eigenständig grundrechtlichen Schutz genießt[15]. Und seither wird auf dieser Basis weiter judiziert[16]. 12

Beim Recht der persönlichen Ehre zeigt sich aber bereits deutlich auch die Unschärfe, Fragilität und Flüchtigkeit des rechtsprechungsgeprägten Persönlichkeitsrechts. Inwieweit es nämlich nach seiner Verfassungsverankerung einer Abwägung zugänglich ist, bleibt bei dem gefundenen normativen Zuschnitt eben unklar. In der Kritik jedenfalls wird und wurde immer wieder bemängelt, dass das Schutzgut – gleichgültig, ob die Betroffenheit im Streitfall mehr der sog. „inneren" oder der „äußeren" Ehre zurechnen mochte – häufig nicht das ihm angemessene Gewicht zu finden scheint[17], obwohl ihm das einzige der von der Verfassungsrechtsprechung herausgeformten Spezialpersönlichkeitsrechte gewidmet ist, das eine ausdrückliche Notierung in der Verfassung selber, nämlich in Art. 5 Abs. 2 GG, erfahren hat. 13

---

13 BVerfGE 27, 1 (6), unter Berufung bekanntlich auf *Josef Wintrich*, Die Problematik der Grundrechte, 1957, S. 15 f., und auf *Günter Dürig*, in: Maunz/Dürig, ²1958, Art. 1 Rn. 37. Schon das Elfes-Urteil (BVerfGE 6, 32 [41]) hatte ja von einer „Sphäre privater Lebensgestaltung (gesprochen, die als) ein letzter unantastbarer Bereich menschlicher Freiheit ... dem einzelnen Bürger verfassungskräftig vorbehalten (sei und) der Einwirkung der gesamten öffentlichen Gewalt entzogen ist".
14 So bezüglich Scheidungsakten (BVerfGE 27, 344 [350]), Arztkartei (BVerfGE 32, 373 [378]), Sozialarbeiter (BVerfGE 33, 367 [376]), heimliche Tonbandaufnahme (BVerfGE 34, 238 [245]), steuerliche Angaben (BVerfGE 67, 100 [142]), versteckte fotografische Aufnahmen (BVerfGE 101, 361 [382 ff.]), oder unbemerkt installierte Mithörvorrichtung (BVerfGE 106, 28 [44 ff.]) etc. – Ausführlich *Hans-Detlef Horn*, Schutz der Privatsphäre, in: HStR, Bd. VII, ³2009, § 149; und neuestens, auch im transnationalen Vergleich *Stephanie Schiedermair*, Der Schutz des Privaten als internationales Grundrecht, 2012.
15 BVerfGE 54, 148 (153 f.); 54, 208 (217).
16 Siehe nur BVerfGE 93, 266 (290); oder 97, 125 (147).
17 Vgl. nur etwa *Josef Isensee*, Grundrecht auf Ehre, in: FS für Martin Kriele, 1997, S. 5 (26 ff.); *Peter J. Tettinger*, Die Ehre – ein ungeschütztes Verfassungsgut?, 1995, S. 25 ff.; oder neuestens *Frank Füglein*, Reduktion des Ehrenschutzes durch höchstrichterliche Rechtsprechung?, 2012.

### 3. Selbstbestimmungsrecht

14 Überwiegend im Außenverhältnis der Persönlichkeitsentfaltung angesiedelt ist schließlich das Recht, wonach der Einzelne „selbst darüber befinden dürfen (soll), wie er sich gegenüber Dritten oder der Öffentlichkeit darstellen will, was seinen sozialen Geltungsanspruch ausmachen soll und ob oder inwieweit Dritte über seine Persönlichkeit verfügen können, indem sie diese zum Gegenstand öffentlicher Erörterung machen"[18]. Hinzu tritt aber im personalen Innenverhältnis sicherlich auch die eigene Entscheidungshoheit darüber, wie man seine Anlagen nutzen und seine Ziele verwirklichen möchte. Und quasi beide Bedeutungen umfassend gehört zum Selbstbestimmungsrecht noch die grundsätzliche Wahl, wie resp. wo man sich gegebenenfalls in der Gesellschaft einzubringen gedenkt.

15 Auch hierzu haben Rechtsprechung und Lehre bekanntlich verschiedene Sonderausprägungen entwickelt bzw. thematisiert, von denen nur die augenfälligsten noch aufgeführt werden sollen.

#### a) Recht am eigenen Wort und am eigenen Bild

16 Selbstbestimmung „nach draußen", also im jeweiligen Lebensumfeld, verlangt Entscheidungshoheit des Einzelnen über seine Selbstdarstellung. Gemeint ist damit das Herrschaftsrecht über den persönlichen Außenauftritt. Und diese Wirksamkeitsdimension ist gefährdet, wenn Worte und Bilder einer Person von Dritten festgehalten und weitergegeben, insbesondere veröffentlicht werden[19]. Das Bundesverfassungsgericht hat auch weiter präzisiert, dass das Recht am eigenen Wort bzw. am eigenen Bild aus Art. 2 Abs. 1 in Verb. mit Art. 1 Abs. 1 GG „dem Einzelnen Einfluss- und Entscheidungsmöglichkeiten (gewährleiste), soweit es um die Anfertigung und Verwendung von Fotografien oder Aufzeichnungen seiner Person durch andere geht; (und) ob diese den Einzelnen in privaten oder öffentlichen Zusammenhängen zeigen, spielt dabei grundsätzlich keine Rolle"[20].

17 Dass das Grundrecht in der Realität des Alltags dann vielfältigen Abwägungen ausgesetzt ist, ändert jedenfalls an der Profundität dieser rechtlichen Erstreckung nichts. Das Bundesverfassungsgericht ist jedenfalls nicht müde geworden, immer wieder die persönlichkeitsbezogene Wichtigkeit des Rechts am eigenen Bild und am eigenen Wort herauszustellen[21]. Immerhin ergibt sich daraus ja auch nicht nur ein wirksamer Schutz vor erfundenen Interviews, unrichtigen Zitaten und anderen persönlichkeitsrelevanten Unterschiebungen, sondern ebenso ein Recht auf Gegendarstellung und Berichtigung in den Medien.

---

18 BVerfGE 63, 131 (142). Weiterhin etwa: BVerfGE 32, 373 (380 ff.); 34, 238 (246), 269 (282 f.); 35, 202 (220); 54, 148 (155 f.); 95, 267 (306); 99, 185 (196 f.); 101, 361 (380); 114, 1 (34); oder 119, 1 (24).
19 *Kube* (N 4), § 148 Rn. 44.
20 BVerfGE 101, 361 (381).
21 Außer der genannten „Caroline-Entscheidung" von 1999 schon zuvor etwa BVerfGE 34, 238 (246); 35, 202 (219 f.); 54, 148 (155); 82, 236 (269); 87, 334 (340); 97, 228 (268 f.); oder danach BVerfGE 106, 28 (39 ff., 44); 119, 309 (322 ff.); 120, 180 (198).

### b) Recht auf informationelle Selbstbestimmung

Selbstbehauptung der Menschen gegenüber bürokratisch sich steigernder, elektronisch automatisierbarer und wirtschaftlich immer interessanter werdender Datenerfassung und Datennutzung – wozu noch gewandelte Ausforschungstechniken, Überwachungsfazilitäten und Verarbeitungsverfahren hinzutreten – schien verfassungsrechtlich nur mit einer Sonderausformung des Persönlichkeitsgrundrechts möglich: dem „Recht auf informationelle Selbstbestimmung"[22]. Dieses war sicherlich auch strategisch gedacht. Denn in ihrer Grundstruktur weist die neue Prägung eigentlich wenig abweichendes, spezifisches auf, aber mit einem einprägsamen Namen[23] und einer ableitungsfreien, eigenständigen Einsetzbarkeit kann das Schutzrecht im täglichen Behauptungskampf gewiss wirksamer noch zur Geltung kommen. Außerdem hat dadurch das Datenschutzrecht eine ausdrückliche verfassungsrechtliche Verankerung erhalten.

18

Rechtsprechung und Lehre haben zu dieser Konkretisierung des allgemeinen Persönlichkeitsrechts mittlerweile nun immerhin auch besondere Schärfungen der Eingriffsqualifikation und der Eingriffsschranken herausgearbeitet[24]. Als Grundrechtseingriff wird eben nicht mehr nur das direkte Auffinden, Erheben oder Aufzeichnen von persönlichen Daten angesehen, sondern ebenso ihre daran anschließende, außerhalb der Grundrechtsträgersphäre stattfindende Verarbeitung, also das Speichern, Verändern, Verwenden oder Weitergeben. Damit wird der Grundrechtsschutz gewissermaßen räumlich wie zeitlich verlängert und erhält zusätzliche Abwehreffekte. Und bei den Eingriffsschranken ist neben die linearen Vorkehrungen nun eine neue Mobilisierung der Verhältnismäßigkeitskontrolle getreten. Denn das vertraute „Je-desto" hat hier eine ausdrückliche Indikation und formelhafte Verfestigung erhalten: Das Maß der geforderten Sicherungen „hängt von Art, Umfang und denkbaren Verwendungen der erhobenen Daten sowie der Gefahr ihres Missbrauchs ab", und „der Schutz ist um so intensiver, je näher die Daten der Intimsphäre des Betroffenen stehen"[25].

19

---

22 BVerfGE 65, 1 (43); und seither in ständiger Rspr. BVerfGE 67, 100 (143); 78, 77 (84); 84, 192 (194); 84, 239 (279); 96, 171 (181); 103, 21 (32 f.); 115, 320 (341); 120, 274 (311 f.); 124, 43 (57); 128, 1 (42). – Ein Antrag von 2008 wollte die so konturierte Essenz auch in der Verfassung ausdrücklich noch verankern: („Art. 2a GG") „Das Recht, über persönliche Daten selbst zu bestimmen, wird gewährleistet" (BT-Drs.16/9607).

23 Nach vereinzelt entsprechenden Titulierungen in der Literatur benutze auch das BVerfG in dem ansonsten sicherlich initialen „Volkszählungsurteil" zunächst den Begriff nur beiläufig (BVerfGE 65, 1 [43]). Sein Schlagwortpotential aber wurde rasch erkannt und von Presse, Politik wie Fachdiskussion dann auch weidlich entfaltet.

24 Dazu im einzelnen *Hufen* (N 10), S. 105 (117 f.); *Marion Albers*, Informationelle Selbstbestimmung, 2005, insbes. S. 234 ff., 268 ff.; *Lorenz* (N 12), Art. 2 Abs. 1 Rn. 336 ff.; *Kube* (N 4), § 148 Rn. 67; *Horn* (N 14), § 149 Rn. 47 ff., oder *Walter Rudolf*, Recht auf informationelle Selbstbestimmung, in: HGR, Bd. IV (2011), § 90 insbes. Rn. 64 ff., jeweils mit weit. Nachw.

25 BVerfGE 65, 1 (46); und 89, 69 (82).

### c) Recht auf Gewährleistung der Vertraulichkeit und Integrität informationstechnischer Systeme

**20** Diese 2008 verfassungsgerichtlich aus der Taufe gehobene Prädizierung[26] mag vielleicht wirklich als eine juristische Neuschöpfung bezeichnet werden. Denn hier bezieht offenbar die verfassungsrechtliche Gewährleistung über den rein persönlich bestimmbaren und ausgefüllten Bereich hinaus noch objektive Umstände und Bedingungen der Grundrechtsverwirklichung mit ein.

**21** Freilich kann man durchaus kritisch fragen, ob diese besondere Schutzerbringung nicht doch bereits von Art. 10 GG, Art. 13 GG oder dem Recht auf informationelle Selbstbestimmung geleistet wird[27]. Aber wieder spricht vielleicht die höhere Schlagkraft eines Spezialinstruments für die Neukonturierung. Denn zweifellos haben ja nicht nur die Bedeutung des Personal-Computers für den einzelnen Menschen, der Funktionsumfang der jeweiligen Systeme und die Vernetzungsmöglichkeiten unter ihnen zugenommen, sondern ebenso auch die Missbrauchsgefahren, sei es durch Online-Ausspähung oder Virusinstallation, sei es durch zusätzliche Verknüpfungs- oder Verfälschungspotentiale. Neue Schranken werden durch die spezielle Profilierung des Grundrechts jedenfalls nicht geschaffen. Nur bei der Verhältnismäßigkeitsprüfung mag nun noch erhöhte Sensibilität eingefordert werden können.

### II. Unklare und nachgiebige Schrankenbestimmung

**22** Eben damit ist indessen auch die offene Flanke des rechtsprechungsgeformten allgemeinen Persönlichkeitsrechts angesprochen. Die begrüßenswerte Sonderformung bei den Schutzbereichen wird nämlich durch eine bedenkliche Operationalisierung des Schrankenregimes wieder zunichte gemacht. Die Vermengung der Normgehalte des „alten", unter einer festen Schrankentrias stehenden Art. 2 Abs. 1 GG mit dem nominell unantastbaren, also (eigentlich) auch unabwägbaren Art. 1 Abs. 1 GG eröffnet allemal bequemere Handhabbarkeit für den darüber Entscheidungsbefugten[28]. Je nachdem, ob man die Nähe zur Persönlichkeitsentfaltung oder zur Würdegarantie mehr betont (und das bleibt ja normativ jedes Mal im Dunkeln),

---

26 BVerfGE 120, 274 (302 ff.)
27 Siehe nur *Uwe Volkmann*, Urteilsanmerkung, in: DVBl. 2008, S. 590 (591 f.); *Martin Kutscha*, Mehr Schutz von Computerdaten durch ein neues Grundrecht?, in: NJW 2008, S. 1042 (1043); *Michael Sachs/ Thomas Krings*, Das neue „Grundrecht auf Gewährleistung der Vertraulichkeit und Integrität informationstechnischer Systeme", in: JuS 2008, S. 481 (483 f.); *Martin Eifert*, Informationelle Selbstbestimmung im Internet. Das BVerfG und die Online-Durchsuchungen, in: NVwZ 2008, S. 521 (522); oder *Dietrich Murswik*, in: Sachs, ⁵2009, Art. 2 Rn. 73c.
28 Auf diese Problematik der „Kombinationsgrundrechte" macht seit längerem *Horst Dreier* aufmerksam; vgl. *ders.*, Konsens und Dissens bei der Interpretation der Menschenwürde, in: Christian Geyer (Hg.), Biopolitik. Die Positionen, 2001, S. 232 (236); *ders.*, in: Dreier, Bd. I, ²2004, Art. 1 I Rn. 138. Auch schon: *Helmut Lecheler*, Menschenwürde und Menschenrechte im modernen Verfassungsstaat, in: Anton Rauscher (Hg.), Christliches Menschenbild und soziale Orientierung, 1993, S. 69 (80); oder *Schmidt-Jortzig*, Sinti und Roma – Eine Minderheit in der bundesdeutschen Gesellschaft. Maßgebliche Verfassungsvorgabe: Art. 1 GG und seine Umsetzung, in: SchlHAnz 2005, S. 65 (68); *ders.*, Stifterfreiheit – Bedingungen eines Grundrechts auf Stiftung, in: Rupert Graf Strachwitz/Florian Mercker (Hg.), Stiftungen in Theorie, Recht und Praxis, 2005, S. 55 (62 f.).

kann man nach Bedarf auch mehr Beschneidungspotential oder aber mehr Einschränkungsresistenz aktivieren. Tatsächlich knüpft das Verfassungsgericht nämlich stets bei der Einschränkbarkeit des Art. 2 Abs. 1 GG an und federt dies nur im Rahmen der Verhältnismäßigkeitsprüfung noch mit der von ihm entwickelten „Je-desto-Formel" (Rn. 19 mit Fn. 25) zu akzeptablen Ergebnissen ab[29].

Damit versinkt eine rationale, konsequente und prozedural wie substantiell genaue Kontrolle der Eingriffsaktivitäten in einem pauschalen, unkonturierten Abwägungsverfahren. Was jeweils angemessen ist, spielt selbstverständlich auch bei einer methodisch geleiteten und dogmatisch strukturierten Prüfung von Grundrechtsbeschränkungen eine Rolle. Aber dies geschieht erst ganz am Ende, wenn die einzelnen Eingriffs-Zulässigkeitsvoraussetzungen festgestellt und bejaht wurden und in einem letzten Schritt die Geeignetheit, Erforderlichkeit und eben Proportionalität der fraglichen Einschränkung auf dem Prüfstand steht. Dann erst kommt das spezifische Ins-Verhältnis-Setzen zum Zuge und kann nun auch anhand von Einwirkungsintensität und Schutzgutgewichtigkeit kritisch nachvollzogen werden.

## C. Grundzüge einer dogmatischen Rekonstruktion

Was Not täte, wäre mithin ein Wiedergewinn lehrmäßiger Konsistenz beim grundgesetzlichen Persönlichkeitsrecht. Und dazu müsste wohl mit einer Rückbesinnung auf das tatsächlich konstitutionell Angelegte begonnen werden. Die „freie Entfaltung der Persönlichkeit" in Art. 2 Abs. 1 GG ist eben nicht a priori nur allgemeine Handlungsfreiheit bzw. lässt sich nicht nur mithilfe von Art. 1 Abs. 1 GG auf substantielle Personenrechte erstrecken.

### I. Schutzbereichserfassung

Nicht bloß grammatisch wäre für die Rekonstruktionsaufgabe bei der normativen Bezugsgröße, also dem Satzgegenstand „Persönlichkeit" anzusetzen. Selbst verfassungssystematisch liegt dies nahe, weil Art. 1 Abs. 3 GG von den benannten, „nachfolgenden Grundrechten" spricht, diese daher in ihrer jeweiligen Denomination auch „beim Wort" genommen werden müssten. Davon führt indessen die Rechtsprechung ja bisher weg[30].

Nun muss man unter „Persönlichkeit" nicht einzig den Kern der menschlichen Proprietät, d. h. die absoluten Essentialia individueller Personmerkmale erfasst

---
29 Näheres bei *Kube* (N 4), § 148 Rn. 83 ff.
30 Richtig *Dieter Grimm*, Persönlichkeitsschutz im Verfassungsrecht, in: Egon Lorenz (Hg.), Karlsruher Forum 1996. Schutz der Persönlichkeit, 1997, S. 3 (7).

sehen[31], denn auch bei einem substantiellen Verständnis des Schlüsselbegriffs gehört zur Persönlichkeit sicher ebenso das anlageneigene, unverwechselbare Auftreten nach außen, das tätige Umsetzen der spezifischen Einstellungen und Überzeugungen sowie das Respektiertwerden des Einzelnen in dieser seiner Eigenheit. Aber immer geht es eben um Grundbedingungen des personalen Daseins[32], um Felder, die den Schutzbereichen sonstiger, benannter Freiheitsrechte mindestens ebenbürtig sind, um „engere persönliche Lebenssphären" bzw. um solche Tatbestände, die denn doch wesentliche Bedingungen personaler Autonomie und Individualität ausmachen[33]. Positiv gewendet betreffen sie – wie *Kube* richtig kategorisiert[34] – Fragen von personaler Integrität, würdebestätigendem Handeln und sich (dadurch) herausbildendem Profil des Menschen. Alle anderen menschlichen Lebensäußerungen mögen zwar gleichfalls grundrechtlich abgesichert sein (und sei es auch noch so einschränkbar), sie sind aber nominell keine „Entfaltung der Persönlichkeit".

**27** Wenig überzeugend erscheint ja auch die Argumentation des Bundesverfassungsgerichts, es sei „nicht verständlich, wie die Entfaltung (eines solch enger verstandenen Persönlichkeitsbereichs) gegen das Sittengesetz, die Rechte anderer oder sogar gegen die verfassungsmäßige Ordnung einer freiheitlichen Demokratie sollte verstoßen können"[35]. Abgesehen von der Zirkelschlüssigkeit einer Folgerung vom Schutzbereich auf die Schranken – oder umgekehrt – lässt sich gerade heute doch bei den allseits auftretenden (zweifellos persönlichkeitsgeprägten) Selbstverwirklichern, „Ich-AGs" oder Exzentrikern ein Verstoß gegen die Schrankentrias nur zu gut vorstellen; gerade diese Begrenztheit macht ja in concreto die „Gemeinschaftsgebundenheit" des Einzelnen aus, die vom Bundesverfassungsgericht abstrakt immer zu Recht betont wird[36]. Und dass eine Bestimmung der „engeren persönlichen

---

31 So indessen die seinerzeitig sogenannte „Persönlichkeitskerntheorie"; vgl. insbes. *Hans Peters*, Die freie Entfaltung der Persönlichkeit als Verfassungsziel, in: FS für Rudolf Laun, 1953, S. 669 (673 f.); *ders.*, Das Recht auf freie Entfaltung der Persönlichkeit in der höchstrichterlichen Rechtsprechung, 1963, S. 16 ff., 47 ff. – *Rupert Scholz*, in: AöR 100 (1975), S. 80 (83), bezeichnet diese Auffassung als „Konzept eines materialen Personalismus".
32 So ja im Grunde auch das BVerfG: „Aufgabe (des menschenwürdegemäß verstandenen Art. 2 I GG) ist es, die engere persönliche Lebenssphäre und die Erhaltung ihrer Grundbedingungen zu gewährleisten" [E 54, 148, 153]; ähnlich BVerfGE 72, 155 (179); 79, 256 (268); 95, 220 (241). Anders als im Lichte des Art. 1 I GG kann man die „nachfolgenden Grundrechte" ohnehin nicht verstehen.
33 Die Restriktionsformeln sind unterschiedlich, entsprechen sich jedoch in ihrem Bewirkungsziel; vgl. allein seit den 1990er Jahren etwa *Grimm*, Abweichende Meinung, in: BVerfGE 80, 164 ff.; *Philip Kunig*, Der Reiter im Walde, in: Jura 1990, S. 523 (526); *ders.*, in: v. Münch/Kunig, Bd. I, ⁵2000, Art. 2 Rn. 14 (dann aber doch pragmatisch konzessiv); *Christoph Degenhart*, Das allgemeine Persönlichkeitsrecht, Art. 2 I i. V. m. Art. 1 I GG, in: JuS 1992, S. 361 (368); *Wolfgang Hoffmann-Riem*, Enge oder weite Gewährleistungsgehalte der Grundrechte, in: Michael Bäuerle (Hg.), Haben wir wirklich Recht? Kolloquium für B.-O. Bryde, 2004, S. 53 (66 ff.); *Werner Hoppe*, Die freie Entfaltung der Persönlichkeit (Art. 2 Abs. 1 GG) und der Schutz der natürlichen Lebensgrundlagen, in: Hans-Uwe Erichsen/Helmut Kollhosser/Jürgen Welp (Hg.), Recht der Persönlichkeit, 1996, S. 73 (81 ff.); *Kyrill-A. Schwarz*, Das Postulat lückenlosen Freiheitsschutzes und das System grundgesetzlicher Freiheitsgewährleistung, in: JZ 2000, S. 126 (127 ff.); *Albers* (N 24), S. 178 ff., 230 f.; *Walter Krebs*, Rechtliche und reale Freiheit, in: HGR, Bd. II, (2006), § 31 Rn. 104 f., 125 ff.; *Volkmann* (N 9), § 32 Rn. 42; *ders.*, Veränderungen der Grundrechtsdogmatik, in: JZ 2005, S. 211 ff.; *Kube* (N 4), § 148 Rn. 107 f. (rechtsprechungskonformer noch in: JuS 2003, S. 111 f.); *Horn* (N 7), Art. 2 Rn. 36; oder *Cornils* (N 6), § 168 Rn. 1, 27 ff.
34 *Kube* (N 4), § 148 Rn. 114 ff.
35 BVerfGE 6, 32 (36). Später begründete das Gericht seine Auffassung nur noch in BVerfGE 80, 137 (152 ff.).
36 Siehe nur BVerfGE 4, 7 (15 f.); 7, 320 (323); 27, 1 (7); 50, 166 (175); oder 65, 1 (44).

Lebenssphären" oder der „wesentlichen Bedingungen personaler Autonomie" schwierig sein mag[37], weil Wertungen verlangt werden, für deren Ausrichtung die verfassungsrechtlichen Intentionen herauszuarbeiten und zu wiegen sind, wird keineswegs bestritten. Das ist immer Teil methodenbewusster Auslegung, und eine Normanwendung wird daran nicht scheitern dürfen. Gleiches muss der Interpret ja auch etwa beim Schutzbereich der „Würde" in Art. 1 Abs. 1 GG leisten, und selbst bei der allgemeinen Handlungsfreiheit wird solche Anstrengung verlangt, wenn nämlich denn doch herausfallende (nämlich sozial völlig inakzeptable) Verhaltensweisen abgeschichtet oder Facetten des absolut geschützten, also a priori uneinschränkbaren Kernbereichs identifiziert werden sollen. Anspruchsvoll also mag die Aufgabe gewiss sein, aber unmöglich ist sie jedenfalls nicht[38].

Von dem engeren Persönlichkeitsentfaltungsbegriff werden sämtliche durch Rechtsprechung und Lehre bisher unter das „allgemeine Persönlichkeitsrecht" eingeordneten Sachverhalte erfasst. Auch alle denkbaren ähnlichen Fälle würden zweifelsfrei darunter fallen. Tatbestandlich bzw. in der normativen Schutzbereicherstreckung ist mithin am bestehenden Rechtszustand wenig auszusetzen. Es stört eben nur die dogmatische „Aufhängung", die statt am verfassungsnominierten Persönlichkeitsentfaltungsrecht anzusetzen, ein neu geschöpftes ´allgemeines Persönlichkeitsrecht` meint bemühen zu müssen.

## II. Verbleibende allgemeine Handlungsfreiheit

Die entscheidende Frage wäre jedoch[39], wie es sich neben dem „tatbestandstreuen" Persönlichkeitsentfaltungsrecht in Art. 2 Abs. 1 GG mit dem allgemeinen (Handlungs)Freiheitsrecht verhalten soll. Bliebe dafür überhaupt noch Raum, oder müsste seine Konzeption jedenfalls ganz neu angelegt werden? Dieser Frage genauer nachzugehen, wäre sicherlich eine gesonderte Aufgabe; im hiesigen Rahmen müssen Stichworte genügen.

Gewissermaßen grundgesetz-„fundamentalistisch" könnte man argumentieren, dafür sei neben den benannten Freiheitsrechten ohnehin kein Bedarf mehr. Eine Verbürgung des „Tun-und-lassen-Könnens, was man will", sei jedenfalls grundrechtlich nicht geboten. Das will jedoch nicht recht überzeugen, denn dann fielen ja auch alle Folgeerträge weg wie das für den umfassenden Freiheitsschutz wichtige allgemeine negative Abwehrrecht oder die entsprechende Verfassungsbeschwerdemöglichkeit des Einzelnen.

Die negative Verhaltensentscheidungsfreiheit, also das Recht, nichts tun zu müssen, was einem obrigkeitlich aufgezwungen wird, es sei denn, es gebe dafür einen legitimen Zweck und die Verhältnismäßigkeit wäre eingehalten, ist jedoch ohnehin geschützt. Den Einzelnen a priori als jemanden zu behandeln, der sich nur erlaubniskonform zu bewegen habe, verbietet nämlich schon die umfassende und oberste „Verpflichtung aller staatlichen Gewalt, (die Menschenwürde) zu achten und zu

---
37 So der weitere Einwand in BVerfGE 80, 137 (154).
38 Ebenso *Philip Kunig*, in: Jura 1990, S. 523 (526). Für unmöglich hält diese Aufgabe aber das BVerfG.
39 Da hat *Cornils* (N 6), § 168 Rn. 1 (a. E.) und 39, völlig Recht.

schützen". Der Mensch würde ja sonst zum bloßen Objekt hoheitlicher Regelungsabsichten degradiert. Entscheidend ist also ein Perspektivenwechsel: Grundrechtlich geschützt wäre nicht mehr die allgemeine Handlungsfreiheit als solche und als eine ihrer Ausformungen etwa das Reiten im Walde, das unangeschnallt Autofahren oder das Taubenfüttern im Park, sondern allein die allgemeine Würdeposition, nicht nach staatlichem Belieben, d. h. unsinnig und unzumutbar, mit Hoheitsmaßnahmen überzogen zu werden[40]. Art. 2 Abs. 1 GG würde frei von der intentionswidrigen Tatbestandstrivialisierung. Und die Menschenwürdegarantie aus Art. 1 Abs. 1 GG könnte zugleich (wieder) ihre genuine, in der normativen Freiheitseinstimmung angelegte Bedeutung[41] entfalten.

### III. Schrankenbestimmung

32   Auch für das „renaturierte" (allgemeine) Persönlichkeitsrecht würde als Limitierung unverwandt weiter die in Art. 2 Abs. 1 GG aufgeführte Schrankentrias gelten. Diesbezüglich ist zu den „Rechten anderer" und dem „Sittengesetz" hier nichts Weiteres anzumerken. Nur die dritte Reduktionsgröße, die „verfassungsmäßige Ordnung" nämlich, bedarf noch besonderen Augenmerks, weil sie unter der rechtsprechungsgesteuerten Aufsplittung des Grundrechts in allgemeines Persönlichkeitsrecht und allgemeine Handlungsfreiheit eben eine spezielle Ausdeutung gefunden hat.

33   Bei der allgemeinen Handlungsfreiheit wird heute als „verfassungsmäßige Ordnung" nahezu kanonisiert die Summe aller „Rechtsnormen, die formell und materiell der Verfassung gemäß sind," verstanden[42]. Damit kommt diese Schranke einem allgemeinen Gesetzesvorbehalt gleich, obwohl schon die verfassungstextliche Gestaltung dem eigentlich widerspricht und der Begriff „verfassungsmäßige Ordnung" an anderer Stelle (Art. 9 Abs. 2, Art. 20 Abs. 3 GG) anerkanntermaßen spezifisch verstanden wird. Würde man den Schutzbereich des allgemeinen Persönlichkeitsrechts nun konstitutionell rekonstruieren und wieder auf Art. 2 Abs. 1 GG begrenzen, könnte indessen auch die Schranke „verfassungsmäßige Ordnung" wieder restriktiver begriffen werden. Anbieten würde sich dafür ein Verständnis, wie es schon früh vorgeschlagen wurde[43], nämlich nur als die „von der Verfassung selbst (vorgenommenen) Begrenzungen". Tatsächlich wird indessen heute das allgemeine Persönlichkeitsrecht in der dogmatisch schwammigen Anbindung an den

---

40  Die zweifellos unerlässliche Einschränkbarkeit dieses Rechts ließe sich angesichts der Unantastbarkeit (= Unabwägbarkeit) der Menschenwürdegarantie als immanente Begrenzung denken; vgl. zur Struktur der Begrenzungsvorbehalte gegenüber den Eingriffsvorbehalten etwa *Edzard Schmidt-Jortzig*, Meinungs- und Informationsfreiheit, in: HStR, Bd. VII, ³2009, § 162 Rn. 49 m. weit. Nachw.

41  Dass die Gründervorstellung im Parlamentarischen Rat (Fünfer-Ausschuss) beim Würdebegriff ja weniger die anschließend von *Dürig* angestimmte Pragmatisierung, sondern die einer allgemeinen Thematisierung von innerer, geistiger Freiheit des Menschen war, arbeitet neuerdings die bemerkenswerte Studie von *Christoph Goos* heraus: „Innere Freiheit". Eine Rekonstruktion des grundgesetzlichen Würdebegriffs, 2011.

42  St. Rspr. seit BVerfGE 6, 32 (37 f.); vgl. weiter nur etwa E 19, 253 (257); 29, 402 (408); 42, 20 (27 f.); 50, 256 (262); 59, 275 (278).

43  *Konrad Hesse*, Grundzüge des Verfassungsrechts der BRD, ²⁰1995, Rn. 428; und ähnlich auch *Peter Lerche*, Übermaß und Verfassungsrecht, 1961, S. 299: nur das, „was von der Verfassung »gefordert« wird".

faktischen Gesetzesvorbehalt der weitverstandenen „verfassungsmäßigen Ordnung" eben als grundsätzlich einschränkbar behandelt, und die Konsequenz daraus wird nur durch eine Verhältnismäßigkeitsprüfung mit der pragmatischen Je-desto-Formel erträglich gemacht.

## D. Fazit

Nach allem bleibt nur die Feststellung: Das allgemeine Persönlichkeitsrecht zeigt sich zwar unter der machtvollen Dominanz der Bundesverfassungsgerichtsrechtsprechung heute in Erstreckungsbereich wie Einschränkbarkeit gefestigt. Auch gegenüber neuen Gefährdungen in einer sich wandelnden Lebenswelt scheint der Schutz einigermaßen gesichert. Verfassungsrechtsdogmatisch aber ist der Befund unbefriedigend und verlangt nach einer Rückbesinnung auf das ursprünglich Verfassungsintendierte.

34

Richtig ist freilich, dass man damit – rein pragmatisch oder anwendungsorientiert gesehen – sicherlich zu spät kommt, weil die heutige Grundgesetznutzung sich eben anders verhält und darin längst verfestigt ist. Aber zur Schärfung der konkreten Normdurchdringung, zur Stärkung eines spezifischen Rechtsgespürs und zum Verständnisgewinn für das originäre Grundgesetzanliegen könnte man vielleicht einiges beitragen.

35

## E. Bibliographie

*Grimm, Dieter*, Abweichende Meinung, in: BVerfGE 80, 164 ff.
*Kirchhof, Paul*, Menschenrecht und Freiheitsrecht, in: FS für Christian Starck, 2007, S. 275 ff.
*Kube, Hanno*, Persönlichkeitsrecht, in: HStR, Bd. VII, ³2009, § 148.
*Lorenz, Dieter*, in: BK, Art. 2 Abs. 1 Rn. 27 ff., 228 ff.
*Scholz, Rupert*, Das Grundrecht auf freie Entfaltung der Persönlichkeit in der Rechtsprechung des Bundesverfassungsgerichts, in: AöR 100 (1975), S. 80 ff., 265 ff.
*Stern, Klaus*, Das Staatsrecht der Bundesrepublik Deutschland, Bd. IV/1, 2006, § 99.
*Volkmann, Uwe*, Veränderungen der Grundrechtsdogmatik, in: JZ 2005, S. 211 ff.

# § 19
# Freiheitsrechte

*Dietrich Murswiek*

## Übersicht

|  | Rn. |
|---|---|
| A. Staat und Freiheit | 1– 3 |
| B. Freiheit und Freiheitsrechte | 4–14 |
|     I. Freiheit und staatliche Rechtsordnung | 4– 9 |
|         1. Freiheit und Freiheiten | 4 |
|         2. Freiheit als Entschließungsfreiheit | 5 |
|         3. Natürliche Freiheit und rechtlich ermöglichte Freiheit | 6– 9 |
|     II. Die Freiheitsrechte als Abwehrrechte und Schutzansprüche | 10 |
|     III. Allgemeines Freiheitsrecht und spezielle Freiheitsrechte | 11–14 |
| C. Freiheitsrechte und Freiheitsbegrenzungen | 15–22 |
|     I. Die Rechtfertigungsbedürftigkeit von Freiheitsbegrenzungen | 15–16 |
|     II. Der Schutzmodus der Freiheitsrechte | 17–18 |
|     III. Der Schutzumfang der Freiheitsrechte | 19–22 |
| D. Freiheitsrechte und Voraussetzungen realer Freiheit | 23–27 |
| E. Bibliographie | |

## A. Staat und Freiheit

Im Spiegel der Freiheit hat der Staat ein Doppelgesicht: Er ist der Garant der Freiheit. Er ist die einzige Institution, die in der Lage ist, die Freiheit des Individuums effektiv zu schützen. Und er ist zugleich das Monster, das aufgrund seiner Machtfülle in der Lage ist, die Freiheit zu unterdrücken. Die individuelle Freiheit ist stets durch den Staat gefährdet – durch diejenige Institution, deren primärer Zweck die Sicherung der individuellen Freiheit ist. Ohne den Staat, der mit seinem Gewaltmonopol, seinem Rechtsetzungs- und Streitentscheidungsmonopol den inneren Frieden sichert, wäre der Einzelne der Überwältigung durch stärkere Menschen und Organisationen hilflos ausgeliefert. Ohne den Staat gäbe es keine gleiche Freiheit für alle, sondern gäbe es Freiheit nur für die Starken und Mächtigen. Die Monopolisierung der legitimen Gewaltanwendung im souveränen Staat ist zur Wahrung der Freiheit notwendig, hat dem Staat aber zugleich ein Gewaltpotential verschafft, das bei missbräuchlicher Verwendung die Freiheit vernichten kann. Die freiheitsgefährdende Fratze des Staates hatten die Aufklärer vor Augen, als sie die Freiheitsrechte postulierten – die Epoche des Absolutismus, den Machtmissbrauch der absoluten Fürsten[1]. Und sie steht uns vor Augen, wenn wir an die totalitären Abirrungen der Staatlichkeit im 20. Jahrhundert denken. Gegen den Missbrauch staatlicher Macht schützen die rechtsstaatlichen Vorkehrungen wie Gewaltentei-

1

---

1 Hierzu *Horst Dreier*, in: Dreier, Bd. I, ²2004, Art. 2 I Rn. 2.

lung, gerichtlicher Rechtsschutz und nicht zuletzt die Freiheitsrechte, die in erster Linie als Abwehrrechte gegen staatliche Freiheitseingriffe verstanden werden.

2   Dass die Freiheitsrechte gegen staatliche und nicht unmittelbar gegen private Freiheitseingriffe oder Freiheitsbeeinträchtigungen schützen, lässt sich historisch und systematisch erklären. Historisch insofern, als der moderne souveräne Staat in seiner Rechtsordnung den Schutz der Freiheit gegen Beeinträchtigungen durch andere Privatpersonen bereits durchgesetzt hatte, als die Grund- und Menschenrechte zum Thema aufklärerischer Philosophie und zum Gegenstand von Staatsverfassungen wurden. Das Gewaltmonopol des Staates und die Friedenspflicht des Einzelnen, das vom Staat sanktionierte Verbot der Gewaltanwendung unter Privaten, waren Selbstverständlichkeiten, von denen die Verfasser der Menschenrechtsdeklarationen und Verfassungen ausgehen konnten. Diese Selbstverständlichkeiten mussten nicht Themen von Verfassungsgebungen sein.

3   Der systematische Grund liegt darin, dass Private im Unterschied zum Staat nicht einseitig Rechte und Pflichten anderer bestimmen können. Sie sind also gar nicht in der Lage, durch verbindliche Entscheidungen die Freiheit anderer zu verkürzen, sofern nicht die staatliche Rechtsordnung ihnen die Rechtsmacht dazu verleiht – und dann beruht die Freiheitsverkürzung wieder auf einer staatlichen Entscheidung. Das bedeutet nicht, dass die Freiheit nicht auch durch Private gefährdet ist. Wenn der Staat seine Schutzfunktion vernachlässigt und beispielsweise Emittenten gesundheitsschädlicher Stoffe oder extremistische Schläger gewähren lässt, wird die Freiheit nicht weniger beeinträchtigt, als wenn der Staat unmittelbar entsprechende Eingriffe selbst vornimmt. Die Freiheit bedarf des Schutzes nicht nur gegen den Staat, sondern ebenso gegen Dritte. Da dieser Schutz durch die einfache Gesetzgebung und auf ihrer Grundlage gewährleistet wird – durch zivilrechtliche Abwehr-, Unterlassungs-, Schadensersatzansprüche, durch strafrechtliche Sanktionen, durch polizei- und ordnungsrechtliche Gefahrenabwehr –, wird er nur dann zum Verfassungsproblem, wenn der Staat in seiner Schutzfunktion versagt[2].

## B. Freiheit und Freiheitsrechte

### I. Freiheit und staatliche Rechtsordnung

#### 1. Freiheit und Freiheiten

4   Die Freiheitsrechte schützen *die* Freiheit des Individuums, nicht einzelne „Freiheiten". „Freiheiten" wurden im voraufklärerischen Recht vom Fürsten gewährt, als Privilegien zugeteilt. Die Freiheit hingegen wird von der verfassungsstaatlichen Rechtsordnung als gegeben vorausgesetzt und rechtlich garantiert. „All men are by nature equally free and independent."[3] Der Staat schützt die Freiheit gegen Ein-

---
2  Zu den grundrechtlichen Schutzpflichten unten B.II.
3  Virginia Declaration of Rights, 1776, Art. 1.

griffe Dritter und garantiert, dass er selbst sie nur aus Gründen des Gemeinwohls und nur unter den in der Verfassung festgelegten Voraussetzungen einschränkt. Und er stellt ein Rechtsschutzsystem mit unabhängigen Gerichten zur Verfügung, das effektiven Rechtsschutz bietet. Ohne eine funktionierende Gerichtsbarkeit, die in angemessener Zeit das Recht durchsetzt, und ohne den individuellen Anspruch auf gerichtlichen Rechtsschutz stünden die Freiheitsrechte nur auf dem Papier. Freiheitsrechte können als vorstaatliche Rechte philosophisch gedacht und als naturrechtliche Rechte in dem Sinne postuliert werden, dass der Staat nicht über sie verfügen können soll (vgl. Art. 1 Abs. 2 GG). Um effektiv gelten zu können, bedürfen sie der staatlichen Rechtsordnung[4].

### 2. Freiheit als Entschließungsfreiheit

Die Freiheitsrechte schützen die Handlungsfreiheit des Einzelnen, also die Freiheit, zu tun und zu lassen, was man will. Schutzgut der Freiheitsrechte ist die Entschließungsfreiheit – die Freiheit, sich ohne Zwang für ein Tun oder Unterlassen zu entscheiden. Als Schutzgüter der Freiheitsrechte könnten neben der so verstandenen Freiheit auch die Rechtsgüter Leib (körperliche Unversehrtheit), Leben und Eigentum oder die Ehre beziehungsweise die Integrität der Persönlichkeit genannt werden. Aber auch diese Schutzgüter schützen im Kern die individuelle Autonomie: Es ist die Verfügungsfreiheit und es sind die Sachherrschaftsbefugnisse, die die Rechtsstellung des Eigentümers kennzeichnen. Die Ehre oder andere Ausprägungen des Persönlichkeitsrechts können nicht durch Darstellungen verletzt werden, mit denen der Betroffene einverstanden ist. Sogar die Rechtsgüter Leib und Leben sind durch individuelle Autonomie geprägt. Die Freiheitsrechte schützen den Einzelnen prinzipiell nicht gegen sich selbst, sondern nur gegen Eingriffe des Staates oder Dritter[5].

### 3. Natürliche Freiheit und rechtlich ermöglichte Freiheit

Freiheit als Entschließungsfreiheit besteht dann, wenn der Einzelne nicht gehindert wird, die Entscheidung zu treffen, die er treffen will. Im Verhältnis zum Staat ist sie dann gegeben, wenn der Staat eine individuelle Verhaltensoption weder gebietet noch verbietet noch faktisch unmöglich macht oder erschwert, kurz: nicht in die Freiheit eingreift oder sie nicht beeinträchtigt. Deshalb sind Freiheitsansprüche Unterlassungsansprüche. Freiheitsrechte sind Abwehrrechte gegen staatliche Eingriffe (was nicht ausschließt, dass sich aus ihnen weitergehende Rechte ableiten lassen, dazu noch unten B.II., D.). Sie schützen den *status negativus*, den Freiheitsstatus, der dadurch charakterisiert ist, dass der Staat auf das Verhalten des Einzelnen *nicht* einwirkt. Die so verstandene Freiheit ist „natürliche", „vorstaatliche" Freiheit. Die

---
[4] Vgl. z.B. *Gertrude Lübbe-Wolff*, Die Grundrechte als Eingriffsabwehrrechte, 1988, S. 81 ff.
[5] Zu dieser Thematik umfassend *Christian Hillgruber*, Der Schutz des Menschen vor sich selbst, 1992.

Entschließungsfreiheit wird in Relation zum Staat von diesem nicht ermöglicht[6]. Sie wird durch die Grundrechte nicht gewährt, sondern rechtlich gewährleistet.

7 Es gibt freilich Freiheitsrechte, deren Rechtsgüter nicht „natürlich" oder „vorstaatlich" existieren, sondern erst von der staatlichen Rechtsordnung hervorgebracht worden sind. Das wichtigste Beispiel ist das Eigentum (Art. 14 GG). Eigentum als Verfügungsbefugnis über Sachen (und andere Vermögensgegenstände) kann es nur geben aufgrund von rechtlichen Regeln, welche das Eigentum als Rechtsinstitut konstituieren. Die Eigentumsfreiheit kann deshalb als „konstituierte Freiheit" im Unterschied zu „natürlicher Freiheit" verstanden werden. Entsprechendes ließe sich für die Ehe sagen (sofern man darunter das staatliche Rechtsinstitut und nicht einfach eine faktisch eingegangene oder mit kirchlichem Sakrament bekräftigte Lebensgemeinschaft versteht) oder z. B. für die Vertragsfreiheit: Ohne die zivilrechtlichen Regeln, aus denen sich ergibt, dass und unter welchen Voraussetzungen Verträge rechtlich bindend sind, und ohne den staatlichen Rechtsdurchsetzungsapparat fehlte der Freiheit, Verträge abzuschließen, ihr Substrat[7]. Insofern schützen die Freiheitsrechte etwas, was nicht von Natur aus vorhanden, sondern durch die staatliche Rechtsordnung hervorgebracht wurde[8].

8 Dennoch lassen sich auch insoweit die Freiheitsrechte als Rechte verstehen, welche die „natürliche Freiheit" schützen. Die Entschließungsfreiheit besteht auch in dieser Hinsicht unabhängig vom Staat. Nur die Gegenstände, auf welche sich die Entschließung bezieht, sind hier nicht „von Natur aus" vorhanden, sondern von der Rechtsordnung hervorgebracht. Die Eigentumsfreiheit oder die Vertragsfreiheit sind Aspekte der einen „natürlichen" Freiheit, der Entschließungsfreiheit, die aber insoweit gegenstandslos wäre, wenn die Rechtsordnung nicht die Rechtsinstitute „Eigentum" oder „Vertrag" bereitstellte. Ob der Staat verfassungsrechtlich verpflichtet ist, bestimmte Rechtsinstitute bereitzustellen, hängt davon ab, ob die Verfassung entsprechende Institutsgarantien enthält. Diese sind teilweise explizit im Kontext mit den entsprechenden Freiheitsrechten geregelt (Eigentum, Erbrecht – Art. 14 Abs. 1 GG; Ehe, Familie – Art. 6 Abs. 1 GG); teilweise fragt sich, ob sie sich implizit aus freiheitsrechtlichen Garantien ableiten lassen (Privatautonomie – Art. 2 Abs. 1 GG)[9].

9 Eröffnet der Staat bestimmte Verhaltensmöglichkeiten, ohne dazu verpflichtet zu sein, sind auch diese Verhaltensmöglichkeiten freiheitsrechtlich geschützt. Beispielsweise eröffnet der Gemeingebrauch an Straßen und Plätzen die Freiheit, sich dort aufzuhalten und sich dort zu bewegen oder dort Demonstrationen durchzuführen. Die Nutzung öffentlicher (oder fremder privater) Sachen ist Teilhabe, nicht Freiheit. Hat der Inhaber der Sachherrschaft die Nutzungsbefugnis eingeräumt, dann ist auf dieser Basis Freiheitsausübung möglich – Freiheit auf der Basis von

---

6 In Relation zu Dritten ist dies anders: Ohne den Staat würde die Freiheit durch die jeweils Stärkeren unterdrückt; die staatliche Rechtsordnung hindert sie daran und macht so das Freisein von Zwang für alle möglich.
7 Vgl. *Lübbe-Wolff* (N 4), S. 81.
8 Zum Ganzen *Ute Mager*, Einrichtungsgarantien, 2003, S. 175 ff.
9 Dazu *Mager* (N 8), S. 224 ff.

Teilhabe[10]. Einschränkungen *dieser* Freiheit sind Eingriffe in die betreffenden Freiheitsrechte. Ob der Staat die Teilhabemöglichkeit wieder entziehen darf (Entwidmung einer Straße, Kündigung des Mietvertrages für eine Stadthalle), hängt davon ab, ob ein entsprechender verfassungsrechtlicher Teilhabeanspruch besteht.

## II. Die Freiheitsrechte als Abwehrrechte und Schutzansprüche

Die Freiheitsrechte sind Abwehrrechte gegen staatliche Eingriffe. Aus ihnen hat das Bundesverfassungsgericht in ständiger Rechtsprechung aber auch eine objektive Pflicht des Staates gegen Eingriffe Dritter abgeleitet, denen ein subjektiver Schutzanspruch entspricht[11]. Da die Freiheit nicht nur durch den Staat, sondern ebenso durch Private beeinträchtigt werden kann, ist dies richtig und notwendig. Einzelheiten der Schutzpflichtendogmatik können hier nicht dargestellt werden[12]. Meines Erachtens ist zwischen primären und sekundären Schutzpflichten zu unterscheiden. Primär ist der Staat verpflichtet, private Freiheitseingriffe, die sich nicht anhand der verfassungsrechtlichen Rechtfertigungsvoraussetzungen rechtfertigen lassen, zu verbieten. Diese primäre Pflicht ist nicht weniger strikt als die entsprechende Unterlassungspflicht bezüglich staatlicher Eingriffe[13]. Sekundär müssen die Eingriffsverbote auch effektiv durchgesetzt werden[14]. Insbesondere müssen effektiver Rechtsschutz und strafrechtliche Sanktionen zur Rechtsdurchsetzung bereitstehen. Weite Einschätzungs- und Gestaltungsspielräume hat der Gesetzgeber im Bereich der ordnungsrechtlichen Prävention.

10

## III. Allgemeines Freiheitsrecht und spezielle Freiheitsrechte

Das Grundgesetz garantiert in der Tradition neuzeitlicher Grundrechtskataloge eine Reihe thematisch bestimmter spezieller Freiheitsrechte (Religions-, Meinungs-, Berufs-, Wissenschafts-, Kunstfreiheit, Recht auf Leben, Eigentum, Freizügigkeit usw.), außerdem ein thematisch nicht eingegrenztes allgemeines Freiheitsrecht, die allgemeine Handlungsfreiheit (Art. 2 Abs. 1 GG). Diese gilt als

11

---

10 Dazu ausführlich *Dietrich Murswiek*, Grundrechte als Teilhaberechte, soziale Grundrechte, in: HStR, Bd. IX, ³2011, § 192 Rn. 86 ff.
11 Beginnend mit BVerfGE 39, 1 (41, 42 ff.); 46, 160 (164 f.); 49, 89 (126 ff.); 53, 30 (57); 55, 349 (364); 56, 54 (73 ff.); 66, 39 (61); 77, 170 (214 f., 229 f.).
12 Dazu vgl. z. B. *Josef Isensee*, Das Grundrecht als Abwehrrecht und als staatliche Schutzpflicht, in: HStR, Bd. IX, ³2011, § 191; *Peter Szczekalla*, Die sogenannten grundrechtlichen Schutzpflichten im deutschen und europäischen Recht, 2002, jeweils m. weit. Nachw.
13 Die primäre Schutzpflicht lässt sich auch abwehrrechtlich konstruieren: Unterlässt es der Gesetzgeber, private Eingriffe zu verbieten, kommt dies einer staatlichen Ermächtigung zu privaten Eingriffen gleich. In dieser Ermächtigung liegt ein staatlicher Eingriff, dazu näher *Dietrich Murswiek*, Die staatliche Verantwortung für die Risiken der Technik, 1985, S. 91 ff.; *ders.*, Die Pflicht des Staates zum Schutz vor Eingriffen Dritter nach der Europäischen Menschenrechtskonvention, in: Hans-Joachim Konrad (Hg.), Grundrechtsschutz und Verwaltungsverfahren unter besonderer Berücksichtigung des Asylrechts. Internationaler Menschenrechtsschutz, 1985, S. 213 ff.
14 Zur Unterscheidung von primären und sekundären Schutzpflichten *Murswiek*, Verantwortung (N 13), S. 106 ff.; *ders.*, Zur Bedeutung der grundrechtlichen Schutzpflichten für den Umweltschutz, in: WiVerw 1986, S. 179 (181 ff.).

„Auffanggrundrecht", das dann zur Anwendung kommt, wenn kein spezielles Freiheitsrecht einschlägig ist. Da die allgemeine Handlungsfreiheit jedes beliebige Tun und Unterlassen umfasst, schützt das Grundgesetz die individuelle Freiheit lückenlos[15]. Es gibt keine Freiheitseinschränkung, die nicht den Schutzbereich eines Grundrechts berührt.

12 Da die allgemeine Handlungsfreiheit die Freiheit umfassend schützt, fragt sich, wozu es überhaupt spezielle Freiheitsrechte gibt. Man kann auf diese Frage historische und systematische Antworten suchen. Die Menschenrechtsdeklarationen und die ersten Verfassungsverbürgungen von Grundrechten, mit denen im 18. Jahrhundert die Geschichte der modernen Menschenrechte begann, proklamierten tatbestandlich bestimmte Freiheitsrechte, noch kein allgemeines Freiheitsrecht. Die einzelnen speziellen Freiheitsrechte waren Antworten auf konkret erfahrene Freiheitsbedrohungen. Sie mussten in einem konkreten historischen Kontext den damaligen Herrschern abgerungen werden. In Revolutionen und Freiheitskämpfen setzten Menschen ihr Leben und ihre Freiheit im Kampf um die Freiheit aufs Spiel – natürlich für diejenigen Ausprägungen der Freiheit, die ihnen als besonders wichtig erschienen, sei es die Religionsfreiheit, die Meinungsfreiheit, die Berufsfreiheit oder z. B. die Habeas-Corpus-Rechte, und dies auch immer vor dem Hintergrund damals gegebener historischer Erfahrungen. Das Fehlen der Religionsfreiheit hatte Europa in lange Bürgerkriege gestürzt und Millionen von Menschen zur Auswanderung bewegt. Die Berufsfreiheit musste vom Bürgertum gegen das Stände- und Zünftewesen durchgesetzt werden. Meinungs- und Versammlungsfreiheit mussten der Demokratie erst den Weg bereiten. Kein Wunder, dass all diese besonderen Freiheitsrechte als Errungenschaften auch dann in den Verfassungstexten bewahrt wurden, als die historischen Umstände, gegen die sie anfangs durchgesetzt werden mussten, längst überwunden waren.

13 Unter systematischen Aspekten lassen sich spezielle Freiheitsrechte erklären, sofern sie besondere Freiheitsbetätigungen als besonders schutzwürdig oder im Hinblick auf typische Gefährdungen als besonders schutzbedürftig hervorheben. Besseren Schutz als das allgemeine Freiheitsrecht bieten die speziellen Freiheitsrechte aber nur teilweise. Die Voraussetzungen für Freiheitseinschränkungen unterscheiden sich bei wichtigen speziellen Freiheitsrechten nicht von denen der allgemeinen Handlungsfreiheit – sie stehen unter einfachem Gesetzesvorbehalt[16]. Stärkeren Schutz bieten der Idee nach diejenigen Grundrechte, die eine spezielle Freiheitsbetätigung unter einen qualifizierten Gesetzesvorbehalt stellen[17] oder sogar vorbehaltlos garantieren[18]. Im Übrigen haben sich für spezielle Freiheitsrechte im Laufe der Zeit bereichsspezifische Dogmatiken herausgebildet, die eine bessere und effektivere Kontrolle ermöglichen als dies anhand eines allgemeinen, unkonturierten Freiheitsrechts möglich wäre. Andererseits hat die Rechtsprechung vieles nivelliert, was an unterschiedlicher Intensität des Freiheitsschutzes im Grundgesetz angelegt ist: Einerseits werden schrankenlose Grundrechte – oft sehr großzügig ver-

---
15 So das BVerfG in std. Rspr. seit BVerfGE 6, 32 (36 ff.).
16 So z. B. Art. 2 II 3; 10 II 1; 12 I 2; 14 I 2 GG.
17 Vgl. z. B. Art. 2 II 3 i. V. m. Art. 104 II 1, 2, III 1; 5 II; Art. 11 II GG.
18 Vgl. insbes. Art. 4, 5 III GG.

standenen[19] – verfassungsimmanenten Schranken unterworfen. Andererseits kann die Rechtsprechung mit Hilfe des Verhältnismäßigkeitsgrundsatzes den Schutz unter einfachem Gesetzesvorbehalt stehender Grundrechte verstärken und den Schutz formell stärker geschützter Grundrechte abschwächen. Das führt zu einer erheblichen Nivellierung des Freiheitsschutzes, die insofern nicht zu bedauern ist, als die unterschiedliche Ausgestaltung der Grundrechte mit einfachen, qualifizierten oder gar keinen Gesetzesvorbehalten teilweise als nicht durchdacht erscheint[20]. So leuchtet es kaum ein, warum das Leben (Art. 2 Abs. 2 GG stellt es unter einfachen Gesetzesvorbehalt) weniger stark geschützt sein sollte als die Kunstfreiheit.

Das allgemeine Freiheitsrecht ist in der Literatur immer wieder als ein minderwertiges Recht angesehen worden, das eigentlich nicht würdig sei, in einem Grundrechtskatalog zu erscheinen. Die Freiheit, zu tun und zu lassen, was man will, schütze die Beliebigkeit und damit so belanglose Tätigkeiten wie Taubenfüttern oder Briefmarkensammeln[21]. Die Grundrechte dürften nicht zur „kleinen Münze" gemacht werden, indem man ihren Schutz auf derlei Unwichtiges erstrecke. Dem ist entgegenzuhalten: Abgesehen davon, dass Art. 2 Abs. 1 GG nicht nur „Unwichtiges" schützt, sondern für die Allgemeinheit wie für viele Einzelne so wichtige Freiheitsaspekte wie die Vertragsfreiheit oder die Freiheit ehrenamtlicher Tätigkeiten, ist Inbegriff der individuellen Freiheit die Autonomie des Einzelnen, der selbst darüber bestimmt, was für ihn wichtig ist und was nicht[22]. Die Freiheitsrechte schützen diese Autonomie[23]. Deshalb ist der grundrechtliche Schutz der allgemeinen Handlungsfreiheit nicht eine Auffanglösung für alles Unwichtige, sondern die systematische Krönung des Freiheitsschutzes.

**14**

## C. Freiheitsrechte und Freiheitsbegrenzungen

### I. Die Rechtfertigungsbedürftigkeit von Freiheitsbegrenzungen

Die Freiheitsrechte schützen die Freiheit nicht absolut. Zur Verwirklichung von Gemeinwohlzwecken darf der Staat die individuelle Freiheit einschränken. Und er *muss* die individuelle Freiheit einschränken, soweit dies notwendig ist, um die Freiheit des einen mit der Freiheit aller anderen kompatibel zu machen. Freiheitseinschränkungen zur Wahrung der Freiheit sind kein Widerspruch, sondern notwendige Konsequenz des Freiheitsprinzips: Freiheit ist nur dort verwirklicht, wo nie-

**15**

---

19 Vgl. BVerfGE 77, 240 (255); 81, 278 (293). Zur Kritik an der Rspr. *Herbert Bethge*, in: Sachs, ⁶2011, Art. 5 Rn. 198; *Michael Sachs*, in: Stern, Staatsrecht Bd. III/2, S. 579; *Kay Waechter*, Forschungsfreiheit und Fortschrittsvertrauen, in: Der Staat 30 (1991), S. 19 (28 f.).
20 *Sachs*, in: Sachs, ⁶2011, vor Art. 1 Rn. 119; *ders.*, in: Stern (N 19), S. 515 ff.
21 *Dieter Grimm*, abw. M. BVerfGE 80, 137, 164 (168) – Reiten im Walde; *Hans Peters*, Die freie Entfaltung der Persönlichkeit als Verfassungsziel, in: FS für Rudolf Laun, 1953, S. 669 (673).
22 *Udo Di Fabio*, in: Maunz/Dürig, Stand: Juli 2001, Art. 2 I Rn. 14 f.
23 *Di Fabio* (N 22), Rn. 15.

mand auf den anderen Gewalt und Zwang ausüben darf, wo also die Freiheit zur Zwangsanwendung nicht besteht[24].

16 Die Freiheitsrechte machen jede Freiheitseinschränkung begründungs- und rechtfertigungsbedürftig. Den Staat trifft die Rechtfertigungslast. Die Freiheitsrechte garantieren keine unbegrenzte Freiheit, aber sie garantieren, dass jede Freiheitseinschränkung ihrerseits begrenzt bleibt und dass der Staat sie nur vornimmt, wenn er sie als zur Verwirklichung eines Gemeinwohlzwecks erforderlich rechtfertigen kann.

## II. Der Schutzmodus der Freiheitsrechte

17 Die Freiheitsrechte haben eine formelle und eine materielle Schutzfunktion. Formell schützen sie die Freiheit vor allem durch den Vorbehalt des Gesetzes: Kein Freiheitseingriff ohne gesetzliche Grundlage. Das freiheitseinschränkende Gesetz darf kein Einzelfallgesetz sein (Art. 19 Abs. 1 GG) und muss dem rechtsstaatlichen Bestimmtheitsgebot genügen und im Gesetzblatt veröffentlicht sein. Auf diese Weise wird sichergestellt, dass freiheitseinschränkende Maßnahmen voraussehbar und berechenbar sind. Der Einzelne erhält die Möglichkeit, sich mit seinem Verhalten auf sie einzustellen. Und das Parlamentsgesetz vermittelt demokratische Legitimität.

18 Materiell sind Freiheitseinschränkungen nur zulässig, wenn sie sich verfassungsrechtlich rechtfertigen lassen. Bei Grundrechten mit qualifiziertem Gesetzesvorbehalt müssen die besonderen Anforderungen des Vorbehalts erfüllt sein, bei Grundrechten ohne Gesetzesvorbehalt muss die Einschränkung anhand „verfassungsimmanenter Schranken" gerechtfertigt werden, also zum Schutz anderer verfassungsrechtlich verbürgter Rechtsgüter oder zur Verwirklichung verfassungsrechtlicher Prinzipien oder Ziele notwendig sein. Und für alle Grundrechte gilt, dass Freiheitseinschränkungen dem Verhältnismäßigkeitsgrundsatz genügen müssen: Sie müssen zur Verwirklichung eines „legitimen" (verfassungsrechtlich nicht verbotenen) Gemeinwohlziels geeignet, erforderlich und im engeren Sinne verhältnismäßig (also nicht unangemessen) sein. Ein weiteres materielles Kriterium ist die Wesensgehaltsgarantie (Art. 19 Abs. 2 GG), die allerdings in der Praxis neben der Verhältnismäßigkeitsprüfung meist keine selbständige Anwendung findet.

## III. Der Schutzumfang der Freiheitsrechte

19 Der Umfang des Schutzes, den die Freiheitsrechte bieten, ergibt sich aus dem Zusammenspiel von Schutzbereich beziehungsweise Gewährleistungsbereich, Eingriff und Rechtfertigung. Die übliche Dogmatik baut die Prüfung eines Verstoßes gegen ein Freiheitsrecht dreistufig auf: 1. Ist der Schutzbereich berührt? 2. Liegt ein staatlicher Eingriff vor? 3. Lässt sich der Eingriff rechtfertigen? Diesen drei

---

24 *Murswiek* (N 13), S. 106; ausführlich *ders.*, Freiheit und Freiwilligkeit im Umweltschutz, in: JZ 1988, S. 986 f.

Stufen liegen die Fragen nach dem Schutzgut, der Schutzrichtung und der Schutzintensität zugrunde: *Was* wird geschützt? *Wovor* wird geschützt? *Wieviel* Schutz wird geboten?

Die Rechtsprechung hat die Schutzbereiche der speziellen Freiheitsrechte tendenziell weit interpretiert, was im Hinblick auf die Existenz eines „Auffanggrundrechts" nicht immer notwendig war und bei Grundrechten ohne Gesetzesvorbehalt zu problematischen Korrekturen mit nicht immer überzeugend begründeten verfassungsimmanenten Schranken geführt hat[25]. Die Ausweitung des Eingriffsbegriffs – als Eingriffe werden nicht mehr nur imperative, unmittelbare und finale Freiheitseinschränkungen, sondern auch faktische und (unter im einzelnen umstrittenen Voraussetzungen) mittelbare Beeinträchtigungen verstanden[26] – entspricht dem Zweck der Freiheitsrechte und den tatsächlichen Gefährdungssituationen. Die eigentliche Entscheidung über die Reichweite des Freiheitsschutzes (über den effektiven Garantie- oder Gewährleistungsgehalt) findet in dieser Dogmatik auf der dritten Stufe statt, im Rahmen der Anwendung des Verhältnismäßigkeitsgrundsatzes, der freilich unscharf ist und einerseits der Rechtsprechung viele Schutzmöglichkeiten, aber auch viele Möglichkeiten der Schutzbegrenzung eröffnet, so dass die Vorhersehbarkeit der Rechtsprechung leidet.

Versuche, auf der ersten und zweiten Ebene präzisierend zu steuern, Gewährleistungsbereiche enger als die Schutzbereiche zu fassen[27] und einerseits zu einem engeren Eingriffsbegriff zurückzukehren, andererseits aber auch Schutz gegen sonstige Beeinträchtigungen zu bieten[28], sind weitgehend unausgegoren geblieben und haben sich nicht durchgesetzt. Sinnvoll wäre es meines Erachtens, die Gewährleistungsbereiche der speziellen Freiheitsrechte so zu verstehen, dass sie Zwangsanwendung oder den Zugriff auf absolut geschützte Rechtsgüter Dritter nicht umfassen[29].

Die Schutzgüter der Freiheitsrechte sind nur dann effektiv geschützt, wenn sie nicht nur gegen gezielte Beeinträchtigungen, sondern auch gegen Risiken ausreichend geschützt werden. Dies hat die Rechtsprechung des Bundesverfassungsgerichts anerkannt, ohne sich im Einzelnen hinsichtlich der Schutzintensität genauer festzulegen: Grundrechtsgefährdungen könnten „unter besonderen Voraussetzungen Grundrechtsverletzungen gleichzuachten sein"[30]. Präziser kann man formulieren: Die Auferlegung eines Beeinträchtigungsrisikos ist ein „Eingriff",

---

25 Vgl. *Ernst-Wolfgang Böckenförde*, Schutzbereich, Eingriff, verfassungsimmanente Schranken. Zur Kritik gegenwärtiger Grundrechtsdogmatik, in: Der Staat 42 (2003) S. 165 (168 ff.); Dietrich Murswiek, Grundrechtsdogmatik am Wendepunkt?, in: Der Staat 45 (2006), S. 473 (474 ff.).
26 Vgl. z. B. *Pieroth/Schlink*, Grundrechte. Staatsrecht II, ²⁷2011, Rn. 251 ff.
27 Vgl. z. B. BVerfGE 105, 279 (295 ff.); 105, 252 (273); BVerfG (1. Kammer des Ersten Senats), 12.07.2001, in: NJW 2001, S. 2459 (2460); *Wolfgang Hoffmann-Riem*, Enge oder weite Gewährleistungsgehalte der Grundrechte?, in: Michael Bäuerle u. a. (Hg.), Haben wir wirklich Recht?, 2004, S. 53 (54 ff., 71 ff.); Grundsatzkritik daran bei *Wolfgang Kahl*, Vom weiten Schutzbereich zum engen Gewährleistungsgehalt, in: Der Staat 43 (2004), S. 167 (184 ff.).
28 Vgl. z. B. BVerfGE 105, 252 (268, 273); und insb. 105, 279 (299 ff.); kritisch dazu *Dietrich Murswiek*, Das Bundesverfassungsgericht und die Dogmatik mittelbarer Grundrechtseingriffe, in: NVwZ 2003, S. 1 (3 ff.).
29 *Murswiek* (N 25), S. 495 ff.
30 BVerfGE 51, 324 (346 f.); 52, 214 (220); vgl. auch 53, 30 (51, 57); 56, 54 (78).

der sich regelmäßig nicht rechtfertigen lässt, wenn das Risiko die Größe einer „Gefahr" annimmt. Denn im Begriff der Gefahr wird bereits der Verhältnismäßigkeitsgrundsatz risikospezifisch konkretisiert[31].

## D. Freiheitsrechte und Voraussetzungen „realer Freiheit"

23   Die Freiheitsrechte schützen die Freiheit, nicht an dem gehindert zu sein, zu dem man sich entschließt („negative" Freiheit, status negativus). Sie garantieren aber grundsätzlich nicht die Mittel, die man benötigt, um seine Entschlüsse in die Tat umzusetzen („positive" Freiheit, status positivus): Die Kunstfreiheit schützt den Maler vor Mal- oder Ausstellungsverboten, gibt aber keinen Anspruch auf Bereitstellung von Farben, Leinwänden oder Ausstellungsräumen. Von solchen Mitteln („Freiheitsvoraussetzungen") hängt es häufig ab, ob man seine Freiheit tatsächlich ausüben kann. Die „reale Freiheit" kann wesentlich enger sein als die rechtlich garantierte („formale") Freiheit[32].

24   Leistungs- beziehungsweise Teilhabeansprüche sind von Freiheitsrechten kategorial zu unterscheiden. Aus verfassungsrechtlichen Verbürgungen von Freiheitsrechten lassen sich originäre Teilhaberechte nur insoweit ableiten als die Verfassung rechtlich voraussetzt, dass der Einzelne über die tatsächlichen Voraussetzungen des Freiheitsgebrauchs verfügen kann, wie dies etwa bei der Befugnis zur Benutzung öffentlicher Straßen und Plätze für Demonstrationen der Fall ist[33].

25   Reale Freiheitsausübungsvoraussetzungen sind nicht immer individuell verfügbar. Häufig handelt es sich um kollektive Voraussetzungen, um – jedenfalls im ökonomischen Sinne – öffentliche Güter, beispielsweise Infrastruktur (Verkehr, Energie-, Wasserversorgung), Währungsstabilität, Bildungssystem, Kunstmuseen, Sprache (Freiheit in seiner Muttersprache zu kommunizieren). Auch wenn es regelmäßig keine individuellen Ansprüche auf Bereitstellung öffentlicher Güter geben kann, wäre die Freiheit nur sehr unvollkommen gesichert, wenn die Freiheitsrechte nicht durch eine Politik der Schaffung und Bewahrung kollektiver Freiheitsausübungsvoraussetzungen unterfüttert würden.

26   Dass auch die effektive Gewährleistung der „negativen" Freiheit von institutionellen Voraussetzungen abhängt (Rechtsschutzsystem, Polizei usw.), wurde schon erwähnt. Insoweit gibt es auch subjektive Ansprüche (Recht auf gerichtlichen Rechtsschutz, Anspruch auf polizeiliches Einschreiten usw.). Allerdings gibt es auch hier kollektive Voraussetzungen effektiver Freiheit, die rechtlich nicht garantiert sind, um die der Staat sich aber kümmern muss, um der Zerstörung seiner Freiheitlichkeit vorzubeugen. Wenn beispielsweise „soziale Brennpunkte" entstehen, Stadtviertel, in die sich nicht jeder ohne Gefahr für Leib und Leben hineinwagen kann,

---

31 Dazu ausführlich *Murswiek*, Verantwortung (N 13), S. 127 ff., 138 ff.
32 Vgl. *Dietrich Murswiek*, Grundrechte als Teilhaberechte, soziale Grundrechte, in: HStR, Bd. IX, ³2011, § 192 Rn. 28 ff. m. weit. Nachw.
33 Vgl. *Murswiek* (N 32), Rn. 111 ff.

dann ist das mit massiven Beeinträchtigungen der „negativen" Freiheit verbunden. Daher hängt die effektive Geltung der Freiheitsrechte auch von richtigen Entscheidungen auf den Gebieten beispielsweise der Sozialpolitik, der Städteplanung, des Erziehungswesens und nicht zuletzt auch der Immigrations- und Integrationspolitik ab.

Eine wichtige kollektive Voraussetzung realer Freiheit ist auch das Freiheitsbewusstsein der Gesellschaft, das zwischen Kritik und Tabu zu differenzieren vermag. Öffentliche Kritik an bestimmten Meinungsäußerungen oder Verhaltensweisen ist durch die Meinungsfreiheit gedeckt und gehört zum demokratischen Meinungsbildungsprozess. Sie wird zum Problem, wenn sie kampagnenartig – anknüpfend an bestimmte Reizwörter oder verfemte politische Ansichten – eine Person fertigmachen und sie samt ihrer politischen Position aus dem politischen Diskurs ausschließen will, wenn es also nicht mehr um Diskussion, sondern um Mundtotmachen geht, um Anprangerung, Ächtung und gesellschaftliche Sanktionierung unerwünschten Verhaltens. Die massenmedialen Wächter der political correctness können so im rechtlich freiheitlichen Staat ein Klima der Unfreiheit erzeugen. Der Staat kann die Freiheit gegen solche Anmaßungen nicht im strengen Sinne garantieren. Er hat aber durchaus Möglichkeiten, ins Totalitäre abirrenden gesellschaftlichen Entwicklungen entgegenzuwirken, zumindest durch Vorbild und Aufklärung, und er darf sich jedenfalls nicht aktiv an Kampagnen beteiligen, die darauf gerichtet sind, die Freiheit der geistigen Auseinandersetzung denen vorzuenthalten, deren Auffassungen als politisch unkorrekt eingestuft werden.

27

## C. Bibliographie

*von Arnauld, Andreas*, Die Freiheitsrechte und ihre Schranken, 1999.
*Cremer, Wolfram*, Freiheitsgrundrechte, 2003.
*Hellermann, Johannes*, Die sogenannte negative Seite der Freiheitsrechte, 1993.
*Isensee, Josef/Kirchhof, Paul* (Hg.), HStR, Bd. VII Freiheitsrechte, ³2009.
*dies.* (Hg.), HStR, Bd. IX Allgemeine Grundrechtslehren, ³2011.
*Merten, Detlef/Papier, Hans-Jürgen* (Hg.), HGR, Bd. II Grundrechte in Deutschland: Allgemeine Lehren I, 2006.
*dies.* (Hg.), HGR, Bd. III Grundrechte in Deutschland: Allgemeine Lehren II, 2009.

# § 20
# Gleichheit

*Lerke Osterloh*

**Übersicht**

|  | Rn. |
|---|---|
| A. Allgegenwärtigkeit – Stärken und Schwächen des Gleichheitsgedankens | 1– 5 |
| B. Freiheitsgerechte Gleichheit. | 6–15 |
|     I. Neutralität des Gleichheitssatzes. | 9–10 |
|     II. Tatsächliche und rechtliche Gleichheit | 11–13 |
|     III. Allgemeiner Gleichheitssatz und besondere Diskriminierungsverbote | 14 |
|     IV. Gleiche Freiheit bei zunehmender Kluft zwischen arm und reich? | 15 |
| C. Bibliographie | |

## A. Allgegenwärtigkeit – Stärken und Schwächen des Gleichheitsgedankens

Der Gleichheitsgedanke ist in Europa von der frühen Antike über das Mittelalter bis in die Neuzeit in Philosophie, Religion, Politik und Recht wesentlicher Gegenstand des Nachdenkens[1] und gegenwärtig in allen modernen demokratisch und rechtsstaatlich verfassten Staaten der westlichen Welt als Rechtsgedanke in facettenreich unterschiedlicher Ausgestaltung omnipräsent. Allgemeine und besondere Gleichheitssätze bilden wesentliche Eckpfeiler des internationalen wie des supranationalen und des nationalen Rechts. So sind sie als Menschen- und Grundrechte etwa Bestandteil der von der Generalversammlung der Vereinten Nationen am 10. Dezember 1948 verkündeten Erklärung der Menschenrechte, Gegenstand völkerrechtlich verbindlicher Verträge wie insbesondere der am 4. November 1950 unterzeichneten Europäischen Konvention zum Schutz der Menschenrechte und Grundfreiheiten und des Internationalen Pakts über bürgerliche und politische Rechte vom 19. Dezember 1966. Neben der Charta der Grundrechte vom 12. Dezember 2007, die Gleichheitssätzen und Diskriminierungsverboten einen eigenen Titel mit sieben Artikeln widmet, enthält das geltende Recht der Europäischen Union inzwischen im AEUV in Verbindung mit verschiedenen Richtlinien weitreichende spezielle Antidiskriminierungsnormen und sorgte zudem seit jeher mit der Gewährleistung der Grundfreiheiten zugleich für effektive Diskriminierungsverbote hinsichtlich des grenzüberschreitenden europäischen Marktes.

Die breit ausgebauten Diskriminierungsverbote des Unionsrechts wirken in vielfältiger Weise auf das nationale Recht ein[2] und formen einen Hintergrund, vor dem

1

2

---
[1] Dazu im Überblick bis zum ausgehenden 19. Jahrhundert *Otto Dann*, Gleichheit und Gleichberechtigung, 1980.
[2] Dazu z. B. die Referate zum Thema „Diskriminierungsschutz und Privatautonomie" von *Matthias Jestaedt* und *Gabriele Britz*, in: VVDStRL 64 (2004), S. 298 ff., 355 ff.

kontrastierend der scheinbar einfache Satz des Art. 3 Abs. 1 GG, „Alle Menschen sind vor dem Gesetz gleich", noch etwas von dem alten Glanz naturrechtlich inspirierter und hart erkämpfter Errungenschaften der bürgerlichen Gesellschaft aufscheinen lässt. Weniger die zunehmende Erweiterung und Ausdifferenzierung spezieller Diskriminierungsverbote vermitteln jedoch die Allgegenwärtigkeit des Gleichheitsgedankens im geltenden Recht, mehr noch bewirkt dies gerade der Rechtsgehalt des allgemeinen Gleichheitssatzes, der sich nicht in einzelnen Diskriminierungsverboten erschöpft, sondern einen allgemeineren, umfassenden Auftrag an den Gesetzgeber präsentiert: den Auftrag, gerechte Gleichheit zu verwirklichen. Dieser Gehalt ist es, der Gleichheit zur allgegenwärtigen Aufgabe gesetzlicher und exekutiver Gestaltung wie auch gerichtlicher, fach- und verfassungsgerichtlicher Kontrolle und Streitentscheidung macht und gleichermaßen Stärken und Schwächen rechtlich gebotener Gleichheit begründet.

3 Die zentrale normative Schwäche des allgemeinen Gleichheitssatzes liegt in dessen Relativität, die zutreffend als semantische Leere gekennzeichnet worden ist.[3] Einerseits beschränkt sich die verfassungsrechtliche Gewährleistung mit Blick auf Art. 1 Abs. 3 GG offenkundig nicht auf die gleiche Anwendung des allgemeinen Gesetzes, sondern bindet als unmittelbar geltendes Recht auch den Gesetzgeber. Andererseits ist aber ebenso offenkundig ein allgemeines Verfassungsgebot schematisch gleicher Behandlung aller Menschen in einer rechtlich, demokratisch und rechtsstaatlich geordneten Gemeinschaft nicht denkbar. Deshalb bedarf es eines Maßstabs, nach dem zu entscheiden ist, ob eine Gleichbehandlung oder eine Ungleichbehandlung von Menschen mit dem allgemeinen Gleichheitssatz vereinbar ist oder nicht. Einen solchen Maßstab liefert der Gleichheitssatz selbst nicht, und zwar auch nicht mit dem tatbestandlich genannten Grundrechtsträger „Mensch". Dieser ist nicht Maßstab, sondern in seiner Relation zu anderen Menschen Bezugspunkt, geschütztes Subjekt des Gleichbehandlungsgebots.

4 Vor diesem Hintergrund hat das Bundesverfassungsgericht den Gleichheitssatz von Beginn an als ein auch den Gesetzgeber bindendes Gebot materieller Gerechtigkeit interpretiert, das sowohl für die gleiche, als auch für die ungleiche Behandlung von Tatbeständen gilt. Dies zeigt schon die bis heute immer wieder verwendete Formel im Südweststaaturteil (1951): „Der Gleichheitssatz ist verletzt, wenn sich ein vernünftiger, sich aus der Natur der Sache ergebender oder sonstwie sachlich einleuchtender Grund für die gesetzliche Differenzierung oder Gleichbehandlung nicht finden lässt, kurzum, wenn die Bestimmung als willkürlich bezeichnet werden muss."[4] Hiermit schloss der Zweite Senat unmittelbar an die schon unter der Weimarer Reichsverfassung entwickelte Lehre einer wertorientierten Grundrechtskonkretisierung an. Dabei war der Begriff Willkür als der „gegensätzliche Korrelatbegriff"[5] zur Gerechtigkeit gemeint, so dass die vom Ersten Senat im Jahr 1953 formulierte und ebenfalls bis heute verwendete positive Umschreibung des Gleichheitssatzes zwar als sprachlich, nicht aber sachlich abweichende Variante zu

---
3 *Adalbert Podlech*, Gehalt und Funktionen des allgemeinen verfassungsrechtlichen Gleichheitssatzes, 1971, S. 77 ff.
4 BVerfGE 1, 14 (52).
5 *Gerhard Leibholz*, Die Gleichheit vor dem Gesetz, [1]1925, S. 72 (unverändert 2. Aufl. 1959).

verstehen ist, wenn es heißt: „Dieser bedeutet für den Gesetzgeber die allgemeine Weisung, bei steter Orientierung am Gerechtigkeitsgedanken, »Gleiches gleich, Ungleiches seiner Eigenart entsprechend verschieden« zu behandeln."[6]

Die hier verwendeten Begriffe (Gleiches, Ungleiches, Eigenart, Gerechtigkeitsgedanke) signalisieren die vollständige Abhängigkeit der Inhalte des allgemeinen Gleichheitssatzes vom persönlichen, sachlichen und zeitlichen Kontext seines Gebrauchs, also seine Offenheit und Wandelbarkeit, und erst der Blick auf den nach geltendem Recht verfassungsrechtlich verbindlichen Kontext seiner Anwendung macht sichtbar, dass diese Kontextabhängigkeit nicht (nur) die Schwäche, sondern gerade auch die Stärke des Gleichheitssatzes begründet: Das Grundgesetz fordert nicht nur gerechte, sondern verfassungsgerechte Gleichbehandlung. Demokratie, Rechts- und Sozialstaat, vor allem aber auch die Freiheitsgrundrechte bieten dem Gesetzgeber Orientierung für die Entwicklung und Konkretisierung von Maßstäben gerechter Gleich- und Ungleichbehandlung. Der Gleichheitssatz ergänzt und erweitert die primär vertikale, auf die Beziehung von Staat und Grundrechtsträger fokussierte Perspektive der Freiheitsrechte um die primär horizontale, die Relationen zwischen den Grundrechtsträgern erfassende Perspektive gleicher und ungleicher Verteilung von Freiheitsbeschränkung oder -erweiterung und wirkt so als flankierender Freiheitsschutz.

## B. Freiheitsgerechte Gleichheit

Zwar bezeichnet die allgemeine grundrechtliche Gleichheit nur eine von verschiedenen Wirkungsfeldern; von zentraler Bedeutung für die Demokratie sind mit der Gewährleistung des gleichen Wahlrechts, des gleichen Zugangs zu öffentlichen Ämtern und mit der Chancengleichheit der Parteien die politischen Gleichheitsrechte; der sozialstaatlich begründeten Gleichheitsschutz ist in Deutschland durch Ansprüche auf staatliche Hilfe in Notlagen, die Systeme der Sozialversicherungen und die Gewährleistung eines menschenwürdigen Existenzminimums geprägt, und schließlich entfaltet der Gleichheitssatz auch im Staatsorganisationsrecht vielfältige Wirkungen. Die grundrechts-, also freiheitsgerechte Gleichheit bildet jedoch einen besonders spannenden und spannungsreichen Schwerpunkt der bemerkenswerten Entfaltung des Gleichheitssatzes in der verfassungsgerichtlichen Rechtsprechung. Was mit dem Bekenntnis einerseits zur Wertgebundenheit auch des Gesetzgebers, und korrespondierend andererseits zu richterlicher Zurückhaltung in Gestalt der Willkürrechtsprechung begann, ist im Laufe der vergangenen Jahrzehnte eingemündet in eine sehr weitgehende Zusammenführung freiheits- und gleichheitsrechtlicher Maßstäbe der verfassungsrechtlichen Würdigung. Die Beschränkung einer gleichheitsrechtlichen Bindung des

---
6 BVerfGE 3, 58 (135).

Gesetzgebers auf ein Willkürverbot ist der Verpflichtung auf die Wahrung der Grundsätze der Verhältnismäßigkeit gewichen.[7]

7 Damit gilt nicht nur für die Vereinbarkeit mit Freiheitsrechten, sondern auch mit dem Gleichheitssatz: Vom Gesetzgeber wird neben verfassungsgemäßen Zielsetzungen ein hinreichendes Maß an (Zweck-)Rationalität (Eignung und Erforderlichkeit der Mittel) und Abgewogenheit (Verhältnismäßigkeit i. e. S.) seiner Entscheidungen gefordert.[8] Dies trägt der Erkenntnis Rechnung, dass es bei dem Verhältnismäßigkeitsprinzip trotz dessen Herkunft aus dem preußischen Polizeirecht nicht nur um Begrenzung von „Eingriffen" in besondere „Schutzbereiche" geht,[9] sondern um elementare rechtsstaatliche Anforderungen, die der grundrechtlich geschützte Bürger einklagen kann, soweit er durch staatliches Handeln beschwert ist.

8 Ist gerechte Gleichbehandlung als grundrechtsgerechte Gleichbehandlung zu verstehen, so kann die Verflechtung von vertikaler und horizontaler Dimension des Grundrechtsschutzes, von Freiheits- und Gleichheitsschutz, und damit auch der Zusammenhang verfassungsgerichtlicher Kontrollmaßstäbe nicht verwundern. Schon im Rahmen der eng verstandenen Funktion als subjektives Abwehrrecht beschränkt sich die Wirkungsweise des grundrechtlichen Freiheitsschutzes typischerweise nicht auf die vertikale Dimension Staat-Bürger, sondern umfasst auch die horizontale Dimension, wie schon frühe Rechtsprechung[10] zu wirtschaftslenkenden Maßnahmen mit der Anwendung des Art. 12 „i. V. m." Art. 3 Abs. 1 GG verdeutlicht.

### I. Neutralität des Gleichheitssatzes

9 Die Konvergenz der abstrakten Prüfungsmaßstäbe für hinreichende Rationalität und Abgewogenheit in Gestalt der Verhältnismäßigkeitsgrundsätze bedeutet auch nicht eine Vernachlässigung spezifisch unterschiedlicher Gehalte von Freiheit und Gleichheit durch inhaltsleere Formalisierung eines einheitlichen Prüfungsprogramms. Vor dem Hintergrund des weitgefächerten Spektrums unterschiedlicher Konzepte „gerechter Gleichheit", wie sie seit langem und neuerdings vor allem seit dem Theorieentwurf[11] von *John Rawls* aus dem Jahr 1971 in der politischen Philo-

---

7 Mit den Worten des Ersten Senats, BVerfG, in: NVwZ 2011, S. 1318: „Aus dem allgemeinen Gleichheitssatz ergeben sich je nach Regelungsgegenstand und Differenzierungsmerkmalen unterschiedliche Grenzen für den Gesetzgeber, die von gelockerten auf das Willkürverbot beschränkten Bindungen bis hin zu strengen Verhältnismäßigkeitserfordernissen reichen können. ... Differenzierungen bedürfen stets der Rechtfertigung durch Sachgründe, die dem Differenzierungsziel und dem Ausmaß der Ungleichbehandlung angemessen sind. [...] Der Gleichheitssatz ist dann verletzt, wenn eine Gruppe von Normadressaten oder Normbetroffenen im Vergleich zu einer anderen anders behandelt wird, obwohl zwischen beiden Gruppen keine Unterschiede von solcher Art und solchem Gewicht bestehen, dass sie die unterschiedliche Behandlung rechtfertigen können. [...] Dabei gilt ein stufenloser am Grundsatz der Verhältnismäßigkeit orientierter verfassungsrechtlicher Prüfungsmaßstab, dessen Inhalt und Grenzen sich nicht abstrakt, sondern nur nach den jeweils betroffenen unterschiedlichen Sach- und Regelungsbereichen bestimmen lassen."
8 BVerfGE 115, 97 (113); 123, 111 (123).
9 Für die Gegenposition insb. *Werner Heun*, Freiheit und Gleichheit, in: HGR, Bd. II (2006), § 34 Rn. 42 ff.
10 Vgl. nur BVerfGE 30, 292 (326 ff.). – Mineralölbevorratung.
11 *John Rawls*, A Theory of Justice, Cambridge/MA, 1971; deutsch: Eine Theorie der Gerechtigkeit, 1975.

sophie kontrovers diskutiert werden,[12] sind inhaltliche Richtungskämpfe Sache des politischen Prozesses und deren Resultate Sache parlamentarischer Entscheidung.[13] Dieses Primat des Parlaments wird durch die gerichtliche Kontrolle eines hinreichenden Maßes an Rationalität und Abgewogenheit gewahrt.

Auch die weitestgehende Symmetrie des allgemeinen Gleichheitssatzes in der verfassungsgerichtlichen Interpretation als Gebot gerechter Gleich- *und* Ungleichbehandlung hat zur ebenfalls weitestgehenden verfassungsrechtlichen „Neutralität" des Art. 3 Abs. 1 GG im Streit um mehr oder weniger Egalität geführt. Diese symmetrische Fassung des Gleichheitssatzes ist zwar kritisiert worden: Verliere der Gleichheitssatz jede Richtung auf Gleichheit, könne er nicht mehr im Sinne eines Prinzips der Gleichheit gedeutet werden, sondern werde „zu einer schlichten Forderung nach der Begründung von Normen".[14] Gerade eine solche – jedenfalls zentrale – Funktion als Begründungsgebot im Sinne eines Gebots (grundsätzlich nur) möglicher Begründung (Begründbarkeit) gehört jedoch – auch – zu den wesentlichen Vorzügen des Gleichheitssatzes in seiner Eigenschaft als Kontrollnorm, denn sie überlässt die inhaltlichen Weichenstellungen (Zielsetzungen) dem Gesetzgeber. Auch soweit Freiheit die Freiheit ist, sich zu unterscheiden,[15] muss doch das danach spannungsreiche Gebot freiheitsgerechter Gleichbehandlung dem Gesetzgeber auch ein weites Feld an mehr oder weniger Differenzierungsmöglichkeiten eröffnen, innerhalb dessen er Beschränkung und Schutz freiheitlicher Selbstbestimmung in unterschiedlicher Weise ausgestalten kann.

## II. Tatsächliche und rechtliche Gleichheit

In der Perspektive des Gebots freiheitsgerechter Gleichbehandlung zeigt sich auch die gängige Unterscheidung zwischen tatsächlicher und rechtlicher Gleichheit in einem besonderen Licht. Soweit unter rechtlicher Gleichheit die Ausstattung mit gleichen Rechten im Sinne von Start- oder Chancengleichheit zu verstehen ist, im Gegensatz zur tatsächlichen Gleichheit als Ausstattung mit gleichem Vermögen oder Einkommen im Sinne von Ergebnisgleichheit, so hat sich die Frage einer etwaigen Beschränkung des Schutzgehalts des allgemeinen Gleichheitssatzes auf die rechtliche Gleichheit[16] zwar nicht ganz erledigt, die Bedeutung alternativer Antworten aber doch sehr relativiert:

Bei der expansiven Entwicklung der verfassungsgerichtlichen Rechtsprechung zu den Freiheitsgrundrechten geht es vor allem um die sog. objektiven Grundrechtsgehalte, also vor allem um die Ausstrahlungswirkungen auf die gesamte Rechtsordnung, insbesondere auch auf das Privatrecht, um Grundrechtsschutz durch Organisation und Verfahren, Teilhabe und Leistung, und um die Schutzpflichten. Auch wenn die Verdichtung dieser Gehalte zu einklagbaren subjektiven Rechten nicht

---

12 Z.B. Angelika Krebs (Hg.), Gleichheit oder Gerechtigkeit, 2000.
13 I.E. übereinstimmend zur sozialen Gleichheit *Ulrike Davy*, Soziale Gleichheit: Voraussetzung oder Aufgabe der Verfassung?, in: VVDStRL 68 (2008), S. 122 ff., zusammenf. S. 170.
14 *Robert Alexy*, Theorie der Grundrechte, 1985, S. 371 ff.
15 *Paul Kirchhof*, Die Verschiedenheit der Menschen und die Gleichheit vor dem Gesetz, 1996, S. 7.
16 *Christian Starck*, in: v. Mangoldt/Klein/Starck, Bd. I, ⁶2010, Art. 3 Abs. 1 Rn. 3 ff.

durchgehend verfassungsrechtlich gewährleistet ist, so werden sie jedenfalls durch den Gleichheitssatz begleitet und verstärkt, besonders auffällig bei den derivativen Ansprüchen auf Leistung und Teilhabe. Wesentlich für das Thema der tatsächlichen Gleichheit sind aber vor allem die Privatrechtswirkungen der Freiheitsgrundrechte. Da die rechtlich gleiche Vertragsfreiheit bei tatsächlich wesentlichem Ungleichgewicht der Vertragspartner faktisch nur dem Starken, nicht aber dem Schwachen nützlich ist, hat der Gesetzgeber hier eine Fülle von Schutzvorschriften geschaffen, um die tatsächlich ungleichen Wirkungen rechtlich gleicher Freiheit einzuschränken. Auch derartige Regelungen eines ausgleichenden Freiheitsschutzes dienen dem Schutz gleicher Freiheit. Hier wie allgemein auf dem Feld der objektiven Grundrechtsgehalte regiert der Gedanke, dass Grundrechtsschutz sich nicht in Abwehrmöglichkeiten gegen staatliche Eingriffe erschöpft, sondern darauf angelegt ist, dass die Grundrechtsträger ihre Rechte in der Realität auch tatsächlich erleben können. Das gilt nicht nur für die Freiheit, sondern auch für die gleiche Freiheit.

**13** Dieser Gedanke hat durch die unionsrechtliche Diskriminierungsgesetzgebung eine erhebliche Verstärkung und Ausweitung erfahren. Ein Paradigmenwechsel hat jedoch nicht stattgefunden. Jedes im Privatrechtsverkehr zu beachtende Diskriminierungsverbot schränkt zwar die Freiheit der Verbotsadressaten ein, rechtfertigt sich aber, weil und soweit die rechtlich gleiche Verteilung von Freiheit tatsächlich bestehende Abhängigkeiten, also tatsächliche Ungleichheiten bestätigt oder verstärkt. Dieser Gedanke war auch dem früheren nationalen Recht nicht fremd, so dass man nur zu der Frage streiten mag, wieweit dessen Expansion zu effektivem Schutz gleicher Freiheit für alle auch in der Realität beiträgt.

### III. Allgemeiner Gleichheitssatz und besondere Diskriminierungsverbote

**14** Die speziellen Diskriminierungsverbote des Art. 3 Abs. 3 GG verdeutlichen eindrucksvoll die übergreifende Perspektive des verfassungsrechtlichen Schutzes gleicher Freiheit. Trotz der systematischen Trennung des Verfassungstextes zwischen dem allgemeinen Gleichheitssatz des Abs. 1 und den spezielleren Verboten des Abs. 3 sollte mit den Gewährleistungen des Abs. 3 nur noch einmal hervorgehoben werden, was schon nach Abs. 1 unzweifelhaft als verboten gelten sollte,[17] wie auch die ursprünglich gegen erhebliche Widerstände durchgesetzte Hervorhebung der Gleichberechtigung in Abs. 2 das Diskriminierungsverbot des Abs. 3 lediglich gegen zu befürchtende wiederum diskriminierende Interpretationen von Benachteiligung und Bevorzugung absichern sollte. Beide systematisch hervorgehobenen Absätze des Art. 3 GG spiegeln die Erfahrungen zur Zeit der Verfassungsberatungen wider: Abs. 2 die Erfahrung Jahrhunderte langer Freiheitsbeschränkungen von Frauen, Abs. 3 darüber hinaus die Erfahrung der menschenverachtenden und mörderischen Diskriminierung von Minderheiten im Nationalsozialismus. Wie mit den Berufsverboten für jüdische Mitbürger gleich zu Beginn des nationalsozialistischen Regimes agierte und agiert Diskriminierung vor allem auch als Freiheitsverletzung. Dem offenkundig auch auf Freiheitsschutz ausgerichteten Sinn dieser besonderen

---

17 Vgl. JöR N.F. 1 (1951), S. 1 (87).

Gleichheitssätze entsprach es deshalb, dass das Bundesverfassungsgericht[18] jedenfalls dem Gleichberechtigungsgebot des Abs. 2 schon vor dessen Ergänzung durch Satz 2 ein Verbot auch mittelbarer Diskriminierung, einen sozialstaatlichen Auftrag des Ausgleichs von Nachteilen und schließlich sogar eine Schutzpflicht entnommen hat, also hier entsprechend der expansiven Konkretisierung der Freiheitsrechte dem Gedanken gefolgt ist, dass ein wirksamer Grundrechtsschutz auch die tatsächlichen Realisierungsmöglichkeiten des Grundrechtsgebrauchs einbeziehen muss. Auf derselben Linie hätte es gelegen, wenn Bund und Länder nicht erst in den letzten Jahren die rechtzeitige Sprachförderung von Kindern mit Migrationshintergrund als Staatsaufgabe entdeckt, sondern Jahrzehnte vorher die Verbindung von Schulpflicht mit dem Mangel an Lehrkompetenz gegenüber fremdsprachigen Kindern als eine mit dem Schutzzweck auch des Diskriminierungsverbots wegen der Sprache nicht vereinbare Benachteiligung wahrgenommen hätten.

### IV. Gleiche Freiheit bei zunehmender Kluft zwischen arm und reich?

Die verfassungsrechtliche Zusammenschau von Gleichheit und Freiheit bewährt sich schließlich auch mit Blick auf aktuelle Entwicklungen der Einkommensverteilung in Deutschland. Wie eine Studie der OECD vom Dezember 2011[19] zeigt, ist die Einkommensungleichheit in Deutschland seit 1990 stark gewachsen, und zwar erheblich stärker als in den meisten anderen OECD-Ländern. Danach verdienten die obersten zehn Prozent der deutschen Einkommensbezieher im Jahr 2008 mit durchschnittlich 57.300 Euro etwa achtmal so viel wie die untersten zehn Prozent mit 7.400 Euro. Dabei wuchsen die realen Haushaltseinkommen in den beiden Jahrzehnten vor der Finanz- und Wirtschaftskrise bei den obersten zehn Prozent um jährlich 1,6 Prozent, während es bei den untersten zehn Prozent 0,1 Prozent waren. Nimmt man u. a. in der Presse kursierende Zahlen[20] etwa zu dem als armutsgefährdet geltenden Bevölkerungsanteil (15 Prozent) oder zum Verhältnis durchschnittlicher Einkommen der Mittelschicht (50.000 Euro) zu denen von Spitzengehältern einiger Manager (Dax-Konzernchefs: fünf Millionen) hinzu, so ist hierin nicht nur ein ökonomisches und moralisches, sondern auch ein verfassungsrechtliches Problem zu erkennen: Derartige Missverhältnisse in einem vergleichsweise wirtschaftlich so erfolgreichen und reichen Land wie Deutschland sind mit dem verfassungsrechtlich aufgegebenen staatlichen Schutz von Chancengleichheit kaum in Einklang zu bringen. Wenn trotz stetigen Wirtschaftswachstums die Chancen, „von unten nach oben" zu kommen, nicht steigen, sondern sinken, dann ist zu fragen, ob es hier nicht nur um tatsächlich ungleiche Einkommensverteilung geht, sondern auch um nicht individuell zurechenbare Minderung individueller Entwicklungschancen, also um Freiheitsminderung, und darüber hinaus auch um eine mit dem Anspruch aller Menschen auf gleiche Achtung nur schwer vereinbare Entwertung individueller Leistung. Auch wenn die strukturellen Probleme einer sich zu weit

15

---
18 BVerfGE 74, 163 (179 f.); 85, 191 (207); 89, 276 (285 f.).
19 „Divided we stand – Why inequality keeps rising" – hier zitiert nach dem unter www.oecd.org abrufbaren Kurzbericht.
20 Vgl. etwa *Marc Beise*, Der Fluch der Schere, in: SZ v. 22.06.2012, S. 24.

öffnenden Schere ungleicher Einkommens- und Vermögensverteilung nicht in den Kategorien einklagbarer subjektiver Rechte einzufangen sind, ist es doch der verfassungsrechtliche Leitgedanke gleicher Freiheit, der Staat und Gesellschaft beim Erkennen und Bearbeiten dieser Probleme anleiten und begleiten sollte.

# C. Bibliographie

*Dann, Otto*, Gleichheit und Gleichberechtigung, 1980.
*Dreier, Horst*, Dimensionen der Grundrechte, 1993.
*Dworkin, Ronald*, Was ist Gleichheit?, 2011.
*Hesse, Konrad*, Der Gleichheitssatz in der neueren deutschen Verfassungsentwicklung, in: AöR 109 (1984), S. 174 ff.
*Huster, Stefan*, Rechte und Ziele, 1993.
*Kirchhof, Paul*, Allgemeiner Gleichheitssatz, in: HStR, Bd. VIII, ³2010, § 181.
*Mellinghoff, Rudolf/Palm, Ulrich* (Hg.), Gleichheit im Verfassungsstaat, 2008.
*Nussbaum, Martha C.*, Die Grenzen der Gerechtigkeit, 2010.
*Rosanvallon, Pierre*, La société des égaux, Paris, 2011.

# § 21
# Verhältnismäßigkeit

*Florian Becker*

**Übersicht**

| | Rn. |
|---|---|
| A. Einleitung | 1 |
| B. Die Entstehung des Verhältnismäßigkeitsprinzips | 2–6 |
| C. Durchsetzung der Verhältnismäßigkeit im deutschen Recht | 7–11 |
| D. Export der Verhältnismäßigkeit in weitere Staaten | 12–20 |
|     I. Nachbarstaaten und Südeuropa | 13–15 |
|     II. Osteuropa | 16 |
|     III. Common-Law-Raum | 17–20 |
| E. Diffusion in das Europarecht | 21–25 |
| F. Diffusion in das Völkerrecht | 26–27 |
| G. Fazit | 28 |
| H. Bibliographie | |

## A. Einleitung

Nach verbreitetem westeuropäischem Verständnis handelt es sich bei dem Verhältnismäßigkeitsprinzip um ein die Relation von Staat und Individuum fundamental prägendes Element rechtsstaatlicher Verfassung.[1] Indes ist die schon lange präsente Einsicht, dass staatliche Eingriffe in die individuelle Freiheitssphäre anhand des verfolgten Zieles beschränkt werden müssen, nicht schon von jeher in eine Rechtsregel transformiert worden. Obschon das Verhältnismäßigkeitsprinzip aktueller Ausprägung seinen Ursprung im deutschen Verfassungsrecht des vergangenen Jahrhunderts fand, erfolgte seine horizontale und vertikale Diffusion in andere Rechtsordnungen indes erst nach dem Krieg.[2] Ab diesem Zeitpunkt aber entwickelte es sich in verhältnismäßig kurzer Zeit zu einem deutschen Exportschlager.[3]

1

---

1 *Eckhard Pache*, in: NVwZ 1999, S. 1033.
2 *Stylianos-Ioannis G. Koutnatzis*, VRÜ 44 (2011), S. 32; *Hans D. Jarass*, EU-Grundrechte, 2005, § 1 Rn. 4; *Vassilios Skouris*, in: Stern, 60 Jahre Grundgesetz, Das Grundgesetz für die Bundesrepublik Deutschland im europäischen Verfassungsverbund, 2010, S. 37 (40).
3 *Claus D. Classen*, in: FS für Klaus Stern, 2012, S. 651.

## B. Die Entstehung des Verhältnismäßigkeitsprinzips

2 Der in dem Verhältnismäßigkeitsprinzip wirkmächtige Gedanke, dass sich (zunächst nicht allein staatliche) Machtentfaltung in begrenzten Bahnen bewegen soll, ist deutlich älter als seine juristische Ausformung. Spuren finden sich bereits in den Schriften der griechischen Antike:[4] *Aristoteles* forderte im 4. Jh. v. Chr. von jedem „guten Menschen" die Beachtung der „Proportionen".[5] Zur selben Zeit machte sich *Platon* für eine Mäßigung von Gewalt stark;[6] *Seneca* verurteilte maßloses Regierungshandeln.[7] Auch im Mittelalter galt maßvolles Handeln als tugendhaft.[8] Hier war das Gebot der Verhältnismäßigkeit ein allgemeingültiger ethischer Grundsatz, der für Herrscher und Beherrschte gleichermaßen bedeutsam war. Als umfassende Beschränkung des Staatszwecks wurde die Verhältnismäßigkeit von *Kant*[9] und von *von Humboldt*[10] entwickelt.[11]

3 Die Verhältnismäßigkeit als Mäßigung der Staatsgewalt war zunächst eine deutsche, den europäischen Nachbarn fremde Entdeckung. Während in Frankreich eine revolutionäre Regierung herrschte und sich das Vereinigte Königreich als staatsfreie Gesellschaft begriff,[12] standen in Deutschland Begründung und Domestizierung monarchischer und staatlicher Gewalt im Mittelpunkt des verfassungsrechtlichen Diskurses zwischen einer Reformbewegung und monarchischem Beharrungsvermögen.[13] Dieser führte bekanntermaßen nicht zu einer vollständigen Demokratisierung, sondern zur Etablierung eines monarchischen Rechtsstaats.[14] Der in Legitimations- und Entscheidungsprozesse kaum eingebundene Staatsbürger sollte durch die Anerkennung rechtsstaatlicher Elemente wenigstens vor einem Übermaß staatlicher Machtausübung geschützt werden.[15] So wurde im preußischen Recht festgeschrieben, dass der Staat „die natürliche Freiheit seiner Bürger nur insoweit einschränken [kann], als das Wohl der gesellschaftlichen Verbindung solches erfordert."[16]

4 *Otto Mayer* verwendete den Begriff der Verhältnismäßigkeit erstmals am Ende des 19. Jahrhunderts in einem modernen Kontext.[17] Freiheitsbeschränkungen sollten

---

[4] *Angelika Emmerich-Fritsche*, Der Grundsatz der Verhältnismäßigkeit als Direktive und Schranke der EG-Rechtsdurchsetzung, 1999, S. 50 f.; *Detlef Merten*, in: HGR, Bd. III (2009), § 68 Rn. 6; *Franz Wieacker*, in: FS für Robert Fischer, 1979, S. 867 (867 f.).
[5] *Aristoteles*, Nikomachische Ethik, 5. Buch, 6, 1131 b (übersetzt von *Wolf*, Aristoteles: Nikomachische Ethik, 2006).
[6] *Platon*, Politeia 430 d, e (übersetzt von *Vreska*, Platon: Der Staat, 2000).
[7] *Seneca*, Declementia, II, 4, 3 (übersetzt von *Büchner*, Seneca: De clementia/Über die Güte, 1970).
[8] *Merten* (N 4), § 68 Rn. 6.
[9] *Immanuel Kant*, in: Weischedel (Hg.), Werke in sechs Bänden, Bd. VI, 1975, S. 127 (146).
[10] *Wilhelm v. Humboldt*, Neue Thalia 2, 1792, S. 131 ff.
[11] *Merten* (N 4), § 68 Rn. 8.
[12] *Florian Becker*, in: FS für Josef Isensee, 2007, S. 471; *Emmerich-Fritsche* (N 4), S. 176 ff.
[13] *Christoph Knill/Florian Becker*, in: Die Verwaltung 36 (2003), S. 447 (454 ff.).
[14] *Thomas Ellwein*, in: Seibel/Benz/Mäding, Verwaltungsreform und Verwaltungspolitik im Prozess der deutschen Einigung, 1993, S. 30 (31); *König*, in: VerwArch 87 (1996), S. 19 (25).
[15] *Gerhard Lehmbruch*, in: Muramatsu/Naschold, State and Administration in Japan and Germany, 1997, S. 39.
[16] § 56 des Entwurfs eines allgemeinen Gesetzbuchs für die preußischen Staaten; vgl. dazu *Walter Jellinek*, Gesetz, Gesetzesanwendung und Zweckmäßigkeitserwägung, 1913, S. 290 f.
[17] *Otto Mayer*, Deutsches Verwaltungsrecht, Bd. 1, 1895, S. 267 ff.

nur zulässig sein, wenn sie für die Freiheit und Sicherheit aller notwendig sind.[18] Eine der heutigen dreistufigen Prüfung nahekommende Untergliederung legte *Walter Jellinek* zu Beginn des 20. Jahrhunderts vor. Neben dem Gebot der Geeignetheit einer Maßnahme sei zum einen das Übermaßverbot zu beachten, wonach ein Eingriff „nicht weiter geh[en] als nötig" dürfe.[19] Bei der Beurteilung dieser Frage spielten Erwägungen eine Rolle, die inzwischen im Zuge der Erforderlichkeit angestellt werden. Zum anderen forderte *Jellinek* eine Abwägung mit dem öffentlichen Interesse.[20]

Durch das Apotheken-Urteil des Bundesverfassungsgerichts hielten die Grundsätze der Geeignetheit und Erforderlichkeit erstmals Einzug in die Rechtsprechung der Nachkriegszeit.[21] In der Folge wurden sie elementarer Bestandteil des deutschen Staatsrechts. Die Prüfung der Verhältnismäßigkeit wurde zunächst noch an den Besonderheiten der Berufsfreiheit festgemacht.[22] Die in der bekannten Dogmatik von Art. 12 Abs. 1 GG vorgesehenen drei Stufen möglicher Grundrechtseingriffe veranlassten das Bundesverfassungsgericht dazu, auch den grundrechtlichen Schutz abgestuft anhand der Intensität des Eingriffs zu beurteilen. Im Gegenzug stellte das Gericht damals noch fest, dass der Gesetzgeber nicht an die Verhältnismäßigkeit gebunden sei, wenn kein Grundrecht „mit in sich abgestuften Schutzbereichen" betroffen ist.[23]

*Lerche* erkannte in Anlehnung an das Apotheken-Urteil, dass das Rechtsprinzip nicht aus konkreten Schutzbereichen wie denen des Art. 12 Abs. 1 GG abgeleitet werden kann, weil sein Ursprung vielmehr im Rechtsstaatsprinzip bzw. der Gesamtkonstruktion des Grundgesetzes liegt.[24] Inzwischen ist die Verhältnismäßigkeit unabhängig vom konkret einschlägigen grundrechtlichen Schutzbereich als Grundpfeiler der Grundrechtsprüfung anerkannt.

# C. Durchsetzung der Verhältnismäßigkeit im deutschen Recht

Das so entstandene Verhältnismäßigkeitsprinzip breitete sich rasch aus. Aber noch bevor es aus der deutschen Rechtsordnung in fremde und internationale Rechtsordnungen diffundierte, gewann es innerhalb des nationalen Rechtssystems stetig an Bedeutung und erschloss sich neue Anwendungsfelder. Der zunächst im Bereich des Polizeirechts entwickelte Prüfungsmaßstab[25] wurde auf die gesamte Eingriffs-

---
18 So auch *Jellinek* (N 16), S. 290 f.; *Carl Gottlieb Svarez*, Zeitschrift f. Lit. u. Gesch. d. Staatswissenschaften 85, S. 374.
19 *Jellinek* (N 16), S. 290.
20 *Jellinek* (N 16), S. 289.
21 BVerfGE 7, 377 (409 f.).
22 *Johannes Saurer*, in: Der Staat 51 (2012), S. 3 (6 f.).
23 BVerfGE 7, 377 (410).
24 *Peter Lerche*, Übermaß und Verfassungsrecht, 1961, S. 253 f.
25 *Jellinek* (N 16), S. 289 ff.; *Lerche* (N 24), S. 24; *Saurer* (N 22), S. 3.

verwaltung ausgedehnt,[26] noch bevor er sich im Staatsrecht Bahn brach.[27] Als verfassungsrechtliche Schranken-Schranke fand er zunächst nur auf Freiheitsrechte Anwendung. Seit das Bundesverfassungsgericht auch in Bezug auf Gleichheitsrechte nicht mehr nur eine Willkürprüfung, sondern mit der (nicht mehr) neuen Formel eine komplexe Abwägung vornimmt,[28] hat die Verhältnismäßigkeitsprüfung für alle Grundrechte des Grundgesetzes Bedeutung erlangt.[29] In einzelnen Teilbereichen manifestiert sie sich in speziellen Ausprägungen wie der Wechselwirkungslehre im Rahmen des Art. 5 GG.[30]

**8** Nach wie vor ist das allgemeine Verfassungsprinzip der Verhältnismäßigkeit nicht explizit im Grundgesetz verankert. Seit 1994 ist allerdings das Kriterium der „Erforderlichkeit" für den Bereich der konkurrierenden Gesetzgebung in Art. 72 Abs. 2 GG erwähnt.[31] Danach ist die Bundeskompetenz nur eröffnet, wenn eine einheitliche Regelung „erforderlich", also geeignet und notwendig ist.[32] Allerdings wird in der rechtswissenschaftlichen Literatur zumeist darauf bestanden, dass diese Erforderlichkeit eine andere als die grundrechtliche ist.[33] Inzwischen hat das ungeschriebene Prinzip sogar ausdrücklich in der Verfassung geregelte Rechtsinstitute vereinnahmt. So wird die in Art. 19 Abs. 2 GG explizit enthaltene Wesensgehaltsgarantie heute als ein Teilbereich des Verhältnismäßigkeitsprinzips angesehen.[34]

**9** Die Expansion des Verhältnismäßigkeitsprinzips machte schließlich auch vor weiteren Rechtsgebieten nicht halt.[35] Das BGB sieht etwa an zahlreichen Stellen wie den §§ 138 Abs. 2, 226, 343, 904 Güterabwägungen zwischen den Interessen der Gläubiger und der Schuldner vor. Diese zivilrechtlichen Vorschriften sind zwar älter als die verfassungsrechtliche Verhältnismäßigkeit, jedoch werden die Prüfungsschritte bei der Güterabwägung zunehmend der Vorgehensweise im Grundrechtsbereich angelehnt.[36]

**10** Dabei ist angesichts dieser Entwicklung auf das Spannungsverhältnis zwischen der Wirkung eines verfassungsrechtlichen, das Verhältnis von Staat und Individuum prägenden Regulativs einerseits und dem für das Privatrecht nach wie vor fundamentalen Grundsatz der Privatautonomie hinzuweisen.[37] Die durch die Privatautonomie gewährte Möglichkeit, die Rechtsbeziehungen zwischen mehreren Personen einvernehmlich auszugestalten, leitet sich aus Art. 2 Abs. 1 GG ab.[38] Auch dann, wenn eine Partei eine unverhältnismäßig ungünstige Vereinbarung eingeht, erfolgt

---

26 *Wieacker* (N 4), S. 867 (870 f.).
27 *Fritz Ossenbühl*, in: FS für Peter Lerche, 1993, S. 151 (152).
28 BVerfGE 55, 72 (88).
29 *Jarass*, in: NJW 1997, S. 2545 (2549); *Michael Kloepfer*, Gleichheit als Verfassungsfrage, 1980, S. 54 ff.
30 *Markus Heintzen*, in: DVBl. 2004, S. 721; *Koutnatzis* (N 2), S. 32 (34).
31 Grundgesetznovelle v. 27.10.1994, BGBl. I, S. 3146.
32 *Hubertus Rybak/Hans Hofmann*, in: NVwZ 1995, S. 230 (232); *Rüdiger Sannwald*, in: Schmidt-Bleibtreu/Hofmann/Hopfauf, [12]2011, Art. 72 Rn. 68.
33 *Arndt Schmehl*, in: DÖV 1996, S. 724 (726), *Rupert Stettner*, in: Dreier, Bd. II, [2]2006, Art. 72 Rn. 18.
34 *Koutnatzis*(N 2), S. 32 (33).
35 *Michael Krugmann*, Der Grundsatz der Verhältnismäßigkeit im Völkerrecht, 2004, S. 43 f.
36 *Wieacker* (N 4), S. 867.
37 Vgl. *Lothar Hirschberg*, Der Grundsatz der Verhältnismäßigkeit, 1981, S. 30 ff.; *Theo Mayer-Maly*, in: ZfA 1980, S. 473 (475); *Merten* (N 4), § 68 Rn. 22.
38 BVerfGE 103, 197 (215); *Michael Eckert*, in: DStR 1993, S. 616; *Ingrid Schmidt*, in: Erfurter Kommentar zum Arbeitsrecht, [12]2012, Art. 2 GG Rn. 2.

dies unter Ausnutzung der allgemeinen Handlungsfreiheit.[39] In der Regel besteht deshalb kein Anlass dafür, die Entscheidung eines Privatrechtssubjekts, eine Verpflichtung einzugehen, durch das Verhältnismäßigkeitsprinzip zu korrigieren. Ausnahmen sind jedoch vor allem in Bereichen wie dem Arbeitsrecht oder dem Mietrecht über Wohnraum zu beobachten, die von faktischen Abhängigkeitsverhältnissen und Ungleichgewichten zwischen den Vertragspartnern geprägt sind. So sind etwa im Arbeitsrecht sowohl Arbeitgeber (z. B. im Kündigungsrecht)[40] als auch Arbeitnehmer (z. B. im Arbeitskampfrecht)[41] dazu angehalten, das erforderliche Maß nicht zu überschreiten.[42]

Zunächst als Beschränkung der Exekutive entwickelt, hat sich das Verhältnismäßigkeitsprinzip nunmehr auf alle Staatsgewalten ausgedehnt.[43] Die jeweilige Überprüfungsdichte divergiert jedoch deutlich. So werden an die erforderliche Interessenabwägung durch die Verwaltung strenge Maßstäbe angesetzt.[44] Dem Gesetzgeber wird hingegen ein großzügiger Beurteilungsspielraum zugestanden.[45] Inwieweit Prognose, Einschätzung und Beurteilung des Gesetzgebers gerichtlich überprüfbar sind, hängt vom konkreten Sachbereich der Regelung ab.[46]

## D. Export der Verhältnismäßigkeit in weitere Staaten

Das Prinzip der Verhältnismäßigkeit, das zunächst nur in Deutschland und der Schweiz eine verfassungsrechtliche Heimat hatte,[47] breitete sich in der Folge auf weitere Staaten aus.[48] Werden Rechtsinstitute, die in einem Staat entwickelt wurden, von einem weiteren Staat übernommen und in das eigene Rechtssystem integriert, spricht man von einer horizontalen Diffusion.[49]

---

39 BVerfGE 81, 242 (253); *Friedrich Casimir Medicus*, in: AcP 192 (1992), S. 35 (57).
40 BVerfGE 92, 365 (395); *Heinz Dieterich*, in: Erfurter Kommentar zum Arbeitsrecht, ¹²2012, Art. 9 GG Rn. 129.
41 *Wolfgang Däubler*, in: ders., Arbeitskampfrecht, ³2011, § 14; *Roloff*, in: Christian Rolfs/Richard Giesen/Ralf Kreikebohm/Peter Udsching, Arbeitsrecht, ²³2012, § 5 AGG Rn. 4 f.
42 *Wieacker* (N 4), S. 867 (869).
43 *Medicus* (N 39), S. 35 (55); *Merten* (N 4), § 68 Rn. 42.
44 *Merten* (N 4), § 68 Rn. 47 f.
45 BVerfGE 72, 155 (174); *Ernst-Wolfgang Böckenförde*, Zur Lage der Grundrechtsdogmatik nach 40 Jahren Grundgesetz, 1990, S. 52 f.; *Claus-Wilhelm Canaris*, in: AcP 184 (1984), S. 201 (227); *Medicus* (N 39), S. 35 (56).
46 *Merten* (N 4), § 68 Rn. 45.
47 *Koutnatzis* (N 2), S. 32 (36); *Ulrich Zimmerli*, Zeitschrift für Schweizerisches Recht 1978, S. 1.
48 *Skouris* (N 2), S. 37 (40); *Alec Stone Sweet/Jud Mathews*, Columbia Journal of Transnational Law 47 (2008), S. 73 (75).
49 *Kristine Kern*, Die Diffusion von Politikinnovationen, 2000; *Knill/Becker* (N 13), S. 447 (451).

## I. Nachbarstaaten und Südeuropa

13  In den 80er Jahren des 20. Jahrhunderts fand die Verhältnismäßigkeit Einzug in mehrere europäische Staaten, vor allem in Südeuropa.[50] Beispielsweise können nach spanischem Richterrecht Grundrechtseingriffe nur dann gerechtfertigt werden, wenn sie verhältnismäßig sind.[51] Diese in Spanien zuvor noch nicht angewandte Begrenzung staatlicher Macht wurde in Anlehnung an das deutsche Recht entwickelt.[52] Eine Maßnahme ist danach verhältnismäßig, wenn sie zum einen notwendig ist, um das vorgesehene Ziel zu erreichen.[53] Zum anderen muss sie Ausfluss eines Ausgleichs mit den Rechtspositionen anderer sein.[54] Weil die Verhältnismäßigkeit erst recht spät in das spanische Recht eingefügt wurde, ergänzt sie diejenigen Garantien, die bereits zuvor bestanden hatten. Diese Doppelspurigkeit führt zu einer restriktiven Anwendung des Prüfungsmaßstabes.[55]

14  Im französischen Recht ist die Verhältnismäßigkeit in eingegrenzten Bereichen wie dem Grundrechtsschutz, der Stadtplanung und dem Umweltschutz nachzuweisen.[56] Das Ziel der Verhältnismäßigkeitsprüfung liegt dort in der Schaffung einer Balance zwischen widerstreitenden Positionen.[57] Die Verwendung der deutschen Prüfungstrias findet seit 2008 expliziten Einzug in verfassungsgerichtliche Entscheidungen.[58]

15  Die heutige griechische Verfassung hatte im Wesentlichen die Weimarer Reichsverfassung zum Vorbild, so dass sich zahlreiche in Deutschland traditionell verwurzelte Verfassungsgrundsätze in ihr widerspiegeln.[59] So war es nur konsequent, auch die später in Deutschland etablierte Verhältnismäßigkeitslehre in das griechische Recht zu integrieren.[60] Deshalb gilt auch in Griechenland das zwingende Gebot, dass alle Verwaltungsentscheidungen verhältnismäßig sein müssen.[61]

---

50 *Koutnatzis* (N 2), S. 32 (36).
51 Urteil des spanischen Verfassungsgerichts 62/1982 v. 15.10.1982, FJ Nr. 5.
52 *Callejón/Sánchez*, in: JöR NF 58 (2010), S. 15 (25); vgl. *Saurer* (N 22), S. 3 (11).
53 *Cremandes*, Das Grundrecht der Meinungsfreiheit in der spanischen Verfassung, 1994, S. 123.
54 *Thilo Groll*, Religionsfreiheit in der spanischen Verfassung, S. 93.
55 Vgl. *Peter Häberle*, in: Hillgruber/Waldhoff, 60 Jahre Bonner Grundgesetz – eine geglückte Verfassung?, 2010, S. 173 (182).
56 *Nicholas Emiliou*, The Principle of Proportionality in European Law, Kluwer Law Int'l 1996, S. 97 ff.
57 *Emiliou* (N 56), S. 97; *Thomas Sullivan/Richard S. Frase*, Proportionality in American Law, 2009, S. 31.
58 *Classen* (N 3), S. 651 (660).
59 *Evripidis S. Stylianidis*, Grundrechte und Gesetzesvorbehalt in der griechischen Verfassung und im Grundgesetz der Bundesrepublik Deutschland, 1995, S. 43 f.
60 *Julia Iliopoulos-Strangas*, in: Stern, 40 Jahre Grundgesetz, Entstehung, Bewährung und internationale Ausstrahlung, 1990, S. 259 (269).
61 *Konstantinos D. Kerameus/Phaedon J. Kozyris*, Introduction to Greek Law, 2008, S. 49; s. a. *Emmerich-Fritsche* (N 4), S. 184.

## II. Osteuropa

Die durch den Zusammenbruch der Sowjetunion entstandenen Staaten bezogen sich bei ihrer Verfassungsgebung auf die freiheitlichen Verfassungen Westeuropas.[62] In diesem Zusammenhang hielt das deutsche Verhältnismäßigkeitsprinzip in den frühen 90er Jahren Einzug in die meisten osteuropäischen Verfassungen.[63] Auch Russland rezipierte das Rechtsinstitut in seiner nach der Wende neu erlassenen Verfassung: Obwohl nicht explizit als Verhältnismäßigkeit bezeichnet, ist es materiell in Art. 55 Abs. 3 der russischen Verfassung niedergelegt worden.[64]

## III. Common-Law-Raum

Im Common-Law-Raum, der das Commonwealth, die USA und Teile Afrikas umfasst, ist die Verhältnismäßigkeit als Teilaspekt im Rahmen der *reasonableness* anzutreffen.[65] Beide Ansätze sind vergleichbar, aber von ihrer Grundkonzeption her nicht deckungsgleich. Beim deutlich großzügigeren Maßstab der *reasonableness* steht die Vernünftigkeit einer Maßnahme im Vordergrund.[66] Wird dabei festgestellt, dass das erforderliche Maß überschritten wurde, so ist die Maßnahme *unreasonable*. Greift eine Handlung übermäßig stark in die Rechte eines Einzelnen ein, ist sie in der Regel auch unvernünftig.[67] Die Abwägung mehrerer widerstreitender Positionen spielt bei der *reasonableness* zwar eine geringere Rolle als beim Verhältnismäßigkeitsprinzip.[68] Dennoch werden die Kriterien der Verhältnismäßigkeit bei der Prüfung der *reasonableness* im Common Law zunehmend aufgegriffen.

Eine Schnittstelle, über die die deutsche Rechtsfigur in die Familie der Common Law Systeme gelangt ist, bildet das kanadische Recht. *Sec. 1 der Canadian Charter of Rights and Freedoms* bestimmt, dass Grundrechtsbeschränkungen nur durch „*reasonable limits*" ergehen dürfen. Seit den 1980er Jahren wird dieses Kriterium in einem zweistufigen Aufbau aus Eingriff und Rechtfertigung geprüft.[69] Der Eingriff muss dabei so gering wie möglich gehalten werden.[70] Die deutlichen Parallelen zum Verhältnismäßigkeitsprinzip wurden nach deutschem Vorbild entwickelt. Der kanadische *Supreme Court* nimmt in diesem Zusammenhang seit 2007 explizit

---

62 *Andreas Zimmermann*, in: Jochen Abr. Frowein/Thilo Marauhn, Grundfragen der Verfassungsgerichtsbarkeit in Mittel- und Osteuropa, 1998, S. 89 (92 ff.).
63 *Koutnatzis* (N 2), S. 32 (36).
64 *Koutnatzis* (N 2), S. 32 (40).
65 *Jeffrey Jowell/Patrick Birkinshaw*, in: Jürgen Schwarze, Das Verwaltungsrecht unter europäischem Einfluß, 1996, S. 273 (282 f.); *Sullivan/Frase* (N 57), S. 37.
66 Vgl. *Gráinne de Burca*, European Public Law 1997, S. 561 (563 ff.).
67 Siehe aus dem britischen Recht: R. v. Secretary of State for Transport, ex parte Pegasus Holdings (London) Ltd. [1988] 1 WLR 9900 (1001); R. v. General Medical Council, ex parte Colman [1989] 1 Admin. LR 469 (489).
68 *Emiliou* (N 56), S. 39; *Sullivan/Frase* (N 57), S. 39.
69 *Paul D. Gewitz/Jacob K. Cogan*, Global Constitutionalism: Privacy, Proportionalits, the Political Case, 2001, S. 139 f.
70 *Sullivan/Frase* (N 57) , S. 31.

Bezug auf die Rechtsprechung des Bundesverfassungsgerichts.[71] Das kanadische Rechtssystem hat wiederum großen Einfluss auf die weiteren Common-Law-Staaten, deren oberste Gerichte oftmals auf den kanadischen *Surpreme Court* Bezug nehmen.[72] Somit konnte die deutsche Verhältnismäßigkeit sich über Kanada auf weite Teile eines fundamental andersartigen Rechtsraumes erstrecken.

**19** In den USA werden Verwaltungsentscheidungen anhand des Maßstabs der *proportionality* beurteilt, die nach kanadischem und nach deutschem Vorbild entwickelt wurde.[73] Vor den US-Gerichten wird die noch relativ junge Rechtsfigur nur ergänzend angewandt, wenn dies erforderlich erscheint.[74]

**20** In Großbritannien ergibt sich historisch aus dem Verhältnis zwischen der Krone und dem Parlament eine besondere, starke Stellung der Volksvertretung im Staat.[75] Parlamentsgesetze sind infolgedessen als Ausfluss parlamentarischer Souveränität hinzunehmen und nicht an höherrangigem Recht zu messen.[76] Deshalb stellt sich bei introvertierter Sicht bei Legislativakten die Frage nach einer möglichen Unverhältnismäßigkeit nicht. Räumt eine Ermächtigungsgrundlage der Verwaltung jedoch Ermessen ein, ist die Rechtmäßigkeit der behördlichen Akte vollständig überprüfbar.[77] Ein Bestandteil der britischen Ermessensfehlerlehre ist auch die Unverhältnismäßigkeit.[78] Das Verhältnismäßigkeitsprinzip hat vor allem durch das europäische Recht Einzug in die Rechtsordnung Großbritanniens gefunden.[79] Führt eine britische Behörde Unionsrecht aus, so ist sie bei der Anwendung dazu verpflichtet, das unionsrechtliche Verhältnismäßigkeitsprinzip zu berücksichtigen.[80] Analoges gilt für die Beachtung von Grundrechten der EMRK, die durch den Human Rights Act 1998 in das innerstaatliche Recht übernommen wurden, aber auch den Gesetzgeber nur indirekt binden. Diese Einbruchstellen eines systemfremden Prüfungsmaßstabs in die Rechtsordnung des Vereinigten Königreichs haben dazu geführt, dass die Verhältnismäßigkeit inzwischen auch in weniger stringenter Form in rein nationalen Fällen angewandt wird.[81] Über die traditionelle Figur der *reasonableness* wird somit teilweise die nach deutschem Verständnis bekannte Struktur aus Geeignetheit und Erforderlichkeit verwendet.[82]

---

71 Surpreme Court Reports 2/2007, S. 610 ff., Rn. 36 – Attorney General of Canada v. JTI-Macdonald Corp.
72 *Koutnatzis* (N 2), S. 32 (44/47 f.); *Saurer* (N 22), S. 3 (14).
73 Vgl. *Sullivan/Frase* (N 57), S. 26 ff./37.
74 *Sullivan/Frase* (N 57), S. 38; vgl. *Saurer* (N 22), S. 3 (22 f.).
75 *Saurer* (N 22), S. 3 (12).
76 *Hilaire Barnett*, Constitutional and Administrative Law, ³2000, S. 209; *Knill/Becker* (N 13), S. 447 (471 f.).
77 *Knill/Becker* (N 13), S. 447 (472 f.).
78 Council of the Civil Service Union v. Minister for the Civil Service [1985] AC 374 (410).
79 *Emmerich-Fritsche* (N 4), S. 180 f.
80 *Knill/Becker* (N 13), S. 447 (473 f.).
81 *Jowell/Birkinshaw* (N 65), S. 273 (282 ff.); *Saurer* (N 22), S. 3 (12 f.).
82 R. v. Home Secretary, ex parte Brind [1991] 1 AC 696; *Emmerich-Fritsche* (N 4), S. 181; *David Foulkes*, Administrative Law, 1990, S. 246 f.; *Thilo Marauhn*, in: VerwArch 1994, S. 52 (74 ff.); *Stephanie Heinsohn*, Der öffentliche Grundsatz der Verhältnismäßigkeit, 1997, S. 190 ff.

# E. Diffusion in das Europarecht

Auch das Recht der Europäischen Union kennt das Gebot der Verhältnismäßigkeit. Es handelt sich um eine gemeinsame Verfassungstradition der Mitgliedstaaten[83] und ist so gemäß Art. 6 Abs. 3 Alt. 2 EUV Teil des Unionsrechts. Die Sonderform der kompetenzrechtlichen Verhältnismäßigkeit ist explizit in Art. 5 Abs. 4 EUV verankert.[84] Weil das zuvor nationalrechtliche Verhältnismäßigkeitsprinzip von einer supranationalen Institution aufgegriffen wurde und damit eine neue Rechtsebene erklommen hat, spricht man von vertikaler Diffusion.[85] Die wesentliche Quelle bei der Etablierung und Ausgestaltung des europäischen Verhältnismäßigkeitsprinzips war das deutsche Recht.[86] Auch die Untergliederung in Geeignetheit, Erforderlichkeit und Angemessenheit[87] erfolgte nach dem deutschen Vorbild.[88]

21

Bereits vor der ausdrücklichen Normierung der Unionsgrundrechte wurden Normen des Sekundärrechts anhand der Verhältnismäßigkeit überprüft.[89] Konkreten Niederschlag hat die Verhältnismäßigkeit später in Art. 52 Abs. 1 der Grundrechtecharta gefunden. Dieses Vorgehen galt als Grundvoraussetzung einer rechtsstaatlichen Struktur, die die Interessen Einzelner berücksichtigt. Es handelt sich deshalb um ein universelles Rechtsprinzip der Europäischen Union, das nicht nur in die inzwischen verbindliche Grundrechtsprüfung einfließt, sondern auch in Bezug auf die Grundfreiheiten und auf jegliches Handeln der Union zu beachten ist.[90]

22

Trotz einer Kongruenz der vom Bundesverfassungsgericht und vom EuGH verwendeten Begriffe und Definitionen[91] kann bislang keine vollständige inhaltliche Übernahme der deutschen Rechtsfigur beobachtet werden.[92] Zunächst fehlt es oft an einer sauberen Trennung der verschiedenen Kategorien des Prinzips. Vielfach erwähnt der EuGH in seinen Urteilen nur einzelne der drei Prüfungsschritte.[93] Teilweise verschwimmen auch die Begrifflichkeiten, so dass bei präziser Betrachtung deutlich wird, dass Beurteilungen als „angemessen" in Wirklichkeit Fragen der Erforderlichkeit betreffen können.[94]

23

---

83 *Emmerich-Fritzsche* (N 4), S. 120/649; *Jürgen Schwarze*, Europäisches Verwaltungsrecht, Bd. II, 1988, S. 696 f.
84 Die primärrechtliche Verankerung geschah erstmals in Art. 3b EGV in der Maastricht-Fassung von 1992.
85 *Knill/Becker* (N 13), S. 447 (451).
86 *Jarass* (N 2), § 1 Rn. 4; *Juliane Kokott*, in: HGR, Bd. I (2004), § 22 Rn. 110; *Hans-Jürgen Papier*, in: EuGRZ 2007, S. 113 (134); *Klaus-Volker Schiller*, in: RIW 1983, S. 928 (929).
87 EuGH, Rs. 265/87, Slg. 1989, 2237 Rn. 21; *Emmerich-Fritzsche* (N 4), S. 196; *Jarass* (N 2), § 6 Rn. 46 ff.; *Thomas Oppermann*, Europarecht, ⁵2011, Rn. 521; *Pache* (N 1), S. 1033 (1035).
88 Vgl. Protokoll zum Amsterdamer Vertrag über die Anwendung der Grundsätze der Subsidiarität und der Verhältnismäßigkeit, ABl. C 340 v. 10.11.1997, S. 105; s. a. *Classen* (N 3), S. 651 (654); *Jarass* (N 2), § 6 Rn. 45.
89 *Christiana Pollak*, Verhältnismäßigkeitsprinzip und Grundrechtsschutz in der Judikatur des Europäischen Gerichtshofs und des Österreichischen Verfassungsgerichtshofs, 1991, S. 41.
90 *Merten* (N 4), § 68 Rn. 21.
91 *Emmerich-Fritzsche* (N 4), S. 196.
92 *Knill/Becker* (N 13), S. 447 (463 ff.); *Saurer* (N 22), S. 3 (9).
93 *Krugmann* (N 35), S. 60; *Helmut Lecheler*, in: HGR, Bd. VI/1 (2010), § 158 Rn. 30; *Merten* (N 4), § 68 Rn. 21; s. a. *Classen* (N 3), S. 651 (654).
94 Z.B. in EuGH Rs. 25/70, Slg. 1970, 1161 (1177); Rs. 11/70, Slg. 1970, 1125 (1137); dazu *Emmerich-Fritzsche* (N 4), S. 196 f.; *Rudolf Streinz*, Bundesverfassungsgerichtlicher Grundrechtsschutz und europäisches Gemeinschaftsrecht, 1989, S. 414 f.

**§ 21**   *II. Verfassung*

**24** Eine gravierende Differenz der Verhältnismäßigkeitsprüfung von EuGH und Bundesverfassungsgericht liegt zudem in der Tiefe der Betrachtung. Zumindest in Fällen, in denen Handlungen von Unionsorganen oder -einrichtungen Gegenstand des Verfahrens sind, setzt der EuGH einen spürbar milderen Maßstab an, als es das Bundesverfassungsgericht täte.[95] Dies betrifft zum einen das Ergebnis der Abwägung, zum anderen aber auch den argumentativen Tiefgang.[96] Vielfach dokumentiert der EuGH die Begründung des Abwägungsvorgangs nicht einmal im Urteil.[97] Deutlich strikter geht es hingegen zu, wo eine Beschränkung der unionsrechtlichen Grundfreiheiten durch die Mitgliedstaaten aufgrund von geschriebenen oder ungeschriebenen Rechtfertigungsgründen überprüft wird.[98]

**25** Auch die Urteile des EGMR sind durch eine Interessenabwägung geprägt.[99] Art. 8 Abs. 2, 9 Abs. 2, 10 Abs. 2 und 11 Abs. 2 S. 1 EMRK erlauben Eingriffe nur, wenn sie notwendig sind, während Art. 2 Abs. 2 und 15 Abs. 1 EMRK verlangen, dass die Einschränkungen unbedingt erforderlich sind. Daraus wird ein allgemeines Verhältnismäßigkeitsgebot auch für die weiteren Normen der EMRK abgeleitet.[100] Ähnlich wie der EuGH untergliedert der EGMR die Verhältnismäßigkeit zwar formal in drei Prüfungsschritte, konzentriert sich in der Praxis jedoch ebenfalls auf die Angemessenheit, während die Geeignetheit und die Erforderlichkeit bisweilen weniger Beachtung finden.[101]

## F. Diffusion in das Völkerrecht

**26** Im Völkerrecht existiert kein allgemeines, das gesamte Rechtsgebiet prägendes Gebot verhältnismäßigen Handelns.[102] Auch überzogene Reaktionen sind im diplomatischen Verkehr rechtlich zulässig.[103] Lediglich dann, wenn ein Staat Gewalt gegen einen anderen anwendet, ist der Rechtsgrundsatz völkergewohnheitsrechtlich bindend.[104] Dies betrifft die Selbstverteidigung (Art. 51 UN-Charta),

---

95 *Knill/Becker* (N 13), S. 447 (464).
96 *Meinhard Hilf*, in: HGR, Bd. VI/1 (2010), § 164 Rn. 22; *Manfred Zuleeg*, in: Battis u. a. (Hg.), 40 Jahre Grundgesetz, 1990, S. 277 (241).
97 *Emmerich-Fritsche* (N 4), S. 216.
98 *Dirk Ehlers*, in: ders., Europäische Grundrechte und Grundfreiheiten, ³2009, § 7 Rn. 109 f.
99 *Jens Meyer-Ladewig*, in: ders., EMRK, Art. 8 Rn. 2/119.
100 *Classen* (N 3), 2012, S. 651 (654); *Felix Ermacora*, in: Hans Kutscher/Georg Ress u. a., Der Grundsatz der Verhältnismäßigkeit in europäischen Rechtsordnungen, 1985, S. 67 (70 ff.); *Christoph Grabenwarter*, EMRK, ⁵2012, § 18 Rn. 14 ff.; *Kay Hailbronner*, in: FS für Hermann Mosler, 1983, S. 359 (362 ff.); *Merten* (N 4), § 68 Rn. 20; *Meyer-Ladewig* (N 99), Art. 8 Rn. 109; *Wolfram Schädler*, in: Rolf Hannich, Karlsruher Kommentar zur StPO, Art. 8 EMRK Rn. 3.
101 *Classen* (N 3), S. 651 (654); *Grabenwarter* (N 100), § 18 Rn. 14 ff.
102 *Knut Ipsen*, Völkerrecht, ⁵2011, § 17 Rn. 1 ff.; *Merten* (N 4), § 68 Rn. 17; *Alfred Verdross/Bruno Simma*, Universelles Völkerrecht, ³1984, § 559.
103 *Krugmann* (N 35), S. 12.
104 *Krugmann* (N 35), S. 12.

Repressalien, das humanitäre Völkerrecht sowie den Menschenrechtsschutz.[105] Die vier Anwendungsfälle bilden Ausnahmen vom völkerrechtlichen Gewaltverbot und dürfen deshalb nur in engen Grenzen angewandt werden.[106] Der IGH hat das Verhältnismäßigkeitsprinzip im Jahr 1996 in seinem Gutachten zu Atomwaffeneinsätzen konkretisiert. Nukleare Angriffe bedürfen danach der *„necessity and proportionality"*.[107] Konkrete Szenarien hat der IGH nicht entwickelt.[108]

Das völkerrechtliche Verhältnismäßigkeitsprinzip wird in die zwei Stufen der Erforderlichkeit und der Angemessenheit untergliedert.[109] Jedoch ist der anzulegende Maßstab viel weicher als der im deutschen Recht.[110] Keineswegs müssen sich die Gegenmittel eines Staates in einem Gleichgewicht mit dem vorherigen Unrecht des Gegners bewegen.[111] Es muss lediglich gewährleistet sein, dass kein auffälliges Missverhältnis besteht.[112]

## G. Fazit

Das auf deutschem Boden entwickelte Verhältnismäßigkeitsprinzip wurde von zahlreichen Staaten sowie über- und zwischenstaatlichen Institutionen rezipiert. Dies geschah durch direkte Übernahme des deutschen Vorbilds bzw. durch eine Übernahme aus anderen Rechtsordnungen, die sich wiederum zuvor am deutschen Recht orientiert hatten. Dabei wurde die Verhältnismäßigkeit selten umfassend rezipiert. Trotz begrifflicher Parallelen divergieren Untergliederungen und Prüfungstiefen bisweilen deutlich vom deutschen Original.[113] Allerdings ist dabei zu beachten, dass auch in Deutschland die Anwendungsintensität des Prinzips kontextabhängig bleibt. Die Grundidee ist jedoch stets identisch: Die Intensität belastenden Handelns soll begrenzt werden, indem die Belange des Betroffenen Berücksichtigung finden. Diese Begrenzung wirkt auf die Legitimität des Eingriffs zurück, indem sie signalisiert, dass dieser nicht zum Selbstzweck erfolgt, sondern sich seinem Zweck nach gegenüber dem geminderten Rechtsgut zu beschränken hat. Hierin liegt die einende Klammer des Verhältnismäßigkeitsprinzips unabhängig davon, in welcher Rechtsordnung und in welchem tatsächlichen Kontext es Anwendung findet.

---

105 *Hartwig Bülck*, in: Der Staat 19 (1980), S. 260 (271); *Jost Delbrück*, in: Rudolf Bernhardt, Encyclopedia of Public International Law, ³1997, S. 1140 ff.; *Ulf Häußler*, in: ZRP 2001, S. 537 (540); *Krugmann* (N 35), S. 15 ff.; s. a. *James Green*, The International Court of Justice and Self-Defence in International Law, 2009, S. 63 ff.; *Hans-Joachim Heintze*, in: ZRP 2000, S. 506 (509 f.).
106 *Krugmann* (N 35), S. 15.
107 IGH, ICJ-Report 1996, S. 226 (245), Ziff. 41 f.
108 *Krugmann* (N 35), S. 91; s. a. *Green* (N 105), S. 18 f.
109 *Christine Donner*, in: AVR 33 (1995), S. 169; *René Vogtländer*, Notwehrrecht und kollektive Verantwortung, 2001, S. 34 ff.; s. a. *Green* (N 105), S. 76 f.
110 *Bülck* (N 105), S. 260 (271); *Merten* (N 4), § 68 Rn. 17.
111 Vgl. *Thomas Schweisfurth*, in: NJW 1984, S. 1506 (1508).
112 *Judith Gail Gardam*, in: AJIL 87 (1993), S. 391; *Merten* (N 4), § 68 Rn. 17; *Verdross/Simma* (N 102), § 1343.
113 *Saurer* (N 22), S. 3 (6 f.).

## H. Bibliographie

*Classen, Claus D.*, Das Prinzip der Verhältnismäßigkeit im Spiegel europäischer Rechtsentwicklungen, in: FS für Klaus Stern, 2012, S. 651.
*Emiliou, Nicholas*, The Principle of Proportionality in European Law, Kluwer Law Int'l 1996.
*Emmerich-Fritsche, Angelika*, Der Grundsatz der Verhältnismäßigkeit als Direktive und Schranke der EG-Rechtssetzung, 1999.
*Knill, Christoph/Becker, Florian*, Divergenz trotz Diffusion: Rechtsvergleichende Aspekte des Verhältnismäßigkeitsprinzips in Deutschland, Großbritannien und der Europäischen Union, in: Die Verwaltung 36 (2003), S. 447.
*Koutnatzis, Stylianos-Ioannis G.*, Verfassungsgleichende Überlegungen zur Rezeption des Grundsatzes der Verhältnismäßigkeit in Übersee, in: VRÜ 44 (2011), S. 32.
*Krugmann, Michael*, Der Grundsatz der Verhältnismäßigkeit im Völkerrecht, 2004.
*Lerche, Peter*, Übermaß und Verfassungsrecht, 1961.
*Marauhn, Thilo*, Zum Verhältnismäßigkeitsgrundsatz in Großbritannien, in: VerwArch 85 (1994), S. 52.
*Saurer, Johannes*, Die Globalisierung des Verhältnismäßigkeitsgrundsatzes, in: Der Staat 51 (2012), S. 3.
*Sullivan, Thomas/Frase Richard S.*, Proportionality in American Law, 2009.
*Wieacker, Franz*, Geschichtliche Wurzeln des Prinzips der verhältnismäßigen Rechtsanwendung, in: FS für Robert Fischer, 1979, S. 867.

# § 22
# Rechtsstaat

*Eberhard Schmidt-Aßmann*

## Übersicht
Rn.
A. Rechtsstaatlichkeit: Idee, Prinzip, Dogmatik .................................. 1–10
    I. Leistungsfähigkeit des Rechts .......................................... 3–5
    II. Die Bindung des Rechtsstaates an Sprache ............................ 6–7
    III. Speziell zur Rolle der Rechtswissenschaft ............................ 8–10
B. Die Dogmatik des Rechtsstaates und ihre Herausforderungen .................. 11–24
    I. Gesetz und Gerichtschutz – zwei zentrale Institutionen ................ 12–19
        1. Das Gesetz und seine Anwendung .................................. 13–16
        2. Der Individualrechtsschutz und das gemeine Wohl .................. 17–19
    II. Die Dauerherausforderung des „Informalen" .......................... 20–21
    III. Internationalrechtliche Perspektiven ................................ 22–24
C. Bibliographie

## A. Rechtsstaatlichkeit: Idee, Prinzip, Dogmatik

Idee – Prinzip – Dogma – Gestaltungskraft – Beschwörungsformel: die Funktionenvielfalt des Begriffs begeistert und bedrückt zugleich. Wie kann hier juristisch so Kurs gehalten werden, wie es für Schlüsselbegriffe des Staats- und Verfassungsrechts notwendig ist? „Im Ideal des Rechtsstaates bestimmt das Recht den Staat"[1]. Der Begriff ist als staatseingrenzendes Programm an der Wende vom 18. zum 19. Jahrhundert entstanden. Die Idee reicht jedoch in tiefere Schichten der deutschen und europäischen Verfassungsgeschichte zurück[2]. Es geht um die Gewährleistung einer Friedensordnung durch Recht, die Staatsabwehr ebenso wie Staatsaktivierung umfasst[3].

Als zentraler Sitz der Rechtsstaatsgarantie im Grundgesetz hat Art. 20 zu gelten, selbst wenn der Begriff dort nicht ausdrücklich genannt wird[4]. Art. 20 GG ist die Schaltstelle. In ihm treffen die drei Grundannahmen der Rechtsstaatlichkeit zusammen: Verfassungsstaatlichkeit, Menschenwürde und die besondere Leistungsfähigkeit des Rechts. Auf dieser Ebene bezeichnet Rechtsstaatlichkeit ein Gefüge von Grundsätzen, die ihrerseits teilweise in Normen des positiven Rechts oder in Rechtsinstituten der Dogmatik ausgeformt sind, teilweise aber auch ihren offenen

1

2

---

[1] *Paul Kirchhof*, Mittel staatlichen Handelns, in: HStR, Bd. V, ³2007, § 99 Rn. 2.
[2] *Eberhard Schmidt-Aßmann*, Der Rechtsstaat, in: HStR, Bd. II, ³2004, § 26 Rn. 1, mit Nachweisen in Rn. 10 ff.; zur Entwicklung unter dem Grundgesetz *Michael Stolleis*, Geschichte des öffentlichen Rechts in Deutschland, Bd. IV, 2012, S. 213 ff.
[3] Vgl. *Paul Kirchhof*, Der Staat als Garant und Gegner der Freiheit, 2004, S. 9 f. Am Beispiel der Justizgewährung und einer funktionsfähigen Strafrechtspflege BVerfGE 122, 248 (270 ff.).
[4] Ebenso *Bernd Grzeszick*, in: Maunz/Dürig, Art. 20 Abschnitt VII Rn. 33; *Sachs*, in: Sachs, ⁶2011, Art. 20 Rn. 75.

Prinzipiencharakter bewahrt haben: Grundrechtsbindung und Gewaltenteilung, Gesetzmäßigkeit und Gerichtsschutz, Rechtssicherheit, Verhältnismäßigkeit und Willkürverbot – sie alle sind in der Verfassung als eigene Garantien und zugleich als Elemente des Rechtsstaatsprinzips nachweisbar. Das Gefüge besteht aus materiellen, prozeduralen und organisatorischen Komponenten. Es umgreift Gewährleistungen unterschiedlicher normativer Dichtegrade. Die Falllösung beginnt mit den speziellen Gewährleistungselementen, muss aber auch die Rechtsstaatlichkeit als solche im Blick behalten. Das Prinzip ist mehr als die Summe seiner verfassungsrechtlich ausformulierten Teilelemente[5]. Sind schon die meisten seiner Teilgarantien schwer zu konkretisieren, so gilt das für das allgemeine Rechtsstaatsprinzip in herausgehobener Weise[6]. Primär aufgerufen ist der Gesetzgeber. Der Rechtsanwender hat mit großer Behutsamkeit vorzugehen, wenn er nicht in eine freischwebende Konstruktionsjurisprudenz abgleiten will. Soweit das Prinzip jedoch jenseits der Teilgarantien eigene normative Substanz entfaltet, wie das etwa für die staatliche Justizgewährleistungspflicht und für die Gebote der Verfahrensfairness und der Unparteilichkeit gilt[7], kann seine Verletzung (in Verbindung mit Art. 2 Abs. 1 GG) zum Gegenstand einer Verfassungsbeschwerde gemacht werden. In seinen Kerngehalten, der gewaltenteilenden Funktionenordnung und der grundrechtlichen Statusordnung, hat das Rechtsstaatsgebot an der Garantie des Art. 79 Abs. 3 GG teil[8].

## I. Leistungsfähigkeit des Rechts

3   Das von der Verfassungsentscheidung für den Rechtsstaat ins Zentrum gerückte Recht ist ein Medium besonders sensibler Art[9]. Form und Gehalt, Rechtswerte und Rechtsverfahren, Rechtssicherheit und materielle Gerechtigkeit, Beständigkeit und Wandelbarkeit müssen in ihm immer wieder zum Ausgleich gebracht werden. Rechtsanwendung und Rechtspolitik teilen sich diese Aufgabe. Der Ausgleich muss keine „Maximal"-Forderungen erfüllen; er muss nicht einmal „optimal" gelingen. Eine möglichst weitreichende Verrechtlichung ist ebenso wenig geboten wie ein Höchstmaß an Bewahrung des Überkommenen. Der Rechtsstaat ist ein realistischer, ein nüchterner Staat. Gerade in der Beschränkung seiner Formungsansprüche bewährt er sich als ein Staat, der Distanz schafft und Distanz respektiert – gegenüber dem Einzelnen und gegenüber der Politik. Diese Offenheit, die im Medium Recht selbst angelegt ist, wirkt „in der Sache" und „in der Zeit": Nicht

---

5   *Schmidt-Aßmann* (N 2), Rn. 7 f.; *Josef Isensee*, Rechtsstaat – Vorgabe und Aufgabe der Einigung Deutschlands, in: HStR, Bd. IX, ¹1997, § 202 Rn. 5 ff.; *Grzeszick* (N 4), Rn. 42 ff.; *Sachs* (N 4), Rn. 76.
6   Vgl. BVerfGE 57, 250 (276); 111, 54 (82).
7   BVerfGE 107, 395 (401 f.): allgemeine Justizgewährungspflicht; BVerfGE 123, 148 (179): Unparteilichkeit; *Paul Kirchhof*, Die Bedeutung der Unbefangenheit für die Verwaltungsentscheidung, in: VerwArch 66 (1975), S. 370 (371): „Der »Kampf gegen die persönliche Motivation« ist verfassungsgeschichtlich ein Kampf um die Durchsetzung des (Rechts-)Staates".
8   Dazu *Paul Kirchhof*, Die Identität der Verfassung, in: HStR, Bd. II, ³2004, § 21 Rn. 86.
9   Vgl. *Schmidt-Aßmann* (N 2), Rn. 21 ff. Zur Vielfalt der Zugänge zum Recht nach wie vor anschaulich Werner Maihofer (Hg.), Begriff und Wesen des Rechts, 1973; historische Zugänge bei *Gerd Roellecke*, Traditionen des Rechtsstaates in Deutschland, in: FS für Wolf-Rüdiger Schenke, 2011, S. 277 ff.

alles, was unvollkommen erscheint, ist als rechtsstaatliches Defizit zu beklagen, nicht alles, was ungewohnt wirkt, als Verfallsszenarium zu deuten.

Auf der anderen Seite kann es keinem Zweifel unterliegen, dass Recht auf Wirksamkeit angelegt ist[10]. Offenheit meint nicht Beliebigkeit. Reale Wirksamkeit ist das Widerlager zur Normativität des Rechts. Verlangt wird zuallererst ein vollzugsfähiger Zuschnitt des Rechts. Die Gebote der Klarheit und der Bestimmtheit der Norm haben hier ihren Platz[11]. Verlangt wird aber auch die Bereitschaft der staatlichen Funktionsträger zur Anwendung und Durchsetzung des Rechts. Entscheidungen sind in methodisch exakter Handhabung der einschlägigen Vorschriften und in angemessener Zeit zu treffen. Mängel zu korrigieren und zu sanktionieren, die an diesen Punkten auftreten können, ist Aufgabe der Verfassungs-, Verwaltungs- und Gerichtskontrollen[12], der Lehre von den fehlerhaften Staatsakten und des Staatshaftungsrechts. Diese Institutionen sind im Gefüge der rechtsstaatlichen Garantien mitgedacht; denn der Rechtsstaat ist auch insoweit ein nüchterner Staat, als er immer wieder vorkommende Fehler in Rechnung stellt und Reaktionsmöglichkeiten verfügbar hält.

Das gilt jedoch nicht für strukturelle Fehler, d. h. Fehler, die die rechtsstaatlichen Argumentationsweisen und Korrekturmöglichkeiten selbst außer Kraft setzen. Solche Fehler zehren an der Substanz des Rechtsstaates. Sie sind auf jeden Fall zu vermeiden. Nur mit großer Sorge kann daher beobachtet werden, wie die europäischen Regierungen bisher auf die Finanz- und Schuldenkrise reagiert haben[13]: ihre Verstöße gegen das Recht der EU-Verträge, insbesondere gegen den Haftungsausschluss des Art. 125 AEUV, und ihre Versuche, dieses mit einem „Notrecht" zu rechtfertigen, das als jederzeit nach Maßgabe der Finanzmärkte zu aktivierendes Dauerinstitut das Recht von innen her zersetzt[14]. Die wirklich gefährliche „Ökonomisierung des Rechts" im Sinne einer unkontrollierten Okkupation vollzieht sich hier.

## II. Die Bindung des Rechtsstaates an Sprache

„Das Zeichen für Recht ist die Sprache"[15]. Mit diesem knappen Satz ist auf einen Wirkungszusammenhang aufmerksam gemacht, der für eine systematische Behandlung des Rechtsstaatsprinzips unverzichtbar ist. Recht verlangt Kommunikation, die ganz vorrangig sprachliche Kommunikation ist. „Das Hervorbringen und Vollziehen von Recht ist stets als ein Vorgang des Sprechens verstanden worden"[16].

---

10 *Eberhard Schmidt-Aßmann*, Das allgemeine Verwaltungsrecht als Ordnungsidee, ²2004, S. 56 ff.
11 Zu ihnen *Grzeszick* (N 4), Rn. 51 ff. und 58 ff.
12 *Kirchhof* (N 1), Rn. 224; *Wolfgang Kahl*, Begriff, Funktionen und Konzepte von Kontrolle, in: GVwR, Bd. III, 2009, § 47.
13 Dazu *Hanno Kube/Ekkehart Reimer*, Grenzen des Europäischen Stabilisierungsmechanismus, in: NJW 2010, S. 1911 ff.; mit weiteren Nachweisen *Christian Calliess* und *Frank Schorkopf*, Finanzkrisen als Herausforderung der internationalen, europäischen und nationalen Rechtsetzung, in: VVDStRL 71 (2012), S. 113 ff. und 183 ff.
14 Zu den tieferliegenden Gründen der Krise *Paul Kirchhof*, Erwerbsstreben und Maß des Rechts, in: HStR, Bd. VIII, ³2010, § 169.
15 *Paul Kirchhof*, Deutsche Sprache, in: HStR, Bd. II, ³2004, § 20 Rn. 1.
16 *Kirchhof* (N 15), Rn. 23.

Der Rechtsstaat bleibt folglich auf Sprache (und das heißt auch auf die Pflege der Sprache) angewiesen. „Rechtsstaatliche Gewalt ist eine Herrschaft des Wortes"[17]. In dieser Einsicht haben die Vorschriften ihren Grund, die die Amtssprache für Verwaltungs- und Gerichtsverfahren eindeutig festlegen und Übersetzungshilfen für Personen vorsehen, die der Verfahrenssprache nicht mächtig sind, ohne sie freilich von ihrer Pflicht zur Mitwirkung an der erforderlichen Verständigung zu entbinden[18]. Konsequent legt das Aufenthaltsrecht für dauerhaft in Deutschland lebende Ausländer auf eine Integration durch den Erwerb von Sprachkompetenz Wert.

7   Die Sprache des Rechtsstaates ist an erster Stelle die Alltagssprache („Gemeinsprache"), die jedermann das Verstehen ermöglicht. Sie ist es aber nicht allein. Rechtsetzung und Rechtsprechung bedürfen, um den Geboten der Bestimmtheit zu genügen, der Standardisierung und Präzisierung. Das Ergebnis dieser Vorgänge ist die Rechtssprache – nicht als eine kategorial andere Sprache, aber doch als eine eigenständige Erscheinungsform. „Die Besonderheit der Rechtssprache im Unterschied zur Gemeinsprache trennt den verfassungsgebundenen Staat von der verfassungsberechtigten Gesellschaft, macht aber zugleich die Zusammengehörigkeit von Staat und Gesellschaft bewußt. Rechtssprache geht aus der Gemeinsprache hervor, die Gemeinsprache wird durch die Rechtssprache beeinflußt"[19]. Beide müssen auch in der alltäglichen Praxis immer wieder aufeinander bezogen werden. Das „Rechtsgespräch" erhält hier eine weit über das gerichtliche Verfahren hinausreichende Bedeutung. In ihm zeigt sich der „Rechtsstaat als ständiger Gesprächspartner"[20]. Mit wenigen Strichen entwickelt *Paul Kirchhof* an dieser Stelle eine prozedural-kommunikative Theorie von Rechtsstaatlichkeit, mit der überkommene staatsrechtliche Vorstellungen von der nur dienenden Funktion gerichtlicher und administrativer Verfahren und der durch Subsumtion erreichbaren einen einzig richtigen Entscheidung als verabschiedet gelten müssen[21].

### III. Speziell zur Rolle der Rechtswissenschaft

8   Von hier aus erschließt sich auch die besondere Rolle, die der Rechtswissenschaft und der Rechtsdogmatik im Rechtsstaat zufällt. Rechtswissenschaft erschöpft sich nicht in Dogmatik. Aber eine sich ihres spezifischen Auftrages und ihrer Grenzen bewusste Dogmatik ist das Zentrum der Rechtswissenschaft[22]. Auf dem Felde der Dogmatik begegnen sich Theorie und Praxis. Hier wird der vielgestaltige Rechtsstoff der Normen, der Judikate und der Verwaltungsentscheidungen analysiert, geordnet und so zu Strukturprinzipien und Rechtsinstituten geformt, wie es Rechtssicherheit und Gleichheit der Rechtsanwendung verlangen. Das

---

17 *Kirchhof* (N 15), Rn. 16.
18 §§ 184, 185 GVG; § 23 VwVfG; § 87 AO; § 19 SGB X; ferner Art. 6 Abs. 3 lit. e) EMRK.
19 *Kirchhof* (N 15), Rn. 63.
20 *Kirchhof* (N 15), Rn. 64 ff.
21 Vgl. z. B. *Kirchhof* (N 15), Rn. 44.
22 Dazu aus jüngster Zeit nur die Beiträge in: *Gregor Kirchhof/Stefan Magen/Karsten Schneider* (Hg.), Was weiß Dogmatik?, 2012.

dogmatische Denken ist in der deutschen Rechtswissenschaft besonders ausgeprägt; es ist jedoch kein „deutscher Sonderweg". Auch das europäische und das internationale Recht bedürfen, um überschaubar und handhabbar zu bleiben bzw. überhaupt erst zu werden, eines dogmatischen Durcharbeitens. Eine methodenbewusste Dogmatik sichert Stabilität, ermöglicht Flexibilität und sorgt für die notwendige Offenheit der Rechtswissenschaft gegenüber Erkenntnissen der Nachbarwissenschaften.

In dem allen liegt eine eigenständige Leistung, die auf abstrahierenden und systematisierenden gedanklichen Operationen beruht und die ihre Orientierungspunkte aus den Grundentscheidungen des Art. 20 GG und des Art. 2 EUV gewinnt. Eine Rechtswissenschaft, die sich selbstgenügsam auf das Sammeln von Gesetzesbestimmungen und Gerichtsentscheidungen beschränken wollte, verfehlte diesen ihren eigenständigen Auftrag. „Wenn die Rechtswissenschaft ihrer Grundaufgabe gerecht werden soll, muss sie bereit sein, gestalterisch auf den Rechtsstoff zuzugreifen"[23]. 9

Ist Recht auf Wirksamkeit angelegt, dann müssen die Steuerungsziele und die Steuerungseffekte der Rechtsregeln und Rechtsinstitute mitbedacht werden. Rechtswissenschaft und Rechtsdogmatik müssen folglich (auch) in ihrer steuerungswissenschaftlichen Ausrichtung erfasst werden[24]. Die Eigenständigkeit eines so verstandenen dogmatischen Arbeitens am Recht anzuerkennen und zu fördern, ist keine „Selbstermächtigung" der Wissenschaft[25]. Die Aufgabe ist im Medium des Rechts selbst angelegt, das auch in der Demokratie mehr sein muss als der einmal verabschiedete Normtext. Die Notwendigkeit einer ihres Auftrages bewussten und in diesem Sinne selbstbewussten dogmatischen Rechtswissenschaft gehört zu den Konstanten vieler ertragreicher Gespräche, die ich mit Paul Kirchhof während unserer jetzt drei Jahrzehnte umfassenden gemeinsamen Zugehörigkeit zur Heidelberger Juristischen Fakultät führen konnte[26]. 10

---

23 So *Wolfgang Ernst*, Gelehrtes Recht, in: Christoph Engel/Wolfgang Schön (Hg.), Das Proprium der Rechtswissenschaft, 2007, S. 3 (29).
24 Für das Verwaltungsrecht *Andreas Voßkuhle*, Neue Verwaltungsrechtswissenschaft, in: GVwR, Bd. I, ²2012, § 1 Rn. 16 ff. Für das Privatrecht *Gerhard Wagner*, Prävention und Verhaltenssteuerung durch Privatrecht – Anmaßung oder legitime Aufgabe?, in: AcP 206 (2006), S. 352 ff.
25 In diese Richtung aber die Einwände von *Oliver Lepsius*, Kritik der Dogmatik, in: G. Kirchhof/Magen/Schneider (N 22), S. 39 (43 f.).
26 Vgl. *Paul Kirchhof*, Verfassungsgebung jenseits des Verfassungsstaates?, in: Hans-Heinrich Trute/Thomas Groß/Hans Christian Röhl/Christoph Möllers (Hg.), Allgemeines Verwaltungsrecht – Zur Tragfähigkeit eines Konzepts, 2008, S. 769 (772).

## B. Die Dogmatik des Rechtsstaates und ihre Herausforderungen

**11** Die materiellen, prozeduralen und organisatorischen Elemente des Rechtsstaatsprinzips, von denen oben die Rede war, wirken in dauerhaften Institutionen zusammen. Rechtssicherheit und Verlässlichkeit der Rechtsordnung sind Grundforderungen von Rechtsstaatlichkeit. Sie verlangen freilich auch, die Anpassungsleistungen im Blick zu behalten, die dem überkommenen Bilde rechtsstaatlicher Garantien durch Änderungen der realen Verhältnisse oder des normativen Umfeldes abverlangt werden. Die Institutionen müssen diese Leistungen primär aus sich heraus erbringen (I). Eine darüber hinausgreifende Herausforderung stellt das Dauerthema des „Informalen" dar (II). Schließlich sind die Auswirkungen zunehmender Internationalisierung zu betrachten (III).

### I. Gesetz und Gerichtsschutz – zwei zentrale Institutionen

**12** Unter den Institutionen des Rechtsstaates nehmen das Gesetz und der Gerichtsschutz Schlüsselpositionen ein. Beide verfügen über eine lange eigene Tradition. Beide sind heute allerdings einbezogen in einen Kreis weiterer Prinzipien, die allen Verfassungsstaaten westlicher Prägung eigen sind und die ihrerseits auf die Ausformung der beiden Institutionen einwirken. Herausgehobene Bedeutung kommt dabei dem demokratischen Prinzip zu. Zwischen rechtsstaatlichem und demokratischem Prinzip wird in der deutschen Lehre klar getrennt; ebenso anerkannt ist allerdings, dass sich zwischen beiden ein weiter gemeinsamer Wirkungsbereich spannt, in dem sich die Gewährleistungselemente beider durchdringen und gegenseitig ergänzen, unter Umständen aber auch in Widerstreit treten können[27]. Systematisch richtig wird die Gewaltenteilung nicht mehr nur als ein Bestandteil des Rechtsstaatsprinzips, sondern auch als ein Element demokratischer Herrschaft qualifiziert[28]. Auch für das Gesetz ist diese Doppelbezüglichkeit inzwischen anerkannt (1). Für den Gerichtsschutz zeichnen sich insoweit immerhin Ansätze einer veränderten Positionsbestimmung ab (2). In beiden Fällen geht es darum, das Verhältnis zwischen öffentlichen und privaten Interessen immer wieder neu auszubalancieren.

---

[27] *Ernst-Wolfgang Böckenförde*, Demokratie als Verfassungsprinzip, in: HStR, Bd. II, ³2004, § 24 Rn. 82 ff.; *Schmidt-Aßmann* (N 2), Rn. 96. Zum Verhältnis beider Prinzipien auch *Helmuth Schulze-Fielitz*, Zur Geltung des Rechtsstaates: Zwischen Kulturangemessenheit und universellem Anspruch, in: ZfVP 2011, S. 1 (7 f.).

[28] Grundlegend *Christoph Möllers*, Gewaltengliederung, 2005, S. 65 ff.; vgl. auch *Ralf Poscher*, Funktionenordnung des Grundgesetzes, in: GVwR, Bd. I, § 8 Rn. 19 ff.

## 1. Das Gesetz und seine Anwendung

Im Verfassungsstaat ist das Gesetz allein das parlamentarische Gesetz. Der davon abweichende grundgesetzliche Sprachgebrauch erklärt sich verfassungsgeschichtlich[29]. Er führt bei Art. 20 Abs. 3 GG und einigen anderen Bestimmungen zu Auslegungsstreitigkeiten[30], deren praktische Bedeutung aber nicht überschätzt werden sollte. „Im Gesetz finden die rechtsstaatlichen und demokratischen Lebenslinien zueinander, sie bedingen und verstärken sich"[31]. Daraus folgt die überragende Bedeutung, die dem Gesetz trotz aller Gesetzeskritik nach wie vor attestiert wird[32]. Im Rechtsstaat haben zwar auch die Rechtsetzung der Exekutive und die Rechtserzeugung Privater unbestreitbar wichtige Aufgaben. Dem Gesetz aber fällt der Vorrang zu. Für die Rechtmäßigkeit des Verwaltungshandelns und für die gerichtliche Rechtsfindung und Kontrolle bleibt das Gesetz der Angelpunkt[33]. Das Gesetz ist „Eckstein des demokratischen Rechtsstaates" und „Instrument der Politik"[34].

In diesen beiden Funktionszuschreibungen steckt freilich ein erhebliches Maß an Spannungen, die die Frage der notwendigen Allgemeinheit des Gesetzes in das Zentrum rücken[35]. Rechtsstaatliche Disziplinierung öffentlicher Gewalt setzt steuerungstheoretisch auf die Unterscheidung von generell-abstrakter Vorgabe und einzelfallbezogener Anwendung. „In der Allgemeinheit bietet das Gesetz eine gleichheitssichernde Breitenwirkung, wahrt Distanz zur Individualität und Freiheit der Adressaten, regelt in der Abstraktheit der Aussagen das Grundlegende, auf Dauer Bedeutsame, hofft auch in einer materiellen Verallgemeinerungsfähigkeit das Vernünftige, der Moral nicht Widersprechende zu finden"[36]. Erst die Forderung nach der Allgemeinheit der Regelung lässt das freiheits- und gleichheitssichernde Potential des Gesetzes voll zur Entfaltung gelangen[37]. Allein, ein notwendiges Definitionsmerkmal des Gesetzesbegriffs ist die Allgemeinheit nicht. Dabei sind nicht einmal die im grundrechtlichen Eingriffsbereich verbotenen Einzelfallgesetze das eigentliche Problem. Belastender für den Rechtsstaat und letztlich auch für die Demokratie sind vielmehr die distanzlosen und sprunghaften Legislativpraxen, die sich vor allem in gesetzlichen Ausnahmen und Gegenausnahmen niederschlagen. Ihnen kann nur mit gestuften Reaktionen begegnet werden, die das „Allgemein-

---

29 Vgl. *Fritz Ossenbühl*, Gesetz und Recht – Die Rechtsquellen im demokratischen Rechtsstaat, in: HStR, Bd. V, ³2007, § 100 Rn. 6 ff.
30 Mit Nachweisen *Grzeszick* (N 4), Art. 20 Abschnitt VI Rn. 61 f.
31 *Udo Di Fabio*, Gewaltenteilung, in: HStR, Bd. II, ³2004, § 27 Rn. 51; ähnlich *Schmidt-Aßmann* (N 10), S. 183 ff.
32 *Ossenbühl* (N 29), Rn. 76; eher zweifelnd aber *Gunnar Folke Schuppert*, Die Rolle des Gesetzes in der Governancetheorie, in: Trute/Groß/Röhl/Möllers (N 26), S. 161 (179), der einen „Zentralitätsverlust des Gesetzes angesichts sich wandelnder Staatlichkeit" beobachtet. Für eine Stärkung der Gesetzesfunktionen angesichts gesteigerter Internationalisierung aber *Wolfgang Kahl*, Parlamentarische Steuerung der internationalen Verwaltungsvorgänge, dort S. 71 ff.
33 Dazu *Franz Reimer*, Das Parlamentsgesetz als Steuerungsmittel und Kontrollmaßstab, in: GVwR, Bd. I, § 9.
34 So die Funktionszuschreibungen von *Ossenbühl* (N 29), Rn. 19 und 21. Speziell zur politischen Funktion der Gesetzgebung unter Auswertung empirischer Untersuchungen *Helmuth Schulze-Fielitz*, Theorie und Praxis parlamentarischer Gesetzgebung, 1988, bes. S. 255 ff.; *Klaus von Beyme*, Der Gesetzgeber, 1997.
35 Dazu grundlegend *Gregor Kirchhof*, Die Allgemeinheit des Gesetzes, 2009.
36 *Kirchhof* (N 1), Rn. 86; weiterhin *ders.*, Grundrechtliche Gleichheit, in: HStR, Bd. VIII, ³2010, § 181 Rn. 164 ff.
37 *G. Kirchhof* (N 35), S. 343 ff. und 362 ff.

heitspostulat" in einem „Dreiklang" von „Klugheitsregel", „Verfassungsauftrag" und „justitiablem Kerngehalt" zur Geltung bringen[38].

15 Die rechtsstaatlich-demokratische Funktion des Gesetzes erschließt sich nur dann richtig, wenn man die Vielfalt der Steuerungsansätze in den Blick nimmt, über die das Gesetz verfügt. Viel zu lange hat sich die Staatsrechtslehre auf Gesetzestatbestände konzentriert, die eine inhaltliche Programmierung anstreben – meistens in der Form konditional aufgebauter Tatbestände. Zweifellos ist damit eine quantitativ und qualitativ bedeutende gesetzgeberische Regelungstechnik angesprochen. Aber das Gesetz hat wichtige Funktionen auch als Verfahrens- und Organisationsgesetz, als Haushaltsgesetz oder als ziel- oder rahmengebende Vorschrift. Oft geht es ihm mehr darum, die Entscheidungsstrukturen der gesetzesanwendenden Instanzen festzulegen als den Gehalt der einzelnen Rechtsentscheidung vorab zu bestimmen. Mit der überkommenen Gesetzesanwendungslehre sind diese Formen der Kontextsteuerung schwer zu erfassen, denn sie entziehen sich einfachen kausalen und mechanistischen Wirkungsvorstellungen. Doch sie gehören heute nun einmal zum oft genutzten Regelungsarsenal des Gesetzgebers und verlangen von der Gesetzesanwendung dieselbe Sorgfalt, wie sie auf die Auslegung materieller Gesetzestatbestände verwendet zu werden pflegt.

16 Überhaupt muss kritisch gefragt werden, inwieweit die Klagen über Steuerungsmängel des Gesetzes nicht auch darauf zurückzuführen sind, dass ein zu simples Vollzugsmodell zugrundegelegt wird. Generell-abstrakte Rechtssätze gestatten weder sprachlich noch systematisch eindeutige Aussagen für den Einzelfall, sondern sind auf Deutung und Konkretisierung angelegt, die dem Rechtsanwender Möglichkeiten eigener Gestaltung belassen. „Einen nicht auslegungsbedürftigen und auslegungsfähigen Rechtssatz gibt es nicht"[39]. Gerade das Zusammenspiel der genannten unterschiedlichen Regelungstechniken veranlasst dazu, die konstitutive Rolle der Rechtsanwendung anzuerkennen und sie nicht als rechtsstaatliche Pathologie abzustempeln[40].

### 2. Der Individualrechtsschutz und das gemeine Wohl

17 Gerichtsschutz als eine zweite zentrale Institution des Rechtsstaates ist unter dem Grundgesetz „im Lichte" des Art. 19 Abs. 4 zunächst vorrangig als Rechtsschutz gegen die öffentliche Gewalt behandelt worden. „Als formelles und prozessuales Grundrecht hat Art. 19 Abs. 4 GG nicht seinesgleichen in der deutschen Verfassungstradition; es gibt auch in den ausländischen Verfassungsordnungen keine Vorbilder"[41]. Die rechtsstaatliche Dogmatik ist gerade hier besonders differenziert und fein entfaltet – gelegentlich sogar so fein, dass sie im Rechtsvergleich nur schwer vermittelt werden kann. In der Zwischenzeit ist aber auch die verfassungs-

---

38 *G. Kirchhof* (N 35), S. 377 ff.
39 *Kirchhof* (N 15), Rn. 44 und weiter Rn. 64: „was letztlich den Sinn eines Rechtssatzes ausmacht, erschließt sich erst durch seine Deutung".
40 Dazu *Hans-Heinrich Trute*, Die konstitutive Rolle der Rechtsanwendung, in: Trute/Groß/Röhl/Möllers (N 26), S. 211 (222).
41 *Hans-Jürgen Papier*, Rechtsschutzgarantie gegen die öffentliche Gewalt, in: HStR, Bd. VIII, ³2010, § 177 Rn. 1 mit Nachweisen dort in Fn. 2.

rechtliche Verankerung des Rechtsschutzes zwischen Privaten exakt bestimmt worden. Sie findet sich nicht in einer einzelnen Garantienorm, sondern im Rechtsstaatsprinzip selbst. Dieses ist der Sitz einer staatlichen Justizgewährungspflicht, die in Verbindung mit den Grundrechten einen allgemeinen Justizgewährungsanspruch ausbildet[42]. Vor diesem Hintergrund stellen der Rechtsschutz zwischen Privaten und derjenige gegen die öffentliche Gewalt zwei Spezialtatbestände dar, die in ihren Rechtsschutzstandards zwar ähnlich, aber nicht identisch sind[43].

Der damit gewonnene einheitliche Rahmen hält dazu an, auch das Telos des Gerichtsschutzes für den Zivil- und den Verwaltungsprozess gemeinsam zu betrachten. Beide Verfahren dienen der Durchsetzung des klägerischen subjektiven Rechts[44]. Die eher objektiv-rechtlich bestimmten Aufgaben der Rechtsfortbildung und der Kontrolle von Gesetzgebung und Verwaltung werden dabei inzidenter miterfüllt; sie bilden aber keine eigenständigen Prozesszwecke. Der Gesetzgeber hat es in der Hand, den Gerichten über den Individualrechtsschutz hinaus z. B. in der Form von Verbandsklagen weitere, vorrangig im öffentlichen Interesse liegende Aufgaben zuzuweisen. Diese bilden nach überkommener Auffassung aber Ausnahmen, die besonderer Rechtfertigung bedürfen.

Heute stellt sich jedoch die Frage, ob das zugrundeliegende dualistische Konzept, das zwischen einer Rechtsverfolgung im privaten und einer solchen im öffentlichen Interesse strikt trennt, den Übergangserscheinungen und „Gemengelagen" der Interessen gerecht wird. Die Sammelklagen des Zivilprozesses und der sog. Drittschutz des Verwaltungsprozesses, der auf die Verletzung von Vorschriften reagiert, die „auch im klägerischen", vorrangig aber im öffentlichen Interesse geschaffen sind, indizieren die Notwendigkeit, sich noch stärker als bisher auf Interessenüberlagerungen prozessual einzurichten. Dazu sind in jüngerer Zeit beachtliche Vorschläge gemacht worden, die das subjektive Individualrecht um einen „status procuratoris" erweitern und den Einzelnen in bestimmten Rechtsgebieten zur Verfolgung auch öffentlicher Interessen legitimieren wollen[45]. Gerade wenn man das Rechtsstaatsprinzip als eine Verbindung von objektiver Funktionenordnung und subjektiver Statusordnung versteht[46], wird eine solche Deutung nahegelegt. Mit gebotener Vorsicht lassen sich dem subjektiven Recht dann zusätzlich „prokuratorische" Gehalte zuweisen, um den Kontrollauftrag der Gerichte ein Stück weiter als bisher zu erschließen. Dabei darf allerdings die Entscheidungsfreiheit des Klägers, darf vor allem die Dispositionsmaxime, die den Zivil- ebenso wie den Verwaltungsprozess bestimmt, nicht eingeschränkt werden.

---

42 BVerfGE 116, 135 (150 ff.); *Hans-Jürgen Papier*, Justizgewährungsanspruch, in: HStR, Bd. VIII, ³2010, § 176 Rn. 5 f.
43 Dazu *Eberhard Schmidt-Aßmann*, in: Maunz/Dürig, Art. 19 Abs. 4 Rn. 16 f.
44 Zur „Systementscheidung für den Individualrechtsschutz" im Verwaltungsprozess *Friedrich Schoch*, Gerichtliche Verwaltungskontrollen, in: GVwR, Bd. III, 2009, § 50 Rn. 4 f. Zum Zivilprozess vgl. *Peter Gottwald*, in: Leo Rosenberg/Karl-Heinz Schwab/ders., Zivilprozessrecht, ¹⁷2010, § 1 Rn. 5 ff.
45 Grundlegend *Johannes Masing*, Die Mobilisierung des Bürgers zur Durchsetzung des Rechts, 1997; *ders.*, Der Rechtsstatus des Einzelnen im Verwaltungsrecht, in: GVwR Bd. I, § 7 Rn. 112 ff.; *Julian Krüper*, Gemeinwohl im Prozess, 2010.
46 *Schmidt-Aßmann* (N 2), Rn. 46 ff.

## II. Die Dauerherausforderung des „Informalen"

**20** Das Rechtsstaatsprinzip ist ein Formungsprinzip. Formen gehören zum Recht selbst; sie haben für den Rechtsstaat mehr als nur eine instrumentelle Bedeutung. Vor diesem Hintergrund müssen Vorgänge der „Entformalisierung", der Grenzverwischungen und des Distanzverlustes in Staat und Gesellschaft kritisch betrachtet werden[47]. Freilich darf man sich dabei nicht von einer Geschichtsteleologie des Verfalls gefangen nehmen lassen. Das Leben tritt dem Recht nicht schon rechtsstaatlich geformt entgegen[48]. Auf neue Aufgaben muss gegebenenfalls schnell reagiert werden können. „Auch der Rechtsstaat kann ,mittelbare' Verwaltensweisen jedoch nicht schlechthin unterbinden, solange die Realität neuartige, vom Gesetz nicht beantwortete Anfragen an das Recht stellt und eine gegenwartsnahe Verwaltung einfallsreicher und anpassungsfähiger Recht bewirkt als der Gesetzgeber"[49]. Das Informale ist die Dauerherausforderung rechtsstaatlicher Dogmatik. Sie verlangt, den Realbereich gründlich zu analysieren, die Leistungsfähigkeit des Rechts nüchtern einzuschätzen und neue Formungskonzepte systematisch zu entfalten[50]. Eine möglichst weitreichende „Reformalisierung" ist weder verlangt noch sinnvoll. Das Rechtsstaatsgebot zielt gerade nicht auf eine maximale Verrechtlichung.

**21** Als ein hilfreicher Analysepfad hat sich hier der staatliche und gesellschaftliche Umgang mit Informationen erwiesen[51]: die Arten der offenen oder verdeckten, der einseitigen oder kooperativen Informationsgewinnung, die Erscheinungsformen der Informationsweitergabe, z. B. der Publikumsinformationen, die „Entgrenzung" und der Ausschluss von Informationen. Wenn das Rechtsstaatsprinzip auf eine allseitige Friedensordnung durch Recht zielt, dann müssen in diesem Kontext heute vor allem der Schutz des allgemeinen Persönlichkeitsrechts und des Urheberrechts gegenüber Entfesselungen des neuen Mediums „Internet" unter rechtsstaatliche Beobachtung gestellt werden. Den Staat treffen hier Schutzpflichten, durch eine hinreichend sensible Gestaltung und Anwendung des Zivilrechts (auch unter Nutzung des internationalen Rechts) für einen den neuen Herausforderungen entsprechenden Schutz zu sorgen[52]. Staatliche Stellen müssen sich zudem bei ihrem eigenen Informationsverhalten der unkontrollierten Eigendynamik der neuen Informationsforen bewusst sein. Keinesfalls dürfen sie durch eine unbedachte Informationspolitik „Lawinenbildungen" noch unterstützen. Eine geschärfte Staatshaftung kann hier dazu verhelfen, Verstöße gegen rechtsstaatliche Standards zu sanktionieren.

---

[47] Dazu *Kirchhof* (N 1), Rn. 5; *Friedrich Schoch*, Entformalisierung staatlichen Handelns, in: HStR, Bd. III, ³2005, § 37. Erscheinungsformen und Bedeutung früh erkannt von *Eberhard Bohne*, Der informale Rechtsstaat, 1981, und *Helmuth Schulze-Fielitz*, Der informale Verfassungsstaat, 1984.
[48] Ähnlich *Schoch* (N 47), Rn. 23, 100 ff.
[49] *Paul Kirchhof*, Verwalten durch „mittelbares" Einwirken, 1977, S. 430.
[50] Dazu ausführlich *Schoch* (N 47), Rn. 119 ff.
[51] Vgl. *Schoch* (N 47), Rn. 22 ff. Speziell zu den mit neuen Informationstechnologien eröffneten Chancen und Gefahren die Beiträge in: Hermann Hill/Utz Schliesky (Hg.), Die Vermessung des virtuellen Raumes, 2012.
[52] Dazu etwa *Andreas Glaser*, Der Schutz der persönlichen Ehre im Internetzeitalter, in: NVwZ 2012, (i. E.).

## III. Internationalrechtliche Perspektiven

Auf internationaler Ebene kann der Rechtsstaat heute auf eine beachtliche Erfolgsgeschichte blicken. Das gilt vor allem im europäischen Kontext und hier zunächst einmal für die Menschenrechtskonvention und den Europäischen Gerichtshof für Menschenrechte. Selbst wenn die Konvention in Deutschland nur im Rang eines einfachen Bundesgesetzes gilt, besitzen ihre Gewährleistungen „verfassungsrechtliche Bedeutung, indem sie die Auslegung der Grundrechte und rechtsstaatlichen Grundsätze des Grundgesetzes beeinflussen"[53]. Bundesverfassungsgericht und Menschenrechtsgerichtshof arbeiten so in einem Verbund[54]. Die Lage ist eine vollkommen andere als in Staaten, in denen es zunächst darum gehen muss, mit Hilfe der Konvention elementare Schutzstandards einzuführen und zu ihrer praktischen Durchsetzung beizutragen. Aber auch diese Funktion darf international nicht gering geschätzt werden.

Wieder anders stellt sich die Lage für das Europa der Europäischen Union dar: Die Union verfügte bereits seit den Verträgen von Rom über ein entwickeltes Gerichtssystem und rechtlich geordnete Entscheidungsverfahren. Ihr Grundrechtsschutz ist – nicht zuletzt mit „Nachhilfe" der nationalen Verfassungsgerichte – nach und nach so ausgebaut worden, dass das Bundesverfassungsgericht seinen Kontrollanspruch in diesem Punkte weitestgehend zurücknehmen konnte[55]. Das eigentliche Problem bleiben die gewaltenteilenden Strukturen und die notwendige Verantwortungsklarheit. Diese Schwierigkeiten werden sich angesichts der nur eingeschränkten Legitimationskraft des Europäischen Parlaments nicht vollständig lösen lassen[56]. Immerhin hat der Vertrag von Lissabon hier einige Verbesserungen gebracht[57]. Wenn Art. 2 EUV zu den Werten, auf die sich die Union gründet, u. a. die „Rechtsstaatlichkeit" zählt[58], so findet das in den Garantien des Vertragswerks und in der Praxis durchaus eine Entsprechung. In diesem Rahmen haben sich auch die rechtsstaatlichen Traditionen der Mitgliedstaaten weiter angeglichen, selbst wenn Unterschiede, z. B. in der Frage einer verfassungsgerichtlichen Kontrolle der Legislative, geblieben sind[59]. Politisch ist auf die Vorstellung der Union als einer „Rechtsgemeinschaft" und auf eine „Integration durch Recht" in vielen Verlautbarungen immer wieder Wert gelegt worden. Gerade deshalb muss der aktuelle Umgang mit der Schuldenkrise, der Union und Mitgliedstaaten gleicherweise zur Last fällt, besonders befremden[60]. Verkannt wird dabei vor allem die Distanz, die das Recht in den Integrationsprozess hineintragen soll, um politische Konflikte zu minimieren.

---

53 BVerfGE 128, 326 (367).
54 Vgl. *Andreas Voßkuhle*, Der europäische Verfassungsgerichtsverbund, in: NVwZ 2010, S. 1 ff.
55 BVerfGE 102, 147 (164).
56 Zu den vor allem in der degressiven Proportionalität des Wahlrechts angelegten Grenzen vgl. BVerfGE 123, 267 (370 ff.).
57 Vgl. *Eberhard Schmidt-Aßmann*, Verfassungsprinzipien für den Europäischen Verwaltungsverbund, in: GVwR, Bd. I, § 5 Rn. 16 ff.
58 Die meisten Vertragssprachen formulieren den Begriff des Rechtsstaates aufnehmend, vgl. z. B.: Französisch: l'État de droit; Spanisch: Estado de Derecho; Italienisch: Stato di diritto; Niederländisch: rechtsstaat; Dänisch: retsstaten; Schwedisch: rättsstaten.
59 Rechtsvergleichend zu Konvergenzen und Divergenzen *Pedro Cruz Villalón*, in: Armin von Bogdandy/Pedro Cruz Villalón/Peter M. Huber (Hg.), Handbuch Ius Publicum Europaeum, Bd. I, 2007, § 13 Rn. 58 ff.
60 Nachweise oben in N 13.

**24** Dass im weltweiten Vergleich der größte Teil des Weges zu einer rechtsstaatlichen Grundausstattung der Rechtsordnungen und der Staatenpraxis noch zurückzulegen ist und erzielte Fortschritte immer wieder in Frage gestellt werden, sollte dann nicht entmutigen, wenn man von vorneherein erhebliche strukturelle und kulturelle Restriktionen mitbedenkt, die in der Sache selbst angelegt sind[61]: strukturell das weit geringere Maß an konzeptioneller Geschlossenheit, mit dem weltweit entfaltete Rechtsstaatsvorstellungen auskommen müssen, und kulturell die tief verwurzelten Unterschiede der Denktraditionen und Wertorientierung in den Weltregionen. Dennoch darf mit gebotener Vorsicht gesagt werden: „Die Menschenrechte sind mittlerweile »Universaleigentum« geworden und damit ein Baustein einer zu schaffenden freiheitlichen und rechtsstaatlichen Ordnung"[62].

## C. Bibliographie

*Di Fabio, Udo*, Das Recht offener Staaten, 1998.
*Jestaedt, Matthias/Lepsius, Oliver*, Rechtswissenschaftstheorie, 2008.
*Kirchhof, Gregor*, Die Allgemeinheit des Gesetzes, 2009.
*Kirchhof, Paul*, Verwalten durch „mittelbares" Einwirken, 1977.
*ders.*, Das Gesetz der Hydra, 2006.
*Möllers, Christoph*, Gewaltengliederung, 2005.
*Schulze-Fielitz, Helmuth*, Zur Geltung des Rechtsstaates: Zwischen Kulturangemessenheit und universellem Anspruch, in: ZfVP 2011, 5, S. 1–23.
*Folke Schuppert, Gunnar*, Der Rechtsstaat unter den Bedingungen informaler Staatlichkeit, 2011.
*Wahl, Rainer*, Herausforderungen und Antworten: Das Öffentliche Recht der letzten fünf Jahrzehnte, 2006.

---

61 Dazu *Schulze-Fielitz* (N 27), S. 9 ff.
62 *Klaus Stern*, Menschenrechte als universales Leitprinzip, in: HGR, Bd. VI/2 (2009), § 185 Rn. 48.

# § 23
# Gewaltenteilung

*Thomas Puhl*

### Übersicht

| | Rn. |
|---|---|
| A. Historische Wurzeln; Wandelungen im Koordinatensystem. | 1– 3 |
| B. Der Grundsatz der Gewaltenteilung nach Art. 20 Abs. 2 S. 2 GG | 4–21 |
|    I. Der Gegenstand der Gewaltenteilung – die Ausübung von „Staatsgewalt" | 4 |
|    II. Der Zweck der Gewaltenteilung | 5 |
|    III. Gewaltenteilung und Gewaltenhemmung; das Verhältnis zu anderen Verfassungsnormen | 6– 8 |
|    IV. Der unveränderliche „Kernbereich" von Legislative, Exekutive und Judikative | 9–19 |
|       1. Gesetzgebung | 9–11 |
|       2. Vollziehende Gewalt | 12–16 |
|       3. Rechtsprechung | 17–19 |
|    V. Das „Übergewichtsproblem" | 20–21 |
| C. Perspektiven | 22–24 |
| D. Bibliographie | |

## A. Historische Wurzeln; Wandelungen im Koordinatensystem

„Toute société, dans laquelle la garantie des droits n'est pas assurée, ni la séparation des pouvoirs déterminée, n'a point de constitution." Auf diesen klassischen Fanfarenstoß des Art. 16 der französischen Erklärung der Menschen- und Bürgerrechte von 1789 nimmt die Präambel der gegenwärtigen französischen Verfassung noch heute Bezug. Er kommt dem heutigen deutschen Leser, der ihn mit Art. 20 Abs. 2 S. 2 GG vergleichen mag, auf den ersten Blick aber leicht spanisch vor – nicht nur, weil er auf Französisch verfasst ist: Gemünzt ist er – in heute geläufiger Terminologie – nicht auf „Gesellschaften", sondern auf *Staaten* (vgl. – zu Art. 20 Abs. 2 S. 2 GG – Rn. 4). Die „Rechte", von denen die Rede ist, sind, wie der Kontext, v. a. Überschrift und Präambel der Erklärung, erhellt, die Menschen- und Bürgerrechte – hier deutet sich bereits an, welchen Sinn die „séparation des pouvoirs" hat: Sie dient der organisatorischen Absicherung individueller Freiheit und Gleichheit – wie überhaupt der Zweck jeder „association politique" (das klingt nun schon eher nach „Staat") die Bewahrung der Menschenrechte ist (Art. 2 der Erklärung). Was mit den „Gewalten" gemeint ist, verdeutlicht Art. 16 der Erklärung nicht unmittelbar, wohl aber die von der gleichen verfassunggebenden Nationalversammlung dann 1791 verabschiedete Verfassung: Es geht um die „gesetzgebende", die „ausführende" und die „richterliche Gewalt" (s. Titel III Art. 3–5). Dass ein Staat, der Menschen- und Bürgerrechte und/oder Gewaltenteilung nicht gewährleistet, *keine* Verfassung *habe* (diese Regelungsgegenstände also zugleich Begriffsmerkmale einer Verfassung schlechthin seien), dürfte freilich eine Übertreibung sein: Auch ein

1

Despot kann sich eine Verfassung zulegen; nur wird es keine *gute* sein. Aber ist Art. 16 der Erklärung überhaupt ein *Rechts*satz – oder nicht eher ein Glaubensbekenntnis? Enthält die Aussage: „... hat keine Verfassung" eine Rechtsfolge? Wohl nicht wirklich: Der Nationalversammlung ging es eher um universal gemeinte philosophische Grundsätze, um „Wahrheiten für alle Zeiten und Länder", deren Grundlage weniger der Gesetzgebungswille der französischen Nation als der Wahrheitsanspruch einer aufklärerischen Sozialphilosophie ist[1]. Eine Aussage für „toute société" eben. Art. 20 Abs. 2 S. 2 GG ist dagegen gewiss als Rechtssatz gemeint. Als ein (vorläufig) „ewiger" sogar, vgl. Art. 79 Abs. 3 GG. Er gilt als „tragendes Organisationsprinzip" des Grundgesetzes[2]; seine rechtliche Direktionskraft dürfte indes überschaubar sein[3] – jedenfalls in der verfassungsrechtlichen Normallage.

2 *Montesquieu*, der im Vorfeld der französischen Revolution im 6. Kapitel des 11. Buches seines „De l'esprit des lois" (1748)[4] v. a. die klassische Unterscheidung in Legislative, Exekutive und Judikative geprägt hat, spricht indes (mit einer Ausnahme) nicht von „séparation des pouvoirs", sondern von „distribution des pouvoirs". Ihm geht es um die staatsorganisationsrechtliche Bedingung der Freiheit. Diese Bedingung ist für ihn – insofern steht er auf den Schultern zahlreicher Vordenker bis in die Antike, insbesondere aber *John Lockes* „Second Treatise of Government" (1690) – die Verteilung staatlicher Gewalt auf verschiedene Funktionsträger, um nach dem Prinzip des „Le pouvoir arrête le pouvoir" staatliche Macht zu mäßigen, ihrem Missbrauch vorzubeugen. Dabei geht es ihm weniger um die reinliche Unterscheidung der legislativen, exekutiven und judikativen Gewalt als vielmehr darum, dass die höchste politische Gewalt, die gesetzgebende, unter den realen sozialen Mächten – König, Adel und Volk (Bürgertum) – aufgeteilt und ständisch ausbalanciert wird[5]. So mag das (alleinige!) Recht des Königs zur Einberufung des Parlaments und sein Vetorecht gegen Gesetzesbeschlüsse ein Widerspruch zu einem „reinen" Gewaltenteilungsschema sein – nicht notwendig aber zum Modell einer freiheitssichernden Zuweisung staatlicher Befugnisse.

3 Die Rahmenbedingungen des *Montesquieu*'schen Modells haben sich jedoch grundlegend gewandelt – und das nicht erst unter dem Grundgesetz, sondern bereits bei der ersten realpolitischen Umsetzung seines Konzepts in den Vereinigten Staaten, wo v. a. die „Federalists" – im Anschluss an sec. 5 der Virginia Bill of Rights von 1776 – unter Berufung auf *Montesquieu* ein System von „checks and balances" zur Freiheitssicherung propagiert und in der Bundesverfassung von 1787 durchgesetzt haben. Dieser Wandel betrifft insbesondere zwei Punkte, nämlich zum einen die *Demokratie*. Da in ihr das Volk alleiniger Legitimationsspender staatlichen Handelns ist, kann sie eine Aufteilung der Staatsgewalt auf verschiedene originäre Machtträger wie in einer „Mischverfassung", die Elemente der Monarchie, der Aristokratie und der Demokratie umfasst, nicht kennen. Deshalb ist

---
1 So *Hasso Hoffmann*, Die Grundrechte 1789–1949–1989, in: NJW 1989, S. 3177 (3182).
2 So etwa BVerfGE 3, 225 (247); 34, 52 (59); 67, 100 (130); *Udo Di Fabio*, in: HStR, Bd. II, ³2004, § 27 Rn. 1, 8.
3 So *Fritz Ossenbühl*, Aktuelle Probleme der Gewaltenteilung, in: DÖV 1980, S. 545 ff.; näher unten Rn. 8.
4 Hier zit. nach: *ders.*, Oeuvres complètes (hg. von R. Caillois), Bd. 2, 1951, S. 227, 396 ff.; deutsche Übersetzung von *Ernst Forsthoff*, ²1992.
5 S. statt aller *Hans-Detlef Horn*, Gewaltenteilende Demokratie, demokratische Gewaltenteilung, in: AöR 127 (2002), S. 427 (432) m. weit. Nachw.

nach *Böckenförde* aus der „séparation des pouvoirs" eine bloße „séparation des fonctions" geworden[6]. Ferner hat sich die *Rolle der Rechtsprechung* im Gewaltenteilungsschema gegenüber dem Konzept *Montesquieus* stark verändert – und das weitgehend unabhängig von den im Detail stark voneinander abweichenden Ausprägungen institutioneller Machtverteilung in den Verfassungsstaaten der Gegenwart. Schon die Sicht *Montesquieus*, die Rechtsprechung sei „en quelque façon nulle", der Richter nur „la bouche qui prononce les paroles de la loi"[7], verkannte die Steuerungsfähigkeit des Gesetzgebers, der dem Richter meist doch nur mehr oder weniger allgemeine Direktiven, kaum aber detaillierte Einzelfalllösungen vorzugeben vermag. Der Richter ist damals wie heute notwendig mehr als bloßer Subsumtionsautomat. Hinzu tritt – in den Vereinigten Staaten seit *Madison vs. Marbury* (1803), in Deutschland und weiten Teilen der übrigen rechtsstaatlich-gewaltenteilend verfassten Welt seit dem Siegeszug der Verfassungsgerichtsbarkeit nach dem 2. Weltkrieg – ein *partieller Vorrang* der Rechtsprechung über den (einfachen) Gesetzgeber, wie er für *Montesquieu* noch nicht vorstellbar erschien.

## B. Der Grundsatz der Gewaltenteilung nach Art. 20 Abs. 2 S. 2 GG

### I. Der Gegenstand der Gewaltenteilung – die Ausübung von „Staatsgewalt"

Der Gewaltenteilungsgrundsatz des Art. 20 Abs. 2 S. 2 GG bezieht sich auf alle „Staatsgewalt", also auf jedes dem Staat zurechenbare Tun, Dulden oder Unterlassen, zumindest auf alles amtliche Handeln mit Entscheidungscharakter,[8] und zwar sowohl des Bundes wie (vermittelt über Art. 28 Abs. 1 S. 1 GG) der Länder[9] – jeweils für ihre Ebene („horizontale Gewaltenteilung"). Regelungsgegenstand anderer Verfassungsnormen, nicht aber von Art. 20 Abs. 2 S. 2 GG, sind dagegen u. a. die Ausbalancierung gesellschaftlicher Kräfte, v. a. von Medien, Parteien, Verbänden, oder ihre Einflussmöglichkeiten auf den demokratischen Prozess („dezisive Gewaltenteilung"), die Kompetenzverteilung zwischen Bund und Ländern oder supranationalen Ebenen hoheitlicher Gewaltausübung („vertikale Gewaltenteilung") oder die zeitliche Begrenzung der Amtsdauer und Aufeinanderfolge demokratisch bestellter Amtsträger („temporale Gewaltenteilung")[10].

4

---

6 *Ernst-Wolfgang Böckenförde*, Die Organisationsgewalt im Bereich der Regierung, ²1998, S. 79.
7 *Montesquieu* (N 4), S. 401, 404.
8 Im erstgenannten Sinn (zu Satz 1) etwa *Pieroth*, in: Jarass/Pieroth, ¹¹2011, Art. 20 Rn. 4, im letztgenannten BVerfGE 83, 60 (73); 107, 59 (87) m. weit. Nachw.
9 BVerfGE 2, 307 (319); 34, 52 (58); 83, 60 (71); *Schulze-Fielitz*, in: Dreier, Bd. II, ²2006, Art. 28 Rn. 67.
10 Zu diesen und anderen v. a. im politikwissenschaftlichen Schrifttum unterschiedenen Formen einer Gewaltenteilung i. w. S. siehe etwa *Winfried Steffani*, Gewaltenteilung und Parteien im Wandel, 1997, S. 37 ff.; skeptisch aus staatsrechtlicher Sicht etwa *Di Fabio* (N 2), § 27 Rn. 11 ff., 14 ff.; *Möllers*, in: AöR 132 (2007), S. 493 (501 f., 507 f.).

## II. Der Zweck der Gewaltenteilung

5 Der historisch überkommene und bis heute anerkannte Zweck der Gewaltenteilung ist die Bändigung und Mäßigung der Staatsgewalt durch ihre Aufteilung auf verschiedene, sich wechselseitig kontrollierende und begrenzende Organe zur Sicherung individueller Freiheit. Dieses rechtsstaatliche Anliegen wird in jüngerer Zeit durch den Hinweis ergänzt, die Gewaltenteilung unter dem Grundgesetz ziele auch darauf ab, dass staatliche Entscheidungen möglichst richtig, das heißt von den Organen getroffen werden, die dafür nach ihrer Organisation, Zusammensetzung, Funktion und Verfahrensweise über die besten Voraussetzungen verfügen[11] (sog. Grundsatz der funktionsgerechten Organstruktur oder der Organadäquanz). Insofern zielt Gewaltenteilung auf eine den demokratischen Willen verwirklichende Herrschaftsorganisation, hat also neben der rechtsstaatlichen auch eine demokratische Wurzel[12]. Zu warnen ist freilich davor, diese Überlegungen zum Einfallstor für organisationssoziologisch-rechtspolitische Effizienzüberlegungen zu machen und mit ihnen die konkrete Zuständigkeitsverteilung des Grundgesetzes zu überspielen[13].

## III. Gewaltenteilung und Gewaltenhemmung; das Verhältnis zu anderen Verfassungsnormen

6 Art. 20 Abs. 2 S. 2 GG unterscheidet zunächst drei staatliche Funktionen: Gesetzgebung, vollziehende Gewalt und Rechtsprechung – wie sie grundsätzlich in jedem Staat bestehen (*funktionale* Gewaltenteilung). Freiheitssicherung und Organadäquanz (Rn. 5) vermag der Grundsatz aber erst dadurch zu befördern, dass er diese Funktionen „besondere[n]" – d. h.: voneinander gesonderten und je auf ihre Aufgaben zugeschnittenen – Organen oder Organgruppen zuordnet (*organisatorische* Gewaltenteilung) und dass diese Zuordnung nicht durch Ämterkumulationen der Amtswalter unterlaufen wird (*personelle* Gewaltenteilung), was zumindest in gewissem Umfang Inkompatibilitäten voraussetzt.

7 Art. 20 Abs. 2 S. 2 GG wäre missverstanden, wollte man daraus ein Gebot strikter Trennung der Funktionsbereiche spezifischer Gesetzgebungs-, Vollzugs- und Rechtsprechungsorgane ableiten, so dass etwa eine Beteiligung der Regierung an der Gesetzgebung (s. Art. 76 Abs. 1, 113 GG), gar ein (delegiertes) Normsetzungsrecht der Exekutive (Art. 80 GG), die „Gesetzeskraft" von Entscheidungen des Bundesverfassungsgerichts (Art. 94 Abs. 2 S. 1 GG), seine Normverwerfungskompetenz (Art. 100 Abs. 1 GG), die das parlamentarische Regierungssystem kennzeichnende Bestellung und Abberufung von Regierungsmitgliedern durch das Par-

---

11 S. insbes. BVerfGE 68, 1 (86); 95, 1 (15); 98, 218 (251 f.).
12 Sie betont dezidiert *Hans-Detlef Horn*, Die grundrechtsunmittelbare Verwaltung, 1999, S. 260 ff.; s. auch *Möllers*, in: AöR 132 (2007), S. 493 (496 ff.).
13 Zutreffend kritisch in diesem Zusammenhang *Di Fabio* (N 2), § 27 Rn. 10 zum „Weichmacher des Utilitarismus"; skeptisch zur Herleitung von Effizienz- oder Optimierungspostulaten aus Art. 20 Abs. 2 S. 2 GG auch *Peter Lerche*, Gewaltenteilung – deutsche Sicht, in: Josef Isensee (Hg.), Gewaltenteilung heute, 2000, S. 75 (76 ff., insbes. 79 ff.). – Der im Text erwähnten Gefahr erlegen ist das BVerfG bei der Abgrenzung des Verhältnisses von Legislative und Exekutive im Bereich der auswärtigen Gewalt, dazu noch unten Rn. 13.

lament (Art. 63, 67, 69 Abs. 2 GG)[14] oder von Richtern durch Mitglieder der Exekutive und/oder der Legislative (Art. 94 Abs. 1 S. 2, 95 Abs. 2 S. 2 GG) unzulässig wären. Im Gegenteil: Die anerkannte Aufgabe der wechselseitigen Kontrolle durch ein System von „checks and balances", der Mäßigung der Staatsgewalt (Rn. 5), wird gerade erst dadurch erfüllt, dass solche Ingerenzen der einen gegenüber der anderen „Gewalt" (hier verstanden als Organ/Organgruppe) bestehen. Sie entsprechen schon dem tradierten Grundkonzept der Gewaltenteilung (Rn. 2) und sind von Anfang an Bestandteil des Grundgesetzes gewesen. Daher liegt es fern, sie als „Widerspruch" zu oder „Ausnahme" von Art. 20 Abs. 2 S. 2 GG aufzufassen – der eine Ausnahme auch gar nicht vorsieht. Dies meint das Bundesverfassungsgericht, wenn es sagt: Das Prinzip der Gewaltenteilung sei nirgends „rein" verwirklicht, es bestünden zahlreiche Gewaltenverschränkungen und -balancierungen, das Grundgesetz fordere nicht eine absolute Trennung, sondern die gegenseitige Kontrolle, Hemmung und Mäßigung der Gewalten[15].

Der konkrete Bestand an Aufgaben und Befugnissen der Verfassungsorgane richtet sich also primär nach den speziellen Zuweisungsnormen des Grundgesetzes, nicht nach „dem" Gewaltenteilungsgrundsatz. Das erklärt, weshalb dieser zwar ein „tragendes Organisationsprinzip" des Grundgesetzes ist (Rn. 1), aber *kaum eigenständige Bedeutung* hat[16], insbesondere bei konkreten Streitigkeiten um die Kompetenzabgrenzung einzelner Staatsorgane in der bisherigen Rechtsprechung meist wenig bedeutsam gewesen ist. Eine Rolle spielt er, wo verfassungsrechtliche Spezialregeln fehlen oder als „Hintergrundnorm"[17] zu deren Auslegung. Art. 20 Abs. 2 S. 2 GG schützt jedoch – und zwar auch gegenüber dem verfassungsändernden Gesetzgeber (Art. 79 Abs. 3 GG) – vor einem Eingriff in den unveränderbaren[18] *„Kernbereich"* der einer Gewalt vom Grundgesetz zugewiesenen *typischen* Aufgaben (IV.) sowie nach dem Bundesverfassungsgericht davor, dass eine von ihnen ein von der Verfassung nicht vorgesehenes *„Übergewicht"* über eine andere Gewalt erhält (V.)[19]. Unzulässig wäre nach diesen Maßstäben jedenfalls die absolute Machtkonzentration beim „Führer" während der NS-Zeit[20],

**8**

---

14 Wenn *Paul Laband*, Die Vertretung des Volkes durch das Parlament, 1912, S. 14 ff., im parlamentarischen Regierungssystem einen Verstoß gegen „das" Prinzip der Gewaltenteilung sah, so unter Vernachlässigung der jeweils konkreten Verfassungsordnung (s. a. Rn. 22).
15 BVerfGE 95, 1 (15); 124, 78 (120); vgl. auch schon BVerfGE 9, 268 (279) m. weit. Nachw. – Überzeugender die Formulierung zum Parlamentsvorbehalt beim Streitkräfteeinsatz (dazu in N 24): dieser sei „Teil des Bauprinzips der Gewaltenteilung, nicht seine Durchbrechung", BVerfGE 121, 135 (163).
16 S. etwa *Hans D. Jarass*, in: Jarass/Pieroth, [11]2011, Art. 20 Rn. 23; *Schulze-Fielitz*, in: Dreier, Bd. II, [2]2006, Art. 20 (Rechtsstaat) Rn. 70 m. weit. Nachw.; in die gleiche Richtung *Ossenbühl* (oben N 3).
17 *Möllers*, in: AöR 132 (2007), S. 493 (495); ähnlich *Sommermann*, in: v. Mangoldt/Klein/Starck, Bd. II, [6]2010, Art. 20 Rn. 214; *Sachs*, in: Sachs, [6]2011, Art. 20 Rn. 4.
18 So ausdrücklich etwa BVerfGE 34, 52 (59) und 95, 1 (15).
19 So etwa, mit im Einzelnen abweichenden Formulierungen, BVerfGE 9, 268 (279 f.); 22, 106 (111); 34, 52 (59); 95, 1 (15); zur Wahrung der „spezifischen Aufgaben und Zuständigkeiten" BVerfGE 124, 78 (120).
20 Vgl. den bemerkenswerten Beschluss des Großdeutschen Reichstags v. 26.04.1942 (RGBl. I, 247), wonach der „Führer" u. a. oberster Inhaber der vollziehenden Gewalt und oberster Gerichtsherr war. Dass ihm auch die Gesetzgebungsgewalt zustand, wurde nicht eigens betont – hat aber auch geringe Bedeutung angesichts der Feststellung, er könne handeln, „ohne an bestehende Rechtsvorschriften gebunden zu sein." Im Übrigen war die Reichsregierung nach Art. 1 des Gesetzes zur Behebung der Not von Volk und Reich („Ermächtigungsgesetz") v. 24.03.1933 befugt, „Gesetze" zu beschließen. In der Praxis hat *Hitler* selbst – ohne Beschlussfassung der Reichsregierung – solche Gesetze (und andere Normen, v. a. Führerverordnungen und -erlasse) beschlossen und ausgefertigt (näher *Bernd Mertens*, Rechtssetzung im Nationalsozialismus, 2009, S. 54), da die Reichsregierung nur noch als beratender und unterstützender,

wie sie den Vätern und Müttern des Grundgesetzes zweifelsohne bei Abfassung von Art. 20 Abs. 2 S. 2 GG vor Augen stand. Im Übrigen aber bedürfen die genannten Direktiven der Konkretisierung, für die den einzelnen Zuständigkeitsnormen wegen ihrer systematischen Verknüpfung mit Art. 20 Abs. 2 S. 2 GG Hinweise zu entnehmen sind, weil der Verfassungsgeber sie für eine konsistente Ausprägung des von ihm normierten Gewaltenteilungsgrundsatzes aufgefasst haben wird; nicht aber nehmen diese Einzelregelungen – v. a. mit Blick auf Art. 79 Abs. 3 GG – im Detail am Rang des Art. 20 Abs. 2 S. 2 GG teil.

## IV. Der unveränderliche „Kernbereich" von Legislative, Exekutive und Judikative

### *1. Gesetzgebung*

9   Wenn auch andere Verfassungsorgane am Gesetzgebungsverfahren beteiligt sind, v. a. bestimmte Gesetze der Zustimmung des Bundesrates[21] bedürfen: *Das* Gesetzgebungsorgan des Bundes ist, als die Volksvertretung, das Parlament, der Bundestag. Ihm steht ein Initiativrecht für die Bundesgesetze zu, von ihm werden sie „beschlossen", Art. 76 Abs. 1, 77 Abs. 1 S. 1 GG. Auf Bundesebene ist er das einzig unmittelbar demokratisch legitimierte Verfassungsorgan. Daraus folgt – auch im Lichte des Demokratieprinzips – zwar kein „Gewalten*monismus*" des Parlaments[22], wohl aber weist das Grundgesetz ihm einen Steuerungs*vorrang* gegenüber den anderen Gewalten insofern zu, als Exekutive und Judikative an seine in Gesetzesform getroffenen Entscheidungen gebunden sind, Art. 20 Abs. 3 GG: „Vorrang des Gesetzes".

10  Abgesichert wird dieser Vorrang durch den „Vorbehalt des Gesetzes", der den Bereich bezeichnet, in dem die Exekutive überhaupt ohne parlamentsgesetzliche Grundlage nicht handeln darf, dessen Regelung also dem Gesetzgeber „vorbehalten" ist[23]. Dieser Bereich wird nicht nur aus Einzelbestimmungen des Grundge-

---

aber nicht entscheidender „Führerrat" betrachtet wurde. Begründet wurde diese Ersetzung des Kollegial- durch das Führerprinzip in der zeitgenössischen Literatur mit dem Gesetz über den Eid der Reichsminister und der Mitglieder des Landesregierungen v. 16.10.1934 (RGBl. I, 973), wonach alle Minister *Hitler* persönlich Treue und Gehorsam zu schwören hatten: Damit sei die Bindung an seinen Willen auch für die Beschlussfassung über Gesetzesvorlagen von einer politisch-faktischen zu einer Rechtspflicht geworden, so *Adolf Lobe*, Das richterliche Prüfungsrecht und die Entwicklung der gesetzgebenden Gewalt im neuen Reich, in: AöR 67 (1937), S. 194 (208 ff.); ähnlich *Günther Küchenhoff*, Art. „Führer und Reichskanzler", in: Erich Volkmar/Alexander Elster/Günther Küchenhoff (Hg.), Die Rechtsentwicklung der Jahre 1933 bis 1935/36, zugleich Handwörterbuch der Rechtswissenschaft, Bd. VIII, Der Umbruch 1933/36, 1937, S. 203 (206 f.).

21 Der Bundesrat, über den die Länder an der Willensbildung des Bundes beteiligt sind und der an Aufgaben der Legislative und Exekutive mitwirkt (Art. 50 GG), liegt in der Tat quer zur klassischen Trias der „Gewalten".

22 BVerfGE 49, 89 (124 ff.); 68, 1 (87); 98, 218 (252); jeweils mit dem berechtigten Anliegen, einer Überspannung der „Wesentlichkeitstheorie" zum Vorbehalt des Gesetzes im Sinne eines „Totalvorbehalts" zu begegnen (der freilich im Stationierungsurteil BVerfGE 68, 1 gar nicht Entscheidungsgegenstand war).

23 S. für einen konzisen Überblick – mit kritischer Bewertung der Leistungsfähigkeit der „Wesentlichkeitstheorie" – *Eberhard Schmidt-Aßmann*, in: HStR, Bd. II, ³2004, § 26 Rn. 63 ff.; ferner *Jarass* (N 16), Art. 20 Rn. 44 ff.; ausführlich *Fritz Ossenbühl*, in: HStR, Bd. V, ³2007, § 101 Rn. 11 ff., je m. weit. Nachw.

setzes, v. a. Normen des Grundrechtsteils, aber auch der Verwaltungs- und Gerichtsorganisation, des Finanz- und Haushaltswesens oder der auswärtigen Beziehungen abgeleitet, sondern verallgemeinernd auch aus dem Demokratie- und Rechtsstaatsprinzip[24] – also ebenfalls in dem von der Ewigkeitsgarantie umfassten Art. 20 GG verortet. Hier muss der Gesetzgeber – vorbehaltlich besonderer Verfassungsbestimmungen – in grundlegenden normativen Bereichen alle wesentlichen Entscheidungen selbst treffen[25]. Mit Blick auf die Gewaltenteilung bedeutet dies, dass er diese Entscheidungen „nicht anderen Normgebern überlassen" darf[26], insbesondere „nicht dem Handeln und der Entscheidungsmacht der Exekutive"[27]; aber auch Gerichte dürfen keine „Befugnisse beanspruchen, die von der Verfassung eindeutig dem Gesetzgeber übertragen worden sind" – doch gehört richterliche Rechtsfortbildung angesichts des raschen Wandels gesellschaftlicher Verhältnisse, begrenzter Reaktionsmöglichkeiten des Gesetzgebers und der offenen Formulierung zahlreicher Normen zu den Aufgaben der Dritten Gewalt, wobei der Richter sich aber an den vom Gesetzgeber festgelegten Sinn und Zweck des Gesetzes zu halten hat[28].

Zum unveränderlichen Kernbereich der „typischen" Aufgaben des Gesetzgebers (Rn. 8) gehört mithin v. a. der Erlass *abstrakt-genereller Normen* mit Außenwirkung. Er selbst kann solche Normsetzungsbefugnisse zwar über die Formulierung einer hinreichend präzise formulierten Ermächtigungsgrundlage (revozierbar) an die Exekutive delegieren[29], ausgeschlossen ist aber die Einführung einer gesetzesunabhängigen Rechtsetzungsgewalt der Exekutive wie etwa in Frankreich[30]. Auch der herkömmliche Bereich des „Vorbehalts des Gesetzes" ist in seinem Kern durch Gewaltenteilungs-, Demokratie- und Rechtsstaatsprinzip geschützt. Das betrifft jedenfalls klassische „Eingriffe in Freiheit und Eigentum" sowie das überkommene parlamentarische Budgetrecht. Und dem Parlament müssen hinreichende *Kontrollbefugnisse* zur Verfügung stehen, um sicherzustellen, dass die Exekutive die von ihm erlassenen Gesetze ordnungsgemäß vollzieht[31]. Erforderlich sind effektive Informations- und Sanktionsrechte der Volksvertretung. Letzteres zementiert nicht das parlamentarische Regierungssystem (Art. 63, 67 GG); ohne zumindest ein Antragsrecht auf Amtsenthebung der Exekutivspitze (vgl. Art. 59 WRV/ Art. 61 GG) wäre aber wohl das Gewaltenteilungsprinzip verletzt.

11

---

24 BVerfGE 101, 1 (34); 116, 24 (58); *Ossenbühl* (N 23), § 101 Rn. 42 ff., 46 ff. m. weit. Nachw. – Nicht ganz klar ist die Herleitung des konstitutiven Parlamentsvorbehaltes für den militärischen *Streitkräfteeinsatz* durch BVerfGE 90, 286 (381 ff.); s. a. BVerfGE 121, 135 (153 ff.), der keinen Gesetzes-, sondern nur einen (schlichten) Zustimmungsvorbehalt darstellt. Folgt dieser der Ratio der Wesentlichkeitslehre, so liegt im Streitkräfteeinsatz ohne parlamentarische Zustimmung grundsätzlich nicht nur ein Verstoß gegen das Demokratieprinzip, sondern auch gegen den Gewaltenteilungsgrundsatz, so zu Recht *Sommermann* (N 17), Art. 20 Rn. 218.
25 S. etwa BVerfGE 49, 89 (126); 84, 212 (226); 101, 1 (34).
26 BVerfGE 95, 276 (307) m. weit. Nachw.
27 BVerfGE 83, 130 (142); ähnlich BVerfGE 116, 24 (58), je m. weit. Nachw.
28 BVerfGE 96, 375 (394 f.).
29 Vgl. Art. 80 Abs. 1 GG – gerade in Abgrenzung zum sog. Ermächtigungsgesetz v. 24.03.1933 (s. N 20). Art. 80 Abs. 1 GG verstößt nicht gegen den Gewaltenteilungsgrundsatz, BVerfGE 18, 52 (59).
30 *Sommermann* (N 17), Art. 20 Rn. 217.
31 Vgl. etwa BVerfGE 67, 100 (130); *Sommermann* (N 17), Art. 20 Rn. 218; *Jarass* (N 16), Art. 20 Rn. 25.

## 2. Vollziehende Gewalt

**12** Zur vollziehenden Gewalt i. S. v. Art. 20 Abs. 2 S. 2 GG gehören organisatorisch v. a. Bundespräsident, Bundesregierung und Bundesverwaltung; funktionell der – im Detail sehr unterschiedlich engmaschig gesetzesgesteuerte – Verwaltungsvollzug wie die weitgehend „gesetzesfreie" politische Gestaltung, etwa auf den Feldern der Europa- und Außenpolitik oder bei der Vorlage von Gesetzentwürfen. Agenden und Handlungsformen der Exekutive sind ähnlich vielfältig wie die des modernen Staates überhaupt, so dass eine aussagekräftige und griffige positive Definition ihres Tätigkeitsbereichs kaum gelingt. Deshalb wird die Funktion der vollziehenden Gewalt meist nur negativ als Summe der Staatstätigkeit umschrieben, die nach Abzug von Gesetzgebung (Rn. 14 mit N 39 zum „entleerten" Gesetzesbegriff) und Rechtsprechung (Rn. 18) übrig bleibt (Subtraktionsmethode)[32].

**13** Gegenüber dem Zugriff des *Parlaments* ist der Funktionsbereich der Exekutive kaum abgeschirmt, vielmehr unterliegt diese dem allgemeinen Primat gesetzlicher Vorgaben (Art. 20 Abs. 3 GG). Insbesondere steht der Exekutive (fast) kein von Verfassungs wegen reservierter *Sachbereich* zu, der gesetzlicher Regelung entzogen wäre: Der Gesetzgeber ist vielmehr grundsätzlich „allzuständig"[33]. Das gilt – vorbehaltlich spezieller Regelungen (s. Art. 65 S. 4 GG) – auch etwa für die sog. Organisationsgewalt im Bereich der Regierung[34]; und v. a. auf dem Feld der Außenpolitik[35] – entgegen der Auffassung des Bundesverfassungsgerichts, das Art. 59 Abs. 2 GG (anders als alle anderen Gesetzesvorbehalte) als „abschließend" zu verstehende Mitbeteiligungsbefugnis des Parlaments an der ansonsten der Bundesregierung vorbehaltenen auswärtigen Gewalt begreift[36]. Es stützt diesen wichtigsten und wenig überzeugenden Anwendungsfall seiner Rechtsprechung zur Argumentationsfigur der Organadäquanz auf die arg schlanke These, dass „institutionell und auf Dauer typischerweise allein die Regierung in hinreichendem Maße über die personellen, sachlichen und organisatorischen Möglichkeiten verfügt, auf wechselnde äußere Lagen zügig und sachgerecht zu reagieren und so die staatliche Aufgabe, die auswärtigen Angelegenheiten verantwortlich zu erfüllen, bestmöglich zu erfüllen." Dies steht u. a. in ersichtlicher Spannung zu dem vom Bundesverfassungsgericht selbst angenommenen Parlamentsvorbehalt für den Streitkräfteeinsatz[37] und vermag kaum zu erklären, weshalb der Bundestag – unstreitig – über das Budgetrecht die Schließung einer Botschaft erzwingen können soll, nicht aber die Eröffnung einer solchen. Gespaltene Organadäquanz? – Was für den Sachbereich

---

32 S. etwa *Roman Herzog*, in: Maunz/Dürig, Art. 20 V Rn. 96 ff.; ähnlich schon *Otto Mayer*, Deutsches Verwaltungsrecht, Bd. I, ³1924, S. 7.
33 *Herzog* (N 32), Art. 20 II Rn. 84, V Rn. 79 ff.; *Jarass* (N 16), Art. 20 Rn. 26; *Thomas Puhl*, Die Minderheitsregierung nach dem Grundgesetz, 1986, S. 157 f.; *Möllers*, in: AöR 132 (2007), S. 493 (517); a. A. tendenziell BVerfGE 105, 279 (304); 108, 282 (335) – abw. Meinung *Di Fabio, Jentsch, Mellinghoff*.
34 S. etwa *Puhl* (N 33), S. 153 ff.; *Möllers*, in: AöR 132 (2007), S. 493 (519); a. A. *Böckenförde* (N 6), S. 130 ff.; *Sommermann* (N 17), Art. 20 Rn. 219, 284.
35 *Thomas Puhl*, Entparlamentarisierung, in: HStR, Bd. III, ³2005, § 48 Rn. 5 ff.; ausführl. *ders.* (N 33), S. 135 ff.; im Ergebnis ebenso *Christoph Möllers*, Gewaltengliederung, 2005, S. 362ff. und *ders.*, in: AöR 132 (2007), S. 493 (528 ff.); *Jarass* (N 16), Art. 20 Rn. 26.
36 S. insbes. BVerfGE 68, 1 (85 ff.); bestätigend BVerfGE 90, 286 (357 ff.); 104, 151 (206 ff.); 118, 244 (258 ff.); ihm folgt – mit Variationen – die bislang h. M., s. etwa *Ondolf Rojahn*, in: v. Münch/Kunig, Bd. I, ⁶2012, Art. 59 Rn. 19 ff. m. weit. Nachw.
37 Dazu oben N 24.

der auswärtigen Gewalt im Allgemeinen gilt, trifft auch auf den spezielleren Fall der „unionswärtigen" Gewalt zu: Auch hier kann das Parlament – über die Minimalbeteiligung von Bundestag und Bundesrat nach Art. 23 GG hinaus – im Gesetzeswege seinen Einfluss geltend machen[38].

Das Grundgesetz verengt auch nicht etwa *Gesetzesbegriff*, wie im Konstitutionalismus vertreten, auf Entscheidungen einer bestimmten Struktur, etwa auf abstrakt-generelle Normen oder Regelungen „mit Außenwirkung" (was ebenfalls einem parlamentarischen Zugriff u. a. auf Einzelfragen der Außenpolitik entgegenstehen und einen „Eigenbereich" der Exekutive abschirmen könnte). Denn die prinzipielle Zulässigkeit von „Organgesetzen" sowie – in den Grenzen von Art. 19 Abs. 1 GG – von Einzelfall- und Maßnahmegesetzen ist heute allgemein anerkannt: Selbst ein Detailplan im Bereich der anlagenbezogenen Fachplanung ist nach dem Bundesverfassungsgericht unmittelbar durch Gesetz (und nicht nur wie „üblich": durch Verwaltungsakt) regelbar, sofern hierfür im Einzelfall „gute Gründe" bestehen, für deren Vorliegen dem Gesetzgeber ein Beurteilungs- und Einschätzungsspielraum zukomme (z. B. Verfahrensbeschleunigung)[39]. Schließlich lässt sich der Satz, dem Gesetzgeber seien „wesentliche" Entscheidungen vorbehalten (Rn. 10 f.), nicht dahin umkehren, er dürfe *nur* wesentliche Entscheidungen treffen – der Rest sei Sache der Exekutive[40].

**14**

Dennoch gibt es einen schmalen Exekutivvorbehalt, der dem Zugriffsrecht des an sich allzuständigen Gesetzgebers Grenzen zieht. Dabei geht es v. a. um einen „Kernbereich exekutiver Eigenverantwortung", den „Schutz exekutivischer Selbstprogrammierung". Dazu zählen etwa ein dem parlamentarischen Frage-, Unterrichtungs- wie Untersuchungsrecht grundsätzlich verschlossener Initiativ-, Beratungs- und Handlungsbereich der Regierung[41], eine budgetäre Mindestausstattung, Möglichkeiten der Informationsgewinnung, Konzepterarbeitung und eigener Normsetzung (im Rahmen der Parlamentsgesetze) als Mittel der Programmentfaltung[42] sowie die Begrenzung „ministerialfreier Räume" zur Sicherung einer demokratisch verantwortlichen Exekutive[43].

**15**

Gegenüber der *Rechtsprechung* wird der Funktionsbereich der Exekutive v. a. durch die Beschränkung der Gerichte auf das Recht als Prüfungsmaßstab geschützt: eine Zweckmäßigkeitsprüfung steht ihnen nicht zu.

**16**

---

38 *Puhl* (N 35), § 48 Rn. 15 m. weit. Nachw., auch zur (wohl herrschenden) Gegenauffassung.
39 S. BVerfGE 95, 1 (17) – Stendal. Zum „entleerten" Gesetzesbegriff – jeder Hoheitsakt, der vom Parlament im dafür vorgesehenen Verfahren als „Gesetz" erlassen wird – s. etwa *Puhl* (N 33), S. 129, sowie die Nachw. bei *Gregor Kirchhof*, Die Allgemeinheit des Gesetzes, 2009, S. 175 f., der freilich selbst diese Allgemeinheit in zahlreichen Differenzierungen als Klugheitsregel, Verfassungsauftrag und justiziablen Verfassungsmaßstab stärken will (S. 190 ff. und passim) und der Stendal-Entscheidung kritisch gegenüber steht (s. v. a. S. 227 ff.).
40 *Puhl* (N 33), S. 168 m. weit. Nachw.; gegenteilige Tendenz bei *Gregor Kirchhof* (N 39), S. 246 ff.
41 S. BVerfGE 67, 100 (139); 110, 199 (214 ff.); 124, 78 (120 f.); BVerfG v. 19.06.2012 – 2 BvE 4/11, Rn. 115, 124; kritisch *Möllers*, in: AöR 132 (2007), S. 493 (519).
42 *Schmidt-Aßmann* (N 23), § 26 Rn. 52.
43 S. etwa *Horst Dreier*, in: Dreier, Bd. II, ²2006, Art. 20 (Demokratie) Rn. 124 ff.; *Puhl* (N 33), S. 161 ff.; a. A. etwa *Möllers*, in: AöR 132 (2007), S. 493 (515) – je m. weit. Nachw.

### 3. Rechtsprechung

**17** Um ihrer Aufgabe neutraler und unabhängiger Streitentscheidung willen ist die rechtsprechende Gewalt organisatorisch und personell[44] besonders deutlich von den anderen Gewalten abgegrenzt. Sie ist (ausschließlich) „den Richtern anvertraut", Art. 92 GG. Der Gesetzgeber darf daher eine Angelegenheit der „Rechtsprechung" weder anderen Organen als den Gerichten zuweisen[45] noch selbst treffen[46]. Nur der dritten Gewalt wird insofern eine so weitgehende Bestandsgarantie ihres Funktionskreises zuteil[47].

**18** Zur Rechtsprechung in diesem Sinn zählt *materiell* die verbindliche, der Rechtskraft fähige, im Rahmen eines förmlichen Verfahrens getroffene und ausschließlich am Maßstab des Rechts orientierte Entscheidung konkreter Streitfälle[48]. Diese Auslegung des Begriffs der Rechtsprechung in Art. 92 GG durch das Bundesverfassungsgericht wird auf Art. 20 Abs. 2 S. 2 GG übertragbar sein. Zu ihrem „Kernbereich" (Rn. 8) dürften der Rechtsschutz gegen Maßnahmen der staatlichen Gewalt (vgl. Art. 19 Abs. 4 GG) sowie die traditionellen Aufgaben der bürgerlichen Rechtspflege und der Strafgerichtsbarkeit zählen[49] – und damit weitgehend auch einer anderweitigen Zuweisung durch den verfassungsändernden Gesetzgeber entzogen sein. Ob die Möglichkeit, den Rechtsweg gegen bestimmte Abhörmaßnahmen auszuschließen (Art. 10 Abs. 2 S. 2 GG i. d. F. von 1969), dem entspricht, wird bis heute mit starken Argumenten bezweifelt[50]. Eine von der Fachgerichtsbarkeit getrennte Verfassungsgerichtsbarkeit mit ihrem gegenwärtigen Katalog an Zuständigkeiten und Verfahrensarten verlangt das Gewaltenteilungsprinzip dagegen nicht; wohl aber dürfte nach dem acquis constitutionnel und dem zentral betonten Vorrang der Verfassung (Art. 1 Abs. 3, 20 Abs. 3 GG) eine richterliche Kontrolle auch des einfachen Gesetzgebers zum Kernbestand der „Rechtsprechung" i. S. v. Art. 20 Abs. 2 S. 2 GG gehören.

**19** Untrennbar mit den Begriffen von „Richter" und „Gericht" verknüpft ist – bei selbstverständlicher Bindung an Gesetz und Recht (Art. 20 Abs. 3, 97 Abs. 1 GG) – deren *Unabhängigkeit* (d. h. die Weisungsfreiheit und auch die persönliche Unabhängigkeit der Richter) sowie ihre *Neutralität* und Distanz gegenüber den Ver-

---

44 Verfassungsgemäße (wenngleich nicht -gebotene) Konkretisierung: § 4 Abs. 1 und 2 DRiG, s. BVerwGE 25, 210 (218 f.); 41, 195 (198); näher zur Übertragung solcher Aufgaben, die nicht „Rechtsprechung" sind, an die Gerichte *Dieter Wilke*, Die rechtsprechende Gewalt, in: HStR, Bd. V, ³2007, § 112 Rn. 34 ff.
45 BVerfGE 103, 111 (136) m. weit. Nachw.; näher zum Rechtsprechungsmonopol der Gerichte *Wilke* (N 44), § 112 Rn. 24.
46 Klassischer Verstoß gegen dieses Prinzip: Das (zudem von der Reichsregierung [!]) im Anschluss an den sog. Röhm-Putsch erlassene „Gesetz über Maßnahmen der Staatsnotwehr" v. 03.07.1934 (RGBl. I, 529): „Die zur Niederschlagung hoch- und landesverräterischer Angriffe am 30. Juni, 1. und 2. Juli 1934 vollzogenen Maßnahmen sind als Staatsnotwehr rechtens." S. auch BVerfGE 18, 429 – LS und 439: keine rückwirkende Änderung von der höchstrichterlichen Rechtsprechung zutreffend angewandter Gesetze, „um die Rechtsprechung für die Vergangenheit ins Unrecht zu setzen und zu korrigieren".
47 *Wilke* (N 44), § 112 Rn. 16, 27.
48 BVerfGE 103, 111 (136 ff.); zu den – z. T. streitigen – Einzelheiten s. etwa *Wilke* (N 44), § 112 Rn. 58 ff.; *Möllers*, Gewaltengliederung, 2005, S. 95 ff., je m. weit. Nachw.
49 Vgl. – zu Art. 92 GG – BVerfGE 22, 49 (76 ff.); 103, 111 (136 ff.).
50 Dazu das Abhörurteil BVerfGE 30, 1 (27 f. – kein Verstoß gegen die Gewaltenteilung) mit abw. Meinung S. 33 ff.; instruktiv aus heutiger Sicht *Wolfgang Löwer*, in: v. Münch/Kunig, Bd. I, ⁶2012, Art. 10 Rn. 65 ff. m. weit. Nachw.

fahrensbeteiligten⁵¹. Über ihre allgemeine organisatorische und personelle Trennung von den anderen Gewalten hinaus muss die Rechtsprechung also schon wegen Art. 20 Abs. 2 S. 2 GG entsprechend abgesichert sein.

## V. Das „Übergewichtsproblem"

Etwas dunkel ist die Formulierung des Bundesverfassungsgerichts, nach dem Gewaltenteilungsgrundsatz dürfe nicht eine der drei Gewalten „ein von der Verfassung nicht vorgesehenes Übergewicht über eine andere Gewalt erhalten"⁵². Mit juristischem Handwerkszeug lassen sich solche kumulativen Machtverschiebungen nämlich kaum quantifizieren, ergeben sie sich doch nicht aus der bloßen Addition „statischer" Kompetenzen, sondern erfordern eine (je nach konkreter politische Lage verschiedene) Einschätzung und Abwägung realpolitischer Kräfte, die hinter den grundgesetzlich verfassten Organen stehen, und der Macht, die diesen aus den Kompetenzen erwächst⁵³. So vermag – normativ – das Parlament im Wege der Gesetzgebung Exekutive und Judikative zu steuern (Art. 20 Abs. 3 GG); und doch besteht weitgehend Einigkeit darüber, dass die Exekutive das Parlament aufgrund ihrer größeren Problemverarbeitungskapazität (*auch* im Gesetzgebungsprozess) – faktisch – nachhaltig dominiert⁵⁴. Die ebenfalls gesetzesgebundene Judikative scheint demgegenüber eher schwächer, entscheidet sie doch allein auf Antrag; und nur Rechtsfragen. Anderseits hat sie bei der Entscheidung, was rechtens ist, unentziehbar – und insofern stärker vor dem Zugriff des Gesetzgebers geschützt, als die Exekutive – „das letzte Wort". Das gilt (vorbehaltlich einer in den Schranken des Art. 79 Abs. 3 GG möglichen Verfassungsänderung) auch für Entscheidungen über die Verfassungsmäßigkeit von Akten des Gesetzgebers – insofern ist der Richter als „Diener des Gesetzes ... zugleich dessen Aufseher."⁵⁵

Für Legislative und Judikative ist also kaum ein vor Art. 20 Abs. 2 S. 2 GG nicht hinnehmbares „Übergewicht" einer anderen Gewalt denkbar – schon infolge der ihnen von der Verfassung zugewiesenen „Kernbereiche" typischer Aufgaben; für die Exekutive ergibt sich dies dagegen weniger aus den vom Grundgesetz positiv zugewiesenen Kompetenzen, sondern aus ihrer faktischen Stellung bzw. dem Unvermögen des Parlaments, den staatlichen Regelungsbedarf eigenhändig zu erfüllen⁵⁶. Dies legt es nahe, dass neben der Kernbereichslehre das Übergewichtskriterium gar keine eigenständige Rolle spielt⁵⁷.

---

51 S. etwa BVerfGE 103, 111 (140); *Wilke* (N 44), § 112 Rn. 60 f., je m. weit. Nachw.
52 S. etwa BVerfGE 34, 52 (59); 95, 1 (15); ähnlich BVerfGE 9, 268 (279); 22, 106 (111).
53 *Puhl* (N 35), Rn. 53; plastisch *Walter Leisner*, Die quantitative Gewaltenteilung, in: DÖV 1969, S. 405 (411).
54 *Schulze-Fielitz* (N 16), Art. 20 (Rechtsstaat) Rn. 72 m. weit. Nachw.
55 *Karl August Bettermann*, Die rechtsprechende Gewalt, in: HStR, Bd. III, ²1996, § 73 Rn. 13.
56 Der in Rn. 9 erwähnte Primat des Parlaments gegenüber den anderen Gewalten mündet bei realistischer Sicht (v. a. angesichts der ausdrücklich im GG Exekutive und Judikative vorbehaltenen Befugnisse und der mangelnden Problemverarbeitungskapazität des Parlaments) faktisch keineswegs in einem [= dessen] Gewaltenmonismus, dazu *Puhl* (N 33), S. 158 f.; sowie *ders.* (N 35), § 48 Rn. 51 ff.
57 In diesem Sinn – für eine „gewisse Gewichtsverlagerung auf Kosten der Exekutive zugunsten des Parlaments" – wohl auch BVerfGE 9, 268 (279 f.).

## C. Perspektiven

22  Die „richtige" Zuordnung staatlicher Kompetenzen und Organe, eine gelungene Organisationsarchitektur ist *zeitabhängig* – Gewaltenteilung „ein ewiges Problem, … [das] für jede Epoche und für jedes Gemeinwesen neu durchdacht und gemeistert werden muss."[58] Zwei gegenwärtige Herausforderungen seien hier erwähnt:

23  Staatsgewalt kann nach Art. 20 Abs. 2 S. 2 GG nicht nur „durch besondere Organe" ausgeübt werden, deren demokratische Legitimation letzlich auf Wahlen beruht, sondern auch *direkt* durch „Abstimmungen" des Volkes. Solche *Volksentscheide* müssen verfassungsrechtlich konkret vorgesehen und demokratisch ausgestaltet sein (etwa angemessene Beteiligungsquoren vorsehen). Sie stehen aber außerhalb der Gewaltenteilung, die allein für die mittelbare Ausübung der Staatsgewalt gilt. Die Beschränkung zulässiger Abstimmungsgegenstände auf Vorhaben der Gesetzgebung (ggf. unter Ausschluss sensibler Themen wie Haushalt und Abgaben) dürfte verfassungspolitisch sinnvoll sein – nicht aber ist sie durch das Gewaltenteilungsprinzip i. V. m. Art. 79 Abs. 3 GG geboten[59]. Ein Volksentscheid könnte grundsätzlich auch für Exekutivakte zugelassen werden (z. B. Großvorhaben). Selbst die Einrichtung eines „Scherbengerichts" nach attischem Vorbild scheitert nicht am Gewaltenteilungsgrundsatz (aber am Rechtsstaatsprinzip).

24  Die Übertragung von Kompetenzen auf die *Europäische Union* hat zu einer Form intensiver „vertikaler" Gewaltenteilung (Rn. 4) zwischen ihr und den Mitgliedstaaten geführt. Auch nimmt die Union legislative, exekutive und judikative Funktionen wahr – unter Zuweisung entsprechender Aufgaben auf gesonderte, eigenständige Organe. Insoweit kann man durchaus von einem System „horizontaler" Gewaltenteilung sprechen, das als Grundmuster auch der Unionsarchitektur zugrunde liegt; sie verwirklicht ein „respektables System von ‚checks and balances'"[60], das auf Organadäquanz der Kompetenzverteilung (s. Rn. 5), zumindest indirekt auf Freiheitswahrung sowie – dem Wesen des supranationalen Staatenverbundes entsprechend – daneben auf einen ausgewogenen Einfluss der Mitgliedstaaten abzielt (s. Art. 13 Abs. 1 EUV)[61]. Dabei entsprechen Organisation und Aufgabenzuschnitt der Rechtsprechung dem klassischen Gewaltenteilungsschema, während exekutive und legislative Aufgaben institutionell und personell weitaus stärker miteinander verschränkt sind als in den Mitgliedstaaten, v. a. im maßgeblichen Einwirken der Kommission (mit ihrem Gesetzesinitiativmonopol) und des Rates auf die Gesetzgebung und bei der komplizierten Austarierung der Vollziehungsfunktion zwischen Europäischem Rat, (Minister-)Rat und Kommission. Eine Grundregelung der Gewaltenteilung nach dem klassischen Dreiklang von Legislative, Exekutive und Judikative wie in Art. 20 Abs. 2 S. 2 GG, die als Auslegungsrichtlinie für konkrete Kompetenzzuweisungsnormen, gar – vergleichbar mit Art. 79 Abs. 3 GG – als Be-

---

58 *Ossenbühl*, in: DÖV 1980, S. 545 (553).
59 Nicht ganz deutlich in diesem Punkt *Di Fabio* (N 2), § 27 Rn. 60 ff.
60 *Hans Georg Dederer*, Zur Gewaltenteilung in der Union: Checks and Balances, institutionelles Gleichgewicht oder Konfusion?, in: Klaus Hofmann/Kolja Naumann (Hg.), Europäische Demokratie in guter Verfassung?, 2010, S. 89 (97).
61 Dazu etwa *Dederer* (N 60), S. 101; *Streinz*, in: Streinz, EUV/AEUV, ²2012, Art. 13 Rn. 22.

standsgarantie gegenüber Primärrechtsänderungen fungieren könnte, enthält das Unionsrecht nicht. Art. 13 EUV i. d. F. von Lissabon benennt lediglich die Organe der Union sowie den Zweck ihres „institutionellen Rahmens" (Abs. 1), begrenzt den Aktionsradius der Organe auf ihre – in anderen Vorschriften zugewiesenen – Kompetenzen und verpflichtet sie zu loyaler Zusammenarbeit (Abs. 2). Der darüber hinaus v. a. vom Europäischen Gerichtshof entwickelte Gedanke des „institutionellen Gleichgewichts" ist in seiner unklaren dogmatischen Herleitung wie den bislang erkennbaren Konturen in Tatbestand und Rechtsfolgen so direktionsschwach, dass er die normative Substanz von Art. 20 Abs. 2 S. 2 GG kaum auf Unionsebene zu übertragen vermag[62]. Der innerstaatliche Maßstab des Gewaltenteilungsgrundsatzes für die Fortentwicklung der Union (Art. 23 Abs. 1, 79 Abs. 3, 20 Abs. 2 S. 2 GG) verlangt jedoch nicht dessen parallele normative Verankerung im Unionsrecht; ihm genügen äquivalente Gesamtstrukturen, wie sie durch die konkreten Organisations-, Verfahrens- und Kompetenznormen des Unionsrechts hergestellt werden. Deren Zuordnungen im Einzelnen gilt es immer wieder systemgerecht fortzuentwickeln und dem Stand der Integration und der Verfasstheit der Union anzupassen[63].

## D. Bibliographie

*Di Fabio, Udo*, Gewaltenteilung, in: HStR, Bd. II, ³2004, § 27.
*Isensee, Josef* (Hg.), Gewaltenteilung heute – Symposium aus Anlaß der Vollendung des 65. Lebensjahres von Fritz Ossenbühl, mit Beiträgen von Kurt Eichenberger, Josef Isensee, Paul Kirchhof, Karl Korninek, Peter Lerche, Fritz Ossenbühl, 2000.
*Möllers, Christoph*, Gewaltengliederung, 2005.
ders., Dogmatik der grundgesetzlichen Gewaltengliederung, in: AöR 132 (2007), S. 493 ff.
*Ossenbühl, Fritz*, Aktuelle Probleme der Gewaltenteilung, in: DÖV 1980, S. 545 ff.

---

[62] Vgl. etwa *Martin Nettesheim*, in: Grabitz/Hilf/Nettesheim, Das Recht der Europäischen Union, Stand: Oktober 2011, Art. 13 EUV Rn. 1, 30 ff.; noch strenger *Thomas v. Danwitz*, Verwaltungsrechtliches System und Europäische Integration, 1996, S. 130 („Leerformel").
[63] S. *Di Fabio* (N 2), § 27 Rn. 80 ff., 88.

## § 24
## Republik

*Rolf Gröschner*

**Übersicht**

|  | Rn. |
|---|---|
| A. Renaissance des Republikanismus | 1– 2 |
| B. Öffentlichkeit der Republik | 3–21 |
|    I. Öffentliche Freiheit | 3– 8 |
|    II. Öffentliches Recht | 9–12 |
|    III. Öffentliches Interesse | 13–16 |
|    IV. Öffentlicher Dienst | 17–21 |
| C. Bibliographie | |

## A. Renaissance des Republikanismus

Republik ist der Leitgedanke öffentlichen Rechts in einer Verfassung der Freistaatlichkeit. Das öffentliche Recht einer „freistaatlichen Verfassung" (Art. 17 WRV) hat im doppelten Sinne des Wortes „öffentlichen" Charakter: weder privat noch geheim, regelt es Angelegenheiten, die alle angehen. In alteuropäischer Tradition nennt man sie „politisch" oder „republikanisch". Die erste Benennung ist der Verfassung freier und gleicher Bürger in der „politeia" des Aristoteles entlehnt, die zweite deren prominenter Paraphrase als „res publica" bei Cicero. Gegen eine verblassende staatsrechtliche Erinnerung an diese Tradition hat vor gut dreißig Jahren ihre Wiederentdeckung begonnen. Im transdisziplinären Dialog der Staatswissenschaften kann man heute sogar von einer Renaissance des Republikanismus sprechen.

1

Aber auch innerhalb der Staatsrechtslehre entspräche die Reduzierung der Republik auf eine rein formale Negation der Monarchie nicht mehr dem Stand der Forschung. Paul Kirchhof hat diesen Forschungsstand in zwei republikanischen Imperativen zum Ausdruck gebracht: Verbot jeder „Regierungsgewalt aus eigenem Recht" und „Verpflichtung auf das gemeine Beste", konkretisiert durch „Amtsethos, Unbefangenheit und Unparteilichkeit".[1] Ins Grundsätzliche gewendet, bestimmen die beiden Imperative den Prinzipiencharakter der Republik als Legitimations- und Gestaltungsprinzip der freiheitlichen Ordnung des Grundgesetzes.[2] Das Legitimationsprinzip konstituiert und strukturiert diese Ordnung, das Gestaltungsprinzip orientiert und organisiert sie.[3] So ergeben sich vier Momente eines Leitgedankens, die miteinander zu bedenken, aber nur nacheinander zu beschreiben sind: öffentliche Freiheit (I.), öffentliches Recht (II.), öffentliches Inter-

2

---

[1] *Paul Kirchhof*, Die Identität der Verfassung, in: HStR, Bd. II, ³2004, § 21 Rn. 90.
[2] *Rolf Gröschner*, Die Republik, in: HStR, Bd. II, ³2004, § 23 Rn. 35 ff.
[3] Kurzfassung bei *Rolf Gröschner*, Republik, in: Evangelisches Staatslexikon, 2006, Sp. 2041.

esse (III.) und öffentlicher Dienst (IV.). Die Vervierfachung des Öffentlichen hat ihre Wurzel in jener *öffentlichen* Sache (res *publica*), mit der die lateinische Lehnworttradition der Republik beginnt.

## B. Öffentlichkeit der Republik

### I. Öffentliche Freiheit

3 „Das Deutsche Reich ist eine Republik". Den Eingangssatz der ersten republikanischen Verfassung für Deutschland (Art. 1 Abs. 1 WRV) auf ein schlichtes Nein zur Monarchie zu verkürzen[4], ist angesichts entgegenstehender Positionsbestimmungen in der verfassunggebenden Versammlung[5] schon entstehungsgeschichtlich eine nicht zu verantwortende Vereinfachung.[6] Vollends unverantwortlich wird sie, wenn man den Verfassungsvater zu Wort kommen lässt. In seiner Monographie „Deutschlands Republikanische Reichsverfassung" beklagt Hugo Preuß „die Stärke des Monarchismus in deutschen Landen", die „schon von je das Korrelat der Schwäche des politischen Sinnes und Selbständigkeitswillens im deutschen Volke" gewesen sei; darin liege „der volle Gegensatz zu einer Richtung des Volksgeistes, die die politischen Angelegenheiten der Nation elementar als eigene Sache: res populi, res publica empfindet, also der Gegensatz zum republikanischen Geiste."[7]

4 So viel „republikanischer Geist" Ciceros hier bekannt und in einer nachfolgenden Berufung auf Rousseaus „Regierung des Gemeinwillens" bestätigt wird[8], so wenig geistreich ist die Position derer, die „Monarchismus" mit „Monarchie" verwechseln und im „politischen Sinn" nicht den ideengeschichtlichen Horizont einer republikanischen Philosophie des Politischen zu erkennen vermögen.[9] In einem prägnanten Bild beschreibt Preuß die „November-Ereignisse" zugleich mit präzisen Begriffen: „Die länger als sonstwo in kritikloser Gewöhnung aufrecht gebliebene Herrschaft des Gottesgnadentums, des Königtums aus eigenem Recht, und mit ihm die obrigkeitliche Staatsstruktur von oben nach unten war zusammengebrochen."[10]

---

4 Ausführliche Auseinandersetzung mit dieser Verkürzung bei *Rolf Gröschner*, Der Freistaat des Grundgesetzes, in: Rolf Gröschner/Oliver W. Lembcke (Hg.), Freistaatlichkeit, 2011, S. 294 ff. Grundlegend: *Wilhelm Henke*, Die Republik, in: HStR, Bd. I, ¹1987, § 21 Rn. 7 ff.
5 Zitate aus den Protokollen bei *Gröschner* (N 4), S. 302 f. „Für immer vorbei" sein sollte der „Kaiserismus" einer Herrschaft „von Gottes Gnaden" (Ebert) oder „aus ererbtem Recht" (David).
6 *Michael Anderheiden*, Gemeinwohl in Republik und Union, 2006, S. 242: die „Negation von Monarchie" als „kleinsten gemeinsamen Nenner aller in der Nationalversammlung vertretenen Parteien zum alleinigen Inhalt der Verfassung zu erheben", werde „durch keine juristische Interpretationsmethode gedeckt."
7 *Hugo Preuß*, Deutschlands Republikanische Reichsverfassung, ²1923, S. 10 in Umstellung des Zitats aus *Cicero*, De re publica, I 39.
8 *Preuß* (N 7), S. 18.
9 Detaillierte Darstellung dieser Ideengeschichte bei *Gröschner* (N 2), Rn. 13 ff. (Aristoteles), Rn. 19 ff. (Cicero) und Rn. 23 ff. (Rousseau). Zur Begriffsgeschichte der Republik umfassend *Wolfgang Mager*, in: Otto Brunner (Hg.), Geschichtliche Grundbegriffe, Bd. V, 1984, Sp. 549 ff.
10 *Preuß* (N 7), S. 62.

„Zusammengebrochen" ist eine gut gewählte Metapher, weil sie den Einsturz der  5
beiden begrifflich genau bezeichneten Säulen antirepublikanischer Kompetenzpräsumtion bildlich vor Augen führt[11]: des Konstitutionsprinzips einer Kompetenz „aus eigenem Recht" und des Strukturprinzips eines „obrigkeitlichen" Staates.[12] Das Gegenbild wurde durch Weimars ersten Reichspräsidenten repräsentiert: Beim Amtsantritt begründete Friedrich Ebert seinen Schwur, die „Freiheit aller Deutschen zu schützen", mit dem „ersten Gebot derer, die die Freiheit lieben."[13]

Die in Weimar beschworene Freiheit war nicht private, sondern öffentliche, nicht  6
persönliche, sondern politische und nicht individuelle, sondern institutionelle Freiheit. Es war nicht die Freiheit der liberalen, sondern der republikanischen Tradition.[14] Deren Ursprung ist die aristotelische Philosophie der besten Verfassung. In traditionsbestimmender Klarheit eines Quellentextes geht es dort um die Wechselwirkung zwischen dem politisch aktiven Bürger (*polites*) und der politisch richtigen Ordnung (*politeia*), die ein gutes, im ganzen gelingendes Leben (*eudaimonia*) gewährleistet.[15] Grundbedingung einer solchen Ordnung ist das abwechselnde Regieren und Regiertwerden von Freien und Gleichen, die nicht Knechte despotischer Herrschaft (*despotike arche*) sind, sondern Aktivbürger einer polisgemäßen Regierungsweise (*politike arche*).[16]

Dass Frauen, Fremde und Sklaven davon ausgeschlossen waren, ist eine historische  7
Tatsache, die das objektive Freiheitsprinzip ebensowenig berührt wie die ideengeschichtliche Wahrheit, dass subjektive Freiheitsrechte vor der Aufklärung undenkbar gewesen sind.[17] Was Aristoteles buchstäblich im Prinzip – als Anfang eines Argumentationszusammenhangs in einem philosophischen System guter Gründe – bestimmt hat, ist der für das Gelingen des gemeinsamen Lebens in einer nichtdespotischen Ordnung des Politischen konstitutive Verweisungszusammenhang zwischen den Teilen und dem Ganzen dieser Ordnung.[18]

„Les Citoyens font la Cité" lautet der Leitspruch, mit dem der bekennende Aristo-  8
teliker Jean-Jacques Rousseau den betreffenden Zusammenhang in seine republikanische Freiheitsphilosophie übersetzt hat.[19] Die Pointe dieser anspruchsvollen Philosophie, die Kant beflügelt und Hegel begeistert hat, besteht in der Wechsel-

---

11 Begriffsprägend für die „Kompetenzpräsumtion" zugunsten des Monarchen *Dietrich Jesch*, Gesetz und Verwaltung, ²1968, S. 88 ff.
12 Ganz in diesem Sinne hat *Friedrich Meinecke*, in: Georg Kotowski (Hg.), Politische Schriften und Reden, ⁴1979, S. 344 ff., vom „Ende der monarchischen Welt" gesprochen.
13 Abdruck bei *Ernst Rudolf Huber* (Hg.), Dokumente zur deutschen Verfassungsgeschichte, Bd. IV, ³1992, S. 80.
14 Diese genuin europäische Tradition thematisiert der Sammelband „Freistaatlichkeit" (N 4). Auf sie waren prominente Stellungnahmen im Parlamentarischen Rat bezogen, die den Befürwortern eines formalen Republikbegriffs entschieden entgegenzuhalten sind. Nachweise bei *Gröschner* (N 2), Rn. 2.
15 Ausführliche Diskussion des Zusammenhangs zwischen „politeia" und „eudaimonia" auf der Grundlage von *Aristoteles*, Politika I 1 1252a, I 2 1252b und III 9 1280a, b bei *Rolf Gröschner/Claus Dierksmeier/ Michael Henkel/Alexander Wiehart*, Rechts- und Staatsphilosophie 2000, S. 32 ff.
16 *Aristoteles*, Politika III 6 1279a und b mit Bestimmung der polis als „Gemeinschaft freier Menschen" und Unterscheidung der entarteten von den richtigen Staatsformen.
17 Die Subjektivität musste erst erdacht werden: Rolf Gröschner/Stephan Kirste/Oliver W. Lembcke (Hg.), Des Menschen Würde – entdeckt und erfunden im Humanismus der italienischen Renaissance, 2008.
18 Hierzu *Christian Meier*, Die Entstehung des Politischen bei den Griechen als Aufsatzsammlung dieses Titels, ³1995.
19 *Jean-Jacques Rousseau*, Du Contrat Social I 6, französisch-deutsche Ausgabe von Hans Brockard, S. 36.

wirkung zwischen einem Freistaat und freien Bürgern, die ihren Staat mit einem allgemeinen, allen gemeinsamen Freiheitswillen tragen. Rousseau hat diesen Willen zu republikanischer Freiheit mit einem von ihm geschaffenen Wortkunstwerk „volonté générale" genannt.[20] Um das Prinzip zu verstehen, das dem Wort wie dem Werk zugrunde liegt, muss man Vernunft- *und* Herzensrepublikaner sein. Die „Regierung des Gemeinwillens" (Preuß) hat ihren Grund dann im aktiven und passiven Regierungsrecht „derer, die die Freiheit lieben" (Ebert).[21]

## II. Öffentliches Recht

9   Rechtsdogmatisches Korrelat einer „obrigkeitlichen Staatsstruktur" (Preuß) war das „Gewaltverhältnis". Noch in der 3. Auflage seines „Deutschen Verwaltungsrechts" (1924) bezeichnete Otto Mayer es als „die umfassende rechtliche Abhängigkeit [...], in welcher der Untertan zum Staat steht".[22] In diesem „Abhängigkeitsverhältnis" könne die rechtliche „Allmacht des Staates" nicht in der „Scheidemünze" subjektives Recht aufgezählt werden: „Das subjektive Recht ist immer etwas Begrenztes; beim Staat aber schlägt das dahinterstehende Unbegrenzte immer durch."[23]

10  Trotz der systematischen Pionierarbeit, die der Protagonist eines rechtsstaatlichen Verwaltungsrechts für die „Herrschaft des Gesetzes" geleistet hat[24], war das Durchschlagen einer unbegrenzten Staatsgewalt doch Ausdruck eines höheren und damit prinzipiell republikwidrigen Herrschaftsrechts.[25] Denn in Mayers „Gewaltverhältnis" waren alle „Verdichtungen der staatlichen Willensherrschaft nichts anderes als Ausflüsse und Ausübungen des einen großen »Urrechtes« auf Gehorsam."[26] In einer freistaatlichen Dogmatik öffentlichen Rechts muss das obrigkeitsstaatliche Gewaltverhältnis zum republikanischen Rechtsverhältnis werden, weil nur diese dogmatische Figur die strukturelle Gewähr gegen den Aufstieg zu einem Herrn kraft „Urrechtes" und den entsprechenden Abstieg zum Urgehorsam von Untertanen bietet.

11  Ein anachronistisches Relikt obrigkeitsstaatlichen Denkens findet sich im Theorieangebot zu § 40 Abs. 1 VwGO, soweit das Vorliegen einer „öffentlich-rechtlichen Streitigkeit" mit der „Subordinationstheorie" beantwortet wird. Zu dieser „Theorie" einer Unterordnung des Bürgers unter den Staat heißt es in einem bewährten Lehrbuch des Verwaltungsprozessrechts: Ihr „vorkonstitutioneller Kern" mache es

---

20 „Rousseau und das Prinzip der Republik" wird eingehend erörtert bei *Gröschner u. a.* (N 15), S. 193 ff. *Wolfgang Kersting*, Jean-Jacques Rousseaus „Gesellschaftsvertrag", 2002, S. 49, bemerkt zutreffend: „Kein politischer Philosoph hat einen anspruchsvolleren Freiheitsbegriff als Rousseau."
21 Konsequenz für einen freistaatlich gehaltvollen Republikbegriff bei *Gröschner* (N 3), Sp. 2041: Verbot jeder „Herrschaft aus höherem Recht", d. h. „aus Ideologien wie Gottesgnadentum, Erbdynastie, Führertum oder Einheitspartei".
22 *Otto Mayer*, Deutsches Verwaltungsrecht, Bd. I, ³1924, Nachdruck 1969, Zitat S. 101.
23 *Mayer* (N 22), S. 104.
24 *Mayer* (N 22), S. 64 ff.
25 *Rolf Gröschner*, Das Überwachungsrechtsverhältnis, 1992, S. 119 f. i. V. m. S. 101; *Reimund Schmidt-De Caluwe*, Der Verwaltungsakt in der Lehre Otto Mayers, 1999, S. 62 ff.: „prinzipiell antirepublikanische Stoßrichtung".
26 *Mayer* (N 22), S. 106.

„schwer erträglich, dass sie mehr oder weniger ungefragt von immer neuen Generationen von Juristen erlernt und angewandt wird".[27] Republiktheoretisch interpretiert bedeutet „vorkonstitutionell": vor dem Inkrafttreten der Weimarer Verfassung. Denn sie wirkte erstmals in Deutschland herrschaftskonstituierend, hatte also eine Wirkung, durch die staatliche Gewalt legitimiert und nicht lediglich limitiert wurde.[28] Sie war nicht die Grenze eines vor der Verfassung gelegenen Herrschaftsrechts – wie in der konstitutionellen Monarchie –, sondern der Grund aller Staatsgewalt: „Nur auf das freie Selbstbestimmungsrecht wollen wir unseren Staat gründen".[29] Friedrich Ebert hat hier auf den *pouvoir constituant* eines Volkes gebaut, das in dem Willen geeint war, sich eine freistaatliche, seine Freiheit im Staate verfassende Ordnung zu geben.[30] Statt eines „Urrechtes" des Staates wurde eine politische Urgewalt des Volkes beansprucht, die in ihren französischen Ursprüngen republikanisch *par excellence* ist.[31]

Wenn die Verhältnisse zwischen Staat und Bürger keine Subordinationsverhältnisse mehr sind, sondern Rechtsverhältnisse, müssen in ihnen Rechte und Pflichten bestehen, die durch öffentliches (Verfassungs- und Verwaltungs-) Recht begründet und begrenzt werden. Solche Rechtsverhältnisse schaffen die Staatsgewalt nicht ab, sondern binden sie an objektive Rechtsprinzipien und subjektive Grundrechte. Die Grundbefugnis staatlicher Gewalt ist die Befugnis zur Rechtsetzung – exemplarisch für die drei Gewalten durch Gesetz, Verwaltungsakt und Urteil.[32] Dieses „Befugnis" genannte Recht ist ein Recht des Staates zu einseitiger Regelung; es ist aber kein einseitiges Recht zu staatlicher Regelung. Denn in konsequent wechselseitig strukturierten Rechtsverhältnissen sind einseitige, nicht durch Gegenpositionen im jeweiligen Verhältnis mitbestimmte Rechte dogmatisch unvertretbar. Die Grundstruktur öffentlichen Rechts in der Republik wird demnach durch die Reziprozität seiner Rechtsverhältnisse geprägt.[33]

### III. Öffentliches Interesse

Fundiert im politischen Willen zu öffentlicher Freiheit und strukturiert durch staatlich geregelte Reziprozitätsverhältnisse des öffentlichen Rechts, orientiert die Republik sich am öffentlichen Interesse. In allen bisher angesprochenen Traditionssträngen republikanischen Denkens ist diese Orientierung am Ganzen des Gemein-

---

27 *Friedhelm Hufen*, Verwaltungsprozessrecht, [8]2011, S. 142.
28 *Dieter Grimm*, Die Bedeutung der Weimarer Verfassung in der deutschen Verfassungsgeschichte, 1990, S. 15.
29 *Ebert*, in: Huber (N 13), S. 80 unter ausdrücklichem Hinweis darauf, „als der Beauftragte des ganzen deutschen Volkes" zu handeln.
30 Statt aller Theorien hier nur ein Hinweis auf *Ernst-Wolfgang Böckenförde*, Die verfassunggebende Gewalt des Volkes – Ein Grenzbegriff des Verfassungsrechts, 1986.
31 Und nicht etwa demokratisch. Gründe dafür bei *Gröschner* (N 2), Rn. 29 (Rousseau) und Rn. 37 (Abbé Sieyès).
32 *Wilhelm Henke*, Recht und Staat, 1988, hat diese „Grundbefugnis" aus dem „Verfassungsrechtsverhältnis" hergeleitet (S. 611, 614). Einzelheiten dazu bei *Gröschner* (N 25), S. 86 ff., und bei *Katharina Sobota*, Das Prinzip Rechtsstaat, 1997, S. 237 ff.
33 Zur Reziprozität als Verfassungsvoraussetzung republikanischen Rechts *Rolf Gröschner* in der Gedächtnisschrift für Winfried Brugger, i. E.

wesens und am Gelingen gesamtgesellschaftlichen Lebens so unstreitig, dass es nicht darauf ankommt, welche Substantive den Attributen „öffentlich", „allgemein" oder „gemein" zugeordnet werden. „Gemeinwohl" oder „Wohl der Allgemeinheit" (Art. 14 Abs. 2 und 3 GG) bedeutet nichts anderes als „öffentliches Interesse", „Allgemeininteresse", „allgemeines Wohl" oder „gemeines Bestes". Michael Anderheiden schreibt in der einschlägigen Monographie zu diesem Thema mit Recht: „Der Bezug zwischen Republik und Gemeinwohl ist fachübergreifend anerkannt."[34] Er übergreift auch den Geist der Zeiten.

14 Bei aller Verschiedenheit der gesellschaftlichen Bedingungen in deutscher Gegenwart und griechisch-römischer Vergangenheit ist das Gebot, das gemeinsame Gute (*koinon agathon, bonum commune*) zu fördern, in seiner Bedeutung gleich geblieben.[35] Ciceros Sentenz „salus populi suprema lex esto"[36] hat es auf eine Formel gebracht, die als „höchstes Gesetz" der Republik bis heute Gültigkeit beanspruchen kann. Das beweist der Eid, den Bundespräsident, Bundeskanzler und Bundesminister nach Art. 56 Abs. 1 und 64 Abs. 2 GG bei ihrem Amtsantritt zu leisten haben.[37] Sie schwören, ihre „Kraft dem Wohle des deutschen Volkes zu widmen" und bekräftigen damit laut und – für ideengeschichtlich offene Ohren – vernehmbar die ciceronische *suprema lex* einer republikanischen Regierungsweise: dem öffentlichen Interesse zu dienen und nicht privaten Interessen der Amtsinhaber.[38]

15 Für den Dienst an der Allgemeinheit, der in den Ämtern gesetzgebender, vollziehender und rechtsprechender Gewalt zu leisten ist, hat das öffentliche Interesse den Status einer regulativen Idee. „Regulativ" – im Gegensatz zu „konstitutiv" – nennt Kant Ideen, die als „focus imaginarius" zur Fixierung einer „Richtschnur des empirischen Gebrauchs der Vernunft" dienen.[39] Ein solcher Fixpunkt ist in kantianischer Interpretation des öffentlichen Interesses Bedingung der Möglichkeit, eine Interesseneinheit zu denken, die als Einheit aller legitimen Interessen faktisch nicht existiert, deren normativer Herstellungsauftrag die Republik aber von einem beliebigen Interessenverband unterscheidet. Horst Dreier hat dieser Konzeption entgegengehalten, sie verorte das Gemeinwohl „in stark idealistisch anmutender Weise im Konkretisierungsspielraum staatlicher Entscheidungstätigkeit von Abgeordneten, Beamten und Richtern".[40]

16 In der Tat: Für den praktischen Vernunftgebrauch der genannten Entscheidungsträger eine „Richtschnur" im Sinne Kants zu spannen, ist in starker – nämlich transzendentalphilosophischer – Weise „idealistisch". Bei realistischer Betrachtung geltenden Beamtenrechts verlangt § 60 Abs. 1 BBG allerdings nichts anderes: „Beamtinnen und Beamte dienen dem ganzen Volk, nicht einer Partei. Sie

---

34 *Anderheiden* (N 6), S. 273. So sehr seiner Warnung vor einer „republikanistischen" Überinterpretation der Republik zuzustimmen ist (S. 271), so restriktiv erscheint deren Interpretation „als Untermaßverbot für die Bereitstellung kollektiver Güter" (S. 286 ff., 307).
35 Details der Wort- und Begriffsgeschichte bei *Gröschner* (N 2), Rn. 14 ff.
36 *Cicero*, De legibus III 3, 8, bezogen auf Prätoren und Konsuln als Inhaber höchster Befehlsgewalt.
37 Weil der Eid keine kompetenzbegründende Wirkung hat, ist er als feierliche Bekräftigung dessen zu interpretieren, was das Prinzip der Republik von den Amtsinhabern verlangt: dem Gemeinwohl zu dienen.
38 In der klassischen Unterscheidung *Ulpians*, Digesten 1, 1, 2: „ad statum rei Romanae" contra „ad singulorum utilitatem".
39 *Immanuel Kant*, Kritik der reinen Vernunft, B 672, B 702.
40 *Horst Dreier*, Art. 20 (Republik), in: Dreier, Bd. II, ²2006, Rn. 22.

haben ihre Aufgaben unparteiisch und gerecht zu erfüllen und bei ihrer Amtsführung auf das Wohl der Allgemeinheit Bedacht zu nehmen." Letzteres, so liest man im beamtenrechtlichen Standardkommentar, sei „Richtschnur für das Amtsethos des Beamten".[41] Das Handwerk in Ehren: Die Ausrichtung am Gemeinwohl dürfte mit Kants erkenntnistheoretischer Verwendung des Wortes „Richtschnur" aber besser begründbar sein als mit dem Maureralltag, aus dem die Metapher stammt.[42]

### IV. Öffentlicher Dienst

Das Grundgesetz ist dem gemeineuropäischen Gedanken gefolgt, dass der politische oder republikanische Staat einer institutionalisierten Ämterordnung bedarf, die so einzurichten ist, dass Amtspersonen in den ihnen anvertrauten öffentlichen Ämtern treuhänderischen Dienst am Ganzen leisten.[43] Dieser im besten Sinne des Wortes „öffentliche Dienst" verträgt sich sowohl mit der regulativen Gemeinwohlidee Kants als auch mit den pragmatischen Amtsvorstellungen aristotelisch-ciceronischer Tradition.[44] Für Aristoteles war die gute Ordnung der polis letztlich in der politischen Natur des Menschen angelegt, für Cicero in den republikanischen Tugenden derer, die zum Ruhme Roms in öffentlichen Ämtern tätig waren.[45]

Es ist ein erkennbares Zeichen freiheitlicher Ordnungen, das Gemeinwohl nicht als vorgegebene, sondern als aufgegebene Größe zu verstehen[46]: als staatliche Aufgabe, die in der Dogmatik öffentlicher Rechtsverhältnisse eine Verpflichtung gegenüber der Allgemeinheit darstellt.[47] Das Vorliegen einer solchen Aufgabe ist Bedingung für das Bestehen einer Befugnis. Auch wenn Befugnisse nach dem Abschied vom republikwidrigen Subordinationsdogma als subjektive Rechte des Staates zu verstehen sind, müssen sie durch ihre notwendige Aufgabenkomponente von den subjektiven Rechten privater Rechtssubjekte kategorial unterschieden werden. Hinter der Befugnis steht immer die Aufgabe, weil staatliche Rechte in einer Republik nicht privatnützige, sondern gemeinnützige Rechte sind.[48]

Warum die Rückbindung aller Staatsämter an das Gemeinwohl keinem demokratischen, sondern einem republikanischen Leitgedanken folgt, ergibt sich aus der hier dargelegten Republiktradition ohne weiteres: In Athen und Rom ging die Staatsge-

---

41 *Ulrich Battis*, Bundesbeamtengesetz, Kommentar, [4]2009, § 60 Rn. 5.
42 Eine nicht-kantianische Interpretation des öffentlichen Interesses als Leitidee („idée directrice") des Staates im Rahmen einer anspruchsvollen Institutionentheorie findet sich bei *Maurice Hauriou*, in: Roman Schnur (Hg.), Die Theorie der Institutionen, Rom 1965, S. 36 ff. Zu ihr eingehend *Gröschner* (N 4), S. 307 ff., 339 f.
43 Nach BVerfGE 93, 37 (74) geht es dabei um „die gemeinwohlorientierte, an Gesetz und Recht gebundene, wirksame Erfüllung des Amtsauftrages". „Amt in der Republik" behandelt eingehend *Josef Isensee*, in: Gröschner/Lembcke (N 4), S. 163 ff.
44 „Pragmatisch" im philosophischen Sinne des Wortes umgreift die aristotelische *phronesis* und die ciceronische *prudentia* kluger Amtsführung.
45 Zu Aristoteles *Gröschner* u. a. (N 15), S. 39 ff.; zu Cicero *Rolf Gröschner*, Römischer Republikanismus, in: Kristian Kühl/Gerhard Seher (Hg.), Rom, Recht, Religion, 2011, S. 15 ff. (24 ff.).
46 In den Worten von BVerfGE 44, 125 (142) geht es um das „je und je zu bestimmende" Gemeinwohl. Dessen ideologische Vorbestimmtheit ist Erkennungszeichen despotischer Ordnungen.
47 Näher *Gröschner* (N 25), S. 266 ff.
48 „Gemeinwohlverbindlichkeit" als „Aufgabenkomponente jeder behördlichen Befugnis": *Gröschner* (N 25), S. 151.

walt nicht „vom Volke aus" (Art. 20 Abs. 2 Satz 1 GG), waren *demos* und *populus* nicht Souverän einer demokratischen Ordnung. Ciceros berühmtes Motto „res publica res populi" spricht das Volk nicht als Träger der Staatsgewalt an, sondern als Adressaten staatlichen Handelns. Diese Grundunterscheidung bewährt sich als dogmatische Differenzierung bis heute: Demokratie ist Regierung *durch* das Volk, Republik ist Regierung *für* das Volk.[49] Mit Roms offizieller Staatsbezeichnung SPQR, *Senatus Populusque Romanus,* sei daran erinnert, dass der Senat die Spitze der Republik und das Zentrum politischer Macht bildete.[50] Zum Senator, zur lebenslänglichen Mitgliedschaft in der Versammlung der Alten, brachte es ein *senex* nicht durch Volkswahl, sondern durch Anerkennung ehrenamtlicher Leistung, Ansehen und Aufstieg im Amtsadel. Diese Ehre – „honos" war neben „magistratus" die Bezeichnung für Amt – wurde allen Amtswaltern zuteil, die sich um die gute Verfassung der Republik verdient gemacht hatten.[51]

**20** Absehen von Privatinteressen und Hinsehen auf das öffentliche Interesse wird im grundgesetzlichen Verfassungsstaat sowohl von demokratisch gewählten Abgeordneten als auch von republikanisch ernannten Amtswaltern erwartet. Das ist keine „idealistische" Überhöhung von Amt und Mandat, sondern Vorgabe positiven Verfassungsrechts: Wer „nach seiner Eignung, Befähigung und fachlichen Leistung" Zugang zu einem „öffentlichen Amte" (Art. 33 Abs. 2 GG) gefunden hat[52], ist weder in einem Verfahren demokratischer Mehrheitsbildung gewählt worden noch irgendeinem Wähler verantwortlich. Die Verantwortung im betreffenden Amte besteht aufgrund wohlbegründeten, fest in der Verfassungstradition des Grundgesetzes verwurzelten Republikprinzips gegenüber der Grundgesamtheit des Gemeinwesens. Aber auch die gewählten Abgeordneten des Deutschen Bundestages sind nach Art. 38 Abs. 1 Satz 2 GG „Vertreter des ganzen Volkes" und damit Repräsentanten der Republik, nicht etwa Agenten einer Partei, Fraktion, Interessen- oder Wählergruppe.[53]

**21** Die Unterscheidung zwischen dem Volk als Träger und als Adressaten staatlicher Gewalt kann im bundesverfassungsgerichtlichen Bild der „demokratischen Legitimationskette" zur metaphorischen Verbindung mit einer „republikanischen Legitimationskette" vervollständigt werden.[54] Während die erste Kette „vom Volk zu den mit staatlichen Aufgaben betrauten Organen und Amtswaltern" führt[55], wird die zweite Kette in umgekehrter Richtung geschmiedet: vom öffentlichen Interesse als höchstem Gesetz der Republik über Aufgaben und Befugnisse der zuständigen Amtswalter bis zu deren konkreter Amtshandlung im Einzelfall. Eine demokratisch legitimierte gesetzliche Befugnis zum lebensrettenden Todesschuss im Falle einer Geiselnahme rechtfertigt einen polizeilichen Rettungsschuss nur generell; die indi-

---

49 *Josef Isensee*, Republik – Sinnpotential eines Begriffs, in: JZ 1981, S. 3. Zur Entwertung des Republikbegriffs *Dieter Langewiesche*, Republik und Republikaner, 1993.
50 Monographische Darstellung bei *Karl-Joachim Hölkeskamp*, Senatus populusque Romanus, 2004.
51 Ausführlich zu den Ämtern und ihren Amtswaltern *Jochen Bleicken*, Die Verfassung der Römischen Republik, [8]2008, S. 105 ff.
52 BVerfGE 56, 146 (163): „Leistungsgrundsatz" als „Institution des Berufsbeamtentums"; BVerfGE 86, 169 (171): „Grundsatz der Bestenauslese".
53 BVerfGE 56, 396 (405) stellt zutreffend auf das „Parlament als Ganzes" ab; ebenso 80, 188 (218) und 84, 304 (321): Prinzip der Gesamtrepräsentation.
54 *Gröschner* (N 2), Rn. 70.
55 BVerfGE 47, 253 (Ls. 2).

viduelle Rechtfertigung im Geiseldrama obliegt dem Einsatzleiter der Polizei, die Ausführung dem nach seiner Qualifikation ausgewählten (aber nicht vom Volk gewählten) und qualifikationsgemäß eingesetzten Präzisionsschützen. Am Ende des Dramas gilt: Die Gesetze der rechtsstaatlichen Demokratie sind nur so gut wie ihre republikanische Konkretisierung.[56]

## C. Bibliographie

*Anderheiden, Michael*, Gemeinwohl in Republik und Union, 2006.
*Bleicken, Jochen*, Die Verfassung der Römischen Republik, [8]2008.
*Gröschner, Rolf*, Die Republik, in: HStR, Bd. II, [3]2004, § 23.
*ders.*, Republik, in: Evangelisches Staatslexikon, Neuausgabe 2006.
*ders.*, Römischer Republikanismus, in: Kristian Kühl/Gerhard Seher (Hg.), Rom, Recht, Religion, 2011, S. 15 ff.
*ders.*, Der Freistaat des Grundgesetzes, in: Rolf Gröschner/Oliver W. Lembcke (Hg.), Freistaatlichkeit, 2011, S. 293 ff.
*Henke, Wilhelm*, Die Republik, in: HStR, Bd. I, [2]1995 ([1]1987), § 21.
*Isensee, Josef*, Republik – Sinnpotential eines Begriffs, in: JZ 1981, S. 1 ff.
*Langewiesche, Dieter*, Republik und Republikaner. Von der historischen Entwertung eines politischen Begriffs, 1983.
*Mager, Wolfgang*, Republik, in: Otto Brunner (Hg.), Geschichtliche Grundbegriffe, Bd. V, 1984, Sp. 549 ff.
*Preuß, Hugo*, Deutschlands Republikanische Reichsverfassung, 1923.

---

56 Es besteht daher auch ein vitales Interesse des demokratischen Rechtsstaates, das Amt als änderungsfesten Bestandteil des Republikprinzips dem Schutz des Art. 79 Abs. 3 GG zu unterstellen.

## § 25
# Bundesstaat
## Sein Grund und sein Ethos

*Ines Härtel*

**Übersicht**

|  |  | Rn. |
|---|---|---|
| A. | Bundesstaat in historischer Kontingenz | 1 |
| B. | Integraler Werteverbund der Verfassungsprinzipien | 2 |
| C. | Enges und weites Föderalismusverständnis | 3–5 |
| D. | Hoheitlicher und nichthoheitlicher Föderalismus | 6 |
| E. | Charakteristika des Föderalismus/Bundesstaates | 7–13 |
| F. | Vom Ethos des Bundesstaates | 14 |
| G. | Bundesstaat: vom sanften Gewinn der Freiheit | 15 |
| H. | Bibliographie |  |

## A. Bundesstaat in historischer Kontingenz

Der demokratische Bundesstaat heutiger Prägung ist eine Errungenschaft der aufgeklärten Moderne und gehört zu den grundlegenden Staatsprinzipien der Bundesrepublik Deutschland[1]. Er nimmt dabei allgemeineuropäische historische Entwicklungen auf, einerseits in Form der Staatsqualität der Neuzeit bis hin zur aktuellen Staatstätigkeit einschließlich staatsräumlicher Legitimitätsressourcen[2], und andererseits in Form der Bundesqualität als dem kohärenten Zusammenhang von Gliedstaaten und Bund[3]. Diese allgemeinen Qualitäten verbinden sich mit den spezifischen geschichtlichen Entfaltungen der territorialen Groß-, Mittel-, Klein- und Kleinststaaten, Traditionen, geografischen Zuordnungen, politischen Institutionen und sozio-ökonomischen wie sozio-kulturellen Lebensweisen „der deutschen Lande" in der Mitte Europas. In dieser Perspektive konkreter historischer Entwicklung einschließlich der Kontinuitäten und Brüche erweist sich der heutige Bundesstaat deutscher Modellierung nicht als platonisches Abbild eines idealen Bundesstaates, sondern – wie andere historische (nationale) bundestaatliche Ordnungen auch – als „einzigartiges Produkt von Entscheidungen […] sowie umfassender

1

---

[1] In diesem Beitrag soll es nicht um die konkrete Darlegung der Struktur und Ausformung des Bundesstaates der Bundesrepublik Deutschland gehen, dazu gibt es bereits eine Fülle von entsprechenden Abhandlungen mit ausführlichen Darstellungen. Das gilt auch für historische Darstellungen. Hier geht es mehr um eine grundsatzbezogene (staatstheoretische) Reflexion des im Gesamtföderalismus eingebetteten Bundesstaats(prinzips).
[2] *Gunnar Folke Schuppert*, Staatswissenschaft, 2003; *ders.*, Staat als Prozess, 2010.
[3] *Josef Isensee*, Der Bundesstaat – Bestand und Entwicklungen, in: Peter Badura/Horst Dreier (Hg.), FS 50 Jahre Bundesverfassungsgericht, Bd. II: Klärung und Fortbildung des Verfassungsrechts, 2001, S. 719 ff.

historischer Beweggründe"⁴ und Umstände, also als ein eigenständiges „Unikat"⁵. Es gibt keine transhistorische „ewige Idee" eines idealen Bundesstaates (und daher auch keine ideale, allgemeingültige Bundesstaatstheorie). Dieser findet vielmehr seinen Wirklichkeitsgrund in den konkreten – und stets historisch kontingenten – gesellschaftlichen, wirtschaftlichen, verfassungsbezogenen, (sozial- und rechts-) staatlichen Gegebenheiten und Entwicklungen. Mit diesen geschichtlichen Entwicklungen verändern sich auch Idee, Verständnis und Praxis des Bundesstaates – und in der Reflexion darauf auch die Bundesstaatstheorien. Deutlich wird dies in der deutschen Geschichte im großen Paradigmenwechsel vom Deutschen Reich als dem Bundesstaat dynastisch-monarchischer Prägung, bei dem die Bundesstaaten⁶ das Reichsparlament soweit wie möglich einschränkten zugunsten der obrigkeitsstaatlich-antidemokratischen Fürstenherrschaft, hin zum freiheitlich-demokratischen Bundesstaat, bei dem das Volk zur Souveränitätsgrundlage wurde, das parlamentarisch-demokratische System etabliert werden konnte und die Geltung von Grundwerten wie Grundrechten zum Ausdruck neuer Legitimität avancierte. Mit der doppelten Geburt des freiheitlich-demokratischen Bundesstaates – 1918/19 und 1948/49 – wurde in Deutschland eine neue Föderalismuswelt gegründet. Nach der Freiheitsrevolution von 1989/1990 wurde diese mit der Wiedervereinigung um die fünf neuen Bundesländer ergänzt. Die neue Föderalismuswelt ist genuin auf Freiheit gegründet; der (mit Hegel gesprochen) zu sich gekommene Bundesstaat bildet nun unwiderruflich eine Einheit mit der freiheitlichen Demokratie.

## B. Integraler Werteverbund der Verfassungsprinzipien

2 Der heutige Bundesstaat ist gründender Teil der constitutio libertatis der Bundes-Republik Deutschland und steht in einem genuinen Verbund mit den anderen Verfassungsprinzipien Rechtsstaat, Sozialstaat, (parlamentarische) Demokratie – „die Strukturprinzipien bedingen und ergänzen sich"⁷, sie dienen „als Richtmaß und Grenze"⁸ für die laufenden politischen Auseinandersetzungen. Dies kommt zum Ausdruck in Art. 20 Abs. 1 GG: „Die Bundesrepublik Deutschland ist ein demokratischer und sozialer Bundesstaat". Diese grundlegenden Staatsprinzipien wurden mit Art. 79 Abs. 3 GG mit einer „ewigen" Bestandsgarantie versehen⁹. Mit diesen Bestimmungen ist konstitutionell die freiheitliche Grundierung aufgenom-

---

4 *George Anderson*, Föderalismus, 2008, S. 18.
5 *Josef Isensee*, Idee und Gestalt des Föderalismus im Grundgesetz, Bundesstaat in: HStR, Bd. VI, ³2008, § 126, RN 5; für *Jestaedt* ist der Bundesstaat „unter historischem, theoretischem und dogmatischem Aspekt ein Unikum", *Matthias Jestaedt*, Bundesstaat als Verfassungsprinzip, Verfassungsstaat in: HStR, Bd. II, ³2004, § 29.
6 Die Gliedstaaten nannte man damals Bundesstaaten, heute Länder.
7 *Gregor Kirchhof*, Die Allgemeinheit des Gesetzes, 2009, S. 315.
8 *Dieter Grimm*, Ursprung und Wandel der Verfassung, Historische Grundlagen in: HStR, Bd. I, ³2003, § 1 Rn. 45.
9 *Paul Kirchhof*, Die Identität der Verfassung in ihren unabänderlichen Inhalten, Grundlagen von Staat und Verfassung in: HStR, Bd. I, ¹1987, § 19.

men und in Normung und Statik der staatlichen Ordnung Deutschlands eingelassen. Wie die anderen Staatsprinzipien ist auch der demokratische Bundesstaat der Bundesrepublik durch die grundsätzliche Wendung gegen (zentralistische) Diktatur gekennzeichnet. Über den antitotalitären Grundkonsens hinaus zeichnet er sich im „freiheitssichernden Zusammenhang der Strukturprinzipien"[10] zudem durch eine grundsätzliche „Staatsfreundschaft"[11] im Sinne freiheitsermöglichender, entgegenkommender Strukturen aus – Anerkennung der Länder durch den Bund und des Bundes durch die Länder in ihrer jeweiligen Staatlichkeit, die gemeinsame Werteordnung in den Verfassungen von Bund und Ländern, die gegenseitige Verwiesenheit und Angewiesenheit in Kooperation, die Einforderung von Solidarität mit dem Bund und zwischen den Ländern sowie bundesfreundliches Verhalten. Dieser konstitutionell angelegte, gegenseitig sich stützende integrale Freiheitsverbund der Staatsprinzipien ist in gleichem Bezug auf die Verwirklichung der Grundwerte und der Geltung der Grundrechte, der Volkssouveränität, der parlamentarischen Demokratie und des Gemeinwohls gerichtet. Das Bundesstaatsprinzip und seine institutionelle Ausformung trägt damit in Verfassungstheorie und Verfassungswirklichkeit seinen gewichtigen Anteil an der Freiheitssicherung und Freiheitsentfaltung in Deutschland bei. Während der verfasste Rechtsstaat die im Menschen, im Bürger als Souverän vorfindliche Freiheit vor allem als Rechte mit verbindlicher Geltungskraft versieht und mit der Rechtsordnung schützt[12], öffnet und sichert der Bundesstaat diese Freiheit in der territorial gegliederten und politisch-rechtlichen Stufung von Bund und Ländern[13]. Zwar besitzt der Bundesstaat als spezifischer Ausdruck des Föderalismus weder im historischen Entwicklungsgang noch im Kontext der Gegenwart eine solche Leuchtkraft wie der „Rechtsstaat" und die „Demokratie" oder die politische Sprengwirkung von revolutionären Losungen wie „Freiheit, Gleichheit, Brüderlichkeit" oder „Wir sind das Volk". Als bündischer Zusammenschluss bekommt er seinen Glanz erst auf den zweiten Blick durch seine in der politisch-räumlichen Ebenengliederung freiheitsermöglichende und freiheitssichernde Wirkung im konstitutionellen Verbund der grundlegenden Staatsprinzipien. Hinzu tritt seine machtsteigernde wie machtkontrollierende Ausgestaltung. Die „Rehabilitierung", zumindest Sichtbarmachung des normativen Bezugs des demokratischen Bundesstaatsprinzips zur Freiheit im integrativen Verfassungskontext mit den anderen Staatsprinzipien öffnet den Blick auf dessen Grund und Aufgabe jenseits der darauf aufbauenden institutionellen wie funktionalen Bezüge.

---

10 *Kirchhof* (N 7), S. 315.
11 Zum Begriff „Staatsfreundschaft" siehe *Dolf Sternberger*, Gesammelte Schriften, Bd. IV, 1980, S. 209.
12 *Paul Kirchhof*, Die Erneuerung des Staates – eine lösbare Aufgabe, ²2006, S. 47.
13 Im Gegensatz dazu die kritischen Anfragen, welches „normative Plus" dem Bundesstaatsprinzip zu eigen sei, bei *Christoph Möllers*, Der parlamentarische Bundesstaat – Das vergessene Spannungsverhältnis von Parlament, Demokratie und Bundesstaat, in: Josef Aulehner u. a. (Hg.), Föderalismus – Auflösung oder Zukunft der Staatlichkeit?, 1997, S. 81 ff.; kritisch zur verfassungsrechtlichen Bedeutung von „Staatlichkeit": *Alexander Hanebeck*, Der demokratische Bundesstaat des Grundgesetzes, 2004, S. 61 ff.; *Edin Šarčević*, Das Bundesstaatsprinzip, 2000, S. 252 ff.; zur Auseinandersetzung mit diesen Positionen und zur Rekonstruktion des Bundesstaatsprinzips *Jestaedt* (N 5), Rn. 30 ff.

## C. Enges und weites Föderalismusverständnis

3   Der Bundesstaat[14] ist die konkrete, spezifische Umsetzung des Föderalismus als Staat. Dieser staatszentrierte hoheitlichen Föderalismus zielt auf die gestufte Sicherung und Ermöglichung von Freiheit. Dabei gilt es insgesamt zu unterscheiden: Im öffentlichen-medialen wie politisch-rechtlichen Sprachgebrauch wird zumeist Föderalismus und Bundesstaat gleichgesetzt. Dieses engere Verständnis, das den Bundestaat mit den föderalen Bestimmungen, Strukturen und Prozessen der Bundesrepublik Deutschland identifiziert, wird vom Staatsrecht aufgenommen. Der Bundesstaat als Föderalismus im engeren Sinn bezieht sich auf die verfassungsmäßige Staatsorganisation mit den zwei Ebenen von Bund und Ländern einschließlich darauf bezogener Institutionen, Beziehungen, Prozesse und rechtlicher Regelungsstrukturen. Dabei besitzen sowohl der Bund als auch die Länder Staatsqualität, wobei die Staatssouveränität das Ganze und damit die Bundesebene betrifft.

4   Semantisch different dazu geht der umfassend verstandene Föderalismus über die konkrete, verfassungsrechtlich gegründete Staatsorganisation und Bund-Länder-Beziehungsgeflechte hinaus. Dieser umfassendere Föderalismusbegriff[15] bezieht sich auf die Vielfalt der möglichen Ausformungen in bundbezogener, hoheitlicher und staatlicher Hinsicht – zum Beispiel als Staatenbund, Bundesstaat, Staatenverbund. Er umfasst aber auch als gesellschaftliches und wirtschaftliches Organisationsprinzip gestufter Freiheit spezifische Ausformungen wie die Genossenschaften, multinationale Unternehmen oder verbandliche Organisationen wie den DGB als Bundeszusammenschluss und die selbständigen Einzelgewerkschaften. Hier geht es um miteinander verschränkte Zwei-Ebenen-Strukturen von selbständig bleibenden kleineren Einheiten im größeren, umfassenden Bund, um Ressourcenzusammenlegung zwecks größerer Mächtigkeit bei gleichzeitiger Machtkontrolle und um die Sicherung der kleineren und größeren Räume der Gestaltungs- und Entfaltungsmöglichkeiten.

5   Aufgrund der beschleunigten Entwicklungen der wissenschaftlich-technischen Welt und angesichts gesellschaftlicher Wertdifferenzierungen wie ökonomischer Globalisierung[16] ist der umfassende Föderalismus kein statisches Gebilde, sondern im größeren Zeitablauf durch erhebliche Dynamiken gekennzeichnet. Dieser normativ-dynamische Föderalismus hat gegenwärtig in Deutschland zu unter-

---

14  Zum Bundesstaat und zum Föderalismus siehe *Otto Kimminich*, Der Bundesstaat, Grundlagen von Staat und Verfassung in: HStR, Bd I, ¹1987, § 26; *Roman Herzog*, Stellung des Bundesrates in demokratischen Bundesstaat, Demokratische Willensbildung – Die Staatsorgane des Bundes, in: HStR, Bd. II, ¹1987, § 44; *Isensee* (N 5), § 126; *Jestaedt* (N 5), § 29; *Ines Härtel*, Der staatszentrierte Föderalismus zwischen Ewigkeitsgarantie und Divided Government. Genese, Ausprägung und Problemhorizonte des Bundesstaatsprinzips, § 16; *dies.*, Nichthoheitlicher Föderalismus – neue föderale Entwicklungen jenseits tradierter Staatlichkeit, § 48; Alte und neue Föderalismuswelten (Prolog), alle in: Ines Härtel (Hg.), Handbuch Föderalismus – Föderalismus als demokratische Rechtsordnung und Rechtskultur in Deutschland, Europa und der Welt, Bd. I und Bd. II, 2012.
15  Siehe allgemein *Ernst Deuerlein*, Föderalismus. Die historischen und philosophischen Grundlagen des föderativen Prinzips, 1972.
16  *Hartmut Rosa*, Weltbeziehungen im Zeitalter der Beschleunigung: Umrisse einer Gesellschaftskritik, 2012.

schiedlichen Ausprägungen und sich verändernden Formen geführt. Das führt über die tradierte bundesstaatliche Ordnung mit ihrem institutionellen Gefüge hinaus, wobei dieses ein retardierend-stabilisierendes Gegengewicht bildet. Diese neue föderale Vielfalt und Verschiedenartigkeit bei gemeinsamer Grundstruktur kommt in den unterschiedlichen Begriffszuschreibungen[17] einschließlich der Abgrenzungsbegriffe zum Ausdruck, mit denen man Struktur und Dynamik des Bundesstaatsprinzips zu fassen sucht. In traditioneller kanonisierter Begrifflichkeit, die allerdings in ihrer Genese auch spezifischen historischen Gegebenheiten geschuldet ist[18], wird unterschieden zwischen Staatenbund (Konföderation) als mehr oder weniger fester Verbindung von selbständigen Staaten zur Verfolgung spezieller Ziele, wobei „die Fülle der Staatsgewalt bei den einzelnen Mitgliedstaaten liegt"[19], und Bundesstaat (Föderation) als dem fest verbundenen Gefüge der zwei Ebenen von Bund und Gliedstaaten als einheitlichem Ganzen bei gleichzeitiger Wahrung der Eigenständigkeit der kleineren Einheiten (Ländern). Die Rechtssubjektivität des Bundesstaates erweist sich in der doppelten Staatlichkeit: Sowohl der Bund als auch die Länder besitzen Staatsqualität. Der Bürger als Träger von Grundrechten kann Normansprüche an Bund und Länder richten und ist umgekehrt Adressat von Hoheitsakten der zwei politisch-rechtlichen Staatsebenen. Schließen sich konföderierte Staaten zu einem Bundesstaat zusammen, wird dies auch als „coming-together-Föderalismus" bezeichnet. Erhalten Teileinheiten in einem Bundesstaat erweiterte Gestaltungsmöglichkeiten und Entscheidungsbefugnisse, spricht man von Differenzierungsföderalismus. Besitzen in einem Bundesstaat die Gliedstaaten eine große Eigenständigkeit und Autonomie, wird dies als dualer Föderalismus bestimmt (wie z. B. die USA). In Gegensatz dazu steht der ebenenverflochtene kooperative Föderalismus der Bundesrepublik Deutschland mit einer auf die Verfassung bezogenen Kompetenzordnung von Bund und Ländern, bei dem den Ländern zugleich die Gesetzesausführung obliegt (Exekutivföderalismus)[20]. Unterschieden wird auch zwischen Bundesstaat und unitarischem[21] Einheitsstaat, der die Staatsgewalt einheitlich ausübt

---

17 Während das Staatsrecht sich mit dem Bundesstaat der Bundesrepublik Deutschland und den damit verbundenen positivrechtlichen Verfassungsbestimmungen befasst (Föderalismus im engeren Sinn), setzt sich die verfassungsrechtsbezogene Staatslehre/Staatstheorie wie auch die Rechtsphilosophie mit Begriffen, Verständnissen, Gehalten, Legitimationen, Zwecksetzungen, Strukturen, Funktionen, historischen Erscheinungsweisen und Gestaltungsformen des Staates allgemein und mit föderalen Strukturen im Besonderen auseinander (Föderalismus im erweiterten Sinn). Dabei braucht das Staatsrecht auch die Begriffe der Staatstheorie und vice versa die Staatslehre die des Staatsrechts, siehe *Isensee* (N 5), § 126 Rn. 8.
18 Siehe dazu *Stefan Oeter*, Integration und Subsidiarität im deutschen Bundesstaatsrecht, 1998; *Bernd Grzeszick*, Der Gedanke des Föderalismus in der Staats- und Verfassungslehre vom Westfälischen Frieden bis zur Weimarer Republik, in: Ines Härtel (Hg.), Handbuch Föderalismus – Föderalismus als demokratische Rechtsordnung und Rechtskultur in Deutschland, Europa und der Welt, Bd. I: Grundlagen des Föderalismus und der deutsche Bundesstaat, 2012, § 2.
19 *Bernd Grzeszick*, in: Maunz/Dürig, 2011, Art. 20 Rn. 30.
20 Für einen Vergleich zwischen dualem Föderalismus und Exekutivföderalismus siehe *Dirk Hanschel*, Konfliktlösung im Bundesstaat, 2012, der die Konfliktlösungen im deutschen, amerikanischen und schweizerischen Bundesstaat vergleicht. Dabei plädiert Hanschel für Reformen des deutschen Bundesstaates hin zu einem stärkeren dualen Föderalismus. Siehe die zusammenfassenden Reformvorschläge, S. 628 ff.
21 Der Bundesstaat kann unitarische Elemente enthalten, ist jedoch grundsätzlich kein Einheitsstaat. Wohl aber können Einheitsstaaten auch Demokratien sein. Der Bundesstaat zeichnet sich aber durch die Ermöglichung freiheitlich-demokratischer Entfaltung auf zwei Ebenen aus.

und die Staatsaufgaben ohne Teilung in eigenständige Ebenen zentriert, wobei ggf. dezentralisierte Einheiten Verwaltungskörper ohne eigene Staatsqualität sind.

## D. Hoheitlicher und nichthoheitlicher Föderalismus

6   In einer die aktuelle Entwicklungsdynamik aufgreifenden, erweiterten Begrifflichkeit des Föderalen wird darüber hinaus zwischen verschiedenen Bezügen differenziert, die in Deutschland aktuell zu finden sind. In diesen erhält einerseits der Bundesstaat seinen Platz, andererseits wird auf innovative Entfaltungen im Zuge der Europäisierung (Europäische Union) und Globalisierung reagiert[22]:
– Der nichtstaatszentrierte *gesellschaftlich-ökonomische Föderalismus* (Organisationen, Genossenschaften, multinationale Unternehmen).
– Der *staatszentrierte hoheitliche Föderalismus*, der als Staat Bund und (eigenständig bleibende) Länder vereinigt (Bundesstaat).
– Der *nichtstaatliche hoheitliche Föderalismus*, der hoheitliche Aufgaben in föderaler Strukturierung wahrnimmt, ohne ein Staat zu sein (Europäische Union als föderaler Staatenverbund sui generis – siehe Art. 23 Abs. 1 GG).
– Der *nichtstaatliche, nichthoheitliche Föderalismus*, bei dem sich kleinere Einheiten zu einem übergeordnetem Bund zusammenschließen – Regionbuilding mit regionaler Governance – und dabei kommunale, länderbezogene oder bundesstaatliche Grenzen überschreiten (kommunale Zusammenschlüsse, Metropolregionen, EuRegios, überregionale/transnationale Verflechtungsräume und Netzwerke).

Nicht nur die Durchsetzung der Reformagenda in Folge der beiden Föderalismusreformen I und II, sondern auch die föderale Struktur der Europäischen Union nach dem Lissabon-Vertrag mit samt der zusätzlichen Finanzinstitutionen und auch die neuartige Entwicklung nichthoheitlicher Föderalzusammenschlüsse stellen die Politik wie das Recht vor immense Herausforderungen.

---

22  Zur Entfaltung dieser erweiterten Begrifflichkeit siehe *Härtel* (N 14), § 16; *dies.*, Die Gesetzgebungskompetenzen des Bundes und der Länder im Lichte des wohlgeordneten Rechts, § 19; *dies.* (N 14), § 48; *dies.*, Kohäsion durch föderale Selbstbindung, § 82; *dies.*, Alte und neue Föderalismuswelten (Prolog) (N 14); *dies.*, Föderalismus und Neugier (Epilog), alle in: Ines Härtel (Hg.), Handbuch Föderalismus – Föderalismus als demokratische Rechtsordnung und Rechtskultur in Deutschland, Europa und der Welt, Bd. I–IV, 2012.

# E. Charakteristika des Föderalismus/Bundesstaates

Nicht nur in der Vergangenheit, sondern auch in der Gegenwart ist die Föderalismuswelt von hoher Vielseitigkeit und Dynamik gekennzeichnet. Gleichzeitig wird dabei eine bestimmte Merkmalskomposition als Grundlage beibehalten. Das lässt sich am Bundesstaat in vier Punkten aufzeigen:

*Erstens: Organisation.* Hier geht es um die räumlich radizierte und politisch-rechtlich geformte, staatlich geordnete Gliederung auf zwei Ebenen. Mit dieser Ebenenverdopplung ermöglicht die Bundesstaatlichkeit die doppelte Absicherung durch Bund- und Länderverfassungen wie Institutionen. Bund und Länder bewahren dabei ihre Eigenständigkeit und staatliche Qualität, sind aber zugleich aufeinander bezogen. Diese Bezüglichkeit – eines geht nicht ohne das andere – kann lockerer ausgestaltet sein wie beim dualen Föderalismus der USA oder fester verbunden sein wie beim kooperativ-solidarischem Exekutivföderalismus der Bundesrepublik Deutschland.

*Zweitens: Normativer Bezugspunkt.* Der Sinn der bundesstaatlichen Zwei-Ebenen-Stufung in Bund und Länder ist die gegenüber einem Einheitsstaat ausgeweitete Freiheitsermöglichung und Freiheitssicherung auf der Ebene des Bundes und der Länder. Die Verdopplung von Verfassung und parlamentarischen Institutionen sichert politisch-rechtlich das freiheitliche Wertefundament, Recht in Rechtssicherheit und rechtlichen Ansprüchen, größere Bürgernähe und vermehrte politische Wahl-, Engagements- und Partizipationsmöglichkeiten der Bürger, der Parteien und organisierten Verbände sowie der Zivilgesellschaft (Mehrebenendemokratie). Zugleich werden damit das historisch Geprägte und kulturell Tradierte, Eigenständige, Eigentümliche, Eigenwillige, Besondere im lokalen, regionalen und überregionalen Kontext geschützt und Möglichkeiten seiner Entfaltung und Kreativität eröffnet. Auch dies ist Ausdruck föderaler/bundesstaatlicher Förderung von Freiheit.

*Drittens: Macht-Ressourcen.* Bundesstaatlichkeit bedeutet das Schließen eines Bundes von Gliedern zu einer festen gemeinsamen (Bundesstaats-)Organisation auf einem gemeinsamen Wertefundament. Dies bewirkt, dass durch den Bund neue Macht gegründet wird und der Bund gegenüber dem Einfluss kleinerer Einheiten über eine gesteigerte Macht verfügt. Auf diesen Zusammenhang hat vor allem Hannah Arendt in ihrer Analyse der republikanisch-föderalen Revolution der Vereinigten Staaten von Amerika als erstem Bundes-Staat (von der Konföderation zur Föderation) aufmerksam gemacht[23]. Durch Zusammenlegung der Einzelressourcen kann größere Durchsetzungsmacht erreicht werden. Da gleichzeitig die Glieder eigenständig bleiben, wird auch (vertikale) Gewaltenteilung institutionalisiert.

*Viertens: Funktionelle Bezüge.* Hierzu gehören die vielfältigen Prozesse der Abstimmung der Gesetze und der institutionalisierten Kooperationen zwischen Bund und Ländern, aber auch die Rekrutierungsfunktion des politischen Personals oder das Ausprobieren unterschiedlicher politischer Lösungen auf beiden Ebenen ein-

---

23 *Hannah Arendt*, Über die Revolution, 1965, S. 147 ff.

schließlich best-practice-Vergleiche, zumal nach der letzten Föderalismusreform auch die Möglichkeit der Abweichungsgesetzgebung (als neues Kompetenzverteilungsinstrument) gegeben ist.

12 Aus diesem elementaren Freiheitsbezug in räumlicher Gliederung, aus der damit gegebenen verdoppelten Möglichkeit der Entfaltung von Wahl und Kreativität, der Verbindung von Machtgründung, Machtsteigerung und Machtkontrolle, schöpft der Bundesstaat im Grund seine Dignität und Kraft, seine Bedeutung und Legitimität. Dabei gelingt dem Bundesstaat eine coincidentia oppositorum – die Vereinigung von (anscheinenden) „Gegensätzen": gemeinsamer Bundesstaat und eigenständig bleibende Gliedstaaten, Freiheitsentfaltung und Freiheitssicherung, Machtsteigerung und Machtkontrolle, verfassungsgesicherte Institutionenstruktur und dynamische Entwicklung, Stabilität in Beharrung und Entfaltung in Kreativität. Einheit in Vielfalt – Vielfalt in Einheit ist daher das grundierende Kennzeichen von Föderalismus und Bundesstaat.

13 Dies hat sich auch in der Geschichte der Deutschen gezeigt, die in unterschiedlicher Weise föderale Strukturen ausgebildet hat. Mit den Stationen lose verkoppeltes Ebenengeflecht, Staatenbund, konstitutionell-monarchischer und dann freiheitlich-demokratischer Bundesstaat, Staatenverbund sui generis und sich global bildendes politisch-rechtliches Mehrebenensystem hat der Föderalismus seine Variabilität in Vergangenheit, Gegenwart und antizipativ für die Zukunft aufgezeigt.

## F. Zum Ethos des Bundesstaates

14 Föderalismus ist nicht nur mit seinem Wertebezug ein normatives Konzept und mit seinem Zwei-Ebenen-Bezug ein reales Strukturprinzip für den demokratischen Staat, sondern auch eine Geisteshaltung, die Akzeptanz (oder bei Mangel: Abwendung) in Hinblick auf den Bundesstaat bewirkt. Gerade die Praxis der bundesstaatlichen Ordnung und der bundesstaatlichen Prozesse ist auf das Ethos[24] der Beteiligten angewiesen. Dieses Ethos des Föderal-Bundesstaatlichen als Teil des Verfassungsethos zeigt sich einerseits in dem stets immer wieder neu herzustellenden lebendigen Bewusstsein der normativen Bezüge – Freiheitsermöglichung und Freiheitssicherung durch politisch-rechtlich ausgestaltete Ebenenverdopplung von Bund und Ländern – sowie der Machtsteigerung und Machtkontrolle (vertikale Gewaltenteilung). Es zeigt sich aber auch in den gewohnheitsbezogenen Handlungen der Normadressaten – der Bürger im Alltag, der politisch-rechtlich Beteiligten und Betroffenen – im Sinne positiv-emotional eingewöhnter Lebensstile und Grundhaltungen aufgrund von Wertüberzeugungen und Könnerschaft.

---

24 Zum Ethos siehe *Ernst-Wolfgang Böckenförde*, Vom Ethos des Juristen, 2010; siehe auch *ders.*, Staatliches Recht und sittliche Ordnung, in: ders. (Hg.), Staat, Nation, Europa, 2000, S. 219 ff.; zur Lebenspraxis der Tugenden siehe *Martin Seel*, 111 Tugenden, 111 Laster. Eine philosophische Revue, 2011.

Solche „Gewohnheiten des Herzens"[25] als Sinnesart zeigen sich im vernunftbezogenem und zugleich emotional verankertem, im Habitus selbstverständlich gewordenem Verhalten des Einzelnen wie der rechts- und demokratiebezogenen Gemeinschaft. Das gilt für Grundwerte, für politische wie rechtliche Prinzipien und auch für das Föderale mit seiner spezifischen Umsetzung des Bundesstaates. Dieses Ethos des Föderal-Bundesstaatlichen findet sich bei manchen Politikfeldern in der Verteidigung der eigenständigen Gestaltungsfähigkeit der Länder vor manchen (allzu) unitarischen Zumutungen des Bundes, es war über die funktionalen Erwägungen hinaus auch bei den letzten Föderalismusreformen wahrnehmbar, und in gewisser Weise zeigt es sich auch im Beharren der Landesvölker auf „ihrem" Bundesland, wenn die Diskussion um Länderzusammenlegung aus Effizienzgründen immer mal wieder die bundesdeutsche Öffentlichkeit erreicht. Trotzdem könnte noch viel getan werden, um das Ethos des Föderal-Bundesstaatlichen in der politischen Kultur und auch der Rechtskultur stärker zu verankern. Ethos betrifft zwar die unmittelbare Lebensführung des Bürgers, ist aber keine Privatangelegenheit, sondern von eminenter öffentlicher, politischer und rechtlicher Bedeutung in Hinblick auf das angemessene „gute Handeln" mit Bezug zum Gemeinwohl des Gemeinwesens und bedarf entsprechender Pflege.

## G. Bundesstaat: vom sanften Gewinn der Freiheit

Sieht man auf die vergangenen Jahrzehnte zurück, kann man für die Bundesrepublik Deutschland konzedieren: Der konstitutionell gesicherte Bundestaat des Grundgesetzes mit seiner föderal orientierten Freiheitsgrundierung in territorial gegliederter, in den Ebenen von Bund und Ländern staatlich organisierter, politisch-rechtlich verfasster und demokratisch eingebundener Weise hat sich in den Jahrzehnten seines Bestehens im Grundsatz bewährt. Mit der Grundentscheidung des Verfassunggebers zur Bundesstaatlichkeit als raumgebunden-gegliederte Freiheit, mit allen darauf bauenden Institutionen und Prozessen im Bund-Länder-Verhältnis einschließlich eines starke Kompromissfähigkeit erfordernden „Divided Government" von Bundestag und Bundesrat, mit allen Konflikten und Problemen, mit aller berechtigten und auch unberechtigten Kritik, mit allen retardierenden wie fortschrittsorientierten Prozessen und Weiterentwicklungen – insgesamt gab es mit dem Staatsprinzip Bundesstaat einen „sanften Gewinn der Freiheit"[26]. Zu dieser Bewährung trägt, wie die verschiedenen Föderalismusreformen in der Geschichte der Bundesrepublik Deutschland beweisen, auch seine Offenheit für Reformen und ebenso für die Weiterentwicklungen des nichthoheitlichen Föderalismus bei. Im

15

---

25 *Robert Neelly Bellah*, Habits of the Heart: Individualism and Commitment in American Life, California 1985.
26 *Kirchhof*, der diese schöne Formulierung allerdings in einem anderen Zusammenhang gebrauchte, nämlich bezüglich der Forderung nach einem einheitlichen Steuergesetzbuch, das den vielfältigen Freiheitsverlusten in diesem wichtigen Teilsegment des Staates entgegenwirken sollte, *Paul Kirchhof*, Der sanfte Verlust der Freiheit. Für ein neues Steuerrecht – klar, verständlich, gerecht, 2004, S. 203.

Gegensatz zu „defekten Bundesstaaten"[27] wie Irak oder Bosnien-Herzegowina, die trotz verfassungsmäßiger Verankerung des Föderalen in der Praxis mit erheblichen Problemen zu kämpfen haben, hat die bundesrepublikanische Demokratie auch dank ihrer Bundesstaatlichkeit Erfolg gehabt. Von Gustav Radbruch stammt der Hinweis: „Die Gerechtigkeit ist die zweite große Aufgabe des Rechts, die erste aber ist die Rechtssicherheit, der Friede"[28]. Hinzuzufügen wäre die dritte große Aufgabe des Rechts, die Ermöglichung geordneter Freiheit. Gerechtigkeit, Friede, Freiheit – die Bindung an diese Wertetrias kommt den Staatsprinzipien in jeweils spezifischer Weise zu, so auch dem Bundesstaatprinzip. Mit seinem normativen Grund gestufter Freiheitsermöglichung und -sicherung, seinen machtsteigernden und kontrollierenden Bezügen sowie seinen funktionalen Aufgaben in zukunftsoffener Prägung trägt es wesentlich dazu bei, dass die Bürgerinnen und Bürger in einem wohlgeordneten Gemeinwesen leben können. Grund und Ethos des Bundesstaatsprinzips in der Verfassungswirklichkeit, den Praxisbezügen der Lebenswelt, beständig zur Geltung zu bringen ist deshalb eine wichtige, genuine Aufgabe – auch für die Rechtswissenschaften und die gelebte Rechtspraxis.

# H. Bibliographie

*Frenkel, Max*, Föderalismus und Bundesstaat, Bd. I–II, 1984/86.
*Grzeszick, Bernd*, Vom Reich zur Bundesstaatsidee, 1996.
*Härtel, Ines* (Hg.), Handbuch Föderalismus – Föderalismus als demokratische Rechtsordnung und Rechtskultur in Deutschland, Europa und der Welt, Bd. I: Grundlagen des Föderalismus und der deutsche Bundesstaat, Bd. II: Probleme, Reformen und Perspektiven des deutschen Föderalismus, Bd. III: Entfaltungsbereiche des Föderalismus, Bd. IV: Föderalismus in Europa und der Welt, 2012.
*dies.*, Alte und neue Föderalismuswelten (Prolog); *dies.* Der staatszentrierte Föderalismus zwischen Ewigkeitsgarantie und Divided Government. Genese, Ausprägung und Problemhorizonte des Bundesstaatsprinzips, § 16, *dies.*, Die Gesetzgebungskompetenzen des Bundes und der Länder im Lichte des wohlgeordneten Rechts, § 19, *dies.*, Nichthoheitlicher Föderalismus – neue föderale Entwicklungen jenseits tradierter Staatlichkeit, § 48, *dies.*, Kohäsion durch föderale Selbstbindung, § 82, *dies.*, Föderalismus und Neugier (Epilog), alle in: Ines Härtel (Hg.), Handbuch Föderalismus – Föderalismus als demokratische Rechtsordnung und Rechtskultur in Deutschland, Europa und der Welt, Bd. I–IV, 2012.
*Hanschel, Dirk*, Konfliktlösung im Bundesstaat, 2012.
*Herzog, Roman*, Stellung des Bundesrates im demokratischen Bundesstaat, Demokratische Willensbildung – Die Staatsorgane des Bundes, in: HStR, Bd. II, [1]1987, § 44.
*Herzog, Roman/Grzeszick, Bernd*, Kommentar zu Art. 20 GG, Bundesstaat, in: Maunz/Dürig (Bg.), Grundgesetz-Kommentar, 63. Ergänzungslieferung 2011, Art. 20, Rn. 1–198.
*Hesse, Konrad*, Der unitarische Bundesstaat, 1962.
*Holste, Heiko*, Der deutsche Bundesstaat im Wandel, 2002.

---

27 Zu diesem Begriff *Härtel* (N 14) § 16, Rn. 4 ff.
28 *Gustav Radbruch*, Aphorismen zur Rechtsweisheit, gesammelt, eingeleitet und herausgegeben von Arthur Kaufmann, 1963, S. 23.

*Isensee, Josef*, Idee und Gestalt des Föderalismus im Grundgesetz, Bundesstaat, in: HStR, Bd. VI, ³2008, § 126.

*ders.*, Der Bundesstaat – Bestand und Entwicklung, in: Peter Badura/Horst Dreier (Hg.), FS 50 Jahre Bundesverfassungsgericht, Bd. II: Klärung und Fortbildung des Verfassungsrechts, 2001, S. 719 ff.

*ders.*, Die bundesstaatliche Kompetenz, in: HStR, Bd. VI, ³2008. § 133.

*Jestaedt, Matthias*, Bundesstaat als Verfassungsprinzip, Verfassungsstaat, in: HStR, Bd. II, ³2004, § 29.

*Kimminich, Otto*, Der Bundesstaat, Grundlagen von Staat und Verfassung, in: HStR, Bd. I, ¹1987, § 26.

*Kisker, Gunter*, Kooperation im Bundesstaat, 1971.

*Klein, Hans Hugo*, Der Bundesstaat in der Rechtsprechung des Bundesverfassungsgerichts, in: Ines Härtel (Hg.), Handbuch Föderalismus – Föderalismus als demokratische Rechtsordnung und Rechtskultur in Deutschland, Europa und der Welt, Bd. I: Grundlagen des Föderalismus und der deutsche Bundesstaat, 2012, § 17.

*Korioth, Stefan*, Integration und Bundesstaat, 1990.

*Lerche, Peter*, Föderalismus als nationales Ordnungsprinzip, in: VVDStRL 21 (1964), S. 66 ff.

*Möstl, Markus*, Bundesstaat und Staatenverbund, 2012.

*Oeter, Stefan*, Integration und Subsidiarität im deutschen Bundesstaatsrecht, 1998.

*Šarčević, Edin*, Das Bundesstaatsprinzip, 2000.

# § 26
# Sozialstaat

Das große Paradoxon, die endlose Komplexität und
die Illusion der Eindeutigkeit und der Endlichkeit

*Hans F. Zacher*

**Übersicht**

|   | Rn. |
|---|---|
| A. Die Vielfalt der Namen | 1– 5 |
|    I. „Sozialstaat", „Wohlfahrtsstaat" und dergleichen | 1– 3 |
|   II. „Sozialistischer" Staat versus „freiheitlicher Sozialstaat" | 4– 5 |
| B. Die Grundnorm: „Mehr Gleichheit" | 6–10 |
| C. Die Mitte aller Namen: „Sozial" | 11–24 |
|    I. Der Weg von den Kollektiven der Ungleichen zu der Individualität der Gleichen | 12–15 |
|   II. Von den feudalen Partikularitäten der Herrschaft und der Untertänigkeit, der Subsistenz und der Ausbeutung zum Verfassungsstaat | 16–17 |
|  III. Entstehung und Sinnentfaltung des Begriffes „sozial" | 18–24 |
| D. Die normative Irritation | 25–29 |
| E. Die Verantwortung | 30 |
| F. Bibliographie | |

## A. Die Vielfalt der Namen

### I. „Sozialstaat", „Wohlfahrtsstaat" und dergleichen

„Sozial" ist der Name eines der höchsten Werte, den eine moderne Gesellschaft kennt. Und „sozial" ist eine Sinnbestimmung der europäischen Staaten und vieler Staaten in aller Welt. Sie können sich „Sozialstaat", „sozialer Staat" oder eine Kombination mit anderen Epitheta („sozialer Rechtsstaat", „soziale Demokratie" oder Ähnliches) nennen. Für die Wirklichkeit des so benannten oder auch nicht benannten Staates ist der „Verfassungsname" nicht entscheidend. Im weltweiten Vergleich erscheint er fast irrelevant. Viele Staaten, die sich „Sozialstaat" nennen, weisen einen verhältnismäßig geringen Grad an Verwirklichung sozialer Ziele auf. Und viele Staaten, deren Verfassungswirklichkeit als Musterbeispiel eines Sozialstaates gilt und gelten darf, verzichten auf die Benennung. Um einzelne Institutionen sozialer Politik und sozialstaatlicher Gestaltung zu benennen, ist das Wort „sozial" gerade auch dort selbstverständlich, wo der Staat darauf verzichtet, sich als „Sozialstaat" zu benennen.

1

2   Ein Staat, der „das Soziale" als einen oder den höchsten Wert betrachtet, wird oft auch *„Wohlfahrtsstaat"* genannt. Im angelsächsischen Sprachraum ist *„welfare state"* die Regel. Aber auch in Wohlfahrtsstaaten ist „sozial" das Wort, um Ziele (wie „soziale Sicherheit"), Instrumente (wie „Sozialversicherung") oder topische Programme des Gemeinwesens („soziale Rechte") zu benennen. Immer wieder wird behauptet, mit der Paarung „Sozialstaat" versus „Wohlfahrtsstaat" seien übergreifend typische Unterschiede gemeint. Die Wahrheit ist, dass sowohl mit „Sozialstaat" als auch mit „Wohlfahrtsstaat" sehr verschiedene Konzepte und noch mehr verschiedene Wirklichkeiten gemeint sein können. Enger – und zumeist kritisch – gemeint sind Begriffe wie *„Vorsorgestaat"* oder *„Versorgungsstaat"*. Aber der jeweils besondere Begriffssinn ist eine Unterstellung: eine Behauptung.

3   Soziale Verhältnisse sind nie eine Sache allein des Staates. Im kontinentalen, insbesondere im deutschen Denkbild der Dialektik zwischen Staat und Gesellschaft können soziale Verhältnisse immer nur eine gemeinsame Leistung des Staates und der Gesellschaft sein. Sei es, dass die Gesellschaft ihren Staat zu einer sozialen Politik, zu sozialem Recht, zu sozialen Institutionen drängt. Sei es, dass der Staat die Gesellschaft zu sozialem Verhalten anhält und zwingt. Sei es, dass beides sich ergänzt und durchdringt. Aber das Allgemeine, Regelhafte, Erzwingbare des Sozialen ist Sache des Staates. Somit genügt es, das „sozial" Kennzeichnende mit eben dem Staat zu verbinden. Die „soziale Gesellschaft" ist mit gemeint. Ein sprachlich erträglicher Begriff, der das je Eigenständige von Staat und Gesellschaft gleichermaßen hervorhebt, ist nicht ersichtlich.

## II. „Sozialistischer" Staat versus „freiheitlicher Sozialstaat"

4   Anders verhält es sich mit dem Begriff des *„Sozialismus"*. Lange Zeit entwickelten sich die Begriffe „sozial" und „sozialistisch" nebeneinander. Dann führte der Marxismus zu einem Konzept, das die Dialektik von Staat und Gesellschaft minimierte. Zuerst durch die Utopie des Absterbens des Staates zugunsten einer voll politisierten Gesellschaft. Dann durch die Verdrängung der Gesellschaft durch den kommunistischen Staat. Aber die historische Erfahrung des Kommunismus, wie sie sich seit der russischen Revolution von 1917 vielfach ergab, löste auch Widerstände aus. Nach dem Zweiten Weltkrieg eröffnete sich dem Kommunismus ein weites Feld: in Europa infolge der sowjetrussischen „Landnahme"; in Afrika, Asien und Südamerika im Zuge der (echten oder unechten) Entkolonialisierung. Um diese Chancen nicht zu gefährden, war es opportun, für einen mehr oder weniger kommunistischen Einparteien- oder sonst wie autoritären Staat den Namen des „Sozialismus" anzubieten.

5   Gemeinsam blieb dem „Sozialismus" und dem „Sozialstaat" das Vorhaben, die Lebensverhältnisse der Menschen auf einen „sozialen" oder „sozialeren" Zustand hin zu entwickeln. Der „Sozialstaat" verband das mit dem Konzept eines Verfassungsstaates und der Dialektik von Staat und Gesellschaft. Der „Sozialismus" dagegen verband das mit der Einparteienherrschaft, der Negation rechtsstaatlicher Garantien und der Politisierung aller (jedenfalls aller außerfamiliären) gesellschaft-

lichen Verhältnisse. Die besatzungsrechtlich begründete Teilung Deutschlands bedingte, dass sich der Gegensatz zwischen „freiheitlichem Sozialstaat" und „Sozialismus" im Gegenüber der beiden deutschen Staaten mit besonderer Deutlichkeit darstellte.

## B. Die Grundnorm: „Mehr Gleichheit"

Das Ergebnis dieser ersten Beobachtungen ist: Keiner der Begriffe, mit denen das Anliegen eines „sozialen" Gemeinwesens benannt wird, erklärt schlechthin die Entwicklung, welche die meisten europäischen Staaten und viele außereuropäische Staaten hinsichtlich ihrer Verantwortung für die Lebensverhältnisse der Menschen genommen haben. Aber es muss eine solche Norm gegeben haben und geben, welche die Entwicklung der Gesellschaften und ihrer Gemeinwesen angeleitet hat. Wie sollte die Entwicklung Europas sonst erklärt werden!

Die Hypothese ist: *Die Norm geht von der Gleichheit aller Menschen aus. Und sie verlangt, dass die Gleichheit aller Menschen Konsequenzen auch für die Lebensverhältnisse der Menschen hat. Das heißt nicht, dass die Lebensverhältnisse aller Menschen gleich sind oder gleich sein sollen.* Die Menschen sind nicht nur wesentlich gleich. Sie sind ebenso auch verschieden. Sie haben verschiedene Eigenschaften. Sie leben unter verschiedenen Bedingungen. Sie verhalten sich verschieden. Und sie sind zu jedem Zeitpunkt ihres Lebens von einer je eigenen Lebensgeschichte geprägt. *Dass die Lebensverhältnisse der Gleichheit aller Menschen gerecht werden sollen, heißt deshalb, dass die Verschiedenheiten der Menschen gleichheitsgerecht integriert werden sollen.*

Das geht nicht ohne Unterscheidung und Auswahl, nicht ohne Gewichtung, Vergröberung und Typisierung, nicht ohne Akzentsetzung und Weglassungen. Der Auftrag gleichheitsgerechter Integration der Verschiedenheiten ist als solcher eine Utopie. Und trotzdem ist die Annäherung an dieses Ziel eine Verantwortung des Gemeinwesens. Ja auch – wenn auch unter der elementaren Prämisse der Freiheit – eine sittliche Verantwortung eines jeden Einzelnen gegen alle jeweils anderen. Alles in allem – und das ist der letzte Satz der Hypothese – heißt das: *Die Verschiedenheit der Lebensverhältnisse muss nach Maßgabe ihres Verhältnisses zur Gleichheit der Menschen verantwortet werden.*

Die extreme Vielfalt der Verschiedenheiten eröffnet weite Spielräume für jegliche Politik. Sie eröffnet ebenso den Betroffenen und ihren Kollektiven weite Spielräume für die individuelle oder gemeinsame Gestaltung ihrer Verhältnisse. Darüber hinaus aber auch für die Kritik der jeweils allgemeineren, der jeweils von außen vorgegebenen Verhältnisse, schließlich für die Erwartung oder die Einforderung einer Korrektur. Vielfältige weitere Kräfte ergänzen die Vielzahl der Befunde, der Meinungen, der Handlungsempfehlungen usw.: Sachverständige, Medien, Interessenverbände und vieles mehr. Sie alle tragen dazu bei, dass das Feld der Visionen von den „richtigen", gleichheitsgerechten Verhältnissen auf das Vielfältigste besetzt wird und in Bewegung bleibt. Kann es einen umfassenden und vollständigen Entwurf einer gleichheitsgerechten Integration der Verschiedenheiten der Menschen und ihrer Lebensverhältnisse geben, der in allem eine allgemeine Zustimmung findet und von ihr auf Dauer getragen wird? Die Annäherung an dieses Ideal ist jedoch eine wesentliche Voraussetzung für die Integration des Gemeinwesens. Nicht weniger aber ist die Unendlichkeit der Konstellationen, in denen sich Verschiedenheiten der Lebensverhältnisse abbilden und sich die Frage nach ihrer Gleichheitsgerechtigkeit stellt, ein ständiges Potential der Desintegration.

10  Was diese Grundnorm für jeden Einzelnen bedeutet, für Gesamtheiten von Einzelnen, für Mehrheiten und Minderheiten, für Massen und Eliten, für Herrschende und Beherrschte, für Führende und Geführte, ist ungewiss. Aber eines ist unübersehbar, dass sich die Anerkennung einer allgemeinen Gleichheit über Jahrhunderte hin vorbereitete; und dass sich seit der Achsenzeit um 1800 die Einsicht verdichtete, dass daraus auch Konsequenzen für die tatsächlichen Lebensverhältnisse der Menschen gezogen werden müssen. Was das konkret bedeuten sollte, blieb immer offen für den Zugriff bestimmter Entwürfe, bestimmter Politiken, bestimmter Parolen. Und war wirklich „Gleichheit" gemeint? Gab es wirklich einen Konsens für die Gleichheit auch im Nachteil? Wollte man nicht die Gleichheit durch den Ausgleich ungleichen Nachteils? Für die Hoffnung auf einen gemeinsamen Vorteil? Wollte und will man nicht eigentlich etwas Relatives? Eine Gleichheit, welche die Ungleichheit im Nachteil ausgleicht, ohne die Ungleichheit im Vorteil gänzlich zu verweigern? In der Tat: Die Entwicklung, die sich ergab, kann in ihrer ganzen Breite nicht auf den Nenner „Gleichheit" gebracht werden. Der Nenner ist etwas wie eine „bessere Gleichheit". Einfach *„mehr Gleichheit"*. Diese Fragen werden von Mensch zu Mensch, von Gesellschaft zu Gesellschaft, von Staat zu Staat, vor allem aber auch von Zeit zu Zeit, von Situation zu Situation, nicht zuletzt von Erfahrung zu Erfahrung unterschiedlich beantwortet. Doch auf die Frage, wie *die Verschiedenheit der Lebensverhältnisse, soweit sie von Menschen zu verantworten ist, nach Maßgabe ihres Verhältnisses zur Gleichheit der Menschen verantwortet wird,* gibt es keine genaue Antwort.

## C. Die Mitte aller Namen: „Sozial"

11  Darum muss, wer nach einer bestimmteren Norm sucht, nach einem anderen Namen suchen. Auf dieser Suche ergab sich der Name „sozial". Aber auch dieser Name bekommt seinen Sinn nicht aus sich. Auch „sozial" bezieht seinen Sinn – erstens – aus der Absicht, mit der der Begriff gebraucht wird, – zweitens – aus der Rücksicht darauf, was jeweils andere oder auch eine Allgemeinheit damit meinen, dass sie ihn gebrauchen, und schließlich aus dem Kalkül, wie jeweils andere oder eine Allgemeinheit ihn verstehen werden, wenn man ihn gebraucht. Um diese Möglichkeiten aufzusuchen, muss man drei der Wege gehen, die Europa in die Moderne genommen hat.

## I. Der Weg von den Kollektiven der Ungleichen zu der Individualität der Gleichen

Die Menschheitsgeschichte ist voll von Ungleichheit. Immer gab es Gegensätze und Gefälle in der Teilhabe an den Lebensmöglichkeiten der Allgemeinheit. Immer gab es Eigenschaften der Rasse, der Religion, der Ethnie usw., die eine gemeinsame Teilhabe vermitteln oder von einer gleichen Teilhabe ausschließen konnten. Ein verbreitetes Phänomen, Ungleichheit zu fixieren, war die Sklaverei. Und immer auch gab es individuelle Schicksale, die eine gleiche Teilhabe unmöglich machten oder behinderten. Das Christentum verkündete zwar eine allgemeine Gleichheit: „Es gibt nicht mehr Juden und Griechen, nicht Sklaven und Freie, nicht Mann und Frau" (Briefe des Apostel Paulus: 1 Korinther 12, 13; Galather 3, 28). Aber an eine reale Durchsetzung gegenüber den gegebenen gesellschaftlichen Verhältnissen war nicht zu denken: „Ihr Sklaven, gehorcht euren irdischen Herren in allem! ... Ihr Herren, gebt den Sklaven, was recht und billig ist." (ebenda Kolosser 3, 22–24 und 4, 1). Dieser Zwiespalt prägte Europa fast bis zum Ende des zweiten Jahrtausends. Geburt und Familie bestimmten die Schicksale: rechtlich und/oder tatsächlich.

12

Ein spezifisches System, um apriorische Ungleichheit zu organisieren, entstand mit dem Ausgang des Altertums: der Feudalismus. Die Menschen wurden nach Kategorien apriorischer Ungleichheit sortiert und in Hierarchien partikularer Wirtschafts- und Herrschaftseinheiten eingebunden. Prototypisch hieß das: zuunterst im Verband einer Familie, der ein Stück Land zur Nutzung überlassen war, aus dessen Erträgen sie auch dem Grundherrn abzugeben hatte und dem sie auch Dienste leisten musste; zuoberst als Mitglied der königlichen (oder sonst wie ranghöchsten) Familie sowie als Bediensteter, als Kriegsmann usw. am „Hofe", während die „Lehensleute" der Ebene darunter dem „Hofe" ablieferungs- und dienstpflichtig waren. Dazwischen gab es reichlich Varianten – wie vor allem durch die Städte und die städtischen Lebenseinheiten der Kaufleute, der Handwerker usw. Ob die jeweils „Unteren" von den Potentialen ihrer Lebenseinheit nach Ablieferungen und Dienstleistungen auch noch leben können, war für die jeweils Höheren grundsätzlich eine rhetorische Verantwortung. So ging das System mit viel Not und Unfreiheit einher.

13

Nach dem Hochmittelalter verlor das System darüber hinaus an Kraft. Seine Leistungsfähigkeit wuchs nicht mit der Bevölkerung. Handel und Geldwirtschaft gewannen an Gewicht. Das Zeitalter der Entdeckungen eröffnete neue Perspektiven. Schließlich begannen frühindustrielle Produktionsweisen, die Szene zu verändern. Die Erwartung, dass die partikularen Einheiten den notwendigen Einschluss bieten, wurde immer öfter und immer schmerzlicher enttäuscht. Der Einzelne wurde zum Subjekt allen Wirtschaftens. Er aber war immer nur so viel wert, als er Boden, Arbeit oder Kapital anbieten und unterbringen konnte. Neben die „feudale" Not der Kollektive trat nun die „kapitalistische" Not der Einzelnen, die über keines dieser Elemente des Wirtschaftens verfügten oder keines davon produktiv verwerten konnten. In der Masse waren das die Einzelnen, die, wenn sie irgendetwas anzubieten hatten, nur die „Ware Arbeit" anbieten konnten. Im 19. Jahrhundert sollte deren Not zur „sozialen Frage" schlechthin werden.

14

**15** Im Hintergrund dieser Entwicklung hatte sich längst eine viel allgemeinere, viel tiefer greifende Entwicklung vollzogen. Die Renaissance hatte den Menschen entdeckt. Den Menschen an sich: jenseits aller gesellschaftlichen Einordnung. Das hieß zugleich: Sie hat das Individuum entdeckt. Und das jenseits aller gesellschaftlichen Einordnung. Das Individuum als etwas Absolutes. So elitär sich diese Entdeckung auch vollzog: Sie war allgemein, gültig und unwiderruflich. Mit dieser Entdeckung war aber noch eine andere Entdeckung verbunden: die Gleichheit der Menschen. War das Individuum aber jener einzigartige Wert, als den ihn die Renaissance entdeckt hat, so musste das auf elementare Weise für *alle* Individuen gelten. Die christliche Botschaft von der Gleichheit der Menschen vor Gott hatte ihre menschliche, ihre humanistische Anerkennung gefunden. Das war kein Lauffeuer, das von einem Tag auf den anderen ganz Europa ergriffen hätte. Aber es war ein Anfang, der unwiderruflich war. Für die Aufklärung war er schon selbstverständlich.

### II. Von den feudalen Partikularitäten der Herrschaft und der Untertänigkeit, der Subsistenz und der Ausbeutung zum Verfassungsstaat

**16** In den partikularen Einheiten des Feudalen waren Nähe und Enge die beherrschenden Züge. Das bedeutete ein Defizit an jenen Gütern des Zusammenlebens, die Selbstbestimmung und Teilhabe gewährleisten: ein Defizit an Regeln, an die sich alle halten, und an Möglichkeiten friedlicher Entscheidung in Streitigkeiten und also auch friedlicher Entfaltung und Klärung einer individuellen Sphäre; ein Defizit an Recht. Nach außen hin fehlte den partikularen Einheiten ein übergreifendes Programm der Interaktion. Bilaterale Beziehungen der Herrschaft, der Untertänigkeit und der Ausbeutung bildeten das Grundmuster. Die Verlierer waren zivilisatorische und kulturelle Gemeinschaftsgüter und auch hier wieder die Rechtsordnung und der Rechtsfriede, aber auch die Wahrung überregionaler Interessen. Diese Mängel gerieten mit dem Ausgang des Hochmittelalters immer mehr in einen Gegensatz zu der sich weitenden und differenzierenden Welterfahrung, zu den Einsichten der Wissenschaft und der Ausbreitung von Bildung. Die Politik nahm diese Herausforderung an. Die jeweils Mächtigeren unter den Feudalherren relativierten die Herrschaftsrechte der ihnen untergeordneten Feudalherren und fassten die Gebiete zusammen. Umfassende Einheiten entstanden und weiteten sich. Die Idee der Souveränität entstand: der Übermächtigkeit nach innen und der Unabhängigkeit nach außen. Von Italien her bekam der neue Typus politischer Organisation auch einen neuen Namen: „lo stato". Alsbald nahmen die Fürsten die Souveränität für sich in Anspruch: als absolute Fürsten, die ein Territorium beherrschten. Das gab dem Bezug zwischen den Herrschern und den Einwohnern des Territoriums eine neue Rationalität. Es war die Zeit der Aufklärung. Individualität und Gleichheit konnten weiter selbstverständlich werden.

**17** Um 1800 kam die Entwicklung in Europa zu einem gewissen Abschluss. Die Revolutionen in Nordamerika und Frankreich entfalteten Freiheit und Gleichheit. Es blieb nicht aus, dass die Gleichheit fortgedacht wurde. Sie konnte nicht nur blanke

Rechtsgleichheit bedeuten, sondern musste sich auch hinsichtlich der Teilhabe an den allgemeinen Lebensmöglichkeiten bewähren. Das Muster des Verfassungsstaates breitete sich aus. Er wurde zur elementaren Einheit auch des sozialen Einschlusses. Die Erfindung der Staatsangehörigkeit schuf einen neuen Rahmen dafür. Noch die absolutistischen Staaten hatten angefangen, sich der „Armenfrage" für die anzunehmen, die zu Recht im Territorium wohnten. Und schließlich, noch vor der Mitte des Jahrhunderts, hatten Industriearbeiter auch die Kraft, die „Arbeiterfrage" zu einer wesentlichen Verantwortung des Staates und der Gesellschaft zu machen.

### III. Entstehung und Sinnentfaltung des Begriffes „sozial"

Die neuen Phänomene des Zusammenlebens und der Organisation großer Vielheiten von Menschen verlangten nach einer neuen Begrifflichkeit. Die Eingebundenheit in die partikularen Einheiten des Einschlusses und deren Addition kraft Herrschaft und Untertänigkeit traf die Sache nicht mehr. Anderen Kategorien (wie Landschaften) fehlte die systematische Kraft. Der „Staat" hatte schon seinen Namen. Für die Vielheit der Menschen, die durch die gemeinsame Betroffenheit von einer Herrschaft des neuen Typs – insbesondere durch die gemeinsame Betroffenheit von staatlicher Herrschaft – definiert war, lag kein vergleichbarer neuer Begriff auf der Hand. Man suchte, wie so oft in vergleichbaren Fällen, in der europäischen Kultursprache, im Latein. Dort hatte das Wort „societas" zwar eine speziellere Bedeutung: etwa die einer Genossenschaft, einer Handelsgesellschaft. Dazu gab es aus der gleichen Wortfamilie ein Wort für Menschen, die einander Gefolgschaft leisteten oder gemeinsam unterwegs waren, auf Wanderschaft oder im Krieg: den „socius". Schließlich gab es ein Adjektiv für das Verhältnis, das entsprechende Gefährten zueinander hatten: „socialis". Die Philosophen hatten daraus schon im klassischen römischen Altertum einen Begriff für das menschliche Zusammenleben gemacht. Aus diesem Vorrat schöpfte man nun die Worte für den neuen Begriff. 18

Für die Vielheit, die durch die gemeinsame Betroffenheit von einer Herrschaft des neuen Typs definiert war, bildete man im Französischen das Wort „societée", im Englischen das Wort „society". Im Deutschen gebrauchte man das schon vorfindliche Wort „Gesellschaft" als Äquivalent für diese Begriffe. Die entsprechenden Adjektive lagen im Französischen und Englischen auf der Hand: „social" und „social". Im Deutschen dagegen verließ man den Pfad der „Gesellschaft". Stattdessen setzte sich das Fremdwort „sozial" durch. Das von diesen Sprachen nicht unmittelbar erreichte Europa folgte im Wesentlichen diesen Vorbildern. Der mit diesen Worten gemeinte *Sinn* entfaltete sich über die europäische Moderne hin in *drei Stufen*. 19

In der *ersten Sinnstufe* geht es um den *Namen für das Phänomen an sich*: um die Vielheiten von Menschen, die in Staaten organisiert sind (oder sein könnten), deren Wirklichkeit jedoch auf unendlich vielfältige Weise ungleich gegenüber der Wirklichkeit ist, die unmittelbar durch den Staat bestimmt ist. Diese Phänomene 20 sollten erfasst und verstanden werden. Auch sollte ein rationaler Austausch über diese Beobachtungen ermöglicht werden. Diese Sinnstufe ergab sich, als sich vom 15. Jahrhundert an die Frühformen moderner Staatlichkeit ausbreiteten.

21 In der *zweiten Sinnstufe* tritt eine *normative, wertende Betrachtung* hinzu. Die Frage ist: *Wie* soll eine Gesellschaft sein? Oder auch: Wie will eine Gesellschaft sein? Und, gemessen an diesen Vorgaben: Wie ist diese oder jene Gesellschaft? Aufklärung und Idealismus entwarfen erste Konzepte dieser normativen Betrachtung. Die Mitglieder, deren Verhalten den entsprechenden Normen nicht gerecht wird, gelten als „asozial". Heute ist der allgemeinste Nenner für eine positive Bewertung die „soziale Kohäsion".

22 In der *dritten Sinnstufe verdichtet sich die normative Betrachtung auf die Verfolgung bestimmter Werte und konkreter Ziele. Immer* geht es dabei um *Missverhältnisse zwischen der Gleichheit aller Menschen und den Lebensverhältnissen bestimmter Kreise von Betroffenheit. Nie* tritt das *Prinzip* als solches hervor, dass die Verschiedenheit der Lebensverhältnisse der Menschen gegenüber ihrer allgemeinen Gleichheit verantwortet werden muss. *Immer* neu aber finden sich Beispiele, in denen *die gleichheitsgerechte Integration typischer Verschiedenheiten evident als verfehlt erscheint und dies durch relevante Kräfte politisch wirkungsvoll artikuliert wird.*

23 Diese Praxis beginnt in der ersten Hälfte des 19. Jahrhunderts. Die politischen Verhältnisse hatten durch die Amerikanische Revolution und die amerikanische Unabhängigkeit, die Französische Revolution, die napoleonische Umbildung der europäischen Staatenwelt, den Wiener Frieden, die Ausbreitung des Verfassungs- (oder wenigstens Gesetzes-)staates und vielschichtige Neuerungen der Wirtschaft, der Industrie und der Technik neue Grundlagen und einen neuen Rahmen übergreifenden Denkens provoziert und gewonnen. Bürgerlichkeit und Verfassungen verliehen – explizit oder implizit – demokratischen Kräften unwiderruflich Einfluss. Da wurde die Lage der Industriearbeiter zu einer Herausforderung, die von engagierten intellektuellen Kräften wirkungsvoll artikuliert wurde. Das revolutionsbereite Paris wurde zum Vorort dieser Herausforderung. Die *„Arbeiterfrage"* wurde zu *der* „sozialen Frage". Die „Armenfrage" brauchte noch lange, um auch unter dem Titel „sozial" geltend gemacht zu werden. Noch länger brauchten die Schwächsten im System des untergehenden Feudalismus – die Leibeigenen, die Hintersassen. Aber die metropolitanen Arbeiter konnten sich organisieren und artikulieren. Es kam zu ersten Arbeiterschutzgesetzen und in der zweiten Hälfte des Jahrhunderts zur Sozialversicherung.

24 In der Folgezeit weiteten und differenzierten sich die „Arbeiterfrage" und die Antworten auf sie immer mehr aus. Zugleich erfasste die allgemeinere „soziale Frage" immer weitere Lebensbereiche. Das *Gesetz, nach dem alle „soziale" Kritik der Lebensverhältnisse einer Gesellschaft und alle „soziale" Korrektur der kritischen Befunde wachsen,* wurde sichtbar. Die Zahl der Konstellationen eines möglichen Missverhältnisses zwischen der allgemeinen Gleichheit der Menschen und der Verschiedenheit ihrer Lebensverhältnisse ist gestaltlos. Ihre Unendlichkeit bietet aus sich heraus keine Prioritäten. Die Abfolge, in der die Masse der Missverhältnisse Gestalt gewinnt, ergibt sich aus der Abfolge, in der sie in besonderer

Weise auffällig und benannt werden, in der ein intersubjektives Urteil über sie möglich wird und in der schließlich Praktiken der Korrektur entwickelt und verwirklicht werden. Mit der Verwirklichung entsprechender Problemlösungen gewinnt „das Soziale" Gestalt. „Sozial" ist, was als Lösung eines „sozialen" Problems erfahren wird. Damit entsteht ein Vorstellungsraum, in dem nicht nur das Verwirklichte einen Ort hat, sondern auch das Mögliche: die alternative Sicht auf gleiche Probleme, die Wahrnehmung anderer Probleme, die alternative Lösung gleicher Probleme, die Lösung anderer Probleme. Aber immer geht es um ein offenes Ensemble konkreter Probleme, konkreter Lösungen, konkreter Projekte, konkreter Entwicklung der Bedingungen und Wirkungen. „Das Soziale" bahnt sich so selbst den Weg: indem es an alte Muster anknüpft oder indem es alte Muster überwindet, verneint, hinter sich lässt.

Und immer sind die Phänomene, die auf der dritten Sinnstufe problematisiert werden, auch „soziale" Phänomene im Sinn der ersten und der zweiten Sinnstufe.

## D. Die normative Irritation

*„Sozial" ist kein operationaler Begriff.* Er enthält kein Wenn-dann-Programm. Er kann nicht durch einen Subsumtionsvorgang angewandt werden. Dazu ist das Feld Ungleichheits-kritischer Beobachtung zu weit und die Grundwelle von „mehr Gleichheit" zu allgegenwärtig, zu unruhig und zu mächtig. Auch kann die Möglichkeit, dass die Korrektur *einer* Ungleichheit *eine andere* Ungleichheit verursacht oder auch *andere* Ungleichheiten sichtbar macht, sie vielleicht erst zum Ärgernis werden lassen. Wollte „der Staat" deshalb immer „sozial" handeln, wo immer sich ein Anlass ergibt, so würde er sich darin leicht erschöpfen. Und ist er nicht immer auch in Gefahr, sich auf *den einen* Pfaden zu erschöpfen, um *viele andere* Pfade nie zu gehen?

25

Ganz offenbar ist der „soziale" Auftrag des Staates etwas Komplexeres als ein Wenn-dann-Programm. So wie der „Rechtsstaat" nicht einfach ein Auftrag an den Staat ist, Gerechtigkeit und Rechtssicherheit herzustellen, wo immer „der Staat" einen Anlass sieht, dafür zu sorgen, sondern ein Mandat, der Sorge für Gerechtigkeit und Rechtssicherheit eine Ordnung zu geben: Normen, Organisationen, Verfahren. Dieses Verständnis hat man dem „Sozialstaat" der Bundesrepublik von Anfang an vorenthalten. „Das Soziale" wurde den Institutionen der Demokratie, des Bundesstaats und des Rechtsstaats anvertraut. Damit steckt der Sozialstaat in einer Sackgasse. Dass der Staat „sozial" sein und handeln soll, erscheint evident. Aber dass seine Politik nicht zu einer sozialen Befriedung der Gesellschaft führt, lässt Zweifel aufkommen. Demokratie, Bundesstaat und Rechtsstaat verwirklichen, indem sie „sozial" handeln, ihr jeweils eigenes Gesetz. Wer dagegen entfaltet das „Soziale" selbst – das Soziale „an sich"? Das Grundgesetz hat die so sichtbare Lücke nie geschlossen.

26

27　Das Grundgesetz überlässt das „Soziale" den Kräften, die Demokratie, Bundesstaat und Rechtsstaat erfüllen und betreiben. Und wer immer das eine oder andere „Soziale" will, bedient sich der Mechanismen der Demokratie, des Bundesstaats und des Rechtsstaats. Die Sache „des Sozialen" ist wichtig. Sie ist den Menschen wichtig. Und sie ist der Politik wichtig. Und hier wie dort geht es nicht nur um das Richtige gegen das Falsche. Es geht auch um Vorteile und Nachteile. Man will einen unwiderstehlichen Titel für das haben, was man für „sozial" hält. Und ebenso einen unwiderstehlichen Titel gegen das, was man für „nicht sozial" hält. Die Analyse des relevanten Gesamtzusammenhangs, um ein Optimum an gleichheitsgerechter Integration der Verschiedenheiten zu ermitteln, wäre aufwendig und mühsam. So greifen alle Beteiligten zur Evidenz. Mehr oder weniger nach den Bedingungen der Demokratie, des Bundesstaats und des Rechtsstaats. Sie bezeichnen ihr Projekt als „sozial", die Alternative als „unsozial". Aber weil dieser Mantel so groß und weit ist, erscheint es hilfreich, andere Paarungen hinzuzunehmen: „solidarisch" und „unsolidarisch", „Teilhabe" und „Ausschluss", „inklusiv" und „exklusiv". Alle diese Begriffe haben ihren Sinn. Sie beschreiben Programme der Analyse: Pfade zu einem Urteil. Aber nie ist so ein Begriff auch schon eine Lösung. Gleichwohl: das steigert den Anschein der Gewissheit. Der rhetorische Wert entfernt sich noch weiter von der Sache. Ähnliches gilt auch für die unmittelbare Verbindung von „sozial" mit weiteren Begriffen: so die „soziale Gleichheit" oder die „soziale Ungleichheit". Zwei so offene Begriffe miteinander zu „multiplizieren", macht sie nicht bestimmter. Das gegenwärtig intensivste Beispiel ist die „soziale Gerechtigkeit". Ein „Donnerwort"! Dabei hat es nie nur eine Gerechtigkeit gegeben: von der klassischen griechischen Trias von ausgleichender, austeilender und Gesetzes-Gerechtigkeit an. Was heißt es, wenn heute mit dem Versprechen von „sozialer Gerechtigkeit" Wahlkämpfe geführt werden?

28　Was ist die Gefahr, die in dieser Entwicklung steckt? Zunächst dies: dass das Ringen um die immense Last der Sache, das Wahrnehmen der Wirklichkeit, ihre Analyse und ihre Bewertung durch den Geltungsanspruch eines Begriffes verdrängt wird, ein kurzschlüssiges Subsumtionsdenken verdrängt wird. Ein Denken, in dem die „Recht haben", die sich durchsetzen, und die enttäuscht und bitter werden, die sich nicht durchsetzen, „obwohl sie (wie sie meinen) eigentlich Recht hätten". Ein Denken, in dem die demokratischen, bundesstaatlichen, rechtsstaatlichen Rationalitäten des Siegens und des Verlierens durcheinander geraten – sich wechselseitig beschädigen.

29　Noch dramatischer wirkt sich diese Entwicklung darin aus, dass die verneinende Formulierung sehr viel nachhaltiger aufgenommen wird als die positive. Die Atmosphäre der öffentlichen Diskussion wird und bleibt durch den Vorwurf des „Unsozialen" sehr viel nachhaltiger markiert als durch die Anerkennung des „Sozialen". Die positive Forderung des „Sozialen" richtet sich auf ein offenes, erst zu entdeckendes oder zu entwickelndes Ganzes oder auf ein Element in einem offenen, erst zu entdeckenden oder zu entwickelnden Ganzen. Sie steht unter diesem Vorbehalt der Relativität – bestenfalls der Unschärfe. Das Urteil des „Unsozialen" kann sich auf einen konkreten Sachverhalt konzentrieren und auf bestimmte Maßstäbe des „Sozialen" stützen. Es kann definitiv gemeint sein und definitiv verstanden werden.

Auch dann, wenn dabei seine wirkliche Bestimmtheit überschätzt wird. Das gilt entsprechend für alle die anderen Doppelbegriffe wie „solidarisch/unsolidarisch", „Inklusion/Exklusion" usw. Wenn gegenwärtig immer wieder öffentlich – in der Politik und in den Medien – behauptet werden kann, die Lebensverhältnisse in Deutschland seien nie so „sozial ungerecht" gewesen wie derzeit, so muss sich die Gesellschaft, muss sich die Politik, muss sich vor allem die Wissenschaft fragen, was wir in unserem Lande falsch machen, wenn so etwas gesagt und weitergesagt werden kann. Davon zu reden, war die Absicht dieser Zeilen.

## E. Die Verantwortung

Der Sozialstaat bedarf eines Überbaus. Eines eigenen Überbaus des Denkens, auch eines eigenen Überbaus der Institutionen. Spezifische Institutionen eines demokratischen, bundesstaatlichen und rechtsstaatlichen Sozialstaates – die zu skizzieren hier kein Raum mehr ist – müssen die Grundnorm von „mehr Gleichheit" aufnehmen, sie fassen und unter dem Namen „sozial" zur Geltung bringen.

## F. Bibliographie

Anstatt einer Bibliographie wird auf die Abhandlung des Verfassers „Das soziale Staatsziel" verwiesen: HStR, Bd. II, ³2004, § 28. Die Literatur zu der vorstehenden Abhandlung verdichtet sich auf den Seiten 775 ff. Die für die unter „Die Verantwortung" aufgeworfene Frage einschlägige Literatur findet sich insbesondere auf den Seiten 781–783. Zur späteren Diskussion s. die Verhandlungen der Vereinigung der Deutschen Staatsrechtslehrer zu dem Thema „Soziale Gleichheit: Voraussetzung oder Aufgabe der Verfassung" mit den Referaten von *Ulrike Davy* und *Peter Axer*, in: VVDStRL 68 (2009), S. 122 ff.

# § 27
# Vertrauen (Kontinuität)

*Wolfgang Kahl*

**Übersicht**

|   | Rn. |
|---|---|
| A. Vertrauen als Grundbedingung des freiheitlichen demokratischen Rechtsstaates | 1– 3 |
| B. Herleitung von Vertrauensschutz als verfassungsrechtliche Kategorie | 4– 9 |
| C. Vertrauen und Gesetzgebung | 10–14 |
| D. Vertrauen und Verwaltung | 15–20 |
| E. Vertrauen und Rechtsprechung | 21–24 |
| F. Ausblick: Vertrauen im Unionsrecht | 25–29 |
| G. Bibliographie | |

## A. Vertrauen als Grundbedingung des freiheitlichen demokratischen Rechtsstaates

Die freiheitliche demokratische Ordnung setzt für ihr Funktionieren als eine Grundbedingung Verlässlichkeit bezüglich ihres Bestandes und ihres Inhalts voraus[1]. Vertrauen ist daher eine Schlüsselkategorie, welche die gesamte Rechtsordnung (Öffentliches Recht, Zivilrecht, Strafrecht)[2] querschnittsartig durchzieht[3] und alle staatlichen Funktionen (Gesetzgebung, Regierung und Verwaltung, Rechtsprechung) in unterschiedlicher Form und Intensität[4] adressiert. Der Vertrauensgedanke liegt dabei sowohl der deutschen als auch der internationalen und der europäischen Rechtsordnung zugrunde, sei es dass das Vertrauen explizit als verfassungsrechtliche Kategorie erwähnt[5], sei es dass es als ungeschriebener allgemeiner Rechtsgrundsatz geschützt wird.

Vertrauen, das im allgemeinen Sprachgebrauch ein „festes Überzeugtsein von der Verlässlichkeit einer Person oder Sache"[6] meint und das aus sozialwissenschaftlicher Sicht in dem „bewußt riskierten Verzicht auf mögliche weitere Informa-

1

2

---

1 BVerfGE 109, 133 (180); 128, 90 (106); *Hartmut Maurer*, Kontinuitätsgewähr und Vertrauensschutz, in: HStR, Bd. IV, ³2006, § 79 Rn. 11 f.
2 Vgl. z. B. §§ 48 Abs. 2, 49 Abs. 6 VwVfG; §§ 122 Abs. 1, 179 Abs. 2 BGB; § 39 BauGB; §§ 133 Abs. 3, 221 Abs. 2 Nr. 1, 246 Abs. 2 StGB.
3 *Maurer* (N 1), § 79 Rn. 12 f.
4 Dazu dass der Vertrauensschutz keine eindimensionale, sondern eine sinnvariable Wirkungsweise hat und daher eine anhand der einzelnen staatlichen Gewalten differenzierende Analyse verlangt *Maurer* (N 1), § 79 Rn. 15 f., 156. Konsequent wird im Folgenden zwischen Gesetzgebung (Rn. 10 ff.), Verwaltung (Rn. 15 ff.) und Rechtsprechung (Rn. 21 ff.) getrennt, wobei die Regierung – aus Platzgründen – unberücksichtigt bleiben muss (vgl. mit Blick auf letztere insbes. Art. 68 GG, dazu *Michael Kloepfer*, Verfassungsrecht, Bd. I, 2011, § 15 Rn. 86 ff.; § 18 Rn. 126 ff. m. weit. Nachw.).
5 Vgl. Art. 34 S. 1, 47 S. 1, 68 Abs. 1 S. 1, 92 Hs. 1, 104 Abs. 4 GG; Art. 287 Abs. 3 UAbs. 1 S. 3 AEUV; Art. 10 Abs. 2, 39 Abs. 2 EMRK.
6 Vgl. *Duden*, Deutsches Universalwörterbuch, ⁴2001, S. 1726 Sp. 2.

tionen"⁷ zum Ausdruck kommt, steht für den Juristen im Spannungsverhältnis zwischen Individualfreiheit und Stabilitätserwartungen an das Recht einerseits sowie Anpassungsflexibilität und Innovationsoffenheit des Rechts andererseits⁸. Gewährleistung von Vertrauen durch Recht meint zuvörderst *Vertrauensschutz*. „Der rechtsunterworfene Bürger soll nicht durch rückwirkende Beseitigung erworbener Rechte in seinem Vertrauen auf die Verlässlichkeit der Rechtsordnung enttäuscht werden [...]. Der Bürger soll die ihm gegenüber möglichen staatlichen Eingriffe voraussehen und sich dementsprechend einrichten können"⁹.

3   Diversität und Veränderungsdynamik der sozialen Lebensverhältnisse erfordern jedoch auch Begrenzungen von Vertrauensschutz. Vertrauenseingriffe sind aber unzulässig, wenn folgende Voraussetzungen zusammentreffen: (1) Ein Verhalten des Staates, mit dem dieser die Grundlage für Vertrauen geschaffen hat, (2) das (ggf. sogar bereits betätigte) Vertrauen des Einzelnen auf dieses staatliche Verhalten und (3) die Schutzwürdigkeit dieses Vertrauens unter Abwägung mit dem öffentlichen Interesse an einer Korrektur des staatlichen Verhaltens¹⁰.

# B. Herleitung von Vertrauensschutz als verfassungsrechtliche Kategorie

4   Vertrauen als verfassungsrechtliche Größe wird unterschiedlich hergeleitet¹¹. Das BVerfG betrachtet den Grundsatz der Rechtssicherheit als ein wesentliches Element des Rechtsstaatsprinzips¹². Die objektiv-rechtliche Rechtssicherheit umfasst wiederum als subjektiv-rechtliches Korrelat „in erster Linie" den Vertrauensschutz des Bürgers¹³. Daneben umgreift das Rechtsstaatsprinzip aber auch die Grundrechte als essentiellen Bestandteil seiner selbst¹⁴. Daher werden im Schrifttum¹⁵ und in der neueren Rechtsprechung¹⁶ zutreffend primär die Freiheitsgrundrechte als leges speciales zur Gewährung von Vertrauensschutz herangezogen.

5   Im Rahmen von Art. 12 Abs. 1 GG gelangt der Vertrauensschutzgedanke zur Anwendung, wenn zukunftsgerichtete Regelungen auch in der Vergangenheit liegende Tatbestände beeinträchtigen. Vorstellbar sind Fälle, die entweder einer unechten Rückwirkung ähneln (etwa bei Berufsausübungsregelungen) oder Paralle-

---

7   *Niklas Luhmann*, Vertrauen, ²1973, S. 23.
8   Vgl. *Paul Kirchhof*, Kontinuität und Vertrauensschutz bei Änderung der Rechtsprechung, in: DStR 1989, S. 263.
9   So zuletzt wieder BVerfG, in: NJW 2012, S. 671 (672) m. weit. Nachw. auf die frühere Rspr.
10  Ähnlich *Andreas Voßkuhle/Ann-Kathrin Kaufhold*, Grundwissen – Öffentliches Recht: Vertrauensschutz, in: JuS 2011, S. 794 (795); vgl. auch § 48 Abs. 2 VwVfG.
11  Zum Meinungsstand *Katharina Sobota*, Das Prinzip Rechtsstaat, 1997, S. 156 ff.
12  BVerfGE 7, 89 (92).
13  BVerfGE 13, 261 (271).
14  Vgl. *Eberhard Schmidt-Aßmann*, Der Rechtsstaat, in: HStR, Bd. II, ³2004, § 26 Rn. 31.
15  Vgl. *Hermann-Josef Blanke*, Vertrauensschutz im deutschen und europäischen Verwaltungsrecht, 2000, S. 101; *Kyrill-A. Schwarz*, Vertrauensschutz als Verfassungsprinzip, 2002, S. 254; *Gerhard Robbers*, in: BK, Stand: Juni 2012, Art. 20 Abs. 1 Rn. 2542.
16  BVerfGE 72, 200 (242); 109, 133 (182); 128, 326 (390).

len zu einer echten Rückwirkung aufweisen (insbes. im Falle subjektiver und objektiver Berufswahlregelungen)[17]. Der Vertrauensschutz bildet in beiden Konstellationen eine eigenständige Schranken-Schranke[18] im Rahmen der Rechtfertigungsprüfung.

Eine besondere Nähe zum Vertrauensgedanken weist der Schutz des Eigentumsbestandes gemäß Art. 14 Abs. 1 GG auf[19] – die Garantie des Eigentums ist dabei primär Bestandsgarantie und nur sekundär Wertgarantie[20]. Zugleich ist der Vertrauensschutz – ebenso wie die Sozialbindung gemäß Art. 14 Abs. 2 GG – eine „Direktive" bei der gesetzlichen Ausgestaltung des Eigentums (Inhalts- und Schrankenbestimmung im Sinne von Art. 14 Abs. 1 S. 2 GG) und kommt insoweit als „integraler Teil der Eigentumsgarantie" neben dem Verhältnismäßigkeitsgrundsatz zur Anwendung[21].

Für das Beamtenrecht erkennt das BVerfG Art. 33 Abs. 5 GG als besondere Ausprägung rechtsstaatlichen Vertrauensschutzes an[22]; verfassungsdogmatisch handelt es sich hierbei um einen Teilaspekt der Schranken-Schranke des Verhältnismäßigkeitsprinzips[23]. Subsidiär wird Vertrauensschutz durch Art. 2 Abs. 1 GG (allgemeine Handlungsfreiheit) gewährt[24].

In den Fällen, in denen nach der Rechtsprechung des BVerfG der Schutzbereich keines speziellen Freiheitsgrundrechts eröffnet ist oder kein grundrechtlicher Eingriff in ein spezielles Freiheitsgrundrecht vorliegt *und* der Rückgriff auf Art. 2 Abs. 1 GG *nicht* zugelassen wird[25], ergibt sich der Vertrauensschutz aus dem Rechtsstaatsprinzip (Art. 20 Abs. 3, 23 Abs. 1 S. 1, 28 Abs. 1 S. 1 GG). Grundrechtsdogmatisch ist diese Rechtsprechung freilich problematisch, da sie die lückenschließende Auffangfunktion von Art. 2 Abs. 1 GG verkennt.

Im grundrechtsfreien Raum, also im Binnenbereich des Staates im weiteren Sinne, ist das Vertrauensschutzprinzip nicht anwendbar[26]. Insoweit kommt es allenfalls zu reflexartigem Schutz von Vertrauen des Hoheitsträgers über die Bindung der Staatsgewalt an nicht grundrechtsbezogene, rechtsstaatliche Prinzipien wie Treu und Glauben (z. B. Verbot des venire contra factum proprium[27]), Widerspruchsfreiheit der Rechtsordnung[28] oder Rechtssicherheit[29].

---

17 Vgl. *Schwarz* (N 15), S. 286 ff.
18 *Maurer* (N 1), § 79 Rn. 70.
19 *Stefan Muckel*, Kriterien des verfassungsrechtlichen Vertrauensschutzes bei Gesetzesänderungen, 1989, S. 40.
20 BVerfGE 24, 367 (400 f.); Hans D. Jarras, in: Jarass/Pieroth, [12]2012, Art. 14 Rn. 2, 18, 45a ff.
21 *Maurer* (N 1), § 79 Rn. 69 m. weit. Nachw.
22 BVerfGE 76, 256 (347).
23 BVerfGE 52, 303 (345); 76, 256 (347).
24 *Maurer* (N 1), § 79 Rn. 67.
25 Zur diesbezüglichen Kasuistik und zur Kritik vgl. *Wolfgang Kahl*, Neuere Entwicklungslinien der Grundrechtsdogmatik, in: AöR 131 (2006), S. 579 (611 ff.).
26 BVerwGE 60, 208 (211); 126, 7 (12).
27 Vgl. BVerfG, in: NJW 1996, S. 3202.
28 BVerfGE 98, 106 (118 ff.).
29 Daher etwa für eine Anwendbarkeit von § 48 Abs. 4 VwVfG im Verhältnis zwischen Trägern öffentlicher Verwaltung OVG Münster, in: ZKF 2007, S. 239; *Ferdinand Kopp/Ulrich Ramsauer*, Verwaltungsverfahrensgesetz, [12]2011, § 48 Rn. 148. A. A. BVerwGE 126, 7 (14); ebenso jedenfalls im Anwendungsbereich von Verwaltungsprivatrecht BGH, in: NVwZ 2010, S. 531 (535).

## C. Vertrauen und Gesetzgebung

**10** Die größte Rolle spielt der Schutz des Vertrauens im Rahmen der formellen Gesetzgebung. Bildlich betrachtet stellt das Vertrauen des Einzelnen ein zweigleisiges System dar. Zum einen bringt der Bürger durch die Wahl des Parlaments sein Vertrauen in die Kompetenz der Legislative, in eine Partei und bestimmte Kandidaten zum Ausdruck. Die Aufgabe der so mit Vertrauen ausgestatteten Repräsentanten des Volkes ist es, die bestehende Gesetzeslage um- oder neuzugestalten, sei es um den Anforderungen immer komplexer werdender Lebenssachverhalte gerecht zu werden, sei es um unionsrechtliche Vorgaben in nationales Recht umzusetzen[30]; das Vertrauen des Bürgers bezieht sich insofern auf eine gemeinwohlorientierte Rechtsgestaltung. Zum anderen möchte der Einzelne aber auch auf den Bestand und die Verlässlichkeit der Rechtsordnung vertrauen dürfen. Die Herausforderung für den Gesetzgeber besteht nun gerade darin, diese Interessenkollision zwischen dem Wunsch nach einem flexiblen, zeitgemäßen Recht einerseits und dem Bedürfnis nach Bestandskraft und Dauerhaftigkeit des Rechts andererseits im Wege der Abwägung zu einem angemessenen Ausgleich zu bringen[31].

**11** Dabei vermag eine überkommene Rechtslage für sich genommen noch kein schützenswertes Vertrauen zu tragen. Im Gegenteil: Es ist gerade auch Aufgabe „guter" Gesetzgebung, Gesetze nach Möglichkeit entwicklungsoffen zu formulieren und zu halten[32], dabei aber Grenzen vorzusehen und zu beachten, um unverhältnismäßige Eingriffe in schutzwürdiges Vertrauen zu vermeiden.

**12** Das BVerfG folgt diesem Grundgedanken, wenn es dem Einzelnen bei Gesetzesänderungen mit allein zukunftsgerichteter Wirkung schutzwürdiges Vertrauen versagt[33]; gefordert sind aber regelmäßig angemessene Übergangsfristen sowie gegebenenfalls Ausnahmen oder Härteklauseln[34]. Dagegen fällt die Behandlung von Gesetzesänderungen mit Vergangenheits- *und* Zukunftsbezug differenzierter aus: Der Erste Senat des BVerfG unterscheidet – abstellend auf den Zeitpunkt der Verkündung des Gesetzes – zwischen echter (retroaktiver) und unechter (retrospektiver) Rückwirkung und knüpft hierbei an die Abgeschlossenheit des Sachverhaltes in der Vergangenheit an[35]. Demnach ist ein Gesetz, das in einen bereits abgeschlossenen Sachverhalt nachträglich ändernd eingreift, grundsätzlich rechtswidrig (echte Rückwirkung), es sei denn, das Vertrauen des Einzelnen ist nicht schutzwürdig, die nachträgliche Belastung stellt nur eine Bagatelle dar oder zwingende Belange des Gemeinwohls rechtfertigen die Änderung und überwiegen das schutz-

---

30 Vgl. *Fritz Ossenbühl*, Verfahren der Gesetzgebung, in: HStR, Bd. V, ³2007, § 102 Rn. 9 ff.
31 Vgl. *Gregor Kirchhof*, Die Allgemeinheit des Gesetzes, 2009, S. 327 ff.
32 Vgl. *Paul Kirchhof* (N 8), S. 265.
33 BVerfGE 38, 61 (83); 103, 271 (287); *Helmuth Schulze-Fielitz*, in: Dreier, ²2006, Art. 20 (Rechtsstaat) Rn. 151.
34 Umfassend *Engin Ciftci*, Übergangsfristen bei Gesetzes- und Verordnungsänderungen, 2011.
35 BVerfGE 24, 220 (229 f.); 30, 367 (386).

würdige Vertrauen[36]. Demgegenüber werden Vorschriften, die in der Vergangenheit begonnene, aber noch nicht abgeschlossene Sachverhalte berühren, grundsätzlich als zulässig erachtet (unechte Rückwirkung), sofern nicht im Ausnahmefall eine Abwägung ein überwiegendes Vertrauen ergibt[37]. Dagegen knüpft der Zweite Senat des BVerfG die Rückwirkungsproblematik an Tatbestand und Rechtsfolge des in Frage stehenden Gesetzes[38]. Einer prinzipiell unzulässigen echten Rückwirkung entspricht es, wenn die Rechtsfolgen des ändernden Gesetzes schon vor seiner rechtlichen Existenz eintreten (Rückbewirkung von Rechtsfolgen). Mit der unechten Rückwirkung vergleichbar ist dagegen die tatbestandliche Rückanknüpfung, deren Rechtsfolgen an einen vor Verkündung des Gesetzes bestehenden Tatbestand anknüpfen[39].

Ungeachtet der unterschiedlichen Begrifflichkeit lässt sich der Rückwirkungsrechtsprechung beider Senate ein gemeinsamer Grundgedanke[40] entnehmen: Vertrauensschutz bedeutet keinen abstrakten Schutz vor Gesetzesänderungen, wohl aber vor den Einzelnen belastenden Gesetzesänderungen mit Wirkung für die Vergangenheit[41]. Auf diesem Grundgedanken beruht in besonderer Weise die Vertrauensschutzregelung des Art. 103 Abs. 2 GG, die für Strafgesetze sogar ein absolutes Rückwirkungsverbot normiert (vgl. auch Art. 7 Abs. 1 EMRK, § 1 StGB)[42]. **13**

Das Vertrauen des Einzelnen bleibt aber auch in prospektiver Hinsicht nicht gänzlich ungeschützt. Das Rechtsstaatsprinzip gebietet es, Normen hinreichend bestimmt[43], verständlich[44] und vor allem widerspruchsfrei[45] zu formulieren, damit der Einzelne sich auf deren Regelungsgehalt verlassen und entsprechende Dispositionen treffen kann[46]. Besonders deutlich wird dies bei fachgesetzlichen Normen, wie etwa denen des Steuerrechts, zumal wenn eine fehlerhaft abgegebene Erklärung des Bürgers sogar strafbewehrt ist[47]. **14**

---

36 BVerfGE 13, 261 (271 f.); aus steuerrechtlicher Perspektive *Paul Kirchhof*, Rückwirkung von Steuergesetzen, in: StuW 2000, S. 221 (228 f.).
37 Hierzu und zu den Grenzen der Zulässigkeit der unechten Rückwirkung BVerfGE 95, 64 (86); 101, 239 (263).
38 BVerfGE 63, 343 (353 f.); 72, 200 (241 ff.); 109, 133 (180 ff.).
39 BVerfGE 72, 200 (242).
40 Vgl. BVerfGE 15, 313 (324 f.); 105, 17 (40).
41 Vgl. mit ausführlicher Begründung BVerfG, in: DVBl 2010, S. 1432 (1433).
42 Näher *Voßkuhle/Kaufhold* (N 10), S. 795.
43 BVerfGE 49, 168 (181); 108, 186 (234 f.).
44 BVerfGE 31, 255 (264); 113, 348 (375 ff.).
45 BVerfGE 98, 106 (118 f.).
46 *Klaus Ferdinand Gärditz*, in: BK, Stand: Juli 2012, Art. 20 (6. Teil) Rn. 136 ff., 194.
47 Vgl. *Paul Kirchhof*, Bundessteuergesetzbuch, 2011, Leitgedanken der Steuerreform Rn. 14.

## D. Vertrauen und Verwaltung

**15** Der Grundsatz des Vertrauensschutzes betrifft auch das administrative Handeln. Von Interesse sind insoweit vor allem die Fallkonstellationen, in denen sich eine (begünstigende) Maßnahme der Verwaltung als nachträglich rechtswidrig erweist oder in denen sich die Sach- oder Rechtslage später ändert. Der Vertrauensschutz kommt hier zum einen bei der (verfassungskonformen) Auslegung der Gesetze, zum anderen im Rahmen der Anwendung der Normen (insb. Ermessensausübung) zum Tragen[48].

**16** Mit dem Erlass und erst recht mit der Wirksamkeit eines *Verwaltungsakts* kommt dem Vertrauensschutz eine gesteigerte Bedeutung zu. Der Verwaltungsakt stellt eine konkret-individuelle Entscheidung dar, die auch auf Bedürfnissen nach Verlässlichkeit und Planungssicherheit seitens des Bürgers beruht[49]. Ein gemäß § 43 Abs. 1 S. 1 VwVfG mit (individueller) Bekanntgabe wirksam gewordener Verwaltungsakt muss einerseits vom Adressaten und den Betroffenen befolgt werden (z. B. Gebot, Verbot) bzw. der Adressat darf hiervon Gebrauch machen (z. B Genehmigung). Andererseits darf die Behörde den Verwaltungsakt unter den Voraussetzungen der Verwaltungsvollstreckungsgesetze zwangsweise durchsetzen[50].

**17** Der wirksame Verwaltungsakt entfaltet zumindest[51] Bindungswirkung und Tatbestandswirkung. Die Bindungswirkung bezieht sich auf die in ihm enthaltene Regelung, genauer gesagt, den Tenor, der nunmehr für die Beteiligten bindend ist, solange die Behörde den Verwaltungsakt nicht nach Maßgabe der §§ 48 ff. VwVfG aufhebt, dieser im Widerspruchsverfahren oder durch das Gericht aufgehoben wird (§§ 72, 73 Abs. 1 S. 1; § 113 Abs. 1 S. 1 VwGO) oder sich in sonstiger Weise erledigt (vgl. § 43 Abs. 2 S. 1 VwVfG). Der Behörde ist es folglich auch untersagt, eine inhaltlich abweichende Entscheidung zu treffen[52]. Die Tatbestandswirkung stellt sicher, dass die im Verwaltungsakt getroffene Regelung über das inter partes-Verhältnis hinaus auch von allen anderen Behörden und grundsätzlich auch allen Gerichten (außer denen, die gegen den Verwaltungsakt angerufen wurden) als rechtlich bindend zu beachten ist, ohne dass sie die Rechtmäßigkeit des Verwaltungsakts prüfen dürfen[53].

**18** Noch verstärkt wird der Vertrauensschutz mit Eintritt der Bestandskraft[54], also in dem Zeitpunkt, in dem selbst der rechtswidrige Verwaltungsakt mit ordentlichen Rechtsbehelfen grundsätzlich nicht mehr mit Aussicht auf Erfolg angefochten werden kann. Hat ein Dritter durch den bestandskräftigen Verwaltungsakt (z. B. Baugenehmigung) eine gesicherte Rechtsposition erlangt, so schließt dies etwa die – im Übrigen von der Rechtsprechung bejahte – Möglichkeit der „Heilung" eines nicht ordnungsgemäß (insbesondere nicht fristgemäß) durchgeführten Vorverfahrens

---

48 *Voßkuhle/Kaufhold* (N 10), S. 795 f.
49 Vgl. *Maurer* (N 1), § 79 Rn. 87.
50 *Steffen Detterbeck*, Allgemeines Verwaltungsrecht, ⁹2011, Rn. 543.
51 Zur im Einzelfall noch hinzu tretenden Feststellungswirkung s. *Kopp/Ramsauer* (N 29), § 43 Rn. 26 ff.
52 *Jan Ziekow*, Verwaltungsverfahrensgesetz, ²2010, § 43 Rn. 3.
53 Vgl. BVerwGE 136, 119 (121); *Detterbeck* (N 50), Rn. 544; *Ziekow* (N 52), § 43 Rn. 4.
54 Vgl. BVerfGE 60, 253 (269 f.); *Detterbeck* (N 50), Rn. 563 ff.; *Kopp/Ramsauer* (N 29), § 43 Rn. 29 f.

(§ 68 VwGO) durch ein rügeloses Sicheinlassen in der Sache (der Widerspruchsbehörde oder des Beklagten) im Rahmen der Anfechtungsklage aus[55]. Die Bestandskraft kann indes unter den Voraussetzungen der §§ 48 f. (Rücknahme und Widerruf), 51 VwVfG (Wiederaufgreifen des Verfahrens) durchbrochen werden. Mit diesen filigranen gesetzlichen Regelungen und ihren spezialgesetzlichen Modifikationen im Besonderen Verwaltungsrecht erfährt der verfassungsrechtliche Vertrauensschutzgedanken eine abgewogene, durch eine umfangreiche Kasuistik konkretisierte und aufs Ganze gesehen bewährte Ausgestaltung.

Auch rechtswidrige *Verwaltungsverträge* genießen insoweit Vertrauensschutz, als sie grundsätzlich trotz Rechtsverstoßes wirksam bleiben, es sei denn einer der in § 59 VwVfG genannten Nichtigkeitsgründe liegt vor. Schutzwürdiges Vertrauen des Einzelnen auf den Bestand des Vertrages („pacta sunt servanda") ist hier bei der Auslegung der Nichtigkeitsgründe zu berücksichtigen[56]. *Verwaltungsrealakte* können schutzwürdiges Vertrauen begründen, wenn die Verwaltung zum Ausdruck bringt, dass ihr schlichtes Verhalten einer bestimmten Linie, insbesondere einer früheren Verwaltungspraxis oder Vorgaben aus einer Verwaltungsvorschrift, folgt; hier kann es im Einzelfall zu einer Selbstbindung der Verwaltung (Art. 3 Abs. 1 GG) kommen. Die Grenze zur – nach herrschender Meinung einen Verwaltungsakt darstellenden, gleichfalls den Vertrauensgedanken konkretisierenden – Zusicherung/Zusage (§ 38 VwVfG [analog]) erweist sich insoweit nicht selten als fließend.

**19**

Vertrauen im Bereich der Verwaltung ist aber nicht nur *rechtsakt*bezogen, sondern auch *personen*bezogen. Die dem Demokratie- und Republikprinzip entstammende Amtswürde[57] verlangt von dem öffentlichen Amtswalter eine „ethische Grundhaltung"[58], auf die der Bürger vertrauen darf. Die Bürger haben ein berechtigtes Vertrauen, dass „ihre" Amtswalter stets das Gemeinwohl zur Basis ihres Handelns machen und den Grundsatz der Neutralität und Objektivität beachten, sich also, negativ gewendet, nicht von parteiischen oder sachfremden, insbesondere parteilichen oder persönlichen (Erzielung eigener Vorteile) Erwägungen leiten lassen[59].

**20**

## E. Vertrauen und Rechtsprechung

Die zentrale Rolle des Vertrauens im Bereich der Judikative spiegelt sich bereits im Wortlaut des Art. 92 Hs. 1 GG wider, wonach die rechtsprechende Gewalt den Richtern „an*vertraut*" ist. Für die Umsetzung eines effektiven Rechtsschutzes (Art. 19 Abs. 4 S. 1 GG) respektive des allgemeinen Justizgewährungsanspruchs (Art. 20 Abs. 3 i. V. m. Art. 2 Abs. 1 GG) genügt es nicht, den Richter im Rah-

**21**

---

55 BVerwG, in: NJW 2010, S. 1686.
56 Dazu und zum Folgenden *Voßkuhle/Kaufhold* (N 10), S. 796.
57 Vgl. *Utz Schliesky*, Die Amtswürde im demokratischen Verfassungsstaat, in: FS für Edzard Schmidt-Jortzig, 2011, S. 311 (322 ff.).
58 *Otto Depenheuer*, in: Das öffentliche Amt, in: HStR, Bd. III, ³2005, § 36 Rn. 4.
59 Vgl. *Depenheuer* (N 58), § 36 Rn. 4; *Schliesky* (N 57), S. 325 f.

§ 27　*II. Verfassung*

men seiner Entscheidungsfindung „Vorgeschriebenes nachsprechen"[60] zu lassen. Vielmehr sollen die Gerichte ein selbständiges Gegengewicht und Kontrollorgan zu den anderen Staatsgewalten bilden (horizontale Gewaltenteilung, „checks and balances")[61]. Der Bürger muss darauf vertrauen können, dass das Recht von dem gemäß Art. 97 Abs. 1 GG unabhängigen, unparteilichen und eigenverantwortlich handelnden, dabei auch wertenden[62], mitunter gestaltenden[63] Richter[64] „lege artis" und rational begründet auf den jeweiligen Lebenssachverhalt angewandt wird.

22　Judikativer Vertrauensschutz ist jedoch nicht auf das Zustandekommen des Urteils beschränkt, sondern erstreckt sich auch auf die Intentionen gerichtlicher Entscheidungsfindung[65], nämlich die Schaffung von Rechtssicherheit und Rechtsfrieden. Das Vertrauen darin, dass das Urteil mit ordentlichen Rechtsbehelfen nicht mehr angefochten werden kann (formelle Rechtskraft) und alle Prozessbeteiligten auch in späteren Verfahren bindet (materielle Rechtskraft), kann nur ausnahmsweise bei Vorliegen eines Grundes für die Wiederaufnahme des Verfahrens (z. B. § 61 BVerfGG, § 153 VwGO, §§ 579 ff. ZPO) durchbrochen werden.

23　Die Frage, ob und inwieweit höchstrichterliche Urteile als sogenannte Präjudizien Bindungswirkungen für unterinstanzliche Gerichte entfalten, eröffnet eine dritte Dimension judikativen Vertrauensschutzes. Um eine möglichst einheitliche und berechenbare Rechtsprechungsentwicklung, sprich Rechtsanwendungsgleichheit, Kontinuität[66] und Vertrauensschutz zu gewährleisten, läge es an sich nahe, unter Hinweis auf Art. 3 Abs. 1 GG eine strikte Präjudizwirkung anzunehmen. Dem entgegen stehen jedoch insbesondere die Gesetzesbindung und die Unabhängigkeit des Richters[67]. Am sachgerechtesten ist es daher, Präjudizien als „präsumtiv verbindlich"[68] zu begreifen. Danach hat sich der Richter mit einem Präjudiz zwar auseinanderzusetzen, kann aber hiervon mit einer stichhaltigen Begründung abweichen[69]. Eine tragfähige Grundlage für Vertrauensschutz stellt dies freilich nicht dar[70].

24　Die in der verfassungsgerichtlichen Rechtsprechung entwickelten Grundsätze über die rückwirkende Änderung von Gesetzen[71] sind auf Rechtsprechungsänderungen

---

60　Vgl. *Paul Kirchhof*, Der Auftrag des Grundgesetzes an die rechtsprechende Gewalt, in: FS der Juristischen Fakultät zur 600-Jahr-Feier der Ruprecht-Karls-Universität Heidelberg, 1986, S. 11 (37).
61　Vgl. hierzu *Dieter Wilke*, Die rechtsprechende Gewalt, in: HStR, Bd. V, ³2007, § 112 Rn. 4 ff.
62　Vgl. *Kirchhof* (N 8), S. 265
63　Vgl. *Paul Kirchhof*, Richterliche Rechtsfindung, gebunden an „Gesetz und Recht", in: NJW 1986, S. 2275 (2276).
64　Vgl. *Christian Hillgruber*, in: Maunz/Dürig, Stand: April 2012, Art. 92 Rn. 65 ff.
65　Vgl. *Wilke* (N 61), § 112 Rn. 56.
66　Hierzu *Anna Leisner*, Kontinuität als Verfassungsprinzip, 2002.
67　Vgl. BVerfGE 87, 273 (278); 98, 17 (48); *Christian Seiler*, Auslegung als Normkonkretisierung, 2000, S. 42 in Fn. 155.
68　*Martin Kriele*, Theorie der Rechtsgewinnung, 1976, S. 262 ff.; zustimmend *Monika Jachmann*, in: Maunz/Dürig, Stand: April 2012, Art. 95 Rn. 19.
69　Vgl. *Jachmann* (N 68), Art. 95 Rn. 19.
70　So auch *Maurer* (N 1), § 79 Rn. 138.
71　S. o. Rn. 12 f.

nicht ohne weiteres übertragbar[72], da Rechtsprechung zwar in Grenzen Rechtsfortbildung ist, primär aber Rechtsanwendung bleibt und sich insoweit qualitativ von Rechtsetzung (mit entsprechender Publizität) abhebt[73]. Ausnahmen finden sich insbesondere im Bereich des Prozess-[74] oder des Steuerrechts[75].

## F. Ausblick: Vertrauen im Unionsrecht

Auch im Unionsrecht gebieten das von Art. 2 EUV (Rechtsstaatlichkeit) umfasste Prinzip der Rechtssicherheit[76] sowie die Grundrechte (insbesondere Art. 15–17 EU-GRCh)[77] den Schutz individuellen Vertrauens. Konsequent hat der EuGH den Vertrauensschutz frühzeitig als allgemeinen Rechtsgrundsatz anerkannt[78]. Auch der unionsrechtliche Vertrauensschutz gilt aber nicht absolut, sondern ist Einschränkungen im Interesse von anderen grundlegenden Prinzipien zugänglich und erfährt unterschiedliche, vor allem sekundärrechtliche bereichsspezifische Konkretisierungen. Grob gesprochen kommt ihm dabei – in Übereinstimmung mit der Rechtslage in der überwiegenden Zahl der Mitgliedstaaten – eine geringere Schutzintensität zu als in Deutschland[79].

25

Auch im Bereich europäischer Gesetzgebung wird Vertrauen primär retrospektiv, nicht prospektiv geschützt. Das dem Unionsrecht immanente Bedürfnis der Entwicklungsoffenheit und die Möglichkeit des Erlasses von Übergangsregelungen legitimieren die Rückwirkung von Unionsrechtsakten in Sachverhalte, die bei ihrer Veröffentlichung noch nicht abgeschlossen waren[80]. Umgekehrt sind Rückwirkungen in bereits abgeschlossene Sachverhalte nur in den Fällen zulässig, in denen zwingende Allgemeininteressen das Vertrauen überwiegen[81].

26

---

72 Vgl. BVerfGE 18, 224 (240 f.); 59, 128 (165 f.); *Voßkuhle/Kaufhold* (N 10), S. 796. Das BVerfG hat sich noch nicht näher dazu geäußert, ob und inwieweit bei der richterlichen Rechtsfortbildung in anderer Form Vertrauensschutz zu gewähren ist; vgl. dazu aber BGHZ 132, 119 (129 f.). Dazu dass der allgemeine Vertrauensschutz (anders als der spezielle Vertrauensschutz des Art. 103 Abs. 2 GG) der teleologischen Reduktion einer gesetzlichen Vorschrift nicht generell entgegensteht BVerfG, in: NJW 2012, S. 669 (Ls. 3).
73 So auch *Maurer* (N 1), § 79 Rn. 149.
74 *Kloepfer* (N 4), § 10 Rn. 166; *Maurer* (N 1), § 79 Rn. 152; exemplarisch BVerfGE 58, 300 (324 f.); 87, 48 (62 ff.), eingehend zum Ganzen *Joachim Burmeister*, Vertrauensschutz im Prozeßrecht, 1979, S. 39 ff.
75 Vgl. *Paul Kirchhof*, in: ders. (Hg.), Einkommensteuergesetz, ⁹2010, Einl. Rn. 61; *Joachim Lang*, in: Klaus Tipke/ders. (Hg.), Steuerrecht, ²⁰2009, § 4 Rn. 181 f.; kritisch *Michael Fischer*, Rückwirkende Rechtsprechungsänderung im Steuerrecht, in: DStR 2008, S. 697 ff.
76 Vgl. *Herwig C.H. Hofmann/Gerard C. Rowe/Alexander H. Türk*, Administrative Law and Policy of the European Union, 2011, S. 178.
77 Vgl. *Walter Frenz*, Grundrechtlicher Vertrauensschutz – nicht nur ein allgemeiner Rechtsgrundsatz, in: EuR 2008, S. 468 (477).
78 Vgl. EuGH, Rs. 112/80 – Dürbeck – Slg. 1981, 1095 Rn. 48; zur Einbeziehung des Art. 7 Abs. 1 EMRK vgl. BVerfGE 128, 326 (389 ff.).
79 *Matthias Ruffert*, Rechtsquellen und Rechtsschichten des Verwaltungsrechts, in: Wolfgang Hoffmann-Riem/Eberhard Schmidt-Aßmann/Andreas Voßkuhle (Hg.), Grundlagen des Verwaltungsrechts, Bd. I, ²2012, § 17 Rn. 104.
80 Vgl. *Hofmann/Rowe/Türk* (N 76), S. 184 f.
81 EuGH, Rs. 98/78 – Racke – Slg. 1979, 69 Rn. 20.

27  Im EU-Verwaltungsrecht wird die enge thematische Verknüpfung von Vertrauensschutz und Verwirklichung von Unionsinteressen besonders am Prinzip der – wenngleich nicht voraussetzungslosen[82] – gegenseitigen Anerkennung deutlich. So begründet die *Cassis de Dijon*-Doktrin des EuGH[83] die Anwendung des Herkunftslandprinzips und damit die Förderung des Binnenmarkts gerade mit dem Vertrauensschutz[84]. Im Bestreben, einen effektiven und kooperativen Unionsrechtsvollzug gemäß Art. 197 Abs. 1 AEUV zu gewährleisten, macht sich auch der Sekundärrechtsetzer das Instrument des Vertrauens zunutze. Es bildet die Grundlage zahlreicher Harmonisierungsmaßnahmen[85] mit dem Ziel, staatenübergreifendes Vertrauen in die Kompetenz von Verwaltungsbehörden zu begründen[86] und liegt dem Instrument des transnationalen Verwaltungsakts[87] zugrunde.

28  Die Gewähr von Vertrauensschutz in die Bestandskraft unionsrechtswidriger Verwaltungsakte orientiert sich am Maßstab des Effektivitäts- und Äquivalenzprinzips (Art. 4 Abs. 3 EUV). Im Falle der Rückforderung unionsrechtswidriger nationaler Beihilfen (Art. 108 Abs. 2 AEUV) überwiegt das öffentliche Rücknahmeinteresse in der Regel individuellen Vertrauensschutz[88], sofern nicht Organe der Union dem Bürger ausnahmsweise Anlass zu berechtigtem Vertrauen gegeben haben[89]. Außerhalb dieser nicht verallgemeinerungsfähigen Sonderkonstellation überlässt der EuGH dagegen, sofern kein qualifizierter Unionsrechtsverstoß vorliegt, den Mitgliedstaaten die Verfahrensautonomie (Art. 291 Abs. 1 AEUV), etwa die Entscheidung über die Durchbrechung der Bestandskraft belastender Verwaltungsakte[90]. Entsprechendes gilt für das Vertrauen in die Rechtskraft nationaler unionsrechtswidriger Urteile[91].

29  Für die Rechtsprechung im Mehrebenensystem kann als Ausdruck des Vertrauens das „Kooperationsverhältnis" zwischen BVerfG, EuGH und EGMR angeführt werden, das sich mit Blick auf die Relation BVerfG-EuGH vor allem in der jeweils stark zurückgenommenen Kontrolle von Unionsrechtsakten (ohne Umsetzungsspielraum) an nationalen Grundrechten (*Solange II*-Doktrin)[92] sowie von sogenannten „ausbrechenden Rechtsakten" (*ultra vires*-Kontrolle[93]) manifestiert.

---

82  *Eberhard Schmidt-Aßmann*, Verfassungsprinzipien für den Europäischen Verwaltungsverbund, in: Wolfgang Hoffmann-Riem/Eberhard Schmidt-Aßmann/Andreas Voßkuhle (N 79), § 5 Rn. 28a.
83  EuGH, Rs. 120/78 – Rewe – Slg. 1979, 649 Rn. 8.
84  Näher *Christoph Ohler*, Europäisches und nationales Verwaltungsrecht, in: Jörg Philipp Terhechte (Hg.), Verwaltungsrecht der Europäischen Union, 2011, § 9 Rn. 12.
85  Vgl. *Eberhard Schmidt-Aßmann*, Perspektiven der Europäisierung des Verwaltungsrechts, in: Peter Axer u. a. (Hg.), Das Europäische Verwaltungsrecht in der Konsolidierungsphase, in: Die Verwaltung, Beiheft 10, 2010, S. 263 (270).
86  *Ohler* (N 84), § 9 Rn. 23.
87  *Ruffert* (N 79), § 17 Rn. 142 m. weit. Nachw.
88  Vgl. EuGH, Rs. C-24/95 – Alcan – Slg. 1997, I-1591 Rn. 34 ff.
89  Kritisch *Wolfgang Kahl*, Entwicklung des Rechts der Europäischen Union und der Rechtsprechung des EuGH, in: Hermann Hill u. a. (Hg.), 35 Jahre Verwaltungsverfahrensgesetz – Bilanz und Perspektiven, 2011, S. 111 (122 f.).
90  Vgl. EuGH, Rs. C-2/06 – Kempter – Slg. 2008, I-411 Rn. 37 f.
91  *Stefanie Schmahl/Michael Köber*, Durchbrechung der Rechtskraft nationaler Gerichtsentscheidungen zu Gunsten der Effektivität des Unionsrechts?, in: EuZW 2010, S. 927 ff. m. weit. Nachw.
92  Vgl. BVerfGE 73, 339 (378 ff., 387); 102, 147 (162 ff.).
93  Vgl. BVerfGE 123, 267 (353 ff.); 126, 286 (302 ff.).

Im „Europäischen Verfassungsgerichtsverbund"[94] steht Vertrauen insoweit für den grundsätzlichen[95] Verzicht der nationalen Verfassungsgerichte, die Wahrung der Grundrechte und Kompetenzen durch den hierfür primär verantwortlichen EuGH (Art. 19 Abs. 1 UAbs. 1 S. 2 EUV) infrage zu stellen, um auf diese Weise den supranationalen Integrationsprozess störende Folgereaktionen[96] möglichst zu vermeiden[97].

## G. Bibliographie

*Blanke, Hermann-Josef,* Vertrauensschutz im deutschen und europäischen Verwaltungsrecht, 2000.
*Frenz, Walter,* Grundrechtlicher Vertrauensschutz – nicht nur ein allgemeiner Rechtsgrundsatz, in: EuR 2008, S. 468 ff.
*Kirchhof, Paul,* Kontinuität und Vertrauensschutz bei Änderung der Rechtsprechung, in: DStR 1989, S. 263 ff.
*ders.,* Richterliche Rechtsfindung, gebunden an „Gesetz und Recht", in: NJW 1986, S. 2275 ff.
*ders.,* Rückwirkung von Steuergesetzen, in: StuW 2000, S. 221 ff.
*Maurer, Hartmut,* Kontinuitätsgewähr und Vertrauensschutz, in: HStR, Bd. IV, ³2006, § 79.
*Muckel, Stefan,* Kriterien des verfassungsrechtlichen Vertrauensschutzes bei Gesetzesänderungen, 1989.
*Ossenbühl, Fritz,* Vertrauensschutz im sozialen Rechtsstaat, in: DÖV 1972, S. 25 ff.
*Schwarz, Kyrill-A.,* Vertrauensschutz als Verfassungsprinzip, 2002.
*Voßkuhle, Andreas/Kaufhold, Ann-Katrin,* Grundwissen – Öffentliches Recht: Vertrauensschutz, in: JuS 2011, S. 794 ff.

---

94 *Andreas Voßkuhle,* Der europäische Verfassungsgerichtsverbund, in: NVwZ 2010, S. 1 ff.
95 Vgl. zu den Ausnahmen BVerfGE 102, 147 (164) – Grundrechtskontrolle und BVerfGE 126, 286 (304 f.) – *ultra vires*-Kontrolle.
96 Vgl. BVerfGE 126, 286 (307). Zum Ziel der Vermeidung von Konflikten mit dem internationalen Menschenrechtsschutz in seiner Konkretisierung durch den EGMR BVerfGE 128, 326 (368 ff.).
97 Besonders weit „entgegenkommend" gegenüber dem EuGH zuletzt etwa BVerfGE 126, 286 (304 ff.).

# Stichwortverzeichnis

Die fetten Zahlen verweisen auf die Beitragsnummern (§),
die mageren Zahlen auf die Randnummern.

Agenturverwaltung  **7** 16
Allgemeine Handlungsfreiheit
– Verhältnismäßigkeit  **18** 4 ff., 29 ff.;
   **19** 11, 14y
Allgemeines Persönlichkeitsrecht
  **18** 1 ff., 7ff., 24 ff.
Amtswürde  **27** 20
Aristoteles  **1** 1, 2
Außenpolitik
– Organkompetenzen  **23** 12 f.
Auswärtige Gewalt
– Exekutivprärogative  **23** 12 f.;
   *siehe auch Außenpolitik*

Begründungsgebot  **20** 10
Beleihung  **7** 30
Bundesaufsicht  **7** 23
Bundesratsprinzip  **7** 21
Bundesstaat
– Exekutivföderalismus  **25** 3 ff.
– Finanzverfassung  **8** 6; **25** 1 ff.;
   *siehe auch Kompetenz-/normen*
– Föderalismusbegriffe  **25** 3 ff.
– Ziel der Freiheitssicherung  **25** 2 ff., 9,
   12, 19 f.

Cyberdemokratie
   *siehe Demokratie*

Demokratie
– direkte ~  **7** 5 ff.; **23** 23
– Freiheitsrechte  **17** 11, 12 ff.
– Gewaltenteilung  **23** 3, 23
– Legitimation   *siehe Demokratische
   Legitimation*
– Menschenwürde  **17** 31 ff.
– repräsentative ~  **7** 5
Demokratische Legitimation  **2** 7 ff.
Deutscher Bund  **11** 9 ff.

Deutscher Staat
– Entstehung  **11** 1 ff.
Deutschland
– Entstehung als Staat  **11** 1 ff.
– Fortbestand nach 1945  **11** 27
Diskriminierungsverbot  **20** 14;
   *siehe auch Gleichheit*

Ehrenschutz  **18** 12 f.
Einheitsstaat  **25** 5
Einschätzungsspielraum  **6** 9 f.
Embryonenschutz  **16** 12, 16
Entschließungsfreiheit  **19** 5 f.
Ermächtigungsgesetz  **23** 8
Erziehung
– schulische ~  **1** 25 f.
Europäische Union
– Legitimation  **17** 30
– und Gewaltenteilung  **23** 24
– Zuständigkeiten  **8** 44 ff.
„Ewigkeitsklausel" (Art. 79 Abs. 3 GG)
– Gewaltenteilung  **23** 8 ff.
– politische Teilhabe  **17** 37
Exekutive  **23** 13; *siehe auch Vollziehende
   Gewalt*
Existenzminimum  **16** 17

Feudalismus  **26** 13, 16, 23
Finanzverfassung
– Zuständigkeiten  **8** 40 ff.;
   *siehe auch Kompetenz-/normen*
Föderalismus  **25** 2 ff.;
   *siehe auch Bundesstaat*
Folter  **16** 9 ff.
Frankfurter
   Nationalversammlung  **11** 18 ff.;
   *siehe auch Paulskirchenverfassung*
Freiheit
– als Legitimationsquelle politischer
   Herrschaft  **17** 1 ff.

309

- private und politische ~ **17** 2 ff., 6 ff., 12 ff., 17 ff.
- und Verantwortung **10** 1 f.

Freiheitsrechte
- Abwehrfunktionen **19** 1 ff., 6, 10
- als Abwehrrechte **17** 6 f.
- als staatsbürgerliche Teilhaberrechte **17** 16
- als Staatsschutzpflichten **17** 7
- Freiheitsvoraussetzungen **19** 23 ff.
- Gleichheit **17** 8 f.
- Leistungsansprüche **19** 23 ff.
- normgeprägte ~ **19** 7 f.
- Teilhabeanspruch **19** 1 ff., 9, 23 ff.; *siehe auch Grundrechte*

Gefahr **19** 22
Gemeinwohl **4** 2, 4; **5** 1 ff.; **24** 13 ff.
Gentechnik **16** 12, 16
Gerichtsbarkeit
- Zuständigkeiten **8** 36 ff.

Gesellschaftsvertrag **12** 5 f.
Gesetz
- Allgemeinheit **22** 14
- Begriff **23** 14
- Einzelfallgesetz **23** 14
- und Gerechtigkeit **23** 14; *siehe auch Vorrang/Vorbehalt des Gesetzes*

Gesetzesvorbehalt
- organisationsrechtlicher ~ **7** 25, 27; **23** 10 f.

Gesetzgeber
- Allzuständigkeit **23** 13

Gesetzgebungskompetenzen **8** 17 ff.
Gesetzgebungszuständigkeiten
*siehe Gesetzgebungskompetenzen*
Gewaltenteilung
- Formen **23** 4, 6
- historische Wurzeln **23** 1 ff.
- horizontale ~ **23** 4
- Kernbereichslehre **23** 8 ff.
- klassische Gewaltentrias **23** 1 f., 6, 8 ff.
- Sinn und Zweck **23** 1 f., 5, 7
- und direkte Demokratie **23** 23
- vertikale ~ **8** 15 f.; **23** 4, 24; **25** 10, 14

- Ziel **8** 15 f.; **12** 9, 16; **13** 19; **19** 1; **22** 12; **23** 1 ff.

Gewaltenverschränkung **23** 7
Gewaltverhältnis **24** 9 f.
Gleichheit
- als Auftrag an Gesetzgebung **20** 2
- Begründungsgebot **20** 10
- besondere Diskriminierungsverbote **20** 14
- Bindung des Gesetzgebers **20** 3 f.
- Einkommensverteilung **20** 15
- Folgenrichtigkeit **17** 8
- Menschenwürde **16** 19
- Relativität **20** 3
- tatsächliche und rechtliche ~ **20** 11 ff.
- und Freiheit **20** 5 ff.
- US-amerikanische Wurzeln **20** 1 ff.

Grundrechte
- Drittwirkung **19** 2 f.
- Eingriff **19** 6, 20 ff.
- Entstehung **19** 2, 12
- Gesetzesvorbehalt **19** 13 ff., 17
- Rechtsschutz **19** 4, 10
- Risikoschutz **19** 22
- Schranken **19** 13, 15 ff.
- Schutz des Menschen vor sich selbst **19** 5
- Schutzpflichten **19** 2 ff., 3, 10; *siehe auch Freiheitsrechte*

Grundrechtsgefährdungen **19** 22
Grundrechtshaftung **10** 2, 8 ff.
Grundrechtsverletzung **10** 2; *siehe auch Grundrechtshaftung*

Häberle, Peter **1** 14
Haftung **10** 1 f.; *siehe auch Staatshaftung*
Handlungsmittel der Verwaltung **9** 1 ff.
Hegel, Georg W. F. **1** 12
Heiliges Römisches Reich Deutscher Nation **11** 1, 3 ff.
Hierarchisches Prinzip **7** 9

Individualismus **4** 2
Inkompatibilität
- und personelle Gewaltenteilung **23** 6, 19

## Stichwortverzeichnis

Internationalisierung  **12** 22 f.; **15** 11 f.

Juristische Person
- Zweckvermögenstheorie  **7** 2 f.

Justizgewährleistungsanspruch  **27** 21
Justizgewährungspflicht  **22** 17

Klonieren  **16** 8, 16
Kompetenz-/-normen
- Auslegung  **8** 11 f.
- Begriff  **8** 1
- Europäische Union  **8** 44 ff.
- Typen  **8** 8
- ungeschriebene ~  **8** 7 f.

Kompetenzordnung
- föderale ~  **8** 4 ff.

Kontinuität  **27** 23;
  *siehe auch Vertrauen(sschutz)*

Kultur
- und Sprache  **3** 1 ff.; **15** 9, 11

Kunstfreiheit
- Schutzbereich  **3** 6

Länder
- Staatsqualität  **7** 19
- Verfassungshoheit  **7** 19
- Verwaltungskompetenzen  **7** 18

Legitimation  **12** 1, 4 ff.
Legitimationsniveau  **7** 11 ff.
Legitimes Ziel  **6** 5 ff.

Mehrheitsprinzip
- politische Mitwirkungsfreiheit  **2** 10;
  *siehe auch Demokratie*

Menschenbild des Grundgesetzes  **4** 4
Menschenwürde
- Anwendungsfälle  **16** 8 ff.
- Beginn des Menschenwürdeschutzes  **16** 12
- Begriff  **16** 4 ff.
- Demokratie  **16** 20
- Drittwirkung  **16** 25
- Grundrecht  **16** 22 ff.
- Schranken  **16** 28

- Schutzpflicht  **16** 25
- und politische Freiheit  **17** 31 ff.
- Verfassungsprinzip  **16** 1 ff.
- Verhältnismäßigkeitsgrundsatz  **16** 21
- Verzicht  **16** 1 ff., 27

Minderheitenschutz  *siehe Demokratie*
Ministerialfreie Räume  **7** 10 ff.; **23** 15
Mischverfassung  **23** 3
Mischverwaltung  **7** 16, 22
Mittelbare Staatsverwaltung
  *siehe Staatsverwaltung*

Nation  **4** 3
Naturrecht  **15** 4
Norddeutscher Bund  **11** 21 f.

Öffentlicher Dienst
- Zweispurigkeit  **24** 17 ff.

Öffentlichkeit  **24** 3 ff.
Öffentlich-rechtlicher Vertrag
  *siehe Verwaltungsvertrag*
Organadäquanz  **23** 5, 13
Organisation  **7** 1 ff.
Organisationsgewalt  **7** 25; **23** 13

Parlament
- Budgetrecht  **23** 10 f., 13
- Gesetzgebungsfunktion  **23** 9 ff.
- Kontrollfunktion  **23** 11

Parlamentarische Opposition
  *siehe Demokratie*
Parteien
- demokratische Binnenstruktur  **17** 26

Paulskirchenverfassung  **11** 18 ff.
Planung
- europäische Planungsoffenheit  **9** 13 ff.

Politik
- Teilhabe  *siehe Teilhabe, politische*

Preuß, Hugo  **24** 3 f.
Privatheit  **18** 10 f.
Public Private Partnership  **3** 10

Rahmenordnung  **15** 6
Recht und Politik  **6** 2

311

Rechtsfortbildung
- richterliche ~ **10** 24
Rechtsidee **4** 3
Rechtsprechung
- funktionaler Begriff **23** 17 ff.
- im Gefüge der Gewaltenteilung **23** 3, 16 ff.
Rechtsschutz **19** 4, 10
- Handlungsformen **9** 1 ff.
Rechtssicherheit **27** 4 ff.;
  *siehe auch Vertrauen(sschutz)*
Rechtsstaat
- internationale Perspektiven **22** 22 ff.
- Justizgewährungspflicht **22** 17
- Rechtsschutz **22** 17 ff..
- Rolle des Gesetzes **22** 13 ff.
- und Rechtswissenschaft **22** 8 ff.
- und Sprache **22** 6 f.
- Wirksamkeit des Rechts **13** 20 f.; **22** 1 ff., 4 f.; **27** 1 ff.;
  *siehe auch Vertrauen(sschutz)*
Reichsverfassung von 1871 **11** 21 ff.
Repräsentative Demokratie
  *siehe Demokratie*
Republik
- US-amerikanisches Verständnis **24** 1 ff.
Ressortprinzip **7** 17, 25
Richter
- Unabhängigkeit **23** 19
Rousseau, Jean-Jacques **1** 11
Rückwirkung **27** 5 ff.;
  *siehe auch Vertrauen(sschutz)*

Schutzpflicht
- Menschenwürde **16** 25
- Untermaßverbot **16** 25
Selbstbestimmungsrecht der Völker **2** 21 f.
Selbstverwaltung
- Satzungsautonomie **7** 9, 12
Smend, Rudolf **1** 13 f.
Solidarität **4** 1 ff.
Sozialstaat
- „Sozial" – kein operationaler Begriff **26** 25 ff.
- normative Struktur **26** 25 ff.

- Sozialismus **26** 4 f.
- und Gemeinschaft **26** 3
- und Gleichheit **26** 1 ff., 6 ff., 15, 17, 30
Sozialstaatsprinzip **4** 4
Staat
- Entstehung **12** 4
- Gesellschaft **12** 17 ff.
Staat und Gesellschaft **17** 26
Staatenbund **25** 5
Staatenverbund **1** 29 f.; **25** 6
Staatsaufgaben **6** 1 ff.; **7** 14
Staatsaufsicht **7** 9, 12
Staatsbürgerliche Teilhaberrechte
- Fundierung in der Menschenwürde **17** 31 ff.
Staatshaftung **10** 2;
  *siehe auch Grundrechtshaftung*
Staatshandeln, informales **22** 20
Staatsräson **5** 7
Staatsverwaltung
- mittelbare ~ **7** 26 f.
Staatsvolk
- als Grundlage demokratische Legitimation **2** 1 ff.; **17** 35
Staatsziel Kultur **3** 5
Staatsziele **14** 9
Sterbehilfe **16** 16
Streitkräfte
- Parlamentsvorbehalt **23** 13
Subjektives Recht **22** 18 f.; **24** 9
Subsidiaritätsprinzip
- Art. 6 Abs. 2 GG **1** 17

Teilhabe, politische
- Defizite in der EU **17** 29 f.;
  *siehe auch Staatsbürgerliche Teilhabe*
Teilhabe-/Leistungsansprüche **20** 12

Unionsbürgerschaft **2** 24

Verantwortlichkeit
- parlamentarische ~ **10** 1 f.;
  *siehe auch dort; Staatshaftung*
Verantwortung **4** 4

312

*Stichwortverzeichnis*

Verantwortungsklarheit **7** 22
Verbandsklage **22** 18
Verfassung
– Begriff **12** 2
– Europäische Union **15** 11
– Internationalisierung **12** 22 ff.
– Vorrang **12** 1 ff., 14 f.
Verfassung als Rahmenordnung **13** 18
Verfassungsaufträge **15** 6
Verfassungserwartungen **14** 5
Verfassungsgerichtsbarkeit
– und Art. 79 Abs. 3 GG **23** 18
Verfassungsmäßige Ordnung **18** 33
Verfassungstheorie
– Verfassungsvoraussetzungen **13** 1 ff.; **14** 6 ff.; **15** 4
Verfassungsvoraussetzungen **14** 1 ff.
Verhältnismäßigkeit
– Anwendungsbereich **21** 7 ff.
– historische Entwicklung **21** 2 ff.
– in ausländischen Rechtsordnungen **21** 12 ff.
– Menschenwürde **16** 21
– und Europarecht **21** 21 ff.
– und Gleichheit **21** 7
– und Gleichheitssatz **20** 6 f., 9
– und Privatrecht **21** 9 f.
– und Völkerrecht **6** 5 ff.; **19** 18, 20; **21** 1 ff., 26 f.
Vertrauen(sschutz)
– im Unionsrecht **27** 25 ff.

– und Gesetzgebung **27** 10 ff., 26
– und Rechtsprechung **27** 21 ff., 29
– und Verwaltung **27** 27 f.
– verfassungsrechtliche Herleitung **27** 1 ff., 4 ff.
Vertraulichkeit/Integrität informationstechnischer Systeme **18** 20 f.
Verwaltung
– Kompetenzen **7** 16 ff.; **8** 25 ff.
– Typen **8** 26 ff.
Verwaltungsvertrag **9** 9 f.
Volksentscheid **23** 23
Volkssouveränität **12** 14
Vollziehende Gewalt
– Eigenbereich **23** 13 ff.
– Funktionsbereich **23** 12
Vorbehalt der Verfassung **8** 7
Vorbehalt des Gesetzes
*siehe Gesetzesvorbehalt*
Vorrang der Verfassung
– US-amerikanische Wurzeln **12** 14; **13** 13; **15** 11
Vorrang des Gesetzes **23** 9


Wertordnung **4** 4; **13** 21
Wesentlichkeitstheorie **23** 10 f., 14
Wettbewerb
– zwischen Hoheitsträgern **1** 18
Wettbewerbsföderalismus **7** 20

# Autorenverzeichnis

*Anderheiden, Michael*, Dr. phil., Professor, Juristische Fakultät, Ruprecht-Karls-Universität Heidelberg

*Becker, Florian*, Dr. iur., LL. M. (Cambridge), Professor, Lehrstuhl für Öffentliches Recht, Christian-Albrechts-Universität zu Kiel

*Engel, Christoph*, Dr. iur., Professor, Direktor des Max-Planck-Instituts zur Erforschung von Gemeinschaftsgütern, Bonn

*Geis, Max-Emanuel*, Dr. iur., Professor, Lehrstuhl für Öffentliches Recht, Institut für Staats- und Verwaltungsrecht, Direktor der Forschungsstelle für Wissenschafts- und Hochschulrecht, Friedrich-Alexander-Universität Erlangen-Nürnberg

*Grabenwarter, Christoph*, Dr. iur., Dr. rer. soc. oec., Universitätsprofessor, Richter am Österreichischen Verfassungsgerichtshof; Lehrstuhl für Öffentliches Recht, Wirtschaftsrecht und Völkerrecht, Institut für Europarecht und Internationales Recht, Wirtschaftsuniversität Wien

*Grimm, Dieter*, Dr. iur., Dr. h. c. mult., LL. M. (Harvard), Professor, Juristische Fakultät, Humboldt-Universität Berlin, Richter des Bundesverfassungsgerichts a. D.

*Gröschner, Rolf*, Dr. iur., Professor, Lehrstuhl für Öffentliches Recht und Rechtsphilosophie, Friedrich-Schiller-Universität Jena

*Grzeszick, Bernd*, Dr. iur., LL. M. (Cambridge), Professor, Lehrstuhl für Öffentliches Recht, Internationales Öffentliches Recht und Rechtsphilosophie, Direktor des Instituts für Staatsrecht, Verfassungslehre und Rechtsphilosophie, Direktor des Heidelberg Center for American Studies, Ruprecht-Karls-Universität Heidelberg

*Häberle, Peter*, Dr. iur., Dr. h. c. mult., Professor, Forschungsstelle für Europäisches Verfassungsrecht der Universität Bayreuth

*Härtel, Ines*, Dr. iur., Professorin, Lehrstuhl für Öffentliches Recht, Verwaltungs-, Europa-, Agrar- und Umweltrecht, Direktorin des Instituts für Berg- und Energierecht, Ruhr-Universität Bochum

*Isensee, Josef*, Dr. iur., Dr. h. c. mult., Professor, Rechts- und Staatswissenschaftliche Fakultät, Rheinische Friedrich-Wilhelms-Universität Bonn

*Kahl, Wolfgang*, Dr. iur., M. A., Professor, Direktor des Instituts für deutsches und europäisches Verwaltungsrecht, Ruprecht-Karls-Universität Heidelberg

*Kube, Hanno*, Dr. iur., LL. M. (Cornell), Professor, Lehrstuhl für Öffentliches Recht unter besonderer Berücksichtigung des Finanz- und Steuerrechts, Ruprecht-Karls-Universität Heidelberg

*Löwer, Wolfgang*, Dr. iur., Professor, Richter des Verfassungsgerichtshofs NRW, Institut für Öffentliches Recht, Abt. Wissenschaftsrecht, Rheinische Friedrich-Wilhelms-Universität Bonn

*Mellinghoff, Rudolf*, Dr. h. c., Professor, Präsident des Bundesfinanzhofs, Honorarprofessor an der Eberhard-Karls-Universität Tübingen

*Morgenthaler, Gerd*, Dr. iur., Professor, Lehrstuhl für Öffentliches Recht unter Berücksichtigung europäischer und internationaler Bezüge, Universität Siegen

*Murswiek, Dietrich*, Dr. iur., Professor, Lehrstuhl für Staats- und Verwaltungsrecht sowie für Deutsches und Internationales Umweltrecht, Albert-Ludwigs-Universität Freiburg i. Br.

*Autorenverzeichnis*

*Mußgnug, Reinhard*, Dr. iur., Professor, Juristische Fakultät, Ruprecht-Karls-Universität Heidelberg

*Osterloh, Lerke*, Dr. iur., Professorin, Fachbereich Rechtswissenschaft, Johann Wolfgang Goethe-Universität Frankfurt am Main, Richterin des Bundesverfassungsgerichts a. D.

*Palm, Ulrich*, Dr. iur., Professor, Lehrstuhl für Öffentliches Recht, Öffentliches Wirtschaftsrecht und Steuerrecht, Universität Hohenheim

*Puhl, Thomas*, Dr. iur., Professor, Lehrstuhl für Öffentliches Recht, Finanz- und Steuerrecht, Öffentliches Wirtschaftsrecht und Medienrecht, Universität Mannheim

*Rengeling, Hans-Werner*, Dr. iur., Professor, European Legal Studies Institute, Universität Osnabrück

*Schmidt-Aßmann, Eberhard*, Dr. iur., Dres. h. c., Professor, Juristische Fakultät, Ruprecht-Karls-Universität Heidelberg

*Schmidt-Jortzig, Edzard*, Dr. iur., Professor, Rechtswissenschaftliche Fakultät, Christan-Albrechts-Universität zu Kiel, Bundesminister der Justiz a. D.

*Seiler, Christian*, Dr. iur, Professor, Lehrstuhl für Staats- und Verwaltungsrecht, Finanz- und Steuerrecht, Eberhard-Karls-Universität Tübingen; Mitglied des Staatsgerichtshofs Baden-Württemberg

*Steiner, Udo*, Dr. iur., Professor, Fakultät für Rechtswissenschaft, Universität Regensburg, Richter des Bundesverfassungsgerichts a. D.

*Stern, Klaus*, Dr. iur., Dr. h. c. mult., Professor, Institut für Rundfunkrecht, Universität zu Köln, Richter des Verfassungsgerichtshofs für das Land Nordrhein-Westfalen a. D.

*Uhle, Arnd*, Dr. iur., Professor, Stiftungslehrstuhl für Öffentliches Recht, insbesondere für Staatsrecht und Staatwissenschaften, Leiter der Forschungsstelle „Recht und Religion", Technische Universität Dresden

*Volkmann, Uwe*, Dr. iur., Professor, Lehrstuhl für Rechtsphilosophie und Öffentliches Recht, Johannes Gutenberg-Universität Mainz

*Zacher, Hans*, Dr. iur., Dr. h. c. mult., Professor, Juristische Fakultät Ludwig-Maximilians-Universität München, Präsident der Max-Planck Gesellschaft a. D.